FormularBibliothek Zivilprozess

herausgegeben von

Dr. Ludwig Kroiß,
Vorsitzender Richter am Landgericht

FormularBibliothek Zivilprozess

Gesellschaftsrecht
Wettbewerbsrecht

Gesellschaftsrecht
Dr. Hans-Joachim David, Rechtsanwalt und Fachanwalt für Steuerrecht, BAUMEISTER RECHTSANWÄLTE, Münster

Wettbewerbsrecht
Dr. Christian Breuer, Rechtsanwalt, WILMER CUTLER PICKERING HALE AND DORR LLP, München

Die Deutsche Bibliothek – CIP-Einheitsaufnahme

Die Deutsche Bibliothek verzeichnet diese Publikation in der Deutschen Nationalbibliografie; detaillierte bibliografische Daten sind im Internet über http://dnb.ddb.de abrufbar.

FormularBibliothek Zivilprozess
ISBN 3-8329-1098-0

Einzelband **Gesellschaftsrecht | Wettbewerbsrecht**
ISBN 3-8329-1318-1

Hinweis:
Die Muster der FormularBibliothek Zivilprozess sollen dem Benutzer als Beispiele und Arbeitshilfen für die Erstellung eigener Schriftsätze dienen. Sie wurden mit größter Sorgfalt von den Autoren erstellt. Gleichwohl bitten Autoren und Verlag um Verständnis dafür, dass sie keinerlei Haftung für die Vollständigkeit und Richtigkeit der Muster übernehmen.

1. Auflage 2005
© Nomos Verlagsgesellschaft, Baden-Baden 2005. Printed in Germany. Alle Rechte, auch die des Nachdrucks von Auszügen, der fotomechanischen Wiedergabe und der Übersetzung, vorbehalten.

FormularBibliothek Zivilprozess

Teil 1: **Gesellschaftsrecht** Seite 5
Dr. Hans-Joachim David, Rechtsanwalt und Fachanwalt für Steuerrecht, BAUMEISTER RECHTSANWÄLTE, Münster

Teil 2: **Wettbewerbsrecht** Seite 229
Dr. Christian Breuer, Rechtsanwalt, WILMER CUTLER PICKERING HALE AND DORR LLP, München

Inhalt

Verweise erfolgen auf Randnummern

§ 1 Anfechtung von Gesellschafterbeschlüssen 1
  A. Vorprozessuale Situation 2
    I. Gesetzliche Grundlagen der Gesellschafterversammlung und der Beschlussanfechtung 3
      1. Einberufung und Durchführung der Gesellschafterversammlung 3
      2. Nichtigkeits- und Anfechtungsgründe 7
      3. Nichtigkeitsgründe 8
        a) Formelle Mängel 9
        b) Inhaltliche Mängel 11
        c) Heilung 14
      4. Anfechtungsgründe 16
        a) Formelle Mängel 16
        b) Inhaltliche Mängel 21
        c) Heilung 27
    II. Beratungssituation 28
      1. Allgemeines 28
      2. Umfang der Fehlerhaftigkeit von Gesellschafterbeschlüssen 33
      3. Art und Weise der Geltendmachung von Beschlussmängeln 37
        a) Vorgeschaltete Mediation 38
        b) Nichtigkeitsrüge 39
        c) Anfechtung 43
        d) Beschlussfeststellungsklage 45
        e) Allgemeine Feststellungsklage 47
      4. Fristen für die Geltendmachung von Beschlussmängeln 49
        a) Frist für Protokollrüge .. 50
        b) Frist zur Geltendmachung von Anfechtungs- und Nichtigkeitsgründen 52
          aa) Anfechtungsklage 53
          bb) Nichtigkeitsrüge 56
          cc) Beschlussfeststellungsklage und allgemeine Feststellungsklage 58
  B. Prozess 59
    I. Zuständigkeit des Gerichts 59
    II. Streitwert 60
    III. Klageerhebung 61
    IV. Klagebefugnis 63
    V. Rechtsschutzbedürfnis 67
    VI. Mehrheit von Klagen 68
    VII. Passivlegitimation und Prozessfähigkeit 71
    VIII. Beweislast bei Anfechtungs- und Nichtigkeitsklage 74
    IX. Urteilswirkungen 76
    X. Einstweiliger Rechtsschutz 78
      1. Im Vorfeld der Beschlussfassung 79
      2. Vorläufiger Rechtsschutz nach Beschlussfassung 80
    XI. *Muster* zur Anfechtung von Gesellschafterbeschlüssen 83
      1. *Muster:* Anfechtungsklage gegen Gesellschafterbeschluss einer GmbH 83
      2. *Muster:* Nichtigkeitsklage gegen den Gesellschafterbeschluss der GmbH 84
      3. *Muster:* Anfechtungsklage mit Beschlussfeststellungsklage gegen GmbH Gesellschafterbeschluss 85
      4. *Muster:* Feststellung der Nichtigkeit eines Gesellschafterbeschlusses einer GbR 86
      5. *Muster:* Einstweilige Verfügung mit dem Antrag auf Verbot der Ausübung des Stimmrechts einer GmbH-Gesellschafterversammlung 87

Inhalt

§ 2 Rechtsmittel wegen Verstoßes gegen ein Wettbewerbsverbot durch Gesellschafter 88
  A. Vorprozessuale Situation 88
    I. Rechtliche Grundlage während der Gesellschafterstellung ... 89
    II. Rechtliche Grundlage nach dem Ausscheiden aus der Gesellschaft 93
      1. Inhaltliche Schranken des nachvertraglich vereinbartem Wettbewerbsverbotes. 94
      2. Zeitliche Begrenzung des nachvertraglich vereinbarten Wettbewerbsverbots .. 97
      3. Räumliche Begrenzung des nachvertraglich vereinbarten Wettbewerbsverbots .. 98
      4. Vereinbarkeit mit § 1 GWB . 99
      5. Keine Karenzentschädigung gem. §§ 74, 75, 75a HGB.... 101
    III. Rechtsfolge eines gegen § 138 BGB verstoßenden Wettbewerbsverbots 102
    IV. Rechtsfolge bei einem Verstoß gegen das Wettbewerbsverbot 103
      1. Wettbewerbsverstoß während der Gesellschafterstellung 103
      2. Verstoß gegen das nachvertragliche Wettbewerbsverbot 109
    V. Beratung der Gesellschaft.... 110
      1. Grundlegende Feststellungen 110
      2. Gesellschafterbeschluss erforderlich?.............. 111
        a) Schadensersatz oder Eintrittsrecht nach § 113 Abs. 1 HGB 112
        b) Unterlassungsanspruch, Ausschließung aus der Gesellschaft............ 117
      3. Abmahnung............... 118
        a) Minimalinhalt der Abmahnung 119
        b) Abmahnung mit Aufforderung zur Abgabe strafbewehrter Unterlassungserklärung................ 124
        c) Reaktion der Gesellschaft nach Abgabe Unterlassungserklärung.......... 129
        d) Reaktion der Gesellschaft nach Fristablauf ohne Unterlassungserklärung . 131
    VI. Anwaltliche Beratung des Verletzers 132
    VII. Muster....................... 134
      1. *Muster:* Vertrag über umfassendes Wettbewerbsverbots 134
      2. *Muster:* Abmahnung....... 135
      3. *Muster:* Unterlassungsverpflichtung mit Vertragsstrafe für Wettbewerbsverstoß 136
  B. Prozess 137
    I. Schutzschrift des Gesellschafters 137
    II. Antrag auf Erlass einer einstweiligen Verfügung durch Gesellschaft................. 138
      1. Risiko der Schadensersatzpflicht nach § 945 ZPO 139
      2. Zuständiges Gericht 140
      3. Streitwert 142
    III. Begründung der einstweiligen Verfügung 143
      1. Anordnungsanspruch...... 144
      2. Anordnungsgrund 148
      3. Einstweilige Verfügung gegen Sicherheitsleistung.. 150
    IV. Reaktionsmöglichkeiten des Antragsgegners bei Anberaumung mündlicher Verhandlung über den Antrag auf Erlass der einstweiligen Verfügung........................ 151
    V. Zustellung der einstweiligen Verfügung 152
      1. Reaktionsmöglichkeiten des Antragsgegners nach Zustellung der einstweiligen Verfügung 157
      2. Widerspruch............. 158

3. Aufhebungsantrag wegen nachträglicher Änderungen 162
4. Berufung 163
5. Antrag auf Erhebung der Hauptsacheklage 164
VI. Reaktionsmöglichkeiten des Antragstellers bei Zurückweisung des Verfügungsantrags . 165
  1. Sofortige Beschwerde 165
  2. Berufung 167
  3. Abmahnung in Form des Abschlussschreibens vor Erhebung der Hauptsacheklage 168
VII. Hauptsacheklage.............. 171
  1. Gerichtszuständigkeit...... 172
  2. Klagebefugnis 173
  3. Streitwert................. 174
VIII. Muster...................... 175
  1. *Muster:* Schutzschrift 175
  2. *Muster:* Antrag auf Erlass einer einstweiligen Verfügung (Beachtung des Wettbewerbsverbotes).......... 176
  3. *Muster:* Widerspruch gegen Einstweilige Verfügung 179
  4. *Muster:* Unterlassungsklage wegen nachvertraglichen Wettbewerbsverstoßes..... 180
C. Zwangsvollstreckung 181
  I. Allgemeine Vollstreckungsvoraussetzungen................ 182
    1. Vollstreckungstitel 183
    2. Androhung des Ordnungsmittels..................... 184
    3. Rechtsmittel des Antragstellers gegen die Androhung von Ordnungsmitteln 190
    4. Festsetzung des Ordnungsmittels..................... 192
      a) Antrag auf Festsetzung des Zwangsmittels....... 192
      b) Schuldhafte Zuwiderhandlung des Schuldners 193
    5. Isolierter Antrag auf Bestellung einer Sicherheit nach § 890 Abs. 3 ZPO 196

  II. Einwendungen des Schuldners gegen den Vollstreckungsantrag................. 198
  III. Vollstreckung des Zwangsmittels durch Gläubiger 200
    1. Zustellung 200
    2. Beitreibung des Ordnungsgeldes..................... 201
    3. Vollstreckung der Ordnungshaft...................... 202
  IV. *Muster:* Zwangsvollstreckung . 203
    1. *Muster:* Isolierter Antrag auf Androhung Zwangsmittel .. 203
    2. *Muster:* Antrag auf Festsetzung des Ordnungsmittels.. 204
    3. *Muster:* Antrag auf Aufhebung des Ordnungsmittelbeschlusses 205

§ 3 Klage gegen Gesellschafter auf Mitwirkung bei Änderung des Gesellschaftsvertrages.................. 206
A. Vorprozessuale Situation 206
  I. Rechtliche Grundlagen sowie Gesellschafterpflichten 206
    1. Satzung als allgemeine Pflichtenquelle............. 206
    2. Nebenabreden als Pflichtenquelle..................... 208
    3. Allgemeine Treuepflichten als Pflichtenquelle.......... 210
  II. Beratungssituation 213
    1. Informationsbeschaffung... 213
    2. Entbehrlichkeit der Klage ... 214
B. Prozess 216
  I. Zuständigkeit des Gerichts.... 216
  II. Klageerhebung und Klageart.. 217
  III. Streitwert 219
  IV. Aktiv- und Passivlegitimation . 220
  V. Beweislast................... 223
  VI. Urteilswirkungen............. 225
  VII. Musterklagen auf Zustimmung zur Änderung des Gesellschaftsvertrages........ 227
    1. *Muster:* Feststellungsklage über das Bestehen einer Gesellschaftsvertragsänderung 227

2. *Muster:* Leistungsklage auf Zustimmung zur Änderung des Gesellschaftsvertrages. 228
3. *Muster:* Zustimmung des Mitgesellschafters zu einer Nachfolgeregelung 229

§ 4 Klage auf Mitwirkung an der Auflösung und Abwicklung der Gesellschaft 230
A. Vorprozessuale Situation 230
  I. Rechtliche Grundlagen 230
    1. Grundlagen für Mitwirkungspflichten bei der Auflösung der Gesellschaft 230
    2. Grundlage für Mitwirkungspflichten bei der Auseinandersetzung der Gesellschaft 236
  II. Beratungssituation 243
B. Prozess 245
  I. Zuständigkeit des Gerichts ... 245
  II. Klageart und Klageantrag 246
  III. Streitwert 250
  IV. Aktiv- und Passivlegitimation 251
  V. Beweislast 254
  VI. Urteilswirkungen 255
  VII. Einstweiliger Rechtsschutz ... 256
  VIII. Muster 257
    1. *Muster:* Klage auf Zustimmung zum Auseinandersetzungsplan 257
    2. *Muster:* Kombinierte Feststellungs-/Leistungsklage bei Auseinandersetzung einer GbR 258
    3. *Muster:* Leistungsklage auf Erteilung von Informationen zur Auseinandersetzung einer GbR 259
C. Zwangsvollstreckung 260
  I. Feststellungen und Abgabe von Erklärungen 260
  II. Unterlassungen 261
  III. Sonstige Handlungen 262
    1. Zwangsvollstreckung wegen vertretbarer Handlungen .. 265
      a) Notwendige Mitwirkung Dritter 266
      b) Zuständiges Gericht 267
      c) Konkreter Antrag 268
      d) Verbindung bis Vorschussantrag 271
      e) Einwendungen des Schuldners 272
      f) Beschlusswirkungen 274
      g) Rechtsmittel 275
    2. Zwangsvollstreckung wegen unvertretbarer Handlungen 276
  IV. Muster 281
    1. *Muster:* Antrag auf Ermächtigung zur Ersatzvornahme einer vertretbaren Handlung, kombiniert mit Antrag auf Zahlung eines Kostenvorschusses, § 897 Abs. 1 und 2 ZPO 281
    2. *Muster:* Antrag auf Festsetzung von Zwangsgeld gemäß § 888 ZPO 282
    3. *Muster:* Antrag auf Beitreibung eines festgesetzten Zwangsgeldes 283

§ 5 Klage auf Ausschließung eines Gesellschafters 284
A. Vorprozessuale Situation 284
  I. Rechtliche Grundlage 285
    1. AG 285
      a) Kapitalherabsetzung durch Einziehung der Aktien 286
      b) Angeordnete Zwangseinziehung 288
      c) Gestattete Zwangseinziehung 289
      d) Verfahren 290
      e) Ausschluss von Aktionären aus wichtigem Grund 295
      f) Squeeze-out 297
    2. KGaA 299
    3. GmbH 302
      a) Gesetzliche Regelungen über den Ausschluss 302
      b) Ausschluss aus wichtigem Grund 307
      c) Verfahren 311
        aa) Satzungsregelung 311
        bb) Keine Satzungsregelung über Verfahren 312

4. Personengesellschaften 317
   a) Verfahrensregelungen ... 318
   b) Ausschließungsgründe .. 319
5. GbR 324
   a) Verfahren 325
   b) Ausschließungsgründe .. 328
II. Beratung..................... 333
   1. AG, KGaA 334
   2. GmbH 335
   3. Personenhandelsgesellschaften, GbR 339
B. Prozess 340
   I. Zuständigkeit des Gerichts ... 340
   II. Klageart 341
   III. Streitwert................... 345
   IV. Aktiv- und Passivlegitimation . 346
   V. Darlegungs- und Beweislast .. 349
   VI. Prozessuale Besonderheiten beim Ausschluss aus der Zwei-Personen-Gesellschaft........ 352
   VII. Urteilswirkungen.............. 354
   VIII. Einstweiliger Rechtsschutz ... 355
   IX. Muster...................... 358
     1. *Muster:* Feststellungsklage des ausgeschlossenen BGB-Gesellschafters 358
     2. *Muster:* Klage auf Ausschließung aus einer OHG 359
     3. *Muster:* Klage auf Ausschließung eines Gesellschafters aus wichtigem Grund aus der GmbH 360
     4. *Muster:* Einstweiliger Rechtsschutz gegen die Ausschließung eines GbR-Gesellschafters........ 361

§ 6 **Klage gegen den Geschäftsführer/ Vorstand auf Schadensersatz wegen unzulässiger Geschäftsführungsmaßnahmen** 362
   A. Vorprozessuale Situation......... 362
     I. Rechtliche Grundlagen 363
      1. Aktiengesellschaft 363
       a) Haftung der Vorstandsmitglieder gegenüber der Gesellschaft 363
        aa) Rechte und Pflichten des Vorstandes 364

        bb) Sorgfaltsmaßstab und Verschulden 366
        cc) Ausschluss der Haftung des/der Vorstandsmitglieds/er 371
        dd) Gesamtschuldnerische Haftung und Mitverschulden..................... 371
        ee) Darlegungs- und Beweislast 372
        ff) Geltendmachung des Schadenersatzanspruchs . 376
         (1) Durch die Gesellschaft ... 377
         (2) Durch den Aktionär 377
         (3) Durch Gesellschaftsgläubiger. 380
         (4) Mehrere Klagen.......... 381
       b) Haftung der Vorstandsmitglieder gegenüber den Aktionären............... 383
       c) Haftung der Vorstandsmitglieder gegenüber Gesellschaftsgläubigern.. 387
      2. GmbH 391
       a) Haftung des Geschäftsführers gegenüber der Gesellschaft aus § 43 GmbHG................. 392
        aa) Inhalt der Rechte und Pflichten................ 395
        bb) Sorgfaltsmaßstab und Verschulden 397
        cc) Mitverschulden Dritter ... 399
       b) Haftung des Geschäftsführers gegenüber der Gesellschaft aus § 64 GmbHG.................. 400
        aa) Haftung nach § 64 Abs. 1 GmbHG.................. 400
        bb) Haftung nach § 64 Abs. 2 GmbHG.................. 401
       c) Weitere Haftungsnormen für Geschäftsführer gegenüber der GmbH 402
       d) Beweislast 403
       e) Ausschluss der Haftung des Geschäftsführers..... 404
        aa) Haftungsausschluss Kraft Weisung 404

Inhalt

bb) Haftungsausschluss kraft
Entlastung............. 405
cc) Haftungsausschluss Kraft
Vertrages zur Generalbe-
reinigung.............. 407
f) Geltendmachung der
Ansprüche der Gesell-
schaft................. 409
aa) Beschluss der Gesellschafterversammlung........ 409
bb) Actio pro socio.......... 412
3. GbR, OHG, KG............. 414
a) Rechte und Pflichten der
geschäftsführenden
Gesellschafter.......... 415
b) Sorgfalts- und Verschuldensmaßstab........... 418
aa) Sorgfalts- und Verschuldensmaßstab des
geschäftsführenden
Gesellschafters der GbR
und der OHG........... 419
bb) Sorgfalts- und Verschuldensmaßstab des
geschäftsführenden
Gesellschafters der KG,
insbesondere der GmbH
& Co. KG............... 422
c) Haftungsausschluss..... 425
d) Beweislast.............. 426
e) Geltendmachung des
Anspruchs.............. 427
aa) Grundsatz.............. 427
bb) Actio pro socio.......... 428
(1) Während des Bestehens
der Gesellschaft........ 428
(2) Im Abwicklungsstadium
der Gesellschaft........ 432
II. Beratungssituation.......... 434
1. Materiellrechtliche Fragen . 435
2. Prozessuale Fragen........ 436
a) Vorhergehender
Beschluss der Gesellschafterversammlung........ 437
b) Doppelte Klagen bei erster
Klage durch Gesellschaf-
ter..................... 440
c) Doppelte Klagen bei erster
Klage durch Gesellschaft 443

d) Treuwidrigkeit der
Anspruchserhebung..... 444
B. Prozess....................445
I. Rechtsweg................ 445
II. Zuständiges Gericht......... 446
III. Bezeichnung der klagenden
Gesellschaft in der Klage-
schrift.................... 449
IV. Rechtsschutzbedürfnis....... 451
V. Muster.................... 455
1. *Muster:* Klage einer GmbH
gegen ihren Alleingeschäfts-
führer auf Schadensersatz
wegen unzulässiger
Geschäftsführungs-
maßnahmen............ 455
2. *Muster:* Actio pro socio des
Kommanditisten bzgl. Scha-
densersatzanspruch gegen
den Komplementär....... 456
C. Zwangsvollstreckung.......... 457

§ 7 Vorläufiger Rechtsschutz bei Abberufung eines Geschäftsführers..... 461
A. Vorprozessuale Situation........ 461
I. Rechtliche Grundlagen....... 463
1. Aktiengesellschaft......... 463
2. KGaA.................... 468
a) KGa.A. mit natürlicher Person als persönlich haftendem Gesellschafter...... 469
b) KGa.A. mit einer Kapital-
oder Personengesellschaft
als Komplementärin..... 470
3. GmbH................... 471
a) Einschränkung der Abberufung bei unsachlichen
Gründen................ 472
b) Einschränkungen der
Abberufungsgründe
durch Satzung.......... 473
c) Einschränkungen der
Abberufungsgründe
außerhalb der Satzung
durch Vertrag........... 479
d) Einschränkungen der
freien Abberufung nach
Mitbestimmungsrecht... 480

e) Abberufung ohne unmittelbare Bestellung eines Ersatzgeschäftsführers...	481
f) Zuständiges Organ für die Abberufung	482
4. GbR	483
5. Personenhandelsgesellschaften..................	487
6. GmbH & Co KG	489
II. Beratungssituation...........	491
1. Aktiengesellschaft	492
2. KGaA	497
3. Personenhandelsgesellschaften..................	500
4. GbR	503
5. GmbH	505
a) Vorbeugender Rechtsschutz ohne oder vor dem Abberufungsbeschluss...	506
aa) Keine vorangegangene Abstimmung in der Gesellschafterversammlung...............	506
bb) Gescheiterte Abstimmung in der Gesellschafterversammlung.........	514
b) Einstweiliger Rechtsschutz nach dem Abberufungsbeschluss..........	515
aa) Grundsatz...............	516
bb) Besonderheiten bei Abberufung aus wichtigem Grund................	518
cc) Ablehnung der Abberufung.....................	519
dd) Abberufungsungsbeschluss	520
ee) Abberufung bei satzungsmäßigem Sonderrecht auf Geschäftsführung	522
ff) Besonderheiten bei einer Zwei-Personen-GmbH ...	523
B. Prozess	526
I. Zuständigkeit des Gerichts ...	526
II. Vertretung im Verfügungsverfahren	528
III. Schutzschrift.................	532
IV. Beweislast und Beweisverfahren	533
V. Verfügungsantrag............	535
VI. Begründung des einstweiligen Verfügungsantrags..........	536
1. Anordnungsanspruch......	537
2. Anordnungsgrund.........	539
VII. Besonderheiten bei gegenseitiger Abberufung in der Zwei-Personen-Gesellschaft........	541
VIII. Muster	543
1. *Muster:* Antrag auf Erlass einer einstweiligen Verfügung zur vorläufigen Entziehung der Geschäftsführungsbefugnis und Vertretungsmacht gemäß §§ 117, 127 HGB bei OHG.....	543
2. *Muster:* Schutzschrift.......	544
3. *Muster:* Antrag auf Erlass einer einstweiligen Verfügung zu vorläufigen Regelungen....................	545
4. *Muster:* Antrag auf Erlass einer einstweiligen Verfügung auf Untersagung der Geschäftsführung und Vertretung durch Mitgesellschafter...................	546
5. *Muster:* Gegenantrag auf Erlass einer einstweiligen Verfügung auf Untersagung der Geschäftsführung und Vertretung durch Mitgesellschafter...................	547
C. Zwangsvollstreckung	548
§ 8 Durchsetzung von Gesellschafterinformationsrechten..............	548
A. Vorprozessuale Situation	548
I. Rechtsgrundlagen	548
1. AG	549
a) Anspruchsgrundlagen....	549
b) Anspruchsberechtigte und Anspruchsverpflichtete....................	551
c) Reichweite des Auskunftsrechts...................	554
aa) Auskunftsrecht nach § 131 Abs. 1 AktG..............	555

- bb) Erweitertes Auskunftsrechts nach § 131 Abs. 4 AktG 558
- d) Auskunftsverweigerungsrechte 560
- e) Durchsetzung des Auskunftsanspruchs 562
- 2. KGaA. 563
- 3. GmbH. 564
  - a) Anspruchsgrundlage 564
  - b) Anspruchsberechtigter und Anspruchsverpflichteter 565
  - c) Reichweite des Informationsrechts 568
  - d) Beschränkungen des Informationsrechts...... 571
  - e) Durchsetzung des Informationsrechts 575
- 4. KG, OHG 576
  - a) Anspruchsgrundlagen... 576
  - b) Anspruchsberechtigter und Anspruchsverpflichteter 577
  - c) Reichweite des Informationsrechts 579
  - d) Beschränkung des Informationsrechts 581
  - e) Durchsetzung der Informationsrechte 583
- B. Prozess....................... 584
  - I. AG 585
    - 1. Auskunftserzwingungsverfahren gemäß § 132 AktG...... 586
      - a) Zuständiges Gericht..... 586
      - b) Antrag 587
      - c) Aktiv-/Passivlegitimation 588
      - d) Darlegungs- und Beweislast 589
      - e) Rechtsmittel 591
    - 2. Anfechtungsklage 592
  - II. GmbH 595
    - 1. Informationserzwingungsverfahren gemäß § 51b GmbH. 596
      - a) Zuständigkeit des Gerichts 597
      - b) Antrag 599
      - c) Aktiv-/Passivlegitimation 601
      - d) Beweislast/Amtsermittlung 602
      - e) Rechtsmittel............ 603
    - 2. Negativer Feststellungsantrag der Gesellschaft im Informationserzwingungsverfahren gemäß § 51b GmbHG 604
    - 3. Anfechtungsklage 606
  - III. KG 607
    - 1. Leistungsklage für Informationsrechte nach §§ 118 Abs. 1 und 166 Abs. 1 HGB......... 608
    - 2. Sonderverfahren für Informationsrechte nach § 166 Abs. 1 HGB 610
    - 3. Durchsetzung des außerordentlichen Informationsrechts gemäß § 166 Abs. 3 HGB 611
    - 4. Klage zur Durchsetzung der Informationsrechte nach § 166 Abs. 3 HGB 613
  - IV. OHG/GbR................... 614
  - V. Einstweiliger Rechtsschutz ... 615
    - 1. AG 615
    - 2. GmbH 616
    - 3. KG....................... 617
    - 4. OHG/GbR 619
- C. Zwangsvollstreckung 620
  - I. AG 620
  - II. GmbH 623
  - III. KG 625
  - IV. OHG, GbR................... 630
  - V. Muster...................... 631
    - 1. *Muster:* Vollstreckung des Einsichtsrechts nach § 51a, b GmbHG entsprechend § 883 ZPO................. 631
    - 2. *Muster:* Antrag auf Festsetzung eines Zwangsgelds nach § 888 ZPO wegen Nichtbefolgung der Auskunftspflicht nach § 51a, b GmbHG 632
    - 3. *Muster:* Auskunfts-/und Einsichtserzwingungsverfahren gemäß § 51b GmbHG 633

4. *Muster:* Klage des GbR-Gesellschafters auf Einsicht in Geschäftspapiere der Gesellschaft **634**

5. *Muster:* Einstweilige Verfügung zur vorläufigen Regelung des Einsichtsrechts des GbR-Gesellschafters **635**

MUSTERVERZEICHNIS

	Rn.
§ 1 Anfechtung von Gesellschafterbeschlüssen	1
1 Anfechtungsklage gegen Gesellschafterbeschluss einer GmbH	83
2 Nichtigkeitsklage gegen den Gesellschafterbeschluss der GmbH	84
3 Anfechtungsklage mit Beschlussfeststellungsklage gegen GmbH Gesellschafterbeschluss	85
4 Feststellung der Nichtigkeit eines Gesellschafterbeschlusses einer GbR	86
5 Einstweilige Verfügung mit dem Antrag auf Verbot der Ausübung des Stimmrechts einer GmbH-Gesellschafterversammlung	87
§ 2 Rechtsmittel wegen Verstoßes gegen ein Wettbewerbsverbot durch Gesellschafter	88
6 Vertrag über umfassendes Wettbewerbsverbots	134
7 Abmahnung	135
8 Unterlassungsverpflichtung mit Vertragsstrafe für Wettbewerbsverstoß	136
9 Schutzschrift	175
10 Antrag auf Erlass einer einstweiligen Verfügung (Beachtung des Wettbewerbsverbotes)	176
11 Widerspruch gegen Einstweilige Verfügung	179
12 Unterlassungsklage wegen nachvertraglichen Wettbewerbsverstoßes	180
13 Isolierter Antrag auf Androhung Zwangsmittel	203
14 Antrag auf Festsetzung des Ordnungsmittels	204
15 Antrag auf Aufhebung des Ordnungsmittelbeschlusses	205
§ 3 Klage gegen Gesellschafter auf Mitwirkung bei Änderung des Gesellschaftsvertrages	206
16 Feststellungsklage über das Bestehen einer Gesellschaftsvertragsänderung	227
17 Leistungsklage auf Zustimmung zur Änderung des Gesellschaftsvertrages	228
18 Zustimmung des Mitgesellschafters zu einer Nachfolgeregelung	229

1 Musterverzeichnis

§ 4 Klage auf Mitwirkung an der Auflösung und Abwicklung der Gesellschaft   230

19 Klage auf Zustimmung zum Auseinandersetzungsplan   257

20 Kombinierte Feststellungs-/Leistungsklage bei Auseinandersetzung einer GbR   258

21 Leistungsklage auf Erteilung von Informationen zur Auseinandersetzung einer GbR   259

22 Antrag auf Ermächtigung zur Ersatzvornahme einer vertretbaren Handlung, kombiniert mit Antrag auf Zahlung eines Kostenvorschusses, § 897 Abs. 1 und 2 ZPO   281

23 Antrag auf Festsetzung von Zwangsgeld gemäß § 888 ZPO   282

24 Antrag auf Beitreibung eines festgesetzten Zwangsgeldes   283

§ 5 Klage auf Ausschließung eines Gesellschafters   284

25 Feststellungsklage des ausgeschlossenen BGB-Gesellschafters   358

26 Klage auf Ausschließung aus einer OHG   359

27 Klage auf Ausschließung eines Gesellschafters aus wichtigem Grund aus der GmbH   360

§ 6 Klage gegen den Geschäftsführer/Vorstand auf Schadenersatz wegen unzulässiger Geschäftsführungsmaßnahmen   362

28 Einstweiliger Rechtsschutz gegen die Ausschließung eines GbR-Gesellschafters   361

29 Klage einer GmbH gegen ihren Alleingeschäftsführer auf Schadensersatz wegen unzulässiger Geschäftsführungsmaßnahmen   455

30 Actio pro socio des Kommanditisten bzgl. Schadensersatzanspruch gegen den Komplementär   456

§ 7 Vorläufiger Rechtsschutz bei Abberufung eines Geschäftsführers   461

31 Antrag auf Erlass einer einstweiligen Verfügung zur vorläufigen Entziehung der Geschäftsführungsbefugnis und Vertretungsmacht gemäß §§ 117, 127 HGB bei OHG   543

32 Schutzschrift   544

33 Antrag auf Erlass einer einstweiligen Verfügung zu vorläufigen Regelungen   545

34 Antrag auf Erlass einer einstweiligen Verfügung auf Untersagung der Geschäftsführung und Vertretung durch Mitgesellschafter	546
35 Gegenantrag auf Erlass einer einstweiligen Verfügung auf Untersagung der Geschäftsführung und Vertretung durch Mitgesellschafter	547

§ 8 Durchsetzung von Gesellschafterinformationsrechten 548

36 Vollstreckung des Einsichtsrechts nach § 51a, b GmbHG entsprechend § 883 ZPO	631
37 Antrag auf Festsetzung eines Zwangsgelds nach § 888 ZPO wegen Nichtbefolgung der Auskunftspflicht nach § 51a, b GmbHG	632
38 Auskunfts-/und Einsichtserzwingungsverfahren gemäß § 51b GmbHG	633
39 Klage des GbR-Gesellschafters auf Einsicht in Geschäftspapiere der Gesellschaft	634
40 Einstweilige Verfügung zur vorläufigen Regelung des Einsichtsrechts des GbR-Gesellschafters	635

1

Literatur: Bärwald, Ausschließung von Gesellschaftern aus wichtigem Grund, NZG 2003, 261 ff.; Baumbach/Hefermehl Wettbewerbsrecht, 23. Auflage 2004, Verlag CH Beck München; Baumbach/Hueck GmbHG 17. Auflage 2000, Verlag CH Beck München; Beck'sches Prozessformularbuch 9. Auflage 2003, Verlag CH Beck München; David, Sinn und Unsinn von Unterwerfungserklärungen, Prozessrecht aktiv 2002, 56 ff.; David, Die fünf häufigsten Fehler bei der Zustellung einstweiligen Verfügungen, Prozessrecht aktiv 2002, 129 ff.; Goebel, Zivilprozessrecht 2004, Deutscher Anwaltverlag Bonn; Goebel, Zwangsvollstreckung, Erläuterungen und Muster 2003, Deutscher Anwaltverlag Bonn; Happ, Die GmbH im Prozess 1997, Verlag Dr. Otto Schmidt Köln; Kiethe, Ausschluss aus der Personengesellschaft und Einstweilige Verfügung, NZG 2004, 114 ff.; Littbarski, Einstweiliger Rechtsschutz im Gesellschaftsrecht 1999, Verlag CH Beck, München; Lutter/Hommelhoff GmbHG 16. Auflage 2004 Verlag Dr. Otto Schmidt Köln; Lutz, Einstweiliger Rechtsschutz bei Gesellschafterstreit in der GmbH, BB 2000, 833 ff.; Münchener Handbuch des Gesellschaftsrechts Band 1 BGB-Gesellschaft, offene Handelsgesellschaft, PartG, EWIV, 2. Auflage 2004 Verlag CH Beck München; Münchener Handbuch des Gesellschaftsrechts Band 2, Kommanditgesellschaft, stille Gesellschaft 2. Auflage 2004 Verlag CH Beck München; Münchener Handbuch des Gesellschaftsrechts Band 3, Gesellschaft mit beschränkter Haftung, 2. Auflage 2003, Verlag CH Beck München; Münchener Handbuch des Gesellschaftsrechts Band 4 Aktiengesellschaft, 2. Auflage 1999, Verlag CH Beck München; Müther, Zivilprozessuale Probleme der „neuen" BGB-Gesellschaft, MDR 2002, 987 ff.; Reichert/Winter Die „Abberufung" und Ausschließung des geschäftsführenden Gesellschafters der Publikums-Personengesellschaft, BB 1988, 981 ff.; Karsten Schmidt, Gesellschaftsrecht 4. neu bearbeitete Auflage 2002, Carl Heymanns Verlag Köln; Scholz, GmbHG, Band 1, § 1-44 Konzernrecht, 9. Auflage 2000, Verlag Dr. Otto Schmidt Köln; Scholz, GmbHG, Band 2, § 45-87, 9. Auflage 2002, Verlag Dr. Otto Schmidt Köln; Vorwerk, Das Prozessformularbuch, 7. Auflage 2002, Verlag Dr. Otto Schmidt Köln; H. P. Westermann, Erste Folgerungen aus der Anerkennung der Rechtsfähigkeit der BGB-Gesellschaft NZG 2001, 289 ff.; Wertenbruch, Die Parteifähigkeit der GbR – Die Änderungen für die Gerichts- und Vollstreckungspraxis, NJW 2002, 324; Zöller, Zivilprozessordnung, 24. Auflage 2004, Verlag Dr. Otto Schmidt Köln.

§ 1 Anfechtung von Gesellschafterbeschlüssen

Oberstes Willensbildungsorgan von Gesellschaften ist die **Gesellschafterversammlung**. Ihre Beschlüsse bestimmen maßgeblich deren Schicksal. Im Jahr 2000 gab es nach einer Statistik des deutschen Industrie- und Handelskammertages in Deutschland über 700000 GmbHs, knapp über 133.000 Kommanditgesellschaften, von denen die GmbH & Co. KG den überwiegenden Anteil ausmacht, und ca. 24.000 OHGs.[1] Die nachfolgende Darstellung orientiert sich daher im Schwerpunkt an den Rechtsproblemen der GmbH, der bei weitem häufigsten Gesellschaftsform im Geschäftsleben. Auf Besonderheiten bei anderen Gesellschaftsformen, hauptsächlich GbR, OHG, KG und AG wird jedoch gesondert hingewiesen. Sie werden auch in den Mustern berücksichtigt.

A. Vorprozessuale Situation

Im Idealfall wird der Rechtsanwalt bereits im **Vorfeld** der Gesellschafterversammlung, auf der ein umstrittener Beschluss gefasst werden soll, mit der Bratung beauftragt. Sollte die Gesellschaft selbst ihn mit der Vertretung beauftragen, wird er im Falle eines Anfechtungs- oder Nichtigkeitsprozesses auf der Beklagtenseite stehen. Zusätzlich zur materiell-rechtlichen Beratung der Gesellschaft wird seine Aufgabe in diesem Falle regelmäßig darin liegen, für eine ordnungsgemäße Einberufung und Durchführung der Gesellschafterversammlung zu sorgen.

I. Gesetzliche Grundlagen der Gesellschafterversammlung und der Beschlussanfechtung

1. Einberufung und Durchführung der Gesellschafterversammlung

Die **Zuständigkeit** der Gesellschafterversammlung für den geplanten Beschluss ergibt sich nach § 45 Abs. 2 GmbHG in erster Linie aus dem Gesellschaftsvertrag. Ist nach dem Gesellschaftsvertrag zwingend etwa der Aufsichtsrat oder der Geschäftsführer zuständig, kann ein zulässiger Gesellschafterbeschluss zu dieser Frage selbstverständlich nicht gefasst werden.[2] Wenn die Satzung der GmbH nicht zwingend die Kompetenz eines anderen Gesellschaftsorgans vorsieht, darf die Gesellschafterversammlung jedoch aufgrund ihrer Allzuständigkeit jede Angelegenheit an sich ziehen und für andere Organe im Innenverhältnis bindend entscheiden.[3] Das gilt für die AG nur mit Einschränkungen, § 119 AktG. Der **Zuständigkeitskatalog** des § 46 GmbHG für die Gesellschafterversammlung ist insoweit dispositiv. Die extensive Erweiterung der Zuständigkeit muss aber für den Geschäftsführer einen Grundbestand eigener Sachentscheidungen in Geschäftsführungsfragen belassen.[4] Die Einschränkung der Kompetenzen der Gesellschafterversammlung haben sich an der Maxime zu orientieren, dass der

---

1 Gummert: in Münchener Handbuch des Gesellschaftsrechts, Bd. 2, 2. Aufl. 2004 zu § 2 Rn. 15.
2 Zöllner, in: Baumbach/Hueck, GmbHG, 17. Auflage 2000, zu § 46, Rn. 60.
3 Zöllner, in: Baumbach/Hueck, GmbHG, 17. Auflage 2000, zu § 46, Rn. 60.
4 Streitig vgl. Zöllner, in: Baumbach/Hueck, GmbHG, 17. Auflage 2000, zu § 46, Rn. 3; zu § 25, Rn. 17.

§ 1 Anfechtung von Gesellschafterbeschlüssen

Gesellschafterversammlung ihre Stellung als oberstes Organ nicht genommen werden darf.[5] Bei der AG sind die Zuständigkeiten wesentlich starrer geregelt.

4   In formeller Hinsicht muss der Rechtsanwalt bei Beauftragung durch die Gesellschaft meist schon überwachen, dass die Gesellschafterversammlung **form- und fristgemäß einberufen** wird. In aller Regel enthalten Gesellschaftsverträge Bestimmungen über die Einberufung von Gesellschafterversammlungen. Im übrigen gelten für die GmbH §§ 49 ff. GmbHG. Für die AG gelten insoweit §§ 121 ff. AktG. Für die GbR und die OHG bzw. KG gibt es insoweit keine gesetzlichen Regelungen. Die Einladung zu einer Gesellschafterversammlung unterliegt dort keiner bestimmten Form.[6] Meist finden sich aber im Gesellschaftsvertrag entsprechende Regelungen.

5   Das GmbHG regelt zwar in §§ 45, 51 auf welchem Wege und unter welchen Voraussetzungen Beschlüsse der Gesellschafter der GmbH zustande kommen. Es enthält jedoch keine Vorschriften über die Anfechtung von Beschlüssen der Gesellschafterversammlung. Auch § 45 GmbHG, der für Rechte der Gesellschafter in Angelegenheiten der Gesellschaft auf den Gesellschaftsvertrag und hilfsweise auf §§ 46 bis 51 GmbHG verweist, hilft hier nicht weiter. Es besteht jedoch Einigkeit darüber, dass für die Anfechtung von Gesellschafterbeschlüssen die **aktienrechtlichen Regelungen (§§ 241 ff. AktG)** über die Anfechtung und Nichtigkeit von Beschlüssen der Hauptversammlung entsprechend anzuwenden sind, soweit nicht die Besonderheiten des GmbH-Rechts dem entgegen stehen.[7]

6   Die zentrale Vorschrift für die Anfechtbarkeit von Gesellschafterbeschlüssen der GmbH ist **§ 243 Abs. 1 AktG**. Dieser setzt die Verletzung des Gesetzes oder des Gesellschaftsvertrags durch einen Gesellschafterbeschluss voraus. Mit „Gesetz" ist dabei neben dem Gesetz im formellen Sinne auch jede untergesetzliche oder ungeschriebene Regelung gemeint.[8] Aus der entsprechenden Anwendung der §§ 241 Nr. 1, 121 Abs. 3 und 4 AktG folgt die Nichtigkeit des Gesellschafterbeschlusses, wenn das Einberufungsverfahren grundlegende Mängel aufweist. Nichtig ist ein Gesellschafterbeschluss schon dann, wenn entweder überhaupt keine Gesellschafterversammlung einberufen wurde oder, wenn die Einberufung aufgehoben und die Gesellschafterversammlung trotzdem durchgeführt wurde. Auch die Einberufung durch eine unbefugte Person führt zur Nichtigkeit der in der fraglichen Gesellschafterversammlung gefassten Beschlüsse.[9] Ob die Einberufungszuständigkeit der GmbH-Geschäftsführer nach § 49 Abs. 1 GmbHG durch Satzung eingeschränkt werden kann, ist umstritten. Die herrschende Meinung hält die Einberufungszuständigkeit des Geschäftsführers für entziehbar, wenn anderweitige Zuständigkeiten geschaffen werden.[10] Ein Nichtigkeitsgrund

---

5 Zöllner, in: Baumbach/Hueck, zu § 46, Rn. 4; zu § 45, Rn. 5.
6 RGZ 163, 392.
7 BGHZ 104, 66, 69 ff.; BGHZ 51, 209, 210; BGHZ 36, 207, 211; Karsten Schmidt, in: Scholz, GmbHG, II. Band, 9. Auflage 2002, zu § 45, Rn. 36 m.w.N.; Kleveman, in: Vorwerk, Das Prozessformularbuch, 7. Auflage, 2002, Kapitel 104, Rn. 21.
8 Wolff, in: Münchener Handbuch des Gesellschaftsrechts, Band 3, GmbH, 2. Auflage 2003, zu § 40, Rn. 36.
9 Karsten Schmidt, in: Scholz, GmbHG, zu § 45, Rn. 64.
10 Vgl. dazu Zöllner, in: Baumbach/Hueck, GmbHG, zu § 49, Rn. 2 mit weiteren Nachweisen.

liegt ferner in der Einladung nicht aller Teilnahmeberechtigten[11] oder in der fehlenden oder unrichtigen Orts- oder Datumsangabe.[12]

2. Nichtigkeits- und Anfechtungsgründe

Beschlussfehler sind im Wesentlichen zu unterteilen in Nichtigkeits- und Anfechtungsgründe. So genannte Nichtbeschlüsse oder Scheinbeschlüsse, die beispielsweise durch Nichtgesellschafter gefasst werden oder nicht mit der erforderlichen Mehrheit gefasst worden sind, spielen in der Praxis kaum eine Rolle. Ist in diesem Fall ein unrichtiges Beschlussergebnis durch den Vorsitzenden der Gesellschafterversammlung festgestellt worden, muss dies mit der Anfechtungsklage angegriffen werden, andernfalls muss Feststellungsklage erhoben werden. Die so genannten schwebend unwirksamen Beschlüsse, die zu ihrer Wirksamkeit noch zusätzlicher – bislang nicht vorliegender – Voraussetzungen bedürfen, sind weder fehlerhaft noch nichtig. Die schwebende Unwirksamkeit kann ohne weitere Beschränkungen gerichtlich geltend gemacht werden.[13]

3. Nichtigkeitsgründe

Die Nichtigkeitsgründe sind auch für die GmbH im Aktienrecht abschließend aufgezählt, insbesondere in § 241 AktG. Anders als bei Anfechtungsgründen kommt es hier nicht auf die Erheblichkeit des Nichtigkeitsgrundes für das Beschlussergebnis an.[14]

a) Formelle Mängel

Formelle Umstände, die zur Nichtigkeit eines Beschlusses führen, sind in § 241 Nr. 1, 2, 5 und 6 AktG genannt. Danach führen insbesondere Mängel bei der **Einberufung** der Gesellschafterversammlung zur Nichtigkeit dort gefasster Beschlüsse. Für die GbR, die OHG und die KG bestehen für die Beschlussfassung in der Gesellschaft keine entsprechenden Regelungen.[15] Die Tagesordnung muss dort nur im Rahmen des Zumutbaren vorher mitgeteilt werden.[16] Meist finden sich aber im Gesellschaftsvertrag Regelungen über die Beschlussfassung in der Gesellschafterversammlung.

Bestimmte Gesellschafterbeschlüsse bedürfen zu ihrer Wirksamkeit der Beurkundung. Soweit Beschlüsse gegen ein gesetzliches Beurkundungserfordernis verstoßen, führt dies zur Nichtigkeit; bei nur gesellschaftsvertraglich begründeter Beurkundungspflichten lediglich zur Anfechtbarkeit.[17]

---

11 BGH WM 1983, 1354 ff.; OLG Schleswig, NZG 2000, 318 ff.; vgl. aber für den Sonderfall, dass nicht eingeladene Gesellschafter vertraglich verpflichtet sind, den gefassten Beschluss herbeizuführen: BGH, NJW 1965, 1376 ff.
12 LG Köln, GmbHR, 1992, 809 ff. (Versammlungsort). Weitere Nichtigkeits- und Anfechtungsgründe im Zusammenhang mit der Einberufung der Gesellschafterversammlung bzw. der Ladung zur Gesellschafterversammlung finden sich bei Karsten Schmidt, in: Scholz, GmbHG, zu § 45, Rn. 64; Wolff, in: Münchener Handbuch des Gesellschaftsrechts, Band 3 GmbH, 2. Auflage 2003, zu §§ 40 Rn. 11 bis 15 für Nichtigkeitsgründe und Rn. 36 ff. für Anfechtbarkeit von Beschlüssen.
13 Karsten Schmidt, in: Scholz, GmbHG, zu § 45, Rn. 59, Wolff, in: Münchener Handbuch des Gesellschaftsrechts, Band 3 GmbH, 2. Auflage 2003, zu 40, Rn. 7.
14 Karsten Schmidt, in: Scholz, zu § 45, Rn. 69; BGHZ 11, 231, 239.
15 RGZ 163, 392.
16 Kessler, in: Staudinger BGB zu § 709 Rn. 30.
17 Karsten Schmidt, in: Scholz, zu § 45, Rn. 67.

b) Inhaltliche Mängel

11 § 241 Nr. 3 und 4 AktG heben auf inhaltliche Mängel des Beschlusses ab. Danach sind Beschlüsse nichtig, die ihrem Inhalt nach Rechte Dritter beeinträchtigen, denen keine Anfechtungsbefugnis zusteht. Weiter sind Beschlüsse nichtig, die gegen Vorschriften **zum Schutze von Gläubigern** verstoßen, also insbesondere gegen Bestimmungen über die Kapitalaufbringung und Erhaltung (§§ 5, 9 bis 9 b, 19, 21 bis 24, 30 bis 34 GmbHG). Die im öffentlichen Interesse bestehenden Vorschriften nach § 241 Nr. 3 Fall 3 AktG sind vor allem Vorschriften außerhalb des GmbHG, insbesondere Vorschriften des Mitbestimmungsgesetzes oder des GWB.[18]

12 **Sonderregelungen** für die Nichtigkeit von Beschlüssen der Gesellschafterversammlung der GmbH finden sich in §§ 256, 253 AktG über die Feststellung des Jahresabschlusses und die Gewinnverwendung. So ist ein Beschluss über die Verwendung des Gewinns nichtig, wenn er auf der nichtigen Feststellung eines Jahresabschlusses beruht. Sonderregelungen im GmbHG zu Nichtigkeitsgründen findet sich im Recht der Kapitalerhöhung/Kapitalherabsetzung, §§ 57j S. 2, 57n Abs. 2 S. 4, 58e Abs. 3, 58f Abs. 2 GmbHG.

13 Inhaltliche Nichtigkeitsgründe für Beschlüsse der GbR, OHG und KG sind vor allem Verstöße gegen die guten Sitten nach § 138 BGB, gegen Verbotsgesetze im Sinne von § 134 BGB wegen mangelnder Geschäftsfähigkeit oder wegen irrtums- bzw. drohungsbedingter Anfechtung, §§ 119, 123 BGB und Verstöße gegen die gesellschaftsrechtliche Treuepflicht.[19]

c) Heilung

14 Im GmbHG entsprechend anwendbar ist auch § 242 AktG, der die Heilung **nichtiger Beschlüsse** regelt. So heilt die Eintragung eines an einem Beurkundungsmangel krankenden Beschlusses dessen Nichtigkeit. Beschlüsse, die an Inhaltsmängeln leiden, werden nach Ablauf von drei Jahren nach der Handelsregistereintragung geheilt. § 242 Abs. 2 S. 2 AktG sieht eine Verlängerung dieser Frist vor, wenn bei ihrem Ablauf bereits eine Klage rechtshängig ist.

15 Entsprechendes gilt für die Heilung von **Einberufungsmängeln**. Für Letztere tritt darüber hinaus Heilung ein, wenn beispielsweise die nicht ordnungsgemäß eingeladenen Gesellschafter den Beschluss genehmigen oder wenn alle Gesellschafter im Rahmen einer Vollversammlung gem. § 51 Abs. 3 GmbHG nicht widersprechen.[20] Ein an Einberufungsmängeln krankender Beschluss kann auch durch Rügeverzicht „wirksam" werden.[21] Dementsprechend ist ein im Umlaufverfahren nach § 48 Abs. 2 GmbHG gefasster Beschluss nicht nichtig, obwohl nicht alle Gesellschafter zur Stimmabgabe aufgefordert sind, wenn gleichwohl alle Gesellschafter vorbehaltlos gestimmt haben.[22] Schließlich kann ein nichtiger Beschluss unter Vermeidung der nichtigkeitsbegründen-

---

18 Wolff, in: Münchener Handbuch des Gesellschaftsrechts Band 3 GmbHG, 2. Auflage 2003, zu § 40, Rn. 20.
19 Karsten Schmidt, Gesellschaftsrecht 3. Aufl. 1997 § 15 II.
20 Zöllner, in: Baumbach/Hueck, Anhang § 47, Rn. 38.
21 Wolff, in: Münchener Handbuch des Gesellschaftsrechts Band 3 GmbH, 2. Auflage 2003, zu § 40 Rn. 34;
22 Zöllner, in: Baumbach/Hueck, Anhang § 47, Rn. 21.

den Umstände bestätigt werden. Die Bestätigung wirkt allerdings nicht zurück.[23] Dies gilt im Grundsatz auch für die GbR, OHG und KG.

4. Anfechtungsgründe

a) Formelle Mängel

Die Anfechtbarkeit hat wegen des numerus clausus der Nichtigkeitsgründe **Auffangfunktion**. 16

Für das GmbH-Recht gilt § 243 Abs. 1 AktG entsprechend. Danach stellt die Verletzung des Gesetzes oder des Gesellschaftsvertrages einen Anfechtungsgrund dar. Vom Begriff „Gesetz" sind auch untergesetzliche und ungeschriebene Regelungen erfasst.[24] Darüber hinaus schafft die Verletzung schuldrechtlicher Bindungen nur dann einen Anfechtungsgrund, wenn alle Gesellschafter die fragliche Vereinbarung (allseitige Konsortialabrede) getroffen haben. Das ist häufig der Fall, wenn sich die Gesellschafter im Vorfeld einer Gesellschafterversammlung mit Rechtsbindungswillen über eine bestimmte Stimmabgabe verständigt haben. Die herrschende Meinung sieht einen unter Verletzung einer solchen allseitigen **Konsortialabrede** zustande gekommenen Beschluss aus Vereinfachungsgründen als anfechtbar an. Andernfalls müssten die abredewidrig überstimmten Gesellschafter zunächst Klage gegen die Mitgesellschafter auf Abgabe einer der Konsortialabrede entsprechenden Stimme erheben, damit nach ihrer Verurteilung zu einer abweichenden Stimmabgabe der Beschluss beseitigt werden kann.[25] 17

Die Unterschreitung der Ladungsfrist bei der Vorbereitung der Gesellschafterversammlung, die Nichteinladung teilnahmeberechtigter Nichtgesellschafter sowie die Einberufung an einen unzulässigen Ort oder zu einer unzulässigen Unzeit und die nicht oder nicht fristgerecht mitgeteilte Tagesordnung führen grundsätzlich zur Anfechtbarkeit des Beschlusses. 18

Mängel bei der Durchführung der Gesellschafterversammlung, die zur Anfechtbarkeit eines Beschlusses führen, sind etwa die **Beschlussunfähigkeit,** der **Ausschluss stimmberechtigter Gesellschafter** oder Vertreter von der Stimmabgabe, der **Ausschluss teilnahmeberechtigter Berater** und umgekehrt die **Anwesenheit nicht teilnahmeberechtigter Personen**. Anfechtungsgründe können weiter das Abweichen von einer angekündigten Tagesordnung oder das Fehlen einer gesellschaftsvertraglich vorgeschriebenen Feststellung des Beschlussergebnisses sei.[26] Die Verletzung reiner Ordnungsvorschriften – wie etwa der Protokollpflicht – führt demgegenüber nicht zur Anfechtbarkeit des Beschlusses.[27] 19

---

23 OLG Schleswig, NZG 2000, 318ff.; Wolff, in: Münchener Handbuch des Gesellschaftsrechts, Band 3, GmbH, 2. Auflage 2003, zu § 40 Rn. 35.
24 Zöllner, in: Baumbach/Hueck, Anhang § 47, Rn. 44.
25 BGH NJW 1987, 1890; OLG Hamm, NZG 2000, 1036ff.; Zöllner, in: Baumbach/Hueck, zu § 47, Rn. 79; anderer Ansicht Wolff, in: Münchener Handbuch des Gesellschaftsrechts, Band 3, GmbH, 2. Auflage 2003, zu § 40, Rn. 46 mit weiteren Nachweisen in Fußnote 120.
26 Vgl. dazu ausführlicher mit zahlreichen Nachweisen: Wolff, in: Münchener Handbuch des Gesellschaftsrechts, Band 3, GmbH, 2. Auflage 2003, zu § 40, Rn. 37ff.
27 OLG Hamm, ZIP 1985, 741, 744.

20 Formelle Mängel berechtigen jedoch nur zur Anfechtung des Beschlusses, wenn der entsprechende **Beschluss auf den Fehler** beruht. Die Ursächlichkeit wird vermutet, wenn seine Ursächlichkeit für den konkreten Beschluss nicht völlig ausgeschlossen ist.[28] Wird beispielsweise ein stimmberechtigter Gesellschafter zu Unrecht von der Stimmabgabe ausgeschlossen, wirkt sich dieser Fehler nicht aus, wenn der ausgeschlossene Gesellschafter aufgrund der im Gesellschaftsvertrag vorgeschriebenen Mehrheitsverhältnisse durch seine Stimmabgabe den Beschluss nicht hätte verhindern können.[29]

b) Inhaltliche Mängel

21 Inhaltliche Mängel liegen vor bei Verletzung des Gesetzes oder des Gesellschaftsvertrages. Sie sind stets für den konkreten Beschluss „erheblich".

22 Die Abstimmung entgegen einem **Stimmverbot** nach § 47 Abs. 4 GmbHG stellt einen Anfechtungsgrund dar. § 47 Abs. 4 GmbHG regelt den klassischen Fall der Interessenkollision. Der Gesetzgeber will verbandsfremde Sonderinteressen von der Einwirkung auf Verbandsentscheidungen fernhalten. Die in § 47 Abs. 4 GmbHG genannten Fälle sind analogiefähig und einer weiten Auslegung zugänglich.[30] Allerdings führt nicht jeder Interessenkonflikt zum Stimmrechtsausschluss und damit zur Anfechtbarkeit eines Beschlusses.

23 Praktisch bedeutsam ist besonders das Stimmrechtsverbot nach § 47 Abs. 4 S. 2 GmbHG, d.h. bei einer Beschlussfassung, welche die Vornahme eines Rechtsgeschäfts gegenüber einem Gesellschafter betrifft. Insoweit ist schwer einzugrenzen, welche Art von Rechtsgeschäften zu einem Stimmrechtsausschluss führen. Nach Auffassung des BGH ist der Stimmrechtsausschluss auf individualrechtliche Rechtsgeschäfte beschränkt und gilt nicht für sozialrechtliche Rechtsgeschäfte.[31]

24 Unstreitig besteht jedoch kein Stimmverbot bei der Bestellung von Organmitgliedern und für deren gewöhnliche Abberufung aus einer Organstellung. Anders ist es nur bei der Abberufung aus wichtigem Grund. Das davon betroffene Organmitglied darf bei der Abberufung nicht mitstimmen.[32]

25 Als Anfechtungsgrund weniger stark konturiert ist die **Verletzung der Treuepflicht** und das Erstreben von Sondervorteilen.[33] Auch die Verletzung des Gleichbehandlungsgrundsatzes führt zur Anfechtbarkeit eines Gesellschaftsbeschlusses.[34] Die Vorschriften zur Anfechtbarkeit von Aufsichtsratswahlen (§ 251 Abs. 1 AktG) und die Vorschriften über die Anfechtung der Kapitalerhöhung gem. § 255 Abs. 2 AktG sind auf

---

28 BGH GmbHR 1972, 177 ff.
29 Vgl. dazu weiter Wolff, in: Münchener Handbuch des Gesellschaftsrechts, Band 3, GmbH, 2. Auflage 2003, zu § 40, Rn. 40 ff.
30 Zöllner, in: Baumbach/Hueck, § 47, Rn. 44; vgl. auch BGHZ 97, 33.
31 BGH NJW 1991, 172; modifizierend Zöllner, in: Baumbach/Hueck, zu § 47, Rn. 48 ff.
32 Allgemeine Meinung: Zöllner, in: Baumbach/Hueck, zu § 47, Rn. 51 ff.
33 Vgl. dazu mit weiteren Hinweisen: Wolff, in: Münchener Handbuch des Gesellschaftsrechts, Band 3, GmbH, 2. Auflage 2003, zu § 40, Rn. 44 mit weiteren Nachweisen.
34 BGHZ 111, 224, 227; OLG Köln, NZG 1999, 1228 ff.

Beschlussfassungen der Gesellschafterversammlung der GmbH entsprechend anzuwenden.[35]

Für die Abstimmung in **Konzerngesellschaften** ist zu beachten, dass das Stimmrechtsverbot nicht nur bei der unmittelbaren Vornahme eines Rechtsgeschäfts mit einem Gesellschafter greift, sondern auch, wenn Beschlussgegenstand ein Rechtsgeschäft einer Gesellschaft mit einer Tochtergesellschaft eines Gesellschafters ist.[36]

c) Heilung

Ähnlich wie bei den Nichtigkeitsgründen kann ein anfechtbarer Beschluss analog § 244 AktG durch **Bestätigung** geheilt werden. Dies setzt jedoch voraus, dass der bestätigende Beschluss ohne den fraglichen Anfechtungsgrund zustande gekommen ist. Die Bestätigung wirkt auch hier nicht auf den Zeitpunkt des Ursprungsbeschlusses zurück.[37] Des Weiteren kann ein anfechtbarer Beschluss ebenso wie ein nichtiger Beschluss durch Genehmigung bzw. durch Rügeverzicht geheilt werden.[38] Entsprechendes gilt für die GbR, die OHG und die KG.

II. Beratungssituation

1. Allgemeines

Bei der Beratung der Gesellschaft kann die unterschiedliche Qualifikation von Einberufungs- und Ladungsmängeln im Laufe der Durchführung der Gesellschafterversammlung als Nichtigkeits- oder Anfechtungsgründe zunächst vernachlässigt werden. Vor Durchführung der Gesellschafterversammlung kann sich die Gesellschaft in aller Regel nicht darauf verlassen, dass Fehler bei der Einberufung/Ladung nach den Grundsätzen der Vollversammlung gem. § 51 Abs. 3 GmbHG geheilt werden oder etwa durch Rügeverzicht oder Genehmigung des betroffenen Gesellschafters.[39]

Wird der Rechtsanwalt im Vorfeld des Gesellschafterbeschlusses nicht von der Gesellschaft beauftragt, sondern von einem Gesellschafter, der beabsichtigt, den fraglichen Beschluss zu verhindern oder hilfsweise anzufechten, stellen sich die o.g. Probleme der ordnungsgemäßen Einberufung bzw. Ladung zur Gesellschafterversammlung nicht so zugespitzt wie auf Seiten der Gesellschaft. Eine **Ausnahme** besteht jedoch, wenn es dem anfechtungswilligen Gesellschafter darum geht, Zeit zu gewinnen. Das kann der Fall sein, wenn es für die Gesellschaft nur innerhalb eines bestimmten Zeitraums Sinn macht, einen bestimmten Gesellschafterbeschluss zu fassen, etwa zur Beteiligung der Gesellschaft an einer befristeten Ausschreibung. In diesem Fall kann es Sinn machen, dass der anfechtungswillige Gesellschafter die Gesellschaft nicht auf etwaige formellen Mängel der Einberufung und Ladung zur Gesellschafterversammlung aufmerksam macht und den Beschluss später anficht.

---

35 Zöllner, in: Baumbach/Hueck, Anhang § 47, Rn. 56, 58.
36 Zöllner, in: Baumbach/Hueck, zu § 47, Rn. 49.
37 BGH GmbHR 1972, 177.
38 Vgl. dazu näher: Wolff, in: Münchener Handbuch des Gesellschaftsrechts, Band 3, GmbH, 2. Auflage 2003, zu § 40, Rn. 51.
39 Vgl. dazu Karsten Schmidt, in: Scholz, GmbHG, zu § 51, Rn. 27 bis 44.

30 Häufig wird das Interesse des anfechtungswilligen Gesellschafters aber darin liegen, einen Beschluss mit einem bestimmten Inhalt generell zu verhindern oder zu bekämpfen. Dann macht es für ihn wenig Sinn, den Beschluss nur aufgrund von Einberufungs- und/oder Ladungsmängeln anzufechten. Denn ein inhaltlich identischer Beschluss könnte in einer ordnungsgemäß einberufenen Folgegesellschafterversammlung ohne Formfehler erneut gefasst werden. In der Regel wird sich die Tätigkeit des von einem anfechtungswilligen Gesellschafter im Vorfeld der Gesellschafterversammlung beauftragten Rechtsanwalts deshalb auf die Prüfung der materiellen Rechtslage beschränken sowie auf taktische Fragen.

31 Wie weit es im Vorfeld der Beschlussfassung sinnvoll ist, bereits die materielle Rechtmäßigkeit des zu erwartenden Beschlusses abschließend zu prüfen, ist eine Frage des Einzelfalls. Grundsätzlich liegt es aufgrund der Anfechtungsfristen (dazu mehr unten Rn. 49 ff.) nahe, auch die materielle Rechtslage möglichst frühzeitig zu prüfen. Andererseits ist dies häufig nicht weiträumig im Vorfeld der Beschlussfassung möglich. Denn der fragliche Beschluss muss nicht schon zwingend mit der Einladung zur Gesellschafterversammlung (in der Regel zwei Wochen) bekannt gegeben werden. Ergänzungen der Tagesordnung sind bei der GmbH-Gesellschafterversammlung gem. § 51 Abs. 4 GmbHG auch drei Tage vor der Versammlung möglich.[40] Mitunter wird der endgültige Wortlaut des anzufechtenden Beschlusses auch erst in der Gesellschafterversammlung nach Erörterung unter den Gesellschaftern feststehen.

32 Im Vorfeld einer Gesellschafterversammlung kann es darüber hinaus auch sinnvoll sein, **Sachverständige** für bestimmte Fragen heranzuziehen und Fragen der Rechtschutzversicherung zu klären.

2. Umfang der Fehlerhaftigkeit von Gesellschafterbeschlüssen

33 Nicht selten werden mehrere Beschlussgegenstände mit einem Beschlussvorschlag zur Abstimmung der Gesellschafter gestellt. Betreffen Anfechtungs- oder Nichtigkeitsgründe lediglich einen Teilausschnitt eines solchen Beschlusses, stellt sich die Frage, ob der betreffende Beschlussteil nichtig ist bzw. für nichtig erklärt werden muss oder ob der gesamte Beschluss anfechtbar bzw. nichtig ist.

34 Besteht zwischen den einzelnen Beschlussgegenständen **kein sachlicher Zusammenhang**, sind sie also nur lose in einem Tagesordnungspunkt zusammen gefasst, betrifft die Nichtigkeitsfolge lediglich den davon betroffenen Beschlussteil. Verschiedene Regelungen werden jedoch meist deshalb in einem gemeinsamen Beschlussvorschlag zur Abstimmung gestellt, weil sie sachlich zusammenhängende Fragen betreffen. Die gemeinsame Abstimmung über verschiedene Fragen mag gesetzlich vorgeschrieben[41] oder bewusst gewählt sein, damit durch gemeinsame Abstimmung ein unterschiedliches Abstimmungsverhalten der Gesellschafter zu den verschiedenen Sachpunkten und ein unterschiedliches rechtliches Schicksal der Einzelnen Regelungen vermieden wird.

---

40 Vgl. dazu näher: Karsten Schmidt in: Scholz GmbHG zu § 51 Rn. 21.
41 Kapitalerhöhung mit Bezugsrechtsausschluss entsprechend § 186 Abs. 33 AktG.

Ist die gemeinsame Beschlussfassung gesetzlich vorgeschrieben, führt dies stets zur Gesamtnichtigkeit des Beschlusses.[42] Bei freiwilliger Zusammenfassung verschiedener sachlich zusammenhängender Fragen in einem Beschluss ist im Zweifel die Totalnichtigkeit des gesamten Beschlusses zu vermuten, es sei denn, der Beschluss wäre nach objektiver Betrachtungsweise vernünftigerweise auch ohne den nichtigen Teil gefasst worden.[43]

Führt die Nichtigkeit eines Beschlussteils nicht zur Gesamtnichtigkeit des Beschlusses, muss das Gericht eine gegen den Gesamtbeschluss erhobene Klage insoweit abweisen, als auch die von der Nichtigkeit nicht betroffenen Beschlussteile angefochten sind. Schon aufgrund der damit verbundenen Kostenrisiken im Vorfeld der Klageerhebung ist die Frage der Auswirkungen der Teilnichtigkeit auf den Gesamtbeschluss zu prüfen.

3. Art und Weise der Geltendmachung von Beschlussmängeln

Der Rechtsanwalt muss den von ihm vertretenen Gesellschafter weiter darüber informieren, wie Beschlussmängel geltend zu machen sind.

a) Vorgeschaltete Mediation

Denkbar ist zunächst, dass die Treuepflicht der Gesellschafter vor Klageerhebung eine **anderweitige Geltendmachung** von Anfechtungs- und Nichtigkeitsgründen erfordert. Grundsätzlich ist im Gesellschaftsvertrag die Vorschaltung eines nicht prozessualen Verfahrens zulässig. Ist aber von vornherein eindeutig, dass eine solchermaßen vorgesehene Mediation aussichtslos und ein Rechtsstreit unvermeidbar ist, kann und muss innerhalb der geltenden Fristen Klage erhoben werden. Denn der Gesellschaftsvertrag kann den Rechtsweg insoweit nicht ausschließen.[44]

b) Nichtigkeitsrüge

Die Nichtigkeit eines Gesellschafterbeschlusses kann innerhalb und außerhalb von Prozessen geltend gemacht werden, d.h. auf jede Weise. Das gilt auch für den so genannten Nichtbeschluss oder den Scheinbeschluss.[45] Ein solcher liegt vor, wenn ein bestimmter Beschluss oder Beschlussinhalt von der Gesellschaft oder von Mitgesellschaftern lediglich behauptet wird, aber nicht vorliegt.

Prozessual kann die Nichtigkeit eines Gesellschafterbeschlusses als Hauptfrage aber grundsätzlich nur auf zwei Arten geltend gemacht werden. Als gewöhnliche **Feststellungsklage** im Sinne des § 256 ZPO kann die Nichtigkeit von jedermann gerichtlich geltend gemacht werden, vorausgesetzt, es besteht ein Rechtsschutzbedürfnis. Das auf eine solche Feststellungsklage folgende Urteil hat allerdings Wirkung nur zwischen den Prozessparteien.

Gesellschafter oder sonst klagebefugte Organmitglieder können hingegen nach der Rechtsprechung des BGH entsprechend § 249 AktG die Nichtigkeit eines Gesell-

---

42 Zöllner, in: Baumbach/Hueck, GmbHG, Anhang § 47, Rn. 39.
43 BGHZ 118, 222; Karsten Schmidt, in: Scholz, GmbHG, zu § 45, Rn. 43.
44 Karsten Schmidt, in: Scholz, GmbHG zu § 45 Rn. 43.
45 Karsten Schmidt in: Scholz, GmbHG zu § 45 Rn. 44.

schaftsbeschlusses mit Wirkung gegen jedermann feststellen lassen. Das Urteil ist Gestaltungsurteil. Für Gesellschafter und sonst klagebefugte Organmitglieder der Gesellschaft ist daher nach hier vertretener Auffassung die Nichtigkeitsfeststellungsklage gem. § 256 ZPO mangels Rechtsschutzbedürfnis unzulässig, da ihnen die weitergehende Möglichkeit der Nichtigkeitsfeststellungsklage nach § 249 AktG zusteht.[46]

42 Die prozessuale Geltendmachung von Beschlussmängeln der GbR, der OHG und der KG erfolgt nach herrschender Meinung nur durch **Nichtigkeitsklage**. Eine Anfechtungsklage entsprechend §§ 243 AktG scheidet insoweit aus.[47]

c) Anfechtung

43 Nach der Rechtsprechung des BGH sind auf anfechtbare Beschlüsse von GmbH-Gesellschafterversammlungen die aktienrechtlichen Vorschriften über die Anfechtung von Beschlüssen der Hauptversammlung der §§ 243f. AktG (mit Ausnahme von § 246 AktG) entsprechend anwendbar. Dies bedeutet, dass fehlerhafte, jedoch nur anfechtbare Beschlüsse vorläufig wirksam sind. Werden sie nicht angefochten, sind sie nach Ablauf der Anfechtungsfrist endgültig wirksam.[48]

44 Die Anfechtbarkeit von Beschlüssen kann grundsätzlich nur durch eine **Gestaltungsklage** geltend gemacht werden, die sog. Anfechtungsklage. Das der Anfechtungsklage stattgebende Urteil, wonach der angefochtene Beschluss für nichtig erklärt wird, ist ebenfalls Gestaltungsurteil und wirkt daher für und gegen jedermann.[49]

d) Beschlussfeststellungsklage

45 Von der kassatorischen Anfechtungsklage ist die **Beschlussfeststellungsklage** zu unterscheiden, die sich nach § 256 ZPO richtet. Sie kommt insbesondere in Betracht, wenn bei fehlender Feststellung des Beschlusses Unklarheit darüber besteht, welches Abstimmungsergebnis erzielt wurde oder ob ein Beschlussantrag angenommen oder abgelehnt wurde.[50] Die Klärung dieser Fragen ist weder durch Nichtigkeits- noch durch Anfechtungsklage möglich. Für diese Fälle kann die Beschlussfeststellungsklage entweder als positive Klage mit dem Antrag gestellt werden, ein bestimmtes Ergebnis des Beschlusses festzustellen oder als negative Klage. In diesem Falle hätte sie das Ziel festzustellen, dass der Beschluss nicht mit dem bestimmten Abstimmungsergebnis gefasst wurde.

46 Im Gegensatz zur Anfechtungs- und Nichtigkeitsklage ist die Beschlussfeststellungsklage gerade nicht auf die Geltendmachung von Beschlussmängeln formeller und inhaltlicher Art gerichtet. Liegt nämlich ein Nichtigkeitsgrund vor, darf das Beschlussergebnis nicht positiv festgestellt werden. Werden Anfechtungsgründe von einem anfechtungsbefugten Inhalt der Anfechtungsfrist mit Klage geltend gemacht, ist eine positive Beschlussfeststellungsklage (mangels Rechtsschutzbedürfnis) unbegründet.[51]

---

46 BGHZ 384f. (388) zur eingetragenen Genossenschaft; allgemein Wolff in: Münchener Handbuch des Gesellschaftsrechts Band 3 GmbH, zweite Auflage 2003 zu § 40 Rn. 30.
47 Ulmer, in: Münchener Kommentar zum BGB zu § 709 Rn. 95.
48 BGH NJW 1999, 2115f.; Karsten Schmidt in: Scholz GmbHG zu § 45 Rn. 45.
49 Zöllner, in: Baumbach/Hueck, GmbHG Anh. § 47 Rn. 90.
50 BGH, NZG 2003, 284f.
51 Zöllner, in: Baumbach/Hueck, Anhang § 47, Rn. 90c.

e) Allgemeine Feststellungsklage

Beschlussmängel können nur dann mit einer allgemeinen Feststellungsklage nach § 256 ZPO geltend gemacht werden, wenn das Rechtsschutzziel mit der Anfechtungs-, Nichtigkeits- oder der Beschlussfeststellungsklage nicht erreicht werden kann.

Dabei ist zu berücksichtigen, dass die Wirkungen eines allgemeinen Feststellungsurteils nur zwischen den Parteien des Prozesses bestehen, bei der Beschlussfeststellungsklage jedoch gegenüber allen in § 248 Abs. 1 S. 1 AktG genannten Personen, d.h. im Falle einer Gesellschafterversammlung einer GmbH gegenüber der Gesellschaft und allen Gesellschaftern.[52] Die Rechtswidrigkeit eines Gesellschaftsbeschlusses im Wege der allgemeinen Feststellungsklage gem. § 256 ZPO kann daher beispielsweise durch Nichtgesellschafter erhoben werden, wenn sie ein **besonderes Feststellungsinteresse** haben.[53] Auch die Gesellschaft selbst kann im Wege der allgemeinen Feststellungsklage die Wirksamkeit bzw. Unwirksamkeit eines Beschlusses der Gesellschafterversammlung feststellen lassen, sofern hierfür ein besonderes Feststellungsinteresse vorliegt.[54]

4. Fristen für die Geltendmachung von Beschlussmängeln

Ist der anzugreifende Beschluss gefasst, stellt sich die Frage, bis zu welchem Zeitpunkt er angegriffen werden muss. Dabei sind unterschiedliche **Fristenregelungen** zu berücksichtigen.

a) Frist für Protokollrüge

Häufig enthalten Gesellschaftsverträge Regelungen über die Erstellung des Protokolls der Gesellschafterversammlung. Damit ist meist die Pflicht verbunden, das von dem Protokollführer und dem Vorsitzenden der Gesellschafterversammlung unterzeichnete Protokoll jedem Gesellschafter zu übersenden. Häufig wird dabei für den Fall, dass dieses Protokoll innerhalb von einem Monat nach Zusendung oder Zusendung der berichtigten Fassung unwidersprochen ist, geregelt, dass das Protokoll die Vermutung der Vollständigkeit und Richtigkeit in sich trägt. Ist im Zusammenhang mit einer Protokollrügefrist in der Satzung der Gesellschaft die förmliche Bekanntgabe von Beschlüssen an die Gesellschafter vorgeschrieben, so kann dies auch bedeuten, dass auch die Anfechtungsfrist nicht vorher beginnen soll, selbst wenn der klagende Gesellschafter bereits Kenntnis von dem Beschluss hatte. Dies ist aber eine Frage des Einzelfalls, nämlich der Formulierung in der Satzung.[55]

Im übrigen ist eine solche Frist für die **Protokollrüge** nicht zu verwechseln mit der Anfechtungsfrist. Sie betrifft allein die Frage der Richtigkeit des Protokolls, also die Frage, ob der Inhalt der Gesellschafterversammlung zutreffend wiedergegeben wurde. Ein anfechtungswilliger Gesellschafter muss demnach keine Protokollrüge erheben, wenn er den anzufechtenden Beschluss im Protokoll als richtig wiedergegeben erkannt hat. Die Nichterhebung der Protokollrüge kann in diesem Fall für die Gesellschaft als

---

52 OLG München, GmbHR 1996, 451 ff.; Zu einer mit der Anfechtungsklage verbundenen Beschlussfeststellungsklage vgl. BGHZ 76, 191, 199.
53 OLG Hamm, NZG 2000, 938.
54 BGH NJW 2001, 2176 ff. für eine durch Beschluss geänderte Vertretungsregelung in der Gesellschaft.
55 Karsten Schmidt in: Scholz, GmbHG zu § 45 Rn. 144; vgl. für Beiratsbeschlüsse OLG Düsseldorf, BB 1982, 1074.

David

potenzielle Beklagte keinen Vertrauenstatbestand dahin schaffen, dass die fraglichen Gesellschafterbeschlüsse hingenommen wurden.[56]

b) Frist zur Geltendmachung von Anfechtungs- und Nichtigkeitsgründen

52 Die Differenzierung zwischen Anfechtungs- und Nichtigkeitsgründen gewinnt besondere Bedeutung im Hinblick auf die Einhaltung von **Fristen für die Geltendmachung** von Beschlussmängeln.

53 *aa) Anfechtungsklage:* Die in § 246 Abs. 1 Aktiengesetz bestimmte **Monatsfrist** der Anfechtungsklage gegen die Beschlussfassung gilt im GmbH-Recht zwar nicht unmittelbar oder analog. Allerdings herrscht Einigkeit darüber, dass die Aussage des § 246 Abs. 1 Aktiengesetz Leitbild für das GmbH-Recht hat. Enthält die Satzung der GmbH keine Regelung für die Beschlussanfechtung, gilt die am Leitbild des § 246 Abs. 1 orientierte, jedoch nach den Umständen des Einzelfalls zu bemessene angemessene Frist für die Anfechtung.[57] Eine wenige Tage nach Ablauf der Monatsfrist erhobene Klage dürfte in der Regel noch zulässig sein. Auch feste Maximalfristen im Sinne einer Dreimonatsfrist bestehen nicht.[58]

54 Auch wenn die Satzung eine Regelung über die Frist für die Beschlussanfechtung enthält, ist die Wahrung der aktienrechtlichen Monatsfrist für die Anfechtungsklage gegen den GmbH-Gesellschafterbeschluss stets ausreichend. Sie kann auch durch Satzungsregelung nicht gekürzt werden.[59]

55 Zu beachten ist die Maxime, wonach der Anfechtungsberechtigte die Klage mit aller ihm **billigerweise zuzumutenden Beschleunigung** beheben muss.[60] Im Interesse der Rechtssicherheit sollte daher entweder die satzungsrechtliche Anfechtungsfrist eingehalten werden oder mangels satzungsrechtlicher Regelung sicherheitshalber die strenge Regelung des § 246 Abs. 1 GmbHG. Ein späterer Fristbeginn kann sich aus der Satzung ergeben, beispielsweise wenn abweichend von § 246 AktG die förmliche Bekanntgabe der Beschlusses an die Gesellschafter verlangt wird.

56 *bb) Nichtigkeitsrüge:* Demgegenüber gilt die Anfechtungsfrist nicht für die Geltendmachung von Nichtigkeitsgründen. Allerdings können auch Nichtigkeitsgründe nach herrschender Meinung nicht ohne weiteres zeitlich unbeschränkt geltend gemacht werden.[61] Eine entsprechende Satzungsbestimmung, die die Geltendmachung von Nichtigkeitsgründen innerhalb der selben Frist und auf die selbe Art und Weise wie Anfechtungsgründe geltend gemacht werden müssen, ist problematisch.[62] Da jedoch die Differenzierung zwischen Anfechtungsgründen und Nichtigkeitsgründen zum Teil sehr

---

56 OLG Hamm, Urt. v. 17.07.2002, Az. 8 U 179/01, S. 9/10 des amtl. Umdrucks (nicht veröffentlicht).
57 BGHZ 111, 224.
58 Karsten Schmidt, in: Scholz, GmbHG zu § 45 Rn. 143 (streitig).
59 Karsten Schmidt, in: Scholz, GmbHG zu § 45 Rn. 142; BGHZ 111, 224; zur Unmöglichkeit der Verkürzung durch Satzung, BGHZ 104, 73; Zöllner, in: Baumbach/Hueck, GmbHG, Anhang 7, § 47 Rn. 80a.
60 BGHZ 101, 113; BGHZ 111, 224 (226).
61 BGHZ 22, 101 (106).
62 BGH, GmbHR 19.., 177, hält dies offensichtlich noch für zulässig; anderer Ansicht jedoch Karsten Schmidt in: Wolff, GmbHG, zu § 45 Rn. 146.

schwierig ist, sollten aus Gründen der Rechtssicherheit alle Beschlussmängel im Rahmen einer – ggf. kombinierten Anfechtungs- und Nichtigkeitsklage – innerhalb der für die Anfechtungsklage geltenden Frist und auch in der hierfür vorgeschriebenen Form geltend gemacht werden.

Für die **GbR, OHG und KG** bestehen keine gesetzlichen Regeln über Fristen für Klagen gegen Gesellschafterbeschlüsse. Hier ist zunächst auf den **Gesellschaftsvertrag** zu achten. Im übrigen kann sich ein Gesellschafter jedoch dem Einwand der Verwirkung aussetzen, wenn er unangemessen lange mit der Geltendmachung von Beschlussmängeln wartet. Auch hier dürfte die Einhaltung der aus dem Aktienrecht bekannten Monatfrist in jedem Fall ausreichen.

cc) Beschlussfeststellungsklage und allgemeine Feststellungsklage: Die Beschlussfeststellungsklage muss nicht innerhalb der Anfechtungsfrist erhoben werden. Sie ist ohnehin nur möglich bei einem nicht formell festgestellten Beschluss, der nicht im selben Maße Vertrauen schafft wie ein festgestellter Beschluss.[63] Dasselbe gilt auch für die Anfechtungsklage. Beide Klagen können jedoch dem Einwand der Verwirkung oder des widersprüchlichen Verhaltens ausgesetzt sein, wenn sie nicht zeitnah erhoben werden.[64]

B. Prozess

I. Zuständigkeit des Gerichts

Die kassatorischen Anfechtungsklagen sind entsprechend § 246 Abs. 3 S. 1 AktG ausschließlich vor dem Landgericht zu erheben, in dessen Bezirk die beklagte Gesellschaft ihren Sitz hat. Innerhalb des Gerichts ist die Kammer für Handelssachen gem. §§ 94, 95 Nr. 4a GVG zuständig für die Anfechtung von Beschlüssen von Handelsgesellschaften, also AG, GmbH, OHG und KG. Die gegen die GbR gerichtete Klage auf Feststellung der Nichtigkeit eines Gesellschafterbeschlusses ist vor der Zivilkammer zu verhandeln.

II. Streitwert

Für den Streitwert der kassatorischen Anfechtungsklage und der Nichtigkeitsklage gegen die AG oder die GmbH gilt § 247 Abs. 1 S. 1 AktG entsprechend. Das Gericht bestimmt den Streitwert nach billigem Ermessen. Umstritten ist, ob auch § 247 Abs. 1 S. 2 AktG entsprechend für die GmbH gilt. Danach darf der Streitwert grundsätzlich ein Zehntel des Grundkapitals bzw. maximal 500.000,00 EUR nicht übersteigen, es sei denn, die Sache hat für den Kläger eine größere Bedeutung. Die herrschende Meinung lehnt die entsprechende Anwendung des § 247 Abs. 1 S. 2 AktG jedoch ab.[65] Für die übrigen Gesellschaften gilt § 3 ZPO, d.h. das wirtschaftliche Interesse des Klägers ist maßgebend.

---

63 BGH, GmbHR 1996, 47 ff.
64 BGH, NZG 1999, 498 ff.
65 Vgl. dazu näher: Karsten Schmidt, in: Scholz, zu § 45, Rn. 153 mit weiteren Nachweisen Fußnote 666; Wolff, in: Münchener Handbuch des Gesellschaftsrechts, Band 3, GmbH, 2. Auflage 2003, zu § 40, Rn. 82.

III. Klageerhebung

61 Die Klage sollte bei dem zuständigen Landgericht zumindest so eingereicht werden, dass sie „demnächst" im Sinne von § 270 ZPO zugestellt wird und die Anfechtungsfrist gewahrt bleibt.[66] Dabei ist darauf zu achten, dass der **Gegenstandswert** der Klage – was in der Praxis oft Schwierigkeiten bereitet – möglichst nachvollziehbar dargestellt und ein entsprechender Gerichtskostenvorschuss möglichst frühzeitig eingezahlt wird, damit die Zustellung „demnächst" nicht wegen eines offenkundig zu niedrigen Gerichtskostenvorschusses und damit aus vom Kläger zu vertretenden Gründen misslingt.

62 Die Differenzierung zwischen Anfechtungs- und Nichtigkeitsgründen soll nach herrschender Meinung zwar auch im Klageantrag zum Ausdruck kommen. Danach soll etwa der Hauptantrag auf Feststellung der Nichtigkeit lauten und hilfsweise auf Nichtigerklärung (Anfechtungsklage).[67] Die Nichtigkeits- und Anfechtungsklage verfolgen jedoch dasselbe materielle Ziel, nämlich die richterliche Klärung der Nichtigkeit von Gesellschafterbeschlüssen.[68] Der BGH nimmt deshalb auch die **Identität des Streitgegenstandes** beider Klagearten an, wenn beide Klagen gegen denselben Gesellschafterbeschluss mit identischer Begründung erhoben werden.[69] Unbedingt muss im Antrag des klagenden Gesellschafters aber klargestellt sein, ob eine kassatorische Klage gewollt ist – was zu empfehlen ist – oder eine nur zwischen den Parteien des Rechtsstreits wirkende Feststellungsklage nach § 256 ZPO.[70]

IV. Klagebefugnis

63 Für die Anfechtungs- und Beschlussfeststellungsklage gelten dieselben Grundsätze. In beiden Fällen ist eine **Anfechtungsbefugnis** notwendig. Dies folgt für die Beschlussfeststellungsklage daraus, dass sie die Anfechtungsklage ergänzt.[71] Anfechtungsbefugt ist insoweit jeder Gesellschafter unabhängig davon, ob er in eigenen Rechten verletzt ist. Auch auf sein Stimmrecht bei der Beschlussfassung kommt es nicht an.[72] Denn jeder Gesellschafter ist Träger der gemeinschaftlichen rechtmäßigen Willensbildung und durch einen rechtsfähigen Beschluss jedenfalls abstrakt in seiner Mitgliedschaft betroffen. Die Klage wird mithin nicht nur im Interesse eines Klägers oder des Klägers erhoben, sondern erfasst alle Mängel des angefochtenen Beschlusses.[73] § 245 AktG, der einschränkende Voraussetzungen für die Anfechtungsbefugnis bestimmt, gilt im GmbHR nicht.[74] Ein Gesellschafter muss daher den nicht gebilligten Beschluss nicht

---

[66] Näher zur Einhaltung der Frist nach dem Leitbild des § 246 Abs. 1 ZPO: Karsten Schmidt in: Scholz, GmbHG, zu § 45, Rn. 143.
[67] BGHZ 21, 354f.; vgl. dazu auch Schmidt, in: Scholz, zu § 45, Rn. 141f. für Anfechtungsklage und 146 für Nichtigkeitsklage.
[68] BGHZ 134, 364.
[69] BGH, GmbHR, 1997, 655; Zöllner, in: Baumbach Hueck, Anhang § 47 Rn. 33.
[70] Karsten Schmidt, in: Scholz, GmbHG, zu § 45, Rn. 151.
[71] Karsten Schmidt, in: Scholz, GmbHG zu § 45, Rn. 181; Offen BGH NJW 2001, 2176ff.
[72] BGHZ 14, 264, 271.
[73] Allgemeine Meinung: BGHZ 70,117ff.; BGHZ 107, 296 (308); BGHZ 122, 211 (240); Karsten Schmidt, in: Scholz, GmbHG, zu § 45, Rn. 128ff., 136; Zöllner, in: Baumbach/Hueck, Anhang, § 47, Rn. 72; Wolff, in: Münchener Handbuch des Gesellschaftsrechts, Band 3, GmbH, 2. Auflage 2003, zu § 40, Rn. 62, 63.
[74] OLG Schleswig, NZG 2000, 895; Zöllner, in: Baumbach/Hueck, Anhang, § 47, Rn. 72.

ausdrücklich nochmals widersprechen. Hat er jedoch für den Beschluss gestimmt oder ihn nachträglich genehmigt, entfällt für ihn die Anfechtungsbefugnis.[75]

Noch weitergehend steht entsprechend § 249 Abs. 1 S. 1 AktG jedem Gesellschafter, Geschäftsführer und Mitglied eines Aufsichtsrates die Befugnis zur Erhebung einer Nichtigkeitsklage zu. Denn nichtige Beschlüsse kranken an besonders schwerwiegenden Mängeln, so dass ein allgemeines Interesse an der Feststellung ihrer Unwirksamkeit eher besteht als bei Anfechtungsgründen. Darüber hinaus kann jedermann bei entsprechendem Feststellungsinteresse eine reguläre Feststellungsklage nach § 256 ZPO mit dem Ziel erheben, die Nichtigkeit eines Beschlusses feststellen zu lassen. Letzteres gilt auch für die GbR, OHG und KG.

64

Die Klagebefugnis muss auch nicht schon im Zeitpunkt der Beschlussfassung gegeben sein, sondern erst bei Klageerhebung. Klagebefugt sind deshalb auch erst nach der Beschlussfassung eintretende Gesellschafter.[76] Die Anfechtungsbefugnis entsprechend § 245 AktG besteht nur, soweit der Kläger das Vollrecht am Gesellschaftsanteil hat. Es reicht nicht aus, wenn er Treugeber ist oder lediglich beschränkt dinglich berechtigt.[77]

65

Halten mehrere Personen einen Geschäftsanteil gemeinsam, müssen sie die Klage entsprechend § 18 Abs. 1 GmbHG gemeinschaftlich erheben, soweit nicht gesetzlich zur Klageerhebung durch nur einen Mitberechtigten zugelassen ist.[78]

66

V. Rechtsschutzbedürfnis

Klagen gegen Beschlüsse von Gesellschafterversammlungen dürfen nur bei entsprechendem **Rechtsschutzbedürfnis** erhoben werden. Dies bedarf aber in der Regel keiner gesonderten Begründung.[79] In besonderen Einzelfällen kann allerdings das Rechtsschutzbedürfnis fehlen. Dies ist etwa der Fall, wenn der Kläger sein Rechtsschutzziel auf anderem Wege einfacher oder wirksamer erreichen kann. Insofern kommt die gerichtliche Entscheidung über das Auskunfts- und Einsichtsrechts eines Gesellschafters nach § 51b GmbHG in Betracht, wenn Gesellschafter nach § 51a Abs. 2 S. 2 GmbHG Einsichtnahme in Geschäftsunterlagen der Gesellschaft durch Beschluss der Gesellschafter verweigert wurde. Dies gilt nur dann nicht, wenn der Kläger ein weitergehendes Interesse an der Feststellung der Nichtigkeit des Beschlusses darlegen kann.[80] Ein Rechtsschutzbedürfnis fehlt auch bei der Anfechtung ablehnender Beschlüsse, wenn der Kläger erreichen will, dass ein Beschluss mit einem bestimmten Inhalt gefasst wird bzw. festgestellt werden soll.[81] Ausnahmsweise kann aber eine Anfechtungsklage insoweit mit einer positiven Beschlussfeststellungsklage verbunden werden.[82] Weiter fehlt das Rechtsschutzbedürfnis, wenn die Gesellschafter den angegriffenen Beschluss

67

---

75 Wolff, in: Münchener Handbuch des Gesellschaftsrechts, Band 3, GmbH, 2. Auflage 2003, zu § 40, Rn. 63.
76 OLG Schleswig, NZG 2000, 895 ff.
77 Zum Treugeber, BGH NJW 1966, 1458 ff.; zum beschränkt dinglich Berechtigten: Karsten Schmidt, in: Scholz, zu § 45, Rn. 28.
78 Vgl. dazu Wolff, in: Münchener Handbuch des Gesellschaftsrechts, Band 3, GmbH, 2. Auflage 2003, zu § 40, Rn. 64.
79 BGHZ 43, 261, 265 ff.; OLG Hamm, NJW-RR 2001, 109 ff.
80 BGH NJW 1988, 1090 ff.
81 OLG Hamm, NJW-RR 2001, 109, 111.
82 Zöllner, in: Baumbach/Hueck, Anhang § 47, Rn. 81.

aufheben bzw. ohne Nichtigkeits- oder Anfechtungsgrund bestätigen.[83] Die bereits anhängige Anfechtungsklage wird unbegründet, wenn der Kläger die Klage nicht zurücknimmt oder die Hauptsache für erledigt erklärt.[84]

VI. Mehrheit von Klagen

68 Bei kassatorischen Anfechtungs- oder Nichtigkeitsklagen und bei der Beschlussanfechtungsklage kann jeder Gesellschafter Klage gegen einen Gesellschaftsbeschluss erheben. Klagen jedoch mehrere Anfechtungsberechtigte gegen denselben Beschluss gemeinsam, sind sie notwendige Streitgenossen nach § 62 Abs. 1 Fall 1 ZPO. Dies folgt aus der einheitlichen Wirkung stattgebender Anfechtungs- und Nichtigkeitsurteile. Treten weitere Gesellschafter dem Prozess bei, können sie dies als streitgenössische Nebenintervenienten nach § 69 ZPO. Es ist allerdings zu überlegen, ob mehrere Gesellschafter gemeinsam Klage gegen einen Beschluss der Gesellschafterversammlung erheben. Eine gemeinsame Klage erhöht zum einen die Prozesskosten und damit das **Prozesskostenrisiko**. Zum anderen können sich die beiden Kläger auch durch die gemeinsame Klageerhebung in Beweisnot bringen. Können nämlich nur sie persönlich einen bestimmten Umstand darlegen, aus dem sich ein Verfahrensfehler oder die inhaltliche Rechtswidrigkeit des angefochtenen Beschlusses ergibt, beispielsweise durch Nachweis einer mündlich geschlossenen allseitigen Konsortialabrede, so können sie lediglich die eigene Vernehmung als Partei beantragen. Dazu ist das Gericht jedoch gem. §§ 447ff. ZPO nicht verpflichtet. Es ist dann zu befürchten, dass diese Kläger den ihnen obliegenden Beweis nicht erbringen können.

69 Das Problem der **Beweisnot** kann auch nicht durch eine getrennte Klageerhebung durch mehrere Gesellschafter gelöst werden. Nach §§ 246 Abs. 3 S. 3, 249 Abs. 2 AktG, die auf das GmbH-Recht entsprechend anzuwenden sind, sind mehrere kassatorische Anfechtungsklagen zu einem Prozess zwingend zu verbinden. Die Vorschrift sieht zwar keine Verbindung von Nichtigkeits- mit Anfechtungsprozessen vor. Nach wohl herrschender Meinung ist hier eine Verbindung entsprechend § 249 Abs. 2 S. 2 AktG vorzunehmen.[85] Selbst wenn man diese Auffassung nicht vertreten würde, könnte ein Gericht zumindest beide Prozesse gem. § 147 ZPO verbinden.[86]

70 Wenn der Kläger ein Interesse über die bloß kassatorische Wirkung einer Anfechtungsklage hinaus dahin hat, einen bestimmten positiven Beschlussinhalt feststellen zu lassen, kann die kassatorische Anfechtungsklage mit einer positiven Beschlussfeststellungsklage verbunden werden.[87]

---

83 OLG Nürnberg, NZG 2000, 700, 702.
84 Wolff, in: Münchener Handbuch des Gesellschaftsrechts, Band 3, GmbH, 2. Auflage 2003, zu § 40, Rn. 52 mit Fußnote 144.
85 Karsten Schmidt, in: Scholz, zu § 45, Rn. 157; Wolff, in: Münchener Handbuch des Gesellschaftsrechts, Band 3, GmbH, 2. Auflage 2003, zu § 40, Rn. 77.
86 Vgl. im Übrigen: Karsten Schmidt, in: Scholz, GmbHG, zu § 45, Rn. 157 auch zu der Schwierigkeit der Verbindung bei zwei jeweils vor der Zivilkammer und vor der Kammer für Handelssachen anhängigen Prozessen.
87 BGH NJW 2001, 2176ff.; OLG Hamm, NZG 2000, 1036.

VII. Passivlegitimation und Prozessfähigkeit

Die gegen Beschlüsse der Gesellschafterversammlung einer GmbH gerichteten Klagen sind entsprechend § 246 Abs. 2 S. 1 AktG gegen die Gesellschaft zu richten. Dasselbe gilt natürlich erst recht für die AG.

Die Gesellschaft wird im Prozess wie üblich durch den Vorstand bzw. Geschäftsführer vertreten, nicht aber durch den Aufsichtsrat. Denn § 246 Abs. 2 S. 2 AktG findet insoweit keine Anwendung. Bei der Anfechtungsklage gegen die Abberufung oder Bestellung eines Geschäftsführers wird die Gesellschaft von demjenigen vertreten, der in Folge des angegriffenen Beschlusses Geschäftsführer ist.[88] Dementsprechend wird die Gesellschaft in einem Klageverfahren gegen den Auflösungsbeschluss von den Liquidatoren vertreten.[89] Ist der Geschäftsführer ausnahmsweise selbst Anfechtungskläger (s.o.) muss regelmäßig für die beklagte Gesellschaft ein besonderer Vertreter gem. § 46 Nr. 8 Fall 2 GmbHG zu bestellen sein. Dies kann in Ausnahmefällen ein Prozesspfleger nach § 57 ZPO oder ein Notgeschäftsführer analog § 29 BGB sein.[90]

Richtige Beklagte bei Feststellung der Nichtigkeit von Gesellschafterbeschlüssen der GbR, OHG und KG sind demgegenüber trotz der Rechtsfähigkeit dieser Gesellschaften die Mitgesellschafter.[91]

VIII. Beweislast bei Anfechtungs- und Nichtigkeitsklage

Für die Frage, ob überhaupt ein anfechtbarer Beschluss besteht, trägt der Kläger die Beweislast. Besonderheiten bestehen bei Scheinbeschlüssen. In dem Fall reicht es aus, wenn die Gesellschaft sich auf den Scheinbeschluss beruft.

Verfahrens- und inhaltliche Fehler des angefochtenen Beschlusses muss der Kläger grundsätzlich darlegen und beweisen. Geht es im Einzelfall um Fragen der Organisation der Gesellschafterversammlung oder um inhaltliche Fragen, für die die beklagte Gesellschaft im Gegensatz zum Kläger über die notwendigen Informationen verfügt, gelten für den Kläger Beweiserleichterungen.[92]

IX. Urteilswirkungen

Bei den Urteilswirkungen ist wiederum zu differenzieren zwischen dem Urteil im Anfechtungsprozess entsprechend § 248 AktG, dem auf eine Nichtigkeitsklage entsprechend § 249 AktG folgenden Urteil und einem Beschlussfeststellungsurteil einerseits und dem auf eine allgemeine Feststellungsklage folgenden Urteil andererseits. Gem. § 248 Abs. 1 S. 1 AktG erklärt ein der Anfechtungsklage stattgebendes Urteil den Beschluss für nichtig. Ein solches Urteil ist Gestaltungsurteil wirkt damit gegenüber jedermann.[93] Dasselbe

---

88 Kammergericht, GmbHR 1997, 1001.
89 BGHZ 36, 207, 209 ff.
90 OLG Naumburg, NZG 2001, 1043.
91 Palandt / Sprau, BGB, 63. Aufl. 2004 vor § 709 Rn. 16, zu § 714, Rn. 25; kritisch neuerdings Scholz, NZG 2002 153 ff, 160.
92 Vgl. im Einzelnen: Karsten Schmidt, in: Scholz, GmbHG, zu § 45, Rn. 161; Zöllner, in: Baumbach / Hueck, Anhang, § 47, Rn. 88 mit weiteren Nachweisen.
93 Zöllner, in: Baumbach / Hueck, Anhang § 47, Rn. 89, 90.

gilt für ein stattgebendes Nichtigkeitsurteil. Die materielle Rechtskraft stattgebender Anfechtungs- und Nichtigkeitsurteile erstreckt sich auf alle Gesellschafter und Organmitglieder.[94] Entsprechendes gilt für das stattgebende Beschlussfeststellungsurteil. Das einer allgemeinen Feststellungsklage stattgebende Urteil wirkt nur zwischen den Parteien. Das gilt auch für die Rechtskraft.[95]

77 Demgegenüber wirken abweisende Urteile im Anfechtungs- und Nichtigkeitsprozess als auch im Beschlussfeststellungsprozess nur gegenüber den Parteien. Auch für die allgemeine Feststellungsklage gilt nichts anderes.

X. Einstweiliger Rechtsschutz[96]

78 Vor einigen Jahren war die Auffassung verbreitet, in den Bereich der Willensbildung einer Gesellschaft könne nicht mit Mitteln des vorläufigen Rechtsschutzes eingegriffen werden. Insbesondere nicht in das Abstimmungsverhalten von Gesellschaftern.[97] Diese Auffassung hat sich in den letzten Jahren gewandelt. Im Hinblick auf die gerade in gesellschaftsrechtlichen Streitigkeiten langwierigen Hauptverfahren ist auch das Bedürfnis nach der Gewährung einstweiligen Rechtsschutzes stark gestiegen.[98]

1. Im Vorfeld der Beschlussfassung

79 Im Vorfeld der Beschlussfassung der Gesellschafterversammlung kann eine **einstweilige Verfügung** auf die Erwirkung eines bestimmten Beschlusses gerichtet sein oder auf dessen Verhinderung. Wenn ein bestimmtes positives Abstimmungsverhalten mit einer einstweiligen Verfügung erzwungen werden soll, setzt dies voraus, dass die Gesellschafter ausnahmsweise in der Ausübung Ihres Stimmrechtes nicht frei sind, etwa durch eine Stimmbindung oder durch die gesellschaftliche Treupflicht gebunden sind. Der einstweilige Rechtsschutz im Vorfeld der gesellschaftsrechtlichen Beschlussfassung bedarf jedoch einer **besonderen Begründung** im Hinblick auf das Rechtsschutzbedürfnis, insbesondere den Verfügungsgrund. Letztlich wird mit einer solchen einstweiligen Verfügung im Vorfeld einer Beschlussfassung bereits die Entscheidung in der Hauptsache vorweggenommen. Das ist nur im Ausnahmefall zulässig. Bei der Darstellung des Verfügungsgrundes sind daher die gegeneinanderstehenden Interessen abzuwägen. Der Antragsteller muss glaubhaft machen (üblicherweise mittels eidesstattlicher Versicherungen), dass kein milderes Mittel zur Verfügung steht als eine einstweilige Verfügung im Vorfeld der Beschlussfassung. Ein besonderes Interesse eines klagenden Gesellschafters kann insoweit bestehen, wenn die sofortige Durchsetzung des zu verhindernden Beschlusses einen irreparablen Schaden anrichten würde. Einer Beschlussfassung, die gegen die Treubindung der Gesellschafter verstößt, kann ein solcher Verfügungsgrund vor allem bei einem Verstoß gegen eine Stimmbindungsvereinbarung im Vorfeld der

---

94 Zöllner, in: Baumbach/Hueck, Anhang § 47, Rn. 33, 90.
95 Wolff, in: Münchener Handbuch des Gesellschaftsrechts, Band 3, GmbH, 2. Auflage 2003, zu § 40, Rn. 100.
96 Vgl. dazu: Wolff, in: Münchener Handbuch des Gesellschaftsrechts, Band 3, GmbH, 2. Auflage 2003, zu § 40, Rn. 101ff.
97 OLG Hamburg, DB 1991, 1567.
98 OLG Frankfurt, NZG 1999, 213; David, in: Goebel, Zivilprozessrecht, Deutscher Anwaltsverlag, § 15 Vorläufiger Rechtsschutz, Rn. 211ff.

Beschlussfassung bestehen. Wenn keine allseitige Stimmbindung zwischen den Gesellschaftern vereinbart wurde, sondern nur etwa zwischen 2 Gesellschaftern, begründet die stimmbindungswidrig abgegebene Stimme keinen Anfechtungsgrund. Der dadurch benachteiligte Gesellschafter könnte also auch nach der Beschlussfassung diesen Beschluss nicht gesondert anfechten. Auch ein nachträglicher vorläufiger Rechtsschutz gegen die Ausführung des entsprechenden Beschlusses wäre nicht möglich.

2. Vorläufiger Rechtsschutz nach Beschlussfassung

Weit weniger Begründungsaufwand erfordert der Antrag auf Erlass einer einstweiligen Verfügung, mit der die Ausführung von Beschlüssen verhindert werden soll. 80

Soll die Ausführung eines nichtigen Beschlusses untersagt werden, reicht die **Glaubhaftmachung des Nichtigkeitsgrundes** und des **Verfügungsgrundes**, d.h., der besonderen Dringlichkeit. Soll dem gegenüber die Ausführung eines nur anfechtbaren Beschlusses im Wege des vorläufigen Rechtsschutz untersagt werden, muss zusätzlich zum Anfechtungsgrund und zum besonderen Verfügungsgrund dargelegt und glaubhaft gemacht werden, dass der Anfechtungsberechtigte rechtzeitig Anfechtungsklage erhoben hat.[99] 81

Das Gericht kann bei Erlass der einstweiligen Verfügung nach eigenem Ermessen über den Antrag hinausgehen oder dahinter zurückbleiben, nämlich alle von ihm für erforderlich gehaltenen Maßnahmen anordnen oder untersagen. 82

XI. Muster zur Anfechtung von Gesellschafterbeschlüssen

1. Muster: Anfechtungsklage gegen Gesellschafterbeschluss einer GmbH 83

An das Landgericht ■■■

Kammer für Handelssachen ■■■

K l a g e

des ■■■

Kläger

Prozessbevollmächtigte: Rechtsanwälte ■■■

g e g e n

die X-GmbH, vertreten durch den Geschäftsführer ■■■, Adresse

Beklagte

wegen Anfechtung eines Gesellschafterbeschlusses

vorläufiger Streitwert: ■■■.

---

99 OLG Hamm, NJW-RR 2001, 105 ff.; Zöllner, in: Baumbach/Hueck, Anhang. § 47, Rn. 93 i.

Namens und kraft Vollmacht des Klägers erheben wir Klage und werden im Termin zur mündlichen Verhandlung beantragen,

der Beschluss der Gesellschafterversammlung der Beklagten vom ▬▬▬ zum Tagesordnungspunkt ▬▬▬, wonach die Gesellschaft mit dem Gesellschafter B einen Vertrag über die Zuteilung von Verbrennungskapazitäten bei der Müllverbrennungsanlage ▬▬▬ schließen soll, wird für nichtig erklärt.

Begründung:

Sachverhalt

Die Beklagte betreibt eine Müllverbrennungsanlage in ▬▬▬. Den Gesellschaftsvertrag der Beklagten fügen wir in der aktuellen Fassung in Kopie als Anlage K 1 bei. Damit ist das Landgericht ▬▬▬ für die Klage entsprechend §§ 249 Abs. 1, 246 Abs. 3 AktG sachlich und örtlich zuständig.

Das Stammkapital der Beklagten beträgt ▬▬▬ €. Der Kläger ist Gesellschafter der Beklagten und an deren Stammkapital mit ▬▬▬ € beteiligt. Weitere Gesellschafter der Beklagten sind A ,C, D, E

Die Beklagte verfügt über sämtliche Verbrennungskapazität ihrer Müllverbrennungsanlage, die sie nach einem allseits vereinbarten Schlüssel stets unter ihren Gesellschaftern, also auch an die Beklagte, entsprechend deren Geschäftsanteilen an der Beklagten weiterveräußert.

Beweis: Konsortialvereinbarung:

(falls keine Urkunde vorhanden) Zeugnis des ▬▬▬

In der Gesellschafterversammlung vom ▬▬▬ war zum Tagesordnungspunkt 1 über die Verteilung zusätzlich entstehender Verbrennungskontingente an der Müllverbrennungsanlage in ▬▬▬ unter den Gesellschaftern der Beklagten zu schließen. In der Gesellschafterversammlung wurde über folgenden Beschlussvorgang in einem Akt abgestimmt:

Über das zusätzliche Verbrennungskontingent der Gesellschaft an der Müllverbrennungsanlage ▬▬▬, sind die Gesellschafter wie folgt prozentual beteiligt:

A 10 %; B 58 %, C 10 %, D 10 %, E 10 %, F 2 %

Beweis: Fotokopie des Protokolls der Gesellschafterversammlung der Beklagten vom ▬▬▬, Anlage K 2.

Die Satzung der Beklagten sieht für die Beschlussfassung auch über den Abschluss von Verbrennungsverträgen eine einfache Mehrheit vor (§ ▬▬▬). Der Kläger und der Gesellschafter C haben ausdrücklich gegen den Beschluss bestimmt und dessen Unzulässigkeit gerügt (K 2).

Mit dem angefochtenen Beschluss werden der Kläger und der Gesellschafter C nicht entsprechend ihren Anteilen an der Gesellschaft an der Verbrennungskapazität beteiligt, sondern zu einem weit geringeren Anteil.

Rechtslage

Die Sache ist Handelssache im Sinne von § 95 Abs. 1 Nr. 4a GVG. Die Zuständigkeit des Landgerichts folgt aus der entsprechenden Anwendung der §§ 249 Abs. 1 i.V.m. 246 Abs. 3 AktG.

Der angefochtene Beschluss ist wegen nichtiger Stimmabgaben aus verschiedenen Gesichtspunkten nichtig.

1.
Der angefochtene Beschluss betrifft zunächst die Vornahme eines Rechtsgeschäftes zwischen der Beklagten und dem Gesellschafter B. Durch den Beschluss wurde die Geschäftsführung der Beklagten ermächtigt und verpflichtet, für die Beklagte mit dem Gesellschafter B einen Vertrag darüber zu schließen, dass der Gesellschafter A von dem zusätzlichen Verbrennungskontingent einen Anteil von 58 % erhalten soll, obwohl er lediglich zu 50 % an der Beklagten gesellschaftsrechtlich beteiligt ist.

Der aufgrund des angefochtenen Beschlusses zu erwartende Vertrag zwischen der Beklagten und dem Gesellschafter B ist auch kein sozialrechtliches Geschäft, sondern ein privates Geschäft eines Gesellschafters, das nicht mit der Mitgliedschaft bei der Gesellschaft typischerweise verbunden ist. Insofern unterlag der Gesellschafter B daher bei Abstimmung über den angefochtenen Beschluss in einem einzigen Akt einem Stimmrechtsausschluss nach § 47 Abs. 4 Satz 2 1. Alternative GmbH-Gesetz in Bezug auf den ihm danach zustehenden Anteil am Verbrennungskontingent. Die Stimmabgabe des Gesellschafters B war schon deshalb nichtig.

Vgl. dazu Zöllner, in: Baumbach / Hueck GmbH-Gesetz, zu § 47, Rn. 48.

2.
Der angefochtene Beschluss ist darüber hinaus für nichtig zu erklären, weil insbesondere die Stimmabgabe des Gesellschafters B für seine Beteiligung am Verbrennungskontingent zu 58 und die Beteiligung des Klägers und des Gesellschafters C zu jeweils nur 10 % gegen das zwischen allen Gesellschaftern der Beklagten vereinbarte Gleichlaufprinzip verstößt. Nach herrschender Meinung kann ein Gesellschafter einen Beschluss, der durch Verstoß gegen eine allseitige Konsortialvereinbarung zustande gekommen ist, direkt anfechten, ohne zunächst die Gesellschafter in Anspruch nehmen zu müssen.

Vgl. dazu BGH, NJW 1987, 1890; OLG Hamm, NZG 2000, 1036 ff.

3.
Die Stimmabgabe des Gesellschafters B ist schließlich deshalb nichtig, weil er sich dadurch zum Schaden insbesondere des Klägers und des Gesellschafters C einen nicht gerechtfertigten Sondervorteil verschaffen wollte und damit seine Stimmmacht sittenwidrig missbraucht hat.

Vgl. dazu Zöllner, in: Baumbach / Hueck, GmbH-Gesetz, Anhang zu § 47, Rn. 46.

4.
Der zum Tagesordnungspunkt ■■■ in der Gesellschafterversammlung der Beklagten vom ■■■ gefasste Beschluss ist aufgrund der oben dargestellten Mängel insgesamt für nichtig zu erklären. Eine Teilnichtigkeit kommt nicht in Betracht.

In der Gesellschafterversammlung vom ■■■ wurde ausweislich des Protokolls (K2) in einem Akt über die Verträge aller Gesellschafter mit der Beklagten über die Verteilung zusätzlichen Verbrennungskontingents abgestimmt. Die gemeinsame Beschlussfassung über alle Verträge war von dem Gesellschafter B, der den Beschlussvorschlag vorbereitet hat, bewusst gewählt und sollte offenbar ein unterschiedliches rechtliches Schicksal der einzelnen Verträge verhindern. Die Nichtigkeit zumindest eines Teils eines solchen einheitlichen Beschlusses führt in aller Regel zur Totalnichtigkeit des gesamten Beschlusses.

Vgl. Zöllner, in: Baumbach/Hueck, Anhang zu § 47, Rn. 39.

Der angefochtene Beschluss ist auch nicht so zu verstehen, dass dem Kläger und dem Gesellschafter C zumindest 10 % des der Beklagten zustehenden weiteren Verbrennungskontingents zustehen sollten. Im angefochtenen Beschluss ging es erkennbar darum, die der Beklagten zufließende Verbrennungskapazität vollständig und vor allem abschließend nach dem im Beschlussvorschlag genannten Schlüssel zu verteilen. Der angefochtene Beschluss ist daher insgesamt für nichtig zu erklären.

III.
Der Streitwert kann z.Zt. nur grob vorläufig geschätzt werden.

Im Rahmen der Ermittlung der Bedeutung der Sache für sich selbst und für die Beklagte entsprechend § 247 Abs. 1 Satz 1 AktG hat der Kläger zunächst berücksichtigt, dass er bei rechtmäßiger Zuteilung der künftigen Verbrennungskapazität der Müllverbrennungsanlage ■■■ zusätzlich einen Kontingent von ca. ■■■ t pro Jahr erhalten müsste. Dieses zusätzliche Kontingent entsteht frühestens ■■■ und wird voraussichtlich für einen Zeitraum von ■■■ Jahren aufrecht erhalten. Der Markt für derartige Verbrennungskontingente schwankt. Der Kläger kann nur prognostizieren, dass ein Erlös von ca. ■■■ € pro Tonne möglich ist. Es ergibt sich somit ein finanzielles Interesse des Klägers an der Feststellung der Nichtigkeit des angefochtenen Beschlusses von ■■■ €. Das Interesse der Beklagten an der Aufrechterhaltung des angefochtenen Beschlusses liegt allenfalls ■■■ € höher.

Vorsorglich überreichen wir beigefügt einen von dem Kläger ausgestellten Verrechnungsscheck mit einem Gerichtskostenvorschuss von ■■■ € für den Streitwert bis zu ■■■ €.

Sollte das Gericht Bedenken im Hinblick auf die Höhe des Streitwertes haben, bitten wir so bald wie möglich um Benachrichtigung.

Rechtsanwalt

2. Muster: Nichtigkeitsklage gegen den Gesellschafterbeschluss der GmbH

An das

Landgericht ■■■

Kammer für Handelssachen

K l a g e

des ■■■

Kläger

Prozessbevollmächtigte: Rechtsanwälte ■■■

g e g e n

die Y-GmbH, vertreten durch den Geschäftsführer ■■■, Adresse

Beklagte

wegen Feststellung der Nichtigkeit eines Gesellschafterbeschlusses

vorläufiger Streitwert: ■■■ €

Namens und in Vollmacht des Klägers erheben wir Klage und werden im Termin zur mündlichen Verhandlung beantragen,

es wird festgestellt, dass der Beschluss der Gesellschafterversammlung der Beklagten vom ■■■, durch den der Gesellschaftszweck der Beklagten insoweit erweitert wurde, dass die Gesellschaft künftig auch Beratungsleistungen im Bereich EDV erbringen darf, nichtig ist.

Begründung:

Sachverhalt

Die Beklagte befasst sich entsprechend ihrem derzeitigen Gesellschaftszweck mit ■■■

Ihr Sitz ist gemäß § ■■■ der Satzung in ■■■. Den Gesellschaftsvertrag der Beklagten in der aktuellen Fassung vom ■■■ fügen wir in Kopie als Anlage K 1 bei. Damit ist das Landgericht ■■■ für die Klage entsprechend §§ 249 Abs. 1, 246 Abs. 3 AktG sachlich und örtlich zuständig.

Das Stammkapital der Beklagten beträgt 60.000 €. Der Kläger ist Gesellschafter der Beklagten und an deren Stammkapital mit 10.000 € beteiligt. Weitere Gesellschafter der Beklagten sind B,C,D,E, F mit jeweils einer Stammeinlage von jeweils 10.000 €.

In der Gesellschafterversammlung der Beklagten vom ■■■ ist zum Tagesordnungspunkt 1 über die Erweiterung des Gesellschaftszwecks und damit über die Änderung der Satzung der Beklagten bestimmt worden. Dabei haben die Gesellschafter A, B und C für den Beschlussvorschlag gestimmt, die Gesellschafter D, E und F gegen den Beschlussvorschlag.

Beweis: Fotokopie Protokoll der Gesellschafterversammlung vom ■■■, Fotokopie

Anlage K 1.

Die Gesellschafter E, F und G sind nicht zu der Gesellschafterversammlung eingeladen worden und hatten auch keine Kenntnis von der Gesellschafterversammlung, so dass sie an dieser auch nicht teilgenommen haben.

Beweis: Zeugnis des Geschäftsführers der Beklagten sowie Zeugnis der Gesellschafter E, F und G.

Die Beklagte kann die ordnungsgemäße Einladung mittels eingeschriebenen Briefes nach Maßgabe des § 51 Abs. 1 Satz 1 GmbH-Gesetz nicht nachweisen.

Gleichwohl wurde in der Gesellschafterversammlung der Beklagten vom ■■■ ausweislich des in Fotokopie beigefügten Protokolls vom Vorsitzenden der Gesellschafterversammlung die Beschlussfassung über die Erweiterung des Gesellschaftszwecks der Beklagten festgestellt.

Rechtslage

Der Beschluss über die Erweiterung des Gesellschaftszwecks der Beklagten ist in entsprechender Anwendung des § 241 Nr. 1 AktG i.V.m. § 101 Abs. 3 und Abs. 4 AktG nichtig. Die Einladung nicht aller teilnahmeberechtigten Gesellschafter einer Gesellschaft führt danach stets zur Nichtigkeit.

BGHZ 36, 207ff., 211; BGH WN 1983, 1354ff.; OLG Schleswig NZG 2000, 918ff..

Rechtsanwalt

3. Muster: Anfechtungsklage mit Beschlussfeststellungsklage gegen GmbH Gesellschafterbeschluss

An das

Landgericht ■■■

Kammer für Handelssachen

K l a g e

des ■■■

Kläger

Prozessbevollmächtigte: Rechtsanwälte ■■■

g e g e n

die Y-GmbH, vertreten durch den Geschäftsführer ■■■, Adresse

Beklagte

wegen Feststellung eines Gesellschafterbeschlusses

vorläufiger Streitwert: ■■■ €

Namens und kraft Vollmacht des Klägers erheben wir Klage und werden im Termin zur mündlichen Verhandlung beantragen,

1. Der Beschluss der Gesellschafterversammlung der Beklagten vom ■■■., wonach der Antrag zum Tagesordnungspunkt 1 mit dem Wortlaut: „Der Geschäftsführer B wird wegen Verstoßes gegen das in seinem Geschäftsführungsvertrag festgelegte Wettbewerbsverbot aus wichtigem Grund mit sofortiger Wirkung von seinem Amt abberufen," abgelehnt worden ist, wird für nichtig erklärt
2. Es wird festgestellt, dass in der Gesellschafterversammlung der Beklagten vom ■■■ dem Antrag zum Tagesordnungspunkt 1 mit dem Wortlaut: „Der Geschäftsführer B wird wegen Verstoßes gegen das in seinem Geschäftsführungsvertrag festgelegte Wettbewerbsverbot aus wichtigem Grund mit sofortiger Wirkung von seinem Amt abberufen," zugestimmt worden ist.

Begründung:

Sachverhalt

Der Kläger ist Gesellschafter der Beklagten. Er hält einen Geschäftsanteil in Höhe von 10.000,00 €. Seine Mitgesellschafter A, B und C halten ebenfalls einen Geschäftsanteil von jeweils 10.000,00 € am Stammkapital der Beklagten von insgesamt 40.000,00 €. Bei dem durch den fraglichen Gesellschaftsbeschluss abberufenen Geschäftsführer handelt es sich um den Mitgesellschafter B.

In der Gesellschafterversammlung der Beklagten vom ▬▬▬ wurde über folgenden Antrag abgestimmt:

„Der Geschäftsführer B wird wegen Verstoßes gegen das Wettbewerbsverbot aus seinem Geschäftsführungsvertrag mit sofortiger Wirkung aus wichtigem Grund aus seiner Geschäftsführerstellung abberufen. Gleichzeitig wird der Mitgeschäftsführer ▬▬▬ angewiesen, den Geschäftsführungsvertrag mit dem Geschäftsführer B fristlos aus wichtigem Grund zu kündigen."

Bei der Beschlussfassung stimmten der Kläger und der Gesellschafter C für die Abberufung, der Gesellschafter B und der Gesellschafter D gegen die Abberufung des B als Geschäftsführer. Der Versammlungsleiter D hat entgegen seiner satzungsgemäßen Aufgabe nicht formell festgestellt, ob der Beschluss zustande gekommen ist.

Rechtslage

Entgegen der Auffassung der Beklagten ist der Beschluss jedoch zustande gekommen. Der Gesellschafter B unterlag einem Stimmverbot. Denn niemand darf Maßnahmen durch seine Stimme verhindern, die sich aus wichtigem Grund gegen ihn richten.

Allgemeine Meinung: BGHZ 86, 179; Zöllner, in: Baumbach/Hueck, zu § 47, Rn. 53.

Die Stimmabgabe des Gesellschafters B durfte daher nicht mitgezählt werden. Unter Berücksichtigung der positiven Stimmabgabe durch den Kläger und den Gesellschafter C sowie der Ablehnung durch den Gesellschafter D ergibt sich somit, dass der Beschluss zustande gekommen ist und der Gesellschafter B von seinem Geschäftsführeramt aus wichtigem Grund abberufen wurde.

Für die ergänzende Beschlussfeststellungsklage besteht auch das besondere Rechtsschutzbedürfnis. Denn mangels Feststellung des Beschlussergebnisses durch den Versammlungsleiter musste und konnte der fragliche Beschluss nicht mit der Anfechtungsklage festgestellt werden. Die Klärung des positiven Abstimmungsergebnisses muss in diesen Fällen mit der Beschlussfeststellungsklage erfolgen.

BGHZ 104, 66/69; Wolf, in: München Handbuch des Gesellschaftsrechts Band III, GmbH, 2. Auflage 2003, zu § 40, Rn. 90.

Die Sache ist ▬▬▬ gemäß § 95 Abs. 1 Nr. 4a GVG eine Handelssache.

Rechtsanwalt

4. Muster: Feststellung der Nichtigkeit eines Gesellschafterbeschlusses einer GbR

An das

Landgericht ▬▬▬

Zivilkammer

§ 1 Anfechtung von Gesellschafterbeschlüssen

K l a g e

des ▬▬

Kläger

Prozessbevollmächtigte: Rechtsanwälte ▬▬

g e g e n

▬▬

Beklagter

(Gesellschafter)

wegen Feststellung der Nichtigkeit eines Gesellschafterbeschlusses

vorläufiger Streitwert: ▬▬€

Namens und kraft Vollmacht des Klägers erheben wir Klage und werden beantragen:

Es wird festgestellt, dass der Gesellschafterbeschluss der ▬▬ GbR vom ▬▬, nachdem die Gesellschaft das Grundstück in ▬▬ (näher bezeichnen) erwerben soll, nichtig ist.

Begründung:

Der Kläger und der Beklagte sind alleinige Gesellschafter der Grundstücks-GbR ▬▬ mit Sitz in ▬▬. Die Gesellschaft ist eine rein vermögensverwaltende Gesellschaft, wie sich aus § ▬▬ des in Fotokopie beigefügten Gesellschaftsvertrages ergibt. Nach § ▬▬ des Gesellschaftsvertrages sind Beschlüsse ausschließlich in Gesellschafterversammlungen zu fassen, zu denen mit einer Frist von 2 Wochen einzuladen ist. Darüber hinaus sind Beschlüsse, insbesondere über den Erwerb eines Grundstücks einstimmig zu fassen.

Beweis: Fotokopie des Gesellschaftsvertrages, Anlage K 1.

Der Beklagte hat zu der Gesellschafterversammlung vom ▬▬ den Kläger nicht eingeladen. Der Kläger wusste nichts von dieser Gesellschafterversammlung und hat dementsprechend nicht teilgenommen. Gleichwohl hat der Beklagte ausdrücklich „festgestellt", dass die Gesellschafterversammlung „beschlussfähig" ist und ein Beschluss über den Erwerb des Grundstücks in ▬▬ gefasst wurde.

Der Beschluss ist nichtig. Es liegt ein schwerer Einberufungsmangel vor, der nicht geheilt wurde. Außerdem ist der Beschluss nicht mit der erforderlichen Mehrheit gefasst worden.

Beweis: Fotokopie des Protokolls der Gesellschafterversammlung vom ▬▬, Anlage K 2.

Der Streitwert bemisst sich nach § 3 ZPO. Dies entspricht dem voraussichtlichen Kaufpreis des Grundstücks.

Rechtsanwalt

5. Muster: Einstweilige Verfügung mit dem Antrag auf Verbot der Ausübung des Stimmrechts einer GmbH-Gesellschafterversammlung

An das

Landgericht ▀▀▀

Kammer für Handelssachen

Antrag auf Erlass einer einstweiligen Verfügung

In Sachen

des ▀▀▀

Antragstellers

Verfahrensbevollmächtigte: Rechtsanwälte

g e g e n

▀▀▀

Antragsgegner

beantragen wir namens und kraft beigefügter Prozessvollmacht des Antragstellers den Erlass der folgenden einstweiligen Verfügungen gegen den Antragsgegner, wegen der Dringlichkeit ohne vorherige mündliche Verhandlung und durch den Vorsitzenden allein:

1. Der Antragsgegner hat es zu unterlassen, bei der Gesellschafterversammlung der A-GmbH für die Abberufung des Geschäftsführers X aus wichtigem Grund zu stimmen.
2. Dem Antragsgegner wird angedroht, dass für jeden Fall der Zuwiderhandlung gegen das in Ziffer 1 ausgesprochene Verbot ein Ordnungsgeld bis zu 250.000,00 € und für den Fall, dass dieses nicht beigetrieben werden kann, Ordnungshaft bis zu 6 Monaten festgesetzt werden kann.
3. Der Antragsgegner trägt die Kosten des Verfahrens.

Begründung:

Die Parteien sind neben den Herren C und D zu jeweils gleichgroßen Geschäftsanteilen an der A-GmbH mit Sitz in ▀▀▀ beteiligt. Eine Fotokopie des Gesellschaftsvertrages der A-GmbH fügen wir als Anlage AS 1 bei.

Der Beklagte ist neben dem Geschäftsführer X ebenfalls ein zur Vertretung berechtigter Geschäftsführer der A-GmbH. Einen aktuellen Handelsregisterauszug der A-GmbH fügen wir in Fotokopie als Anlage AS 2 bei.

Der Beklagte hat mit dem in Fotokopie als Anlage AS 3 beigefügten Schreiben zur Gesellschafterversammlung der A-GmbH am ▀▀▀ einberufen. Nach Ziffer 2 der Tagesordnung soll der Geschäftsführer Herr X aus wichtigem Grund von seinem Amt abberufen werden. Außerdem soll sein Geschäftsführervertrag fristlos gekündigt werden. Der Beklagte beruft sich zur Begründung darauf, er habe den Geschäftsführer X bei einer Unterschlagungshandlung beobachtet. Eine nähere konkretere Begründung gibt er jedoch nicht.

Die Mitgesellschafter C und D haben den Geschäftsführer X befragt. Dabei konnten sie jedoch keinerlei Unregelmäßigkeiten feststellen.

Glaubhaftmachung: Eidesstattliche Versicherungen der Herren C und D vom ■■■, Fotokopien Anlagen AS 4 und 5.

Darüber hinaus hat der Geschäftsführer X schriftlich versichert, dass die Behauptung des Beklagten, er – X – habe eine Unterschlagungshandlung vorgenommen, nicht zutrifft.

Glaubhaftmachung: Eidesstattliche Versicherung des Herrn X vom ■■■, Fotokopie Anlage AS 6.

■■■ sind gesamtvertretungsberechtigt. Nach § ■■■ des in Fotokopie beigefügten Gesellschaftsvertrages – aber auch nach der gesetzlichen Regelung – wäre der Beklagte alleiniger Geschäftsführer, wenn der Geschäftsführer X wirksam abberufen worden wäre.

Aus dem weiter in Fotokopie beigefügten Schreiben des Beklagten (Anlage AS 7), das der Kläger durch Zufall in den Geschäftsräumen der A-GmbH gefunden hat, ergibt sich jedoch eindeutig, dass der Beklagte mit der B-GmbH, deren alleinige Gesellschafterin seine Ehefrau ist, und der A-GmbH verstärkt Geschäfte machen wollte, und zwar wesentlich zum Vorteil der B-GmbH. Dies wäre dem Beklagten allerdings nur möglich gewesen, wenn er alleinvertretungsberechtigter Geschäftsführer der A-GmbH geworden wäre. Aus diesem Grunde war ihm daran gelegen, den Geschäftsführer X, gleich aus welchem Grunde, abzuberufen.

Abgesehen davon, dass ein wichtiger Grund für die Abberufung des Geschäftsführers X offensichtlich nicht vorliegt, ist die geplante Abstimmung in der Gesellschafterversammlung durch den Beklagten ein grober Verstoß gegen seine Treuepflichten aus dem Gesellschaftsvertrag. (Ggfls. weiter ausführen.)

Der Antrag ist auch keine unangemessene Vorwegnahme der Hauptsache. Dieser Gesichtspunkt steht jedenfalls dem Erlass einer einstweiligen Verfügung gegen die bevorstehende Beschlussfassung nicht entgegen.

Vgl. OLG München, NGZ 1999, 407 m.w.N..

Es besteht aufgrund des aufgefundenen Schreibens des Beklagten (AS 7) auch der begründete Verdacht, dass der Beklagte unmittelbar nach Abberufung des Geschäftsführers X alsdann alleinvertretungsberechtigter Geschäftsführer der A-GmbH gleich zu deren Nachteil Geschäfte mit der B-GmbH abschließt. Es wäre dann ein nur schwer oder nicht reparabler Schaden entstanden.

Ein milderes Mittel als das Verbot der Abstimmung in der einberufenen Gesellschafterversammlung steht dem Kläger nicht zur Verfügung.

Wir bitten, uns zu benachrichtigen, bevor das Gericht eine mündliche Verhandlung anberaumt.

Rechtsanwalt

§ 2 Rechtsmittel wegen Verstosses gegen ein Wettbewerbsverbot durch Gesellschafter

A. Vorprozessuale Situation

Gesellschafter sind gegenüber ihrer Gesellschaft auf Grund der gegenseitigen **Treuepflicht** auch in ihrem unternehmerischen Handeln außerhalb der Gesellschaft nicht völlig frei. Abhängig von der jeweiligen Gesellschaftsstruktur und den Einflussmöglichkeiten des Gesellschafters auf das Unternehmen seiner Gesellschaft sind gewisse Regeln zu beachten. Zudem setzen das Wettbewerbsverbot während der Gesellschafterstellung und das nachvertragliche Wettbewerbsverbot Grenzen. Das Wettbewerbsverbot ist nicht für alle Gesellschaftsformen gesetzlich geregelt, sondern zum großen Teil durch Rechtsprechung konkretisiert worden. Die Darstellung orientiert sich im Schwerpunkt an der GmbH. Auf Unterschiede bei der AG, der KGaA., den Personenhandelsgesellschaften und der GbR wird hingewiesen.

I. Rechtliche Grundlage während der Gesellschafterstellung

Für die Personenhandelsgesellschaften folgt das Wettbewerbsverbot während der Gesellschafterstellung aus § 112 HGB für die OHG und aus § 161 Abs. 2 i.V.m. § 112 HGB für die KG. Bei der KG gilt das Wettbewerbsverbot zunächst nur für die Komplementäre. Das Wettbewerbsverbot gemäß § 165 HGB gilt grds. nicht für den Kommanditisten, es sei denn, der Kommanditist beeinflusst in tatsächlicher Hinsicht die Geschicke der Gesellschaft und tritt wie ein Geschäftsführer auf.[100] Der genannte Grundsatz (Wettbewerbsverbot aus Treuepflicht) gilt zumindest auch für die führenden Gesellschafter der GbR.[101]

Auf kapitalistisch strukturierte Gesellschaften lassen sich die Grundgedanken der §§ 112ff. HGB nicht übertragen. Im Einzelfall kann für eine personalistisch strukturierte Aktiengesellschaft oder eine entsprechend strukturierte GmbH jedoch etwas anderes gelten.[102] Für Aktionäre der Aktiengesellschaft gilt es allenfalls im Rahmen der generellen Treuepflicht, d.h. für Mehrheitsgesellschafter, die sich anderweitig unternehmerisch betätigen wollen. Für die KGa.A. ist in § 284 AktG für den persönlich haftenden Gesellschafter ein Wettbewerbsverbot normiert.

Für die GmbH existiert unabhängig von einer ausdrücklichen **Abrede im Gesellschaftsvertrag** oder im Anstellungsvertrag keine gesetzliche Regelung, die ein Wettbewerbsverbot für die Gesellschafter statuiert. Ein Wettbewerbsverbot folgt für den Gesellschafter einer GmbH jedoch grundsätzlich aus seiner gesellschaftlichen Treuepflicht. Danach dürfen diese ihre Gesellschafter-/Organstellung nicht zum Nachteil der Gesellschaft ausnutzen und keine Geschäftschancen der Gesellschaft an sich ziehen.[103] Das aus der Treuepflicht resultierende Wettbewerbsverbot beginnt mit der tatsächlichen

---

100 BGHZ 89, 162;
101 Marsch-Barner in: Münchener Vertragshandbuch, Bd. 1 Gesellschaftsrecht, 5. Aufl. 2000, I. 3, 10;
102 Krieger in: Münchener Handbuch des Gesellschaftsrechts Bd. 4, 2. Aufl. 1999, § 69 Rn. 17 m.w.N.
103 Lutter/Hommelhoff, GmbHG 16. Aufl. 2004 Anh. § 6 Rn. 20.

Aufnahme der Geschäfte durch den Geschäftsführer-Gesellschafter. Daher gilt das Wettbewerbsverbot bereits für die Vorgesellschaft und je nach Schutzbedürfnis auch für die Vorgründungsgesellschaft.[104] Ist der Geschäftsführer indes Alleingesellschafter, oder handeln alle Gesellschafter einvernehmlich, so besteht keine Treuepflicht, gegen die verstoßen werden kann und infolgedessen auch keine daraus resultierendes Wettbewerbsverbot.[105]

92 Auch für Gesellschafter, die nicht zugleich Geschäftsführer sind, gilt der oben genannte Grundsatz nur eingeschränkt. In welchen Fällen einen solchen Gesellschafter ein Wettbewerbsverbot aufgrund seiner Treuepflicht trifft, ist umstritten. Während eine Ansicht generell auf die Stellung als Mehrheitsgesellschafter und die damit verbundenen Gefahren der Abhängigkeit abstellt, sind nach anderer – auch hier vertretener – Auffassung die tatsächlichen Gegebenheiten im Einzelfall maßgeblich.[106] Ist der Gesellschafter nicht zugleich Geschäftsführer, so treffen ihn auch als Minderheitsgesellschafter jedenfalls dann besondere Treuepflichten, wenn er im Innenverhältnis den Geschäftsgang der Gesellschaft maßgeblich beeinflussen kann oder beeinflusst.

II. Rechtliche Grundlage nach dem Ausscheiden aus der Gesellschaft

93 Der Gesellschafter einer GmbH unterliegt nach seinem Ausscheiden aus der Gesellschaft **keinem gesetzlichen Wettbewerbsverbot**, da das typische Risiko einer Interessenkollision weggefallen ist. Dies gilt auch für den Aktionär der AG und für die persönlich haftenden Gesellschafter eine KGa.A. sowie für die Gesellschafter von Personengesellschaften und der GbR. Grundlage dafür ist der aus Art. 12 GG abgeleitete Grundsatz der Wettbewerbsfreiheit. Ein nachvertragliches Wettbewerbsverbot kann aber vereinbart werden, was häufig geschieht. Typischerweise sind derartige Wettbewerbsbeschränkungen in der Satzung der Gesellschaft oder in einem gesonderten Vertrag zwischen der Gesellschaft und dem Gesellschafter geregelt. Eine solche Wettbewerbsverbotsabrede kann auch erst in der Auflösungs- bzw. Ausscheidungsvereinbarung vereinbart werden.[107]

1. Inhaltliche Schranken des nachvertraglich vereinbartem Wettbewerbsverbotes

94 Die Rechtsprechung misst solche nachvertraglichen Wettbewerbsbeschränkungen an § 138 BGB und § 1 GWB. Aufgrund des Wechselspiels mit Art. 12 GG sind an diese Wettbewerbsbeschränkungen strenge Anforderungen zu stellen.[108] Ein nachvertragliches Wettbewerbsverbot ist immer dann mit Art. 12 GG vereinbar und verstößt nicht gegen § 138 BGB, wenn es dem Schutz eines **berechtigten geschäftlichen Interesses** der Gesellschaft dient und die Berufsausübung oder wirtschaftliche Betätigung der Gesellschafters nicht unbillig erschwert.[109] Unzulässig und nichtig sind dagegen solche Vereinbarungen, die darauf abzielen, den ehemaligen Gesellschafter für einen festgelegten

---

104 Lutter/Hommelhoff, GmbHG 16. Aufl. 2004 Anh. § 6 Rn. 20.
105 Baumbach/Hueck, GmbHG 17. Aufl. 2000 zu § 35 Rn. 23.
106 Lutter/Hommelhoff, GmbHG 16. Aufl. 2004 zu § 14 Rn. 20.
107 BGH BB 2003, 2643.
108 BGHZ 91, 5.
109 BGHZ 91, 7.

Zeitraum als Konkurrenten völlig auszuschalten. Dann fehlt das berechtigte Interesse der Gesellschaft an dem Ausschluss. Die Prüfung der Wirksamkeit eines Wettbewerbsverbots orientiert sich weiter daran, dass es örtlich, zeitlich und gegenständlich auf das notwendige Maß beschränkt bleiben muss.[110] Dabei ist zu berücksichtigen, dass das Wettbewerbsverbot nur gerechtfertigt ist, soweit und solange es erforderlich ist, um die Gesellschaft vor einer illoyalen Verwertung der Erfolge der gemeinsamen Arbeit oder vor einem Missbrauch der Ausübung der Berufsfreiheit zu schützen.[111] Es soll verhindert werden, dass der ausscheidende Gesellschafter Kunden der Gesellschaft abwirbt, zu denen er ausschließlich aufgrund seiner gesellschaftsrechtlichen Stellung Kontakt aufbauen konnte.

Entscheidend für die Frage, welchen materiellen Inhalt ein mit § 138 BGB zu vereinbarendes Wettbewerbsverbots haben darf, ist der **Unternehmensgegenstand** der Gesellschaft.[112] Dies gilt insbesondere für die GmbH und die AG. Der Gesellschaftsgegenstand der GmbH ist gem. § 3 Abs. 1 Nr. 2 GmbHG durch den Gesellschaftsvertrag bestimmt und gem. § 53 Abs. 1 GmbHG nicht ohne satzungsändernden Gesellschafterbeschluss änderbar. Dasselbe gilt für die AG. Zur Gründung der AG ist gem. § 23 AktG die Feststellung der Satzung erforderlich. Sie kann nur durch einen Beschluss der Hauptversammlung gem. § 179 AktG geändert werden. Das nachvertragliche Wettbewerbsverbot erstreckt sich danach ohne entsprechende Satzungsänderungen grundsätzlich auch auf vom Unternehmensgegenstand erfasste Teilbereiche, in denen die Gesellschaft die Tätigkeit eingestellt hat bzw. noch nicht tätig geworden ist.[113] Ausnahmen gelten nur aufgrund der gegenseitigen Treuepflicht, etwa wenn der ausgeschiedene Gesellschafter die vom Unternehmensgegenstand nicht gedeckte Geschäftstätigkeit selbst angeregt oder maßgeblich gefördert hat. Umgekehrt kann es dem Ausgeschiedenen nicht verwehrt werden, auf vom Unternehmensgegenstand zwar erfassten aber tatsächlich bisher nicht betriebenen Geschäftsfeldern tätig zu werden, wenn die Gesellschaft selbst dort auf absehbare Zeit nicht aktiv werden will[114] oder eine Ausnahme in der Satzung zugelassen ist.[115]

Etwas anderes gilt für Personenhandelsgesellschaften und für die GbR, da die Änderung des Unternehmensgegenstandes eines derart formellen Gesellschafterbeschlusses wie bei der GmbH und der AG nicht bedarf. Auf den ursprünglich vereinbarten oder satzungsgemäß bestimmten Tätigkeitsbereich der Gesellschaft kommt es insoweit nicht ausschließlich an.[116] Entscheidendes Kriterium für die Reichweite des Unternehmensgegenstandes bei Personenhandelsgesellschaften und bei der GbR ist der **tatsächliche Geschäftszweig** der Gesellschaft.[117] Dies bewirkt dann konsequenterweise auch

---

110 BGH BB 2003, 2643; WM 2000, 1496, 1498; NJW-RR 1993, 1314, 1990, 226, OLG Köln NZG 2001, 165.
111 BGH BB 2003, 2643.
112 BGHZ 70, 331, 335 f., BGHZ 89, 162, 169.
113 BGHZ 89, 170.
114 Schiessl in: Münchener Handbuch des Gesellschaftsrechts Bd. 3, 2. Aufl. 2003, § 34 Rn. 13.
115 Schiessl in: Münchener Handbuch des Gesellschaftsrechts Bd. 3, 2. Aufl. 2003, § 34 Rn. 13; Baumbach/Hueck, GmbHG 17. Aufl. 2000 zu § 35 Anm. 23.
116 OLG Frankfurt NZG 2000, 739.
117 BGHZ 70, 332.

eine Erweiterung des Wettbewerbsverbots.[118] Das setzt m.E. aber voraus, dass seine Aufnahme durch die Gesellschafter angeregt oder geduldet wird. Andernfalls kann von einer konkludenten Satzungsänderung nicht gesprochen werden.

2. Zeitliche Begrenzung des nachvertraglich vereinbarten Wettbewerbsverbots

97 In zeitlicher Hinsicht wird ein Wettbewerbsverbot von **zwei Jahren** als mit § 138 BGB vereinbar angesehen.[119] Die während der Zugehörigkeit zur Gesellschaft geknüpften Verbindungen haben sich nach Auffassung der Rechtsprechung nach zwei Jahren in der Regel gelöst.[120] Der ausgeschiedene Gesellschafter kann dann wie jeder andere Gesellschafter behandelt werden.[121]

3. Räumliche Begrenzung des nachvertraglich vereinbarten Wettbewerbsverbots

98 Die räumliche Reichweite eines nach Ausscheiden des Gesellschafters vereinbarten Wettbewerbsverbots ist unter Berücksichtigung des Einzelfalls zu beurteilen und kann nicht pauschal mit Entfernungsangaben festgelegt werden. Entscheidendes Kriterium ist der **räumlich relevante Markt**, der von der Gesellschaft bedient wird.[122]

4. Vereinbarkeit mit § 1 GWB

99 Ein nachvertragliches Wettbewerbsverbot für den ausgeschiedenen Gesellschafter ist darüber hinaus stets an § 1 GWB zu messen. Schutzzweck des § 1 GWB ist die Vermeidung der Einschränkung oder Verfälschung des Wettbewerbs durch Vereinbarungen. Nach der Rechtsprechung des BGH verstoßen vereinbarte Wettbewerbsbeschränkungen nur dann nicht gegen § 1 GWB, wenn sie notwendig sind, um die Gesellschaft in ihrem Bestand und ihrer Funktionsfähigkeit zu erhalten. Das Wettbewerbsverbot soll verhindern, dass der Gesellschafter das Unternehmen von innen aushöhlt oder gar zerstört und damit einen leistungsfähigen Wettbewerb zugunsten seiner eigenen Konkurrenztätigkeit ausschaltet.[123]

100 Diese Beurteilung ist in der Praxis oft nur schwer möglich. Der BGH nimmt die Notwendigkeit einer Wettbewerbsbeschränkung, die mit § 1 GWB vereinbar ist, jedoch pauschal etwa dann an, wenn der Gesellschafter mit mehr als 50 % an der Gesellschaft beteiligt ist.[124] Dann jedenfalls sei eine maßgebliche Beeinflussung der Geschäftsführung insbesondere durch die dem Ausgeschiedenen bekannten gesellschaftsinternen Informationen möglich.[125] Der BGH hat ein vereinbartes Wettbewerbsverbot weiter im Hinblick auf § 1 GWB sogar dann nicht beanstandet, wenn ein kapitalistisch beteiligter Mehrheitsgesellschafter in derselben Branche unternehmerisch tätig ist.[126] Unabhängig von der Größe des früheren Gesellschaftsanteils des ausgeschiedenen Gesell-

---

118 Baumbach/Hopt, HGB, 31. Aufl. 2003 zu § 112 Rn. 5; Schiessl in: Münchener Handbuch des Gesellschaftsrechts Bd. 3, 2. Aufl. 2003, § 34 Rn. 13.
119 BGH BB 2003, 2643.
120 BGH BB 2003, 2643, WM 2000, 1496, 1498.
121 BGH, BB 2003, 2643.
122 Baumbach/Hopt, HGB, 31. Aufl. 2003 zu § 112 Rn. 5.
123 BGHZ 104, 251.
124 BGHZ 104, 251.
125 BGHZ 104, 252.
126 BGHZ 89, 162, 166.

schafters sieht der BGH jedenfalls keinen Verstoß gegen § 1 GWB, wenn in tatsächlicher Hinsicht die Geschicke der Gesellschaft maßgeblich von dem Gesellschafter beeinflusst werden.[127] Bei Gesellschaftern, die aus einer Personengesellschaft ausgeschieden sind, gilt § 1 GWB ohne Einschränkung durch § 112 HGB. Diese Vorschrift betrifft nur den aktuellen Gesellschafter.[128]

5. Keine Karenzentschädigung gem. §§ 74, 75, 75a HGB

Eine Karenzentschädigungspflicht, wie sie § 74 HBG im Rahmen eines Wettbewerbsverbots für Handlungsgehilfen vorsieht, besteht für Gesellschafter von Kapitalgesellschaften nicht. Diese Regelungen sind auf Arbeitnehmer zugeschnitten, insbesondere Handlungsgehilfen nach § 59 HGB, während Gesellschafter Arbeitgeberfunktion haben.[129] Auch für die Gesellschafter der OHG und die persönlich haftenden Gesellschafter einer KG sind §§ 74, 75, 75a HGB nicht anwendbar. Sie sind als deren gesetzliche Vertreter keine Handlungsgehilfen.[130]

101

III. Rechtsfolge eines gegen § 138 BGB verstoßenden Wettbewerbsverbots

Rechtsfolge eines zu weit gefassten Wettbewerbsverbots ist grundsätzlich die Nichtigkeit der Vertragsvereinbarung.[131] Es ist grds. nicht möglich, ein Wettbewerbsverbot im Rahmen einer Umdeutung auf das angemessene Maß zu reduzieren, da es sich um eine einheitliche Regelung handelt, die nicht in ihre einzelnen Komponenten zerlegt werden kann.[132] Ausnahmen werden von der Rechtsprechung nur zugelassen, wenn einzig ein Verstoß gegen die zeitliche Komponente des nachträglichen Wettbewerbsverbots vorliegt.[133]

102

IV. Rechtsfolge bei einem Verstoß gegen das Wettbewerbsverbot

1. Wettbewerbsverstoß während der Gesellschafterstellung

Verstößt der Gesellschafter gegen das Wettbewerbsverbot, kann dies unterschiedliche Folgen haben, insbesondere kann die Gesellschaft **Unterlassung und Schadensersatz** verlangen, darüber hinaus ggfs. **Schließung des Konkurrenzunternehmens** oder den **Austritt** des Gesellschafters aus dem Konkurrenzunternehmen.[134] Darüber hinaus besteht für Personengesellschaften ein Eintrittsrecht der Gesellschaft nach § 113 HGB. Schließlich kann die Verletzung des Wettbewerbsverbotes im Einzelfall auch zur Ausschließung des Gesellschafters aus der Gesellschaft aus wichtigem Grund führen.[135]

103

---

127 BGHZ 104, 251.
128 Baumbach/Hopt, HGB, 31. Aufl. 2003 zu § 112 Rn. 17.
129 Schiessl in: Münchener Handbuch des Gesellschaftsrechts Bd. 3, 2. Aufl. 2003, § 20 Rn. 20.
130 BAG NZA 1994, 212.
131 OLG Düsseldorf BB 2001, 956.
132 BGH NJW 1979, 1605, NJW-RR 1989, 801, GmbHR 1991, 17.
133 BGH NJW 2000, 2584.
134 Mattfeld in: Münchener Handbuch des Gesellschaftsrechts Bd. 1, 2. Aufl. 2004, § 59 Rn. 33 m.w.N.
135 Schiessl in: Münchener Handbuch des Gesellschaftsrechts Bd. 3, 2. Aufl. 2003, § 34 Rn. 15.

104 Der Unterlassungsanspruch kann auf §§ 1004, 823 Abs. 1 BGB wegen Eingriffs in den eingerichteten und ausgeübten Gewerbebetrieb gestützt werden oder ggfs. auf die vertragliche Abrede oder die entsprechende Satzungsbestimmung bzw. wenn diese nicht gegeben ist, auf die Verletzung der Treuepflichtverletzung selbst gestützt werden.

105 Anspruchsgrundlage für den Schadensersatz bei der **AG, der GmbH und der GbR** ist, da sich die Treuepflichtverletzung auch immer als eine Verletzung der Pflichten aus dem Gesellschaftsvertrag/Satzung/Anstellungsvertrag darstellt und eine Schadensersatzpflicht gesetzlich nicht explizit normiert ist, **§ 280 Abs. 1 BGB**. Bei Personenhandelsgesellschaften folgt der Schadensersatzanspruch unmittelbar aus §§ 112, 113 HGB für die OHG und für die KG aus §§ 161 Abs. 2, 112, 113 HGB, für die KGaA. aus § 284 AktG.

106 Da die Wettbewerbstätigkeit zugleich in aller Regel Untreue des Gesellschafters ist, schuldet der Verletzer daher der Gesellschaft Schadensersatz auch nach § 823 Abs. 2 BGB i.V.m. § 266 StGB, unter Umständen sogar auch nach § 826 BGB.[136]

107 Als Schaden ist auch der entgangene Gewinn gem. § 252 BGB erstattungsfähig.[137] Die Beweislast für den Schaden trägt die Gesellschaft.

108 Unabhängig vom Nachweis eines etwaigen Schadens steht der Personenhandelsgesellschaftgesellschaft gem. § 113 Abs. 1, 2. Hs. HGB (der OHG) bzw. nach §§ 161 Abs. 2 HGB i.V.m. 113 Abs. 2, 1. Hs. HGB (der KG) ein **Eintrittsrecht** für die entgegen dem Wettbewerbsverstoß getätigten Geschäfte des Gesellschafters zu. Das Eintrittsrecht bezieht sich auf beide Alternativen des § 112 HGB. Es hat keine Außenwirkung, d.h. die Gesellschaft tritt nicht in Rechtsbeziehungen zu Dritten oder zu der anderen Gesellschaft. Hat der Gesellschafter entgegen dem Wettbewerbsverbot ein Geschäft für eigene Rechnung durchgeführt, so kann die Gesellschaft verlangen, dass er dies gem. § 113 Abs. 1 HBG „als für Rechnung der Gesellschaft eingegangen" gelten lässt. Ist das Geschäft bereits abgeschlossen, kann Herausgabe des Gewinns verlangt werden. Ist das Geschäft für fremde Rechnung durchgeführt worden, so kann Herausgabe der Vergütung bzw. Abtretung des Vergütungsanspruchs verlangt werden, § 113 Abs. 1 HGB. Für die GmbH gilt § 113 Abs. 1 HGB analog.[138] Dieselben Rechtsfolgen gelten gem. § 284 Abs. 2 AktG zum Nachteil persönlich haftender Gesellschafter einer KGaA.

2. Verstoß gegen das nachvertragliche Wettbewerbsverbot

109 Bei einem Verstoß des ausgeschiedenen Gesellschafters gegen das nachvertragliche Wettbewerbsverbot gelten mit Ausnahme der Ausschließung des Gesellschafters die gleichen Rechtsfolgen wie bei einem Verstoß gegen die Treuepflicht während der Stellung als Gesellschafter.

---

136 Schneider in: Scholz, GmbHG 9. Aufl. 2000 zu § 43 Rn. 131.
137 Schneider in: Scholz, GmbHG 9. Aufl. 2000 zu § 43 Rn. 131.
138 Schiessl in: Münchener Handbuch des Gesellschaftsrechts Bd. 3, 2. Aufl. 2003, § 34 Rn. 15.

V. Beratung der Gesellschaft

1. Grundlegende Feststellungen

Im Rahmen der Beratung der Gesellschaft, deren – auch früherer – Gesellschafter gegen ein Wettbewerbsverbot verstoßen haben soll, sind zunächst die grundlegenden Feststellungen zu treffen:
- Erfassung des relevanten Sachverhalts
- Handelt es sich um einen Verstoß während oder nach dem Ausscheiden aus der Gesellschaft?
- Rechtliche Grundlage des Wettbewerbsverbotes: Gesetz, Gesellschaftervertrag oder sonstige Vereinbarung über Wettbewerbsverbot
- Ist ggfs. eine vertragliche Verbotsklausel mit § 138 BGB i.V.m. Art. 12 GG, § 1 GWB vereinbar?
- Liegt auf dieser Basis eine Wettbewerbsverletzung vor?
- Welche Rechte will die Gesellschaft geltend machen?
- Eilbedürfnis der Gesellschaft?

2. Gesellschafterbeschluss erforderlich?

Auf der genannten Grundlage stellt sich weiter die Frage, ob die Geltendmachung von Ansprüchen der Gesellschaft einen Gesellschaftsbeschluss voraussetzt. Dafür ist zu unterscheiden:

a) Schadensersatz oder Eintrittsrecht nach § 113 Abs. 1 HGB

Soll Schadensersatz verlangt oder das Eintrittsrecht nach § 113 Abs. 1 HGB geltend gemacht werden, muss zunächst geprüft werden, ob dafür die **materiellen Voraussetzungen vorliegen**.

Für die Personenhandelsgesellschaften sieht § 113 Abs. 2 HGB ausdrücklich vor, dass die Geltendmachung von Schadenersatzansprüchen und des Eintrittsrechts gegen einen Gesellschafter nur möglich ist, wenn ein entsprechender Beschluss der Gesellschafterversammlung vorliegt, wobei der betroffene Gesellschafter, der gegen das Wettbewerbsverbot verstoßen hat, nicht mitstimmt. Der Beschluss ist materielle Voraussetzung für die Geltendmachung der Ansprüche und – mangels abweichender Vereinbarung im Gesellschaftsvertrag – einstimmig zu fassen.[139] Bei der Zwei-Personen-Gesellschaft reicht daher der Entschluss des anderen Gesellschafters. Ein stillschweigender Beschluss reicht ebenfalls aus, d.h. gemeinsame Klageerhebung durch die übrigen Gesellschafter oder mit Zustimmung der übrigen Gesellschafter.[140] Erst nach erfolgter Beschlussfassung kann die Geltendmachung der Ansprüche durch die Gesellschaft oder im Wege der actio pro socio erfolgen. Dies kann insbesondere Bedeutung erlangen, wenn die klageweise Geltendmachung solcher Ansprüche zur Verjährungshemmung nach § 204 Abs. 1 BGB alsbald erfolgen soll. Wird die Klage zwar an sich rechtzeitig vor Verjährungseintritt eingereicht, fehlt aber der erforderliche Gesellschafterbeschluss, kann die Klage keinen Erfolg (mehr) haben.

---

[139] Mattfeld in: Münchener Handbuch des Gesellschaftsrechts Bd. 1, 2. Aufl. 2004, § 59 Rn. 46.
[140] BGHZ 89, 172; Baumbach / Hopt, HGB 31. Aufl. 2003 zu § 113 Rn. 7.

114 Allerdings verweist § 113 Abs. 2 HGB nur auf die Ansprüche nach Abs 1, d.h. auf den Schadensersatzanspruch und auf das Eintrittsrecht.

115 § 113 Abs. 2 HGB gilt nicht für Ansprüche, die in § 113 Abs. 1 HGB nicht genannt sind, also für den Anspruch auf Unterlassung oder auf Ausschließung aus der Gesellschaft.[141] Für andere als die in § 113 Abs. 1 HGB genannten Rechte bedarf die Gesellschaft vor der Geltendmachung daher keines Gesellschafterbeschlusses.[142]

116 Für die GmbH gilt § 113 Abs. 2 HGB analog.[143]

b) Unterlassungsanspruch, Ausschließung aus der Gesellschaft

117 Die Geltendmachung insbesondere des Unterlassungsanspruchs erfolgt üblicherweise nicht sofort durch Rechtsmittel, sondern zunächst in Form einer **außerprozessualen Aufforderung**. Dies kann aber ausnahmsweise untunlich sein, wenn die Gesellschaft so dringlich auf die Durchsetzung des Unterlassungsanspruchs angewiesen ist, dass für eine Abmahnung keine Zeit bleibt, sondern sofort eine einstweilige Verfügung erwirkt und zugestellt werden muss. Die vorprozessuale Aufforderung zur Unterlassung kann – vom Zeitraum bis zum erwarteten Eingang der Reaktion des Schuldners abgesehen – vor allem insoweit weitere Zeit kosten, als der aufgeforderte Schuldner sich veranlasst sehen kann und in der Regel auch wird, bei Gericht eine Schutzschrift zu hinterlegen. Diese führt fast meist dazu, dass das Gericht einem Antrag des Gläubigers auf Erlass einer einstweiligen Verfügung nicht schon allein aufgrund einseitigen Vortrages des Antragstellers stattgibt, sondern zunächst eine mündliche Verhandlung anberaumt. Zu dieser kann der Schuldner noch vortragen. Damit ist jedoch das prozessuale Risiko für den Gläubiger verbunden, dass er in der mündlichen Verhandlung auf neuen gegnerischen Vortrag und auf gegnerische präsente Zeugen reagieren muss. Denn im Verfügungsverfahren gelten weder die Einlassungsfrist nach § 227 ZPO noch die Schriftsatzfristen nach § 132 ZPO.[144] Auch dies ist zu beachten, bevor die Entscheidung über die vorprozessuale Aufforderung des gegen das Wettbewerbsverbot verstoßenden (ehemaligen) Gesellschafters getroffen wird.

3. Abmahnung

118 Die außerprozessuale Aufforderung des (auch früheren) Gesellschafters, den Wettbewerbsverstoß zu unterlassen, sollte verbunden werden mit der Androhung weiterer Maßnahmen für den Fall der Fortsetzung des Verstoßes gegen das Wettbewerbsverbot. Dies hat insbesondere den Zweck, dass der Anspruchsteller im Klage- oder Verfügungs-verfahren nicht die Kostenlast nach § 93 ZPO tragen muss. Außerdem kann die (fruchtlose) Abmahnung die Voraussetzungen für eine Ausschließung des Gesellschafters aus wichtigem Grund schaffen oder zumindest festigen.

---

141 Mattfeld in: Münchener Handbuch des Gesellschaftsrechts Bd. 1, 2. Aufl. 2004, § 59 Rn. 46.
142 Mattfeld in: Münchener Handbuch des Gesellschaftsrechts Bd. 1, 2. Aufl. 2004, § 59 Rn. 50 m.w.N.
143 BGHZ 80, 69, 75 f.
144 David in: Goebel, Zivilprozessrecht, 2004, § 15 Rn. 41 ff.

a) Minimalinhalt der Abmahnung

Die Abmahnung ist so zu verfassen, dass für den Abgemahnten im Hinblick auf den relevanten Sachverhalt und die rechtliche Bewertung eindeutig erkennbar ist, worin der Wettbewerbsverstoß besteht (Hinweis- und Dokumentationsfunktion). Es sollten möglichst alle rechtlichen Gesichtspunkte aufgeführt werden, die die Abmahnung stützen. In aller Regel ist es sinnlos, tragende Argumente zurückzuhalten oder sie später im Prozess nachzuschieben. Außerdem ist dem Verletzer vor Augen zu führen, welche Konsequenzen er bei Nichtbefolgung der Abmahnung zu erwarten hat (Androhungs- und Warnfunktion). Eine sorgfältige rechtliche Begründung kann unter Umständen dazu beitragen, dass der Abgemahnte die Abmahnung akzeptiert.

119

In formeller Hinsicht ist zu berücksichtigen, dass
- die Abmahnung mit einer Frist versehen ist
- die Abmahnung unterschrieben ist
- der richtige Empfänger ausgewiesen ist
- der Abmahnende ausreichend erkennbar ist
- möglichst eine Originalvollmacht des Mandanten beigefügt ist

120

Die in der Abmahnung gesetzte Frist muss so bemessen sein, dass sie es dem Verletzer ermöglicht, eine Unterlassungserklärung abzugeben. Es reicht aus, wenn dem Abgemahnten die Zeit bleibt, rechtlichen Rat einzuholen, bei einfach gelagerten Fällen etwa 2 bis 3 Tage. Ist die Frist zu kurz oder bereits bei der Zustellung zum Teil abgelaufen, gilt automatisch eine angemessene Frist.[145]

121

Ob die Beifügung einer Vollmacht bei anwaltlichen Abmahnungen erforderlich ist, richtet sich danach, ob sie geschäftsähnliche Handlung § 174 BGB ist. Dies ist umstritten.[146] Vorsorglich sollte daher der Abmahnung in jedem Falle eine Originalvollmacht beigefügt sein. Sollte dafür im Einzelfall nicht ausreichend Zeit sein, sollte geprüft werden, ob nicht auf die Abmahnung ganz verzichtet und gleich unter Inkaufnahme möglicher Kostennachteile (§ 93 ZPO) eine einstweilige Verfügung beantragt werden sollte.

122

Die **Beweislast** für den Zugang der Abmahnung liegt beim Abmahnenden.[147]

123

b) Abmahnung mit Aufforderung zur Abgabe strafbewehrter Unterlassungserklärung

Eine bloße Zusicherung, der Abmahnung Folge zu leisten, und auch die faktische Befolgung der Abmahnung beseitigt nicht die Wiederholungsgefahr, so dass der Verletzer in diesem Fall gleichwohl Anlass zur Klage gibt und nicht in den Genuss des § 93 ZPO kommen kann. Um den Verletzten außergerichtlich umfassend zu sichern, bietet sich an, die Abmahnung mit einer Aufforderung zur Abgabe einer – möglichst vom Abmahnenden vorformulierten – strafbewehrten Unterlassungserklärung aufzufor-

124

---

145 OLG Hamburg GRUR 91, 80.
146 Dafür: Palandt / Heinrichs, BGB 63. Aufl. 2004 zu § 174 Rn. 1 a, 2; OLG Nürnberg NJW-RR 1991, 1393; OLG Dresden OLG-Report 1999, 55, 57; dagegen: OLG Karlsruhe, NJW-RR 1990, 1323; OLG Frankfurt / Main, OLG-Report 2001, 270 zur wettbewerbsrechtlichen Abmahnung.
147 OLG Düsseldorf OLGR 1996, 279.

dern. Die strafbewehrte Unterlassungserklärung wurde zwar im originären Wettbewerbsrecht entwickelt. Sinnvoll ist sie aber durchaus auch in anderen Fällen, insbesondere bei Verstößen gegen gesellschaftsrechtlich begründete Wettbewerbsverbote. Nur die Unterzeichnung einer solchen Erklärung beseitigt die Wiederholungsgefahr und schützt den Verletzer davor, trotz faktischer Befolgung des Wettbewerbsverbotes mit einer Klage überzogen und nach § 93 ZPO die Kosten tragen zu müssen, auch wenn er dann den Anspruch sofort anerkennt.[148]

125 Erhält die Gesellschaft die verlangte Unterlassungserklärung, so steht sie sich besser, als wenn sie einen gerichtlichen Vollstreckungstitel in Händen hält. Wegen des strafähnlichen Charakters der Vollstreckung erstreckt sich die Reichweite des Vollstreckungstitels über den ausdrücklich tenorierten Umfang hinaus allenfalls auf unbedeutende Abweichungen von der titulierten Verbotsform (§ 819 ZPO). Erfahrungsgemäß tenorieren Gerichte das Unterlassungsgebot auch bereits sehr eng. Der Unterwerfungsvertrag wird demgegenüber wie jeder andere Vertrag nach § 133, 157 BGB ausgelegt.[149]

126 Darüber hinaus muss der Gläubiger eines gerichtlichen Vollstreckungstitels vollen Beweis für das Verschulden des Titelschuldners bei Verstößen gegen das titulierte Verbot erbringen. Bei Zuwiderhandlungen gegen eine Unterlassungserklärung liegt die Beweislast für mangelndes Verschulden gemäß § 280 Abs. 2 BGB beim Schuldner.

127 Darüber hinaus gilt für die Unterlassungserklärung § 278 BGB. Der Schuldner muss auch für das Verschulden seiner Erfüllungsgehilfen ohne Entlastungsmöglichkeit einstehen. Diese Haftung besteht für den Titelschuldner nicht. Er haftet nur bei eigenem Verschulden, wozu allerdings auch Organisationsverschulden zählt. § 831 BGB gilt insoweit für den Titelschuldner nicht.

128 Darüber hinaus muss der Schuldner berücksichtigen, dass er mit dem Abschluss des Unterlassungsvertrages ein neues Schuldverhältnis mit dem Gläubiger begründet, aus dem Nebenpflichten erwachsen, insbesondere eine Pflicht zur Auskunft über alle weiteren Verstöße gegen die Vertragsstrafenregelung seit Vertragsschluss.[150] Auch dies ist ein wesentlicher Unterschied zum Titelschuldner.

c) Reaktion der Gesellschaft nach Abgabe Unterlassungserklärung

129 Wird die Unterlassungserklärung unverändert unterzeichnet, ist mit Rücksendung ein **Unterlassungsvertrag** zustande gekommen und die Gesellschaft zunächst ausreichend gesichert.

130 Wird die Unterlassungserklärung dagegen nur mit Modifikationen unterzeichnet und zurückgesandt, ist der Unterlassungsvertrag noch nicht zustande gekommen. Das ist erst der Fall, wenn der Abmahnende seinerseits die modifizierte Unterlassungserklärung akzeptiert. „Vergisst" er dies, kann die Annahmefrist nach § 147 Abs. 2 BGB verstreichen, ohne dass ein Unterlassungsvertrag zustande kommt. Gleichzeitig kann die Dringlichkeit für den Antrag auf Erlass einer einstweiligen Verfügung entfallen, wenn

---

148 BGH GRUR 1987, 748, 750.
149 BGH NJW 2001, 2622.
150 Ausführlich David, Prozessrecht Aktiv 2003, 56 ff.

kein weiterer Verstoß des Schuldners gegen das Wettbewerbsverbot festgestellt werden kann. Die Gesellschaft verlöre dann jede rechtliche Möglichkeit, Wettbewerbsverstöße des (auch ehemaligen) Gesellschafters schnell und effektiv zu verhindern und wäre auf eine langwierige Hauptsacheklage angewiesen. Dies sollte unbedingt vermieden werden, da andernfalls auch dem Rechtsanwalt ein Regress droht.

d) Reaktion der Gesellschaft nach Fristablauf ohne Unterlassungserklärung

Nach Ablauf der gesetzten Frist ohne Eingang der geforderten Unterlassungserklärung ist zu überlegen, ob wegen der Dringlichkeit eine einstweilige Verfügung gegen den Verletzer beantragt wird (dazu unten bei Rn. 136 ff.).

VI. Anwaltliche Beratung des Verletzers

Vertritt der Rechtsanwalt den (auch ausgeschiedenen) Gesellschafter wegen Verstoßes gegen das Wettbewerbsverbot gegen die Gesellschaft, so stellen sich die zuvor dargestellten Fragen mit umgekehrten Vorzeichen. Das gilt unabhängig davon, ob der Mandant sich im Vorfeld der Aufnahme einer neuen Tätigkeit informieren will, um einen Verstoß gegen das ihn betreffende Wettbewerbsverbot zu vermeiden oder ob er bereits von der Gesellschaft zur Unterlassung des Wettbewerbsverstoßes aufgefordert wurde.

Im letztgenannten Fall stellt sich zunächst die Frage, wie der Mandant aus seiner Sicht am besten auf die Abmahnung reagiert, d.h. ob er die verlangte strafbewehrte Unterlassungserklärung unterzeichnet, ggfs. modifiziert oder gar nicht. Die Unterlassungserklärung dient zur Vermeidung einer gerichtlichen Auseinandersetzung. Sie kommt meines Erachtens ohnehin nur ernsthaft in Betracht, wenn der Wettbewerbsverstoß eindeutig ist und der Verletzer keine realistische Chance sieht, einer Verurteilung durch das Gericht oder einer einstweiligen Verfügung zu entgehen. Dennoch sollte die strafbewehrte Unterlassungserklärung nicht schon deshalb abgegeben werden, um die Kosten eines Urteils – ggfs. auch eines Anerkenntnisurteils – zu entgehen. Hier sind die Nachteile der Unterlassungserklärung gegen diejenigen eines gerichtlichen Titels nach den oben genannten Kriterien sorgfältig abzuwägen. Dabei kann es im Einzelfall sinnvoll sein, anstelle der Abgabe der Unterlassungserklärung eine möglicherweise zunächst teurere einstweilige Verfügung zu akzeptieren, um die weitergehenden Haftungsfolgen der Unterlassungserklärung – insbesondere § 278 BGB – zu vermeiden.

VII. Muster

1. Muster: Vertrag über umfassendes Wettbewerbsverbot

■■■ und die Gesellschaft ■■■ schließen folgende Vereinbarung:

1. Für die Dauer dieses Vertrages ist es ■■■ nicht gestattet, in einem Unternehmen, das mit der Gesellschaft ■■■ in Wettbewerb steht, als Inhaber, Gesellschafter oder Angestellter tätig zu werden oder sich an einem solchen Unternehmen direkt oder indirekt zu beteiligen oder es direkt oder indirekt zu beraten oder zu fördern oder direkt oder indirekt eine Vertretung hierfür zu übernehmen. Er ist auch nxicht berechtigt, in eigener Person in Wettbewerb zur Gesellschaft ■■■ zu treten.

2. Die Gesellschaft ▬▬ und ▬▬ sind sich darüber einig, dass die Gesellschaft ein schutzwürdiges Interesse daran hat, dass die unter 1. aufgezeigten Interessen auch nach Beendigung dieses Vertrages eingehalten werden.
3. Nach dem Ablauf des Vertrages gilt somit das Wettbewerbsverbot nach Ziff. 1 für die Dauer von 2 Jahren, und zwar für den Wettbewerb auf allen Geschäftsfeldern, auf denen die Gesellschaft ▬▬ bis zum Ausscheiden des ▬▬ tätig ist oder nach ihrem zu diesem Zeitpunkt satzungsmäßig festgelegten Unternehmensgegenstand tätig werden kann.
4. Die Gesellschaft kann einseitig auf die Einhaltung des Wettbewerbsverbotes verzichten. Der Verzicht ist mit der Erklärung der Kündigung unter Einhaltung der Kündigungsfrist wirksam.
5. A verpflichtet sich, für jeden Fall des Verstoßes gegen das vorbeschriebene Wettbewerbsverbot an die Gesellschaft ▬▬ eine Vertragsstrafe in Höhe von 10.000 € zu zahlen. Weitergehende Ansprüche der Gesellschaft bleiben unberührt.

2. Muster: Abmahnung

(ggfs. per Telefax vorab) Original per Einschreiben gegen Rückschein

X-GmbH

Sehr geehrte/r Herr/Frau ▬▬

Hiermit zeigen wir an, dass uns die X-GmbH mit der Wahrnehmung ihrer Interessen beauftragt hat. Eine auf uns lautende Vollmacht ist beigefügt.

Unsere Mandantin verkauft im Kreis Borken/Nordrhein-Westfalen Großküchen/Großküchenzubehör. Ferner bietet sie die Wartung/Reparatur von Großküchen/Großküchenzubehör an. Ihr Tätigkeitsbereich erstreckt sich allein auf den Kreis Borken/Nordrhein-Westfalen.

Sie sind gegenwärtig Geschäftsführer der Y-GmbH. Im Zeitraum vom ▬▬ bis zum ▬▬ waren Sie Gesellschafter unserer Mandantin. Der Gesellschaftsvertrag unserer Mandantin enthält in § 15 für den Gesellschafter die Verpflichtung, innerhalb eines Zeitraums von einem Jahr nach Ausscheiden aus der Gesellschaft unter anderem nicht als Geschäftsführer einer anderen Gesellschaft in dem sachlichen und örtlichen Geschäftsbereich der Klägerin tätig zu werden.

Unsere Mandantin hat nach Einsicht in das Handelsregister beim AG ▬▬ festgestellt, dass die von Ihnen als Geschäftsführer geleitete Y-GmbH ebenfalls die Veräußerung von Großküchen/Großküchenzubehör bzw. Wartung/Reparatur von Großküchen/Großküchenzubehör im Kreis Borken/Nordrhein Westfalen anbietet. Darüber hinaus haben Sie einige Kunden unserer Mandantin aufgesucht und diesen die Wartung/Reparatur durch Ihre GmbH zu weit günstigeren Konditionen als denen unserer Mandantin angeboten.

Mit diesem Verhalten verstoßen Sie gegen das mit der X-GmbH vereinbarte nachvertragliche Wettbewerbsverbot.

Namens und kraft Vollmacht unserer Mandantin fordern wir Sie auf,

1. umgehend die Geschäftsführertätigkeit für die Y-GmbH aufzugeben, solange diese im Kreis Borken/Nordrhein-Westfalen den Verkauf, die Wartung und Reparatur von Großküchen/Großküchenzubehör anbietet,
2. die beigefügte strafbewehrte Unterlassungserklärung unverzüglich unterzeichnet zu unseren Händen zu senden, spätestens bis zum ■■■ hier eingehend, wobei der Eingang vorab per Telefax ausreicht, wenn das Original unverzüglich auf dem Postweg versandt wird,
3. der X-GmbH die für die rechtliche Beratung der Rechtsanwälte ■■■ nach dem RVG entstandenen Kosten auf Grundlage eines Gegenstandswertes von ■■■ in Höhe einer ■■■ Gebühr zuzüglich Auslagen und Umsatzsteuer zu erstatten.

Nur durch die Unterzeichnung der Unterlassungserklärung können Sie die Wiederholungsgefahr und ein Kostenrisiko nach § 93 ZPO vermeiden.

Sollte diese Erklärung nicht innerhalb der Ihnen gesetzten Frist bei uns eingehen, werden wir unserem Mandanten dringend raten, gerichtliche Schritte gegen Sie einzuleiten.

Rechtsanwalt

3. Muster: Unterlassungsverpflichtung mit Vertragsstrafe für Wettbewerbsverstoß

Hiermit verpflichte ich, (Name, Adresse) mich gegenüber der X-GmbH,

1. umgehend die Geschäftsführertätigkeit für die Y-GmbH aufzugeben, solange diese im Kreis Borken/Nordrhein-Westfalen den Verkauf, die Wartung und Reparatur von Großküchen/Großküchenzubehör anbietet.
2. für jeden Fall der Zuwiderhandlung gegen die Unterlassungsverpflichtung zu 1. an die X-GmbH eine Vertragsstrafe von 5000,– Euro zu zahlen. Dieser Betrag ist mit jeder Zuwiderhandlung ohne nochmalige Mahnung sofort fällig.
3. der X-GmbH die für die rechtliche Beratung der Rechtsanwälte ■■■ nach dem RVG entstandenen Kosten auf Grundlage eines Gegenstandswertes von ■■■ in Höhe einer ■■■ Gebühr zuzüglich Auslagen und Umsatzsteuer zu erstatten.

Ort, Datum, Unterschrift

B. Prozess

I. Schutzschrift des Gesellschafters

Der Anspruchsgegner kann in der Regel schon frühzeitig damit rechnen, dass der Gläubiger den Erlass einer einstweiligen Verfügung gegen ihn beantragt, jedenfalls wenn er eine Abmahnung erhalten hat. Es besteht dann die Gefahr, dass der Gläubiger bei nicht vollständiger Befolgung der Abmahnung einstweiligen Rechtsschutz beantragt. Damit der Abgemahnte nicht von einer ohne mündliche Verhandlung und damit ohne seine Anhörung ergangenen einstweiligen Verfügung überrascht wird, sollte er umgehend eine **Schutzschrift** bei allen Gerichten hinterlegen, bei denen der Gläubiger zuständigkeitshalber eine einstweilige Verfügung beantragen könnte. Geht bei dem Gericht, bei welchem die Schutzschrift hinterlegt ist, ein Antrag des Gläubigers auf Erlass einer einstweiligen Verfügung ein, wird das Gericht – sofern die Ausführungen in der Schutzschrift nicht offensichtlich zur Verteidigung ungeeignet sind – in aller Regel zunächst eine **mündliche Verhandlung** anberaumen und dem Antragsgegner eine Abschrift des Verfügungsantrags zustellen.[151] Er hat dann die Möglichkeit, bereits der Erlass einer Verfügung zu verhindern.

II. Antrag auf Erlass einer einstweiligen Verfügung durch Gesellschaft

138   Reagiert der Abgemahnte nicht wie gewünscht, unterzeichnet er insbesondere nicht die geforderte strafbewehrte Unterlassungserklärung, soll der (auch ausgeschiedene) Gesellschafter aber gleichwohl alsbald daran gehindert werden, weiterhin gegen das Wettbewerbsverbot zu verstoßen, oder ist die Angelegenheit so dringlich, dass selbst für eine Abmahnung keine Zeit bleibt, bietet sich an, das Ziel der Gesellschaft sofort mit dem einstweiligen Rechtsschutz zu verfolgen. In Betracht kommt der Antrag auf Erlass einer auf Unterlassung gerichteten einstweiligen Verfügung gem. § 935 ZPO. Gem. § 936 ZPO sind auf die einstweilige Verfügung die Arrestvorschriften der §§ 916 ff. ZPO anwendbar, soweit nichts anderes bestimmt ist. Dieses Vorgehen ist sinnvoll, da auf diese Weise schneller als auf dem Klageweg ein vollstreckungsfähiger Titel erlangt werden kann.[152]

1. Risiko der Schadensersatzpflicht nach § 945 ZPO

139   Vor dem Antrag auf Erlass einer einstweiligen Verfügung ist aber zu beachten, dass der Gläubiger nach § 945 Gefahr läuft, verschuldensunabhängig Schadensersatz leisten zu müssen, wenn die einstweilige Verfügung beispielsweise aufgrund eines Widerspruchs des Antragsgegners nach § 924 ZPO oder wegen zwischenzeitlicher Verjährung des Anordnungsanspruchs nach § 927 ZPO wieder aufgehoben wird, der Schuldner sie aber gleichwohl befolgt hat.[153] Dieselbe Gefahr droht, wenn die angeordnete Verfügung nach § 926 Abs. 2 ZPO aufgehoben wird, weil der Antragsteller einer Aufforderung des Gerichts, innerhalb einer bestimmten Frist in der Hauptsache Klage zu erheben, nicht Folge leistet oder wenn er das Rechtfertigungsverfahren nach § 942 Abs. 3 ZPO nicht durchführt. Denn der Gläubiger ist allein für die Vollstreckung aus einem noch nicht entgültigen Vollstreckungstitel verantwortlich. Diese Umstände sind mit dem Gläubiger eingehend zu erörtern, bevor der Rechtsanwalt ihm zu einem Antrag auf Erlass einer einstweiligen Verfügung rät.

2. Zuständiges Gericht

140   Bei der Zuständigkeitsprüfung ist zu beachten, dass die Arrestvorschrift des § 919 ZPO von den spezielleren Regelungen der §§ 937, 943 ZPO verdrängt wird. Dies bedeutet, dass primär nur das Gericht der Hauptsache zuständig ist. Gemäß § 802 ZPO besteht insoweit ein ausschließlicher Gerichtsstand. Für den Begriff des „Gerichts der Hauptsache" ist zu differenzieren. Wenn noch keine Hauptsache anhängig ist, hat das angerufene Gericht die Hauptsachezuständigkeit von Amts wegen zu prüfen. Ist dagegen ein Gericht in der Hauptsache schon angerufen worden, d.h. die Hauptsache

---

151 Näher David in: Goebel Zivilprozessrecht § 15 Rn. 17.
152 Zöller/Vollkommer, ZPO 24. Aufl. 2004 vor § 916, Rn. 14.
153 BGH NJW 1996, 199, vgl. ausführlich zu den Fallkonstellationen zu §§ 924, 927 ZPO David in:Goebel, Zivilprozessrecht § 15 Rn. 92 ff, 106 ff.

ist bereits anhängig, so ist es ausschließlich für die einstweilige Verfügung zuständig, auch wenn es selbst in der Hauptsache eigentlich unzuständig ist.[154]

Das Gericht der Hauptsache wird meist das örtlich zuständige Landgericht und dort die Kammer für Handelssachen sein, §§ 94, 95 Abs. 1 Nr. 4a GVG; anderes gilt für den Streit zwischen der GbR und dem (ehemaligen) Gesellschafter. Das BAG hat jedoch 1997 die sachliche Zuständigkeit des Arbeitsgerichts bejaht für den Streit über die Verbindlichkeit eines Wettbewerbsverbotes, das einen Minderheitsgesellschafter betraf, dessen Geschäftsanteil verkauft wurde unter gleichzeitiger Aufhebung seines Arbeitsvertrages.[155]

3. Streitwert

Die Streitwertbestimmung erfolgt nach § 3 ZPO. Bei einer einstweiligen Verfügung, die auf ein Unterlassen gerichtet ist, bestimmt sich der Streitwert nach den Interessen des Verfügungsklägers am Verbot der zu unterlassenden Handlung.

III. Begründung der einstweiligen Verfügung

Verfügungsgrund und Verfügungsanspruch sind gem. §§ 920 Abs. 2, 936 ZPO darzulegen und glaubhaft zu machen.

1. Anordnungsanspruch

Der Anordnungsanspruch ist der materielle Anspruch, auf den das Begehren auch in der Hauptsache gestützt wird. Zur **Glaubhaftmachung** der anspruchsbegründenden Tatsachen kann sich der Antragsteller grds. aller Beweismittel und zudem der **eidesstattlichen Versicherung** nach § 294 Abs. 1 ZPO bedienen. Gemäß § 294 Abs. 2 ZPO sind aber ausschließlich präsente Beweismittel statthaft (d.h. üblicherweise Urkundenbeweis, eidesstattliche Versicherung, Augenscheinsobjekte). Dazu gehören auch rechtmäßig erlangte Tonbandaufnahmen.

Regelmäßig hat der Gläubiger kein Interesse daran, dass das Gericht nach dem Antrag auf Erlass einer einstweiligen Verfügung eine mündliche Verhandlung anberaumt. Sie steht seinem Interesse an möglichst schnellem Rechtsschutz entgegen. Selbst eine nach § 226 ZPO abgekürzte Ladungsfrist ist meist schon zu lang. Wenn die mündliche Verhandlung vermieden werden soll, darf in der Antragsschrift zur Glaubhaftmachung der dort vorgebrachten Tatsachenbehauptungen nicht auf Zeugen verwiesen werden, die erst in einer mündlichen Verhandlung „präsent" sein können. Auch deren bloß schriftliche Zeugenaussage ist kein zulässiges Beweismittel nach § 354 bis 455 ZPO, 294 Abs. 1 ZPO. Zeugen sollten insoweit ihre Aussagen an Eides statt schriftlich versichern.

In der eidesstattlichen Versicherung darf kein Vorgang geschildert werden, der sich der eigenen Wahrnehmung entzieht, ohne das dies deutlich gemacht wird.[156] Für die eidesstattliche Versicherung besteht kein Formzwang. Sie muss aber eine eigene Darstellung

---

[154] OLG Hamburg MDR 1981, 1027.
[155] BAG NZG 1998, 185.
[156] David in Goebel, Zivilprozessrecht § 15 Rn. 55.

des relevanten Sachverhaltes enthalten und darf sich jedenfalls nicht auf Bezugnahmen auf den Schriftsatz des Rechtsanwaltes beschränken.[157] Praktisch werden zwar solche Bezugnahmen auf den rechtsanwaltlichen Schriftsatz meist nicht beanstandet. Insoweit besteht aber kein schutzwürdiges Vertrauen. Diese eidesstattliche Versicherung ist dem Antrag auf Erlass der einstweiligen Verfügung beizufügen.

147 Auch wenn der Gläubiger regelmäßig kein Interesse daran hat, die einstweilige Verfügung erst nach Anberaumung einer mündlicher Verhandlung zu erhalten, so empfiehlt es sich gleichwohl, bereits in der Antragsschrift auf mögliche **Einreden und Einwendungen** des Antragsgegners, d.h. hier des gegen das Wettbewerbsverbot verstoßenden (ehemaligen) Gesellschafters, einzugehen und diese zu entkräften. Dies minimiert zunächst das Schadensersatzrisiko nach § 945. Denn das Gericht kann sich bereits mit den erwarteten Einwendungen vor Erlass der einstweiligen Verfügung befassen und nicht lediglich etwa im Rahmen eines Widerspruchs gegen die bereits erlassenen einstweilige Verfügung. Werden bekannte Einwendungen im Antrag verschwiegen, und werden sie dem Gericht im Rahmen eines Widerspruchsverfahren bekannt, bekommt das Vorgehen des Antragstellers im Nachhinein schnell einen faden Beigeschmack. Das Gericht könnte sich zu Recht instrumentalisiert fühlen und muss in dieser Situation über den Widerspruch entscheiden.

2. Anordnungsgrund

148 Ferner muss ein Anordnungsgrund dargelegt werden. Dieser setzt eine gewisse Dringlichkeit voraus. Es muss die Besorgnis vorliegen, dass durch eine Veränderung des bestehenden Zustandes die Verwirklichung des Rechts des Gläubigers vereitelt oder wesentlich erschwert werden könnte.[158] Dies ist mit den oben dargestellten Mitteln glaubhaft zu machen.[159]

149 Soll im Beschlussverfahren gem. § 937 Abs. 2 ZPO ohne mündliche Verhandlung entschieden werden, ist die Darlegung und Glaubhaftmachung einer besonderen Dringlichkeit erforderlich. Hier genügt nicht der Verfügungsgrund als solcher. Erforderlich ist, dass eine selbst in kürzester Frist (§§ 217, 226 Abs. 1 ZPO) anberaumte mündliche Verhandlung nicht abgewartet werden kann oder der Zweck einer einstweiligen Verfügung eine Überraschung des Gegners erfordert.[160]

3. Einstweilige Verfügung gegen Sicherheitsleistung

150 Können Verfügungsanspruch und Verfügungsgrund nicht ausreichend glaubhaft gemacht werden, kommt der Erlass einer einstweiligen Verfügung gegen Sicherheitsleistung in Betracht (§§ 921 Abs. 2 Satz 1, 936 ZPO). Die Anordnung der Sicherheitsleistung ermöglicht dem Gericht, sich mit einem geringeren, unterhalb der Glaubhaftmachung liegenden Grad an Wahrscheinlichkeit zu begnügen.[161]

---

157 BGH NJW 1988, 2045.
158 Zöller/Vollkommer, ZPO 24. Aufl. 2004 zu § 935, Rn. 10.
159 David in: Goebel, Zivilprozessrecht § 15 Rn. 171.
160 Zöller/Vollkommer, ZPO 24. Aufl. 2004 zu § 937, Rn. 2.
161 Zöller/Vollkommer, ZPO 24. Aufl. 2004 zu § 921, Rn. 2.

IV. Reaktionsmöglichkeiten des Antragsgegners bei Anberaumung mündlicher Verhandlung über den Antrag auf Erlass der einstweiligen Verfügung

Erhält der Antragsgegner die Ladung des Gerichts zur mündlichen Verhandlung über den Antrag der Gesellschaft auf Erlass einer einstweiligen Verfügung nebst Abschrift der Antragsschrift, ist zu überlegen, wie zu reagieren ist. Es empfiehlt sich meist, schriftsätzlich erst im Termin zur mündlichen Verhandlung zu reagieren, und auch zu diesem Zeitpunkt zuvor nicht angekündigte präsente Zeugen zu stellen. Allerdings ist zu berücksichtigen, dass ohne Not mutwillig bis zur mündlichen Verhandlung zurückgehaltene Verteidigungsmittel vom Gericht zurückgewiesen werden können. Die Praxis der Gerichte ist insoweit aber großzügig und wird nur in geradezu offensichtlichen Fälle Vortrag zurückweisen. Der Vorteil dieser Vorgehensweise liegt darin, dass der Antragsteller in der mündlichen Verhandlung mit für ihn neuen Tatsachen konfrontiert werden kann, auf die er im Termin reagieren muss, denn im Anschluss an den Termin ergeht die Entscheidung über den Antrag auf Erlass der einstweiligen Verfügung.[162]

V. Zustellung der einstweiligen Verfügung

Die einstweilige Verfügung wird gegenüber dem Antragsgegner nur wirksam, wenn sie **rechtzeitig vollzogen** wird. Auf die Vollziehung der Verfügung finden gemäß § 936 ZPO die Vorschriften über die Zwangsvollstreckung entsprechende Anwendung, soweit nicht in den § 929 ff. folgende ZPO abweichende Vorschriften enthalten sind. Es gelten somit hier §§ 929 ff. ZPO.

Bei der Vollziehung einer einstweiligen Verfügungen unterlaufen häufig Fehler, die zum Teil nach dem – nicht fristgebundenen – Widerspruch des Antragsgegners nach § 924 ZPO oder nach dem Antrag nach § 927 ZPO nicht mehr geheilt werden können. Diese führen dann zwingend zur Aufhebung der einstweiligen Verfügung und ggf. zu Schadensersatzansprüchen des Antragsgegners nach § 945 ZPO. Hier liegt eine besondere Verantwortung des Rechtsanwalts.

Zunächst ist zwingend die **Monatsfrist** nach § 929 Abs. 2 ZPO für die Vollziehung der einstweiligen Verfügung zu beachten. Die Beschlussverfügung ist gemäß §§ 936, 922 Abs. 2 ZPO im Parteibetrieb zuzustellen. Anders ist es bei einer Urteilsverfügung. Diese ist von Amts wegen zuzustellen.[163] Die Zustellung im Parteibetrieb richtet sich nach § 192 ZPO und ist durch den Gerichtsvollzieher durchzuführen. Die Zustellung von Anwalt zu Anwalt nach § 195 ZPO ist nicht ratsam.

In der Regel sollte eine **beglaubigte Abschrift** zugestellt werden. Die Zustellung einer unbeglaubigten Abschrift oder einer Kopie reicht zur Einhaltung der Vollziehungsfrist nach § 929 Abs. ZPO in keinem Falle aus. Bei der Zustellung der Ausfertigung und/oder der beglaubigten Abschrift der einstweiligen Verfügung ist zunächst zu prüfen, ob diese sämtliche gesetzlichen Anforderungen der Ausfertigung erfüllen bzw. wiedergeben. Ist etwa die Ausfertigung nicht ordnungsgemäß, reicht auch die Zustellung einer

---

162 Dazu ausführlich David in: Goebel, Zivilprozessrecht § 15 Rn. 41 ff.
163 Zöller/Vollkommer, ZPO 24. Aufl. 2004 zu § 929 Rn. 10.

beglaubigten Abschrift derselben Ausfertigung zur Einhaltung Frist nach § 929 Abs. 2 BGB nicht aus.

156 Vollziehungsmängel können nur unter den Voraussetzungen des § 189 ZPO geheilt werden. Allerdings muss die Zustellung dann innerhalb der für die Zustellung geltenden Frist formgerecht erfolgen. Wird ein Zustellungsfehler jedoch erst nach Ablauf der Vollziehungsfrist bemerkt, ist eine Heilung infolgedessen nicht mehr möglich.[164]

1. Reaktionsmöglichkeiten des Antragsgegners nach Zustellung der einstweiligen Verfügung

157 Nach der Zustellung einer einstweiligen Verfügung stellt sich dem Antragsgegner die Frage, ob und wie er gegen die einstweilige Verfügung vorgehen kann. Mit der Zustellung ist die einstweilige Verfügung regelmäßig vollzogen ist und muss daher befolgt werden, soll nicht die Festsetzung eines Ordnungsgeldes riskiert werden, dessen Androhung in aller Regel mit dem Antrag auf einstweilige Verfügung verbunden worden ist. Nur wenn der Antragsgegner sicher sein kann, dass er die Aufhebung der einstweiligen Verfügung erreichen wird, wird er in Betracht ziehen, die zugestellte Verfügung von vornherein nicht zu beachten. Das ist aber erfahrungsgemäß selten.

2. Widerspruch

158 Ist die einstweilige Verfügung ohne mündliche Verhandlung ergangen, besteht gem. § 924 ZPO die Möglichkeit, Widerspruch zu erheben. Dieser unterliegt keiner Frist. Dem Antragsgegner wird – will er sich möglichst schnell von der Last der Verfügung befreien – zu raten sein, alsbald Rechtsmittel gegen die Verfügung einzulegen. Ausnahmsweise kann es sinnvoll aber sein, mit der Erhebung des Widerspruchs den Ablauf der Vollziehungsfrist abzuwarten, wenn nämlich die Zustellung der Verfügung formelle Mängel enthält.

159 Wird Widerspruch erhoben, führt dies zur Anberaumung einer mündlichen Verhandlung. Zu entscheiden hat das Gericht, das bereits die einstweilige Verfügung erlassen hat.[165] Der Widerspruch hemmt die Vollziehung der einstweiligen Verfügung nicht. Auf Antrag gem. §§ 924 Abs. 3 S. 2, 707 ZPO kann das Gericht aber die Vollstreckung einstellen, bis über den Widerspruch entschieden ist.

160 Es besteht kein Zwang, den Widerspruch gegen die Verfügung insgesamt zu erheben. Er kann auch lediglich auf die **Kostenentscheidung** reduziert werden. Dies wird der Antragsgegner nur dann tun, wenn er keine Chancen sieht, die Beschlussverfügung im Ergebnis mit Erfolg angreifen zu können, er aber mit der dort ergangenen Kostenentscheidung nicht einverstanden ist. Dies kann der Fall sein, weil er vor Erlass der einstweiligen Verfügung nicht angehört oder nicht abgemahnt wurde. Der Kostenwiderspruch muss allerdings nach § 93 ZPO auch „sofort" erfolgen.[166]

---

164 Dazu ausführlich David in: Göbel, Zivilprozessrecht § 15 Rn. Nr. 58 ff.
165 Zöller/Vollkommer, ZPO 24. Aufl. 2004 zu § 922, Rn. 15.
166 OLG Düsseldorf MDR 1991, 257.

Gem. § 924 Abs. 2 Satz 1 ZPO ist der Widerspruch zwar zu begründen. Allerdings handelt es sich hierbei lediglich um eine Ordnungsvorschrift, die keinen Einfluss auf die Zulässigkeit des Widerspruchs hat. Aus prozesstaktischen Gründen kann es ratsam sein, zunächst nur Widerspruch ohne bzw. mit nicht vollständiger Begründung zu erheben. Zur daraufhin anberaumten mündlichen Verhandlung kann der Antragsgegner dann regelmäßig eine ausführliche Widerspruchsbegründung nachschieben, auf die der Antragssteller sofort, d.h. noch im Termin reagieren muss. Die Entscheidung des Gerichts auf den Widerspruch ergeht gem. § 925 Abs 1 ZPO durch Endurteil.[167]

3. Aufhebungsantrag wegen nachträglicher Änderungen

Die Verfügung kann vom Antragsgegner auch mit einem Antrag nach § 927 ZPO wegen nachträglich veränderter Umstände angegriffen werden. Veränderte Umstände können eintreten, weil etwa die Wiederholungsgefahr für den Unterlassungsanspruch entfallen ist.[168] Der Aufhebungsanspruch nach § 927 ZPO kann auch wegen nachträglicher Erfüllung oder Verjährung der Forderung begründet sein.[169]

4. Berufung

Ist die einstweilige Verfügung aufgrund mündlicher Verhandlung ergangen oder wurde sie nach eingelegtem Widerspruch oder nach einem Änderungsantrag bestätigt, kann Berufung eingelegt werden. Das Berufungsverfahren im einstweiligen Rechtsschutz wird unabhängig von einem etwa anhängigen Hauptsacheverfahren fortgeführt.

5. Antrag auf Erhebung der Hauptsacheklage

Da das einstweilige Verfügungsverfahren den Antragssteller begünstigt, kann der Antragsgegner den Antragssteller über eine Fristsetzung durch das Gericht zwingen, gem. §§ 926, 927 ZPO innerhalb bestimmter Frist Hauptsacheklage zu erheben. Der Adressat der einstweiligen Verfügung kann den Antrag nach § 926 Abs. 1 ZPO unbefristet stellen. Der Gläubiger, der die einstweilige Verfügung erwirkt hat, muss deshalb darauf achten, dass er nicht etwa aufgrund der bloßen Fristsetzung des Gerichts eine Hauptsacheklage erhebt, obwohl der Unterlassungsanspruch wegen zwischenzeitlichen **Wegfalls der Wiederholungsgefahr** des mit der Verfügung vorläufig titulierten Unterlassungsanspruchs nicht mehr besteht. Das kann der Fall sein, wenn sich der Verfügungsadressat widerspruchslos über ein halbes Jahr an die Verfügung gehalten hat. Dann wäre die Hauptsacheklage mangels Wiederholungsgefahr unbegründet. Stellt der Verfügungsadressat daher erst entsprechend spät nach der Zustellung der Verfügung den Antrag nach § 926 Abs. 1 ZPO, obwohl keine Wiederholungsgefahr mehr besteht oder sie alsbald entfällt, darf das Gericht keine Frist zur Erhebung der Hauptsacheklage setzen. Tut es dies gleichwohl, muss der Gläubiger gegen die Fristsetzung selbst vorgehen. Im Klageverfahren kann er diesen Einwand nicht mehr erheben.

---

[167] Dazu näher David in: Goebel Zivilprozessrecht § 15 Rn. 92 ff.
[168] David, Prozessrecht Aktiv 2002, 113, 116.
[169] OLG Bremen OLGR 1996, 349 ff. ; OLG Karlsruhe NJW 1988, 1470.

VI. Reaktionsmöglichkeiten des Antragstellers bei Zurückweisung des Verfügungsantrags

1. Sofortige Beschwerde

165 Wird eine beantragte einstweilige Verfügung ohne mündliche Verhandlung zurückgewiesen, kann der Antragssteller sofortige fristgebundene Beschwerde gem. § 569 Abs. 1 S. 1 ZPO erheben. Wird aufgrund der Beschwerde die einstweilige Verfügung nicht doch noch von der ersten Instanz erlassen, entscheidet das Beschwerdegericht endgültig über die Beschwerde. Eine weitere Beschwerde findet nicht statt.

166 Obwohl die sofortige Beschwerde gegen eine abweisende Entscheidung nicht zwingend zu begründen ist, kann ein längeres Zuwarten bis zur Einlegung des Rechtsmittels bzw. seiner Begründung den Verfügungsgrund der Dringlichkeit beseitigen.[170]

2. Berufung

167 Wird die einstweilige Verfügung nach mündlicher Verhandlung durch Urteil zurückgewiesen, kann der Antragsteller gegen die Zurückweisung Berufung einlegen. Das Berufungsgericht entscheidet letztinstanzlich (§ 542 Abs. 2 Satz 1 ZPO).

3. Abmahnung in Form des Abschlussschreibens vor Erhebung der Hauptsacheklage

168 Die Abmahnung vor Einleitung des Verfügungsverfahrens wirkt nicht für dass Hauptverfahren.[171] Vor Erhebung der Hauptsacheklage, insbesondere in Form der Unterlassungsklage, sollte der Antragsteller daher zunächst dem Antragsgegner ein so genanntes Abschlussschreiben zustellen. Das Abschlussschreiben hat vor allem den Sinn, wie eine vorprozessuale Abmahnung, das **Kostenrisiko** nach § 93 ff. ZPO für eine zu erwartende Klage auszuschließen. Es kann jedoch auch dazu dienen, die Gefahr der Verjährung des Unterlassungsanspruchs abzuwenden. Denn der Antrag auf Erlass einer einstweiligen Verfügung führt nach § 204 Nr. 9 BGB zwar zunächst zur Verjährungshemmung. Diese endet aber nach Abschluss des Verfügungsverfahrens. Der Unterlassungseinspruch kann somit verjähren, wenn nicht zwischenzeitlich entweder Hauptsacheklage erhoben ist, oder über das Abschlussschreiben und die korrespondierende Abschlusserklärung des Antragsgegners eine neue Vereinbarung zu Stande kommt.

169 Mit dem Abschlussschreiben wird der Antragsgegner nach Erlass der Verfügung aufgefordert, auf alle Rechtsbehelfe gegen die einstweilige Verfügung zu verzichten, d,h, auf die Einlegung des Widerspruchs nach § 924 ZPO sowie auf die Rechte nach § 926, 927 ZPO, und auf die Einrede der Verjährung zu verzichten und die verlangte Abschlusserklärung innerhalb einer bestimmten angemessenen Frist abzugeben. Alternativ kann der Antragsteller auch schlicht verlangen, die einstweilige Verfügung nach Bestandskraft und Wirkung wie einen entsprechenden Hauptsachetitel anzuerkennen.

170 Aus Gründen der Kostentragungspflicht sollte der Antragsteller etwa einen Monat nach Zustellung der Verfügung warten, bevor er das Abschlussschreiben zustellt. War-

---

170 Baumbach/Hefermehl Wettbewerbsrecht, 23. Aufl. 2004 zu § 25 UWG, Rn. 17.
171 BGH WRP 1983, 264.

tet er nach Zustellung der einstweiligen Verfügung mit dem Abschlussschreiben nicht ausreichende Zeit ab (in der Regel mindestens 12 Tage), trägt er die Kosten des Abschlussschreibens, auch wenn der Antragsteller innerhalb der ihm gesetzten Frist die Abschlusserklärung abgibt.[172]

VII. Hauptsacheklage

Die Unterlassungsklage kann im Gegensatz zur einstweiligen Verfügung in objektiver Klagehäufung nach § 260 ZPO mit einer Schadensersatzklage bzw. einer vorbereitenden Auskunftsklage verbunden werden.

1. Gerichtszuständigkeit

Gemäß §§ 94, 95 Abs. 1 Nr. 4a GVG ist die bei den Landgerichten gebildete Kammer für Handelssachen für die Klage gegen einen Gesellschafter auf Unterlassung einer wettbewerbswidrigen Handlung zuständig. Für Klage der GbR ist die Zivilkammer zuständig, § 94 GVG.

2. Klagebefugnis

Klagebefugt ist die in ihren Rechten verletzte Gesellschaft. Die Mitgesellschafter des gegen das Wettbewerbsverbot verstoßenden Gesellschafters können im Rahmen der actio pro socio den Unterlassungsanspruch im eigenen Namen für die Gesellschaft geltend machen.[173] Dies gilt nicht nur für die GmbH, sondern auch für die weiteren Kapitalgesellschaften, für die Personengesellschaften und für die GbR.[174]

3. Streitwert

Wertbestimmend ist die gem. § 3 ZPO notfalls zu schätzende Beeinträchtigung, die aufgrund des beanstandeten Verhaltens des Gegners verständigerweise zu besorgen ist und die mit der jeweils begehrten Maßnahme beseitigt werden soll.[175]

VIII. Muster

1. Muster: Schutzschrift

Landgericht ■■■

Kammer für Handelssachen

(GbR Zivilkammer LG/AG)

Schutzschrift

Wir bitten, diese Schutzschrift der mutmaßlichen Antragstellerin erst zugänglich zu machen, wenn diese einen Antrag auf Erlass einer einstweiligen Verfügung gegen den Antragsgegner gestellt hat.

---

172 Vgl. dazu ausführlich David in: Goebel, Zivilprozessrecht § 15 Rn. 118 ff.; OLG Köln GRUR 1986, 96.
173 Zöller/Vollkommer, ZPO, 24. Aufl. 2004 vor § 50 Rn. 49.
174 Zu den prozessualen Besonderheiten bei der GbR: Westermann NZG 2001, 289 ff.; Müther MDR 2002, 987 ff.
175 Zöller/Herget, ZPO, 24. Aufl. 2004 zu § 3 Rn. 16.

§ 2 Rechtsmittel wegen Wettbewerbsverbotsverstoß

In Sachen

der ■■■ GmbH, gesetzlich vertreten durch ■■■

mutmaßliche Antragstellerin

g e g e n

den

mutmaßlicher Antragsgegner

Prozessbevollmächtigte:

Zur Abwehr eines erwarteten Antrags auf Erlass einer einstweiligen Verfügung zur Unterlassung eines vermeintlich gegen ein gesellschaftsrechtliches Wettbewerbsverbot verstoßenden Verhaltens des mutmaßlichen Antragsgegners überreichen wir folgende

Schutzschrift.

Es steht zu erwarten, dass die mutmaßliche Antragstellerin versuchen wird, bei dem Gericht gegen den mutmaßlichen Antragsgegner ohne mündliche Verhandlung eine einstweilige Verfügung zu erwirken, um ein vermeintlich gegen ein gesellschaftsrechtliches Wettbewerbsverbot verstoßendes Verhalten des mutmaßlichen Antragsgegners verbieten zu lassen. Die Folgen einer solchen Beschlussverfügung wären für den mutmaßlichen Antragsgegner auch bei nachträglicher Aufhebung schwerwiegend und nicht kompensierbar. Er ist dabei, Kundenkontakte herzustellen und Geschäfte anzubahnen.

Wir beantragen deshalb namens und in Vollmacht des Antragsgegners,
1. den möglichen Antrag der mutmaßlichen Antragstellerin auf Erlass einer einstweiligen Verfügung zurückzuweisen,
2. hilfsweise nicht ohne Anberaumung einer mündlichen Verhandlung zu entscheiden.

Begründung:

Die Parteien sind im Kreis Borken / Nordrhein-Westfalen im Segment Küchentechnik tätig.

Glaubhaftmachung
1. Handelsregisterauszug beim AG ■■■ Fotokopie Anlage AS 1
2. Eidesstattliche Versicherung des ■■■ Fotokopie Anlage AS 2

Vom ■■■ bis zum ■■■ war der mutmaßliche Antragsgegner bei der mutmaßlichen Antragstellerin Gesellschafter. Die Parteien vereinbarten in § 6 der Satzung für den Zeitraum von einem Jahr nach seinem Ausscheiden aus der Gesellschaft der mutmaßlichen Antragstellerin ein nachvertragliches Wettbewerbsverbot.

Glaubhaftmachung: Satzung in Fotokopie Anlage AS 3

Am ■■■ schied der mutmaßliche Antragsgegner aus der Gesellschaft aus und gründete am ■■■ die ■■■ GmbH, deren Geschäftsführer er auch ist.

Glaubhaftmachung
1. Handelsregisterauszug beim AG ■■■ Fotokopie Anlage AS 4
2. Eidesstattliche Versicherung des ■■■ AS 5

Die mutmaßliche Antragstellerin hat den mutmaßlichen Antragsgegner mit Schreiben vom ■■■ aufgefordert, im Kreis Borken / Nordrhein-Westfalen den Verkauf und die Reparatur /

Wartung von Großküchen/Großküchenzubehör zu unterlassen. Ferner wurde der mutmaßliche Antragsgegner mit Schreiben vom ■■■ aufgefordert, bis zum ■■■ eine strafbewehrte Unterlassungserklärung abzugeben.

Glaubhaftmachung Schreiben vom, Fotokopie Anlage AS 6

Zunächst verstößt das Verhalten des mutmaßlichen Antragsgegners nicht gegen ein Wettbewerbsverbot zu Gunsten der mutmaßlichen Antragstellerin. Die Gesellschaft, deren Geschäftsführer der mutmaßliche Antragsgegner ist, hat nämlich ihre Aktivitäten im Raum Borken/Nordrhein-Westfalen eingestellt und in den Raum östliches Münsterland verlagert. Das ist der mutmaßlichen Antragstellerin auch bereits seit mehr als 5 Monaten bekannt. Der mutmaßliche Antragsgegner hatte dies in Anwesenheit des Mitarbeiters X dem Geschäftsführer A der mutmaßlichen Antragstellerin mitgeteilt.

Glaubhaftmachung
1. Eidesstattliche Versicherung des mutmaßlichen Antragsgegners, Fotokopie Anlage AS 7
2. Eidesstattliche Versicherung des B, Fotokopie Anlage AS 8

Jedenfalls fehlt es daher an dem für den Erlass der einstweiligen Verfügung erforderlichen Anordnungsgrund.

Rechtsanwalt

2. Muster: Antrag auf Erlass einer einstweiligen Verfügung (Beachtung des Wettbewerbsverbotes)

An das Landgericht ■■■

Kammer für Handelssachen ■■■

(Bei GbR Zivilkammer beim LG, da GbR kein Handelsgewerbe betreibt, ggfs. beim Amtsgericht)

Antrag auf Erlass einer einstweiligen Verfügung

der ■■■ GmbH, vertreten durch den Geschäftsführer ■■■

Antragstellerin

Prozessbevollmächtigte: Rechtsanwälte

g e g e n

den ■■■

Antragsgegner

wegen gesellschaftsrechtlichen Wettbewerbsverbots

vorläufiger Streitwert ■■■

Wir bitten, dem Antragsgegner diesen Antrag nicht zuzustellen, ohne uns zuvor auch telefonisch unter der Nummer ■■■ zu informieren. Sollte das Gericht die einstweilige Verfügung nicht ohne vorherige mündliche Verhandlung erlassen wollen, bitten wir gleichfalls um vorherige telefonische Nachricht.

Namens und Vollmacht der Antragstellerin beantragen wir, im Wege einer einstweiligen Verfügung und zwar wegen der Dringlichkeit des Falles gemäß § 937 Abs. 2 ZPO ohne vorgängige mündliche Verhandlung und durch den Vorsitzenden allein anzuordnen:
1. Dem Antragsgegner wird es untersagt, im Kreis Borken/Nordrhein-Westfalen den Verkauf bzw. die Reparatur/Wartung von Großküchen/Großküchenzubehör über die X-GmbH vorzunehmen oder anzubieten.
2. Dem Antragsgegner wird angedroht, dass für den Fall der Zuwiderhandlung gegen die in Nr. 1 eingegangene Verpflichtung ein Ordnungsgeld bis zu 250.000 € und für den Fall, dass dieses nicht beigetrieben werden kann, Ordnungshaft bis zu 6 Monaten festgesetzt werden kann.
3. Der Antragsgegner trägt die Kosten des Verfahrens.

Begründung

Sachverhalt:

Die Antragstellerin verkauft im Kreis Borken/Nordrhein-Westfalen Großküchen/Großküchenzubehör. Ferner bietet sie die Wartung/Reparatur von Großküchen/Großküchenzubehör an. Ihr Tätigkeitsbereich erstreckt sich allein auf den Kreis Borken/Nordrhein-Westfalen.

Glaubhaftmachung:
1. Handelsregisterauszug des AG ■■■, Kopie Anlage AS 1
2. Eidesstattliche Versicherung des ■■■ vom ■■■, Anlage AS 2

Der Antragsgegner ist Geschäftsführer der ■■■ GmbH. Zweck der im Handelsregister des Amtsgerichts ■■■ seit dem ■■■ eingetragenen GmbH ist die Veräußerung von Großküchen/Großküchenzubehör bzw. Wartung/Reparatur von Großküchen/Großküchenzubehör im Kreis Borken/Nordrhein Westfalen.

Glaubhaftmachung: Handelsregisterauszug des AG ■■■, Kopie Anlage AS 3

Bis zum ■■■ war der Beklagte Gesellschafter.

Glaubhaftmachung: Eidesstattliche Versicherung des ■■■ vom ■■■, Anlage AS 2

Dieser Tätigkeit lag der/die am ■■■ geschlossene Gesellschaftervertrag/der ■■■ Anstellungsvertrag/die am ■■■ geschlossene Satzung zu Grunde.

Glaubhaftmachung: Gesellschaftsvertrag vom ■■■, Fotokopie Anlage AS 4

Dieser Vertrag enthält in ■■■ für den Antragsgegner die Verpflichtung, innerhalb eines Zeitraums von einem Jahr nach Ausscheiden aus der Gesellschaft der Antragstellerin nicht als Geschäftsführer einer anderen Gesellschaft in dem sachlichen und örtlichen Geschäftsbereich der Antragstellerin tätig zu werden.

Die Antragsstellerin hat die Antragsgegnerin mit Schreiben vom ■■■. abmahnen lassen.

Glaubhaftmachung: Abmahnung, Fotokopie Anlage AS 5

Auf diese Abmahnung hat der Antragsgegner ablehnend reagiert.

Glaubhaftmachung: Schreiben des Antragsgegners, Fotokopie Anlage AS 6

Rechtslage:

Die nachvertragliche Wettbewerbsverbotsklausel gemäß § 15 der Satzung der Antragstellerin vom 30.12.2003 verstößt nicht gegen § 138 BGB i.V.m. Art. 12 GG. Es ist allgemein anerkannt, dass mit dem Gesellschafter einer GmbH ein Wettbewerbsverbot für die Zeit nach seinem Ausscheiden vereinbart werden kann. Dies ist lediglich unter Berücksichtigung der in Art. 12 GG garantierten Wettbewerbfreiheit und der aus § 138 BGB folgenden Sittenwidrigkeit auf das örtlich, zeitlich und gegenständlich notwendige Maß zu beschränken. Diesen Anforderungen wird das zwischen den Parteien vereinbarte/bestehende nachvertragliche Wettbewerbsverbot gerecht. Es beschränkt den ehemaligen Gesellschafter sachlich, auf dem satzungsmäßig zum Zeitpunkt seines Ausscheidens aus der Gesellschaft möglichen Tätigkeitsbereich der Antragstellerin keine im Wettbewerb zur Antragstellerin stehenden Aktivitäten zu entfalten.

(… Tätigkeitsbereich der Antragstellerin und Tätigkeitsbereich des Antragsgegners darstellen, Gemeinsamkeiten eindeutig herausstellen, gerügtes Verhalten des ehemaligen Gesellschafters unter nachvertragliches Wettbewerbsverbot subsumieren.)

Die Antragstellerin entfaltet zwar zurzeit auf dem fraglichen Geschäftsfeld keine Aktivitäten, wie es der Antragsgegner tut. Gleichwohl ist dem Antragsgegner bekannt, dass die Antragstellerin bei seinem Ausscheiden das fragliche Geschäftsfeld ausdrücklich als Unternehmensgegenstand in der Satzung genannt hat. Die Antragstellerin beabsichtigt auch, das fragliche Geschäftsfeld alsbald, spätestens in einem Monat auszufüllen.

Glaubhaftmachung: Eidesstattliche Versicherung des ▪▪▪, Anlage AS 2

Die zeitlich festgesetzte Frist von einem Jahr ist unbedenklich. Auch in örtlicher Hinsicht entspricht das Wettbewerbsverbot den Anforderungen an die Vereinbarkeit mit § 138 BGB i.V.m. Art. 12 GG. Es bezieht sich in räumlicher Ausdehnung auf das satzungsmäßig festgelegte Tätigkeitsgebiet der Antragstellerin.

Nachdem der Antragsgegner auf die Abmahnung vom ▪▪▪ nicht angemessen reagiert hat, sondern seine wettbewerbswidrigen Aktivitäten unvermindert fortsetzt, indem er ▪▪▪, entsteht der Antragstellerin täglich ein Schaden von ca. ▪▪▪ €, der durch spätere Schadensersatzzahlungen aus Sicht der Antragstellerin nicht reparabel ist (näher ausführen).

Glaubhaftmachung: eidesstattliche Versicherung des ▪▪▪, Anlage AS 2

Deshalb besteht besondere Dringlichkeit, die einstweilige Verfügung ohne vorherige mündliche Verhandlung zu erlassen.

Rechtsanwalt

3. Muster: Widerspruch gegen Einstweilige Verfügung[176]

An das Landgericht ■■■

Kammer für Handelssachen[177]

In der einstweiligen Verfügungssache

der ■■■ GmbH, vertreten durch ■■■

Antragsstellerin

Verfahrensbevollmächtigte

gegen

den

Antragsgegner

Verfahrensbevollmächtigte:

zeigen wir an, dass wir den Antragsgegner kraft beigefügter Vollmacht vertreten. Gegen die einstweilige Verfügung des LG .... erheben wir namens und kraft Vollmacht des Antragsgegners gem. §§ 936, 924 Abs. 1 ZPO

Widerspruch

und kündigen folgende Anträge an:
1. Die einstweilige Verfügung des LG ■■■ vom ■■■ (Az.: ■■■) wird aufgehoben.
2. Die Vollstreckung aus der einstweiligen Verfügung wird mit sofortiger Wirkung -notfalls gegen Sicherheitsleistung -eingestellt.
3. Die Antragstellerin hat die Kosten des einstweiligen Verfügungsverfahrens zu tragen.

Begründung:

Der Beschluss der Kammer/des Gerichts ist zu Unrecht ergangen. Es besteht schon kein Verfügungsanspruch i.S.d. §§ 936, 916 ZPO.

Die Antragstellerin fällt nicht unter den sachlichen Anwendungsbereich des zwischen dem Antragsgegner und der Antragsstellerin am ■■■ vereinbarten nachvertraglichen Wettbewerbsverbots.

Die ■■■-GmbH, deren Geschäftsführer der Antragsgegner ist, hat noch vor Ablauf der durch die Antragstellerin gesetzten Nachfrist und somit vor Erlass der einstweiligen Verfügung des AG ■■■(Am.: ■■■) nämlich am ■■■ durch Satzungsbeschluss vom ■■■ den Tätigkeitsbereich auf den Verkauf/die Wartung von Einbauküchen/Einbauküchenzubehör für den privaten Haushalt verlagert.

Glaubhaftmachung:
1. Satzungsbeschluss vom ■■■, Fotokopie Anlage 1
2. Eidesstattliche Versicherung des ■■■, Fotokopie Anlage 2

---

176 Nur aus Gründen der Darstellung mit Begründung.
177 Bei der GbR: Zivilkammer beim LG oder AG.

Demnach ist der Antragsgegner als Geschäftsführer der ▆▆▆ GmbH nicht im unternehmerischen Wirkungskreis der Antragstellerin, die gegenwärtig den Verkauf/ die Wartung von Großküchen betreibt, tätig. Eine Interessenkollision, wie sie Grundlage derzwischen dem Antragsgegner und der Antragstellerin geschlossenen nachvertraglichen Wettbewerbsvereinbarung gewesen ist, liegt nicht vor.

Auch ein Anordnungsgrund ist vorliegend nicht ersichtlich. Dieser setzt eine Dringlichkeit des Vorgehens gegen den Antragsgegner voraus. Die Widerspruchsgegnerin hat nach eigenem Vortrag Tatsachen eingebracht, die gegen eine Dringlichkeit sprechen. So hat sie am ▆▆▆ von der Geschäftstätigkeit des Antragsgegners als Geschäftsführer der ▆▆▆ GmbH erfahren. Am ▆▆▆, also 3 Monate später, hat sie den Antragsgegner abgemahnt.

Glaubhaftmachung: Schreiben der Antragstellerin vom ▆▆▆, Fotokopie Anlage 3

Nach weiteren 4 Wochen hat sie Antrag auf Erlass einer einstweiligen Verfügung beantragt. Die Dringlichkeit ist daher schon nach eigenem Sachvortrag der Widerspruchsgegnerin widerlegt. Die einstweilige Verfügung ist daher von Anfang an zu Unrecht ergangen.

Rechtsanwalt

4. Muster: Unterlassungsklage wegen nachvertraglichen Wettbewerbsverstoßes

An das Landgericht ▆▆▆

Kammer für Handelssachen ▆▆▆

(bei der GbR: allgemeine Zivilkammer LG oder AG)

KLAGE

der ▆▆▆ GmbH,

vertreten durch den Geschäftsführer ▆▆▆

(Des Gesellschafters ▆▆▆ der ▆▆▆ GmbH im Rahmen der actio pro socio)

Klägerin

Prozessbevollmächtigte:

g e g e n

den ▆▆▆

Beklagter

wegen gesellschaftsrechtlichen Wettbewerbsverstoßes

vorläufiger Streitwert ▆▆▆

Namens und kraft Vollmacht der Klägerin erheben wir Klage und werden im Termin zur mündlichen Verhandlung beantragen,
1. der Beklagte hat es bei Vermeidung eines angemessenen Ordnungsgeldes von bis zu 250.000,– €, und wenn dieses nicht beigetrieben werden kann, von Ordnungshaft bis zu

6 Monate zu unterlassen, im Kreis Borken/Nordrhein-Westfalen während des Zeitraumes von einem Jahr ab Zustellung der Klageschrift als Geschäftsführer der X-GmbH für diese oder für sich selbst Großküchen/Großküchenzubehör anzubieten und/oder zu verkaufen bzw. die Wartung/Reparatur von Großküchen für die X-GmbH oder für sich selbst anzubieten und/oder durchzuführen.
2. den Beklagten zu verurteilen, an die Klägerin Schadensersatz i.H.v. ■■■ € nebst Zinsen i.H.v. 5 Prozentpunkten über dem Basiszinssatz seit ■■■ zu verurteilen
3. den Beklagten zu verurteilen, an die Klägerin ■■■ € (die ausgezahlte Karenzentschädigung) nebst Zinsen i.H.v. 5 Prozentpunkten über dem Basiszinssatz seit Rechtshängigkeit zu zahlen.
4. dem Beklagten die Kosten des Rechtsstreits aufzuerlegen
5. gegen den Beklagten im Fall des § 331 Abs. 3 ZPO i.V.m. § 276 Abs. 1 S. 1, Abs. 2 ZPO Versäumnisurteil ohne mündliche Verhandlung zu erlassen
6. gegen den Beklagten im Fall des § 307 ZPO i.V.m. § 276 Abs. 1 S. 1 ZPO Anerkenntnisurteil oder Teilanerkenntnisurteil ohne mündliche Verhandlung zu erlassen.

Begründung

Sachverhalt:

Die Klägerin verkauft im Kreis Borken/Nordrhein-Westfalen Großküchen/Großküchenzubehör. Ferner bietet sie die Wartung/Reparatur von Großküchen/Großküchenzubehör an. Ihr Tätigkeitsbereich erstreckt sich allein auf den Kreis Borken/Nordrhein-Westfalen.

Beweis:
1. Handelsregisterauszug des AG ■■■ Fotokopie Anlage K 1,
2. Zeugnis des ■■■

Der Beklagte ist Geschäftsführer der X-GmbH. Zweck der im Handelsregister des Amtsgerichts ■■■ seit dem ■■■ eingetragenen GmbH ist die Veräußerung von Großküchen/Großküchenzubehör bzw. Wartung/Reparatur von Großküchen/Großküchenzubehör im Kreis Borken/Nordrhein Westfalen.

Beweis:
1. Handelsregisterauszug des AG ■■■ Fotokopie Anlage K 2.
2. Zeugnis des ■■■

Bis zum ■■■ war der Beklagte Gesellschafter der Klägerin.

Beweis: Anteilskauf- und Übertragungsvertrag vom ■■■, Fotokopie Anlage K 3

Dieser Tätigkeit lag der am ■■■ geschlossene Gesellschaftervertrag zu Grunde.

Beweis: Gesellschaftsvertrag der ■■■ vom ■■■ Fotokopie Anlage K 4

Dieser enthält in ■■■ für den Beklagten die Verpflichtung, innerhalb eines Zeitraums von einem Jahr nach seinem Ausscheiden aus der Gesellschaft nicht als Geschäftsführer einer anderen Gesellschaft in dem sachlichen und örtlichen Geschäftsbereich der Klägerin tätig zu werden.

Die Klägerin hat die vom Beklagten nachgesuchte Einwilligung, im Geschäftsbereich der Klägerin tätig zu werden, verweigert.

Beweis:
1. Schreiben ▪▪▪, Fotokopie Anlage K 5
2. Schreiben ▪▪▪, Fotokopie Anlage K 6

Die Klägerin hat den Beklagten mit Anwaltsschreiben vom ▪▪▪ unter Androhung weiterer gerichtlicher Schritte zur Abgabe einer Unterlassungsverpflichtungserklärung aufgefordert.

Beweis: Schreiben ▪▪▪, Fotokopie Anlage K 7

Dieser Abmahnung ist der Beklagte bis zum gegenwärtigen Zeitpunkt nicht nachgekommen.

Beweis: Zeugnis des

Ferner steht dem Beklagten auf Basis des am ▪▪▪ geschlossenen Gesellschaftervertrags als Gegenleistung für die Einhaltung des nachvertraglichen Wettbewerbsverbots eine Entschädigungsleistung von ▪▪▪ Euro zu. Diese Auszahlung erfolgte für den Zeitraum ▪▪▪ und beläuft sich auf ▪▪▪ Euro (Zahlungsantrag zu 3.).

Beweis: Zahlungsquittung des Beklagten, Fotokopie Anlage K 8

Dieser Betrag wird auf Grund der Verletzung des nachvertraglichen Wettbewerbsverbots nunmehr ebenfalls zurückgefordert, wie § ▪▪▪ des Gesellschaftsvertrages vorsieht.

Rechtslage

Die Sache ist Handelssache i.S.v. von § 95 Abs. 1 Nr. 4a GVG. Zuständig ist das Landgericht in ▪▪▪ und dort gemäß § 94 GVG die Kammer für Handelssachen

Der Beklagte, der seit dem ▪▪▪ im Kreis Borken/Nordrhein-Westfalen als Geschäftsführer X-GmbH für diese Großküchen/Großküchenzubehör verkauft bzw. die Wartung und Reparatur von Großküchen anbietet, verstößt gegen das in § ▪▪▪ des Gesellschaftsvertrages vom ▪▪▪ zwischen der Klägerin und dem Beklagten vereinbarte nachvertragliche Wettbewerbsverbot. Die Voraussetzungen für einen Unterlassungsanspruch liegen insoweit vor.

Der Zahlungsanspruch folgt unmittelbar aus dem Gesellschaftsvertrag.

Der Zinsanspruch folgt aus §§ 288 Abs. 1, 291 BGB (bei Verzug, §§ 288 Abs. 1, 286 BGB).

Rechtsanwalt

C. Zwangsvollstreckung

181 Ist dem Schuldner durch einstweilige Verfügung oder durch ein Urteil im Hauptsacheverfahren auferlegt, eine Handlung zu unterlassen oder zu dulden, und kommt er dieser Verpflichtung nicht nach, kann er gem. § 890 Abs. 1 ZPO durch die Verhängung von **Ordnungsmitteln** in Form von Ordnungsgeld oder Ordnungshaft dazu angehalten werden, seiner Verpflichtung nachzukommen.

§ 2 Rechtmittel wegen Wettbewerbsverbotsverstoß

I. Allgemeine Vollstreckungsvoraussetzungen

182 Zur Durchsetzung der Unterlassungsverpflichtung im Rahmen der Zwangsvollstreckung nach § 890 ZPO bedarf es eines Vollstreckungstitels, der Androhung und der Festsetzung des Ordnungsmittels.

1. Vollstreckungstitel

183 Der Titel muss die Verpflichtung zu einem Unterlassen begründen. Als solche kommen das Urteil einer erfolgreichen Unterlassungsklage bzw. die erwirkte einstweilige Verfügung in Betracht.

2. Androhung des Ordnungsmittels

184 Weiterhin muss das Ordnungsmittel angedroht worden sein, § 890 Abs. 2 ZPO. Die Androhung erfolgt auf Antrag des Gläubigers durch das zuständige Vollstreckungsorgan. Dies ist gemäß § 890 Abs. 1 S. 1 ZPO das Prozessgericht des ersten Rechtszuges. Dabei handelt es sich um eine ausschließliche Zuständigkeit.

185 Aus § 890 Abs. 2 ZPO folgt zwingend, dass eine gerichtliche Androhung notwendig ist und daher eine in einen Vergleich aufgenommene Androhung gegenüber dem Vollstreckungsschuldner nicht ausreicht. Dies wird damit begründet, dass die Androhung eines Ordnungsmittels als öffentlich-rechtliches Institut der parteilichen Verfügung entzogen ist.[178]

186 Das Ordnungsmittel ist dem aus dem Urteil oder der einstweiligen Verfügung ersichtlichen Schuldner anzudrohen.[179] An die Bestimmtheit der Bezeichnung werden keine hohen Anforderungen gestellt. Es ist insoweit zulässig, Ordnungshaft mit der Maßgabe zu beantragen, sie an einem organschaftlichen Vertreter etwa einer Schuldner-Gesellschaft zu vollziehen.[180]

187 Die mit dem Ordnungsmittelantrag zu sanktionierende Zuwiderhandlung muss zeitlich zwischen der Androhung und der Vollstreckbarkeit des Titels liegen.[181] Deshalb empfiehlt es sich für den Antragsteller bzw. Kläger dringend, gleich im Verfügungsantrag bzw. im Klageantrag zu beantragen, dass im Urteil bzw. der einstweiligen Verfügung Ordnungsmittel für den Fall der Zuwiderhandlung angedroht werden. Das dafür erforderliche Rechtsschutzbedürfnis folgt aus § 890 Abs. 2 ZPO.[182]

188 In seiner Entscheidung ist das Gericht gemäß § 308 ZPO an die Anträge der Parteien gebunden. Der vom Gläubiger in den Anträgen gesetzte Rahmen darf jedenfalls nicht überschritten werden. Die Wahl zwischen Ordnungsgeld und Ordnungshaft und insbesondere die Höhe des Ordnungsmittels steht dem Gericht zu.

189 Da gemäß § 890 Abs. 2 ZPO nur ein angedrohtes Ordnungsmittel festgesetzt werden darf, selbst wenn es zu wiederholten Zuwiderhandlungen kommt, sollte im Antrag der

---

178 Zöller/Stöber, ZPO, 24. Aufl. 2004 zu § 890 Rn. 12a.
179 Zöller/Stöber, ZPO, 24. Aufl. 2004 § 890 Rn. 12.
180 BGH BB 1991, 1446.
181 OLG Hamm NJW 1977, 1205.
182 Zöller/Stöber, ZPO, 24. Aufl. 2004 zu § 890 Rn. 12a.

gesetzliche Höchstrahmen gewählt werden, der zurzeit bei 250.000,- € für jeden Fall der Zuwiderhandlung liegt. Dadurch kann verhindert werden, dass erhöhte Ordnungsgelder wegen wiederholter Verstöße stets erneut – zeitraubend – angedroht werden müssen.

3. Rechtsmittel des Antragstellers gegen die Androhung von Ordnungsmitteln

Die im Urteil oder in der einstweiligen Verfügung enthaltene Strafandrohung kann nach überwiegender Auffassung nur mit dem Urteil bzw. der einstweiliger Verfügung zusammen angefochten werden.[183] Soweit ersichtlich, hat nur das OLG Hamm die Ansicht vertreten, dass die Strafandrohung auch in derartigen Fällen isoliert mit der Beschwerde angegriffen werden kann.[184]

Gegen die isolierte Androhung des Zwangsmittels findet die sofortige Beschwerde gem. § 793 ZPO statt. Unter den Voraussetzungen des § 547 ZPO, d.h. der Zulassung der Rechtsbeschwerde durch das Beschwerdegericht, ist auch die Rechtsbeschwerde zum BGH eröffnet. Die Beschwerde findet ferner statt gegen die Zurückweisung des Gläubigerantrags auf Androhung, die Festsetzung des Zwangsmittels und gegen den Kautionsbeschluss. Auch diese Entscheidungen sind solche der Zwangsvollstreckung.

4. Festsetzung des Ordnungsmittels

a) Antrag auf Festsetzung des Zwangsmittels

Die Festsetzung setzt zwingend eine Androhung des Zwangsmittels und einen Antrag des Gläubigers voraus. Liegt ein Antrag auf Festsetzung des Ordnungsmittels ohne vorherige Androhung des Ordnungsmittels vor, kann der Antrag auf Festsetzung in einen Antrag auf Androhung umgedeutet werden.[185] Eine umgekehrte Umdeutung ist nicht möglich.

b) Schuldhafte Zuwiderhandlung des Schuldners

Die Festsetzung eines Zwangsmittels setzt einen schuldhaften Verstoß gegen das titulierte Verbot voraus, § 890 Abs. 1 ZPO. Das folgt aus dem Sanktionscharakter des Ordnungsmittels.[186] Eine Zuwiderhandlung liegt nicht nur dann vor, wenn der Schuldner unmittelbar gegen das titulierte Unterlassungsgebot verstößt, sondern auch, wenn er Handlungen vornimmt, die dem Unterlassungsgebot inhaltlich entsprechen oder ihm gleichwertig sind (so genannte Kernbereichslehre).

Verschulden setzt gem. § 276 BGB Vorsatz und Fahrlässigkeit voraus, und zwar in Person des Schuldners.[187] Organisationsverschulden reicht aus.[188] Bei der GmbH und der AG kommt es auf die für die Gesellschaft „verantwortlich handelnden" Personen an,[189] bei Personengesellschaften auf die Zuwiderhandlung der für sie „handelnden" Personen.[190]

---

183 Zöller / Stöber ZPO, § 890 Rn.28.
184 OLG Hamm NJW 1988, 960.
185 OLG Köln InVo 2001, 37.
186 BVerfGE 20, 323, 332.
187 Zöller / Stöber, ZPO 24. Aufl. 2004 zu § 890 Rn. 5.
188 Zöller / Stöber, ZPO 24. Aufl. 2004 zu § 890 Rn. 5.
189 BGH BB 1991, 1446.
190 Zöller / Stöber, ZPO 24. Aufl. 2004 zu § 890 Rn. 5.

195 Nicht ausreichend ist, wenn das Verschulden lediglich glaubhaft gemacht wird.[191] Das Ordnungsmittelverfahren ist kein Verfahren des einstweiligen Rechtsschutzes.

5. Isolierter Antrag auf Bestellung einer Sicherheit nach § 890 Abs. 3 ZPO

196 Nach § 890 Abs. 3 ZPO kann der Antragsteller auch die Verurteilung des Schuldners zur Bestellung einer Sicherheit für den durch weitere Zuwiderhandlungen entstehenden Schaden beantragen. Voraussetzung ist die einmalige Zuwiderhandlung und die frühere Androhung eines Ordnungsmittels gemäß § 890 Abs. 2 ZPO, nicht aber die vorherige oder gleichzeitige Festsetzung des Zwangsmittels.[192]

197 Die **Form** der zu erbringenden Sicherheit bestimmt sich nach § **108 ZPO**. Sie kann durch Hinterlegung von Geld, durch Hinterlegung von mündelsicheren Wertpapieren gemäß § 234 BGB, durch schriftliche unwiderrufliche bzw. durch unbedingte Bürgschaft eines im Inland zum Geschäftsbetrieb befugten Kreditinstituts geleistet werden. Die Höhe der Sicherheit braucht der Gläubiger in seinem Antrag nicht zu bezeichnen.[193]

II. Einwendungen des Schuldners gegen den Vollstreckungsantrag

198 Zu prüfen ist aus Sicht des Antragsgegners unter umgekehrten Vorzeichen, ob die allgemeinen Vollstreckungsvoraussetzungen vorliegen, ob eine Zuwiderhandlung nach der Androhung vorliegt und ob der Antragsteller insoweit Verschulden des Antragsgegners nachweisen kann. Zudem ist die in dem Titel verbriefte Unterlassungspflicht möglicherweise nicht hinreichend bestimmt.

199 Zu berücksichtigen ist auch, ob der der Vollstreckung zugrunde liegende Titel noch angreifbar ist. Wenn im Zeitpunkt der Zuwiderhandlung der Titel oder seine Vollstreckbarkeit bereits aufgehoben sind, ist eine Verurteilung zu einem Ordnungsmittel nicht mehr zulässig.[194] Auch wenn nach Erlass des Ordnungsmittelbeschlusses die Zwangsvollstreckung für unzulässig erklärt oder ihre Einstellung angeordnet wurde, ist der Ordnungsmittelbeschluss aufzuheben oder seine Vollziehung einzustellen (§ 775 Nr. 1, 3, evtl. Nr. 2, Nr. 5 i.V.m. § 776 ZPO). In diesen Fällen ist der Ordnungsmittelbeschluss auch nach Rechtskraft aufzuheben und selbst dann noch, wenn das Ordnungsgeld schon gezahlt wurde.[195]

III. Vollstreckung des Zwangsmittels durch Gläubiger

1. Zustellung

200 Die Festsetzung des Ordnungsmittels als Beschluss ist dem Schuldner nach § 329 Abs. 3 ZPO von Amts wegen zuzustellen. Der Beschluss ist gemäß § 794 Abs. 1 Nr. 3 ZPO Vollstreckungstitel. Nach § 169 Abs. 1 ZPO ist dem Gläubiger nach Aufforderung eine Zustellbescheinigung zu erteilen.

---

191 LG Bad Kreuznach MDR 67, 500.
192 Zöller/Stöber, ZPO 24. Aufl. 2004 zu § 890 Rn. 27.
193 Zöller/Stöber, ZPO 24. Aufl. 2004 zu § 890 Rn. 27.
194 Zöller/Stöber, ZPO 24. Aufl. 2004 zu § 890 Rn. 9a; OLG Frankfurt/Main NJW 1982, 1056 LS.
195 Zöller/Stöber, ZPO 24. Aufl. 2004 zu § 890 Rn. 25; OLG Hamm MDR 1989, 1001; KG NJW-RR 2000, 1523.

2. Beitreibung des Ordnungsgeldes

Die Beitreibung des Ordnungsgeldes erfolgt nach § 1 Abs. 1 Nr. 3 JBeitrO von Amts wegen, wobei der Rechtspfleger nach § 31 Abs. 3 RPflG zuständig ist. Über Einwendungen gegen die Art und Weise der Vollstreckung durch den Rechtspfleger entscheidet nach §§ 31 Abs. 6, 32 RPflG der Vorsitzende des Prozessgerichts als Vollstreckungsbehörde. Das Ordnungsgeld steht der Staatskasse zu.

3. Vollstreckung der Ordnungshaft

Auch die Vollstreckung der Ordnungshaft geschieht von Amts wegen durch das Prozessgericht.[196]

IV. Muster: Zwangsvollstreckung

1. Muster: Isolierter Antrag auf Androhung Zwangsmittel

An das Landgericht

Kammer für Handelssachen[197]

In der Zwangsvollstreckungssache

der ■■■ GmbH, vertreten durch ■■■

Gläubigerin und Antragstellerin

Verfahrensbevollmächtigte:

g e g e n

■■■

Schuldner und Antragsgegner

bestellen wir uns kraft beigefügter Vollmacht zu Verfahrensbevollmächtigten der Gläubigerin. Wir übersenden namens und in Vollmacht der Gläubigerin die vollstreckbare Ausfertigung des/der ■■■)Az.:■■■) vom ■■■ nebst Zustellungsbescheinigung und beantragen,

dem Schuldner zur Erzwingung der im ■■■ (Vollstreckungstitel genau bezeichnen) genannten Unterlassungsverpflichtung wegen Wettbewerbsverstoßes (genaue kurze Beschreibung) ein Ordnungsgeld bis zu ■■■ € und für den Fall, dass dieses nicht beigetrieben werden kann, ersatzweise Ordnungshaft von ■■■ Tagen oder Ordnungshaft bis zu sechs Monaten anzudrohen.

Begründung:

Die Gläubigerin betreibt gegen den Schuldner die Zwangsvollstreckung aus dem ■■■ vom ■■■ Az.: ■■■. Der Schuldner ist aus diesem Titel verpflichtet, im Kreis Borken/Nordrhein-Westfalen für die Dauer von einem Jahr, beginnend ab dem ■■■ weder den Verkauf noch die Wartung/Reparatur von Großküchen/Großküchenzubehör anzubieten oder zu betreiben.

---

[196] Zöller/Stöber, ZPO 890 Rn. 28; a.A. OLG München NJW-RR 1988, 1407.
[197] Bei der GbR: Zivilkammer LG bzw. AG.

Um dieser Verpflichtung Nachdruck zu verleihen, insbesondere das Unterlassungsgebot durch Wohlverhalten des Schuldners zu erzwingen, ist Ordnungsgeld und nötigenfalls auch Ordnungshaft anzudrohen.

Sollte das Gericht der Auffassung sein, dass ggf. ein Antrag nach den §§ 887, 888 ZPO in Betracht kommt, so wird um richterlichen Hinweis nach § 139 ZPO gebeten, damit der Antrag angepasst oder jedenfalls ein Hilfsantrag gestellt werden kann.

Es wird gebeten, antragsgemäß zu entscheiden und dem Schuldner den Beschluss von Amts wegen zuzustellen. Ferner wird darum gebeten, den Beschluss nebst weiteren Vollstreckungsunterlagen der Antragsstellerin formlos zuzusenden.

Rechtsanwalt

2. Muster: Antrag auf Festsetzung des Ordnungsmittels

An das Landgericht

Kammer für Handelssachen[198]

In der Zwangsvollstreckungssache

der ■■■ GmbH, vertreten durch ■■■

Gläubigerin und Antragsstellerin

Verfahrensbevollmächtigte:

g e g e n

■■■

Schuldner und Antragsgegner

Verfahrensbevollmächtigte:

Az: ■■■,

übersenden wir namens und in Vollmacht der Gläubigerin die vollstreckbare Ausfertigung des/der ■■■ vom Az.: nebst Zustellungsnachweis und nebst der Androhung der Verurteilung zu einem Ordnungsgeld bis zu ■■■, ersatzweise Ordnungshaft von ■■■ Tagen oder Ordnungshaft bis zu sechs Monaten.

Namens und in Vollmacht der Gläubigerin beantragen wir,
1. gegen den Schuldner ein in das Ermessen des Gerichts zu stellendes Ordnungsgeld bis zu 250.000,– € und für den Fall, dass die Beitreibung keinen Erfolg hat, ersatzweise Ordnungshaft bis zu sechs Monaten festzusetzen, deren genaue Bestimmung wir ebenfalls in das Ermessen des Gerichts stellen,
2. ferner den Schuldner zu verurteilen, mit Zustellung dieses Beschlusses bis zum Ablauf des ■■■ für den Schadensausgleich für weitere Zuwiderhandlungen eine Sicherheit in Höhe von ■■■ € zugunsten der Gläubigerin zu leisten.

---

198   Bei der GbR Zivilkammer LG bzw. AG.

Begründung:

Die Gläubigerin betreibt gegen den Schuldner die Zwangsvollstreckung aus dem ■■■ vom ■■■ Az.: ■■■. Der Schuldner ist aus diesem Titel verpflichtet, im Kreis Borken/Nordrhein-Westfalen für die Dauer von einem Jahr, beginnend ab dem ■■■ weder den Verkauf noch die Wartung/Reparatur von Großküchen/Großküchenzubehör anzubieten oder zu betreiben.

Dem Schuldner wurde nach dem Titel ■■■[199] für den Fall der Zuwiderhandlung gegen die Unterlassungsverpflichtung ein Ordnungsgeld bis zu 250.000,– € und für den Fall, dass eine Beitreibung unmöglich ist, Ordnungshaft von bis zu sechs Monaten angedroht. Gleichwohl ist der Schuldner der Unterlassungsverpflichtung nicht nachgekommen. Als Geschäftsführer der ■■■ GmbH ist er weiterhin im Kreis Borken/Nordrhein-Westfalen im Handelssegment Großküchen/Großküchenzubehör tätig. Dieses umfasst den Verkauf, die Wartung und Reparatur von Großküchen/Großküchenzubehör. Insbesondere hat er der Firma Z aus Borken am ■■■ ein konkretes Angebot aus diesem Geschäftsbereich unterbreitet. Damit steht er entgegen der nachvertraglichen Wettbewerbsabrede vom ■■■ nach wie vor in einem direkten Konkurrenzverhältnis zur Gläubigerin.

Beweis:
1. Zeugnis des ■■■
2. Angebot vom ■■■, Fotokopie Anlage 1

Daher ist gegen den Schuldner ein Ordnungsgeld, welches in das Ermessen des Gerichts gestellt wird, ersatzweise Ordnungshaft von ■■■ oder Ordnungshaft von bis zu sechs Monaten festzusetzen.

Auch für die Zukunft ist zu befürchten, dass der Schuldner seiner Verpflichtung aus dem Vollstreckungstitel, die wettbewerbswidrigen Handlungen zu unterlassen, nicht nachkommen wird. Der Schuldner hat bereits angekündigt, dass ihn „das Verbot nicht interessiere". Außerdem ist in der Branche allgemein bekannt, dass der Schuldner finanzielle Schwierigkeiten hat und mit der Zahlung von Lieferantenrechnungen von deutlich mehr als 200.000,– € seit mehr als 6 Monaten in Verzug ist. Er ist also motiviert, auch weiterhin gegen das titulierte Wettbewerbsverbot zu verstoßen.

Beweis: Zeugnis der ■■■

Daher ist es zwingend notwendig, den Schuldner gem. § 890 Abs. 3 ZPO zur Bestellung einer Sicherheit für den Fall der zukünftigen Zuwiderhandlung zu verurteilen. Der Schaden, der für die Gläubigerin in Zukunft entstehen wird, basiert auf ■■■. Daher ist die Sicherheitsleistung mit ■■■ € zu bemessen.

Es wird um Rückgabe der Vollstreckungsunterlagen nach Erlass der Entscheidung gebeten.

Rechtsanwalt

---

[199] Bzw. bei isolierter Androhung: durch den Beschluss des erkennenden Gerichts vom ... Az.: ... .

3. Muster: Antrag auf Aufhebung des Ordnungsmittelbeschlusses

An das Landgericht in ▆▆▆

Kammer für Handelssachen

(Zuständigkeit bei GbR beachten)

In der Zwangsvollstreckungssache

der ▆▆▆ GmbH

Gläubigerin und Antragsgegnerin

Verfahrensbevollmächtigte:

g e g e n

den ▆▆▆

Schuldner und Antragsteller

Verfahrensbevollmächtigte:

Az.:

Beantragen wir namens und in Vollmacht des Schuldners,

den Beschluss des erkennenden Gericht vom ▆▆▆ über die Verurteilung des Schuldners zur Zahlung von Ordnungsgeld in Höhe von ▆▆▆ € und für den Fall, dass dieses nicht beigetrieben werden kann, ersatzweise Ordnungshaft von ▆▆▆ Tagen je ▆▆▆ €, zu Ordnungshaft von ▆▆▆ Monaten aufzuheben.

Begründung:

Gegen den Schuldner wird von der Gläubigerin die Zwangsvollstreckung aus dem ▆▆▆ vom Az: ▆▆▆ betrieben. Hiernach ist der Schuldner verpflichtet ▆▆▆. Dem Schuldner wurde mit dem Vollstreckungsbescheid ▆▆▆) durch Beschluss des erkennenden Gerichtes vom ▆▆▆ Az.:) für den Fall der Zuwiderhandlung gegen seine Verpflichtung zu einem Ordnungsgeld bis zu ▆▆▆ € und, soweit dieses nicht beigetrieben werden kann, ersatzweise Ordnungshaft oder aber Ordnungshaft bis zu sechs Monate angedroht. Mit dem im Antrag bezeichneten Beschluss wurde dem Schuldner das dort näher bezeichnete Ordnungsmittel auferlegt.

Nach der formellen Rechtskraft des Ordnungsmittelbeschlusses ist der diesem zu Grunde liegende Vollstreckungstitel am ▆▆▆ rückwirkend entfallen, weil ▆▆▆. Mit dem rückwirkenden Wegfall des Vollstreckungstitels ist die Grundlage für den Ordnungsmittelbeschluss ebenfalls rückwirkend entfallen. Dieser ist auf Antrag des Schuldners vom Prozessgericht erster Instanz aufzuheben (BGH NJW-RR 1988 1530).

Rechtsanwalt

§ 3 Klage gegen Gesellschafter auf Mitwirkung bei Änderung des Gesellschaftsvertrages

A. Vorprozessuale Situation

I. Rechtliche Grundlagen sowie Gesellschafterpflichten
1. Satzung als allgemeine Pflichtenquelle

Aus dem Gesellschaftsvertrag folgen für die Gesellschafter untereinander verschiedene Pflichten. Neben der allgemeinen Zweckförderungspflicht sind in aller Regel Beitragspflichten für die einzelnen Gesellschafter festgelegt. U.a. können auch Mitwirkungspflichten der Gesellschafter im Hinblick auf Satzungsänderungen geregelt sein.

Letztere Pflichten sind bei der Personengesellschaft gemäß § 706 BGB und bei der OHG bzw. der KG gemäß § 105 Abs. 3, § 161 Abs. 2 HGB nahezu **frei vereinbar**. Wegen der meist einschneidenden Wirkungen von Satzungsänderungen müssen die Pflichten zur Mitwirkung daran jedoch in der Satzung hinreichend bestimmt formuliert sein. Keinesfalls reicht die übliche Generalklausel mit dem Inhalt aus, dass Gesellschafterschlüsse vorbehaltlich weiterer gesetzlicher oder vertraglicher Mehrheitserfordernisse der Mehrheit der abgegebenen Stimmen bedürfen. Solche Klausel beziehen sich nur auf Geschäftsführungsbeschlüsse und Beschlüsse über laufende Angelegenheiten der Gesellschaft.[200]

2. Nebenabreden als Pflichtenquelle

Handlungs-, insbesondere Mitwirkungspflichten von Gesellschaftern können sich weiterhin aus Vereinbarungen außerhalb des Gesellschaftsvertrages ergeben, d.h. aus so genannten Nebenabreden. Gängig sind Nebenvereinbarungen außerhalb der Satzung vor allem bei der GmbH und der AG. Ein Grund dafür liegt darin, dass die Satzungserrichtung und die Satzungsänderung bei Kapitalgesellschaften formbedürftig sind (§ 2 Abs. 1 Satz 1, § 53 Abs. 2 GmbHG, § 23 Abs. 1 Satz 1, § 181 Abs. 3 AktG). Das **Hauptmotiv** für Nebenvereinbarungen außerhalb der Satzung ist jedoch in erster Linie die **Diskretion** und betrifft beispielsweise Aufsichtsratsvergütungen oder Stimmbindungsabreden.[201]

Wegen der Formbedürftigkeit der Satzungsänderung bei AG und GmbH werden Mitwirkungspflichten der Gesellschafter zu Satzungsänderungen jedoch sinnvollerweise nicht in Nebenvereinbarungen getroffen, sondern in der Satzung selbst. Denkbar sind entsprechende Abreden in Nebenvereinbarungen deshalb eher bei Personengesellschaften.

---

200 BGH NJW 1985, 2830f.
201 Priester in: Münchener Handbuch des Gesellschaftsrechts, Bd. 3, 2. Aufl. 2003, § 21, Rn. 6; Für die GmbH-Gründung ergibt sich die Anmeldepflicht zum Handelsregister aus § 8 Abs. 1 Nr. 1 GmbHG, für die Satzungsänderung aus § 54 Abs. 1 S. 1 GmbHG, für die Anmeldung der Gründung der AG aus § 36 Abs. 1 AktG und für die Anmeldung der Satzungsänderung der AG aus § 130 Abs. 1 S. 1 AktG.

3. Allgemeine Treuepflichten als Pflichtenquelle

210 Neben den konkret in der Satzung formulierten Pflichten bestehen allgemeine Treuepflichten zwischen den Gesellschaftern untereinander sowie zwischen den Gesellschaftern und der Gesellschaft.[202] Aus diesen Treuepflichten können sich ebenfalls **Verhaltenspflichten** ergeben, d.h. Unterlassungs- und im Einzelfall sogar Leistungspflichten in Gestalt von Mitwirkungspflichten. Das gilt im Grundsatz für alle Gesellschaftstypen.

211 Unterschiedlich starke Ausprägungen der Treuepflichten ergeben sich je nach der Strukturierung als personalistische oder als kapitalistische Gesellschaft. Während Personengesellschaften in der Regel personalistisch geprägt sind (d.h. alle oder die meisten Gesellschafter sind zur aktiven Mitarbeit als Geschäftsführer, Verwaltungs-, Aufsichtsratsmitglieder oder in sonstiger Weise verpflichtet), sind vor allem die AG und zumindest vom Gesetzestypus her die GmbH kapitalistisch organisiert, d.h. die Pflichten der Gesellschafter beschränken sich im Wesentlichen auf den Kapitalbeitrag. Gleichwohl gibt es – wenn auch selten – auch personalistisch ausgestaltete AG. Das personalistische Element bei der AG wird in erster Linie als Treuepflicht in Form eines Wettbewerbsverbotes der Mehrheitsaktionäre praktisch.[203] Im Gegensatz zur AG räumt das GmbH-Recht in einem viel weiteren Umfang die Möglichkeit ein, bei der Vertragsgestaltung personalistische Strukturen zu schaffen, wovon in der Praxis häufig Gebrauch gemacht wird.[204]

212 Die gesellschaftsrechtliche Treuepflicht eines Gesellschafters kann sich im Einzelfall dahin konkretisieren, dass er einer Satzungsänderung zustimmen muss. Positive Stimmpflichten, insbesondere zur Änderung der Satzung als Ausdruck gesellschaftlicher Treuepflichten, bestehen bei Personengesellschaften schon seit langem.[205] Der BGH hat die Zustimmungspflicht aber auch für eine personalistisch ausgestaltete GmbH angenommen.[206] Voraussetzung dafür ist deren unabweisbare Notwendigkeit.[207] Folgende Beispiele für Zustimmungspflichten zu Satzungsänderungen sind anerkannt:

- Eine Zustimmungspflicht des einzelnen Gesellschafters zur Änderung der Gesellschaftssatzung kann beispielsweise bestehen, wenn die Satzungsänderung zwingend erforderlich ist, um die Gesellschaft zur **Sicherung ihres Bestandes** den rechtlichen oder bestimmten tatsächlichen Gegebenheiten anzupassen. Weitere Voraussetzung ist, dass durch die Satzungsänderung in die Rechte des betroffenen Gesellschafters nicht unverhältnismäßig eingegriffen wird.[208]
- Eine Zustimmungspflicht kann sich des Weiteren zur **Schließung von Vertragslücken in der Satzung** ergeben, wenn sie im Interesse der Gesellschaft dringend gebo-

---

[202] Grundlegend BGH NJW 1966, 826 ff.
[203] Krieger in: Münchener Handbuch des Gesellschaftsrechts, Bd. 4, 2. Aufl. 1999, § 69, Rn. 17 f.; Friedewald, Die personalistische Aktiengesellschaft 1991, S. 140 ff.
[204] Baumbach/Hueck, GmbHG, 17. Aufl. 2000, Einleitung Rn. 17, zu § 3 Rn. 34.
[205] Priester in: Scholz, GmbHG, 9. Aufl. 2002, zu § 53 Rn. 197.
[206] BGHZ 98, 278, 279 ff.
[207] Karsten Schmidt, Gesellschaftsrecht, 4. Aufl. 2002, § 5 IV 3, § 21 II 3 c.
[208] Marquardt in: Münchener Handbuch des Gesellschaftsrechts, Bd. 3, 2. Aufl. 2003, § 22 Rn. 38.

ten und dem Gesellschafter zumutbar sind, etwa wenn bestimmte Satzungsregelungen vom Kartellamt bzw. dem Registergericht beanstandet werden.[209]
Eine Zustimmungspflicht kann sich bei einem vorzeitigen Ausscheiden eines persönlich in Zahlungsschwierigkeiten geratenen Gesellschafters ergeben,[210]
Für die Ausschließungsklage nach § 140 HGB bei Vorliegen eines wichtigen Grundes in der Person eines Gesellschafters besteht eine Zustimmungspflicht und zwar auch ohne eine entsprechende gesellschaftsvertragliche Regelung.[211]

- Ein Gesellschafter kann zur Billigung der Satzungsänderung verpflichtet sein, um eine aus dem Gesellschaftsvertrag – etwa einer Publikumsgesellschaft – folgende Verpflichtung vorübergehend aufzuheben, ein Gesellschafterdarlehen zu verzinsen, um dadurch die **Insolvenz der Gesellschaft zu vermeiden**.[212]
- Auch die **Änderung von Nachfolgeklauseln** nach der Scheidung einer Ehe der einer Kommanditgesellschaft angehörenden Eheleute kann die Gesellschafter zur Zustimmung der entsprechenden Satzungsänderung verpflichten.[213]
- Aus der Änderung der Geschäftsgrundlage der Satzung kann sich eine Zustimmungspflicht zu Satzungsänderungen ergeben, um in einer Familiengesellschaft bevorstehende **Erbfälle** bewältigen zu können.[214]
- Ähnliches kann in **Sanierungssituationen** gelten. Zwar können die Gesellschafter insoweit grundsätzlich nicht zu Kapitalerhöhungen gezwungen werden. Wenn mit der geplanten Satzungsänderung jedoch keine Nachschusspflichten für die Gesellschafter verbunden sind, können sie zu organisatorischen oder finanztechnischen Umstrukturieren verpflichtet sein.[215]
- Unter bestimmten Umständen kann sich sogar die Verpflichtung zur Zustimmung einer Satzungsänderung ergeben, wenn in der Satzung die **Vergütung** des geschäftsführenden Gesellschafters geregelt ist und diese erhöht werden muss.[216]
- Es kann die Verpflichtung zur Zustimmung von Satzungsänderungen bestehen, die rein **organisatorische Maßnahmen** betreffen. Beispielsweise kann eine Zustimmungspflicht bestehen, wenn es um die Übertragung von Geschäftsanteilen geht, die nicht vom Schutzzweck der Verfügungsbeschränkungen im Gesellschaftsvertrag erfasst ist. Das kann der Fall sein, wenn die Übertragung zur Erfüllung eines Vermächtnisses oder im Rahmen der Erbauseinandersetzung oder unter nahen Angehörigen stattfinden soll.[217]

---

209 Marquardt, a.a.O., § 22 Rn. 38; Priester in: Scholz GmbHG, 9. Aufl. 2002, zu § 52 Rn. 37; Karsten Schmidt, AG 1987, 337 ff.
210 BGH LM HGB, § 138 Nr. 8.
211 BGHZ 64, 253, 256 ff.
212 BGH WM 1985, 195 ff.
213 BGH WM 1974, 831 ff.
214 Karsten Schmidt in: Scholz, GmbHG 9. Aufl. 2002, zu § 47 Rn. 31; zur Personengesellschaft vgl. BGH NJW 1987, 952.
215 Karsten Schmidt in: Scholz, GmbHG 9. Aufl. 2002, zu § 47 Rn. 31; zur Personengesellschaft BGH NJW 1985, 974 ff.
216 BGHZ 44, 40 ff.
217 OLG Düsseldorf GmbHR 1987, 475; Karsten Schmidt, Gesellschaftsrecht, 4. Aufl. 2002, § 35 II 3 b.

II. Beratungssituation

1. Informationsbeschaffung

213 Gleichgültig, ob der Rechtsanwalt den oder die klagewilligen Gesellschafter vertritt oder den in Anspruch genommenen Gesellschafter, wird seine Hauptaufgabe zunächst darin bestehen, den Grund und die Auswirkungen der beabsichtigen Änderung des Gesellschaftsvertrages für jeden Gesellschafter bzw. die Gesellschaft zu prüfen. Außerdem sind die Interessen des in Anspruch genommenen Gesellschafters an der Beibehaltung des Gesellschaftsvertrages zu berücksichtigen. Nur auf diese Weise kann beurteilt werden, ob die beabsichtigte Änderung des Gesellschaftsvertrages „erforderlich" und für den in Anspruch genommenen Gesellschafter unter Berücksichtigung auch seiner Belange „zumutbar" ist.

2. Entbehrlichkeit der Klage

214 Im **Ausnahmefall** können gewichtige Interessen der Gesellschaft oder der anderen Gesellschafter zu einem Verzicht auf die Erhebung einer Klage zur Erteilung der Zustimmung zur Vertragsänderung berechtigen.[218] Das kann der Fall sein, wenn es um die Erhaltung der Funktionsfähigkeit einer Gesellschaft geht. Das Interesse an der Erhaltung der Funktionsfähigkeit der Gesellschaft nötigt in diesen Fällen nicht nur zur Aufgabe des Einstimmigkeits- und damit des Bestimmtheitsgrundsatzes. Vielmehr ist auch der Grundsatz aufzugeben, dass der Gesellschafterbeschluss erst mit der Rechtskraft eines der Zustimmungsklage stattgebenden Urteils als wirksam anzusehen ist. Speziell für die Publikumsgesellschaft hat der BGH insoweit klargestellt, dass die aus dem Treuegebot erwachsende Verpflichtung der Gesellschafter, einem bestimmten Gesellschafterbeschluss zuzustimmen, dazu führt, die nicht abgegebene Stimme so zu behandeln, als ob sie entsprechend der bestehenden Verpflichtung abgegeben worden wäre.[219] Das macht eine Leistungsklage entbehrlich.

215 Die ausdrücklich für die Publikumsgesellschaft anerkannte Ausnahme ist nicht zwingend auf diese Gesellschaftsform beschränkt. Der BGH hat u.a. einen Kommanditisten auf Grund der gesellschaftlichen Treuepflicht als an den Beschluss der übrigen Kommanditisten gebunden behandelt. Die anderen Kommanditisten hatten an Stelle des ausscheidenden einzigen persönlich haftenden Gesellschafters einen neuen persönlich haftenden Gesellschafter aufgenommen, um die sonst unmittelbar bevorstehende Auflösung der Gesellschaft zu vermeiden.[220] Dies spricht dafür, in vergleichbaren Situationen, die zu einer **akuten Existenzgefährdung** der Gesellschaft führen können, ausnahmsweise auf eine Klage gegen den Mitgesellschafter auf Mitwirkung an der Satzungsänderung zu verzichten.

---

[218] BGH NJW-RR 1987, 286.
[219] BGH NJW 1995, 974 zur Publikums-KG.
[220] BGH WM 1979, 1058 ff.

B. Prozess

I. Zuständigkeit des Gerichts

Soweit es um Klagen zwischen Gesellschaftern einer Handelsgesellschaft geht, (also OHG, KG, GmbH, AG), ist die Klage vor der Kammer für Handelssachen bei den örtlich zuständigen Landgerichten anhängig zu machen. Im Übrigen gelten keine Besonderheiten.

II. Klageerhebung und Klageart

Grundsätzlich ist eine Leistungsklage zu erheben, die auf Zustimmung zu einer konkret zu bezeichnenden Änderung des Gesellschaftsvertrages gerichtet ist.

Besonderheiten können sich auch hier ergeben, wenn es um die Frage geht, ob ein Gesellschaftsvertrag durch tatsächliche Übung konkludent formlos geändert wurde. Diese Konstellation kann sich – wie oben ausgeführt – nur für die Personenhandelsgesellschaften und die GbR ergeben. Der Streit über die Frage, ob eine tatsächliche Übung konkludent den Gesellschaftsvertrag geändert hat, kann nur über die Feststellungsklage gelöst werden, die auf die Feststellung gerichtet ist, dass die bisherige Übung für die Zukunft zu der – bestimmt zu bezeichnenden – Änderung des Gesellschaftsvertrages geführt hat. Die Gesellschafter, die sich auf die konkludente Vertragsänderung berufen, könnten vorsorglich gehalten sein, die Feststellungsklage mit einem Hilfsantrag auf Zustimmung zur Vertragsänderung. Dies empfiehlt sich vor allem, wenn die Satzungsänderung durch tatsächliche Übung – aus welchen Grünen auch immer – nicht ganz sicher ist.

III. Streitwert

Der Wert des Begehrens auf Erteilung der Zustimmung zu einer Änderung des Gesellschaftsvertrages richtet sich grundsätzlich gemäß § 3 ZPO nach dem Interesse des Klägers an der Satzungsänderung.[221] Es ist zu empfehlen, den möglichen Streitwert in der Klage darzulegen – dies insbesondere im Hinblick auf die Möglichkeit, über die Nichtzulassungsbeschwerde ein Revisionsverfahren zu erreichen.

IV. Aktiv- und Passivlegitimation

Klagebefugt ist nicht die Gesellschaft, sondern jeder Einzelne Gesellschafter. Dabei ist zu berücksichtigen, dass es nicht immer sinnvoll ist, wenn bei einer mehrgliedrigen Gesellschaft alle übrigen Gesellschafter ihren Mitgesellschafter auf Zustimmung verklagen. Da es in solchen Prozessen regelmäßig darauf ankommt, dass die begehrte Vertragsänderung für die Gesellschaft erforderlich ist, wird sich eine Beweiserhebung in der Regel nicht vermeiden lassen. Die klagenden Gesellschafter scheiden jedoch insoweit als Zeugen formal aus. Sollte sich die „Erforderlichkeit" der Satzungsänderung nicht allein durch Sachverständigengutachten oder durch das Zeugnis Dritter beweisen lassen, sondern vornehmlich durch die Aussagen von Mitgesellschaftern, so ist es schon aus diesem Grunde ratsam, dass nicht alle übrigen Gesellschafter den sich wider-

---

221 Zöller/Herget, ZPO, 24. Aufl. 2004 zu § 3 Rn. 16 zum Stichwort „Willenserklärung".

David

setzenden Gesellschafter verklagen. Darüber hinaus sprechen regelmäßig Kostengesichtspunkte für die Klage nur eines Gesellschafters.

221 Zu berücksichtigen ist weiter, dass die aktiv legitimierten Gesellschafter **keine notwendigen Streitgenossen** nach § 63 ZPO sind. Die Ansprüche der Gesellschafter auf Zustimmung sind Individualansprüche ebenso wie umgekehrt die Verpflichtung eines Gesellschafters zur Zustimmung zur Vertragsänderung Individualverpflichtung ist.[222] Das Gericht prüft die Zulässigkeit und Begründetheit jeder durch einen einfachen Streitgenossen erhobenen Klage separat.[223] Bevor die die Vertragsänderung begehrenden Gesellschafter entscheiden, wer von ihnen den sich widersetzenden Gesellschafter klageweise auf Zustimmung in Anspruch nimmt, sollte wegen der Wirkungen der einfachen Streitgenossenschaft geprüft werden, ob der Klage des einen oder anderen Gesellschafters eventuell besondere Hindernisse entgegenstehen.

222 Passiv legitimiert ist jeder Gesellschafter, der sich weigert, der begehrten Änderung des Gesellschaftsvertrages zuzustimmen.

V. Beweislast

223 Grundsätzlich gilt die allgemeine Beweislastregel, dass jeder die tatsächlichen Voraussetzungen seines Anspruchs darlegen und beweisen muss. Insoweit müssen die klagenden Gesellschafter darlegen und beweisen, dass die von ihnen angestrebte Vertragsänderung einerseits zur Erreichung des von ihnen formulierten Zwecks erforderlich und andererseits für den in Anspruch genommenen Gesellschafter unter Berücksichtigung seiner Belange zumutbar ist.

224 Besonderheiten ergeben sich, wenn es um die Frage geht, ob der Gesellschaftsvertrag durch **tatsächliche Übung bereits konkludent geändert** ist. Dies ist nur möglich, wenn gesetzlich nicht eine besondere Form des Gesellschaftsvertrages wie bei der GmbH oder der AG vorgesehen ist oder Schriftform für Satzungsänderungen sowie für die Änderung und Aufhebung der Schriftformklausel vereinbart wurde.[224] Zum Teil sehen Gesellschaftsverträge von Personengesellschaften für Vertragsänderungen etc. nur eine eingeschränkte Schriftform der Gestalt vor, dass die Schriftform nicht für die Änderung der Schriftformklausel selbst gilt. Die Nichteinhaltung eines solchen eingeschränkten Schriftformerfordernisses bei tatsächlich abweichendem Verhalten führt gemäß § 125 S. 2 BGB dazu, dass die tatsächliche von der gesellschaftsvertraglichen Regelung abweichende Übung eine konkludente Vertragsänderung bewirkt, sofern kein „Zweifel" daran i.S.v. § 125 S. 2 BGB besteht. Mit anderen Worten muss derjenige, der sich auf die formlose Aufhebung einer solchen Schriftformklausel gemäß § 125 S. 2 BGB beruft, die formlose Vertragsänderung durch tatsächliche Übung beweisen. Zu einer Beweislastumkehr zu Lasten der Gesellschaft kann es in diesen Fällen ausnahmsweise kommen, wenn über eine erheblich lange Zeitdauer eine von dem schriftlichen Gesellschaftsvertrag abweichende Übung im Einvernehmen aller Gesellschafter stattgefun-

---

222 BGHZ 30, 195f., 198.
223 Allg.: Zöller/Vollkommer, ZPO 24. Aufl. 2004, zu § 61 Rn. 8.
224 BGHZ 66, 378; BFH BStBl II 1991, 935; a.A. Palandt/Heinrichs, BGB, 63. Auflage 2004 zu § 125 Rn. 14.

den hat. In diesem Fall muss der in Anspruch genommene Gesellschafter darlegen und beweisen, dass die beschriebene tatsächliche Übung nicht zu einer konkludenten Vertragsänderung geführt hat.[225]

VI. Urteilswirkungen

Mit der Rechtskraft des Urteils, mit dem ein Gesellschafter verurteilt wird, einer Änderung des Gesellschaftsvertrages zuzustimmen, gilt die Zustimmung gemäß § 894 ZPO als erteilt.

Klagen mehrere Gesellschafter gegen einen Mitgesellschafter auf Erteilung der Zustimmung zu einer Änderung des Gesellschaftsvertrages, kann die Entscheidung gegenüber den einzelnen Streitgenossen unterschiedlich ausfallen. Insofern entstehen auch die Rechtskraftwirkungen immer nur im Verhältnis zwischen dem klagenden Gesellschafter und dem beklagten Mitgesellschafter.

VII. Musterklagen auf Zustimmung zur Änderung des Gesellschaftsvertrages

1. Muster: Feststellungsklage über das Bestehen einer Gesellschaftsvertragsänderung[226]

An das Landgericht ■■■

Kammer für Handelssachen

K l a g e

des Herrn A,

Kläger

Prozessbevollmächtigte:

gegen

Herrn B,

Beklagter

wegen Feststellung der Änderung des Gesellschaftsvertrages

vorläufiger Streitwert: 10.000,00 €

Namens und in Vollmacht des Klägers erheben wir Klage und werden beantragen:

Es wird festgestellt, dass der Gesellschaftsvertrag der X-OHG – abweichend von der schriftlich festgelegten Gewinnverteilung in § 6 der Vertragsurkunde vom 01.01.1970 – eine Gewinnverteilung dahingehend vorsieht, dass dem Kläger 60 % des Gewinns der OHG zustehen.

---

225 BGH NJW 1966, 826.
226 In Anlehnung an BGH NJW 1966, 826.

§ 3 Klage auf Mitwirkung bei Satzungsänderung

Begründung:

Die Parteien sind neben den Herren C, D und E Gesellschafter der X-OHG. Nach dem Gesellschaftsvertrag vom 01.01.1970 ist in § 6 eine Gewinnverteilung entsprechend den Gesellschaftsanteilen der Gesellschafter vorgesehen, die dem Kläger einen Gewinnanteil von 20 % zuweist. Allerdings ist der Kläger über seine ursprünglich vorgesehene Verpflichtung hinaus – die Geschäftsgrundlage für seine Beteiligung an der X-OHG zu 20 % war – in erheblichem Umfang für die Gesellschaft tätig geworden. Er hat in weit höherem Maße als die übrigen Gesellschafter Geschäfte für die X-OHG akquiriert, aus denen diese über mehrere Jahre hohe Gewinne erwirtschaften konnte, von denen alle Gesellschafter profitiert haben. Dies war bisher zwischen den Beteiligten unstreitig.

Beweis vorsorglich: Zeugnis des Herrn D, zu laden über die X-OHG.

Herr D hat als Komplementär für die X-OHG deren Finanzen überwacht.

Ab 1980 wurden – abweichend von der im schriftlichen Gesellschaftsvertrag fixierten Gewinnverteilung – dem Kläger 60 % der Gewinne der Gesellschaft ausgeschüttet und die übrigen 40 % auf die verbleibenden Gesellschafter, d.h. auf den Beklagten und die Gesellschafter C, D und E, gleichmäßig verteilt. Keiner der Gesellschafter hat jemals dieser Gewinnverteilung widersprochen. Es hat auch keiner der Mitgesellschafter des Klägers bis zum Ausbruch des aktuellen Streits jemals seine Zustimmung zur jährlichen Gewinnverteilung unter den Vorbehalt gestellt, der Verteilungsschlüssel 60:10:10:10:10 solle nur vorübergehend oder begrenzt gültig sein. Der Beklagte hat im Gegenteil bereits 1990 durch Schreiben seines Bevollmächtigten erklärt, die Gewinne würden abweichend vom Gesellschaftsvertrag im Verhältnis 60:10:10:10:10 verteilt. Er hat insoweit nichts hinzugesetzt, was auf die Unverbindlichkeit dieser Regelung oder auch für die Zukunft oder auch nur auf die zeitliche Begrenzung hingedeutet hätte.

Beweis: Schreiben vom ■■■, Fotokopie Anlage K 1

Auch die Steuerberater und Wirtschaftsprüfer der X-OHG haben nur den aktuell praktizierten Gewinnverteilungsschlüssel gekannt. Vorbehalte sind ihnen nicht mitgeteilt worden oder sonst zur Kenntnis gelangt.

Beweis:
1. Zeugnis des Steuerberaters Y, zu laden ■■■
2. Zeugnis des Wirtschaftsprüfers Z, zu laden ■■■

Im Hinblick auf die über 20 Jahre im Gesellschafterkreis der X-OHG vorbehaltlos und widerspruchslos praktizierte Gewinnverteilung besteht eine tatsächliche Vermutung dahin, dass die Gesellschafter den Gesellschaftsvertrag unter Verzicht auf die vertraglich vorgesehene Schriftform in § 10 des Gesellschaftsvertrages abgeändert haben. Insofern ist es Sache des Beklagten, darzulegen und zu beweisen, dass die Gesellschafter mit der unstreitig praktizierten Abweichung nicht verbindlich von dem schriftlich fixierten Gesellschaftsvertrag abweichen wollten (vgl. dazu BGH NJW 1966, 826).

Rechtsanwalt

2. Muster: Leistungsklage auf Zustimmung zur Änderung des Gesellschaftsvertrages[227]

An das Landgericht ■■■

Kammer für Handelssachen

K l a g e

des Herrn A,

Kläger

Prozessbevollmächtigte:

gegen

Herrn B,

Beklagter

wegen Zustimmung zur Kapitalerhöhung und Übernahme der daraus entstehenden zusätzlichen Geschäftsanteile

vorläufiger Streitwert: 100.000,00 €

Namens und in Vollmacht des Klägers erheben wir Klage und werden beantragen:
1. Der Beklagte wird verurteilt, der Kapitalerhöhung der X-GmbH von 100.000,00 € um weitere 100.000,00 € auf 200.000,00 € zuzustimmen und der Übernahme eines weiteren Geschäftsanteils von 90.000,00 € durch den Kläger unter der Voraussetzung zuzustimmen, dass dieser seinerseits einer unverändert hälftigen Verteilung des Gewinns und – im Falle der Auflösung der Gesellschaft – des Liquidationserlöses zustimmt und den für die Kapitalerhöhung erforderlichen Betrag zuvor mit unwiderruflicher Zweckbestimmung für diese Kapitalerhöhung hinterlegt hat.
2. Das Urteil ist – notfalls gegen Sicherheitsleistung – vorläufig vollstreckbar.

Wir regen an, zunächst ein schriftliches Vorverfahren durchzuführen. Für den Fall der Fristversäumnis des Beklagten oder des Anerkenntnisses beantragen wir,

gegen den Beklagten Anerkenntnisurteil bzw. Versäumnisurteil zu erlassen.

Begründung

1. Sachverhalt

Der Kläger hält 50 % der Geschäftsanteile an der X-GmbH, einer Verlagsgesellschaft, und ist auch deren alleiniger Geschäftsführer. Er verlangt von dem Beklagten, an der für die Gesellschaft dringend notwendigen Kapitalerhöhung mitzuwirken und der Übernahme eines wesentlichen Teils der Kapitalerhöhung durch den Kläger zuzustimmen. Der Kläger hat auf eine vorherige Einberufung einer Gesellschaftsversammlung über die hier begehrte Kapitalerhöhung verzichtet. Denn der Beklagte hat bereits im Vorfeld in dieser Gesellschafterversammlung deutlich erklärt, er werde keinesfalls einer Kapitalerhöhung zustimmen.

---

227 In Anlehnung an BGHZ 98, 276.

Beweis: Zeugnis des Herrn C, zu laden über die X-GmbH.

Die Kapitalerhöhung ist zur Verhinderung einer ansonsten alsbald durchzuführenden Liquidation der GmbH zwingend erforderlich. Auch auf Dauer ist die GmbH ohne diese Kapitalerhöhung nicht lebensfähig. Dies ist zwischen den Parteien unstreitig und bedarf deshalb keiner weiteren Ausführung. Der Beklagte hat seine Mitwirkung an der Kapitalerhöhung mit der Begründung verweigert, die X-GmbH werde vom Kläger einseitig beherrscht und müsse liquidiert werden, weil sie auf Dauer nicht lebensfähig sei.

Beweis: Zeugnis des Herrn C, zu laden über die X-GmbH.

Die Kapitaldecke der X-GmbH ist auf Grund der sich in den vergangenen Jahren ergebenen erheblichen Ausweitung des Geschäftsumfangs der Gesellschaft, was mit weiteren erheblichen Haftungsrisiken verbunden ist, bei Weitem nicht mehr ausreichend. Der Beklagte war mit der expansiven Politik der Gesellschaft stets einverstanden und hat sie sogar begrüßt. Dies ist zwischen den Gesellschaftern auch unstreitig, so dass es keiner weiteren Ausführungen bedarf.

Unstreitig ist weiterhin, dass ohne die begehrte Kapitalerhöhung über das Vermögen der X-GmbH demnächst das Insolvenzverfahren eröffnet werden müsste. Der Kläger ist nicht bereit, das von der X-GmbH benötigte Kapital als Gesellschafterdarlehen oder als einfache Einlage hinzugeben, weil hierdurch die berechtigten Interessen der Geschäftspartner der X-GmbH nicht hinreichend gesichert sind. Umgekehrt sind keine nachteiligen Auswirkungen durch die begehrte Kapitalerhöhung für den Beklagten erkennbar. Eine Nachschussverpflichtung durch die Kapitalerhöhung wird für den Beklagten nicht begründet. Denn der Kläger ist bereit, die dafür erforderlichen Mittel aufzubringen und das ansonsten nach § 53 Abs. 3 GmbHG bestehende Hindernis zu beseitigen. Darüber hinaus wird durch das Begehren des Klägers auch eine Ausfallhaftung des Beklagten nach § 24 GmbHG vermieden. Durch die Fassung des Klageantrags ist nämlich gewährleistet, dass der Kläger den für die Kapitalerhöhung erforderlichen Betrag vor deren Durchführung zweckbestimmt hinterlegt. Schließlich wird nach der Kapitalerhöhung der Gewinn und – im Falle der Auflösung der Gesellschaft – der Liquidationserlös unverändert verteilt, so dass auch insoweit für den Beklagten keinerlei Nachteile entstehen.

2. Rechtslage

Die Pflicht des Beklagten, einer Änderung eines Gesellschaftsvertrages zuzustimmen, besteht unter dem rechtlichen Gesichtspunkt der gesellschaftlichen Treuepflicht. Die Treuepflicht kann einem Gesellschafter gebieten, einer Anpassung des Gesellschaftsvertrages an veränderte Verhältnisse zuzustimmen, die mit Rücksicht auf das Gesellschaftsverhältnis insbesondere zur Erhaltung des Geschaffenen dringend geboten und den Gesellschaftern unter Berücksichtigung ihrer eigenen schutzwürdigen Belange zumutbar ist (BGHZ 1998, 276 f.) Insbesondere ist die Verpflichtung eines Gesellschafters zur Billigung einer Satzungsänderung angenommen worden, um die anderenfalls akut drohende Insolvenz der Gesellschaft zu vermeiden (BGH WM 1985, 195 f.). So liegt es auch hier, da relevante Nachteile für den Beklagten nicht zu erwarten sind.

Rechtsanwalt

3. Muster: Zustimmung des Mitgesellschafters zu einer Nachfolgeregelung[228]

An das Landgericht ■■■

Kammer für Handelssachen

K l a g e

des Herrn A,

Kläger

Prozessbevollmächtigte:

gegen

Herrn B,

Beklagter

wegen Zustimmung zu einer Nachfolgeregelung

vorläufiger Streitwert: ■■■ €

Namens und in Vollmacht des Klägers erheben wir Klage und werden beantragen:
1. Der Beklagte ist verpflichtet, seine Zustimmung zu einer Änderung des Gesellschaftsvertrages der X-GmbH zu erteilen, wonach jeder persönlich haftende Gesellschafter seine Stellung als solcher zu Lebzeiten auf einen zum Eintritt in das Unternehmen bereiten Abkömmling übertragen oder einen solchen durch Verfügung von Todes wegen zu seinem Nachfolger bestimmen darf.
2. Das Urteils ist – notfalls gegen Sicherheitsleistung – vorläufig vollstreckbar.

Wir regen an, das schriftliche Vorverfahren anzuordnen. Für den Fall der Fristversäumnis oder des Anerkenntnisses beantragen wir,

den Beklagten durch Anerkenntnisurteil oder Versäumnisurteil zu verurteilen.

Begründung

1. Sachverhalt

Der Kläger und der Beklagte sind die einzigen Gesellschafter der X-OHG, die in Münster ein Betonwerk betreibt. Sie erzielte in den der Klagerhebung vorangegangenen Jahren Umsätze in der Größenordnung zwischen 50 und 70 Mio. € und beschäftigte zuletzt 150 Mitarbeiter.

Der 1950 gegründete Betrieb der OHG ist dadurch entstanden, dass der inzwischen verstorbene Vater beider Parteien diese in sein als Einzelkaufmann betriebenes Handelsgewerbe aufgenommen hatte. Der Gesellschaftsvertrag sieht unter §§ 12 und 13 vor, dass die Gesellschaft nur durch einstimmigen Beschluss der Gesellschafter durch Insolvenz der Gesellschaft oder durch gerichtliche Entscheidung aufgelöst wird und dass eine Kündigung der Gesellschaft ausgeschlossen ist. § 15 des Gesellschaftsvertrages bestimmt, dass beim Tode

---

228 In Anlehnung an BGH NJW 1987, 952.

1 § 3 Klage auf Mitwirkung bei Satzungsänderung

eines Gesellschafters die Gesellschaft fortgesetzt wird. Dabei sollen die Erben des verstorbenen Gesellschafters, die nicht schon persönlich haftende Gesellschafter sind, als Kommanditisten in den Kapitalanteil ihres Erblassers eintreten.

Für die Nachfolge des Klägers steht dessen Sohn A1 zur Verfügung, der eine kaufmännische Ausbildung abgeschlossen hat. Dieser soll schon jetzt die Nachfolge des Klägers als geschäftsführender Gesellschafter auftreten.

Die Regelung der Nachfolge duldet angesichts des Alters der Parteien – der Kläger hat das 75. Lebensjahr vollendet, der Beklagte das 73. Lebensjahr – keinen Aufschub. Zudem ist der Kläger an ▬▬▬ erkrankt.

Beweis: Zeugnis des behandelnden Arztes, Dr. ▬▬▬, der insoweit von seiner Verschwiegenheitspflicht entbunden wird.

Das Unternehmen ist in der Vergangenheit konkurrenzlos gewesen. Inzwischen sind jedoch mehrere Konkurrenzfirmen in den Orten ▬▬▬ entstanden. Es handelt sich um die Firmen ▬▬▬ Diese geänderte Situation macht sich in stark rückläufigen Umsätzen und Gewinnen bemerkbar. Demgegenüber hatte die X-OHG drei Jahre vor Erhebung der Klage, also im Jahre 2001, noch einen Umsatz von 90 Mio. € und eine hervorragende Gewinnquote von 15 %.

Beweis: Zeugnis des Steuerberaters der X-GmbH, ▬▬▬

2. Rechtslage

Sowohl der Kläger als auch der Beklagte sind angesichts ihres Alters und ihres Gesundheitszustandes den erhöhten unternehmerischen Aufgaben durch die Konkurrenz nicht mehr ausreichend gewachsen.

Der Beklagte ist auf Grund seiner Treuepflicht gegenüber der Gesellschaft gehalten, der begehrten Ergänzung des Gesellschaftsvertrages zuzustimmen. Aus den oben zitierten Bestimmungen des Gesellschaftsvertrages aus dem Jahre 1950 ergibt sich, dass grundsätzlich kein Gesellschafter ohne seine Zustimmung einen Wechsel im Gesellschafterbestand hinnehmen muss. Der BGH hat jedoch wiederholt entschieden, dass sich aus der gesellschaftlichen Treuepflicht eines einzelnen Gesellschafters in besonders gelagerten Ausnahmefällen auch die Verpflichtung ergeben kann, der Änderung des Gesellschaftsvertrages zuzustimmen. Das gilt auch für einen Wechsel im Gesellschafterbestand. Voraussetzung ist dabei, dass die Änderung mit Rücksicht auf das Bestehen des Gesellschaftsverhältnisses oder im Hinblick auf die Rechtsbeziehung der Gesellschafter zueinander, etwa zum Zweck der Erhaltung wesentlicher Werte, die die Gesellschafter in gemeinsamer Arbeit geschaffen haben oder zur Vermeidung erheblicher Verluste, die die Gesellschaft oder einer der Gesellschafter erleiden könnte, erforderlich ist (BGH NJW 1987, 952, 953, m.w.H.).

Das Gebot, Vorsorge für die Zukunft zu treffen, um den Fortbestand des Unternehmens zu sichern, ist Bestandteil der Pflicht zur verantwortungsbewussten Unternehmensführung. Angesichts des fortgeschrittenen Alters des Klägers wird ein Wechsel in der Unternehmensführung in den nächsten Jahren unumgänglich sein. Er muss in Folge dessen schon jetzt vorbereitet werden. Ein Nachfolger in der Geschäftsleitung von der Größe des von den Parteien betriebenen Unternehmens muss darüber hinaus über einen gewissen Zeitraum hinweg eingearbeitet werden. Weiter ist zu berücksichtigen, dass eine Regelung der Nachfolge des Klägers als geschäftsführender Gesellschafter bereits jetzt erforderlich ist, um zur

Sicherstellung der weiteren Konkurrenzfähigkeit des Unternehmens auch die Erweiterung des Geschäfts auf ausländische Märkte zu betreiben, die der Kläger nicht mehr leisten kann.

Die Sicherung der Kontinuität der Führung des Gesellschaftsunternehmens liegt innerhalb des Vertragszwecks und ist nicht nur eine Zweckmäßigkeitsfrage, die jeder Gesellschafter nach seinem eigenen Ermessen entscheiden kann. Sie ist eine Maßnahme, die zur Erhaltung des Unternehmens und damit zur Erreichung des Vertragszwecks dringend geboten ist. Die Unterlassung der gebotenen Vorsorge durch untätiges Zuwarten bis zum Ausfall des Klägers oder beider Parteien kann daher den Bestand des Unternehmens der X-OHG ernstlich gefährden. Angesichts des Vertrauens, das der Gesellschaftsvertrag in eine loyale Zusammenarbeit und Einigung der Parteien über die Nachfolge in der persönlichen Haftung setzt, gebietet es die gesellschaftsrechtliche Treuepflicht dem Beklagten, sich einer durch das Gesellschaftsinteresse gebotenen rechtzeitigen Regelung der Nachfolge in das Unternehmen nicht zu widersetzen.

Die vom Kläger begehrte vorzeitige Regelung ist dem Beklagten auch unter Berücksichtigung seiner eigenen Belange zuzumuten. Insoweit steht nicht entgegen, dass der Beklagte erklärt hat, er müsse sich bei Eintritt seines Neffen in die Gesellschafterstellung des Klägers an die Zusammenarbeit mit einem neuen Partner gewöhnen; dies sei ihm angesichts seines Alters unzumutbar. Die Qualifikation in fachlicher oder persönlicher Hinsicht hat der Beklagte dem für die Nachfolge des Klägers vorgesehenen Neffen A1 nicht abgesprochen. Der Beklagte hat auch keine eigenen Kinder oder Angehörige, die durch die vom Kläger begehrte Nachfolge für die Gesellschafterstellung zurückstehen müssten.

Rechtsanwalt

§ 4 Klage auf Mitwirkung an der Auflösung und Abwicklung der Gesellschaft

A. Vorprozessuale Situation

I. Rechtliche Grundlagen

1. Grundlagen für Mitwirkungspflichten bei der Auflösung der Gesellschaft

230 Für alle Gesellschaftstypen sind **gesetzliche Auflösungstatbestände** vorgesehen: für die AG in § 262 AktG, für die KGa.A. in § 289 AktG, für die GmbH in §§ 60 bis 62 GmbHG, für die Personenhandelsgesellschaften in §§ 131 bis 135 HGB, ggf. i.V.m. § 161 Abs. 2 HGB, für die KG und für die BGB-Gesellschaft in §§ 723 bis 728 BGB.

231 Alle Gesellschaften sind zumindest auch durch Beschluss der Gesellschafterversammlung mit unterschiedlichen Mehrheiten auflösbar. Bei den vom Grundtypus her eher kapitalistisch geprägten Gesellschaftstypen AG, KGa.A. und GmbH sind qualifizierte Mehrheiten ausreichend. Der Beschluss zur Auflösung der AG bedarf einer Mehrheit, die mindestens ¾ des bei der Beschlussfassung vertretenen Grundkapitals umfasst, wobei dies ein Mindesterfordernis ist und durch Satzung erhöht werden kann (§ 262 Abs. 1 Nr. 2 AktG). Entsprechendes gilt für die KGa.A. gemäß § 289 Abs. 2 Nr. 1 i.V.m.. Abs. 4 S. 3 und S. 4 AktG. Die GmbH kann durch Beschluss der Gesellschafter gemäß § 60 Abs. 1 Nr. 2 GmbHG mit einer Mehrheit von ¾ der abgegebenen Stimmen aufgelöst werden. Anders ist es bei den typischerweise personalistisch strukturierten Personenhandelsgesellschaften und bei der BGB-Gesellschaft. Hier ist mangels abweichender Satzungsregeln ein einstimmiger Beschluss aller Gesellschafter über die Auflösung der Gesellschaft erforderlich.[229]

232 Für die **BGB-Gesellschaft** ist die Möglichkeit der Auflösung durch Beschluss zwar nicht gesondert gesetzlich geregelt. Die Möglichkeit besteht jedoch auf Grund der Privatautonomie. Sie wird praktisch, wenn die ordentliche Kündigung im Gesellschaftsvertrag ausgeschlossen ist. Generell kann die Gesellschaftssatzung über die gesetzlichen Auflösungstatbestände hinaus weitere Auflösungstatbestände enthalten. Umstritten ist dies lediglich bei der AG und zwar anknüpfend an § 262 Abs. 2 AktG. Nach dieser Vorschrift gilt „dieser Abschnitt" (gemeint ist derjenige über die Regelung der Auflösungsgründe im AktG) auch, „wenn die Aktiengesellschaft aus anderen Gründen aufgelöst wird". Während ein Teil der Literatur noch auf Grundlage einer Entscheidung des Reichsgerichts[230] darin eine Ermächtigung sieht, in der Satzung weitere Auflösungsgründe zu vereinbaren, wird dies von der Gegenansicht abgelehnt. § 262 Abs. 2 AktG meine nur andere „gesetzliche" Auflösungsgründe.[231]

---

[229] Baumbach/Hopt, HGB, 31. Aufl. 2003 zu § 131 Rn. 12.
[230] RGZ 79, 418f.
[231] Für die Möglichkeit der Vereinbarung weiterer Auflösungsgründe: Wiedemann in: Hopt/Wiedemann AktG, Großkommentar, 4. Aufl. 1992, zu § 262 Anm. 39; für die Beschränkung auf andere gesetzliche Auflösungsgründe: Hoffmann-Becking in: Münchener Handbuch des Gesellschaftsrechts, Bd. 4, 2. Aufl. 1999, § 11 Rn. 3.

Sind in der Satzung außer den gesetzlich vorgesehenen Auflösungsgründen weitere Auflösungsgründe geregelt, können diese nur dann zu einer Auflösung der Gesellschaft führen, wenn sie hinreichend konkret formuliert sind.[232] Denn die Auflösung greift in den Kernbereich der Mitgliedschaftsrechte der Gesellschafter ein. Sind diese Voraussetzungen erfüllt, ist damit die Frage der Mitwirkungspflicht der Einzelnen Gesellschafter grundsätzlich positiv beantwortet.

Problematisch ist die Mitwirkungspflicht bei der Auflösung jedoch, wenn die Auflösung nach den Vorgaben der Satzung zwar durch Gesellschafterbeschluss erfolgen soll, aber nicht klar definiert ist, unter welchen Voraussetzungen der Beschluss zu fassen ist. Das ist in der Praxis häufig der Fall. Eine **Mitwirkungspflicht** kann sich dann nur in Extremfällen aus der **gesellschaftlichen Treuepflicht** des Gesellschafters ergeben. Denkbar ist dies beispielsweise, wenn sich die Erreichung des Gesellschaftszwecks auf Dauer als unmöglich erweist und die Liquidation für die gesellschaftlich gebundenen Vermögenswerte der Gesellschafter nicht nachteilig ist.

Im Rahmen der „Mitwirkung bei der Auflösung" durch Beschluss der Gesellschafterversammlung – wenn die materiellen Voraussetzungen für die Beschlussfassung in der Satzung nicht genannt sind – stellt sich eher umgekehrt die Frage, ob ein Gesellschafter gehindert sein kann, für die Auflösung zu stimmen. Grundsätzlich bedarf ein mit der notwendigen Mehrheit gefasster Auflösungsbeschluss zwar keiner sachlichen Rechtfertigung. Jedoch darf insbesondere eine qualifizierte Mehrheit ihr Stimmrecht bei der Frage der Gesellschaftsauflösung nicht missbrauchen, um sich Sondervorteile zu Lasten der Minderheitsgesellschafter zu verschaffen. Ein Missbrauch liegt nicht schon dann vor, wenn der Mehrheitsaktionär beabsichtigt, das Vermögen der Gesellschaft aus der Liquidation zu erwerben und sich so der Minderheitsgesellschafter zu entledigen. Anders kann es zu beurteilen sein, wenn der Mehrheitsgesellschafter bereits insoweit Fakten geschaffen hat, als der Erwerb des Gesellschaftsvermögens aus der Liquidation für Dritte praktisch ausgeschlossen ist.[233]

2. Grundlage für Mitwirkungspflichten bei der Auseinandersetzung der Gesellschaft

Die Folge der Auflösung ist die Auseinandersetzung bzw. **Abwicklung** der Gesellschaft. Auch die Abwicklung ist für jeden Gesellschaftstypus gesetzlich geregelt: Für die AG gelten §§ 264 bis 274 AktG, für die KGa.A. § 290 AktG; die Abwicklung der GmbH regeln die §§ 66 bis 77 GmbHG. Für die Personenhandelsgesellschaften gelten insoweit §§ 145 bis 158 HGB (ggf. i.V.m. § 161 Abs. 2 HGB) und für die BGB-Gesellschaft §§ 730 bis 740 BGB.

Während der Abwicklungsphase bleibt die Gesellschaft bestehen und ändert nur ihren Gesellschaftszweck, der sich auf die Auseinandersetzung beschränkt. Ziel der Auseinandersetzung ist generell die Beendigung der schwebenden Geschäfte, die Rückgabe der Gegenstände, die ein Gesellschafter der Gesellschaft zur Benutzung überlassen hat, die Berichtigung der Gesellschaftsschulden aus dem Gesellschaftsvermögen, die Erstat-

---

[232] Vgl. allgemein BGH NJW 1985, 2830f.; NJW 1995, 194f.
[233] Vgl. insbesondere zur Aktiengesellschaft, aber allgemein gültig: Hoffmann-Becking in: Münchener Handbuch des Gesellschaftsrechts, Bd. 4, 2. Aufl. 1999, § 65 Rn. 5; BGHZ 103, 184f.

§ 4 Klage auf Mitwirkung an Auflösung und Abwicklung

tung der Einlagen aus dem restlichen Gesellschaftsvermögen und die Verteilung des danach verbleibenden Überschusses an die Gesellschafter. Ggf. ergibt sich eine Nachschlusspflicht, falls das Gesellschaftsvermögen nicht zur Berichtigung der gemeinschaftlichen Schulden und zur Rückerstattung der Einlagen ausreicht. In diesem Zusammenhang können sich bei der Auseinandersetzung der Gesellschaft konkrete Mitwirkungspflichten der Gesellschafter ergeben, weil diese gegeneinander grundsätzlich einen Anspruch auf Durchführung der Auseinandersetzung haben.

238 Insofern bestehen Ansprüche gegen Mitgesellschafter zum einen wegen der typischen Aufgaben der Liquidatoren. Zum anderen können noch nicht geleistete Beiträge und Schadenersatzansprüche der Gesellschaft gegen einen Gesellschafter im Liquidationsstadium dann gefordert werden, wenn sie für die Auseinandersetzung benötigt werden.[234, 235] Weiterhin besteht für die einzelnen Gesellschafter die Verpflichtung, die Mitgesellschafter über alle Umstände vollständig zu informieren, die die mitgliedschaftlichen Vermögensinteressen berühren.[236] Außerdem müssen die an der Auseinandersetzung beteiligten Gesellschafter, nach ihren individuellen Möglichkeiten zur Endabrechnung oder zur Auseinandersetzungsplanung beitragen.[237]

239 Fragen im Hinblick auf Mitwirkungspflichten der Gesellschafter bei der Auseinandersetzung ergeben sich in der Praxis besonders häufig bei der GbR. Dies hängt mit der gesamthänderischen Bindung des Gesellschaftsvermögens einerseits und andererseits damit zusammen, dass bei der GbR oft keine Regelung im Gesellschaftsvertrag über die Frage getroffen ist, wer Liquidator ist und welche Befugnisse dieser hat. Mangels einer solchen Regelung steht die Geschäftsführung ab der Auflösung der GbR gemäß § 730 Abs. 2 S. 2, 2. Halbsatz BGB allen Gesellschaftern gemeinschaftlich zu.

240 Ähnliches gilt im Grundsatz auch für die OHG und für die KG gemäß § 146 Abs. 1 S. 1 HGB (i.V.m. § 161 Abs. 2 HGB), wenn nicht durch Gesellschaftsvertrag für die Personen- und Handelsgesellschaften Liquidatoren bestimmt wurden. Letzteres ist in der Praxis üblich. Typischerweise sind gerade bei zweigliedrigen Gesellschaften – gleichgültig welcher Gesellschaftsformen – beide Gesellschafter Geschäftsführer und später auch Liquidatoren der Gesellschaft. Insofern ergeben sich in dieser Konstellation allerdings häufiger Gesellschafterstreitigkeiten über Mitwirkungsrechte bei der Liquidation.

241 Bei der AG und bei der GmbH sind mangels abweichender Satzungsbestimmung und mangels eines abweichenden Beschlusses der Gesellschafterversammlung/Hauptversammlung der Vorstand bzw. der Geschäftsführer gesetzlich als Liquidatoren vorgesehen (§ 265 Abs. 1 AktG, § 66 Abs. 1 GmbHG). Dies kann der Streitvermeidung dienen, weil dann möglichst wenige Gesellschafter an der Liquidation beteiligt sind.

---

234 BGH NJW 1978, 424ff.; Gummert, in: Münchener Handbuch des Gesellschaftsrechts, Bd. 1, 2. Aufl. 2004, § 21 Rn. 92.
235 BGH NJW 2000, 2586; NJW 1999, 2243.
236 BGH DStR 2002, 2234.
237 BGH NJW 1971, 749, 750.

Typischerweise stellen sich bei gesamthänderisch gebundenem BGB-Gesellschaftsvermögen Mitwirkungsfragen innerhalb der Gruppe der **Liquidations-Gesellschafter**, wenn es um die Verwertung dieses Vermögens geht. Dabei kann es insbesondere darum gehen, ob sofort eine Teilungsversteigerung gemäß § 731 S. 2, § 753 BGB beantragt werden kann oder ob zunächst versucht werden muss, das Gesellschaftsvermögen durch freihändigen Verkauf zu verwerten. Im Grundsatz bestimmt § 733 Abs. 3 BGB den Vorrang des freihändigen Verkaufs vor der Versteigerung. Hat die im Abwicklungsstadium befindliche BGB-Gesellschaft einen umfassenden Gesellschaftszweck und ein aus verschiedenen Elementen zusammengesetztes Vermögen, darf der Einzelne Gesellschafter deshalb grundsätzlich nicht unmittelbar die Teilungsversteigerung eines der Gesellschaft gehörenden Grundstücks nach ZVG beantragen.[238] Anders kann es sich verhalten, wenn eine BGB-Gesellschaft nur ein einziges Vermögensgut erworben hat und verwaltet. Das Liquidationsermessen der Gesellschafter verringert sich auf die **günstigste Art der Verwertung**. Kennt der die Auseinandersetzung betreibende Gesellschafter selbst keine bessere Art als die Versteigerung oder den öffentlichen Verkauf, kann er die anderen Gesellschafter zur Mitwirkung auffordern. Unterbreiten sie ebenfalls kein Angebot, sondern widersetzen sich jeder Liquidation, ist davon auszugehen, dass ein freihändiger Verkauf nicht mehr in angemessener Zeit zu verwirklichen ist. Dann kann sogleich die öffentliche Veräußerung des Vermögensgutes verlangt werden. Ob in diesem Fall ein unmittelbarer Antrag eines Gesellschafters an das Vollstreckungsgericht auf Einleitung der Teilungsversteigerung zulässig ist, hat der BGH ausdrücklich offen gelassen. Der betreffende Gesellschafter muss die sich widersetzenden Mitgesellschafter ggf. auf Duldung der Zwangsversteigerung verklagen. Sollte sich ausnahmsweise die Möglichkeit ergeben, dass im Rahmen der Liquidation ein in der Nähe des Verkehrswertes liegendes Kaufangebot eines Dritten oder eines Gesellschafters vorliegt und verweigert ein Mitgesellschafter die Zustimmung zum Verkauf ohne sachlichen Grund, kann er auf Zustimmung zum Verkauf verklagt werden.

II. Beratungssituation

Sollte der Rechtsanwalt mit der Gestaltung des Gesellschaftsvertrages beauftragt sein, muss er sich die Frage stellen, ob es gerade bei einer Personengesellschaft angesichts der gesetzlichen Regelungen über Liquidatoren nicht sinnvoll ist, den oder die Geschäftsführer oder zumindest eine andere Person zu Liquidatoren zu bestellen, so dass nicht alle Gesellschafter mit der Liquidation befasst sind. In der Regel bietet sich dies an, um die oben dargestellten Konflikte möglichst einzuschränken.

Dagegen ist es nicht empfehlenswert, bestimmte Modalitäten für die Verwertung des Gesellschaftsvermögens im Falle der Auseinandersetzung festzulegen. Meistens wird bei Abschluss des Gesellschaftsvertrages noch nicht absehbar sein, welche Verwertungschancen im Falle der Auseinandersetzung für das Gesellschaftsvermögen bestehen.

---

238 BGH DB 1992, 419 m.w.N.

§ 4 Klage auf Mitwirkung an Auflösung und Abwicklung

B. Prozess

I. Zuständigkeit des Gerichts

245 Soweit es um Klagen zwischen Gesellschaftern einer Handelsgesellschaft geht (also einer OHG, KG, GmbH oder AG) ist die Klage vor der Kammer für Handelssachen bei den örtlich zuständigen Landgerichten anhängig zu machen. Für die GbR gilt dies nicht.

II. Klageart und Klageantrag

246 Ansprüche auf Mitwirkung bei der Auflösung bzw. der Auseinandersetzung der Gesellschaft können mit der Leistungsklage und ggf. mit der Feststellungsklage durchgesetzt werden. Als Leistungsklage kommt beispielsweise die Klage auf **Zustimmung zu einem bestimmten Auseinandersetzungsplan** bei der BGB-Gesellschaft in Betracht.[239] Ebenfalls in Form einer Leistungsklage ist der Anspruch auf **Mitwirkung an der Auseinandersetzungsrechnung** zu erheben bzw. durchzusetzen.[240] Dasselbe gilt für Klagen auf Vornahme bestimmter Handlungen bzw. Abgabe bestimmter Erklärungen zur zügigen und sachgemäßen Abwicklung, insbesondere auch mit dem Antrag, die Schlussabrechnung zu erstellen.[241]

247 Nach § 253 Abs. 2 Nr. 2 ZPO ist der Leistungsantrag zu unbestimmt, wenn er lediglich abstrakt auf Mitwirkung an der Auseinandersetzung lautet. Dasselbe gilt für einen Antrag, an der Durchsetzung der Auseinandersetzung und Erstellung der Auseinandersetzungsbilanz mitzuwirken.[242] Der Kläger muss vielmehr **konkret bestimmen**, welche Handlungen der beklagte Gesellschafter im Einzelnen vornehmen soll.[243]

248 Bestimmte Leistungsmodalitäten müssen jedoch nicht schon mit dem Leistungsantrag formuliert werden, sondern können noch im Vollstreckungsverfahren konkretisiert werden. Besteht beispielsweise das gesamthänderisch gebundene GbR-Vermögen aus einem fast fertigen Bauwerk, ist es im Rahmen der Liquidation gerechtfertigt, das Bauwerk noch fertig zu stellen, um es dann zu veräußern. Im Rahmen einer Leistungsklage auf Mitwirkung eines Gesellschafters an der Fertigstellung des Bauwerks kann es verschiedene Möglichkeiten der Fertigstellung geben. Diese können im Leistungsantrag noch offen gelassen werden. Denn das Vollstreckungsgericht kann einen auf Nachbesserung/Fertigstellung des Bauwerks gerichteten Titel jedenfalls dann selbst auslegen, wenn bei der Festsetzung der Höhe des Kostenvorschusses nach § 887 Abs. 2 ZPO Art und Umfang der geschuldeten Nachbesserung streitig sind.[244]

249 Bleiben mehrere Mitwirkungsmöglichkeiten zur Erreichung des konkret verfolgten Ziels, die auch nicht im Vollstreckungsverfahren konkretisiert werden können, oder verweigert der Mitgesellschafter die Mitwirkung an der Auseinandersetzung insge-

---

239 OLG Hamm BB 1983, 1304.
240 OLG Koblenz NZG 2002, 371.
241 BGH NJW 1981, 749 ff.
242 BGH NJW 1981, 749.
243 BGH NJW 1981, 749.
244 BGH NJW 1993, 1394.

samt, kann der Anspruch nur mit der Feststellungsklage durchgesetzt werden. Dasselbe gilt, wenn der in Anspruch zu nehmende Mitgesellschafter bereits die Auflösung der Gesellschaft bestreitet oder beispielsweise meint, als Testamentsvollstrecker an der Auseinandersetzung nicht mitwirken zu müssen.[245]

III. Streitwert

Bezüglich der Streitwertermittlung gelten keine Besonderheiten. Es wird verwiesen auf die Ausführungen zu § 3 B.III, Rn. 219.

250

IV. Aktiv- und Passivlegitimation

Klagebefugt ist neben den Liquidatoren grundsätzlich jeder Gesellschafter. Aus Kosten- und Beweisgründen ist es in der Regel nicht zu empfehlen, dass mehrere oder sogar alle übrigen Gesellschafter gegen den die Mitwirkung verweigernden Gesellschaftern Klage erheben. Insofern wird verwiesen auf die Ausführungen zu § 3 B.IV, Rn. 220ff.

251

Pfändungs- und Pfandgläubiger, die sich den Anteil eines Gesellschafters an der Gesellschaft haben pfänden und überweisen lassen, können zwar grundsätzlich auch den Anspruch dieses Gesellschafters auf Durchführung der Auseinandersetzung ausüben.[246] Zu berücksichtigen ist aber, dass mit der Pfändung des Gesellschaftsanteils keine Auskunfts- und Verwaltungsrechte verbunden sind. Dies setzt den Pfändungspfandgläubiger dem Risiko aus – wenn ihm sein Gesellschafter-Schuldner die entsprechenden Auskünfte nicht erteilt – gegen die Mitgesellschafter ggfs. Klage auf Durchführung einer bestimmten Auseinandersetzung oder auf Zahlung eines bestimmten Auseinandersetzungsguthabens erheben zu müssen, ohne sicher zu wissen, ob er den der sachlichen Rechtslage entsprechenden Antrag gestellt hat.[247] Will er hier sichergehen, muss er zunächst seine Auskunftsansprüche gegen seinen Gesellschafter-Schuldner durchsetzen und ggf. vollstrecken.

252

Ansprüche auf Mitwirkung an der Auseinandersetzung sind Sozialansprüche gegen die Mitgesellschafter. Sie können deshalb auch im eigenen Namen eines Gesellschafters im Wege der actio pro socio geltend gemacht werden. Passiv legitimiert sind die sich dem bestimmten Mitwirkungsbegehren widersetzenden Gesellschafter oder im Falle ihres Todes deren Testamentsvollstrecker.[248]

253

V. Beweislast

Grundsätzlich gilt die allgemeine Beweislastregel, dass der Anspruchsteller die tatsächlichen Voraussetzungen seines Anspruchs darlegen und beweisen muss. Das kann zu Schwierigkeiten führen, insbesondere wenn Streit über die Art der Verwertung eines bestimmten Vermögensgegenstandes der Gesellschaft besteht, zum Beispiel: Ein veräußerungswilliger Gesellschafter hat gegenüber dem nicht veräußerungswilligen grundsätzlich nachzuweisen, dass der geplante und sich anbietende Verkauf zu einem ange-

254

---

245 BGH NJW 1981, 749.
246 BGH DB 1992, 419; a.A. noch RGZ 95, 231.
247 BGH DB 1992, 419.
248 BGH NJW 1991, 749.

§ 4 Klage auf Mitwirkung an Auflösung und Abwicklung

messenen Preis führt. Die sich widersetzenden Gesellschafter können sich jedoch nicht darauf beschränken, die Angemessenheit zu bestreiten. Sie müssen ein konkretes höheres Angebot nachweisen oder selbst abgeben bzw. Gegenvorschläge machen, die mit dem sich anbietenden Verkaufsfall zu vergleichen sind. Gelingt ihnen dies nicht, kann der veräußerungswillige Gesellschafter den erforderlichen Nachweis erbringen, dass das vorliegende Kaufangebot – bzw. die Teilungsversteigerung – die günstigste Verwertungsmöglichkeit ist. Auf dieser Grundlage kann er gegen die sich widersetzenden Mitgesellschafter auf Zustimmung zur geplanten Verwertung klagen.[249]

VI. Urteilswirkungen

255   Wegen der Urteilswirkungen ergeben sich keine Besonderheiten. Es wird insoweit auf die Ausführungen zu § 3 B.VI, Rn. 220 ff. verwiesen.

VII. Einstweiliger Rechtsschutz

256   Eine Leistungsverfügung wird wegen der damit verbundenen Vorwegbefriedigungswirkung und der nicht revidierbaren Folgen regelmäßig unzulässig sein. Denkbar ist einstweiliger Rechtsschutz im Wege eines Unterlassungsgebots, das auf die Unterlassung einer Handlung gerichtet ist, die eine notwendige und gebotene Mitwirkungshandlung eines Mitgesellschafters vereitelt.

VIII. Muster

257   **1. Muster: Klage auf Zustimmung zum Auseinandersetzungsplan**

An das

Landgericht ■■■

Zivilkammer

K l a g e

des Herrn A,

Kläger

Prozessbevollmächtigte:

gegen

Herrn B,

Beklagter

wegen Auseinandersetzung einer BGB-Gesellschaft

Namens und in Vollmacht des Klägers erheben wir Klage und werden wir beantragen:

---

249   Vgl. dazu BGH DB 1992, 419.

Der Beklagte wird verurteilt, dem für die A-GbR unter dem 31.12.2004 erstellten Auseinandersetzungsplan zuzustimmen.

Begründung

Die Parteien sind neben den Herren C und D Gesellschafter der A-GbR. Durch Mehrheitsbeschluss der Gesellschafterversammlung der A-GbR vom 30.12.2004 wurde die Gesellschaft aufgelöst. In der Gesellschafts-Satzung ist dafür in § 8 eine Mehrheitsentscheidung vorgesehen.

Beweis:

Gesellschaftsvertrag der A-GbR, Fotokopie Anlage K 1.

Protokoll der Gesellschafterversammlung der A-GbR über den Auflösungsbeschluss, Fotokopie Anlage K 2.

Der Beklagte verweigert jedoch die Mitwirkung an der Auseinandersetzung insoweit, als er dem vom Kläger aufgestellten Auseinandersetzungsplan nicht zustimmen will.

Beweis: 1. Auseinandersetzungsplan des Klägers vom ■■■, Fotokopie Anlage K 3.

2. Weigerungsschreiben des Beklagten vom ■■■, Fotokopie Anlage K 4.

Der Auseinandersetzungsplan sieht entsprechend der generellen Vorgabe des § 733 Abs. 3 BGB vor, das gesamthänderisch gebundene Vermögen der A-GbR, nämlich unter anderen wesentlichen Vermögenswerten das Grundstück in Münster Flur ■■■ Flurstück ■■■ innerhalb von drei Monaten zu veräußern. Der Kläger ist selbst in der Region, in der das Grundstück liegt, seit langen Jahren als Makler tätig und sieht die Veräußerungschancen eher negativ. Gleichwohl hat Herr F aus Münster, der Eigentümer eines angrenzenden Grundstücks ist und deshalb besonderes Interesse an diesem Grundstück hat, angekündigt, ein dem Verkehrswert entsprechendes Verkaufsangebot für das Grundstück abgeben zu wollen. Der Beklagte ist jedoch persönlich mit F verfeindet und will – so vermuten die Mitgesellschafter – deshalb den im Auseinandersetzungsplan eröffneten Verkauf an F verhindern. Einen sachlichen Grund für seine Weigerung gibt er jedenfalls nicht, wie sich aus seinem Schreiben (K 4) ergibt. Stattdessen verlangt er die Teilungsversteigerung für das fragliche Grundstück, vermutlich um F den freihändigen Erwerb und damit möglicherweise Exklusivverhandlungen mit der A-GbR zu verwehren. Dies ist allerdings wenn – wie hier – die zu liquidierende Gesellschaft mehrere Vermögenswerte hat, nicht ohne Weiteres zulässig, jedenfalls dann nicht, wenn sich eine konkrete Verkaufschance bietet.[250] Deren Unangemessenheit hat der Beklagte nicht einmal behauptet.

Der Beklagte ist deshalb antragsgemäß zu verurteilen.

Rechtsanwalt

---

250 BGH DB 1992, 419.

2. Muster: Kombinierte Feststellungs-/Leistungsklage bei Auseinandersetzung einer GbR[251]

An das

Landgericht ▪▪▪

Zivilkammer

K L A G E

des Herrn A,

Kläger

Prozessbevollmächtigte:

gegen

Herrn B,

Beklagter

Prozessbevollmächtigte:

wegen Mitwirkung an der Auseinandersetzungsbilanz der A-GbR

Namens und in Vollmacht des Klägers erheben wir Klage und werden beantragen:
1. Es wird festgestellt, dass die A-GbR aufgelöst ist.
2. Der Beklagte ist verpflichtet, eine Auseinandersetzungsbilanz auf den 28.02.2005 für die Auseinandersetzung der A-GbR zu erstellen.

Begründung

1. Sachverhalt

Der Kläger und der Beklagte sind die alleinigen Gesellschafter der A-GbR, deren Gesellschaftsvertrag 01.02.2002 errichtet wurde, um eine Spedition zu betreiben. Das Gesellschaftsverhältnis wurde zunächst auf fünf Jahre befristet und sollte sich dann vorbehaltlich einer Kündigung mit einer Frist von sechs Monaten jeweils um zwei Jahre verlängern.

Beweis: Gesellschaftsvertrag, Fotokopie Anlage K 1

Mit Telefax vom 25.02.2005 teilte der Beklagte dem Kläger mit, er habe den anwaltlichen Rat erhalten, die Gesellschaft zum 28.02.2005 aufzulösen. Er werde deshalb die notwendigen Maßnahmen treffen, insbesondere die Erstellung einer Auseinandersetzungsbilanz auf den 28.02.2005 veranlassen.

Beweis: Schreiben des Beklagten vom 25.02.2005, Fotokopie Anlage K 2

In den folgenden Tagen hatte der Kläger vom Beklagten jedoch nichts weiter gehört und konnte auch nicht feststellen, dass die Erstellung einer Auseinandersetzungsbilanz zum 28.02.2005 in Auftrag gegeben wurde, jedenfalls nicht bei dem von der GbR üblicherweise

---

251 In Anlehnung an OLG Koblenz NZG 2002, 371f.

beauftragten Steuerberater/Wirtschaftsprüfer. In Folge dessen teilte der Kläger dem Beklagten am 28.02.2005 per Telefax mit, dass er mit Wirkung zu diesem Tage aus der GbR ausscheide.

Beweis: Telefax des Klägers vom 28.02.2005, Fotokopie Anlage K 3

Der Beklagte widersetzte sich dem mit dem Argument, der Kläger könne wegen der zeitlichen Befristung das Gesellschaftsverhältnis nicht ohne wichtigen Grund aus der Gesellschaft ausscheiden. Ein wichtiger Grund liege nicht vor. Er könne sich auch nicht auf die drei Tage zuvor abgegebene Erklärung des Beklagten berufen, er werde die Gesellschaft auflösen. Dies sei eine reine Absichtserklärung gewesen, diese Absicht habe er aber inzwischen aufgegeben.

Beweis: Schreiben des Beklagten vom 03.03.2005, Fotokopie Anlage K 4

2. Rechtslage

Die Gesellschaft ist auf Grund des Telefaxes des Klägers vom 28.02.2005 aufgelöst. Die Auflösung der Gesellschaft ist durch Beschluss möglich, der formlos erfolgen kann. Dies war hier der Fall. Das Schreiben des Beklagten vom 25.02.2005 stellte ein Vertragsangebot an den Kläger dar, die GbR zum 28.02.2005 zu liquidieren. Dieses Angebot hat der Kläger mit Telefax vom 28.02.2005 angenommen.

Aus Sicht des Klägers war es gleichgültig, ob er aus der Gesellschaft ausscheiden und sein Anteil dem Beklagten nach § 738 Abs. 1 BGB zuwachsen würde oder ob die Gesellschaft liquidiert würde. Der Beklagte musste ihn in jedem Fall gemäß § 738 Abs. 1 S. 2 BGB auch bei einem Ausscheiden aus der Gesellschaft wirtschaftlich so stellen, wie das bei der Auflösung zu geschehen hatte. Vor diesem Hintergrund musste der Beklagte das Telefax des Klägers vom 28.02.2005 so verstehen, dass der Kläger mit dem von ihm – dem Beklagten – unterbreiteten Angebot zur Auflösung der Gesellschaft vom 25.02.2005 einverstanden war. Insoweit ist ein formloser Gesellschafterbeschluss zur Auflösung der A-GbR gefasst worden.

Da im Gesellschaftsvertrag der A-GbR der Beklagte der alleinige Geschäftsführer war und auch für den Fall der Liquidation der Gesellschaft alleiniger Liquidator sein sollte, war er vor dem geschilderten Hintergrund unter anderem verpflichtet, die Auseinandersetzungsbilanz zu erstellen bzw. erstellen zu lassen. Der Leistungsantrag, gerichtet auf Erstellung einer Auseinandersetzungsbilanz, ist – anders als die allgemeine Aufforderung zur Mitwirkung daran – auch hinreichend bestimmt. Welche einzelnen dazu erforderlichen Handlungen der Beklagte den Umständen nach vornehmen muss, muss derzeit noch nicht festgelegt werden. Die Entscheidung darüber kann im Vollstreckungsverfahren nach §§ 887, 888 ZPO getroffen werden (OLG Koblenz, NZG 2002, 371).

Das Feststellungsbegehren ist neben dem Leistungsantrag zu 1) zulässig. Da der Beklagte bereits die Auflösung der GbR bestreitet, verweigert er nicht nur die Erstellung bzw. Veranlassung einer Auseinandersetzungsbilanz, sondern auch sämtliche übrigen Mitwirkungshandlungen, die zur Liquidation der A-GbR erforderlich sind. Wäre nur der Leistungsantrag gestellt worden, wäre zwar die Auflösung der A-GbR eine Vorfrage der Verpflichtung zur Erstellung einer Auseinandersetzungsbilanz gewesen. Diese Vorfrage würde jedoch ohne den Feststellungsantrag nicht in Rechtskraft erwachsen. Deshalb besteht auch hierfür ein besonderes Rechtsschutzbedürfnis.

Rechtsanwalt

3. Muster: Leistungsklage auf Erteilung von Informationen zur Auseinandersetzung einer GbR[252]

An das

Landgericht ■■■

K L A G E

des Herrn A,

Kläger

Prozessbevollmächtigte:

gegen

Herrn B,

Beklagter

Prozessbevollmächtigte:

wegen Erteilung von Informationen zur Auseinandersetzung der A-GbR

Namens und in Vollmacht des Klägers erheben wir Klage und werden beantragen:

Der Beklagte ist verpflichtet, den Kläger zutreffend und vollständig über die Höhe des Honoraranspruchs der A-GbR, bestehend aus den Gesellschaftern A und B (Adresse) über die vom Beklagten für die A-GbR durchgeführte Testamentsvollstreckung über das Vermögen des Herrn C (genauer bezeichnen) zum Auflösungsstichtag 28.02.2005 zu informieren.

Begründung:

1. Sachverhalt

Die Parteien waren als Rechtsanwälte seit 1998 zur gemeinschaftlichen Berufsausübung in einer BGB-Gesellschaft verbunden. Der Sozietätsvertrag, der mit Ablauf des 28.02.2005 endete, sah vor, dass sämtliche Einnahmen der Parteien aus ihrer gemeinsamen Berufstätigkeit innerhalb der A-GbR nach Abzug aller Betriebsausgaben hälftig zwischen den Parteien geteilt werden sollten. Der Gesellschaftsvertrag sieht unter § 10 ausdrücklich vor, dass auch die Tätigkeit des Beklagten als Testamentsvollstrecker hier einbezogen werden sollte.

Beweis: Gesellschaftsvertrag der A-GbR, Fotokopie Anlage K 1

Der Kläger war während des Bestehens der A-GbR für diese als Testamentsvollstrecker über den Nachlass des Herrn C tätig. Bei Beendigung der Sozietät am 01.03.2005 fragte der Kläger den Beklagten nach der Höhe des bis zum Ende der Sozietät entstandenen Testamentsvollstreckerhonorars bzgl. des Nachlasses des Herrn C. Der Beklagte erwiderte, die Angelegenheit sei noch lange nicht beendet. Er – der Kläger – habe keinen Anspruch auf Auskunft, solange die Angelegenheit nicht endgültig abgeschlossen sei.

---

252 In Anlehnung an BGH DStR 2002, 2234.

Beweis:
1. Anfrage des Klägers vom ■■■, Fotokopie Anlage K 2.
2. Antwort des Beklagten, Fotokopie Anlage K 3.

2. Rechtslage

Der Beklagte schuldet die begehrte Information. Schon während der Dauer der Sozietät gebietet es die gegenseitige Treuepflicht der Gesellschafter, die Belange der Mitgesellschafter nicht zu beeinträchtigen. Dazu gehört es, die Mitgesellschafter über Vorgänge vollständig und zutreffend zu informieren, die deren mitgliedschaftliche Vermögensinteressen berühren, ihnen aber nicht bekannt sein können.[253] Diese Treuepflicht wirkt auch in der Liquidationsphase nach und dauert bis zur vollständigen Beendigung des Gesellschaftsverhältnisses fort.[254]

Rechtsanwalt

C. Zwangsvollstreckung

I. Feststellungen und Abgabe von Erklärungen

Feststellungsurteile sind keiner Zwangsvollstreckung zugänglich. Soweit der Gesellschafter aber verurteilt worden ist, einem bestimmten Auseinandersetzungsplan zuzustimmen oder dem Verkauf eines Vermögenswerts der Gesellschaft im Rahmen der Auseinandersetzung, liegt darin eine Verurteilung zur Abgabe einer Willenserklärung. Diese gilt gemäß § 894 Abs. 1 ZPO als abgegeben, sobald das Urteil Rechtskraft erlangt hat. Die Fiktion der Abgabe der Willenserklärung ist Akt der Zwangsvollstreckung.[255] Weitere Vollstreckungsmaßnahmen sind weder erforderlich noch zulässig. Auch eine Vollstreckungsklausel oder das Zustellungsurteil sind für den Eintritt der Wirkung des § 894 ZPO nicht erforderlich.[256]

260

II. Unterlassungen

Sollte der Gesellschafter ausnahmsweise im Rahmen der Auseinandersetzung einer Gesellschaft zur Unterlassung einer Handlung verurteilt worden sein, erfolgt die Durchsetzung dieser Verpflichtung nach § 890 ZPO. Erforderlich sind ein Vollstreckungstitel, die Androhung und die Festsetzung des Ordnungsmittels. Insofern wird auf die Ausführungen zur Zwangsvollstreckung unter § 2 verwiesen.

261

III. Sonstige Handlungen

Gegenstand der Verurteilung eines Gesellschafters im Rahmen der Auseinandersetzung einer Gesellschaft kann im Übrigen dessen Verpflichtung zur Erteilung einer Information oder zur Vornahme einer sonstigen Mitwirkungshandlung sein. Bei diesen Mitwirkungshandlungen handelt es sich um **vertretbare bzw. unvertretbare Handlungen**,

262

---

253 BGH DStR 2002, 2234, 2235.
254 Baumbach / Hopt, HGB, 31. Aufl. 2003, zu § 109 Rn. 24.
255 BayObLG OLGZ 53, 113, 117.
256 Zöller / Stöber, ZPO, 24. Aufl. 2004 zu § 894 Rn. 5.

deren Zwangsvollstreckung in §§ 887, 888 ZPO unterschiedlich geregelt ist. Dabei sind zwei Grundprobleme zu berücksichtigen:
- Zum einen muss der Antrag im Erkenntnisverfahren schon so bestimmt gefasst sein, dass er einen vollstreckungsfähigen Inhalt hat. Treten hier Probleme auf, können diese nur ganz eingeschränkt im Vollstreckungsverfahren behoben werden.[257]
- Zum anderen muss wegen der unterschiedlichen Vollstreckungsarten danach unterschieden werden, ob eine vertretbare oder unvertretbare Handlung vollstreckt werden soll. Wann eine vertretbare und wann eine unvertretbare Handlung vorliegt, ist im Gesetz nicht definiert. In Rechtsprechung und Literatur wird der Begriff der vertretbaren Handlung i.S.d. § 887 ZPO als eine Handlung definiert, die an Stelle des Schuldners auch der Gläubiger oder ein Dritter vornehmen kann, ohne dass sich dadurch aus Sicht des Gläubigers am Erfolg und am Charakter der Leistung etwas ändert. Eine unvertretbare Handlung liegt in Abgrenzung dazu vor, wenn die Handlung nur vom Schuldner höchstpersönlich oder jedenfalls nur mit seiner höchstpersönlichen Mitwirkung vorgenommen werden kann.[258]

263 Nach diesen Definitionen können Verpflichtungen des Gesellschafters zur Auskunftserteilung und zur Rechnungslegung im Einzelfall sowohl vertretbare als auch unvertretbare Handlungen sein.

264 In der Rechtsprechung ist beispielsweise als vertretbare Handlung die Auskunftserteilung über das Endvermögen bei Beendigung des Güterstands nach § 1379 BGB angesehen worden, wenn die schriftlichen Unterlagen als solche vorhanden sind und auch von einem Dritten eingesehen und ausgewertet werden können.[259] Demgegenüber ist die Verpflichtung zur Auskunftserteilung, soweit die Auskunft auch von Dritten nicht durch Einsichtnahme in solche Unterlagen erteilt werden kann, als unvertretbare Handlung angesehen worden.[260] Die Erstellung einer Abschlussbilanz einer GbR ist als vertretbare Handlung anzusehen, sofern die schriftlichen Unterlagen vorhanden sind und auch von einem Dritten eingesehen und ausgewertet werden können.[261] Demgegenüber ist die Rechnungslegung, wenn sie über die bloße Vorlage von Belegen hinausgeht, unvertretbare Handlung.[262]

1. Zwangsvollstreckung wegen vertretbarer Handlungen

265 Vertretbare Handlungen werden nach § 887 Abs. 1 ZPO dadurch erfüllt, dass der Gläubiger von dem Prozessgericht auf Antrag zu ermächtigen ist, auf Kosten des Schuldners die Handlung vornehmen zu lassen. Gemäß Abs. 2 der Vorschrift kann er zugleich beantragen, den Schuldner zur Vorauszahlung der Kosten zu verurteilen, die durch die Vornahme der Handlung entstehen.

---

257 Vgl. dazu BGH NJW 1993, 1394.
258 OLG Düsseldorf NJW-RR 1998, 1768.
259 OLG Bamberg NJW-RR 1999, 577.
260 OLG Brandenburg FamRZ 1998, 179; BayObLG NJW-RR 1997, 489.
261 OLG Zweibrücken DGVZ 1998, 9.
262 OLG Köln NJW-RR 1992, 633.

a) Notwendige Mitwirkung Dritter

Wenn der Gläubiger nach § 887 Abs. 1 ZPO den Antrag stellt, ihn zu ermächtigen, die Handlung auf Kosten des Schuldners vornehmen zu lassen, kann sich die Frage der notwendigen Mitwirkung eines Dritten zu der geschuldeten Handlung stellen. Dies ist zum Beispiel der Fall, wenn der Schuldner Arbeiten an einem Haus schuldet, das im gemeinschaftlichen Eigentum der Gesellschaft und eines Dritten steht. Nach herrschender Meinung ist es Sache des Gläubigers, die notwendige Zustimmung des Dritten bis zum Ermächtigungsbeschluss zu beschaffen, solange nicht der Dritte die Zustimmung verweigert hat.

266

b) Zuständiges Gericht

Zuständig für den Ermächtigungsantrag ist gemäß § 887 Abs. 1 ZPO das Prozessgericht des ersten Rechtszugs.

267

c) Konkreter Antrag

Im Antrag auf Ermächtigung zur Ersatzvornahme muss der Gläubiger nicht nur den Handlungserfolg nennen, sondern die von ihm beabsichtigten Maßnahmen konkret bezeichnen. Ausreichend ist die Formulierung der Antrag „Trockenlegung eines Kellers nach den Regeln der Baukunst". Einzelne Arbeitsschritte oder die Fachfirma, der die Arbeiten übertragen werden sollen, brauchen dagegen nicht angegeben werden.[263] In keinem Fall reicht jedoch eine allgemeine Ermächtigung zur Mängelbeseitigung.[264]

268

Ist bereits der Leistungserfolg im Vollstreckungstitel nicht hinreichend bestimmt, kann in bestimmtem Rahmen im Vollstreckungsverfahren eine Auslegung erfolgen (siehe oben Rn. 246 ff.). Ist auch das nicht möglich, kann der Gläubiger erneut auf Vornahme der vertretbaren Handlung klagen, die dann konkret zu bestimmen ist.

269

Besteht **Unsicherheit** darüber, ob im konkreten Fall eine vertretbare Handlung oder eine unvertretbare Handlung vorliegt, die vollstreckt werden soll, so ist es an sich Sache des Gerichts, den Antragsteller nach § 139 ZPO darauf **hinzuweisen**. Gleichwohl empfiehlt es sich, generell in Ermächtigungsanträgen nach § 887 ZPO und in Anträgen nach § 888 ZPO das Gericht ausdrücklich um einen entsprechenden Hinweis zu bitten. Insoweit kann ein Antrag nach § 887 ZPO in einen solchen nach § 888 ZPO bis zum Beschwerdeverfahren umgestellt werden, aber nicht umgekehrt.[265]

270

d) Verbindung bis Vorschussantrag

Sinnvollerweise wird der Ermächtigungsantrag nach § 887 Abs. 1 ZPO mit dem Vorauszahlungsantrag nach § 887 Abs. 2 ZPO verbunden. Über den Wortlaut des § 887 ZPO hinaus kann jedoch nur eine Vorauszahlung der für die beantragte Maßnahme „notwendigen" Kosten verlangt werden. Das Gericht bestimmt die Kosten nach billigem Ermessen, allerdings nur auf Grund des substantiierten Vortrags des Gläubigers über die voraussichtlich notwendigen Kosten. In aller Regel ist für die Substantiierung

271

---

263 OLG Zweibrücken MDR 83, 500.
264 Zöller/Stöber, ZPO, 24. Aufl. 2004 zu § 887 Rn. 4.
265 OLG Zweibrücken InVo 1998, 263.

und den Nachweis der Notwendigkeit ein Kostenvoranschlag bzw. ein Sachverständigengutachten beizubringen. Die Vorschussforderung ist nicht um eine eventuelle Gegenforderung des Gläubigers aus Werklohn zu kürzen.[266] Der Vorsteuerabzugsberechtigte hat keinen Anspruch auf Zahlung der Umsatzsteuer.[267]

e) Einwendungen des Schuldners

272 Nach dem Vollstreckungsantrag des Gläubigers gemäß § 887 ZPO hat das Gericht den Schuldner nach § 898 S. 2 ZPO zu hören. Dieser kann sich mit den Einwänden wehren, die Voraussetzung der Zwangsvollstreckung lägen nicht vor, der Gläubiger habe die Vornahme der vertretbaren Handlung selbst verhindert bzw. der geforderte Kostenvorschuss sei unangemessen.

273 Materiell-rechtliche Einwendungen gegen den Vollstreckungstitel kann der Schuldner allerdings nach herrschender Meinung nur mit der Vollstreckungsgegenklage nach § 767 ZPO erheben, und zwar bei dem Prozessgericht erster Instanz.[268] Nur eine Mindermeinung vertritt die Auffassung, auch materiell-rechtlichen Einwendungen könnten aus Gründen der Prozessökonomie im Antragsverfahren nach § 887 ZPO berücksichtigt werden.[269] Da die **Erhebung der Einwendungen kostenneutral** ist, kann durchaus der Versuch unternommen werden, diese Einwendungen schon im Antragsverfahren zu erheben. Der sicherere Weg ist jedoch der der Vollstreckungsgegenklage, ggfs. ergänzt um den Antrag nach einstweiliger Einstellung der Zwangsvollstreckung.

f) Beschlusswirkungen

274 Auch nach dem Beschluss über die Ermächtigung zur Ersatzvornahme darf der Gläubiger den Schuldner grundsätzlich nicht an der freiwilligen Erfüllung der geschuldeten Handlung und damit an der faktischen Vereitelung der Ersatzvornahme hindern. Damit würde er sich in Widerspruch zu seinem Begehren stellen, dessen Vollstreckung er betreibt.[270]

g) Rechtsmittel

275 Die Entscheidung nach § 887 Abs. 1 und Abs. 2 ZPO über die Ermächtigung zur Ersatzvornahme und zum Kostenvorschuss ist eine Beschlussentscheidung, die mit der sofortigen Beschwerde nach § 793 ZPO angegriffen werden kann. Dies gilt sowohl für den stattgebenden Beschluss als auch für den Zurückweisungsbeschluss.

2. Zwangsvollstreckung wegen unvertretbarer Handlungen

276 Eine nicht vertretbare Handlung wird dadurch vollstreckt, dass gemäß § 888 Abs. 1 S. 1 ZPO der Schuldner auf Antrag vom Prozessgericht zur Vornahme der Handlung durch Zwangsgeld und für den Fall, dass dieses nicht beigetrieben werden kann, durch Zwangshaft angehalten wird.

---

266 OLG Naumburg JurBüro 2002, 551.
267 OLG Hamm BauR 1996, 900.
268 OLG Hamm NJW-RR 1988, 1212; OLG München NJW-RR 1988, 22; KG KGR 2002, 172; OLG Düsseldorf MDR 1996, 309.
269 OLG Karlsruhe MDR 2001, 1191; OLG Zweibrücken InVo 2001, 70.
270 BGH NJW 1995, 3189.

C. ZWANGSVOLLSTRECKUNG

Eine Umdeutung eines Antrags nach § 888 ZPO in einen Antrag auf Vollstreckung einer vertretbaren Handlung nach § 887 ZPO ist nicht möglich, wenn Unsicherheit besteht, ob eine vertretbare oder unvertretbare Handlung vollstreckt werden soll.[271] In diesem Fall kann zwar neben dem Antrag nach § 888 ZPO hilfsweise der Antrag nach § 887 ZPO gestellt werden. Kostengünstiger ist es aber, den Antrag nach § 887 ZPO zu stellen, der ggf. in den nach § 888 ZPO umgedeutet werden kann. Der Vollstreckungsantrag nach § 888 ZPO ist – wie der Antrag nach § 887 ZPO – bei dem Prozessgericht des ersten Rechtszugs zu stellen (§ 888 Abs. 1 S. 1 ZPO).

In dem Antrag auf Festsetzung des Zwangsmittels nach § 888 Abs. 1 ZPO muss die vom Schuldner vorzunehmende Handlung genau bezeichnet werden. Die Höhe des Zwangsgeldes bzw. die Dauer der Zwangshaft muss nicht angegeben werden. Es kann allerdings sinnvoll sein, eine Untergrenze für das Zwangsgeld anzuregen.

Auch gegen den Antrag nach § 888 ZPO stehen dem Schuldner dieselben vollstreckungsrechtlichen Einwendungen, wie gegen den Antrag nach § 887 ZPO zu. Diese Einwendungen kann er im Rahmen der nach § 891 ZPO durchzuführenden Anhörung geltend machen. Materiellrechtliche Einwendungen des Schuldners können auch hier im Wege der Vollstreckungsgegenklage nach § 767 geltend gemacht werden. Insoweit wird auf die Ausführungen zu § 887 ZPO unter 1., Rn. 273 verwiesen.

Rechtsmittel gegen den stattgebenden und den ablehnenden Beschluss nach § 888 Abs. 1 ZPO ist die sofortige Beschwerde nach § 793 ZPO.

IV. Muster

1. Muster: Antrag auf Ermächtigung zur Ersatzvornahme einer vertretbaren Handlung, kombiniert mit Antrag auf Zahlung eines Kostenvorschusses, § 897 Abs. 1 und 2 ZPO

An das

Landgericht ■■■

(Prozessgericht des ersten Rechtszugs)

In der Zwangsvollstreckungssache

des Herrn A, ■■■

Gläubiger und Antragsteller

Verfahrensbevollmächtigte:

gegen

Herrn B, ■■■

Schuldner und Antragsgegner

---

[271] So wohl Goebel, Zwangsvollstreckung, Erläuterungen und Muster, 2003 zu § 11 Rn. 32.

David

§ 4 Klage auf Mitwirkung an Auflösung und Abwicklung

Verfahrensbevollmächtigte:

Namens und in Vollmacht des Antragstellers überreichen wir die vollstreckbare Ausfertigung des Urteils des Landgerichts Münster vom 01.02.2005, Az.: 4 O 43/04 nebst Zustellungsbescheinigung.

Namens und in Vollmacht des Antragstellers beantragen wir:
1. den Antragsteller zu ermächtigen, die dem Schuldner nach dem Urteil des Landgerichts Münster vom 01.02.2005, Az.: 4 O 43/04, obliegende vertretbare Handlung, nämlich die Erstellung einer Auseinandersetzungsbilanz für die Auseinandersetzung der A-GbR, (Adresse und Gesellschafter) auf den 28.02.2005 ■■■ vorzunehmen oder von einem von ihm zu beauftragenden Dritten vornehmen zu lassen.
2. anzuordnen, dass der Antragsgegner die im Wege der Ersatzvornahme erforderlichen Maßnahmen, nämlich die Sichtung der im Gebäude der A-GbR (Adresse) in dem auf den Namen des Antragsgegners lautenden Ablagefach zu dulden hat.
3. den Antragsgegner zu verurteilen, an den Antragsteller für die nach dem Antrag zu Ziff. 1. zulässige Ersatzvornahme einen Kostenvorschuss in Höhe von 2000,- € zu zahlen.

Begründung

Nach dem Vollstreckungstitel des Landgerichts Münster vom 01.02.2005, Az.: 4 O 43/04, ist der Antragsgegner verpflichtet, eine Auseinandersetzungsbilanz für die Auseinandersetzung der A-GbR auf den 28.02.2005 zu erstellen. Dieser Verpflichtung ist der Schuldner trotz Zustellung des Vollstreckungstitels und Aufforderung nicht nachgekommen.

Beweis:
1. Zustellbescheinigung, Fotokopie Anlage AS 1
2. Zeugnis des Herrn C, ..., zu laden über den Antragsteller.

Die vom Antragsgegner geschuldete Handlung ist eine vertretbare Handlung nach § 887 ZPO. Die Handlung kann vom Gläubiger bzw. von einem Dritten ausgeführt werden, ohne dass sich aus der Sicht des Antragstellers etwas am wirtschaftlichen Erfolg oder am Charakter der fraglichen Maßnahme ändert. Alle zur Erstellung der Auseinandersetzungsbilanz erforderlichen Gutachten befinden sich im Gebäude der A-GbR, zu dem der Antragsteller Zutritt hat. Daran ändert nichts, dass das im Antrag zu 2) auf den Namen des Antragsgegners lautende Ablagefach im Gebäude der A-GbR nach der Übereinkunft der GbR-Gesellschafter nur zur persönlichen Verfügung des Antragsgegners besteht. Das macht die Vollstreckungshandlung jedoch nicht zu einer unvertretbaren Handlung, sondern führt lediglich zu einer Duldungspflicht des Antrags zu Ziff. 2). Dass die Duldungspflicht im Ermächtigungsbeschluss anzuordnen ist, ergibt sich aus der Rechtsprechung des OLG Düsseldorf (NJW-RR 1998, 1768).

Aus den Unterlagen in dem Ablagefach ergeben sich voraussichtlich Informationen, die zur Erstellung der Auseinandersetzungsbilanz notwendig sind (ggf. näher ausführen).

Der zu Ziff. 3) beantragte Kostenvorschuss ist angemessen. Der Antragsteller hat die Wirtschaftsprüfungsgesellschaft X mit der Erstellung eines Kostenvoranschlags beauftragt, der inzwischen vorliegt.

Beweis: Kostenvoranschlag der Wirtschaftsprüfungsgesellschaft X vom 03.02.2005, Anlage AS 2.

Die Verpflichtung zum Kostenvorschuss ergibt sich aus § 887 Abs. 2 ZPO und zwar unabhängig davon, ob der Antragsteller auf den Kostenvorschuss angewiesen ist oder nicht. Sollte das Gericht entgegen unseren Erwartungen der Auffassung sein, bei der zu vollstreckenden Handlung handele es sich nicht um eine vertretbare Handlung, bitten wir um einen richterlichen Hinweis nach § 139 ZPO.

Wir bitten, uns eine vollstreckbare Ausfertigung des Beschlusses nebst Zustellungsbescheinigung zu überreichen.

Rechtsanwalt

2. Muster: Antrag auf Festsetzung von Zwangsgeld gemäß § 888 ZPO

An das

Landgericht ■■■

(Prozessgericht des ersten Rechtszugs)

In der Zwangsvollstreckungssache

des Herrn A, ■■■

Gläubiger und Antragsteller

Verfahrensbevollmächtigte:

gegen

Herrn B, ■■■

Schuldner und Antragsgegner

Verfahrensbevollmächtigte:

Namens und in Vollmacht des Antragstellers überreichen wir die vollstreckbare Ausfertigung des Urteils des Landgerichts Münster vom 01.02.2005, Az.: 13 O 24/04 nebst Zustellungsbescheinigung.

Namens und in Vollmacht des Antragstellers beantragen wir:

Gegen den Antragsgegner zur Erzwingung der im vollstreckbaren Urteil des Landgerichts Münster vom 01.02.2005, Az.: 13 O 24/04, genannten Verpflichtung, den Antragsteller über das der A-GbR (Adresse ■■■ und Gesellschafter ■■■, ■■■) zustehende Honorar für die von dem Antragsteller für die A-GbR durchgeführte Testamentsvollstreckung über das Vermögen des Herrn C (■■■, ■■■) vollständig und zutreffend zu informieren, ein Zwangsgeld bis zu 250.000,– € und für den Fall, dass dieses nicht beigetrieben werden kann, ersatzweise Zwangshaft von bis zu sechs Monaten festzusetzen.

Wir regen an, Zwangsgeld nicht unter 10.000,00 € festzusetzen.

Begründung

Trotz schriftlicher Aufforderung durch den Antragsteller mit Fristsetzung hat der Antragsgegner die nach dem vollstreckbaren Urteil des Landgerichts Münster vom 01.02.2004, Az.: 13 O 24/04, geschuldeten Informationen nicht erteilt.

Beweis:

Fotokopie der Aufforderung durch den Antragsteller, vom 02.02.2005, Fotokopie Anlage AS 1,

Zeugnis des Herrn D, zu laden über die A-GbR, ▄▄▄.

Die Mindesthöhe für das festzusetzende Zwangsgeld von 10.000,00 € regen wir deshalb an, weil der Antragsgegner vermögend ist. Er hat einem Mitarbeiter F des Antragstellers gegenüber in einem anderen Zusammenhang vor etwa 3 Monaten behauptet, dass er über ein Vermögen von nahezu 2 Mio. € verfüge.

Beweis: Zeugnis des Herrn F, zu laden über die A-GbR.

Insofern ist die Festsetzung eines Zwangsgeldes und ersatzweise Zwangshaft angezeigt.

Wir bitten, uns eine vollstreckbare Ausfertigung des Zwangsgeldbescheides nebst Zustellbescheinigung zu übersenden.

Rechtsanwalt

3. Muster: Antrag auf Beitreibung eines festgesetzten Zwangsgeldes

An das

Amtsgericht ▄▄▄

Gerichtsvollzieherverteilerstelle

In der Zwangsvollstreckungssache

des Herrn A, ▄▄▄

Gläubiger und Antragsteller

Verfahrensbevollmächtigte: ▄▄▄

gegen

Herrn B, ▄▄▄

Schuldner und Antragsgegner

Verfahrensbevollmächtigte: ▄▄▄

A...: ▄▄▄

überreichen wir namens und kraft Vollmacht des Antragstellers die vollstreckbare Ausfertigung des Beschlusses des Landgerichts Münster vom 02.02.2005, Az.: 13 O 24/04, nebst Zustellungsbescheinigung.

Namens und kraft Vollmacht des Antragstellers beantragen wir:

das durch Beschluss des Landgerichts Münster vom 02.02.2004, Az.: 13 O 24/04, festgesetzte Zwangsgeld in Höhe von 10.000,– € nebst den aus der anliegenden Forderungsaufstellung ersichtlichen Kosten der Zwangsvollstreckung und der weiter durch dieses Verfahren entstehenden Kosten im Wege der Mobiliarzwangsvollstreckung beizutreiben und das Zwangsgeld nach § 261 Ziff. 3 GVGA an die Staatskasse abzuführen.

Begründung

Der Antragsteller hat gegen den Antragsgegner ein Urteil des Landgerichts Münster vom 05.05.2004, Az.: 13 O 2/04, erwirkt, wonach der Antragsgegner verpflichtet ist, dem Antragsteller Informationen zur Auseinandersetzung der A-GbR zu erteilen. Eine Fotokopie des Vollstreckungstitels fügen wir in der Anlage bei. Trotz Aufforderung durch den Antragsteller hat der Antragsgegner bisher die ihm obliegende Verpflichtung aus dem Vollstreckungstitel nicht erfüllt. Deshalb hat das Landgericht Münster mit Beschluss vom 01.02.2005 gegen den Antragsteller ein Zwangsgeld in Höhe von 10.000,– €, ersatzweise 20 Tage Haft je 500,– € verhängt. Gleichwohl hat der Antragsteller hierauf nicht reagiert.

Damit liegen die Voraussetzungen für die Beitreibung des festgesetzten Zwangsgelds vor. Wir bitten, antragsgemäß zu verfahren und uns über die Vollstreckung zu benachrichtigen.

Rechtsanwalt

§ 5 Klage auf Ausschliessung eines Gesellschafters

A. Vorprozessuale Situation

284 In allen Gesellschaftsformen besteht die Möglichkeit, Gesellschafter zwangsweise aus der Gesellschaft auszuschließen. Aus wichtigem Grund ist dies stets möglich. Andere Auflösungsgründe sind entweder gesetzlich vorgesehen oder müssen in der jeweiligen Gesellschaftssatzung festgelegt sein.

I. Rechtliche Grundlage

1. AG

285 Das AktG sieht mehrere Möglichkeiten vor, Aktionäre auszuschließen.

a) Kapitalherabsetzung durch Einziehung der Aktien

286 Nach § 237 Abs. 1 und 2 AktG können Aktien zwangsweise oder nach Erwerb durch die Gesellschaft eingezogen werden. Die Zwangseinziehung ist jedoch nur zulässig, wenn sie in der ursprünglichen Satzung oder durch eine Satzungsänderung vor Übernahme oder Zeichnung der Aktien angeordnet oder gestattet war. Die Zwangseinziehung für bereits vorhandene Aktien durch Satzungsänderung ist nur möglich, wenn dies die Zustimmung sämtlicher betroffener Aktionäre findet.[272]

287 Insofern ist zwischen der angeordneten und der gestatteten Zwangseinziehung wie folgt zu unterscheiden:

b) Angeordnete Zwangseinziehung

288 Ordnet die Satzung unmittelbar die Zwangseinziehung an, müssen die Umstände der Einziehung einschließlich der Voraussetzungen und die Regelung des Einziehungsentgelts so **detailliert bestimmt** sein, dass keinerlei Ermessensspielraum bleibt. Demgegenüber kann die Satzung die Voraussetzungen, unter denen der Vorstand die Zwangseinziehung anordnen soll, frei vorsehen.[273]

c) Gestattete Zwangseinziehung

289 § 237 Abs. 1 S. 2 i.V.m. Abs. 2 S. 2 AktG sieht die so genannte gestattete Zwangseinziehung von Aktien vor. In diesem Fall kann die Satzung die Voraussetzungen und alle weiteren Umstände der Zwangseinziehung regeln. Denkbar ist insofern auch, der Hauptversammlung in der Satzung Ermessen zuzubilligen. Bei der gestatteten Zwangseinziehung muss diese jedoch im Interesse der Gesellschaft im Einzelfall **sachlich gerechtfertigt** sein. Denn die Einziehung vernichtet die betroffenen Mitgliedschaftsrechte. Insofern ist die gestattete Zwangseinziehung nicht mit der angeordneten Zwangseinziehung vergleichbar.[274]

---

272 Lutter in: Kölner Kommentar AktG zu § 237 Rn. 30.
273 Krieger in: Münchener Handbuch des Gesellschaftsrechts, Bd. 4, 2. Aufl. 1999, § 62 Rn. 7, 8.
274 Krieger in: Münchener Handbuch des Gesellschaftsrechts, Bd. 4, 2. Aufl. 1999, § 62 Rn. 11.

d) Verfahren

Die Einziehung kann sowohl im ordentlichen als auch im vereinfachten Verfahren erfolgen.

Das **ordentliche Einziehungsverfahren** richtet sich zum Schutz der Gläubiger der AG nach den Vorschriften über die ordentliche Kapitalherabsetzung (§ 237 Abs. 2 S. 1 AktG). Danach ist grundsätzlich ein **Einziehungsbeschluss** der Hauptversammlung erforderlich, bei dem auch die betroffenen Aktionäre stimmberechtigt sind, wenn die Einziehung nicht gerade aus einem wichtigen Grund erfolgt, der in der Person des Aktionärs liegt.

Bei der angeordneten Zwangseinziehung kann der Beschluss der Hauptversammlung durch eine **Entscheidung des Vorstandes** ersetzt werden (§ 237 Abs. 6 AktG). Nach § 225 AktG können die Gläubiger der Gesellschaft unter bestimmten Voraussetzungen für ihre Forderung gegen die Gesellschaft Sicherheitsleistung verlangen. Darüber hinaus besteht ein Auszahlungsverbot (an die Aktionäre) gemäß § 225 Abs. 2 AktG für einen Zeitraum von sechs Monaten seit Bekanntmachung der Eintragung des Kapitalherabsetzungsbeschlusses.

Das **vereinfachte Einziehungsverfahren** nach § 237 Abs. 3 AktG macht Abstriche im Hinblick auf die Strenge der Beschlussanforderungen und den Gläubigerschutz für bestimmte dort genannte Fälle. Voraussetzung für ein vereinfachtes Verfahren ist, dass die einzuziehenden Aktien voll eingezahlt sind, der Gesellschaft unentgeltlich zur Verfügung gestellt sind oder zu Lasten des Bilanzgewinns oder einer anderen Gewinnrücklage eingezogen werden können. An die Stelle der Forderung des § 225 AktG (Sechsmonatssperre für die Auszahlung) bei dem ordentlichen Einziehungsverfahren reicht es im Rahmen des vereinfachten Einziehungsverfahrens aus, einen Betrag in Höhe des gesamten Nennbetrages der eingezogenen Aktien in die Kapitalrücklage einzustellen (§ 237 Abs. 5 AktG).[275]

Auch im vereinfachten Einziehungsverfahren ist grundsätzlich ein Beschluss der Hauptversammlung über die Einziehung erforderlich (§ 237 Abs. 4 S. 1 AktG), der bei der angeordneten Zwangseinziehung durch eine Entscheidung des Vorstands ersetzt werden (§ 237 Abs. 4 S. 1, Abs. 6 AktG). Im Gegensatz zum ordentlichen Einziehungsverfahren reicht hier eine einfache Mehrheit der abgegebenen Stimmen der Hauptversammlung (§ 237 Abs. 4 S. 2 AktG).

e) Ausschluss von Aktionären aus wichtigem Grund

Der Ausschluss von Aktionären aus wichtigem Grund ist nach herrschender Meinung in der neueren Literatur auch ohne ausdrückliche Zulassung in der Satzung möglich.[276] In der älteren Rechtsprechung des BGH ist dies allerdings angezweifelt worden.[277]

---

[275] Vgl. näher zum Verfahren und zu den Voraussetzungen: Krieger in: Münchener Handbuch des Gesellschaftsrechts, Bd. 4, 2. Aufl. 1999, § 62.
[276] Lutter in: Kölner Kommentar AktG, zu § 237 Rn. 118 ff.; Becker, ZGR 1986, 383.
[277] BGHZ 9, 157 ff., 163; BGHZ 18, 350, 361, wobei in der letztgenannten Entscheidung die zuvor vertretene strikte Linie aufgeweicht und auf den Einzelfall abgestellt wird, d.h. auf die Ausprägung des kapitalistischen Charakters der Gesellschaft bzw. auf die Bedeutung personalistischer Elemente.

Danach dürfte richtigerweise bei einer als Publikumsgesellschaft ausgestalteten AG eine Ausschließung des Aktionärs aus wichtigem Grund, der in seiner Person liegt, in der Regel nicht möglich sein. Insoweit kommt es nicht auf die Person des Aktionärs an. Anders wird es bei personalistisch strukturierten Gesellschaften sein.[278]

296 Voraussetzung für die Ausschließung eines Aktionärs aus einem in seiner Person liegenden wichtigen Grund ist ein Hauptversammlungsbeschluss, der mit einer Mehrheit von mindestens von ¾ des vertretenen Grundkapitals gefasst werden muss.[279] Dieser Hauptversammlungsbeschluss ist Grundlage für die von der Gesellschaft gegen den Aktionär zu erhebenden Ausschließungsklage. Die Ausschließung erfolgt mit dem der Klage stattgebenden Urteil.[280] In dem Ausschließungsurteil ist gleichzeitig der **Abfindungsanspruch** des auszuschließenden Aktionärs festzulegen, sofern die Aktien einen Wert haben. Er muss der Höhe des vollen wirtschaftlichen Wertes seiner Beteiligung entsprechen. Gleichzeitig legt das Ausschließungsurteil fest, in welchem Zeitraum die Abfindung zu zahlen ist. Es stellt den Ausschluss aus der Gesellschaft unter die aufschiebende Bedingung der Zahlung.[281]

f) Squeeze-out

297 Darüber hinaus sehen §§ 327a ff. AktG den Ausschluss von Minderheitsaktionären durch Mehrheitsaktionäre vor, denen Aktien der Gesellschaft in Höhe von 95 % des Grundkapitals gehören (so genanntes Squeeze-out). Diese Möglichkeit besteht seit Ende 2001. Damit soll der unerwünschte Einfluss von Minderheitsaktionären zurückgedrängt werden. Dies war zuvor über das so genannte **Delisting** erreicht worden, durch welches Aktienbeteiligungen im Rahmen eines so genannten **Freeze-out** insbesondere durch eine restriktive Dividendenpolitik wirtschaftlich entwertet wurden.[282]

298 Grundsätzlich reicht für das Squeeze-out ein Hauptversammlungsbeschluss der AG auf Verlangen des Hauptaktionärs (95 % des Grundkapitals, § 327a Abs. 1 S. 1 AktG). Nach § 327b Abs. 1 S. 1 AktG legt der Hauptaktionär die Höhe der Barabfindung fest, die die Verhältnisse der Gesellschaft im Zeitpunkt der Beschlussfassung der Hauptversammlung berücksichtigen muss. Der Beschluss der Hauptversammlung zur Übertragung der Aktien des Minderheitsaktionärs ist gemäß § 327e Abs. 1 S. 1 AktG zur Eintragung in das Handelsregister anzumelden. Der Übertragungsbeschluss der Hauptversammlung ist nach § 327f AktG nicht mit den in § 243 Abs. 2 AktG genannten Gründen anfechtbar, d.h. insbesondere nicht mit dem Argument, die festgelegte Barabfindung sei nicht angemessen. Vielmehr legt das in § 2 des Spruchverfahrensgesetzes bestimmte Gericht auf Antrag eine angemessene Barabfindung fest (§ 327f S. 2 AktG).

---

278 Krieger in: Münchener Handbuch des Gesellschaftsrechts, Bd. 4, 2. Aufl. 1999, § 62 Rn. 28.
279 Becker, ZGR 1986, 383f., 405.
280 Becker, ZGR 1986, 383f., 406.
281 BGHZ 16, 317ff. 325; OLG Hamm DB 1992, 2181ff.
282 Steck, AG 1998, 460; Pfüller/Anders, NZG 2003, 459, 462.

2. KGaA

Der Komplementär der KGa.A. kann gemäß §§ 289 Abs. 1 AktG, 161 Abs. 2, 140 HGB durch Ausschließungsklage aus der Gesellschaft ausgeschlossen werden. Dieser Klage müssen alle übrigen Komplementäre zustimmen. Darüber hinaus ist erforderlich, dass die Kommanditaktionäre die Ausschließung mit einer ¾-Mehrheit beschließen, soweit die Satzung nicht sogar eine größere Mehrheit vorsieht (§ 289 Abs. 4 S. 3 und 4 AktG).[283]

In der Satzung kann die Ausschließung in sehr weitem Umfang erschwert oder erleichtert werden. Ob allerdings ein Ausschluss – auch aus wichtigem Grund – abbedungen werden kann, ist umstritten. Meines Erachtens ist dies nicht möglich.[284] Das oben unter 1. (Aktiengesellschaft) beschriebene Squeeze-out-Verfahren gilt gemäß § 327a Abs. 1 S. 1 AktG auch für die KGaA.

Die Satzung kann auf das Erfordernis der Ausschließungsklage verzichten.[285] Dann wird der Komplementär bzw. werden die Kommanditaktionäre mit Bekanntgabe des Beschlusses aus der Gesellschaft ausgeschlossen.

3. GmbH

a) Gesetzliche Regelungen über den Ausschluss

Das GmbHG sieht die Möglichkeit des Ausschlusses eines Gesellschafters in § 21 Abs. 1 und 2 GmbHG für den Fall vor, dass er mit der Einzahlung auf seine Stammeinlage säumig ist und er daraufhin erneut zur Zahlung binnen einer zu bestimmenden Nachfrist unter Androhung seines Ausschlusses mit dem Geschäftsanteil, auf welchen die Zahlung zu erfolgen hat, zur Zahlung aufgefordert wird. Nach § 21 Abs. 1 S. 2 GmbHG ist die Aufforderung mittels eingeschriebenen Briefes vorzunehmen. Die Nachfrist muss mindestens 1 Monat betragen (§ 21 Abs. 1 Satz 3 GmbHG). Reagiert der betreffende Gesellschafter innerhalb der Nachfrist auf diese Aufforderung nicht, ist er gemäß § 21 Abs. 2 GmbHG mittels eingeschriebenen Briefes „seines Geschäftsanteils und der geleisteten Teilzahlungen zu Gunsten der Gesellschaft für verlustig" zu erklären.

Entsprechendes gilt gemäß § 28 GmbHG für den Fall, dass in der Satzung eine beschränkte Nachschusspflicht geregelt ist. Kommt der Gesellschafter einer unbeschränkten Nachschusspflicht nicht nach, bestimmt § 27 GmbHG nicht seinen Ausschluss, sondern beschränkt ihn auf die Zahlungspflicht, von der er sich befreien kann, wenn er seinen Geschäftsanteil zur Verfügung stellt.

Darüber hinaus kommt die **Zwangseinziehung** des Geschäftsanteils gemäß § 34 GmbHG in Betracht, soweit sie im Gesellschaftsvertrag zugelassen ist. Ohne Zustimmung des Gesellschafters findet sie jedoch gemäß § 34 Abs. 2 GmbHG nur statt, wenn ihre Voraussetzungen vor dem Zeitpunkt, in welchem der Berechtigte den Geschäfts-

---

[283] Herfs in: Münchener Handbuch des Gesellschaftsrechts, Bd. 4, 2. Aufl. 1999, § 76 Rn. 34.
[284] Vgl. zum Streit: Herfs in: Münchener Handbuch des Gesellschaftsrechts, Bd. 4, 2. Aufl. 1999, § 76 Rn. 35 mit Fn 77.
[285] BGHZ 107, 351, 356.

§ 5 Klage auf Ausschliessung eines Gesellschafters

anteil erworben hat, im Gesellschaftsvertrag festgelegt waren. Insofern ist diese Situation derjenigen nach § 237 AktG ähnlich (s.o. 1. a., Rn. 286).

305 Den Ausschluss von Minderheitsgesellschaftern im Wege des so genannten Squeezeout (§§ 327a ff. AktG) sieht das GmbHG nicht vor. Um diese Möglichkeit nutzen zu können, müsste die GmbH zunächst gemäß §§ 226 ff. UmwG in eine AG formgewechselt werden.

306 Darüber hinaus kann die Satzung weitere Gründe für den Ausschluss eines Gesellschafters vorsehen.

b) Ausschluss aus wichtigem Grund

307 Anders als bei der AG steht es der GmbH unbestritten zu, einen Gesellschafter aus einem in seiner Person oder in seinem Verhalten liegenden wichtigen Grund auszuschließen, auch wenn eine entsprechende satzungsmäßige Grundlage fehlt. Den verbleibenden Gesellschaftern muss die Fortsetzung der Gesellschaft mit dem betreffenden Gesellschafter jedoch unzumutbar sein.[286]

308 Wann ein Grund in der Person eines Gesellschafters so wichtig ist, dass das Verbleiben dieses Gesellschafters den Mitgesellschaftern nicht mehr zumutbar ist, richtet sich zunächst danach, in welchem Maße die Gesellschaft kapitalistisch bzw. personalistisch strukturiert ist. Es gilt der Grundsatz: Je kapitalistischer die Gesellschaft strukturiert ist, umso strengere Anforderungen sind an den wichtigen Grund zu stellen.[287] Grundsätzlich kommt es auf das Verschulden des Gesellschafters und Mitverschulden seiner Mitgesellschafter an. Allerdings stehen fehlendes Verschulden des auszuschließenden Gesellschafters oder Mitverschulden der übrigen Gesellschafter seinem Ausschluss nicht zwingend entgegen. Hier kann es darauf ankommen, wer einen Streit bzw. das Zerwürfnis provoziert hat.[288]

309 Als verhaltens-/personenbedingte Gründe ist vor allem auf **schwere Pflichtverletzungen** abzustellen. Daneben können aber auch zahlreiche kleinere Pflichtverstöße dazu führen, dass die Fortsetzung der Gesellschaft mit dem betreffenden Gesellschafter unzumutbar wird.[289] Neben geschäftsschädigendem Auftreten des Gesellschafters in der Öffentlichkeit sind häufig Wettbewerbsverstöße der Grund für seinen Ausschluss. Dabei reicht nicht die bloße Unterbeteiligung an einem Konkurrenzunternehmen.[290] Eine Ausschließung kommt erst in Betracht, wenn der Gesellschafter dem unterbeteiligten Konkurrenten in gesellschaftsschädlicher Weise zu Diensten ist.[291] Fehltritte des Gesellschafters im rein privatem Bereich rechtfertigen allenfalls dann einen Ausschluss aus der Gesellschaft, wenn sie auch geschäftsschädigend sind oder sich gegen einen Mitgesellschafter richten.[292] Ein wichtiger Grund für den Ausschluss eines Gesellschaf-

---

286 BGHZ 16, 317, 322 ff.; OLG Düsseldorf GmbHR 1999, 543 ff., 546.
287 Kort in: Münchener Handbuch des Gesellschaftsrechts, Bd. 3, 2. Aufl. 2003, § 29 Rn. 37.
288 BGH DB 1990, 929.
289 OLG Brandenburg GmbHR 1998, 194 ff.; OLG Dresden NZG 2001, 809.
290 OLG Frankfurt DB 1992, 2489, 2491.
291 Lutter/Hommelhoff, GmbHG, 16. Aufl. 2004 zu § 34 Rn. 34.
292 Baumbach/Hueck, GmbHG, 17. Aufl. 2000 Anh. § 34 Rn. 3.

ters kann darüber hinaus im Verlust einer satzungsmäßig geforderten persönlichen Eigenschaft liegen, etwa einer bestimmten Familienzugehörigkeit. Es kann insoweit auch auf die Person des Treuhänders oder Vertreters des auszuschließenden Gesellschafters ankommen, wenn keine Möglichkeit zur zeitnahen Abberufung besteht.[293]

Aus dem Umstand, dass die Ausschließung nur gerechtfertigt ist, wenn das Verbleiben des Gesellschafters den übrigen Gesellschaftern nicht mehr zumutbar ist, folgt, dass der Ausschluss nur ultima ratio sein kann. Dies gilt selbst dann, wenn der Ausschluss in der Satzung vorgesehen ist.[294] Die Ausschließung ist deshalb unzulässig, wenn den Mitgesellschaftern zuzumuten ist, dass der andere Gesellschafter seinen Geschäftsanteil einem Treuhänder überträgt oder wenn dem anderen Gesellschafter bestimmte Sonderrechte – etwa auf Geschäftsführung – entzogen werden. Insbesondere bei einem querulatorischen Mitgesellschafter, der seine Sperrminorität missbraucht, ist zu überlegen, ob sein Geschäftsanteil zum Teil eingezogen wird, so dass er nicht mehr über eine Sperrminorität verfügt.[295]

c) Verfahren

aa) Satzungsregelung: Die Satzung kann nicht nur wichtige oder sonstige Ausschließungsgründe bestimmen, sondern auch Verfahrensmodalitäten festlegen. Insbesondere kann in Abweichung der gesetzlichen Regelungen bestimmt werden, dass für die Ausschließung ein Beschluss der Gesellschafterversammlung ausreicht und deshalb einer entsprechenden Klage nicht bedarf. Der Beschluss über die Ausschließung ist rechtsgestaltend.[296]

bb) Keine Satzungsregelung über Verfahren: Fehlt eine entsprechende Satzungsregelung über das Verfahren der Ausschließung, insbesondere auch über die Mehrheiten, ist das Verfahren der Ausschließung nach der Rechtsprechung stets zweistufig: Erforderlich sind ein Gesellschafterbeschluss über die Erhebung einer Ausschließungsklage und ein Ausschließungsurteil.[297]

Umstritten war lange Zeit, **mit welcher Mehrheit** mangels Satzungsregelung der Ausschließungsbeschluss gefasst werden konnte bzw. musste. Mit Rücksicht auf die nachgeschaltete gerichtliche Kontrolle durch das Ausschließungsurteil wird vielfach vertreten, dass eine einfache Mehrheit ausreichend ist, wobei selbstverständlich der auszuschließende Gesellschafter nicht mitstimmen darf. Anders soll es nur sein, wenn die Satzung auf das Erfordernis der Ausschließungsklage verzichtet.[298] Mit seinen Entscheidungen vom 13.01.2003 hat der BGH jedoch an seiner bisherigen Rechtsprechung ausdrücklich festgehalten, wonach ein Gesellschafterbeschluss über die Erhebung einer Ausschließungsklage gegen einen Mitgesellschafter aus wichtigem Grund in

---

293 Baumbach/Hueck, GmbHG, 17. Aufl. 2000 Anh. § 34 Rn. 5.
294 Kort in: Münchener Handbuch des Gesellschaftsrechts, Bd. 3, 2. Aufl. 2003, § 29, Rn. 40.
295 Kort in: Münchener Handbuch des Gesellschaftsrechts, Bd. 3, 2. Aufl. 2003, § 29, Rn. 41.
296 BGH GmbHR 1991, 362.
297 Ständige Rechtsprechung des BGH: BGHZ 9, 157ff., 166; BGH NJW 2000, 141; BGH NZG 2003, 284ff.
298 Vgl. Kort in: Münchener Handbuch des Gesellschaftsrechts, Bd. 3, 2. Aufl. 2003, § 29, Rn. 43; LG Köln GmbHR 2000, 141ff.; Winter in: Scholz, GmbHG, 9. Aufl. 2000 zu § 15 Rn. 140, der generell eine einfache Mehrheit für ausreichend hält.

§ 5 Klage auf Ausschliessung eines Gesellschafters

Anlehnung an § 60 Abs. 1 Nr. 2 GmbHG mit einer qualifizierten Mehrheit von ¾ der abgegebenen Stimmen unter Ausschluss derjenigen des Betroffenen gefasst werden muss.[299]

314 Abweichend vom Vorstehenden ist bei der auch ohne Satzungsbestimmung über das Verfahren der Ausschließung eine Beschlussfassung über die Ausschließung nicht erforderlich.[300]

315 In formeller Hinsicht ist bei der Ausschließung aus wichtigem Grund nur dann der Ausschließungsbeschluss zu beurkunden, wenn der auszuschließende Gesellschafter namentlich in der Satzung genannt ist.[301]

316 Ist die Ausschließungsklage nicht durch Satzung ausgeschlossen, ist sie im Anschluss an den Gesellschafterbeschluss über den Ausschluss zu erheben. Während des Prozesses behält der ausgeschlossene Gesellschafter seine Mitgliedschaftsrechte.[302]

4. Personengesellschaften

317 Nach der gesetzlichen Regelung in §§ 140 Abs. 1, 133 HGB für die OHG und § 100 i.V.m. § 161 Abs. 2 HGB für die KG erfolgt die Ausschließung aus in der Person des betreffenden Gesellschafters liegendem wichtigen Grund nicht – wie bei der GmbH – zweistufig, sondern allein durch Erhebung der Ausschließungsklage. Diese ist Gestaltungsklage, so dass der betreffende Gesellschafter mit Rechtskraft des zusprechenden Urteils aus der Gesellschaft ausscheidet. Ein Ausschluss des Gesellschafters im Wege der einstweiligen Verfügung ist nicht möglich. Bis zur Rechtskraft des Ausschlussurteils kann allerdings eine vorläufige Regelung herbeigeführt werden.[303]

a) Verfahrensregelungen

318 § 140 HGB ist nicht zwingend, sondern lässt Abweichungen in der Satzung zu.[304] So kann im Gesellschaftsvertrag ein bestimmtes Ausschließungsverfahren geregelt werden. Insbesondere kann die Ausschließung durch bloßen Gesellschafterbeschluss der übrigen Gesellschafter vorgesehen werden. Dabei hat der Auszuschließende kein Stimmrecht.[305] Denkbar ist darüber hinaus ein einseitiges Ausschließungsrecht eines einzelnen Gesellschafters gegen andere mit der Folge des Ausscheidens des Gekündigten.[306] Das kann aber in keinem Fall so weit gehen, dass eine Ausschließung ohne wichtigen Grund erfolgen kann.[307]

---

299 BGH NZG 2003, 284; NZG 2003, 286 ff.; kritisch dazu Bärwaldt, NZG 2003, 261 ff.
300 Kort in: Münchener Handbuch des Gesellschaftsrechts, Bd. 3, 2. Aufl. 2003, § 29 Rn. 43.
301 Tschering, GmbHR 1999, 691 ff., 696.
302 Kort in: Münchener Handbuch des Gesellschaftsrechts, Bd. 3, 2. Aufl. 2003, § 29, Rn. 44.
303 Piehler/Schulte in: Münchener Handbuch des Gesellschaftsrechts Bd. 1, 2. Aufl. 2004, § 74 Rn. 51.
304 Baumbach/Hopt, HGB, 31. Aufl. 2003 zu § 140 Rn. 28.
305 Baumbach/Hopt, HGB, 31. Aufl. 2003 zu § 140 Rn. 30; BGHZ 68, 214.
306 BGHZ 81, 264; BGHZ 107, 356.
307 Baumbach/Hopt, HGB, 31. Aufl. 2003 zu § 140 Rn. 31.

b) Ausschließungsgründe

Die Ausschließungsklage kann mit in der **Person** des auszuschließenden Gesellschafters liegenden Umständen begründet werden, die nach § 133 HGB für die übrigen Gesellschafter das Recht geben, die Auflösung der Gesellschaft zu verlangen. Voraussetzung ist das Vorliegen eines wichtigen Grundes gemäß § 133 Abs. 1 HGB. Der wichtige Grund ist in § 133 Abs. 2 HGB näher definiert. Er liegt vor, wenn ein anderer Gesellschafter ihm eine nach dem Gesellschaftsvertrag obliegende wesentliche Verpflichtung vorsätzlich oder aus grober Fahrlässigkeit verletzt oder wenn die Erfüllung einer solchen Verpflichtung unmöglich wird. Die personen- bzw. verhaltensbedingten wichtigen Gründe sind denen bei der Ausschließung aus der GmbH vergleichbar. Insoweit wird auf den vorhergehenden Unterpunkt verwiesen.[308] In der regelmäßig personalistischen Struktur der Personenhandelsgesellschaft liegt ein wichtiger Grund eher vor als bei einer kapitalistisch geprägten Gesellschaft. Umgekehrt ist deshalb der Ausschluss eines nur kapitalistisch beteiligten Kommanditisten – insbesondere in einer Publikumsgesellschaft – auf Grund persönlicher Spannungen oder nur in besonders schwerwiegenden Fällen zulässig.[309]

319

Verschulden des auszuschließenden Gesellschafters bzw. Mitverschulden der übrigen Gesellschafter spielt nicht zwingend eine Rolle, ist aber im Rahmen der **Abwägung** zu berücksichtigen.[310] Darüber hinaus kann der Vermögensverfall ein Grund für die Ausschließung eines Gesellschafters aus seiner Personenhandelsgesellschaft sein.[311]

320

Bei der Abwägung ist weiter zu berücksichtigen, dass die Ausschließung nicht Strafe für den ausgeschlossenen Gesellschafter sein, sondern die **Gesellschaft vor der Auflösung sichern** soll.[312] Insofern sind bei der Ausschließung die gesamten Beziehungen zwischen den Gesellschaftern umfassend zu würdigen.[313] Im Hinblick auf diesen Zweck der Ausschließungsklage dürfen die Gesellschafter die Ausschließung nicht dazu ausnutzen, einen Gesellschafter unter dem vollen Wert seiner Beteiligung auszuschließen und abzufinden, während sie selbst das Unternehmen lediglich liquidieren wollen und eine ordnungsgemäße Liquidation durch den Auszuschließenden nicht gerade verhindert wird.[314] Im Rahmen der Zumutbarkeitsprüfung für den Ausschluss eines Gesellschafters sind die persönlichen und wirtschaftlichen Folgen des Ausschlusses für den davon betroffenen Gesellschafter zu würdigen ebenso wie dessen Leistungen für die Gesellschaft. Die Höhe bzw. die Angemessenheit der im Vertrag für den Fall der Ausschließung vorgesehenen Abfindung ist dagegen nicht zu berücksichtigen. Die Höhe der Abfindung ist getrennt von der Zulässigkeit des Ausschlusses zu prüfen.[315]

321

---

308 Vgl. zu wichtigen Gründen BGHZ 6, 113 ff.; BGHZ 31, 295 ff.; BGHZ 80, 350; BGH WM 1985, 997.
309 BGH NJW 1998, 146.
310 Piehler/Schulte in: Münchener Handbuch des Gesellschaftsrechts, Bd. 1, 2. Aufl. 2004, § 74 Rn. 39.
311 BGH LM Nr. 2 zu § 140 HGB.
312 BGHZ 1, 324 ff., 333.
313 Zu weiteren wichtigen Gründen ausführlich: Piehler/Schulte in: Münchener Handbuch des Gesellschaftsrechts, Bd.1, 2. Aufl. 2004, § 74 Rn. 39.
314 Piehler/Schulter in: Münchener Handbuch des Gesellschaftsrechts Bd. 1, 2. Aufl. 2004, § 74 Rn. 44.
315 BGH BB 1989, 1499 ff.

§ 5 Klage auf Ausschliessung eines Gesellschafters

322 Die vollständige Abbedingung der Voraussetzungen für die Ausschließung gemäß § 133 Abs. 3 HGB ist nicht möglich. Allerdings kann die Ausschließung erleichtert werden. Die Ausschließungsgründe müssen dann jedoch genau umschrieben werden. Ebenso wie bei der GmbH ist die Ausschließung ultima ratio, so dass mildere Mittel vorrangig sind.[316]

323 Die Ausschließungsklage ist auch in einer **Zwei-Personen-Handelsgesellschaft** möglich, wie sich aus § 140 Abs. 1 S. 2 HGB ergibt. Damit ist aber nicht gesagt, dass für die Ausschließung aus der zweigliedrigen Gesellschaft dieselben wichtigen Gründe erforderlich sind wie für die Ausschließung aus einer mehrgliedrigen Gesellschaft.[317] Die Ausschließung aus der Zwei-Personen-Handelsgesellschaft ist vielmehr nach der schon bisher herrschenden Meinung nur bei Vorliegen eines vergleichsweise besonders wichtigen Grundes möglich.[318]

5. GbR

324 § 737 BGB regelt den Ausschluss eines Gesellschafters aus der GbR. Nach S. 1 dieser Vorschrift ist der Ausschluss eines Gesellschafters unter Fortbestand der Gesellschaft im Übrigen nur bei einer entsprechenden Satzungsregelung möglich und zudem, wenn in der Person des auszuschließenden Gesellschafters ein die übrigen Gesellschafter nach § 723 Abs. 1 S. 2 BGB zur Kündigung berechtigender Umstand eintritt.

a) Verfahren

325 Gemäß § 737 S. 2 BGB steht den übrigen Gesellschaftern das **Ausschließungsrecht gemeinschaftlich** zu und erfolgt nach S. 3 der Vorschrift durch Erklärung gegenüber dem auszuschließenden Gesellschafter. Mangels abweichender Regelung in der Satzung erfordert die Ausschließung einen einstimmigen Gesellschafterbeschluss aller übrigen Gesellschafter.[319] Denkbar ist eine Abweichung von der gesetzlichen Regelung im Hinblick auf die erforderlichen Mehrheiten. Insofern ist ein Mehrheitsbeschluss zulässig.[320] Bei der Ausschließung – hier aus wichtigem Grund – ist der auszuschließende Gesellschafter nicht stimmberechtigt.[321]

326 Im Einzelfall kann sich aus der gesellschaftsrechtlichen Treupflicht die Verpflichtung der übrigen Gesellschafter zur Zustimmung zum Ausschließungsbeschluss ergeben.[322]

327 Umstritten ist, ob dem Auszuschließenden vor dem Ausschließungsbeschluss rechtliches Gehör zu gewähren ist.[323] Dies ist in jedem Fall zu empfehlen.

---

316 BGH WM 1980, 1682 ff.; Piehler/Schulte in: Münchener Handbuch des Gesellschaftsrechts, Bd. 1, 2. Aufl. 2004, § 74 Rn. 47.
317 BT Drucks. 13/8444, Begr. zu Nr. 32.
318 BGHZ 4, 108 ff.; näher Piehler/Schulte in: Münchener Handbuch des Gesellschaftsrechts, Bd. 1, 2. Aufl. 2004, § 74 Rn. 50.
319 Palandt/Sprau, BGB, 63. Aufl. 2004 zu § 737 Rn. 3.
320 OLG Köln NZG 2000, 834.
321 Palandt/Sprau, BGB, 63. Aufl. 2004 zu § 737 Rn. 3.
322 RGZ 162, 388, 395 ff.; BGH NJW 197, 1013.
323 Vgl. dazu Palandt/Sprau, BGB, 63. Aufl. 2004 zu § 737 Rn. 3.

b) Ausschließungsgründe

Ausschließungsgründe sind in Form von Regelbeispielen in § 723 Abs. 1 S. 3 BGB genannt. Ein wichtiger Grund liegt danach insbesondere vor, wenn der Gesellschafter eine ihm nach dem Gesellschaftsvertrag obliegende wesentliche Verpflichtung vorsätzlich oder aus grober Fahrlässigkeit verletzt oder wenn die Erfüllung einer solchen Verpflichtung unmöglich wird oder wenn der Gesellschafter das 18. Lebensjahr vollendet hat.

Der Ausschluss setzt als ultima ratio voraus, dass die Fortsetzung der Gesellschaft mit ihm für die übrigen Gesellschafter unzumutbar wird. Insoweit ist eine **umfassende Interessenabwägung** erforderlich.[324] Auch hier kommt eine Treuhand für den Gesellschaftsanteil in Betracht. Milderes Mittel im Verhältnis zur Ausschließung kann die Entziehung der Geschäftsführungsbefugnis bzw. der Vertretungsmacht sein. Insofern wird auf die Ausführung oben zu 4. (Personenhandelsgesellschaften) verwiesen. Daraus folgt umgekehrt, dass ein wichtiger Grund i.S.d. § 712 BGB, der zur Entziehung und Kündigung der Geschäftsführungsbefugnis ausreicht, noch kein hinreichender Grund für den Ausschluss aus der Gesellschaft ist.

Wie bei der Personenhandelsgesellschaft ist der Ausschluss keine Strafe. Er dient nur dazu, eine lebensfähige Gesellschaft zu erhalten. In Folge dessen kommt es nicht maßgeblich auf das Verschulden des auszuschließenden Gesellschafters an.[325] Gleichwohl kommt eine Ausschließung nur bei einer überwiegenden Verursachung des Zerwürfnisses durch den auszuschließenden Gesellschafter in Betracht.[326]

§ 737 BGB ist insoweit abdingbar, als auch der Ausschluss ohne wichtigen Grund in der Satzung vorgesehen werden kann. Weil darin jedoch ein gravierender Eingriff in die Mitgliedschaftsrechte der Gesellschafter liegt (Kernbereich), muss die entsprechende Satzungsregelung eindeutig und bestimmt sein. Zudem müssen im Einzelfall außergewöhnliche Gründe vorliegen, die dem Ausschließungsbeschluss zumindest eine sachliche Rechtfertigung geben.[327] Insofern ist auch eine Vereinbarung im Gesellschaftsvertrag, wonach Gesellschafter durch Mehrheitsbeschluss ohne wichtigen Grund ausgeschlossen werden könnten, unzulässig. Gleiches gilt grds. für die gesetzliche Ermächtigung eines Gesellschafters, einen Mitgesellschafter nach freiem Ermessen auszuschließen.[328]

Bei der **Zwei-Personen-GbR** ist § 737 BGB nicht anwendbar. Dann besteht jedoch ein **Übernahmerecht** kraft Gesetzes analog § 140 Abs. 1 S. 2 HGB, wenn in der Person eines Gesellschafters ein Ausschließungsgrund vorliegt und der Gesellschaftsvertrag eine Übernahmevereinbarung enthält.[329]

---

324 BGHZ 31, 295 ff.
325 BGH LM Nr. 2, zu § 140 BGB.
326 BGH NZG 2003, 625 ff., 627.
327 BGH NJW-RR 1996, 234.
328 BGH NJW 1979, 104.
329 BGH NJW 1966, 827; Palandt/Sprau, BGB, 63. Aufl. 2004, zu § 737 Rn. 1; OLG München, NZG 1998, 937, streitig.

§ 5 Klage auf Ausschliessung eines Gesellschafters

II. Beratung

333 Im Rahmen der vorbeugenden Beratung der Gesellschaft kann sich insbesondere die Frage stellen, ob und ggf. welche Regelungen in die Satzung aufgenommen werden sollen, um eine Ausschließung des Gesellschafters zu erleichtern oder zu erschweren.

1. AG, KGaA

334 § 237 AktG ist grundsätzlich nicht abdingbar, gibt jedoch Möglichkeiten zur Gestaltung der Satzung. Soll eine Zwangseinziehung später möglich sein, ist dieses gemäß § 237 Abs. 2 S. 1 AktG in der Satzung festzulegen. Außerdem kann in der Satzung eine Regelung über das Einziehungsverfahren getroffen werden, etwa die angeordnete Zwangseinziehung bzw. gestattete Zwangseinziehung. Die Satzung kann weitgehend frei bestimmen, unter welchen Voraussetzungen die Zwangseinziehung angeordnet werden soll, etwa bzgl. aller Aktien oder nur einer bestimmten Gattung zu einem bestimmten Zeitpunkt, die Einziehung einer bestimmtem Menge etc.. Denkbar ist auch eine Satzungsregelung zur Einziehung auf Verlangen von Aktionären oder zur Einziehung im Falle einer Pfändung oder Eröffnung eines Insolvenzverfahrens über das Vermögen eines Aktionärs.[330] Nach heute herrschender Meinung ist auch regelbar, dass nur die Einziehung der Aktien bestimmter Aktionäre angeordnet werden kann.[331] Bei der gestatteten Zwangseinziehung ist eine Satzungsregelung über die Voraussetzung und die weiteren Modalitäten möglich. Im Gegensatz zur angeordneten Zwangseinziehung können hier die Voraussetzungen der Einziehung in das Ermessen der Hauptversammlung gestellt werden (§ 237 Abs. 2 S. 2 AktG). Dies ist allerdings nicht zu empfehlen, da insoweit Streit über die richtige Ausübung des Ermessens vorprogrammiert ist. Grundsätzlich sollten alle Einziehungsgründe so präzise wie möglich gefasst werden. Im Wege einer Öffnungsklausel können darüber hinausgehende Einziehungsmöglichkeiten in das Ermessen der Hauptversammlung gestellt werden. Entsprechendes gilt für die KGaA.

2. GmbH

335 Auch bei der GmbH können die Voraussetzungen und Rechtsfolgen sowie das Verfahren des Ausschlusses in der Satzung geregelt werden. Der Ausschluss muss nicht auf das Vorliegen eines wichtigen Grundes in der Person des auszuschließenden Gesellschafters beschränkt sein. Es empfiehlt sich aber, zur Vermeidung von Streitigkeiten über das Vorliegen bestimmter Ausschlussgründe die Gründe für die Ausschließung möglichst konkret und bestimmt zu formulieren, möglichst in Form von Regelbeispielen. Als Verfahrensregel bietet sich in der GmbH-Satzung zur Vermeidung des ansonsten durchzuführenden zeitraubenden zweistufigen Verfahrens eine Regelung an, wonach der Ausschluss durch rechtsgestaltenden Gesellschafterbeschluss herbeigeführt werden kann, ohne dass es zusätzlich einer Ausschließungsklage bedarf.[332] Eine Satzungsregelung über die Möglichkeit einer Einziehung von Geschäftsanteilen als sol-

---

[330] Lutter in: Kölner Kommentar zum AktG zu § 237 Rn. 36f.; Krieger in: Münchener Handbuch des Gesellschaftsrechts Bd. 4, 2. Aufl. 1999, § 62 Rn. 8.
[331] Krieger in: Münchener Handbuch des Gesellschaftsrechts, Bd. 4, 2. Aufl. 1999, § 62 Rn. 8.
[332] BGH GmbHR 1991, 362.

che ist allerdings noch keine Regelung in dem oben genannten Sinne. Diese bedarf einer präzisen Formulierung.³³³

Wird auf Grund einer Satzungsbestimmung der Ausschluss per Beschluss vollzogen, empfiehlt sich in der Satzung eine **Klarstellung**, dass die Ausschließung nicht unter der aufschiebenden Bedingung der Zahlung einer Abfindung steht.³³⁴ In gewissen Grenzen ist es sogar möglich, in der Satzung die Wirksamkeit des Ausschließungsbeschlusses von der Abfindungsregelung und -zahlung unabhängig zu machen. Die Beschränkung des auszuschließenden Gesellschafters auf eine Abfindung zum Buchwert ist nicht möglich, wenn zwischen dem Buchwert und dem Verkehrswert der Beteiligung ein grobes Missverhältnis entstanden ist. Dann ist die Abfindung anzupassen.³³⁵

336

Von besonderer Bedeutung ist die Möglichkeit, in der GmbH-Satzung **Mehrheitserfordernisse für den Ausschließungsbeschluss** festzulegen. Dies gilt vor allem vor dem Hintergrund der jüngsten Rechtsprechung des BGH,³³⁶ wonach der Beschluss der Gesellschafterversammlung der GmbH über die Erhebung der Ausschließungsklage mangels abweichender Satzungsbestimmung einer qualifizierten Mehrheit von ¾ der abgegebenen Stimmen bedarf. Diese Rechtsprechung wird in der Literatur heftig kritisiert. Die Kritik entzündet sich insbesondere an der Auffassung des BGH, das qualifizierte Mehrheitserfordernis ergebe sich in Anlehnung an § 60 Abs. 1 Nr. 2 GmbHG, wonach ein Beschluss der Gesellschafter über die Auflösung der GmbH einer identischen Mehrheit bedarf. Dem Argument der Gegenansicht, § 61 Abs. 2 GmbHG gestehe einer Gesellschafterminderheit von mindestens 10 % des Stammkapitals das Recht zur Erhebung der Auflösungsklage aus wichtigem Grund zu, entgegnet der BGH mit dem Hinweis, diese Vorschrift setze für die Erhebung der Auflösungsklage einen wichtigen Grund voraus, der der Unmöglichkeit der Erreichung des Gesellschaftszweckes gleich komme, also ein besonders wichtiger Grund sei. Aus dieser Rechtsprechung ergeben sich jedoch Wertungswidersprüche. Danach ist die Ausschließung ohne Satzungsregelung ohne wichtigen Grund (nämlich z.B. aus einfachem Grund) gegen den Willen des Betroffenen überhaupt nicht möglich. Liegt dagegen ein wichtiger Grund vor, soll mangels Satzungsregelung eine Mehrheit von 75 % der abgegebenen Stimmen erforderlich sein. Liegt darüber hinaus ein besonders wichtiger Grund vor (nämlich für die Ausschließungsklage), bedarf es lediglich der Zustimmung von 10 % des Stammkapitals gemäß § 61 Abs. 1 GmbHG.³³⁷ Deshalb sollte in der Satzung eine Regelung über die zur Ausschließung eines Gesellschafters aus in seiner Person liegendem wichtigen Grund erforderlichen Mehrheiten getroffen werden. Dabei empfiehlt es sich, eine einfache Mehrheit vorzusehen.

337

Bei der Vorbereitung der Gesellschafterversammlung, insbesondere bei der Ausschließung mehrerer Gesellschafter, ist darauf zu achten, dass eine getrennte Beschlussfas-

338

---

333 OLG Düsseldorf GmbHR 1999, 543 ff., 545.
334 Vgl. dazu OLG Köln NZG 1999, 1222.
335 Vgl. zu den Einschränkungen Kort in: Münchener Handbuch des Gesellschaftsrechts, Bd. 3, 2. Aufl. 2003, § 29 Rn. 51; § 28 Rn. 23 ff.
336 BGH NZG 2003, 284 ff.; BGH NZG 2003, 286 ff.
337 Vgl. zur Kritik vor allem Bärwald, NZG 2003, 261 ff.

§ 5 Klage auf Ausschliessung eines Gesellschafters

sung über die Ausschließung eines jeden Gesellschafters erfolgt. Das empfiehlt sich schon aus Gründen der Rechtssicherheit. Die von der Abberufung betroffenen Gesellschafter haben jeweils bei der Beschlussfassung kein Stimmrecht.[338]

3. Personenhandelsgesellschaften, GbR

339 Zur Vermeidung ähnlicher Streitigkeiten wie bei der GmbH dargestellt empfiehlt sich auch, in den Satzungen der Personenhandelsgesellschaften und der GbR, entsprechende Regelungen über die für die Ausschließung erforderlichen wichtigen Gründe zu treffen und die evtl. Verfahren zu regeln. Dabei wird auf die Ausführungen oben zur GmbH verwiesen.

B. Prozess

I. Zuständigkeit des Gerichts

340 Soweit es um Klagen zwischen Gesellschaftern einer Handelsgesellschaft geht oder um die Klage einer solchen Gesellschaft gegen ihren Gesellschafter, ist die Klage vor der Kammer für Handelssachen bei den örtlich zuständigen Landgerichten anhängig zu machen. Für die GbR gelten die üblichen Regeln.

II. Klageart

341 Die Ausschließungsklage aus wichtigem Grund gegen den Aktionär ist durch die AG auf Basis des Hauptversammlungsbeschlusses über die Einziehung von Aktien zu erheben. Die Ausschließungsklage ist Gestaltungsklage, sodass sich der Ausschluss erst mit dem der Klage stattgebenden Urteil vollzieht. Soweit der Ausschluss des Gesellschafters in der Satzung der GmbH nicht allein an einen gestaltenden Gesellschafterbeschluss geknüpft ist und in Folge dessen eine Ausschließungsklage nicht entbehrlich ist, muss die Gesellschaft auf Basis eines Ausschließungsbeschlusses Ausschließungsklage gegen den betreffenden Gesellschafter erheben. Die Klage ist auch hier Gestaltungsklage.[339]

342 Im Hinblick auf den Urteilsausspruch in Bezug auf die Abfindung bei der AG und der GmbH empfiehlt es sich, auch den Klageantrag gleich entsprechend zu fassen. Die Ausschließung eines Gesellschafters sollte – sofern nicht bei der GmbH eine abweichende Satzungsregelung besteht – unter der aufschiebenden Bedingung beantragt werden, dass die Gesellschaft innerhalb eines konkret zu bestimmenden angemessenen Zeitraumes ab Rechtskraft des Urteils dem Beklagten eine ebenfalls konkret zu beziffernde Summe Abfindung zahlt, die angemessen sein muss.

343 Auch bei den Personenhandelsgesellschaften ist die Ausschließungsklage nach § 140 HGB ggf. i.V.m. § 161 Abs. 2 HGB als Gestaltungsklage auf Ausschließung des Gesellschafters oder auf Übernahme seines Geschäftsanteils gerichtet (§ 140 Abs. 1 S. 2 HGB).

---

338 Kort in: Münchener Handbuch des Gesellschaftsrechts, Bd. 3, 2. Aufl. 2003, § 29 Rn. 43.
339 Baumbach/Hueck, GmbHG, 17. Aufl. 2000 Anh. § 34 Rn. 8.

Die Ausschließung des BGB-Gesellschafters erfolgt gemäß § 737 S. 3 BGB durch Erklärung gegenüber dem betreffenden Gesellschafter. Der ausgeschlossene Gesellschafter muss sich gegen die Ausschließung zur Wehr setzen. Er wird deshalb Feststellungsklage erheben, gerichtet auf die Feststellung der Unwirksamkeit des Ausschließungsbeschlusses. Innerhalb dieser Klage sind die Voraussetzungen für den Ausschluss einschließlich des wichtigen Grundes zu prüfen.[340]

III. Streitwert

Der Streitwert für die Ausschließungsklage richtet sich gemäß § 3 ZPO nach dem **Interesse des Klägers an der Ausschließung**. Maßgeblich ist der Wert des Gesellschaftsanteils des die Ausschließung betreibenden Klägers. Relevant ist keinesfalls der Wert des Gesellschaftsanteils des auszuschließenden Gesellschafters.[341]

IV. Aktiv- und Passivlegitimation

Bei der AG und GmbH ist aktiv legitimiert die Gesellschaft und passiv legitimiert der durch die Ausschließungsklage auszuschließende Aktionär bzw. Gesellschafter. Besonderheiten gelten jedoch im Hinblick auf die Ausschlussklage bei einer Zwei-Personen-GmbH. Hier kann an Stelle der Gesellschaft auch der Mitgesellschafter die Ausschlussklage persönlich erheben.[342]

Die Ausschließungsklage bei den Personen- und Handelsgesellschaften muss durch alle übrigen Gesellschafter erhoben werden. Sie sind notwendige Streitgenossen (§ 62 ZPO). § 140 Abs. 1 S. 2 HGB stellt klar, dass auch bei der Zwei-Personen-OHG oder -KG der verbleibende Gesellschafter die Ausschließungsklage erheben muss.

Bei der BGB-Gesellschaft stellt sich die prozessuale Situation auf Grund der vom ausgeschlossenen Gesellschafter zu erhebenden Feststellungsklage anders dar. Der letzt genannte Gesellschafter ist aktiv legitimiert. Die Klage ist – nachdem der BGH die Parteifähigkeit der BGB-Gesellschaft freigestellt hat – gegen die BGB-Gesellschaft zu richten.

V. Darlegungs- und Beweislast

Die Darlegungs- und Beweislast für die Voraussetzungen der Ausschließung des Gesellschafters trägt grundsätzlich die Gesellschaft bzw. bei der Zwei-Personen-Gesellschaft der die Ausschließung betreibende Gesellschafter.[343] Das gilt insbesondere für das Vorliegen eines wichtigen Grundes in der Person des ausgeschlossenen Gesellschafters und für die Wirksamkeit des Gesellschafterbeschlusses einschließlich der Einhaltung der erforderlichen Mehrheiten. Gleiches ist im Rahmen der Feststellungsklage zu beachten, die ein ausgeschlossener BGB-Gesellschafter erhebt. Darüber hinaus trägt die BGB-

---

[340] BGHZ 31, 295 ff., 299.
[341] Oestreich/Winter/Hellstab, Streitwerthandbuch, 2. Aufl. 1998, S. 119 zum Stichwort Gesellschaft.
[342] Kort in: Münchener Handbuch des Gesellschaftsrechts, Bd.3, 2. Aufl. 2003, § 29, Rn. 52.
[343] So wohl Kort in: Münchener Handbuch des Gesellschaftsrechts, Bd. 3, 2. Aufl. 2003, § 29 Rn. 45, speziell zu der Frage der mit dem Gestaltungsurteil zu verbindenden Abfindungsfrage.

David

§ 5 Klage auf Ausschliessung eines Gesellschafters

Gesellschaft die Darlegungs- und Beweislast für das Vorliegen der gesellschaftsvertraglichen Fortsetzungsklausel, die unabdingbare Voraussetzung für die Ausschließung ist.

350 Wenn die GmbH-Satzung das zweistufige Verfahren nicht ausdrücklich ausschließt und damit nach der Rechtssprechung des BGH eine Ausschließungsklage erforderlich ist, kommt es im Ausschließungsprozess auf das Vorliegen des wichtigen Grundes an, wofür die GmbH die Beweislast trägt. Die GmbH muss aber nicht die formelle Ordnungsgemäßheit des vorangegangenen Ausschließungsbeschlusses darlegen und beweisen. Formelle Mängel des Gesellschafterbeschlusses über die Erhebung der Ausschließungsklage betreffen allein dessen Anfechtbarkeit entsprechend § 243 Abs. 1 AktG und sind in Folge dessen allein im Rahmen der Anfechtungsklage vom auszuschließenden Gesellschafter geltend zu machen.[344] Insofern muss sich die klagende Gesellschaft im Rahmen der Ausschließungsklage nicht mit den Formalien des Ausschließungsbeschlusses befassen. Umgekehrt bedeutet dies für den auszuschließenden GmbH-Gesellschafter, dass er sich gegen die Ausschließung nur mit der fristgerecht erhobenen Anfechtungsklage zur Wehr setzen kann.

351 Angesichts der Besonderheit bei der AG und der GmbH (soweit deren Satzung keine abweichende Reglung enthält), dass das Urteil über die Ausschließung nach der Rechtsprechung des BGH unter der aufschiebenden Bedingung der rechtzeitigen Zahlung der im Urteil festgesetzten Abfindung ergeht, trägt die die Ausschließung betreibende Gesellschaft bzw. der Gesellschafter der Zwei-Personen-GmbH die Darlegungs- und Beweislast für die Angemessenheit der Abfindung und der Zahlungsfrist.[345] Kommt die Gesellschaft dem nicht nach, kann kein Ausschließungsurteil ergehen. Der Streit über die Höhe der Abfindung und die Angemessenheit der Frist kann den Ausschluss deshalb über einen erheblichen Zeitraum verzögern. Nur ausnahmsweise ist ein Ausschluss ohne endgültige Festsetzung der Höhe der Abfindung möglich, wenn der Auszuschließende die Festsetzung des Wertes entgegen der für ihn bestehenden Möglichkeiten behindert.[346]

VI. Prozessuale Besonderheiten beim Ausschluss aus der Zwei-Personen-Gesellschaft

352 Grundsätzlich ist auch hier die Gestaltungsklage begründet, wenn in der Person des auszuschließenden Gesellschafters ein wichtiger Grund vorliegt, der sein Verbleiben in der Gesellschaft für den anderen Gesellschafter unzumutbar erscheinen lässt. Liegen Ausschließungsgründe in der Person beider Gesellschafter vor, ist die Ausschließung nicht möglich, es sei denn, die in der Person des einen auszuschließenden Gesellschafters liegenden Gründe überwiegen die in der Person des anderen Gesellschafters liegenden Gründe eindeutig. Sind die Gründe etwa gleichgewichtig, scheidet eine Ausschließung aus.[347]

---

344 BGH NZG 2003, 286; Gehrlein, BB 2004, 2361f., 2367.
345 BGHZ 9, 157f.; BGHZ 16, 317f., 325; Krieger in: Münchener Handbuch des Gesellschaftsrechts, Bd. 4, 2. Aufl. 1999, § 62, Rn. 28 für die AG; Kort in: Münchner Handbuch des Gesellschaftsrechts, Bd. 3, 2. Aufl. 2003, § 29, Rn. 45 für die GmbH.
346 BGHZ 16, 317f., 318; Baumbach/Hueck, GmbHG, 17. Aufl. 2000 Anhang § 34, Rn. 12.
347 Kort in: Münchener Handbuch des Gesellschaftsrechts, Bd. 3, 2. Aufl. 2003, § 29 Rn. 53 für die GmbH, jedoch verallgemeinerbar.

Wenn beide Gesellschafter der Zwei-Personen-Gesellschaft sich gegenseitig per „Beschluss" oder durch Ausschließungsklage aus der Gesellschaft ausschließen wollen, sind beide Klagen als Klage und Widerklage zu verbinden.[348]

VII. Urteilswirkungen

Die auf die Ausschließungsklagen ergehenden stattgebenden Urteile haben – außer bei der GbR – Gestaltungswirkung. Der davon betroffene Gesellschafter ist mit Rechtskraft des Urteils ausgeschlossen.

VIII. Einstweiliger Rechtsschutz

Soweit sich die Ausschließung des Gesellschafters erst mit Rechtskraft des auf die Ausschließungsklage ergehenden stattgebenden Urteils vollzieht, besteht für den auszuschließenden Gesellschafter kein Bedürfnis für einstweiligen Rechtsschutz. Dieses Bedürfnis kann jedoch umgekehrt für die die Ausschließung betreibende Gesellschaft bzw. im Falle der Zwei-Personen-Gesellschaft für den die Ausschließung betreibenden Gesellschafter bestehen. Denkbar ist hier eine vorläufige Regelung im Wege der einstweiligen Verfügung bis zur Rechtskraft des Ausschlussurteils.[349]

Wenn in der Gesellschaftssatzung auf die Ausschließungsklage verzichtet worden ist, indem die Gesellschafterversammlung ermächtigt wird, die Ausschließung aus wichtigem Grund durch Beschluss und Mitteilung an den ausgeschlossenen Gesellschafter zu vollziehen, ergibt sich für den davon betroffenen ausgeschlossenen Gesellschafter das dringende Bedürfnis, den Ausschlussbeschluss im Wege des einstweiligen Rechtsschutzes überprüfen zu können.[350] Anderenfalls wäre er fast rechtlos gestellt.[351] Dies gilt besonders vor dem Hintergrund, dass der BGH einen sehr hohen Maßstab an den Ausschließungsbeschluss anlegt, insbesondere im Hinblick auf den Ausschluss als ultima ratio und im Hinblick auf das Vorliegen des wichtigen Grundes, wonach zahlreiche Ausschließungsbeschlüsse nichtig sind. Zudem können während der Dauer des Rechtsstreites über die Ausschließung vollendete Tatsachen zu Lasten des auszuschließenden Gesellschafters geschaffen werden. Aus diesem Grund ist anerkannt, dass ein Gesellschafter gegen seinen Ausschluss aus der Gesellschaft grds. im Wege der einstweiligen Verfügung vorgehen kann.[352]

Gleichwohl verwundert es, dass die Rechtsprechung an die Voraussetzungen einer Verfügung, soweit sie den Ausschließungsbeschluss vorläufig verhindern soll, besonders hohe Anforderungen stellt. Der einstweilige Rechtsschutz kommt nach Auffassung der Rechtsprechung für den Antragssteller insoweit nur bei besonders schwerwiegenden

---

348 OLG München GmbHR 1994, 295; Kort in: Münchener Handbuch des Gesellschaftsrechts, Bd. 3, 2. Aufl. 2003, § 29 Rn. 53.
349 Piehler/Schulte in: Münchener Handbuch des Gesellschaftsrechts, Bd. 1, 2. Aufl. 2004, § 74 Rn. 51 für die OHG, jedoch verallgemeinerbar; OLG Düsseldorf NJW-RR 1988, 1271f., 1200.
350 Für die Wirksamkeit mit Beschlussfassung bzw. mit Bekanntgabe an den betroffenen Gesellschafter: OLG Saarbrücken NJW-RR 1989, 1512f., 1514; Karsten Schmidt, Gesellschaftsrecht, 4. Aufl. 2002, S. 1469.
351 BGH NZG 2003, 625f. speziell für die GbR.
352 OLG Düsseldorf NJW-RR 1988, 1271f.

Beeinträchtigungen seiner Belange in Betracht.³⁵³ Wenn aber Ausschließungsbeschlüsse angesichts der hohen Anforderungen daran häufig nichtig sind, scheint bei gleichfalls sehr hohen Anforderungen an die Voraussetzungen für die einstweilige Verfügung des sich dagegen zur Wehr setzenden Gesellschafters die dadurch zu seinen Lasten entstehende Rechtsschutzlücke unerträglich zu sein. Außerdem ist zu bedenken, dass ein wichtiger Grund nur dann zum Ausschluss des Gesellschafters berechtigt, wenn das Verbleiben für die übrigen Gesellschafter unzumutbar ist. Eine insoweit erforderliche Gesamtabwägung kann im Rahmen des summarischen Verfahrens kaum sachgerecht erfolgen. Deshalb besteht nach meiner Auffassung ein vorrangiges Schutzbedürfnis des auszuschließenden Gesellschafters, gegen den Ausschlussbeschluss **im Wege der Regelungsverfügung** vorläufig vorzugehen. In Folge dessen dürfen meines Erachtens entgegen der Rechtsprechung keine besonderen Anforderungen an die einstweilige Verfügung geknüpft werden.³⁵⁴ Das muss jedenfalls unter der Voraussetzung gelten, dass anderenfalls wegen Zeitablaufs die konkrete Gefahr einer irreparablen Schädigung des auszuschließenden Gesellschafters besteht.³⁵⁵ Hier ist in jeden Fall eine Einzelfallbetrachtung anzustellen. Je weniger Sicherheit für den Verfügungsanspruch vorliegt, umso eher muss die gefährdungsbezogene Interessenabwägung zu Gunsten des auszuschließenden Gesellschafters ausfallen.³⁵⁶

IX. Muster

1. Muster: Feststellungsklage des ausgeschlossenen BGB-Gesellschafters³⁵⁷

An das

Landgericht ■■■

Zivilkammer

K L A G E

des Herrn A, ■■■

Kläger

Prozessbevollmächtigte:

gegen

die A-B-C-D-GbR, vertreten durch deren Geschäftsführer B,

Beklagte

Prozessbevollmächtigte:

---

353 OLG Frankfurt am Main GmbHR 1993, 161f.; OLG Hamburg NJW 1992, 186f.; OLG Stuttgart NJW 1997, 87, 2449f.; OLG Koblenz NJW 1986, 1692f.
354 So auch Kiethe für die Personengesellschaft NZG 2004, 114f., 116.
355 OLG Koblenz NJW 1986, 1692; OLG Stuttgart NJW 1987, 2449.
356 S. auch Happ, Die GmbH im Prozess, 1997, § 24 Rn. 19.
357 In Anlehnung an BGH NZG 2004, 269.

wegen Feststellung der Unwirksamkeit des Ausschließungsbeschlusses

vorläufiger Streitwert: ■■■ €

Namens und kraft Vollmacht des Klägers erheben wir Klage und werden im Termin zur mündlichen Verhandlung beantragen:

Es wird festgestellt, dass der Beschluss der Gesellschafterversammlung der Beklagten vom 01.02.2005, durch den der Kläger aus der Beklagten ausgeschlossen wird, nichtig ist.

Begründung

1. Sachverhalt

Der Kläger hat sich durch Gesellschaftsvertrag vom 01.01.1990 mit den Herren B, C und D zur A-B-C-D-GbR verbunden. Zweck des Unternehmens war die gemeinschaftliche Ausübung des ärztlichen Berufs in einer Gemeinschaftspraxis.

Beweis: Gesellschaftsvertrag, Fotokopie Anlage K1.

Der Gesellschaftsvertrag sah unter § 5 vor, dass der Kläger mit einer Frist von sechs Monaten zum Ende eines Kalenderjahres auch ohne Vorliegen eines wichtigen Grundes durch Mehrheitsbeschluss der Beklagten ausgeschlossen werden kann. Außerdem war in § 6 des Vertrages festgelegt, dass der Kläger im Falle der Veräußerung der Gemeinschaftspraxis an einen Dritten anteilig in Höhe seiner Gewinnquote von 25 % am Kaufpreis nur dann zu beteiligen sei, wenn er im Zeitpunkt des für die Veräußerung erforderlichen Beschlusses der Gesellschafterversammlung der Gesellschaft bereits zehn Jahre angehört hat.

Vor dem Hintergrund einer zum 01.01.2005 geplanten Veräußerung der Gemeinschaftspraxis unterbreiteten die Herren B, C und D dem Kläger am 20.12.2004 ein Angebot auf Änderung des Gesellschaftsvertrages, wonach das Recht des Klägers auf Beteiligung am Veräußerungspreis eingeschränkt werden sollte. Gleichzeitig wiesen sie ihn auf das ihnen zustehende Ausschließungsrecht hin.

Da der Kläger hierauf nicht einging, beschlossen die Beklagten am 01.02.2005, den Kläger zum Ende 2005 aus der Gesellschaft auszuschließen.

Beweis:
1. Kaufangebot vom 20.12.2004, Fotokopie Anlage K 2
2. Schreiben der Herren B, C und D vom 20.12.2004, Fotokopie Anlage K 3.
3. Protokoll der Gesellschafterversammlung vom 01.02.2005, Fotokopie Anlage K 4.

2. Rechtslage

Der Ausschießungsbeschluss ist nichtig. Zwar ist nach dem Wortlaut des § 5 der Gesellschaftssatzung der Ausschluss des Klägers auch ohne wichtigen Grund möglich. Auch nach Auffassung des BGH ist eine Vertragsklausel, die den Ausschluss ohne wichtigen Grund zulässt, nicht ohne Weiteres unwirksam. Sie ist allerdings nur dann zulässig, wenn für eine solche Regelung wegen außergewöhnlicher Umstände sachlich gerechtfertigte Gründe bestehen. Gerade bei dem Zusammenschluss von Ärzten, der zumindest bislang nur in der Form der BGB-Gesellschaft oder der Partnerschaftsgesellschaft möglich war, wurde den Alt-Gesellschaftern zugestanden, sich unter bestimmten Voraussetzungen eine angemessene Prüfungszeit auszubedingen, innerhalb derer ein neu eingetretener Gesellschafter, der

§ 5 Klage auf Ausschliessung eines Gesellschafters

ohne Leistung einer Einlage aufgenommen wurde, auch ohne wichtigen Grund aus der Gesellschaft wieder ausgeschlossen werden kann. Dies gilt jedoch nicht für einen Zeitraum von zehn Jahren, wie der BGH festgestellt hat. Zumindest haben die Mitgesellschafter B, C und D von der Klausel in § 5 des Gesellschaftsvertrages in einer gegen § 242 BGB verstoßenden Weise Gebrauch gemacht (vgl. allgemein BGH NZG 2004, 569). Insofern ist der Ausschließungsbeschluss der Beklagten vom 01.02.2005 nichtig.

Rechtsanwalt

2. Muster: Klage auf Ausschließung aus einer OHG

An das

Landgericht ■■■

Kammer für Handelssachen

K L A G E

des Herrn A, des Herrn B und des Herrn C,

Kläger zu 1), 2) und 3)

Prozessbevollmächtigte:

gegen

Herrn D, ■■■

Beklagter

Prozessbevollmächtigte:

wegen Ausschließung aus der OHG gemäß § 140 HGB

vorläufiger Streitwert: ■■■ €

Namens und kraft Vollmacht der Kläger erheben wir Klage. In der mündlichen Verhandlung werden wir beantragen:

Der Beklagte wird aus der Vitafrucht-OHG, Amtsgericht ■■■ HRA 120 (Adresse ■■■) ausgeschlossen.

Begründung

Die Kläger sind gemeinsam mit dem Beklagten Gesellschafter der Vitafrucht-OHG mit Sitz in ■■■, Amtsgericht ■■■ HRA 120. Die Vitafrucht-OHG betreibt einen Großmarkt für Obst und Gemüse in ■■■. Sie beliefert im ■■■land zahlreiche Einzelhändler.

Der Beklagte ist nach dem Beschluss der Gesellschafterversammlung vom 01.01.2005 alleinvertretungsberechtigter Geschäftsführer der Vitafrucht-OHG.

Der Einzelhändler X, der auch ein langjähriger Kunde der Vitafrucht-OHG ist, ist der Bruder des Beklagten. Am 01.02.2005 sind den Klägern anlässlich der Prüfung des Jahresabschlusses für das Geschäftsjahr 2004 der Vitafrucht-OHG erhebliche Kassenfehlbestände zur Kenntnis gelangt. Eine nähere Prüfung des Sachverhalts hat zu dem Ergebnis geführt, dass der Beklagte im Jahre 2004 für Rechnung der Vitafrucht-OHG frisches Obst und Gemüse zum Preis von insgesamt 50.000,– € zzgl. USt an Herrn X geliefert hat. Die Ware wurde durch den Mitarbeiter Z der Vitafrucht-OHG auf die firmeneigenen LKW verladen und an X geliefert. Von dem Kaufpreis von 50.000,– € zzgl. USt hat X lediglich jedoch 10.000,– € an die Vitafrucht-OHG gezahlt. Auf Grund angeblicher Mängel der gelieferten Ware hat er den restlichen Kaufpreis gegenüber der Vitafrucht-OHG wegen angeblich fehlender Frische „gemindert" und zwar offenbar in kollusivem Zusammenwirken mit dem Beklagten. Kontrollen seitens der Vitafrucht-OHG, etwa veranlasst durch den Beklagten, fanden nie statt. Vielmehr wurden die Minderungserklärungen des X stets vorbehaltlos akzeptiert. Die Befragung des Z hat ergeben, dass dieser das an X gelieferte Obst und Gemüse verpackt und dabei auch gesehen hat. Er kann ausschließen, dass die Ware in größerem Umfang tatsächlich nicht frisch war

Beweis: Eidesstattliche Versicherung des Z, Fotokopie Anlage K 1.

Als der Beklagte mit diesem Sachverhalt durch seine Mitgesellschafter konfrontiert wurde, hat er zunächst alles abgestritten. Erst nach Vorlage der eidesstattlichen Versicherung des Mitarbeiters Z hat er zugegeben, dass er mit X verabredet habe, Minderungserklärungen zu fingieren. Der insofern „gesparte Kaufpreisanteil" wurde zwischen dem Beklagten und X aufgeteilt. Diese Erklärung hat der Beklagte schriftlich zu Händen der Kläger abgegeben.

Beweis: Schreiben des Beklagten vom 01.03.2005, Fotokopie Anlage K 2.

Auf Grund der in dem Verhalten des Beklagten liegenden Straftatbestände Untreue und Betrug gemäß §§ 263, 266 StGB ist das Vertrauensverhältnis zwischen den Klägern und dem Beklagten endgültig zerstört. Ein Verbleiben des Beklagten in der Vitafrucht-OHG ist den Klägern nicht mehr zumutbar. Auch ein milderes Mittel als die Ausschließung kommt angesichts der Schwere der Straftat unter Ausnutzung des in ihn als einzigen Geschäftsführer der OHG gesetzten Vertrauens nicht in Betracht. Im Übrigen ist es angemessen, dass die Gesellschaft in der Hand der Kläger verbleibt, sodass eine Auflösung nach § 133 HGB nicht in Betracht kommt.

Rechtsanwalt

3. Muster: Klage auf Ausschließung eines Gesellschafters aus wichtigem Grund aus der GmbH

An das

Landgericht ■■■

Kammer für Handelssachen

K L A G E

der Vitafrucht-GmbH, vertreten durch den Geschäftsführer

Klägerin

§ 5 Klage auf Ausschliessung eines Gesellschafters

Prozessbevollmächtigte:

gegen

Herrn B, ▬▬▬

Beklagter

Prozessbevollmächtigte:

wegen Ausschließung aus der Gesellschaft

vorläufiger Streitwert: ▬▬▬ €

Namens und kraft Vollmacht der Klägerin erheben wir Klage. In der mündlichen Verhandlung werden wir beantragen:

Der Beklagte wird aus der Klägerin unter der aufschiebenden Bedingung ausgeschlossen, dass die Klägerin binnen drei Monaten ab Rechtskraft dieses Urteils an den Beklagten 10.000,–€ Abfindung zahlt.[358]

Begründung

1. Sachverhalt

Die Klägerin betreibt einen Großmarkt für Obst und Gemüse in ▬▬▬. Sie beliefert im gesamten ▬▬▬ Einzelhändler. Der Gesellschaftsvertrag der Klägerin enthält keine Bestimmungen über die Frage, ob und unter welchen Voraussetzungen, insbesondere in welchem Verfahren ein Gesellschafter aus der Klägerin ausgeschlossen werden kann. Einer der beiden alleinvertretungsberechtigten Geschäftsführer der GmbH war der Beklagte.

Beweis: Gesellschaftsvertrag der Klägerin, Fotokopie Anlage K 1.

Der Einzelhändler X, der auch ein langjähriger Kunde der Vitafrucht-GmbH ist, ist der Bruder des Beklagten. Am 01.02.2005 sind den Klägern anlässlich der Prüfung des Jahresabschlusses für das Geschäftsjahr 2004 der Vitafrucht-GmbH erhebliche Kassenfehlbestände zur Kenntnis gelangt. Eine nähere Prüfung des Sachverhalts hat ergeben, dass der Beklagte im Jahre 2004 für insgesamt 50.000,– € zzgl. USt frisches Obst und Gemüse an Herrn X für die Vitafrucht-GmbH geliefert hat. Dies wurde durch den Mitarbeiter Z der Vitafrucht-GmbH auf die firmeneigenen LKW verladen und an X geliefert. Von dem Nominal-Kaufpreis von 50.000,– € zzgl. USt hat X jedoch lediglich 10.000,– € brutto an die Vitafrucht-GmbH gezahlt. Auf Grund angeblich fehlender Frische eines Großteils der gelieferten Ware hat er den restlichen Kaufpreis gegenüber der Vitafrucht-GmbH „gemindert", offenbar auf Grund kollusiven Zusammenwirkens mit dem Beklagten. Kontrollen seitens der Vitafrucht-GmbH, etwa veranlasst durch den Beklagten, fanden nicht statt. Vielmehr wurden die Minderungserklärungen des X stets vorbehaltlos akzeptiert. Die Befragung des Z hat ergeben, dass dieser das an X gelieferte Obst und Gemüse verpackt und dabei auch gesehen hat. Er kann ausschließen, dass die Ware in größerem Umfang tatsächlich nicht frisch war.

---

358 Auf die Verknüpfung des Ausschlusses mit der aufschiebenden Bedingung der Zahlung der Abfindung kann ausnahmsweise verzichtet werden, wenn der Beklagte die Feststellung der Angemessenheit der Abfindung behindert. Dasselbe gilt, wenn die Abfindungssumme hinterlegt ist: BGHZ 9, 157, 179; BGHZ 16, 317 ff.

Der neben dem Beklagten ebenfalls alleinvertretungsberechtigter Geschäftsführer A hatte mit Schreiben vom 05.01.2005 zur Gesellschafterversammlung der Klägerin zum 30.01.2005 eingeladen.

Beweis: Einladungsschreiben, Fotokopie Anlage K 2.

In der Gesellschafterversammlung vom 30.01.2005 wurde gegen die Stimme des mit 10 % Geschäftsanteil der Klägerin beteiligten Beklagten einstimmig entschieden, dass der Geschäftsführer A der Klägerin angewiesen werden sollte, im Namen der Klägerin Ausschließungsklage gegen den Beklagten aus wichtigem Grund zu erheben.

Beweis: Protokoll der Gesellschafterversammlung, Fotokopie Anlage K 3.

Der wirtschaftliche Wert des Geschäftsanteils des Beklagten liegt bei 10.000,00 EUR.

Beweis: Wirtschaftsprüfer-Gutachten vom 01.02.2005, Fotokopie Anlage K 4.

Dieser Betrag entspricht der im Klageantrag angegebenen Abfindung, welche die Klägerin zu zahlen bereit ist.

Nach Aussage des Wirtschaftsprüfers W kann die Abfindungssumme auch aus dem freien Kapital der Klägerin gezahlt werden.

Beweis: Zeugnis des Wirtschaftsprüfers W, zu laden über ▪▪▪

2. Rechtslage

Die Voraussetzungen für die Ausschließung des Beklagten gegen Zahlung der Abfindung liegen vor.

Dass ein wichtiger Grund für die Ausschließung des Beklagten besteht, dürfte nicht ernsthaft bezweifelt werden. Die Ausschließung ist auch als ultima ratio gerechtfertigt. Ein milderes Mittel, etwa der Entzug der Geschäftsführungs- und Vertretungsbefugnis oder die Übertragung des Anteils an einen Treuhänder ist der Klägerin, insbesondere den Mitgesellschaftern des Beklagten nicht zuzumuten.

Der Ausschließungsbeschluss liegt ebenfalls vor. Er ist auch mit der erforderlichen Mehrheit gefasst worden. Mangels entsprechender Satzungsregelung hat der BGH im Jahre 2003 nochmals klargestellt, dass für die Ausschließung aus wichtigem Grund als Satzungsregelung in Anlehnung an § 60 Abs. 1 Nr. 2 GmbHG der Ausschließungsbeschluss mit einer qualifizierten Mehrheit von 3/4 der abgegebenen Stimmen unter Ausschluss derjenigen des Betroffenen gefasst werden muss (BGH NZG 2003, 284).

Da die für die Ausschließung des Beklagten angebotene Abfindung mindestens dem Verkehrswert seiner Beteiligung entspricht, ist sie angemessen. Die Auszahlungsfrist innerhalb von drei Monaten seit Rechtskraft des Urteils über die Ausschließungsklage ist ebenfalls angemessen, zumal der Beklagte außerhalb seiner Beteiligung an der Klägerin über erhebliche Vermögenswerte verfügt, insbesondere über ein Mehrfamilienmietshaus in ▪▪▪, Flur ▪▪▪, Flurstück ▪▪▪.

Beweis: Auszug aus Grundbuch, Fotokopie Anlage K 5.

Aus diesem zieht er nach eigenem Bekunden monatliche Mieteinnahmen in Höhe von 5.000,– €. Dies hat er bei einer streitigen Auseinandersetzung mit dem Gesellschafter A am 02.02.2005 zugegeben.

Beweis: Zeugnis des Herrn A, zu laden über die Klägerin.

Rechtsanwalt

4. Muster: Einstweiliger Rechtsschutz gegen die Ausschließung eines GbR-Gesellschafters[359]

An das

Landgericht ▬▬▬

Zivilkammer

Antrag auf Erlass einer einstweiligen Verfügung

des Herrn A, ▬▬▬

Antragsteller

Prozessbevollmächtigte:

gegen

die B-GbR, ▬▬▬

Antragsgegnerin

Prozessbevollmächtigte:

wegen vorläufiger Regelung des Status des Antragstellers als Gesellschafter

vorläufiger Streitwert: ▬▬▬ €

Wir bitten, der Antragsgegnerin diesen Antrag nicht zuzustellen, ohne uns zuvor auch telefonisch unter der Nr. ▬▬▬ zu informieren. Sollte das Gericht die einstweilige Verfügung nicht ohne vorherige mündliche Verhandlung erlassen wollen, bitten wir gleichfalls um vorherige telefonische Nachricht.

Namens und kraft Vollmacht des Klägers beantragen wir, im Wege einer einstweiligen Verfügung und zwar wegen der Dringlichkeit des Falles gemäß § 937 Abs. 2 ZPO ohne vorherige mündliche Verhandlung und durch den Vorsitzenden allein anzuordnen:

Bis zur rechtskräftigen Entscheidung über die bei dem Landgericht ▬▬▬ unter dem Az.: ▬▬▬ anhängige Feststellungsklage des Antragstellers gegen die Antragsgegnerin bleiben die Gesellschafterrechte des Antragstellers gegenüber der Antragsgegnerin vorläufig aufrecht erhalten.

---

359 In Anlehnung an OLG Düsseldorf NJW-RR 1988, 1271.

Begründung

Der Verfügungsantrag des Antragstellers ist zulässig. Der Antragsteller erstrebt die Regelung eines einstweiligen Zustandes in Bezug auf das zwischen den Parteien streitige Rechtsverhältnis der fortbestehenden oder beendeten Gesellschafterstellung des Antragstellers bei der Antragsgegnerin.

Ohne Aufrechterhaltung der Gesellschafterrechte des Antragstellers, die sich aus dem dauernden Rechtsverhältnis als Gesellschafter ergeben, drohen dem Antragsteller wesentliche Nachteile. Als nach der Satzung mit Vetorecht ausgestatteter Minderheitsgesellschafter kann der Antragsteller bei den im laufenden Kalenderjahr anstehenden Investitionen ohne eine einstweilige Regelung die Geschicke der Gesellschaft nicht mehr beeinflussen. Es sind jedoch Investitionen von erheblichen Wert von der Gesellschaftermehrheit geplant, die bisher zwischen den Gesellschaftern sehr streitig waren, insbesondere vom Antragsteller kritisch hinterfragt wurden. (■■■ näher ausführen und glaubhaft machen).

Der Antragsteller hat auch einen Anspruch auf die Regelung eines einstweiligen Zustandes in Bezug auf seine Gesellschafterrechte. Denn aus der Gesellschafterstellung ergibt sich ein Rechtsverhältnis, das die Antragsgegnerin durch Gesellschafterbeschluss vom 01.02.2005 beendet haben will. Das Bestehen oder Nichtbestehen, also der Fortbestand der Gesellschafterzugehörigkeit des Antragstellers, ist zwischen den Parteien streitig. Dieser Streit bedarf der gerichtlichen Klärung, nachdem der Antragsteller eine entsprechende Feststellungsklage vor dem hier zur Entscheidung berufenen Gericht erhoben hat. Diese ist vor dem Landgericht ■■■ unter dem Az.: ■■■ anhängig.

Das Rechtsverhältnis bedarf zur Sicherung des Rechtsfriedens einer einstweiligen Regelung, da anderenfalls dem Antragsteller wesentliche Nachteile drohen. Diese wesentlichen Nachteile für den Antragsteller lassen sich nur durch die beantragte einstweilige Verfügung abwenden.

Rechtsanwalt

§ 6 Klage gegen den Geschäftsführer / Vorstand auf Schadenersatz wegen unzulässiger Geschäftsführungsmassnahmen

A. Vorprozessuale Situation

362 Idealerweise wird der Rechtsanwalt vom Vorstand/Geschäftsführer der Gesellschaft bereits eingeschaltet, bevor dieser eine Geschäftsführungsmaßnahme oder eine sonstige Maßnahme vornimmt, um deren Rechtmäßigkeit zu prüfen. Meist suchen die betroffenen Personen aber erst Rat, wenn die möglicherweise schadenersatzpflichtige Handlung bereits erfolgt ist und zwischen den Beteiligten Streit herrscht. Die betroffene Gesellschaft, deren evtl. auch klagewilliger Gesellschafter und die Gläubiger suchen naturgemäß ebenfalls erst Rat nach Bekanntwerden der fraglichen Geschäftsführungshandlung. Dass den letztgenannten Personen ein möglicherweise unzulässiges oder sogar schadenersatzpflichtiges Verhalten der Geschäftsführung vorab bekannt wird, dürfte – wenn überhaupt – eine seltene Ausnahme sein. Vor Klageerhebung sind jedenfalls folgende Punkte zu berücksichtigen:

I. Rechtliche Grundlagen

1. Aktiengesellschaft

a) Haftung der Vorstandsmitglieder gegenüber der Gesellschaft

363 Der **Ersatzanspruch** der Gesellschaft gegen den Vorstand wegen unzulässigen schädigenden Verhaltens folgt aus § 93 Abs. 2 AktG. Dabei wird nicht zwischen einem ordnungsgemäß bestellten Vorstandsmitglied und einem fehlerhaft bestellten Vorstandsmitglied unterschieden. Entscheidend ist allein die Tätigkeit wie ein Vorstand für die AG.[360]

364 *aa) Rechte und Pflichten des Vorstandes:* Die Pflichten, deren schuldhafte Verletzung einen Schadenersatzanspruch der Gesellschaft gegenüber dem Vorstand begründen, beruhen auf **Gesetz, Satzung, Geschäftsordnung** oder auf dem **Anstellungsvertrag**. Gesetzliche Haftungstatbestände: Die für die Vorstandsmitglieder im Rahmen der Geschäftsführung geltenden Sorgfaltspflichten bestimmt § 93 Abs. 1 S. 1 AktG zunächst generalklauselartig. Danach haben Vorstandsmitglieder bei ihrer Geschäftsführung die Sorgfalt eines ordentlichen und gewissenhaften Geschäftsleiters anzuwenden.[361] Einige Regelbeispiele für schadenersatzpflichtige Handlungen des Vorstands enthält § 93 Abs. 3 AktG.

- **Gesellschaftliche Treuepflicht:** Daneben besteht eine gesetzlich nicht geregelte, allgemeine gesellschaftliche, insbesondere organschaftliche Treuepflicht. Als konkrete Ausprägung dieser Pflicht werden die Verschwiegenheitspflicht nach § 93 Abs. 1 S. 2 AktG und das Wettbewerbsverbot nach § 88 AktG gesehen.[362] Das Vorstandsmitglied darf insbesondere die Geschäftschancen (corporate opportunity) der Gesellschaft nicht an sich ziehen.[363]

---

360 BGHZ 41, 287.
361 Wiesner in: Münchener Handbuch des Gesellschaftsrechts, Bd. 4, 2. Auflage 1999, § 25 Rn. 2.
362 Hüffer, AktG, 5. Aufl. 2002 zu § 84 Rn. 9.
363 BGH WM 1967, 679 (für GmbH).

Im Übrigen ist der Inhalt der Treuepflicht in Literatur und Rechtsprechung nicht konturenscharf bestimmt. **Anhaltspunkte** für konkrete Anforderungen der Treuepflicht an das Verhalten der Vorstandsmitglieder können jedoch aus der Treuepflicht eines geschäftsführenden Gesellschafters einer GmbH gewonnen werden.[364] Das Vorstandsmitglied muss danach wie ein GmbH-Geschäftsführer die Gesellschaftsinteressen wahrnehmen und alles dem Gesellschaftszweck Abträgliche unterlassen.[365]

bb) Sorgfaltsmaßstab und Verschulden: Die in § 93 Abs. 1 S. 1 AktG enthaltene Umschreibung ist die konkret an § 76 Abs. 1 AktG anknüpfende Fassung der allgemeinen Verhaltensstandards der §§ 276 Abs. 2 BGB, 347 Abs. 1 HGB. Maßgeblich ist insoweit, wie ein pflichtbewusster selbständig tätiger Leiter eines Unternehmens der konkreten Art zu handeln hat, der nicht mit eigenen Mitteln wirtschaftet, sondern ähnlich einem Treuhänder fremden Vermögensinteressen verpflichtet ist.[366] Damit gilt für den Vorstand ein objektivierbarer, typisierter Sorgfalts- und damit auch Verschuldensmaßstab. Er kann sich nicht darauf berufen, er könne nicht – etwa mangels Ausbildung – die Sorgfalt eines ordentlichen und gewissenhaften Geschäftsleiters aufbringen. Er muss sie sich verschaffen und sei es auch nur dadurch, dass er sich fachkundiger Hilfe bedient. Andernfalls handelt er schuldhaft.[367]

Die aus der allgemeinen Sorgfaltspflicht folgenden Handlungsanforderungen lassen sich nicht konkret für jeden Fall bestimmen. Sie divergieren je nach Größe des Unternehmens, Zahl der Beschäftigten, der Konjunkturlage etc.[368] Der Sorgfaltsmaßstab für das Handeln des Vorstandsmitglieds wird außerdem durch unternehmerisches Ermessen bestimmt. Die Haftung greift erst ein, wenn eine unverantwortliche Risikoübernahme bzw. ein schlechthin unvertretbares Vorstandshandeln vorliegt.[369] Aus der alleinigen Zuständigkeit für Maßnahmen der Geschäftsführung folgt zwar seine generelle Verantwortung für falsche und die Gesellschaft schädigende Maßnahmen. Eine Erfolgshaftung besteht damit aber noch nicht zwingend.[370] Das ist erst der Fall, wenn der Vorstand das ihm zustehende unternehmerische Ermessen überschritten, es unzulässig ausgeübt oder nicht beachtet hat. Abzustellen ist auf den Zeitpunkt des schadenbegründenden Verhaltens des Vorstands. Das Fehlverhalten muss zu diesem Zeitpunkt evident gewesen sein.[371]

Im Einzelfall kann die Abgrenzung der haftungsauslösenden Pflichtverletzung von bloßen Fehlschlägen oder Irrtümern, die keine Haftung des Vorstandsmitglieds begründen, große Schwierigkeiten bereiten.[372] Auch insoweit sind alle Umstände des Einzelfalles zu berücksichtigen.

---

364 Hüffer, AktG 5. Aufl. 2002 zu § 84 Rn. 9.
365 BGHZ 34, 83.
366 BGHZ 129, 30, 34.
367 BGH WM 1983, 498; Wiesner in: Münchener Handbuch Gesellschaftsrechts Bd. 4, 2. Aufl. 1999, § 26 Rn. 7.
368 MünchKomm AktG, 2. Aufl. 2000 f zu § 93, Rn. 22.
369 BGH NZG 2002, 195, 196.
370 MünchKomm AktG, 2. Aufl. 2000 f zu § 93, Rn. 23.
371 Hüffer AktG, 5. Aufl. 2002 zu § 93 Rn. 13a.
372 Vgl. zum Business Judgement Rule MünchKomm, AktG 2. Aufl. 2002 f zu § 93, Rn. 33 ff.

§ 6 Klage gegen den Geschäftsführer / Vorstand

369 Im Hinblick auf die Neuregelung der aktienrechtlichen Haftung durch das „Gesetz zur Unternehmensintegrität und Modernisierung des Anfechtungsrechts" soll das Recht der Aktionärsminderheit zur klageweisen Durchsetzung ihrer Rechte erweitert werden. Dies hat unmittelbare Auswirkungen auf die Haftungsnorm des § 93 AktG. Weil durch die Einführung des neuen § 147a AktG die Klagemöglichkeit der Minderheit erheblich ausgedehnt wird, sieht der Gesetzgeber in § 93 Abs. 1 AktG vor, einen neuen Satz 2 einzufügen. Dieser soll klarstellen, das für **schlicht fahrlässig begangene Fehler** im Rahmen des unternehmerischen Ermessens nicht gehaftet wird.[373] Die weitgehende Haftungsfreistellung für Fehler im Rahmen des unternehmerischen Ermessens wird die o.g. Verstöße gegen die Sorgfalts- und Treuepflichten zwar nicht verdrängen.[374] Zumindest eine Einschränkung der Haftung soll nach dem RegE aber dadurch zu erreichen sein, dass es für die Frage einer zum Schadensersatz verpflichtenden Sorgfaltswidrigkeit abweichend von der bisherigen objektivierten Sicht auf die subjektive ex ante Sicht des Handelnden ankommt.[375]

370 Besondere Verhaltensregeln für Vorstandsmitglieder sieht weiterhin das – nicht rechtsverbindliche – Regelungswerk der **Corporate Governance** vor. Dieser Kodex beschreibt die Summe der für eine verantwortliche Unternehmensführung, Unternehmenskontrolle und Transparenz geltenden Maximen.[376] Nach § 161 AktG haben Aufsichtsrat und Vorstand einer börsennotierten Gesellschaft jährlich gegenüber den Aktionären zu erklären, dass den Empfehlungen der „Regierungskommission Deutscher Corporate Governance Kodex" entsprochen wurde oder wird oder welche Empfehlungen nicht angewendet wurden bzw. werden. Zur Zeit liegt der Regelungsstandard des deutschen Corporate Governance Kodex jedoch unterhalb sonst üblicher Standards.[377]

cc) Ausschluss der Haftung des/der Vorstandsmitglieds/er
- Gesetzmäßiger Beschluss der Hauptversammlung
- Nach § 93 Abs. 4 S. 1 AktG tritt die Ersatzpflicht gegenüber der Gesellschaft nicht ein, wenn die Handlung des Vorstandsmitglieds auf einem gesetzmäßigen Beschluss der Hauptversammlung beruht. Insoweit reicht nicht die Billigung durch einen Mehrheitsaktionär bzw. durch den Aufsichtsrat (§ 93 Abs. 4 S. 2 AktG). Voraussetzung für den Ausschluss der Haftung ist vielmehr die Durchführung einer Hauptversammlung und ein dort gesetzmäßig gefasster und nicht anfechtbarer Hauptversammlungsbeschluss. Zunächst anfechtbare oder nichtige Hauptversammlungsbeschlüsse sind nach Ablauf der Anfechtungsfrist gesetzmäßig i.S.d. § 93 Abs. 1 S. 4 AktG. Denn danach kann auch die Nichtigkeit nach § 242 AktG nicht mehr geltend gemacht werden.[378]

---

373 § 93 Abs. 1 S. 2 AktG n.F. soll lauten: „Eine Pflichtverletzung liegt nicht vor, wenn das Vorstandsmitglied bei einer unternehmerischen Entscheidung ohne grobe Fahrlässigkeit annehmen durfte, auf der Grundlage angemessener Informationen zum Wohle der Gesellschaft zu handeln.".
374 Vgl. RegE, S. 15.
375 Vgl. RegE, S. 18.
376 Karsten Schmidt, Gesellschaftsrecht, 4. Aufl. 2002, § 26 II S. 767f.
377 Marsch-Barner/Diekmann in: Münchener Handbuch des Gesellschaftsrechts Bd. 3, 2. Aufl. 2003, § 76, Rn. 109.
378 BGHZ 33, 178f.

- Der betreffende Vorstand kommt aber nicht in den Genuss des Haftungsausschlusses, wenn er es unterlassen hat, trotz seiner Anfechtungsbefugnis gem. § 245 Nr. 4 und 5 AktG den Beschluss durch Anfechtung zu beseitigen, obwohl innerhalb der Anfechtungsfrist voraussehbar war, dass die Gesellschaft durch den Beschluss einen Schaden erleiden würde und der Vorstand die Anfechtbarkeit des Beschlusses erkennen konnte.[379]
- Verzicht durch Gesellschaft
- § 93 Abs. 4 S. 3 AktG erlaubt den Verzicht auf Ersatzansprüche durch die Gesellschaft. Dies ist nach § 93 Abs. 4 S. 2 und 3 AktG jedoch erst drei Jahre nach der Entstehung des Anspruchs möglich und setzt weiter voraus, dass die Hauptversammlung zustimmt und nicht eine Minderheit von 10 % des Grundkapitals zur Niederschrift Widerspruch einlegt.

dd) Gesamtschuldnerische Haftung und Mitverschulden: Mehrere Vorstandsmitglieder, die eine Pflicht schuldhaft verletzt haben, haften als Gesamtschuldner (§ 93 Abs. 2 S. 1 AktG). Jedes Mitglied haftet insoweit zunächst nach außen für den gesamten Schaden, und zwar **unabhängig von dem Grad der Verantwortlichkeit**. Für jedes Vorstandsmitglied muss aber gesondert festgestellt werden, ob es ersatzpflichtig ist oder nicht. Ein Mitverschulden anderer Verwaltungsmitglieder oder Angestellter ist somit nach außen unbeachtlich.[380] Entsprechend schließt § 93 Abs. 4 S. 2 AktG die Haftung nicht aus, wenn der Aufsichtsrat die Handlung gebilligt hat.

371

ee) Darlegungs- und Beweislast: Gem. § 93 Abs. 2 S. 2 AktG liegt die Beweislast für die Anwendung der Sorgfalt eines ordentlichen und gewissenhaften Geschäftsleiters bei den Vorstandsmitgliedern. Satz 2 der Vorschrift stellt insoweit eine Vermutung für pflichtwidriges Verhalten der Vorstandsmitglieder auf. Die Beweislast bezieht sich über den Gesetzeswortlaut hinaus auch auf fehlendes Verschulden.[381] Ferner trifft die Beweislast für ein nicht objektiv bzw. subjektiv pflichtwidriges Verhalten das Vorstandsmitglied selbst in dem Fall, dass ihm durch die Hauptversammlung bereits Entlastung erteilt worden ist. Dies folgt aus § 120 Abs. 2 S. 2 AktG, der ausdrücklich bestimmt, dass die Entlastung keinen Verzicht auf Ersatzansprüche zur Folge hat, selbst wenn die Hauptversammlung dies bestimmt. Lediglich im vorhinein – also vor der schadenauslösenden Handlung – kann ein gesetzmäßiger Beschluss der Hauptversammlung die Haftung ausschließen (§ 93 Abs. 4 S. 1 AktG). Es liegt dann schon keine Pflichtverletzung vor.

372

Die AG muss demgegenüber den Eintritt und die Höhe des Schadens, die zur Pflichtverletzung führende Handlung und die Kausalität zwischen Handlung und Schaden beweisen.[382] Jedoch kann nicht ausnahmslos gefordert werden, dass die AG die schadenauslösende Handlung bestimmt und beweist; dies hängt vielmehr von der Sachnähe und dem Kenntnisstand der Gesellschaftsvertreter ab.[383] Auch aus der Art des Scha-

373

---

379 Wiesner in: Münchener Handbuch des Gesellschaftsrechts, Bd. 4, 2. Aufl. 1999, § 26 Rn. 13.
380 BGH WM 1981, 440; BGH WM 1983, 725, 726.
381 Hüffer, AktG 5. Aufl. 2002 zu § 93 Rn. 16.
382 MünchKomm AktG, 2. Auf. 2002f zu § 93, Rn. 87.
383 Hüffer, AktG 5. Aufl. 2002 zu § 93 Rn. 17.

§ 6 Klage gegen den Geschäftsführer / Vorstand

dens kann sich eine tatsächliche Vermutung ergeben, wonach der Schaden auf die Handlung eines bestimmten Vorstandsmitglieds zurückgeht.[384] Der BGH hat hierzu entschieden, dass der Eintritt eines Schadens durch einen Buchungsfehler und ein entsprechendes Verschulden des zuständigen Vorstandsmitglieds zu vermuten ist, wenn ein buchmäßiger Kassenfehlbestand bzw. ein Verlust in einem Warenlager festgestellt ist.[385]

374 Ist eines der **Regelbeispiele** des § 93 Abs. 3 AktG erfüllt, folgt daraus eine zusätzliche Beweiserleichterung zum Vorteil der AG. Aus Abs. 3 folgt die Vermutung für die Verursachung des so entstandenen Schadens. Das Vorstandsmitglied muss daher beweisen, dass die Gesellschaft durch das in § 93 Abs. 3 AktG genannte Verhalten nicht geschädigt ist[386] und ggf., dass auch in Zukunft kein Schaden aus der Pflichtverletzung nach § 93 Abs. 3 AktG mehr zu erwarten ist.[387]

375 Scheidet ein Vorstandsmitglied aus der AG aus, hat die Gesellschaft das beweiserhebliche Material in ihrem Besitz zugänglich zu machen, damit das ausscheidende Vorstandsmitglied seiner Beweislast nachkommen kann. Verweigert die Gesellschaft das Einsichtsrecht, handelt sie rechtsmissbräuchlich. Die Folge ist eine Beweiserleichterung zum Vorteil des Vorstandsmitglieds.[388]

376 *ff) Geltendmachung des Schadenersatzanspruchs:*

(1) Durch die Gesellschaft: Gemäß § 112 AktG wird die Gesellschaft gegenüber den Vorstandsmitgliedern gerichtlich und außergerichtlich durch den Aufsichtsrat vertreten. Der Aufsichtsrat, der nach § 111 Abs. 1 AktG die Geschäftsführung des Vorstands zu überwachen hat, ist im Rahmen seines gesetzlichen Aufgabenkreises gem. § 93 Abs. 4 S. 1 AktG verpflichtet, das Bestehen und die Durchsetzbarkeit eines Schadensersatzanspruchs zu prüfen und eine eigenständige Entscheidung über die gerichtliche Geltendmachung zu treffen.[389] Darauf kann nur ausnahmsweise verzichtet werden, wenn besondere Gründe dafür sprechen, den Anspruch nicht geltend zu machen.[390]

(2) Durch den Aktionär: Die Klagemöglichkeit des Aktionärs ist **faktisch beschränkt**. Die AG wird wechselseitig durch den Vorstand (§ 78 AktG) oder den Aufsichtsrat (§ 112 AktG) vertreten. Die Vergangenheit hat gezeigt, dass derartige Ansprüche durch den Aufsichtsrat, deren Mitglieder häufig den Vorstandsmitgliedern persönlich nahe stehen und dessen Vorsitzende mitunter ehemalige Vorstandsvorsitzende sind, zum Teil nur sehr zurückhaltend geltend gemacht werden.

---

384 Hüffer, AktG 5. Aufl. 2002 zu § 93, Rn. 17.
385 BGH WM 1980, 1190.
386 RGZ 159, 211.
387 RGZ 159, 211.
388 Hüffer, AktG, 5. Aufl. 2002 zu § 93, Rn. 17.
389 BGHZ 135, 244.
390 BGHZ 135, 253 ff.

A. Vorprozessuale Situation

377
Die actio pro socio ist generell nach bisherigem Aktienrecht nicht zulässig.[391] Das ergibt sich aus der insoweit eindeutigen Gesetzessystematik. Im Rahmen des § 147 Abs. 1 AktG kann eine Minderheit von 10 % des Aktienkapitals von der Verwaltung der AG zwar die Durchsetzung bestimmter Ansprüche der Gesellschaft erzwingen. Die Aktionäre können den Ersatzanspruch aber nicht selbst und auch nicht im Namen der Gesellschaft geltend machen. Sie können allenfalls nach § 147 Abs. 3 AktG bei Gericht den Antrag stellen, Vertreter zu bestellen, die den Ersatzanspruch für die Gesellschaft geltend machen.

378
Mit der Neuregelung durch das „Gesetz zur Unternehmensintegrität und Modernisierung des Anfechtungsrechts" wird sich jedoch im Hinblick auf die Möglichkeit der Aktionäre, Ansprüche der Gesellschaft im eigenen Namen gegen deren Organe durchzusetzen, ein Wandel vollziehen. Die Neufassung des § 147a AktG schafft eine Erweiterung der Klagemöglichkeit für Aktionäre und fixiert die actio pro socio im AktG gesetzlich. Gemäß § 147a Abs. 1 AktG n.F. kann die Minderheit Ersatzansprüche der Gesellschaft im eigenen Namen geltend machen. Es handelt es sich dabei um eine gesetzliche Prozessstandschaft. Die erforderliche Minderheit nach dem neuen § 147a Abs. 1 S. 1 AktG beträgt nur noch 1 % des Grundkapitals oder einen Börsenwert von 100.000,– €. Die vielfach kritisierte gerichtliche Bestellung eines besonderen Vertreters nach § 147 Abs. 3 AktG entfällt dafür.

379
Um rechtsmissbräuchliche Klagen einzelner Kleinaktionäre zu vermeiden, bedarf die Klage nach der Neufassung des § 147 AktG der besonderen Zulassung. Die Zulassungsvoraussetzungen sind zukünftig in § 147a Abs. 1 Satz 3 n.F. AktG geregelt. Danach lässt das Gericht die Klage zu, wenn zunächst durch Urkunden glaubhaft gemacht wird, dass die Aktien der potenziellen Kläger vor der Kenntniserlangung von dem Pflichtverstoß erworben worden sind. Eine Ausnahme besteht nur für den Aktienerwerb durch Gesamtrechtsnachfolge (Nr. 1). Hinsichtlich des Pflichtverstoßes fordert § 147a Abs. 3 Nr. 3 AktG n.F. im Gegensatz zum § 147 Abs. 3 AktG a.F. (dringender Verdacht) nur noch den einfachen Verdacht einer Pflichtverletzung. Das Gericht soll im Rahmen des Zulassungsverfahrens nur die „Plausibilität" des Vorbringens prüfen und nicht eine „abschließende Rechtsprüfung" vornehmen.[392] Es müssen Tatsachen vorliegen, die den Verdacht rechtfertigen, dass die Gesellschaft durch Unredlichkeit oder grobe Rechts- oder Satzungsverletzung einen Schaden erlitten hat (Nr. 3). Letztlich dürfen der Geltendmachung des Ersatzanspruchs keine überwiegenden Gründe des Gesellschaftswohls entgegenstehen (Nr. 4). Die Aktionäre müssen darüber hinaus glaubhaft machen, dass die Gesellschaft unter Fristsetzung erfolglos aufgefordert wurde, selbst Klage zu erheben (Nr. 2). Die Aktionärsklage bleibt damit auch nach neuer Rechtslage subsidiär.

380
(3) Durch Gesellschaftsgläubiger: Nach § 93 Abs. 5 S. 1 AktG können auch die Gläubiger der Gesellschaft den Ersatzanspruch nach § 93 Abs. 2 AktG geltend machen, wenn sie von der Gesellschaft keine Befriedigung erlangen können. Dies gilt in anderen

---

391 Wiesner in: Münchener Handbuch des Gesellschaftsrechts Bd. 4, 2. Aufl. 1999, § 42 Rn. 20ff.
392 Vgl. RegE, S. 36.

als den in § 93 Abs. 3 AktG genannten Fällen nur, wenn der Vorstand seine Pflichten „gröblich verletzt" hat. Ob damit grobe Fahrlässigkeit oder eine grobe Pflichtverletzung nach § 84 Abs. 3 AktG gemeint ist, ist umstritten.[393] Die Klagemöglichkeit des Gesellschaftsgläubigers wird nach § 93 Abs. 5 S. 3 AktG weder durch Verzicht der Gesellschaft oder Vergleich, noch durch einen Beschluss der Hauptversammlung ausgeschlossen, der Grundlage für die fragliche Handlung des Vorstands i.S.v. § 93 Abs. 4 S. 1 AktG ist.

381 *(4) Mehrere Klagen:* Haben bereits andere Gläubiger oder die Gesellschaft Klage erhoben, kann der in Anspruch genommene Vorstand nicht die Einrede der Rechtshängigkeit nach § 261 Abs. 3 ZPO erheben. Der Vorstand muss jedoch nur einmal zahlen und kann daher, wenn er bereits gezahlt hat, Vollstreckungsversuche weiterer Gläubiger mit der Vollstreckungsgegenklage nach § 767 ZPO abwehren.[394] Der bzw. die Kläger werden deshalb regelmäßig versuchen, ein vorläufig vollstreckbares Urteil zu erhalten.

382 Auch nach der geplanten Neuregelung durch das „Gesetz zur Unternehmensintegrität und Modernisierung des Anfechtungsrechts" soll es der Gesellschaft möglich sein, sich dem Prozess nachträglich durch eine eigene Klage anzuschließen.[395]

b) Haftung der Vorstandsmitglieder gegenüber den Aktionären

383 **Unmittelbare Klagerechte** der Aktionäre sind nur in §§ 309 Abs. 4, 317 Abs. 4, 318 Abs. 4 AktG vorgesehen. Diese sind stets auf Leistung an die Gesellschaft gerichtet. Ein eigener Schadensersatzanspruch steht den Aktionären nach § 117 Abs. 1 S. 2 AktG für den dort geregelten speziellen Fall der Beeinflussung beispielsweise eines Vorstandsmitglieds zu.

384 Ein Anspruch der Aktionäre nach § 823 Abs. 1 BGB wegen Verletzung der durch die Aktie verbrieften Mitgliedschaft besteht nach herrschender Meinung nicht, weil die Mitgliedschaft nicht vor rechtswidrigen Geschäftsführungsmaßnahmen schützen soll.[396]

385 **Schutzgesetze** im Sinne von § 823 Abs. 2 BGB sind zwar insbesondere § 92 Abs. 2 (Insolvenzantragspflicht) sowie die Strafnormen §§ 399, 400 AktG[397] und § 266 StGB. Weitere Schutzgesetze bestehen jedoch nicht. § 93 Abs. 2 AktG ist kein Aktionärsschutzgesetz i.S.v. § 823 Abs. 2 BGB. Die Vorschrift dient nur dem Schutz der Gesellschaft selbst.[398] Der BGH hat darüber hinaus im Jahr 2004 entschieden, dass § 15 WpHG und § 88 BörsG a.F. keine Schutzgesetze i.S.v. § 823 Abs. 2 BGB sind.[399] In dem zu Grunde liegenden Fall ging es um die Haftung von Vorstandsmitgliedern

---

393 Wiesner in: Münchener Handbuch des Gesellschaftsrechts Bd. 4, 2. Aufl. 1999, § 26 Rn. 24 m.w.N.
394 Wiesner in: Münchener Handbuch des Gesellschaftsrechts Bd. 4, 2. Aufl. 1999, § 26 Rn. 25.
395 RegE, S. 37.
396 Str.: wie hier: Wiesner in: Münchener Handbuch des Gesellschaftsrechts Bd. 4, 2. Aufl. 1999, § 26 Rn. 29; a.A. Mertens in: KölnerKomm AktG, 2. Aufl. 1988f zu § 93 Rn. 171.
397 Zuletzt bestätigt durch BGH NZG 2004, 811 ff.; BGH NZG 2004, 816 ff.
398 OLG Düsseldorf WM 1991, 1375 ff.
399 BGH NZG 2004, 811 ff.; BGH NZG 2004, 816 ff.

einer AG für fehlerhafte so genannte ad-hoc-Mitteilungen zu einzelnen Geschäftsabschlüssen der Gesellschaft, die Aktionäre zum Kauf der Aktien der Gesellschaft veranlasst haben, ihnen aber ein falsches Bild von der wirtschaftlichen Situation der Gesellschaft vermittelten. Die Aktien waren wegen der Insolvenz des Unternehmens wertlos geworden. Nach der Feststellung des BGH schützt § 15 WpHG nicht das Individualinteresse des Anlegers, sondern dient der Sicherung der Funktionsfähigkeit des Kapitalmarktes. Bei § 88 BörsG a.F. stehe – so der BGH – allgemein die Zuverlässigkeit und Wahrheit der Preisbildung an Börsen und Märkten mit ihrer für das gesamte Wirtschaftsleben weitreichenden Bedeutung im Vordergrund.

Zudem können Aktionäre Schadensersatzansprüche auf **§ 826 BGB** stützen. Meist wird sich dabei der Schaden der Aktionäre darauf beschränken, dass der Wert ihrer Aktie auf Grund der Schädigung des Gesellschaftsvermögens gefallen ist. Schadensersatzansprüche können sie in dieser Konstellation daher nur insofern nur geltend machen, als sie zuvor den Schaden der Gesellschaft ausgeglichen haben (Problem des so genannten Doppelschadens). Anderenfalls müssen die Aktionäre einen gesonderten unmittelbaren eigenen Schaden geltend machen.[400]

c) Haftung der Vorstandsmitglieder gegenüber Gesellschaftsgläubigern

§ 93 Abs. 5 AktG gibt den Gesellschaftsgläubigern keinen eigenen Ersatzanspruch gegenüber den Vorstandsmitgliedern, sondern ermächtigt diese nur, Ansprüche der Gesellschaft im eigenen Namen geltend zu machen.

Vorstandsmitglieder können zwar – wie andere gesetzliche Vertreter juristischer Personen – ausnahmsweise auch für **Verschulden bei Vertragsschluss** haften. Voraussetzung hierfür ist, dass sie besonderes persönliches Vertrauen in Anspruch genommen haben oder sonst besonders stark persönlich am Abschluss eines Vertrages interessiert waren. Der BGH legt insofern einen besonders strengen Haftungsmaßstab an. Das Vorstandsmitglied muss danach zurechenbar den Eindruck erweckt haben, er übernehme persönlich Gewähr für die Richtigkeit der für die Gesellschaft abgegebenen Erklärungen bzw. stehe persönlich für das Geschäft ein.[401]

Gesellschaftsgläubiger können Vorstandsmitglieder des Weiteren wegen **Insolvenzverschleppung** nach §§ 823 Abs. 2 BGB i.V.m. § 92 Abs. 2 AktG in Anspruch nehmen. Dabei ist zu berücksichtigen, dass nur so genannte Neugläubiger, deren Forderungen erst nach Insolvenzreife begründet wurden, Ersatz des über die Insolvenzquote hinausgehenden Vertrauensschadens haben. Die übrigen Gläubiger (Altgläubiger) können nur den Ersatz des Schadens verlangen, der ihnen nach Begründung ihrer Forderung durch weitere Schmälerung der Masse in Folge der Insolvenzverschleppung entsteht.[402]

Darüber hinaus haften Vorstandsmitglieder nach **§ 69 AO** dem Fiskus, soweit Steueransprüche wegen vorsätzlicher oder grob fahrlässiger Verletzung der ihnen gem. § 34 AO auferlegten Pflichten nicht rechtzeitig festgestellt oder erfüllt oder soweit infolge-

---

400 Dazu näher Wiesner in: Münchener Handbuch des Gesellschaftsrecht, Bd. 4, 2. Aufl. 1999, § 26 Rn. 31 m.w.N.
401 BGH WM 1991, 1548; BGH ZIP 1994, 1103 ff.
402 BGH NJW 1994, 2220 ff.; BGH ZIP 1997, 1542.

dessen Steuervergünstigungen bzw. Steuererstattungen ohne Rechtsgrund gezahlt wurden.[403] Gegenüber Sozialversicherungsträgern kommt eine Haftung von Vorstandsmitgliedern nach §§ 823 Abs. 2 BGB, 266a StGB in Betracht.[404]

2. GmbH

391 Auch in der GmbH folgt die Ersatzpflicht des Geschäftsführers aus der Verletzung von Rechten und Pflichten gegenüber der Gesellschaft.

a) Haftung des Geschäftsführers gegenüber der Gesellschaft aus § 43 GmbHG

392 Für die Haftung des Geschäftsführers gegenüber der Gesellschaft ist § 43 GmbHG die zentrale Vorschrift. Daraus werden die **organisationsrechtlichen Pflichten und die Haftungsordnung der Geschäftsführer** abgeleitet.[405] Sie verdrängt in den meisten Fällen die Haftung aus § 280 BGB i.V.m. dem schuldrechtlichen Anstellungsvertrag.[406] Eine eigenständige Bedeutung kommt der vertraglichen Haftung aus § 280 BGB nur zu, wenn in dem Anstellungsvertrag über die gesetzlich bestehenden Grenzen hinaus weitere Pflichten bzw. eine Haftung auch nach Beendigung des Anstellungsvertrages vereinbart sind.

393 Für den Haftungsgrund nach § 43 GmbHG ist nicht erforderlich, dass ein wirksamer Anstellungsvertrag des Geschäftsführers vorliegt. Die Haftung aus § 43 GmbH basiert allein auf Organstellung des Geschäftsführers.[407] Der wirksame Akt der Bestellung zum Geschäftsführer und die Annahme des Amtes reicht jedenfalls aus.[408] Darüber hinaus kann auch eine Person, die nicht Geschäftsführer ist, wie ein solcher in Anspruch genommen werden, wenn sie die Geschicke der Gesellschaft maßgeblich in die Hand genommen hat. Dafür ist lediglich ein eigenes, nach außen hervortretendes und üblicherweise der Geschäftsführung zuzurechnendes Handeln erforderlich.[409]

394 Mehrere Geschäftsführer haften als Gesamtschuldner gemäß § 43 Abs. 2 GmbHG, wenn sie schuldhaft an der Schädigung der Gesellschaft durch Tun, Dulden oder Unterlassen beteiligt waren.[410]

395 *aa) Inhalt der Rechte und Pflichten:* Der Geschäftsführer haftet gegenüber der Gesellschaft nach § 43 GmbHG auf Schadensersatz, wenn er durch positives Tun oder durch Unterlassen seine organschaftliche Pflicht gegenüber der Gesellschaft schuldhaft verletzt hat,[411] d.h:

396 Ausgestaltungen der organschaftlichen Treuepflicht des Geschäftsführers gegenüber der Gesellschaft sind beispielsweise die Pflichten, im Rahmen der durch die Gesell-

---

403 BGH ZIP 1991, 1008.
404 Dazu näher Wiesner in: Münchener Handbuch des Gesellschaftsrechts, Bd. 4, 2. Aufl. 1999, § 26 Rn. 38 mwN.
405 Schneider in: Scholz GmbHG, 9. Aufl. 2000 zu, § 43 Rn. 12.
406 BGH, ZIP 1997, 199, 200; BGH, WM 1989, 1337; a.A: Schneider in: Scholz GmbHG, 9. Aufl. 2000 zu, § 43 Rn. 13, der ein Nebeneinander annimmt.
407 BGH GmbHR 1995, 128.
408 Schneider in: Scholz GmbHG, 9. Aufl. 2000 zu, § 43 Rn. 14.
409 BGHZ 104, 44, 48.
410 Karsten Schmidt, Gesellschaftsrecht, 4. Aufl. 2002, § 36 II 4. a).
411 Schneider in: Scholz GmbHG, 9. Aufl. 2000 zu, § 43 Rn. 22.

schafter gesetzten Vorgaben den Gesellschaftszweck aktiv zu verfolgen, mit anderen Organen der Gesellschaft zu kooperieren, die gesetzlichen Pflichten zum Schutz der Gläubiger der Gesellschaft zu wahren, im Rahmen der Loyalität die Interessen der Gesellschaft zu fördern und auf diese Rücksicht zu nehmen.[412] Der Geschäftsführer ist darüber hinaus verpflichtet, keine Verträge abzuschließen, die für die Gesellschaft keinen messbaren Nutzen haben, jedoch zu erheblichen Kosten führen. Er haftet nach § 43 Abs. 2 GmbHG weiter für falsche Angaben bei der Gründung der GmbH (§ 9a GmbHG) und nach § 49 Abs. 3 i.V.m. § 43 Abs. 2 GmbHG für die unterlassene Einberufung der Gesellschafterversammlung bei einem Verlust von 50 % des Stammkapitals.[413] Eine Haftung kommt ferner in Betracht, wenn der Geschäftsführer eigennützig oder im Interesse Dritter willkürlich Vermögen der Gesellschaft verschiebt oder schlechthin gegen die Grundsätze eines ordentlichen Kaufmanns verstößt[414] oder wenn die Handlung des Geschäftsführers die Existenz der Gesellschaft gefährdet.[415] Nach § 43 Abs. 3 i.V.m. § 30 GmbHG haftet der Geschäftsführer für die ungesetzliche Rückzahlung von Stammeinlagen und nach § 43 Abs. 3 i.V.m § 33 GmbHG für die Mitwirkung beim Erwerb eigener Anteile durch die Gesellschaft.

bb) Sorgfaltsmaßstab und Verschulden: Der Geschäftsführer hat nicht nur die Sorgfalt eines ordentlichen Geschäftsmanns, sondern die weitergehende Sorgfalt eines selbstständigen, treuhänderischen Verwalters fremder Vermögensinteressen in verantwortlich leitender Position zu beachten.[416] Insoweit ist der Sorgfalts- und Verschuldensmaßstab auch hier objektiviert typisiert. Der Geschäftsführer kann sich – ebenso wie der Vorstand der AG – nicht darauf berufen, seine Ausbildung ermögliche es ihm nicht, die angemessene Sorgfalt walten zu lassen. Er muss sich diese Kenntnisse entweder selbst aneignen oder dafür Sorge tragen, dass ihm diese Kenntnisse sonst zur Verfügung stehen.

397

Wie bei der AG kann der Sorgfaltsmaßstab, der an Geschäftsführerhandeln bei der GmbH anzulegen ist, nach Größe und Art des Unternehmens variieren. Insbesondere können so genannte **Corporate Governance Regeln** im Ausnahmefall Auswirkungen auf das einzuhaltende Maß der Sorgfalt haben. Diese sind zwar rechtlich unverbindliche Regeln zur Führung von Unternehmen. Über sie ist aber nach Vertrag im Rahmen des Jahresabschlusses zu berichten. Der Geschäftsführer wird im Einzelfall begründen müssen, weshalb er einzelne Regeln nicht befolgt hat.[417]

398

cc) Mitverschulden Dritter: Ein Mitverschulden der GmbH nach §§ 31, 254 BGB mindert den Ersatzanspruch der GmbH nicht. Mitverschulden Dritter kann der Geschäftsführer der GmbH nur entgegenhalten, soweit der Schaden schuldhaft auch durch die Gesellschafterversammlung oder ein anderes gegenüber dem Geschäftsführer wei-

399

---

412 Schneider in: Scholz GmbHG, 9. Aufl. 2000 zu, § 43 Rn. 26-29.
413 Marsch-Barner/Diekmann in: Münchener Handbuch des Gesellschaftsrechts, Bd. 3, 2. Aufl. 2003, § 46, Rn. 6 ff.
414 BGH NJW 1988, 1397.
415 Wimmer, NJW 1996, 2551; OLG Köln BB 1995, 793.
416 OLG Koblenz GmbHR 1991, 417.
417 Dazu näher: Marsch-Barner/Diekmann in: Münchener Handbuch des Gesellschaftsrechts, Bd. 3, 2. Aufl. 2003, § 46, Rn. 11.

sungsbefugtes Organ (etwa den Aufsichtsrat) verursacht wurde.[418] Allerdings kann sich eine Haftungsmilderung des Geschäftsführers nicht lediglich aus mangelhafter Beaufsichtigung eines überwachungspflichtigen Organs ergeben.[419]

b) Haftung des Geschäftsführers gegenüber der Gesellschaft aus § 64 GmbHG

400 *aa) Haftung nach § 64 Abs. 1 GmbHG:* Eine Haftung des Geschäftsführers aus § 64 Abs. 1 GmbHG im Innenverhältnis scheidet aus, da dieser nur dem Schutz der außerhalb der Gesellschaft stehenden Gläubiger dient.[420] Eine Sorgfaltspflichtverletzung im Rahmen des § 64 Abs. 1 GmbHG kann allerdings über § 43 Abs. 2 GmbHG einen Ersatzanspruch der Gesellschaft auslösen.

401 *bb) Haftung nach § 64 Abs. 2 GmbHG:* Nach § 64 Abs. 2 GmbHG sind die Geschäftsführer der Gesellschaft zum Ersatz von Zahlungen verpflichtet, die nach Eintritt der Zahlungsunfähigkeit oder nach Feststellung der Überschuldung geleistet werden.[421] Zahlungsunfähigkeit liegt nach § 17 Abs. 2 InsO vor, wenn der Schuldner nicht in der Lage ist, die fälligen Zahlungspflichten zu erfüllen. Eine Überschuldung ist gegeben, wenn das Vermögen des Schuldners die bestehenden Verbindlichkeiten nicht mehr deckt. Diese Feststellung ist durch die Erstellung einer Bilanz zu treffen.[422] Da der Normzweck darin besteht, die Gläubiger der Gesellschaft vor zu geringer Masse zu schützen, kann die Ersatzpflicht des Geschäftsführers nicht aufgrund eines Gesellschafterbeschlusses verhindert werden.[423]

c) Weitere Haftungsnormen für Geschäftsführer gegenüber der GmbH

402 Weitere Haftungsnormen, die eine Haftung des Geschäftsführers gegenüber der GmbH begründen, sind §§ 9a Abs. 1 GmbHG, 113 Abs. 1 HGB, 88 Abs. 2 AktG analog und 43a GmbHG. Eine Haftung des Geschäftsführers gegenüber der Gesellschaft kann sich darüber hinaus aus §§ 823 Abs. 2 BGB, 266 StGB oder aus § 826 BGB wegen vorsätzlicher sittenwidriger Schädigung ergeben.

d) Beweislast

403 Anders als das Aktienrecht (§ 93 Abs. 2 S. 2 AktG) enthält das GmbHG **keine Beweislastregel**. Die jeweilige Sachnähe der Beteiligten führt jedoch entsprechend den Grundsätzen zu §§ 93 Abs. 2 AktG, 34 Abs. 2 GenG dazu, dass die Gesellschaft die Darlegungs- und Beweislast für den Schaden und den Kausalzusammenhang zwischen Geschäftsführerverhalten und Schaden hat.[424] Dabei kommen ihr die Erleichterungen des § 287 ZPO zu Gute. Der Geschäftsführer trägt die Darlegungs- und Beweislast für das Fehlen der Sorgfaltspflichtverletzung und des Verschuldens, soweit es sich um den üblichen Aufgaben- und Pflichtenkreis des Geschäftsführers handelt; anderenfalls ist

---

418 Baumbach/Hueck, GmbHG, 17. Aufl. 2000 zu § 43 Rn. 35.
419 BGH NJW 1983, 1856.
420 Lutter/Hommelhoff, GmbHG, 16. Aufl. 2004 zu § 64 Rn. 42.
421 Dazu allg. Haas, NZG 2004, 737 ff.
422 Lutter/Hommelhoff GmbHG, 16. Aufl. 2004 zu § 64 Rn. 10.
423 Lutter/Hommelhoff GmbHG, 16. Aufl. 2004 zu § 64 Rn. 64.
424 BGH NZG 2003, 81 ff.

die Gesellschaft in der Pflicht.[425] Außerdem muss der Geschäftsführer ggf. beweisen, dass der Schaden auch bei pflichtgemäßem Alternativverhalten entstanden wäre. Die Erkennbarkeit des Insolvenzeintritts wird vermutet. Die Darlegungs- und Beweislast mangelnder Erkennbarkeit trifft insoweit den Geschäftsführer.[426] Zu seiner Entlastung muss der Geschäftsführer die Nichtkenntnis und Nichterkennbarkeit der finanziellen Lage trotz entsprechender organisatorischer Vorkehrungen darlegen und beweisen.[427]

e) Ausschluss der Haftung des Geschäftsführers

aa) Haftungsausschluss Kraft Weisung: Eine Haftung des Geschäftsführers ist zunächst ausgeschlossen, wenn er sich an eine **wirksame Weisung der Gesellschafter** gehalten hat. Insoweit ist für die Haftungsfreistellung ein entsprechender Gesellschafterbeschluss erforderlich; die Weisung eines Mehrheitsgesellschafters reicht nicht aus.[428] Allerdings kann sich der Geschäftsführer – ebenso wie der Vorstand der AG – nicht ohne weiteres auf jede Weisung der Gesellschafterversammlung berufen, insbesondere dann nicht, wenn der Gesellschafterbeschluss nichtig ist. Die Nichtigkeit richtet sich nach §§ 241 AktG ff. Lediglich anfechtbare Beschlüsse muss der Geschäftsführer grundsätzlich befolgen, wenn mit einer Anfechtung nicht zu rechnen ist. Innerhalb der Anfechtungsfrist muss der Geschäftsführer gleichwohl sorgfältig abwägen, ob er die Weisung vor Unanfechtbarkeit ausführt.[429] Auch durch eine rechtswidrige – wenn auch unanfechtbare – Weisung der Gesellschafterversammlung wird der Geschäftsführer jedenfalls nicht von der Haftung freigestellt, wenn er entgegen den §§ 30, 31 GmbHG handelt, § 43 Abs. 3 S. 3 GmbHG.

bb) Haftungsausschluss kraft Entlastung: Der Schadenersatzanspruch gegen den Geschäftsführer einer GmbH kann auf Grund eines **Entlastungsbeschlusses der Gesellschafterversammlung** nach § 46 Nr. 5 GmbHG ausgeschlossen sein. Durch einen solchen Beschluss wird das Handeln des Geschäftsführers im Innenverhältnis gebilligt.[430] Dabei ist die Entlastungserklärung nicht als Verzichtserklärung zu werten, gegen den entlasteten Geschäftsführer keine Ansprüche mehr geltend zu machen.[431] Die Entlastungswirkung tritt nur ein, soweit evtl. Ansprüche für die Gesellschafter auf Grund der ihnen zur Verfügung stehenden Unterlagen erkennbar bzw. allen Gesellschaftern privat bekannt waren. Die Entlastung erfasst nicht Ansprüche, die nicht erkennbar waren oder die der Geschäftsführer bewusst verschleiert hat oder die auf einer strafbaren Handlung des Geschäftsführers beruhen.[432]

---

425 BGH BB 1985, 1753; Baumbach/Hueck, GmbHG, 17. Aufl. 2000 zu § 43 Rn. 30.
426 BGHZ 143, 185 f.
427 Lutter/Hommelhoff, GmbHG, 16. Aufl. 2004 zu § 64, Rn. 62.
428 Lutter/Hommelhoff, GmbHG, 16. Aufl. 2004 zu § 43, Rn. 22.
429 Dazu Marsch-Barner/Diekmann in: Münchener Handbuch des Gesellschaftsrechts Bd. 3, 2. Aufl. 2003, § 46, Rn. 34.
430 Kasten Schmidt, Gesellschaftsrecht 4. Aufl. 2002, § 36 II, 4 d).
431 BGHZ 94, 324.
432 OLG München GmbHR 1997, 847; Marsch-Barner/Diekmann in: Münchener Handbuch des Gesellschaftsrechts Bd. 3, 2. Aufl. 2003, § 46, Rn. 38.

406 Wird die Entlastung verweigert, kann der Geschäftsführer nicht auf Entlastung klagen. Der BGH hält insoweit nur eine negative Feststellungsklage für zulässig, die auf Feststellung gerichtet ist, dass der Geschäftsführer nicht zum Schadensersatz verpflichtet ist.[433]

407 *cc) Haftungsausschluss kraft Vertrages zur Generalbereinigung:* Im Gegensatz zur Entlastung i.S.d. § 46 Nr. 5 GmbHG können durch den Abschluss eines Vertrages zur Generalbereinigung Ersatzansprüche der Gesellschaft gegen den Geschäftsführer auch aufgrund vorher nicht erkennbarer und erst nachträglich bekannt werdender Umständen ausgeschlossen werden.[434] Da dieser Vertrag die Ansprüche der Gesellschaft erheblich weiter einschränkt als ein Entlastungsbeschluss, setzt eine Generalbereinigung einen Gesellschafterbeschluss voraus, der mit dem Einwand, dies sei nicht gerechtfertigt, von jedem Gesellschafter angefochten werden kann.[435] Ferner kann aus bilanziellen Gründen der Abschluss eines Generalbereinigungsvertrages ausgeschlossen sein. Besteht zum Zeitpunkt des Gesellschafterbeschlusses bzw. zum Zeitpunkt des Abschlusses des Generalbereinigungsvertrages eine Unterbilanz, d.h. ist der Wert des Gesellschaftsvermögens unter die Stammkapitalziffer gesunken, kann ein Erlass bestehender und durchsetzbarer Forderungen gegenüber den Gesellschaftern eine verdeckte Gewinnausschüttung i.S.d. § 30 Abs. 1 GmbHG darstellen. Über § 31 Abs. 4 GmbHG entfallen dann die Wirkungen eines Verzichts im Rahmen des Generalbereinigungsvertrages.

408 Die Generalbereinigung befreit aber ebensowenig wie alle anderen Rechtsgeschäfte, die zur Minderung von Ansprüchen der Gesellschaft führen, den Geschäftsführer von solchen Ansprüchen, die zur Befriedigung der Gläubiger erforderlich sind (§§ 43 Abs. 3 S. 1, 1. Alt., 30 Abs. 1 GmbHG).

f) Geltendmachung der Ansprüche der Gesellschaft

409 *aa) Beschluss der Gesellschafterversammlung:* Schadensersatzansprüche der Gesellschaft gegen ihre Geschäftsführer können grundsätzlich nur geltend gemacht werden, wenn ein entsprechender Beschluss der Gesellschafterversammlung nach § 46 Nr. 8 GmbHG gefasst wurde. Der Gesellschaftsbeschluss muss dabei bestimmen, wer die Gesellschaft in Prozessen gegen den Geschäftsführer vertritt. Der Beschluss ist an keine besondere Förmlichkeiten gebunden. Er ist jedoch materielle Wirksamkeitsvoraussetzung für den Schadenersatzanspruch gegen den Geschäftsführer.[436] Dies gilt nur dann nicht, wenn über das Vermögen der Gesellschaft das Insolvenzverfahren eröffnet wurde oder die GmbH liquidiert wird.[437]

410 Diese gesetzliche Vorgabe eines Gesellschafterbeschlusses kann dazu führen, dass entgegen dem Willen einer Minderheit der Gesellschafter ein Schadensersatzanspruch der Gesellschaft gegen den Geschäftsführer nicht geltend gemacht wird und der Geschäfts-

---

433 BGHZ 94, 324, 330.
434 Karsten Schmidt, Gesellschaftsrecht 4. Aufl. 2002, § 36 II, 4d bb.
435 BGH NJW 1998, 1315.
436 BGHZ 28, 255 ff.
437 BGH NZG 2004, 962.

anteil des Minderheitsgesellschafters unter Umständen erheblich an Wert verliert. In solchen Fällen können die überstimmten Gesellschafter über eine positive Feststellungsklage den erforderlichen Gesellschafterbeschluss erzwingen. Voraussetzung ist jedoch, dass die Gesellschafterversammlung zuvor die Geltendmachung eines wahrscheinlichen Ersatzanspruchs gegen den Geschäftsführer ohne sachlichen Grund abgelehnt hat. Denkbar ist außerdem die Geltendmachung eines Schadenersatzanspruchs durch die Minderheitsgesellschafter gegen die Gesellschaftermehrheit auf Leistung an die Gesellschaft.[438]

Wenn daher eine Schadenersatzklage kurz vor Verjährung des Ersatzanspruchs ohne vorherigen legitimierenden Gesellschafterbeschluss erhoben wurde, kann ein nach Verjährungseintritt gefasster Gesellschafterbeschluss die Klage nicht mehr retten. 411

bb) Actio pro socio: Mit der actio pro socio kann der Gesellschafter in bestimmten Fällen unmittelbar auf Leistung an die Gesellschaft klagen. Dazu besteht in der Regel ein Bedürfnis, wenn die Geschäftsführer/Gesellschafter einen Anspruch der Gesellschaft gegen einen Geschäftsführer nicht geltend machen wollen und ein ggf. zuvor gefasster Entlastungs- oder Verzichtsbeschluss erfolgreich angefochten wurde[439] bzw. wenn ein solcher Beschluss wegen eines Interessenkonflikts nicht erwartet werden kann.[440] Die actio pro socio begründet in diesem Zusammenhang eine Notzuständigkeit.[441] Deshalb ist sie umgekehrt ausgeschlossen, wenn der Gesellschafter es versäumt hat, einen der Inanspruchnahme des Mitgesellschafters entgegenstehenden Gesellschafterbeschluss rechtzeitig anzufechten. Weitere Voraussetzung der actio pro socio ist dabei, dass der Geschäftsführer in das Mitgliedschaftsrecht des potenziell klagenden Gesellschafters eingegriffen hat.[442] 412

Die actio pro socio hat die Rechtsprechung auf dieser Grundlage grundsätzlich auch bei Ansprüchen gegen Gesellschafter in zweigliedrigen Gesellschaften,[443] bei bestimmten Konzernsachverhalten[444] und nach Löschung der Gesellschaft und Wegfall ihrer Organe zugelassen.[445] 413

3. GbR, OHG, KG

Bei den Personengesellschaften ergeben sich für die geschäftsführenden Gesellschafter zunächst aus dem Gesellschaftsvertrag Pflichten. Im Übrigen richten sich die Rechte und Pflichten der Gesellschafter für die GbR, aber auch in weitem Umfang für die OHG und KG nach §§ 705ff. BGB. Für die OHG gelten ergänzend und teilweise überlagernd die Sonderregeln der §§ 109-122 HGB und für die KG §§ 163-169 HGB. Die Verletzung daraus folgender (Treue-)Pflichten kann Ersatzansprüche der Gesellschaft oder Dritter auslösen. 414

---

438 Baumbach/Hueck, GmbHG, 17. Aufl. 2000 zu § 43 Rn. 2.
439 Marsch-Barner/Diekmann in: Münchener Handbuch des Gesellschaftsrechts Bd. 3, 2. Aufl. 2003, § 46, Rn. 29.
440 BGH NJW 1990, 2627 f.; BGH NJW 1998, 1951.
441 BGH, WM 1998, 925, 926.
442 BHG NJW 1990, 2628.
443 BGH NJW 1991, 1884.
444 BGHZ 65, 15, 21.
445 BGH NJW 1991, 1884.

§ 6 Klage gegen den Geschäftsführer / Vorstand

a) Rechte und Pflichten der geschäftsführenden Gesellschafter

415 Grundlage der Darstellung ist die Treuepflicht eines GbR-Gesellschafters, dem Geschäftsführungsbefugnis eingeräumt ist. Auf Besonderheiten bei der OHG und der KG wird – soweit erforderlich – hingewiesen.

416 Die **Treuepflicht** des geschäftsführenden Gesellschafters einer GbR verlangt im Verhältnis zur Gesellschaft zunächst, deren Belangen den Vorrang einzuräumen und die ihm im eigenen Interesse verliehenen Mitgliedschaftsrechte nur unter Berücksichtigung der Interessen der Gesamthand auszuüben.[446] Im Verhältnis zu den übrigen Gesellschaftern ist er verpflichtet, deren Belange nicht ungerechtfertigt zu beeinträchtigen.[447] In einer Leitentscheidung für die OHG – die gleichermaßen für den Komplementär der KG gelten dürfte – hat der BGH festgestellt, dass der geschäftsführende Gesellschafter in allen Angelegenheiten, die das Interesse der Gesellschaft berühren, deren Wohl und nicht seinen eigenen Nutzen oder Vorteil anderer im Auge haben darf. Er ist verpflichtet, Erwerbschancen nicht für sich, sondern nur für die Gesellschaft ausnutzen. Anderenfalls hat er ihr einen durch sein Verhalten entstehenden Schaden zu ersetzen.[448] Diese Beschreibung zeigt, dass sich Inhalt und Umfang der Treuepflicht – wie bei den Kapitalgesellschaften – auch für die Personengesellschaften nicht abschließend bestimmen lassen. Sie sind insbesondere von der konkreten Ausgestaltung des Gesellschaftsverhältnisses und der jeweiligen Situation abhängig.

417 Wann der geschäftsführende Gesellschafter einer OHG oder KG eine Treuepflichtverletzung begangen hat, muss zusätzlich anhand der hier einschlägigen §§ 114-117 HGB beurteilt werden. Führt der geschäftsführende Gesellschafter beispielsweise ein Geschäft entgegen § 116 Abs. 2 HGB aus, der über § 161 Ab. 2 HGB auch für die KG gilt, liegt eine Pflichtverletzung vor. Das aus der Treuepflicht resultierende Wettbewerbsverbot fixiert § 112 HGB. Die Vorschrift gilt über § 161 Abs. 2 HGB auch für die KG. Für die GbR fehlt naturgemäß eine gesetzliche Regelung. Soweit dort der Wettbewerb eines Gesellschafters dem Gesellschaftszweck ausnahmsweise entgegensteht, folgt das Wettbewerbsverbot unmittelbar aus der Treuepflicht.

b) Sorgfalts- und Verschuldensmaßstab

418 Die vom geschäftsführenden Gesellschafter einer Personengesellschaft bei der Geschäftsführung einzuhaltende Sorgfaltsmaßstab ist nicht so einfach zu beurteilen wie bei der AG oder der GmbH. Er richtet sich nach der **Struktur und Tätigkeit der Gesellschaft**.

419 *aa) Sorgfalts- und Verschuldensmaßstab des geschäftsführenden Gesellschafters der GbR und der OHG:* Bei der GbR – und mangels abweichender Regelung nach § 105 Abs. 3 HGB auch bei der OHG – wird der Haftungsmaßstab grundsätzlich nach § 708 BGB bestimmt. Der Geschäftsführer haftet – vorbehaltlich abweichender Regelungen im Gesellschaftsvertrag[449] – nur für die eigenübliche Sorgfalt. Typischerweise ist die

---

446 Palandt / Sprau, BGB, 63. Aufl. 2004 zu § 705 Rn. 27.
447 BGH NZG 2003, 73.
448 BGH NJW 1986, 584, 585.
449 Palandt / Sprau, BGB, 63. Aufl. 2004 zu § 708 Rn. 3.

GbR durch ein persönliches Vertrauensverhältnis der Gesellschafter untereinander geprägt, d.h. man nimmt sich wie man ist. Auch wenn die im Verkehr übliche Sorgfalt ausnahmsweise geringer als die eigenübliche Sorgfalt ist, haftet der Gesellschafter nur für die Einhaltung der Letzteren. § 708 BGB soll eine Haftungserleichterung verschaffen und keine Haftungsverschärfung.[450]

Der privilegierte Haftungsmaßstab des § 708 BGB gilt nicht für die Publikums-GbR.[451] Diese dienen der Kapitalbeschaffung und stehen einer Vielzahl von ansonsten nicht miteinander verbundenen Gesellschaftern offen, etwa als Grundstücks-Fonds oder als venture-capital-Gesellschaften, die kein Handelsgewerbe betreiben.[452] Die Rechtsform als GbR ist hier in der Regel steuerlich motiviert. Zweckmäßigerweise würde sich sonst die Rechtsform der KG anbieten.[453] Hier kann keine Rede von einer Prägung der Gesellschaft durch persönliches Vertrauen aller Gesellschafter untereinander sein wie bei der typischen GbR. Meist wird ein Dritter oder einer der Gesellschafter im Gesellschaftsvertrag als Geschäftsführer bestellt. Infolgedessen fehlt die sachliche Grundlage für dessen Privilegierung durch Anwendung des § 708 BGB

420

Ob der privilegierende Haftungsmaßstab des § 708 BGB gelten soll, wenn der Gesellschafter schuldhaft seine Geschäftsführungskompetenzen überschritten hat, ist umstritten. Gegen die Privilegierung spricht m.E., dass die Mitgesellschafter ihm besonderes Vertrauen nur im Rahmen seiner Geschäftsführungsbefugnis entgegenbringen wollten.[454] Die Haftung für grobe Fahrlässigkeit wird dadurch aber nicht verdrängt, § 277 BGB.

421

bb) Sorgfalts- und Verschuldensmaßstab des geschäftsführenden Gesellschafters der KG, insbesondere der GmbH & Co. KG: Auch im Hinblick auf den Sorgfalts- und Verschuldensmaßstab des geschäftsführenden Gesellschafters einer KG ist nach der Struktur der Gesellschaft zu differenzieren. § 708 BGB gilt hier nur, wenn die KG personalistisch strukturiert ist. Dabei geht die Rechtsprechung – ähnlich wie bei der typischen GbR – von einem persönlichen Vertrauensverhältnis der Gesellschafter untereinander aus. Bei einer Publikums-KG besteht indes ein solches Vertrauensverhältnis naturgemäß nicht. Der Sorgfalts- und Haftungsmaßstab des Komplementärs einer solchen Publikums-KG entspricht deshalb dem des Geschäftsführers einer Kapitalgesellschaft, d.h. er muss die Sorgfalt eines ordentlichen Geschäftsmanns entsprechend § 43 GmbHG üben.[455] Korrespondierend dazu steht dem Geschäftsführer einer Publikums-KG aber auch ein großer Ermessensspielraum für unternehmerische Entscheidungen zu, ähnlich dem einer GmbH.[456]

422

---

450 Hoimar v. Ditfurth in: Münchener Handbuch des Gesellschaftsrechts Bd. 1, 2. Aufl. 2004, § 7 Rn. 58.
451 BGHZ 148, 201.
452 Palandt/Sprau, BGB, 63. Aufl. 2004 zu § 708 Rn. 3, 705 Rn. 47.
453 Karsten Schmidt, Gesellschaftsrecht 4. Aufl. 2002, § 57 I, S. 1667f.
454 Hoimar v. Ditfurth in: Münchener Handbuch GesR Bd. 1, 2. Aufl. 2004 § 7 Rn. 61.
455 BGHZ 75, 321 ff. 327.
456 Wirth in: Münchener Handbuch GesR, Bd. 2, 2. Aufl. 2004 § 7, Rn. 20 ff.

1   § 6 Klage gegen den Geschäftsführer / Vorstand

423   Bei der GmbH & Co. KG gelten haftungsrechtliche Besonderheiten für den Geschäftsführer der Geschäftsführungs-GmbH, wenn deren Aufgabe im Wesentlichen auf die Geschäftsführung der KG beschränkt ist. Der Geschäftsführeranstellungsvertrag zwischen dem Geschäftsführer und der GmbH ist ein Vertrag mit Schutzwirkung zu Gunsten der KG.[457] Der Geschäftsführer haftet damit für Fehler der Geschäftsführung unmittelbar der KG. Soweit es sich um eine Publikums-KG handelt, gilt für den Geschäftsführer der Komplementär-GmbH der Maßstab des § 43 GmbHG. Handelt es sich dagegen um eine personalistisch strukturierte GmbH & Co. KG, bietet sich folgende Unterscheidung an: Ein Fremdgeschäftsführer haftet entsprechend § 43 GmbHG. Ein Kommanditist, der aufgrund des Gesellschaftsvertrages zum Geschäftsführer bestellt wurde, kann nur nach Maßgabe des § 708 BGB in Anspruch genommen werden.[458]

424   Die Komplementär-GmbH einer Publikums-KG muss dieser gegenüber ebenfalls die Sorgfalt eines ordentlichen Geschäftsmannes beachten, so dass § 708 BGB aus den oben genannten Gründen nicht anwendbar ist. Der BGH hat jedoch offengelassen, ob die Komplementär-GmbH gegenüber einer personalistisch ausgestalteten GmbH & Co. KG entsprechend § 708 BGB nur für eigenübliche Sorgfalt haftet oder den Sorgfaltsmaßstab eines ordentlichen Geschäftsmannes einhalten muss.[459] Für Letzteres spricht, dass der Geschäftsführer der Geschäftsführungs-GmbH dieser gegenüber ohnehin an den Sorgfalts- und Verschuldensmaßstab des § 43 GmbHG.[460]

c) Haftungsausschluss

425   Ein Haftungsausschluss des Geschäftsführers kann wie bei der GmbH und der AG durch Gesellschafterbeschluss erfolgen. Für Voraussetzungen und Ausnahmen gelten die Ausführungen zur GmbH und AG entsprechend. Ist die Handlung durch einen wirksamen und rechtmäßigen Gesellschafterbeschluss gedeckt, entfällt die Haftung für sorgfaltswidrige Handlungen, soweit der Geschäftsführer nicht seine Sorgfaltspflicht im Rahmen der Vorbereitung des Gesellschafterbeschlusses, etwa durch mangelhafte Information, verletzt hat.[461]

d) Beweislast

426   Die Gesellschaft trägt die Darlegungs- und Beweislast für den Eintritt eines Schadens und die Ursächlichkeit des Verhaltens des Gesellschafters für den Schaden.[462] Der geschäftsführende Gesellschafter muss dagegen beweisen, dass er seinen Geschäftsführerpflichten ordnungsgemäß nachgekommen ist, sein Verhalten also pflichtgemäß oder wenigstens schuldlos war.[463] Die Umkehr der Beweislast zu Lasten des geschäftsführenden Gesellschafters folgt aus der analogen Anwendung des § 93 Abs. 2 AktG.

---

457 BGHZ 75, 321 ff.; zuletzt BGH NJW 1995, 1553.
458 Wirth in: Münchener Handbuch des Gesellschaftsrechts, Bd. 2, 2. Aufl. 2004, § 7, Rn. 88.
459 BGHZ 75, 321 ff.
460 Wirth in: Münchener Handbuch des Gesellschaftsrechts, Bd. 2, 2. Aufl. 2004, § 7 Rn. 88.
461 Hoimar v. Ditfurth in: Münchener Handbuch des Gesellschaftsrechts, Bd. 1 2. Aufl. 2004, § 47 Rn. 32.
462 Hoimar v. Ditfurth in: Müchener Handbuch des Gesellschaftsrechts, Bd. 1, 2. Aufl. 2004, § 47 Rn. 32.
463 BGH BB 1988, 1205, 1206 f.

e) Geltendmachung des Anspruchs

aa) Grundsatz: Die Geltendmachung von Ansprüchen der Gesellschaft ist zwar grundsätzlich **Geschäftsführungsaufgabe**. Die nicht geschäftsführenden Gesellschafter sind daher von der Geltendmachung solcher Ansprüche für die Gesellschaft grundsätzlich ausgeschlossen.[464] Allerdings wird der geschäftsführende Gesellschafter kaum Ansprüche der Gesellschaft aus der Verletzung der organschaftlichen Treuepflicht gegen sich selbst geltend machen. Auf Grund der bestehenden Interessenkollision fehlt ihm auch die entsprechende Vertretungsmacht für die Gesellschaft. In diesem Fall können ausnahmsweise alle übrigen Gesellschafter gemeinsam den Anspruch der Gesellschaft in deren Namen geltend machen, bei der 2-Personengesellschaft der andere Gesellschafter allein.[465]

427

bb) Actio pro socio: (1) Während des Bestehens der Gesellschaft: Davon zu unterscheiden ist das Recht des nicht geschäftsführenden Gesellschafters und damit auch des Kommanditisten, von den Mitgesellschaftern die Erfüllung ihrer Verpflichtungen gegenüber der Gesellschaft zu verlangen und im eigenen Namen auf Leistung an die Gesellschaft zu klagen (Actio pro socio). Dies gilt grds. nur für Sozialansprüche, d.h. für Verpflichtungen der Gesellschafter, die ihre Grundlage unmittelbar oder mittelbar im Gesellschaftsvertrag haben. Dazu gehört neben der Beitrags- und der Treuepflicht auch die Pflicht zur Geschäftsführung.[466]

428

Ausnahmsweise kann aber ein Gesellschafter allein den Anspruch der Gesellschaft gegen einen Dritten im Namen der Gesellschaft geltend machen, wenn der Gesellschafter ein berechtigtes Interesse an dem Vorgehen im Rahmen der actio pro socio hat. Das ist der Fall, wenn sich die übrigen Gesellschafter z.B. aus einer persönlichen Verbundenheit heraus weigern, die Ansprüche geltend zu machen, und der Dritte an dem gesellschaftswidrigen Verhalten beteiligt war.[467] Die actio pro socio richtet sich zwar grds. nur gegen Mitgesellschafter. Ist der in Anspruch zu nehmende Mitgesellschafter jedoch eine Gesellschaft mit einem persönlich haftenden Gesellschafter, kann der persönlich haftende Gesellschafter des Mitgesellschafters im Wege der actio pro socio auch unmittelbar in Anspruch genommen werden.[468]

429

Im neueren Schrifttum wird die actio pro socio weitgehend als subsidiär gegenüber der Geltendmachung des Anspruchs durch die Gesellschaft angesehen. Nur wenn die Gesellschaft den betreffenden Anspruch nicht ordnungsgemäß durchsetzt, ist die Geltendmachung durch einen Gesellschafter im eigenen Namen zulässig. Rechtsprechung zu dieser Frage gibt es – soweit ersichtlich – noch nicht.[469] Es ist aber ratsam, vom

430

---

[464] Wirth in: Münchener Handbuch des Gesellschaftsrechts, Bd. 2, 2. Aufl. 2004, § 7 Rn. 94 für die KG; Hoimar v. Ditfurth in: Münchener Handbuch des Gesellschaftsrechts, Bd. 1, 2. Aufl. 2004, § 53 Rn. 66.
[465] Palandt/Sprau, BGB, 63. Aufl. 2004 zu § 714 Rn. 4; für die Zwei-Personen-Gesellschaft vgl. BGH NJW-RR 1991, 1441f.
[466] Wirth in: Münchener Handbuch des Gesellschaftsrechts, Bd. 2, 2. Aufl. 2004, § 7 Rn. 95 für die KG; Hoimar v. Ditfurth in: Münchener Handbuch des Gesellschaftsrechts, Bd. 1, 2. Aufl. 2004, § 53 Rn. 67.
[467] BGHZ 102, 152, 155; OLG Düsseldorf NZG 2000, 475f.
[468] BGH BB 1973, 1506.
[469] Hoimar v. Ditfurth in: Münchener Handbuch des Gesellschaftsrechts, Bd. 1, 2. Aufl. 2004, § 53 Rn. 67 m.w.N.

Grundsatz der Subsidiarität der actio pro socio auszugehen. Ausnahmsweise kann bei der GbR oder der OHG ein Vorgehen im Wege der actio pro socio aus dem Grundsatz der Subsidiarität überflüssig sein, wenn nämlich die Gesellschafter Gesamtgläubiger i.S.d. § 428 BGB im Hinblick auf eine Forderung gegen einen Gesellschafter sind. Dies kann etwa Gemeinschaftskonten der Gesellschafter betreffen.[470] Dann kann ein Gesamtgläubiger die gesamte Forderung im eigenen Namen geltend machen und Leistung an sich fordern.

431 In der KG besteht darüber hinaus die Besonderheit, dass die Kommanditisten nach § 164 BGB von der Geschäftsführung weitestgehend ausgeschlossen sind. Für Ansprüche, die der Kommanditist im Wege der actio pro socio für die Gesellschaft gegen die Geschäftsführung geltend machen will, hat der BGH die Einschränkung gemacht, dass dies nur für Schadensersatzklagen wegen fehlerhafter Geschäftsführung zulässig ist, nicht aber für Leistungs- und Unterlassungsklagen gegen die Geschäftsführung. Anderenfalls werde die in § 164 HGB aufgestellte Regelung ausgehöhlt.[471]

432 *(2) Im Abwicklungsstadium der Gesellschaft:* Die actio pro socio ist nicht nur im Rahmen der werbenden Gesellschaft möglich, sondern auch im Abwicklungsstadium.[472] Ein grundsätzliches Bedürfnis dafür ist nicht von der Hand zu weisen. Gerade die Abwicklung der Gesellschaft führt oft zu Streit unter den Gesellschaftern.[473] Allerdings kann im Einzelfall für die Geltendmachung von Schadensersatzansprüchen das Rechtsschutzbedürfnis fehlen, wenn die Schadenersatzleistung für die Liquidation nicht mehr relevant ist. Dies kann der Fall sein, wenn die Gesellschaftsgläubiger befriedigt sind und der in Anspruch zu nehmende Gesellschafter selbst bei Berücksichtigung der Zahlung noch ein positives Auseinandersetzungsguthaben hätte.[474]

433 In besonderen Fällen kann ein Gesellschafter sogar im Abwicklungsstadium auf Leistung unmittelbar an sich klagen, wenn es um Ausgleichsforderungen unter den Gesellschaftern geht und keine weiteren Liquidationsaufgaben zu erfüllen sind.[475] Eine auf Leistung an die Gesellschaft gerichtete Klage wäre dann ein rein formalistischer Umweg.[476]

II. Beratungssituation

434 Die Anforderungen an die Beratung sind entsprechend der oben dargestellten komplexen und unterschiedlichsten Interessenlagen zu vielschichtig, um sie an dieser Stelle umfassend zu erörtern. Die Darstellung beschränkt sich daher auf die m.E. am ehesten praxisrelevanten Schwerpunkte.

---

470 BGH NJW 2002, 3093.
471 BGHZ 76, 160, 167; OLG Düsseldorf NZG 2000, 475.
472 BGHZ 10, 91, 101; BGH BB 1958, 603; OLG Düsseldorf NZG 2000, 475.
473 Karsten Schmidt, Gesellschaftsrecht, 4. Aufl. 2002, § 21 IV 5 b.
474 BGH NJW 1960, 433f.
475 Karsten Schmidt, Gesellschaftsrecht, 4. Aufl. 2002, § 21 IV 5 b.
476 RGZ 123, 23.

1. Materiellrechtliche Fragen

Schwerpunktmäßig wird der mandatierte Rechtsanwalt vor der Situation stehen, eine bereits erfolgte Geschäftsführungsmaßnahme auf ihre **Vereinbarkeit mit den einzelnen Geschäftsführungspflichten** – aus Vertrag oder Gesetz – zu beurteilen (vgl. zu A. Rn. 362 ff.). Die Geschäftsführerpflichten bzw. der jeweils einzuhaltende Sorgfalts- und Verschuldensmaßstab unter Berücksichtigung der dem Geschäftsführer zustehenden Ermessensspielräume für unternehmerische Entscheidungen können dabei sehr variieren. Des weiteren ist die Geschäftsführerhandlung auf **Kausalität für den entstandenen Schaden** zu prüfen. Gesetzliche Ausschlusstatbestände sowie evtl. vorliegende Verträge zur Generalbereinigung und Entlastungsbeschlüsse sind auf Ihre Reichweite, Wirksamkeit hin zu überprüfen. Bei Entlastungsverträgen ist in diesem Zusammenhang insbesondere zu prüfen, ob die fragliche Geschäftsführerhandlung strafbar ist. Neben den routinemäßig zu berücksichtigenden Verjährungsnormen sind besonders bei der Vertretung der Gesellschaft oder deren Gesellschaftern gegen den Geschäftsführer Entlastungsbeschlüsse und Generalbereinigungsverträge sowie Möglichkeiten zu deren Anfechtung zu überprüfen. Regelmäßig ist für die Anfechtbarkeit von Entlastungsbeschlüssen im Gesellschaftsvertrag entsprechend § 246 Abs. 1 AktG eine Monatsfrist vereinbart, die andernfalls analog gilt. Gegebenenfalls ist eine vereinbarte Anfechtungsfrist ergänzt um eine vorab laufende Frist zur Protokollberichtigung.

435

2. Prozessuale Fragen

Neben der Gesellschaft haben unter den unter A. genannten Voraussetzungen auch Gesellschafter eigene Klagerechte, die z.T. gesetzlich geregelt sind, zum Teil über das Institut der actio pro socio geltend gemacht werden können. Gesellschaftsgläubiger können ebenfalls nur in eingeschränkten Fällen gegen den Geschäftsführer direkt vorgehen oder auch nur die Gesellschaft dazu anhalten, von ihrem Geschäftsführer wegen geschäftsführungswidriger Handlung Schadenersatz zu verlangen und diesen dann an den Gläubiger weiter zu leiten.

436

a) Vorhergehender Beschluss der Gesellschafterversammlung

Regelmäßig ist für die Geltendmachung eines Schadensersatzanspruchs gegenüber dem Geschäftsführer ein vorheriger Beschluss der Gesellschafterversammlung – sei es zustimmend oder im Falle der actio pro socio ablehnend – erforderlich. Bei den Personengesellschaften können bei Inanspruchnahme des oder eines geschäftsführenden Gesellschafters ausnahmsweise alle übrigen Gesellschafter gemeinsam den Anspruch der Gesellschaft in deren Namen geltend machen, bei der Zwei-Personen-Gesellschaft der andere Gesellschafter allein.[477] In der Klageerhebung liegt daher die konkludente Zustimmung der Gesellschafterversammlung in der erforderlichen Mehrheit zur Klageerhebung.

437

---

477 Palandt/Sprau, BGB, 63. Aufl. 2004 zu § 714 Rn. 4; für die Zwei-Personen-Gesellschaft vgl. BGH NJW-RR 1991, 1441 f.

§ 6 Klage gegen den Geschäftsführer / Vorstand

438 Bei der GmbH ist dagegen zur Geltendmachung von Ersatzansprüchen der Gesellschaft gegen den Geschäftsführer ein vorheriger Beschluss der Gesellschafterversammlung nach § 46 Nr. 8 GmbHG erforderlich. Problematisch kann dies vor allem sein, wenn die Klage der Gesellschaft auf Schadensersatz gegen den Geschäftsführer kurz vor Ablauf der Verjährung des Anspruchs rechtshängig gemacht wird, ein entsprechender Gesellschafterbeschluss jedoch nach Eintritt der Verjährung nicht mehr gefasst werden kann. Insoweit ist keine rückwirkende Genehmigung der Klage mehr möglich. Deshalb sollte unbedingt vor Verjährungseintritt – ggf. im nicht förmlichen Umlaufverfahren – ein entsprechender Beschluss gefasst werden.

439 Im Rahmen der actio pro socio kann dementsprechend kritisch werden, ob der klagewillige Gesellschafter vor der Klageerhebung versuchen muss, einen Gesellschafterbeschluss – sei es ablehnend oder zustimmend – zu erwirken. Grundsätzlich verlangt dies der Grundsatz der Subsidiarität der actio pro socio. Da der auf diese Weise vorgehende Gesellschafter das Kostenrisiko für eine entsprechende Klage trägt, die u.a. wegen Verletzung des Subsidiaritätsgrundsatzes abgewiesen werden kann, wird er versucht sein, notfalls im nicht förmlichen Umlaufverfahren so schnell wie möglich einen entsprechenden ablehnenden Beschluss der Gesellschafterversammlung herbeizuführen. Gelingt ihm dies nicht, bleibt er auf eine Prognose darüber angewiesen, ob eine ablehnende Entscheidung der Gesellschafterversammlung zu erwarten ist. Er kann im Falle des Unterliegens keine Aufwendungsersatzanspruch von der Gesellschaft verlangen.[478]

b) Doppelte Klagen bei erster Klage durch Gesellschafter

440 Hat bereits ein Gesellschafter gegen seinen Mitgesellschafter im Rahmen der actio pro socio Klage erhoben, kann sich für die Gesellschaft – auch wenn sie zuvor beschlossen hat, den Anspruch gegen den Gesellschafter nicht selbst geltend machen zu wollen – gleichwohl die Frage stellen, ob sie nunmehr Klage erhebt. Denn ein stattgebendes Urteil für den im Rahmen der actio pro socio klagenden Gesellschafter entfaltet keine Rechtskraftwirkung zu Gunsten der Gesellschaft. Es handelt sich bei der actio pro socio um eine gesetzliche Prozessstandschaft, die ohne Zustimmung der Gesellschaft möglich ist. Trotzdem wäre die Gesellschaft nicht gezwungen, selbst Klage zu erheben, um in den Genuss der Rechtskraftwirkung des klagestattgebenden Urteils zu kommen. Sie könnte die Prozessführung des klagenden Gesellschafters im Rahmen der actio pro socio nachträglich genehmigen und sich so die Urteilsrechtskraft zu Nutze machen.[479]

441 Ein Urteil über die Klage eines im Rahmen der actio pro socio klagenden Gesellschafters wirkt ebenfalls nicht gegenüber den anderen Gesellschaftern.[480] Ist daher ein Kläger im Rahmen der actio pro socio bei der Inanspruchnahme des Mitgesellschafters rechtskräftig gescheitert, so können die Mitgesellschafter oder die Gesellschaft gleichwohl überlegen, ob sie ihrerseits Klage gegen den bereits vergeblich in Anspruch genommenen Gesellschafter erheben.

---

478 Ulmer in: Münchener Kommentar BGB, 3. Auflage 1997 zu § 705, Rn. 175.
479 Zöller / Vollkommer, ZPO, 24. Auflage 2004 zu § 50 Rn. 38, 54; BGHZ 123, 132, 135 ff.
480 Zöller / Vollkommer, ZPO, 24. Auflage 2004 vor § 50 Rn. 38.

442 Abweichend ist die Rechtslage bei einer Klage aller Gesellschafter einer Personengesellschaft im Rahmen einer gewillkürten Prozessstandschaft für die Gesellschaft, die einen Schadenersatzanspruch der Gesellschaft gegenüber dem geschäftsführenden Gesellschafter erheben. Wird eine solche Klage rechtskräftig abgewiesen, ist es der Gesellschaft versperrt, den von ihren Gesellschaftern geführten und wegen Unbegründetheit verlorenen Prozess noch einmal aufzunehmen. Insoweit erstreckt sich die Rechtskraft auf die Gesellschaft.[481]

c) Doppelte Klagen bei erster Klage durch Gesellschaft

443 Ein klageabweisendes Urteil über die Klage der Gesellschaft zur Erfüllung des Sozialanspruchs gegenüber einem Gesellschafter hat auch gegenüber einem parallel im Rahmen der actio pro socio klagenden Mitgesellschafter Bedeutung. Denn der Schuldner kann insoweit alle Einwendungen erheben, die ihm gegen die Gesamthand zustehen, einschließlich des Einwands, die Forderung sei rechtskräftig aberkannt. Der in Anspruch genommene Gesellschafter kann diesen Einwand sogar noch im Wege der Vollstreckungsgegenklage nach § 767 ZPO geltend machen.[482]

d) Treuwidrigkeit der Anspruchserhebung

444 Bei Gesellschafterklagen gegen einen Mitgesellschafter im Rahmen der actio pro socio, die nicht auf Schadensersatz, sondern auf Leistung oder Unterlassung durch den Mitgesellschafter gerichtet sind, ist vor der Klageerhebung zu überprüfen, ob diese Klageerhebung nicht treuwidrig ist, auch soweit die Voraussetzungen der actio pro socio vorliegen. Dies ist insbesondere bei klageweiser Inanspruchnahme eines Komplementärs durch den Kommanditisten im Rahmen der actio pro socio im eigenen Namen auf Unterlassung einer bestimmten Geschäftsführungshandlung angenommen worden. Eine solche Leistungs- bzw. Unterlassungsklage würde der in § 164 HGB zu Grunde gelegten Wertung zuwider laufen, dass der Kommanditist keine Geschäftsführungsbefugnisse hat.[483]

B. Prozess

I. Rechtsweg

445 Bei der GmbH und der AG sind die **Geschäftsführer bzw. Vorstände keine Arbeitnehmer** i.S.d. § 5 Abs. 1 ArbGG. Dies gilt selbst dann, wenn sie angestellte Geschäftsführer sind.[484] Prozesse zwischen der Gesellschaft und den Geschäftsführern werden daher vor den Zivilgerichten und nicht vor den Arbeitsgerichten geführt. Arbeitsrechtliche Normen werden nur insoweit angewandt, als sie auf leitende Angestellte zugeschnitten sind. Nach überwiegender Ansicht kommen dem Geschäftsführer auch die arbeitsrechtlichen Grundsätze über den innerbetrieblichen Schadensausgleich nicht zu Gute.[485]

---

481 Müther, MDR 2002, 987, 990.
482 Ulmer in: Münchener Kommentar BGB, 3. Aufl. 1997 zu § 705 Rn. 175.
483 BGHZ 76, 160; OLG Düsseldorf NZG 2000, 475; Palandt/Sprau, BGB, 63. Auflage 2004 zu § 914 Rn. 9.
484 Vorwerk, Kap. 104, Rz. 11.
485 Karsten Schmidt, Gesellschaftsrecht, 4. Aufl. 2002, § 36 II 4. b.

II. Zuständiges Gericht

446 Für die Klage der Gesellschaft oder eines Gesellschafters gegen einen Mitgesellschafter dieser Gesellschaft bzw. gegen deren Geschäftsführer/Vorsteher ist gemäß 95 Abs. 1 Nr. 4a GVG die Kammer für Handelssachen funktionell zuständig, sofern es sich bei der betroffenen Gesellschaft um eine Handelsgesellschaft handelt. Handelsgesellschaften i.S.v. § 95 Abs. 1 Nr. 4a GVG sind OHG, KG, AG; KGa.A. und die GmbH.[486] Für die GbR gilt die Sonderzuständigkeit des § 95 Abs. 1 Nr. 4a GVG nicht.

447 Diese Zuständigkeitsregelung muss auch für die Inanspruchnahme ehemaliger Geschäftsführer gelten, jedenfalls wenn das streitige Rechtsverhältnis zu einem Zeitpunkt entstanden ist, als der ehemalige Geschäftsführer noch im Amt war.[487]

448 Für die örtliche Zuständigkeit ist gemäß §§ 12, 13 ZPO auf den Wohnsitz des Geschäftsführers bzw. Mitgesellschafters abzustellen.

III. Bezeichnung der klagenden Gesellschaft in der Klageschrift

449 Soweit die Gesellschaft selbst Klage erhebt, sind Besonderheiten für die GbR zu berücksichtigen, die sich aus der Feststellung der Parteifähigkeit der GbR-Außengesellschaft durch den BGH mit der Entscheidung vom 29.01.2001 ergeben.[488] Da die GbR – anders als Handelsgesellschaften – nicht verpflichtet sind, einen einheitlichen Namen oder überhaupt einen Namen zu führen, sollten zur Identifikation der Gesellschaft als Klägerin im Zweifel die vollständigen Gesellschafternamen angegeben werden.[489] Bei großem und darüber hinaus wechselndem Gesellschafterbestand mit mehreren Namen ist die korrekte Bezeichnung der GbR im Rubrum oft schwierig. Allerdings wurde dieses Problem schon bisher durch eine relativ großzügige Auslegung und Berichtigung des Rubrums gelöst. Daran dürfte sich auch nach der Anerkennung der Parteifähigkeit der GbR nichts geändert haben.[490]

450 Im Aktivprozess der GbR wird diese nunmehr durch ihre geschäftsführenden Gesellschafter vertreten.[491] Als Parteibezeichnung ist deshalb die Nennung des im Verkehr geführten Namens der GbR mit dem Zusatz „vertreten durch ..." ausreichend.[492]

IV. Rechtsschutzbedürfnis

451 Der im Rahmen der actio pro socio gegen den Geschäftsführer bzw. geschäftsführenden Gesellschafter klagende Gesellschafter sollte wegen des Grundsatzes der Subsidiarität in der Klageschrift unbedingt die Notwendigkeit der actio pro socio nach den oben dargestellten Grundsätzen darlegen.

---

486 Zöller/Gummer, ZPO, 24. Auflage 2004 zu § 95 GVG Rn. 8.
487 LG Düsseldorf DB 1975, 1019.
488 BGHZ 146, 341 ff.
489 Müther, MDR 2002, 987, 988.
490 Westermann, NZG 2001, 289, 292.
491 Westermann, NZG 2001, 289 ff., 292.
492 Wertenbruch, NJW 2002, 326.

Hat bereits ein Gesellschafter seinen Mitgesellschafter im Rahmen der actio pro socio auf Leistung an die Gesellschaft klageweise in Anspruch genommen, stellt sich für die Gesellschaft die Frage, ob sie eine eigene Klage gegen den Mitgesellschafter bzw. Geschäftsführer bzw. geschäftsführenden Gesellschafter erhebt. Sie ist daran jedenfalls nicht wegen anderweitiger Rechtshängigkeit nach § 261 Abs. 3 Nr. 1 ZPO gehindert.[493] Auch dass die Gesellschaft das entsprechend stattgebende Urteil des klagenden Gesellschafters genehmigen kann, führt nicht dazu, dass die Gesellschaft kein Rechtschutzbedürfnis für eine eigene Klage gegen den geschäftsführenden Gesellschafter bzw. den Geschäftsführer hat. Insbesondere ist ein zuvor gefasster Beschluss der Gesellschafterversammlung, den Geschäftsführer nicht in Anspruch zu nehmen, kein materiellrechtlicher Verzicht. Vielmehr kann sich die Gesellschaft anders besinnen und – etwa wegen mangelhafter Prozessführung durch den im Rahmen der actio pro socio den klagenden Gesellschafter – durchaus ein sachliches Interesse daran haben, den Prozess gegen den Geschäftsführer selbst zu führen.

Die Klageerhebung durch die Gesellschaft gegen einen Gesellschafter zur Erfüllung eines Sozialanspruchs führt dazu, dass die zuvor erhobene Klage des Gesellschafters im Rahmen der actio pro socio gegen den Geschäftsführer im Nachhinein das Rechtschutzbedürfnis verliert und damit unzulässig wird. Um nicht die Kosten der Klage tragen zu müssen, sollte der im Rahmen der actio pro socio klagende Gesellschafter vorsorglich den Rechtsstreit für erledigt erklären und auf einen Feststellungsantrag umstellen. Ihm bleibt die Möglichkeit, dem Prozess der Gesellschaft als Nebenintervenient beizutreten.[494]

Mit der Neuregelung des Aktienrechts durch das „Gesetz zur Unternehmensintegrität und Modernisierung des Anfechtungsrechts" wird es der Gesellschaft möglich sein, sich der im Rahmen der actio pro socio erhobenen Klage eines Gesellschafters durch eigene Klageerhebung anzuschließen.[495] Damit ist zwar nicht ausdrücklich festgelegt, was mit der Klage des Aktionärs geschehen soll. Gegen den Wegfall des Rechtsschutzbedürfnisses der Gesellschafterklage spricht, dass dann eine besondere Erwähnung des „Anschließungsrechts" der Gesellschaft überflüssig gewesen wäre. Meines Erachtens handelt es sich um einen Fall der subjektiven Klagenhäufung.

V. Muster

1. Muster: Klage einer GmbH gegen ihren Alleingeschäftsführer auf Schadensersatz wegen unzulässiger Geschäftsführungsmaßnahmen

An das

Landgericht ■■■

Kammer für Handelssachen[496]

---

493 BGHZ 78, 7.
494 Ulmer in: MünchKomm BGB, 4. Aufl. 2004 zu § 705 Rn. 175.
495 RegE, S. 37.
496 Bei GbR: AG oder LG nach Streitwert.

§ 6 Klage gegen den Geschäftsführer / Vorstand

Klage

der A-GmbH, vertreten durch den Gesellschafter Herrn A, ▬▬▬

Klägerin

Prozessbevollmächtigte:

gegen

Herrn X, ▬▬▬

Beklagter

Prozessbevollmächtigte: ▬▬▬

wegen Schadensersatz wegen unzulässiger Geschäftsführungsmaßnahme

vorläufiger Streitwert: ▬▬▬ €

Namens und kraft Vollmacht der Klägerin erheben wir Klage und werden in der mündlichen Verhandlung beantragen:
1. Der Beklagte wird verurteilt, an die Klägerin ▬▬▬ € nebst Zinsen in Höhe von 5 Prozentpunkten über dem jeweiligen Basiszinssatz seit Rechtshängigkeit zu zahlen.
2. Das Urteil ist notfalls gegen Sicherheitsleistung vorläufig vollstreckbar.

Wir regen an, das schriftliche Vorverfahren anzuordnen. Für den Fall der Fristversäumnis oder des Anerkenntnisses wird schon jetzt beantragt,

gegen den Beklagten Versäumnisurteil oder Anerkenntnisurteil ohne mündliche Verhandlung zu erlassen.

(ggf.:)

Mit der Entscheidung durch den Vorsitzenden sind wir einverstanden.

Begründung:

1. Sachverhalt

Der Unternehmensgegenstand der A-GmbH ist die Errichtung / Reparatur von Großküchen im Bereich Westfalen.

Beweis: Gesellschaftsvertrag der A-GmbH, Fotokopie Anlage K 1.

Im Rahmen des Neubaus ihrer Feuerwache hatte die Stadt ▬▬▬ für die Errichtung von zwei Großküchen in diesem Objekt am ▬▬▬ eine öffentliche Ausschreibung durchgeführt.

Beweis: Ausschreibungsunterlagen der Stadt ▬▬▬, Fotokopien in Anlage K 2.

Auf Grund des Gesellschafterbeschlusses der A-GmbH vom ▬▬▬ wurde der Geschäftsführer ermächtigt und angewiesen, für die A-GmbH ein Angebot bei der Stadt ▬▬▬ in Bezug auf die Ausschreibung abzugeben.

Beweis: Allseits unterzeichnetes Protokoll der Gesellschafterversammlung der A-GmbH vom ▬▬▬, Fotokopie Anlage K 3.

Einen Monat vor Zuschlagerteilung durch die Stadt ▪▪▪ erwarb der Beklagte für die Klägerin – ohne die übrigen Gesellschafter bzw. die Gesellschafterversammlung insgesamt davon in Kenntnis zu setzen – bei der B-GmbH speziell für den von der Stadt ▪▪▪ ausgeschriebenen Auftrag angefertigte Materialien im Wert von 300.000,00 EUR.

Beweis: Bestellung nebst Auftragsbestätigung vom ▪▪▪, Fotokopien Anlage K 4.

Bedauerlicherweise hat nicht die Klägerin im Rahmen der Ausschreibung von der Stadt ▪▪▪ den Zuschlag erhalten, sondern die C-OHG.

Beweis: Mitteilung der Stadt ▪▪▪, Fotokopie Anlage K 5.

Die vom Beklagten für die Klägerin erworbenen Ausstattungsgegenstände für die Großküche in der Feuerwache der Stadt ▪▪▪ waren speziell für diesen Auftrag angefertigte Materialien und sind für die Klägerin nicht anderweitig verwertbar. Die Klägerin hat über 2 Monate lang intensiv, aber vergeblich versucht, die Gegenstände – insbesondere an die C-OHG – zu veräußern.

Beweis:
1. Zeugnis des ▪▪▪,
2. Sachverständigengutachten.

Die Gegenstände haben ohne den Auftrag der Stadt ▪▪▪ allenfalls noch einen Wert von 200.000,– €, der sich zudem zurzeit nicht realisieren lässt. Dadurch ist der Klägerin ein Schaden in Höhe von 100.000,– € entstanden.

Beweis: Sachverständigengutachten.

Am ▪▪▪ beschloss die Gesellschafterversammlung einstimmig, den oben genannten Schaden im Klagewege gegen den Beklagten geltend zu machen.

Gleichzeitig wurde gem. § 46 Nr. 8 GmbHG Herr A als Vertreter der Klägerin bei der – auch prozessualen – Geltendmachung von Ansprüchen aus dem oben geschilderten Sachverhalt gegen den Beklagten bestimmt.

Beweis: Protokoll Gesellschafterbeschluss vom ▪▪▪, Fotokopie Anlage K 6.

Die Klägerin, vertreten durch Herrn A, hat den Beklagten vorprozessual zur Zahlung aufgefordert, leider vergeblich.

Beweis: Schreiben vom ▪▪▪, Fotokopie Anlage K 7.

2. Rechtslage

Der Beklagte ist der Klägerin zum Ersatz des entstandenen Schadens nach § 43 Abs. 2 GmbHG verpflichtet. Er hat mit der vorschnellen Verpflichtung der Klägerin zum Erwerb der speziell angefertigten Küchenteile gegen seine Treuepflicht gegenüber der Klägerin verstoßen. Als Ausfluss seiner Treuepflicht ist der Beklagte verpflichtet, eine ordnungsgemäße Unternehmensleitung zu gewährleisten. Insbesondere ist er verpflichtet, nicht entgegen den Interessen des Bestands, der Gewinnerzielung und der Sicherheit der Gesellschaft zu handeln. Auch wenn ihm ein unternehmerisches Ermessen zusteht, war bei Abschluss des Kaufvertrages mit der B-GmbH keineswegs absehbar, ob die Klägerin den Zuschlag im Rahmen der Ausschreibung der Stadt ▪▪▪ würde erhalten können. Denn die Angebote der Kon-

§ 6 Klage gegen den Geschäftsführer / Vorstand

kurrenten waren auch dem Beklagten nicht bekannt. Dies hat er gegenüber anderen Gesellschaftern erklärt.

Beweis: Zeugnis des ▬▬▬

Der Zinsanspruch folgt aus §§ 288, 286 BGB.

Rechtsanwalt

456 **2. Muster: Actio pro socio des Kommanditisten bzgl. Schadensersatzanspruch gegen den Komplementär**[497]

An das

Landgericht ▬▬▬

Kammer für Handelssachen

(bei GbR: AG oder LG nach Streitwert)

Klage

des A (Kommanditist der X-KG), ▬▬▬

Kläger

Prozessbevollmächtigte:

gegen

X (Komplementär der X-KG), ▬▬▬

Beklagter

Prozessbevollmächtigte:

wegen Schadensersatz aus Geschäftsführerhaftung

Namens und kraft Vollmacht der Klägerin erheben wir Klage und werden beantragen:
1. Der Beklagte wird verurteilt, an die X-KG 25.000,– € nebst Zinsen in Höhe von 5 Prozentpunkten über dem jeweiligen Basiszinssatz seit Rechtshängigkeit zu zahlen.
2. Das Urteil ist notfalls gegen Sicherheitsleistung vorläufig vollstreckbar.

Wir regen an, das schriftliche Vorverfahren anzuordnen. Für den Fall der Fristversäumnis oder des Anerkenntnisses wird schon jetzt beantragt,

gegen den Beklagten Versäumnisurteil oder Anerkenntnisurteil ohne mündliche Verhandlung zu erlassen.

(ggf.:)

Mit der Entscheidung durch den Vorsitzenden sind wir einverstanden.

---

[497] In Anlehnung an OLG Düsseldorf NZG 2000, 475.

Begründung

1. Sachverhalt

Der Kläger ist Kommanditist der X-KG. Der Beklagte ist Komplementär und damit auch Geschäftsführer der X-KG.

Beweis: Gesellschaftsvertrag der X-KG, Fotokopie Anlage K 1.

Die X-KG betreibt einen Baustoffhandel. Schwerpunkt der Geschäftstätigkeit ist die Belieferung von Baustellenmaterialien. Zum betriebsnotwendigen Vermögen der X-KG gehört auch der Fuhrpark, bestehend aus vier Lkw des Typs ■■■, die im Eigentum der X-KG stehen. Die Fahrzeuge werden benötigt, um Baustoffe der X-KG zu den verschiedenen Vertragsbaustellen der X-KG zu liefern.

Beweis: Zeugnis ■■■

In einem Vertrag vom ■■■ verkaufte der Beklagte im Namen der X-KG die vier in deren Eigentum stehenden Lkw, namentlich mit den Fahrgestell-Nrn. ■■■ zu einem Kaufpreis von insgesamt 250.000,- € an die Y_GmbH.

Beweis: Kaufvertrag mit der Y GmbH, Fotokopie Anlage K 2

Der Geschäftsführer der Y-GmbH wusste ebenso wie der Beklagte, dass es sich bei der an die Y-GmbH verkauften Lkw um den gesamten Fuhrpark der X-KG handelte, auf den sie zur Erfüllung eingegangener Verträge und zur weiteren Verfolgung ihres Gesellschaftszwecks dringend angewiesen war. Der Beklagte wusste bei dem Verkauf an die Y-GmbH auch, dass diese in Konkurrenz zur X-KG tätig ist und durch den Entzug des Fuhrparks Geschäftschancen der X-KG wahrnehmen konnte und wollte.

Beweis: Zeugnis des ■■■

Seit dem ■■■ stehen diese Fahrzeuge der X-KG zur Belieferung ihrer Vertragsbaustellen nicht mehr zur Verfügung. Der Beklagte hat den Besitz im Namen der X-KG auf die Y-GmbH übertragen.

Beweis: Zeugnis des ■■■

Für die X-KG war es in der Folgezeit nur durch Anmietung von vier gleichartigen Lkw möglich, die von ihr mit Dritten geschlossenen Verträge zur Belieferung von Baustellen ordnungsgemäß zu bedienen. Dadurch ist ihr ein Schaden von 25.000,- € entstanden. Dieser resultiert aus der Anmietung der Lkw für den Zeitraum vom ■■■ bis ■■■ von der Z-GmbH.

Beweis:
1. Lieferungsverträge, Fotokopien Anlagenkonvolut K 3.
2. Zeugnis des ■■■
3. Rechnungen der Z-GmbH über die Anmietung der Lkw, Fotokopien Anlagenkonvolut K 4.

Erst nach zähen Verhandlungen gelang es der X-KG, die Y-GmbH zur Rückabwicklung der von dem Beklagten namens der X-KG geschlossenen Kaufverträge zu bewegen und die vier Lkw Zug um Zug gegen Rückzahlung des Kaufpreises an die X-KG zu übergeben. Nachfolgend versuchte die X-KG auf Initiative des Klägers zunächst, den Beklagten zur Zahlung von

25.000,00 EUR an die X-KG zu veranlassen. Der Kläger hatte die Mitgesellschafter der X-KG aufgefordert, einen entsprechenden Beschluss zu fassen.

Beweis: Schreiben des Klägers vom ■■■, Fotokopie Anlage K 5.

Mit Schreiben vom ■■■ weigerten sich die beiden Mehrheitsgesellschafter B und C, der Inanspruchnahme des Beklagten zuzustimmen. Eine Begründung wurde nicht mitgeteilt.

Beweis: Schreiben der Mitgesellschafter ■■■ vom ■■■, Fotokopie Anlage K 6.

In Gegenwart des Herrn D haben die Mitgesellschafter B und C jedoch zugegeben, die Inanspruchnahme des Beklagten sei ihnen unangenehm, da sie beide privat eng mit ihm befreundet seien.

Beweis: Zeugnis des Herrn D, zu laden über die X-KG.

Mit Schreiben vom ■■■ hatte der Kläger den Beklagten davon unterrichtet, dass ein Beschluss der Gesellschafterversammlung über seine Inanspruchnahme auf Schadensersatz aus nicht sachgerechten Gründen abgelehnt worden sei und er sich deshalb selbst genötigt sehe, ihn auf Zahlung von Schadensersatz in Höhe von 25.000,– € an die X-KG aufzufordern.

Beweis: Schreiben des Klägers vom ■■■, Fotokopie Anlage K 7.

Auch dieses Ansinnen lehnte der Beklagte ohne Angabe von Gründen ab.

Beweis: Schreiben des Beklagten vom ■■■, Fotokopie Anlage K 8.

2. Rechtslage

Der Kläger ist berechtigt, die Schadensersatzklage im Rahmen der actio pro socio gegen den Beklagten im eigenen Namen geltend zu machen und Zahlung an die X KG zu verlangen. Einzelne Gesellschafter können eine Gesellschaftsforderung gegen einen Mitgesellschafter einklagen, wenn sie an der Geltendmachung ein berechtigtes Interesse haben, die anderen Gesellschafter die Einziehung der Forderung aus gesellschaftswidrigen Gründen verweigern und zudem der verklagte Gesellschaftsschuldner an dem gesellschaftswidrigen Verhalten maßgeblich beteiligt ist.

BGHZ 102, 152, 155.

So liegt es hier. Die X-KG hat einen Schadensersatzanspruch gegen den Beklagten aus § 280 BGB i.V.m. dem Anstellungsvertrag bzw. dem Gesellschaftsvertrag.

Der Beklagte ist als Komplementär der X-KG auch mit der Geschäftsführung für die X-KG betraut. Er ist deshalb gegenüber der X-KG im Rahmen der von ihm einzuhaltenden Treuepflicht gehalten, den Interessen der Gesellschaft, namentlich ihrem Interesse am Bestand, an der Sicherheit und am Gewinn den absoluten Vorrang vor eigenen Interessen oder Interessen Dritter einzuräumen. Diese Treuepflicht hat er durch den oben genannten Verkauf des gesamten Fuhrparks der X-KG an die Y-GmbH in besonders grober Weise verletzt. Die Treuepflichtverletzung wiegt umso stärker, als dem Beklagten bei dem Verkauf an die Y-GmbH bewusst war, dass diese in Konkurrenz zur X-KG tätig ist und durch den Entzug des Fuhrparks Geschäftschancen der X-KG wahrnehmen konnte und wollte.

Die X-KG verlor auf Grund des durch den Verkauf begründeten zwischenzeitlichen Entzugs der Fahrzeuge die Nutzungsmöglichkeit an ihnen und war zur Aufrechterhaltung ihrer vertraglichen Verpflichtungen genötigt, die oben genannten Miet-Lkw zu nutzen. Die X-KG war auch nicht in der Lage, anderweitig und kostengünstiger Ersatz für den verkauften Fuhrpark zu beschaffen, so dass die entstandenen Mietkosten zur Erfüllung der eingegangenen Verpflichtungen gegenüber Dritten unausweichlich war. Ein Schadensersatzanspruch der X-KG gegenüber den Beklagten besteht daher.

Der Kläger kann diesen Anspruch auch im Rahmen der actio pro socio im eigenen Namen geltend machen, weil die übrigen Gesellschafter bzw. die Mehrheitsgesellschafter sich aus persönlichen und damit gesellschaftswidrigen Gründen geweigert haben, den der X-KG entstandenen Schaden bei dem Beklagten geltend zu machen. Zudem hat der Beklagte die Anmietung des Ersatzfuhrparks durch den kollusiven Verkauf des bestehenden Fuhrparks provoziert und war deshalb an dem gesellschaftswidrigen Verhalten maßgeblich beteiligt.

Auch die Stellung des Klägers als Kommanditist der X-KG steht der Geltendmachung des Schadensersatzanspruchs nicht entgegen. Dass der Kläger als Kommanditist nach § 164 HGB nicht an der Geschäftsführung der KG beteiligt ist, bedeutet nicht, dass er gehindert ist, im Rahmen der actio pro socio Schadensersatzansprüche gegen den Beklagten geltend zu machen. Ein nach § 164 HGB unzulässiger Eingriff des Klägers als Kommanditist in die Geschäftsführung läge allenfalls vor, wenn er Unterlassungs- oder Leistungsansprüche im Klagewege gegen den Komplementär geltend machen würde.

BGHZ 76, 160, 168.

Der Zinsanspruch folgt aus §§ 288, 291 ZPO.

Rechtsanwalt

C. Zwangsvollstreckung

Für die Zwangsvollstreckung aus Urteilen gegen den Gesellschafter/Geschäftsführer einer Gesellschaft auf Schadensersatz wegen geschäftsordnungswidriger Maßnahmen sind keine Besonderheiten zu berücksichtigen. Es handelt sich um eine so genannte „Standard-Zwangsvollstreckung" nach §§ 803 ff. ZPO (Abschnitt 2 „Zwangsvollstreckung wegen Geldforderungen").

457

Nachdem der Gläubiger sich vom Gericht eine vollstreckbare Ausfertigung des Schadensersatztitels beschafft hat, ist es ratsam, sich zunächst Informationen über Vermögensgegenstände des Schuldners zu verschaffen, bevor Vollstreckungsaufträge für die eine oder andere Vollstreckungsart an den Gerichtsvollzieher erteilt werden. Statistisch gesehen ist die Mobiliarzwangsvollstreckung die am häufigsten fruchtlos verlaufende Vollstreckungsart.[498] Hat der Schuldner fällige Forderungen gegen die Gesellschaft (als Gläubigerin), sollte selbstverständlich aufgerechnet werden, soweit dies möglich ist.

458

Da die Gesellschafter Einsicht in alle Gesellschaftsunterlagen haben, bietet es sich an, zunächst in der Gesellschaft nach Unterlagen zu suchen, die Aufschluss über einzelne Ver-

459

---

498 Goebel, Zwangsvollstreckung, Anwaltsformulare, 2003, § 4 Rn. 6.

mögensgegenstände des in Anspruch genommenen Mitgesellschafters bzw. Geschäftsführers geben. Meist wird seine Bankverbindung in der Gesellschaft bekannt sein, so dass sie einen Pfändungs- und Überweisungsbeschluss über das Guthaben auf dem Konto des Schuldners beantragen können. Darüber hinaus sollte Auskunft bei den bekannten Schuldnerverzeichnissen verlangt werden. Bei den zuständigen Vollstreckungsgerichten wird nach § 915 ZPO beispielsweise ein solches Schuldnerverzeichnis geführt. Dort kann auch in Erfahrung gebracht werden, ob der Schuldner bereits eine eidesstattliche Versicherung nach §§ 807 ZPO, 284 AO abgegeben hat. Jeder Gläubiger, der Zwangsvollstreckungsmaßnahmen durchführen will, hat gem. § 915 Abs. 3 ZPO einen Auskunftsanspruch aus dem Schuldnerverzeichnis.

460 Soll nach Grundbesitz des Vollstreckungsschuldners gesucht werden, in den vollstreckt werden kann, bietet sich an, bei Grundbuchämtern nach § 12a GBO Auskunft aus dem Grundstückseigentümerverzeichnis zu verlangen. Soweit ein Vollstreckungstitel vorliegt, ergibt sich hier auch ein berechtigtes Interesse an der Einsicht, § 12a Abs. 1 S. 3 GBO. Dabei sollte nicht nur bei dem Wohnsitz des Schuldners angefragt werden, sondern auch bei Grundbuchämtern an den Wohnsitzen naher Verwandte oder sonstiger Angehöriger des Schuldners oder ggf. an seinen früheren Wohnsitzen. Weitere Informationsquellen über Schuldner sind die Industrie- und Handelskammern, die bekannte Wirtschaftsauskünfte erteilen, etc.[499]

---

[499] Goebel, Zwangsvollstreckung, Anwaltsformulare, 2003, § 1.

§ 7 Vorläufiger Rechtsschutz bei Abberufung eines Geschäftsführers

A. Vorprozessuale Situation

Inzwischen ist allgemein anerkannt, dass auch im Gesellschaftsrecht der einstweilige Rechtsschutz eine Rolle spielt, insbesondere im Bereich der **Willensbildung** einer Gesellschaft.[500] Hier besteht angesichts der häufig sehr lange andauernden Prozesse sogar im Besonderen Maße ein Bedürfnis für einstweiligen Rechtsschutz. Ein langes Zuwarten lässt auch im Gesellschaftsrecht Fehlentwicklungen zu, die nicht weniger problematisch als in anderen Rechtsgebieten sind. In der Praxis werden besonders häufig Konflikte mit dem Geschäftsführer im einstweiligen Rechtsschutz ausgetragen. Dabei geht es meist um deren Abberufung und die damit zusammenhängenden Folgen. Ziel des einstweiligen Rechtsschutzes kann dabei die – möglicherweise abgestufte – Suspendierung des Geschäftsführers von seinen Geschäftsführungsbefugnissen oder umgekehrt der Wunsch des Geschäftsführers, ihm bereits entzogene Befugnisse wieder wahrzunehmen sein.[501]

Im Hinblick auf die **Voraussetzungen und die Folgen der Abberufung** der Vertretungs- und Geschäftsführungsorgane unterscheiden sich die verschiedenen Gesellschaftsformen zum Teil erheblich, insbesondere Kapitalgesellschaften und Personengesellschaften. Auch eine eventuelle Mitbestimmtheit der Gesellschaft hat Auswirkungen auf die Frage, unter welchen Umständen ein Geschäftsführer abberufen werden kann und welche Rechtsschutzmöglichkeiten insofern bestehen.

I. Rechtliche Grundlagen

1. Aktiengesellschaft

Das Vorstandsmitglied einer Aktiengesellschaft kann nicht ohne weiteres von seinem Amt abberufen werden, sondern gemäß § 84 Abs. 3 S. 1 AktG nur, wenn hierfür ein wichtiger Grund vorliegt. Ohne wichtigen Grund ist eine Abberufung nicht möglich; sie kann auch weder in der Satzung der Aktiengesellschaft noch im Bestellungsbeschluss oder im Anstellungsvertrag vereinbart werden.[502]

Ein wichtiger Grund liegt nur vor, wenn der Aktiengesellschaft die weitere Ausübung des Vorstandsamtes durch das fragliche Vorstandsmitglied bis zum Ablauf seiner regulären Amtszeit nicht zugemutet werden kann.[503] Eine **beispielhafte Aufzählung** enthält § 84 Abs. 3 S. 2 AktG: grobe Pflichtverletzung, Unfähigkeit zur ordnungsgemäßen Geschäftsführung oder Vertrauensentzug durch die Hauptversammlung. Darüber hinaus ist ein wichtiger Grund anzunehmen, wenn zwischen den Vorstandsmitgliedern ein dauerhafter Streit herrscht, der eine sinnvolle Zusammenarbeit zum Wohle der

---

500 Vgl. OLG Frankfurt NZG 1999, 213.
501 Vgl. dazu OLG München NZG 1999, 408 f. mit kritischer Anmerkung Michalski.
502 BHZ 8, 348 f., 360 f.; OLG Karlsruhe, BB 1973, 1088.
503 BGH NJW-RR 1988, 352 f.

Gesellschaft ernsthaft gefährdet.⁵⁰⁴ Da der „Schuldige" nur selten zweifelsfrei festgestellt werden kann, muss nicht unbedingt der vermeintlich Schuldige abberufen werden. Der Gesellschaft bleibt es unbenommen, stattdessen den vergleichsweise Unfähigeren abzuberufen.⁵⁰⁵

465 Umstritten ist, ob auch die Individualinteressen der Vorstandsmitglieder bei der Prüfung des wichtigen Grundes für die Abberufung vom Vorstandsamt einfließen oder ob allein auf die Interessen der Gesellschaft abzustellen ist.⁵⁰⁶

466 Besonderheiten gelten im Rahmen des Montan-Mitbestimmungsgesetzes bzw. des Mitbestimmungsgesetzes. Gesellschaften, die diesen Gesetzen unterliegen, können beispielsweise nicht den Arbeitsdirektor gegen den Willen der Mehrheit der Arbeitnehmer im Aufsichtsrat abberufen (§ 24 Abs. 4 AktG i.V.m. § 13 Abs. 1 S. 2 und S. 3 MitbestG; vgl. § 84 Abs. 4 AktG). Zudem gilt für die Abberufung ein mehrstufiges Verfahren nach § 31 Abs. 5 i.V.m. 1 bis 4 MitbestG.⁵⁰⁷

467 Die Abberufung ist zwar nicht ausdrücklich an eine Frist gebunden. Das Abberufungsrecht kann jedoch nach allgemeinen Grundsätzen verwirkt sein, wenn es nicht in angemessener Frist ausgeübt wird bzw. wenn das Vorstandsmitglied darauf vertrauen durfte, dass sich der Aufsichtsrat nicht mehr auf die zur Abberufung berechtigenden Umstände berufen wird.⁵⁰⁸

2. KGaA

468 Auch bei der KGa.A. gelten – wie bei der AG – dieselben Besonderheiten, wenn es sich um eine mitbestimmte KG nach § 1 Abs. 1 MitbestG handelt.

a) KGa.A. mit natürlicher Person als persönlich haftendem Gesellschafter

469 Bei der KGa.A. mit einer natürlichen Person als persönlich haftendem Gesellschafter kann entsprechend § 278 Abs. 2 AktG i.V.m. §§ 161 Abs. 2, 117, 127 HGB die Befugnis zur Geschäftsführung und Vertretung entzogen werden, wenn ein wichtiger Grund vorliegt, was insbesondere bei **grober Pflichtverletzung** oder **Unfähigkeit zur ordnungsgemäßen Geschäftsführung** der Fall ist (§ 117 HGB). Ein weiterer wichtiger Grund ist der Entzug des Vertrauens durch die Hauptversammlung. Insofern ähnelt die Regelung nach § 84 Abs. 3 S. 2 AktG.⁵⁰⁹ Die Entziehung der Geschäftsführungs- oder Vertretungsbefugnis erfolgt auf Antrag der KGaA. durch gerichtliche Entscheidung wie bei der normalen KG (s.u.). Voraussetzung für die Entziehung ist ein Beschluss aller übrigen persönlich haftenden Gesellschafter und der Hauptversammlung.⁵¹⁰

---

504 BGH AG 1998, 519f.
505 BGH AG 1998, 519f.; vgl. für weitere wichtige Gründe zur Abberufung von Vorstandsmitgliedern. Wiesner in: Münchener Handbuch des Gesellschaftsrechts Bd. 4, 2. Aufl. 1999, § 20 Rn. 45f.
506 Berücksichtigung auch der Individualinteressen des Geschäftsführers der GmbH: BGH NJW-RR 1996, 156; dagegen: BGH NJW-RR 1988, 352f.; vgl. im Übrigen zum Streit: Wiesner in: Münchener Handbuch des Gesellschaftsrechts Bd. 4, 2. Aufl. 1999, § 20 Rn. 43 m.w.N. in Fn. 110.
507 Vgl. dazu näher Wiesner in: Münchener Handbuch des Gesellschaftsrecht Bd. 4, 2. Aufl. 1999,0 § 20 Rn. 38.
508 BGH NJW-RR 1993, 1253f.
509 Herfs in: Münchener Handbuch des Gesellschaftsrechts, Bd. 4, 2. Aufl. 1999, § 77 Rn. 3.
510 Herfs in: Münchener Handbuch des Gesellschaftsrechts, Bd. 4, 2. Aufl. 1999, § 77 Rn. 7.

b) KGa.A. mit einer Kapital- oder Personengesellschaft als Komplementärin

Anders verhält es sich bei der KGa.A. mit einer Kapital- oder Personengesellschaft als Komplementärin. Die Durchsetzung des Entzugs des Geschäftsführungsbefugnisse ist hier erschwert, da hier drei Gesellschaftsverhältnisse übereinander liegen. Angesichts der verschiedenen Gesellschaftsebenen wird zum Teil vertreten, dass die Kommanditisten der KG dem Geschäftsführer der Komplementärgesellschaft direkt die Geschäftsführungsbefugnis entziehen dürfen.[511] Dies wird jedoch überwiegend und m.E. zu Recht abgelehnt. Bei der KGa.A. gelten insoweit dieselben Grundsätze wie bei der GmbH & Co. KG. Die Kommanditisten können von der Komplementärgesellschaft auf Grund deren Treuepflicht gegenüber der KG verlangen, den GmbH-Geschäftsführer abzuberufen.[512] Die Entziehung der Geschäftsführungs- bzw. Vertretungsbefugnis des Komplementär-Geschäftsführers kann dann bei der KGa.A. von den Kommandit-Aktionären der Komplementärgesellschaft gem. §§ 117, 127 BGB gerichtlich durchgesetzt werden.

470

3. GmbH

Anders als bei den übrigen Gesellschaftern ist bei der GmbH die Bestellung des Geschäftsführers grundsätzlich **ohne wichtigen Grund jederzeit widerruflich** (Grundsatz freier Abberufung, § 38 Abs. 1 GmbHG). Die Entscheidung über die Abberufung des so genannten Fremdgeschäftsführers ist sogar in das Belieben der Gesellschafter gestellt und muss nicht begründet werden.[513] Bei einem solchen Beschluss hat der betroffene Gesellschafter-Geschäftsführer nur dann kein Stimmrecht, wenn die Abberufung aus wichtigem Grund erfolgen soll.[514]

471

a) Einschränkung der Abberufung bei unsachlichen Gründen

Im Rahmen von § 38 Abs. 1 GmbHG kann die ohne wichtigen Grund erfolgte Abberufung eines Gesellschafter-Geschäftsführers unwirksam sein, wenn sie aus offensichtlich unsachlichen Gründen erfolgt ist. Dies folgt aus §§ 226, 826 BGB. Unsachliche Gründe liegen allerdings noch nicht vor, wenn die Gründe nicht nachprüfbar sind oder wenn die Abberufung nur möglicherweise auf sachfremden Gründen beruht.[515] Hier muss vielmehr bei der Abberufung eines maßgeblich beteiligten und seit langem für die Gesellschaft tätigen Gesellschafter-Geschäftsführers auf Grund der gesellschaftlichen Treuepflicht ein sachlicher Grund vorliegen.[516] In diesem Fall hat der betroffene Gesellschafter-Geschäftsführer m.E. – wie bei einem wichtigen Grund – kein Recht, zu dem Beschlussgegenstand „Abberufung" seine Stimme abzugeben, zumindest dann nicht, wenn der sachliche Grund Ausfluss der Beurteilung seiner Person oder seines Verhaltens ist.[517]

472

---

511 Hopt, ZGR 1997, 1, 16.
512 Herfs in: Münchener Handbuch des Gesellschaftsrechts, Bd. 4, 2. Aufl. 1999, § 77 Rn. 9.
513 Lutter/Hommelhoff, GmbHG, 16. Aufl. 2004 zu § 35 Rn. 2.
514 St. Rs. BGH ZIP 1992, 761.
515 Baumbach/Hueck, GmbHG, 17. Aufl. 2000, zu § 38 Rn. 2.
516 BGH DStR 1994, 214; OLG Zweibrücken GmbHR 1998, 373f. für einen zu 1/3 beteiligten Gesellschafter.
517 Baumbach/Hueck, GmbHG, 17. Aufl. 2000 zu § 47 Rn. 53.

b) Einschränkungen der Abberufungsgründe durch Satzung

473 Nach § 38 Abs. 2 GmbHG kann im Gesellschaftsvertrag die Zulässigkeit des Widerrufs der Geschäftsführerbestellung auf den Fall beschränkt werden, dass **wichtige Gründe** vorliegen. Wie in § 117 HGB sind als wichtige Gründe insbesondere grobe Pflichtverletzung oder Unfähigkeit zur ordnungsgemäßen Geschäftsführung genannt. Die Aufzählung ist nicht abschließend.[518]

474 Eine weitergehende Beschränkung in dem Sinne, dass nicht jeder wichtige Grund zur Abberufung berechtigt, ist nicht möglich.[519] Allerdings werden bei einer zweigliedrigen Gesellschaft, deren Gesellschafter auch Geschäftsführer sind, an das Vorliegen eines wichtigen Grundes besonders strenge Anforderungen gestellt. Eine Abberufung insbesondere wegen unseriöser Geschäftspraktiken ist hier deshalb ausgeschlossen, wenn der Mitgesellschafter diese gekannt und geduldet hat.[520]

475 Setzt nach dem Gesellschaftsvertrag die Abberufung einen wichtigen Grund voraus, reicht nach h.M die Behauptung eines wichtigen Grundes aus.[521] Allerdings darf die Behauptung nicht ins Blaue hinein aufgestellt werden. Liegt der wichtige Grund nicht eindeutig vor, sondern wird zunächst nur schlüssig behauptet, ist darauf zu achten, dass der Versammlungsleiter den Abberufungsbeschluss förmlich feststellt. Andernfalls läuft die Gesellschaft Gefahr, dass der Abberufungsbeschluss schon deshalb unwirksam ist.[522]

476 Wenn einem Gesellschafter kraft Satzung ein Sonderrecht auf Geschäftsführung zusteht und er als Geschäftsführer abberufen werden soll, ist dies gegen seinen Willen nur aus wichtigem Grund möglich.[523] Anderenfalls ist der Beschluss schwebend unwirksam.[524] Eine weitere Besonderheit besteht hier darin, dass der Abberufungsbeschluss eine Satzungsänderung ist und daher gemäß § 53 Abs. 2 GmbHG der Beurkundung und der Mehrheit von drei Vierteln der abgegebenen Stimmen der Gesellschafterversammlung bedarf.

477 Wenn der Gesellschaftsvertrag Klauseln enthält wie etwa, dass ein nachhaltiger Eingriff in die bestehende Organisationsstruktur mit qualifizierter Mehrheit beschlossen werden darf, kann diese Klausel so auszulegen sein, dass die Abberufung des Geschäftsführers nur mit qualifizierter Mehrheit oder aus wichtigem Grund möglich ist.[525]

---

518 Weitere Beispiele für wichtige Gründe bei Lutter/Hommelhoff, GmbHG, 16. Aufl. 2004 zu § 38 Rn. 20 bis 22.
519 BGH NJW 1969, 1483.
520 OLG Düsseldorf WM 1992, 14, 19.
521 BGHZ 86, 181 obiter dictum; Lutter/Hommelhoff, GmbHG, 16. Aufl. 2004 zu § 38 Rn. 17; a.A. Baumbach/Hueck, GmbHG, 17. Aufl. 2000 zu § 38 Rn. 16, der das tatsächliche Vorliegen des wichtigen Grundes für notwendig hält.
522 So zumindest Baumbach/Hueck, GmbHG 17. Aufl. 2000 zu § 38 Rn. 17; Marsch-Barner/Diekmann in: Münchener Handbuch des Gesellschaftsrechts, Bd. 3, 2. Aufl. 2003 § 42 Rn. 62, OLG Stuttgart GmbHR 1995, 228.
523 Kleveman in: Vorwerk, Das Prozessformularbuch, 7. Aufl. 2003 Kap. 104 Rn. 60.
524 Lutter/Hommelhoff, GmbHG, 16. Aufl. 2004 zu § 38 Rn. 10.
525 OLG Düsseldorf GmbHR 1994, 246; vgl. auch BGHZ 86, 177ff.; BGH ZIP 1991, 23f.; weitere Beispiele bei Lutter/Hommelhoff, GmbHG, 16. Aufl. 2004 zu § 38 Rn. 9.

Ist dagegen der Gesellschafter lediglich im Gesellschaftsvertrag als Geschäftsführer bestellt, führt dies allein noch nicht zur Einschränkung der freien Abrufbarkeit bzw. der Abrufbarkeit aus sachlichem Grund.[526] Allerdings dürfte auch hier eine qualifizierte Mehrheit erforderlich sein.

c) Einschränkungen der Abberufungsgründe außerhalb der Satzung durch Vertrag

Einschränkungen der Abberufungsgründe außerhalb der Satzung nur durch Vertrag – meist durch Anstellungsvertrag zwischen Gesellschaft und Geschäftsführer – binden nur die Gesellschaft und dies auch nur schuldrechtlich. Die Gesellschafterversammlung ist durch solche Abreden nicht gehindert, den Geschäftsführer nach § 38 Abs. 1 GmbHG ohne Grund abzuberufen.[527]

d) Einschränkungen der freien Abberufung nach Mitbestimmungsrecht

Die Geschäftsführer einer mitbestimmten GmbH nach §§ 1, 31 MitbestG können nur aus wichtigem Grund vorzeitig abberufen werden. Dies folgt aus der Verweisung in § 31 MitbestG auf § 84 Abs. 3 S. 1 AktG. Unterfällt die GmbH jedoch erst nach ihrem Entstehen dem MitbestG, kann der Geschäftsführer nach Ablauf von fünf Jahren jederzeit auch ohne wichtigen Grund abberufen werden (§ 37 Abs. 3 S. 5, § 1 MitbestG).

e) Abberufung ohne unmittelbare Bestellung eines Ersatzgeschäftsführers

Obwohl die GmbH grundsätzlich nur durch ihren Geschäftsführer als Organ nach außen handeln kann, kann ein Geschäftsführer auch dann abberufen werden, wenn die Gesellschaft auf diese Weise zumindest vorübergehend handlungsunfähig wird.[528] Die Gesellschafter müssen in diesem Fall lediglich unverzüglich eine neue Geschäftsführung installieren.

f) Zuständiges Organ für die Abberufung

Zuständiges Organ für die Abberufung des Geschäftsführers ist nach § 46 Nr. 5 GmbHG grundsätzlich die Gesellschafterversammlung, bei der mitbestimmten GmbH ausschließlich der Aufsichtsrat (§ 31 Abs. 5 MitbestG, § 12 MontanMitbestG, § 15 MitbestErgG). Im Gesellschaftsvertrag kann bei einer mitbestimmten GmbH die Abberufungskompetenz auch nicht einem Dritten übertragen werden.[529] Die früher abweichende Auffassung ist inzwischen von Lutter/Hommelhoff insofern aufgegeben worden.[530]

4. GbR

Die Entziehung der Geschäftsführung bei der GbR richtet sich nach § 712 BGB. Danach kann dem Gesellschafter – unbeschadet seiner Gesellschafterstellung – die Befugnis zur Geschäftsführung entzogen werden, wenn ein wichtiger Grund vorliegt. Entsprechend der Regelung im AktG ist ein solcher Grund bei **grober Pflichtverletzung**

---

526 BGH WM 1981, 439.
527 OLG Stuttgart GmbHR 1995, 230.
528 Baumbach/Hueck, GmbHG, 17. Aufl. 2000 zu § 38 Rn. 2.
529 Baumbach/Hueck, GmbHG, 17. Aufl. 2000 zu § 6 Rn. 18 und zu § 38 Rn. 12.
530 Lutter/Hommelhoff, GmbHG, 16. Aufl. 2004 zu § 46 Rn. 11, 12.

und bei **Unfähigkeit zur ordnungsgemäßen Geschäftsführung** anzunehmen. Die Vorschrift ist dispositiv, jedoch mit der Einschränkung des § 671 Abs. 3 BGB, d.h. ein vollständiger Verzicht auf das Kündigungsrecht ist nicht möglich.[531]

484 Umstritten ist, ob § 712 Abs. 1 BGB über seinen Wortlaut hinaus auch die Entziehung der Geschäftsführungsbefugnis regelt, wenn es sich nicht um eine „übertragene Befugnis" handelt, sondern um die gesetzlich vorgesehene Gesamtgeschäftsführung nach § 709 BGB. In diesem Fall sieht der Gesellschaftsvertrag also insoweit keine von § 709 BGB abweichende Geschäftsführungsbefugnis vor. Wenn es sich bei der GbR nicht um eine bloße Gelegenheitsgesellschaft handelt, sondern sie – wie üblich – auf Dauer angelegt und damit den Personenhandelsgesellschaften angenähert ist, spricht Vieles dafür, § 712 BGB auch auf den Entzug der Gesamtgeschäftsführung nach § 709 BGB anzuwenden. Denn bei den Personengesellschaften wird gemäß § 117 HGB für die Entziehung der Geschäftsführung aus wichtigem Grund ebenfalls nicht zwischen der übertragenen Geschäftsführung und der Gesamtgeschäftsführung differenziert.[532]

485 § 712 BGB gilt von vornherein nicht für die Entziehung der Geschäftsführungsbefugnis bei Fremdgeschäftsführern. Die Fremdgeschäftsführungsbefugnis kann jederzeit auch ohne wichtigen Grund widerrufen werden.[533]

486 **Besonderheiten** gelten bei der bloßen Innengesellschaft ohne Gesamtheitsvermögen. Hier tritt in der Regel nur ein Gesellschafter nach außen in Erscheinung. Die Einziehung seiner Geschäftsführungsbefugnisse würde in die Grundstruktur der Gesellschaft eingreifen.[534] Er kann deshalb nur abberufen werden, wenn zugleich ein anderer Gesellschafter an seine Stelle tritt.

5. Personenhandelsgesellschaften

487 Bei Personenhandelsgesellschaften kann dem Gesellschafter die Befugnis zur Geschäftsführung auf Antrag der übrigen Gesellschafter durch gerichtliche Entscheidung entzogen werden, wenn ein **wichtiger Grund** vorliegt (§ 117 HGB). Die Regelung gilt gemäß § 161 Abs. 2 HGB auch für den Komplementär der KG. Entsprechendes gilt für das Vertretungsrecht eines Gesellschafters nach § 127 HGB.

488 §§ 117, 127 HGB setzen zwar für den Entzug der Geschäftsführungs- bzw. Vertretungsbefugnis den Antrag „der übrigen Gesellschafter" und damit eine Einstimmigkeitsentscheidung voraus. Dies gilt jedoch nicht uneingeschränkt. Insbesondere bei einer Publikums-KG hat der BGH statt der Mitwirkung aller Gesellschafter auch eine Entscheidung mit einfacher Mehrheit als ausreichend angesehen.[535]

---

531 Palandt/Sprau, BGB, 63. Aufl. 2004 zu § 712 Rn. 1.
532 Vgl. zum Streit von Ditfurth in: Münchener Handbuch des Gesellschaftsrechts, Bd. 1, 2. Aufl. 2004, § 7 Rn. 66.
533 Von Ditfurth in: Münchener Handbuch des Gesellschaftsrechts, Bd. 1, 2. Aufl. 2004, § 7 Rn. 66.
534 Ulmer in: Münchener Kommentar, BGB, 4. Aufl. zu § 712 Rn. 8.
535 BGH BB 1988, 159.

6. GmbH & Co KG

Besonderheiten bestehen bei der GmbH & Co. KG, wenn in der Person des Geschäftsführers der Komplementär-GmbH ein wichtiger Grund zur Entziehung der Geschäftsführungs- oder Vertretungsbefugnis vorliegt:

Wichtige Gründe sind in entsprechender Anwendung des § 117 HGB **grobe Pflichtverletzungen** sowie **Unfähigkeit zur ordnungsgemäßen Geschäftsführung**.[536] Sind die Kommanditisten auch Gesellschafter der Komplementär GmbH und verfügen sie dort über die zur Abberufung des Geschäftsführers erforderliche Mehrheit, können sie innerhalb der Gesellschafterversammlung der GmbH die Abberufung des Geschäftsführers beschließen. Sie sind jedoch auf diesen Weg nicht angewiesen, sondern können auch in ihrer Eigenschaft als Kommanditisten der KG von der Komplementär-GmbH auf Grund ihrer gesellschaftlichen Treuepflicht verlangen, dass diese den Geschäftsführer abberuft und durch einen geeigneten Geschäftsführer ersetzt. Die Komplermentär-GmbH muss sich gegenüber der KG das Verhalten ihrer Geschäftsführer zurechnen lassen.[537] Im Weigerungsfalle können die Kommanditisten der GmbH – nicht aber deren Geschäftsführer – nach § 117 HGB durch gerichtliche Entscheidung die Geschäftsführungsbefugnis entziehen.[538]

II. Beratungssituation

Die Beratungssituation kann angesichts der unterschiedlichen Gesellschaftstypen und der zahlreichen verschiedenen Konstellationen der Geschäftsführung (z.B. Fremd- oder Gesellschaftergeschäftsführer, mit oder ohne Sonderrechte auf Geschäftsführung etc.) höchst kompliziert sein.

1. Aktiengesellschaft

Idealerweise wird der Rechtsanwalt bereits im Vorfeld der Abberufung des Vorstands einer Aktiengesellschaft eingeschaltet, nämlich bei der Frage, ob ein wichtiger Grund hierfür besteht oder nicht. Es stellt sich dann die Frage, ob das Vorstandsmitglied ohne Beschluss des Aufsichtsrates im Wege des einstweiligen Rechtsschutzes vorläufig abberufen bzw. mit einem vollständigen oder teilweisen Tätigkeitsverbot belegt werden kann, was bei besonders gravierenden Gründen und wenn keine Zeit für eine Aufsichtsratssitzung bleibt, denkbar ist. Umgekehrt ist zu prüfen, ob sich ein Vorstandsmitglied gegen den Abberufungsbeschluss bereits im Vorfeld zur Wehr setzen kann. Hierzu wird auf die entsprechenden Ausführungen zur GmbH unten zu 5. verwiesen.

Die Entscheidung über die Abberufung des Vorstandsmitglieds ist gemäß § 84 Abs. 3 S. 4 AktG wirksam, bis ihre Unwirksamkeit rechtskräftig festgestellt ist. Dies hat weitgehende prozessuale Folgen. Die Wirksamkeit des Abberufungsbeschlusses knüpft nur an bestimmte Formalien an, nämlich an die ordnungsgemäße Einladung und Durchführung der betreffenden Aufsichtsratssitzung und die erforderliche Stimmenmehrheit für den Beschluss. Ein vom Aufsichtsratsvorsitzenden ohne Beschluss des Gesamtaufsichts-

---

[536] Wirth in: Münchener Handbuch des Gesellschaftsrechts, Bd. 2, 2. Aufl. 2004, § 7 Rn. 82.
[537] BGH WM 1983, 751f.
[538] Wirth in: Münchener Handbuch des Gesellschaftsrechts, Bd. 2, 2. Aufl. 2004, § 11 Rn. 18.

rats ausgesprochener Widerruf der Bestellung ist unwirksam und entfaltet nicht die vorläufige Wirkung des § 84 Abs. 3 S. 4 AktG.[539] Lediglich in materieller Hinsicht ist zunächst nicht entscheidend, ob der wichtige Grund für die Abberufung des Vorstandsmitglieds tatsächlich besteht. Infolgedessen besteht für die Gesellschaft bzw. für den für die Abberufung zuständigen Aufsichtsrat grds. kein Bedürfnis, die Abberufung prozessual vorläufig durchzusetzen. Aus Sicht des Aufsichtsrates bzw. der Gesellschaft stellt sich allenfalls die Frage, ob das abberufene Vorstandsmitglied durch einstweiligen Rechtsschutz dazu gezwungen werden muss, etwa das Verwaltungsgebäude der Gesellschaft nicht mehr zu betreten oder keine Äußerungen bzw. Erklärungen für die Gesellschaft mehr abzugeben. Ein Rechtsschutzbedürfnis besteht jedoch nur dann, wenn das abberufene Vorstandsmitglied entsprechende Ankündigungen gemacht hat oder sonst ernsthaft anzunehmen ist, dass es sich nicht an die vorläufige Abberufung halten wird.

494 Demgegenüber stellt sich bei der Beratung des abberufenen Vorstandsmitglieds eher die Frage, ob einstweiliger Rechtsschutz gegen die Abberufung in Anspruch genommen werden soll. Auch in diesem Falle schränkt die vorläufige Gestaltungswirkung des Abberufungsbeschlusses nach § 84 Abs. 3 S. 4 AktG die Reaktionsmöglichkeiten des abberufenen Vorstandsmitgliedes wie folgt ein:

495 Das abberufene Vorstandsmitglied kann gegen den Abberufungsbeschluss im einstweiligen Rechtsschutz nur vorgehen, wenn zumindest auch behauptet wird, der Abberufungsbeschluss fehle ganz oder sei formell nicht ordnungsgemäß zustande gekommen.[540]

496 Ein Angriff des Abberufungsbeschlusses im einstweiligen Rechtsschutz ist deshalb nicht möglich, wenn sich das abberufene Vorstandsmitglied ausschließlich darauf beruft, ein wichtiger Grund liege nicht vor. In diesem Fall ist es auf das Hauptsacheverfahren beschränkt und muss eine Feststellungsklage auf Feststellung der Unwirksamkeit der Abberufung erheben.[541] Auch wenn sich in diesem Hauptsacheverfahren herausstellen sollte, dass ein wichtiger Grund zwar vorliegt, der Abberufungsbeschluss aber an formellen Mängeln leidet, bleibt die Feststellungsklage die richtige Klageart. Dann kann der für die Abberufung zuständige Aufsichtsrat einen – formell wirksamen – Bestätigungsbeschluss entsprechend § 244 AktG fassen, der den Rechtsstreit erledigt.

2. KGaA

497 Für die KGa.A. gelten gemäß § 278 Abs. 3 AktG die Vorschriften für die Aktiengesellschaft, soweit sich aus den spezifischen Vorschriften für diese Gesellschaftsform oder aus dem Fehlen eines Vorstands nichts anderes ergibt. Weil der Vorstand bei der Kga.A. fehlt, gilt gemäß § 278 Abs. 2 AktG für das Rechtsverhältnis der persönlich haftenden Gesellschafter untereinander und gegenüber der Gesamtheit der Kommanditaktionäre sowie gegenüber Dritten und insbesondere für die Befugnis der persönlich haftenden Gesellschafter zur Geschäftsführung und zur Vertretung der Gesellschaft und damit auch für deren Abberufung aus diesen Ämtern bzw. von Befugnissen das

---

539 Vgl. insoweit BGHZ 12, 327, 333 ff.; OLG Stuttgart, ZIP 1985, 539 ff..
540 LG München EWiR, § 84 AktG, 2/85, 833; OLG Stuttgart ZIP 1985, 539 ff.
541 Wiesner in: Münchener Handbuch des Gesellschaftsrechts, Bd. 4, 2. Aufl. 1999, § 20 Rn. 52.

Recht der Kommanditgesellschaften. Insoweit wird indirekt verwiesen auf §§ 117, 127 HGB (s.o. unter A I 5, Rn. 487 ff.).

Prozessual ist die KGa.A. den Personenhandelsgesellschaften vergleichbar. Die Entziehung der Geschäftsführungsbefugnis des Komplementärs setzt einen Beschluss voraus, der auf Antrag der KGa.A. durch gerichtliche Entscheidung durchgesetzt wird.[542] Dies wäre nicht notwendig, wenn auch für die KGa.A. § 84 Abs. 3 S. 4 AktG entsprechend anwendbar wäre. Insofern kann sich auf Seiten der KGaA, die im Prozess im Übrigen durch den Aufsichtsrat vertreten wird, die Notwendigkeit ergeben, die Entziehung der Geschäftsführungsbefugnis im einstweiligen Rechtsschutz vorläufig durchzusetzen.

Umgekehrt stellt sich für den Komplementär der KGaA, dem die Geschäftsführung durch Beschluss entzogen werden soll, zunächst nicht die Notwendigkeit, gegen den Beschluss im Wege des einstweiligen Rechtsschutzes vorzugehen. Denn der Beschluss zur Entziehung der Geschäftsführungsbefugnis ist – siehe unten zu 3. – nur durch gerichtliches Vorgehen der Gesellschaft im einstweiligen Rechtsschutz durchsetzbar.

3. Personenhandelsgesellschaften

Bei den Personenhandelsgesellschaften (OHG/KG/GmbH & Co. KG) erfolgt die Entziehung der Geschäftsführungs- bzw. Vertretungsbefugnis gemäß §§ 117, 127 HGB im Wege der Gestaltungsklage. Der Entziehungsbeschluss ist also nicht bereits mit der Bekanntgabe an den davon betroffenen Gesellschafter wirksam. Da die relativ langwierigen Hauptverfahren meist nicht geeignet sind, den Konflikt, der zur Ablösung oder Suspendierung des Geschäftsführers führt, in angemessener Zeit zu lösen, kann hier dem als Geschäftsführer abberufenen Gesellschafter die Befugnis zur Geschäftsführung insgesamt oder für einzelne Maßnahmen im Wege der einstweiligen Verfügung vorläufig verboten werden. Voraussetzung dafür ist, dass der Gesellschaft dadurch nicht die Erfüllung gesetzlicher Pflichten unmöglich gemacht wird.[543] Anwendungsfälle des einstweiligen Rechtsschutzes zu Gunsten der Gesellschaft in diesem Zusammenhang sind nicht nur der Hauptprozess über die endgültige Entziehung der Geschäftsführungs- oder Vertretungsbefugnis, sondern auch eine Auflösungs- oder Ausschließungsklage der Gesellschafter.[544]

Wegen des **Grundsatzes der Selbstorganschaft** kann im Entziehungsverfahren dem Komplementär einer KG nicht unmittelbar und endgültig die Vertretungsbefugnis genommen werden, ohne dass zugleich eine Ersatzgeschäftsführung zumindest vorläufig bestellt wird. Dabei besteht ausnahmsweise die Möglichkeit, im Verfahren des einstweiligen Rechtsschutzes die Geschäftsführungs- und vor allem die Vertretungsbefugnis vorläufig auf einen Dritten zu übertragen, der der Gesellschaft nicht angehört. Dies ist nur möglich, wenn eine solche einstweilige Regelung „notwendig" ist.[545]

---

542 Vgl. Herfs in: Münchener Handbuch des Gesellschaftsrechts, Bd. 4, 2. Aufl. 1999, § 77 Rn. 7, 9.
543 BGHZ 33, 105; Baumbach/Hopt, HGB, 31. Aufl. 2003 zu § 117, Rn. 7; Eckardt, Anmerkung zu OLG Frankfurt, NZG 1999, 214.
544 Fischer in: Großkommentar HGB, zu § 17 Rn. 27 und zu § 127 Rn. 11.
545 BGHZ 33, 105; Reicher/Winter, BB 1988, 981, 990; Wirth, in: Münchener Handbuch des Gesellschaftsrechts Band 2, 2. Auflage 2004, § 11 Rn. 29.

502 Umgekehrt stellt sich nach Beschlussfassung über die Entziehung der Geschäftsführungs- oder Vertretungsbefugnis für den davon betroffenen Gesellschafter noch nicht die Notwendigkeit, gegen den Beschluss im einstweiligen Rechtsschutz vorzugehen. Er kann vorläufig – bis zum Abschluss des Hauptverfahrens – weiter tätig bleiben, solange nicht die Gesellschaft ihm die Geschäftsführungs- und Vertretungsbefugnis vorläufig im einstweiligen Rechtsschutz entzieht.

4. GbR

503 Auch bei der GbR wird der Beschluss über die Entziehung der Geschäftsführung mit Bekanntgabe an den betroffenen Gesellschafter wirksam.[546] Hier besteht ebenfalls keine § 84 Abs. 3 S. 4 AktG entsprechende Vorschrift, die die Wirksamkeit des Entziehungsbeschlusses bis zur rechtskräftigen Feststellung der Unwirksamkeit fingiert. Besteht Streit über die Wirksamkeit des Entziehungsbeschlusses, kann dieser Streit mit einer Feststellungsklage geklärt werden. Klagebefugt ist dabei jeder Gesellschafter, auch der von der Entziehung betroffene Gesellschafter-Geschäftsführer. Die Darlegungs- und Beweislast für das Vorliegen eines wichtigen Grundes, aber auch für das Zustandekommen des Gesellschafterbeschlusses trägt hier stets derjenige, der sich auf die Wirksamkeit der Entziehung beruft.[547]

504 Da der Entziehungsbeschluss mit Bekanntgabe an den getroffenen Gesellschafter wirksam wird, ist es Sache des betroffenen Gesellschafters, sich mittels einstweiligen Rechtsschutzes gegen den Entziehungsbeschluss zur Wehr zu setzen. Dabei ist er jedoch nicht – wie bei der Aktiengesellschaft der abberufene Vorstand – darauf beschränkt, Formmängel des Entziehungsbeschlusses zu rügen. Wenn die Entziehung auf einen wichtigen Grund gestützt wird, kann er das Vorliegen des wichtigen Grundes bestreiten. Dann wird im Verfahren des einstweiligen Rechtsschutzes summarisch geprüft, ob ein wichtiger Grund vorliegt oder nicht.

5. GmbH

505 Bei der GmbH setzt die Abberufung des Geschäftsführers gemäß §§ 46 Nr. 5, 47 Abs. 1 GmbHG einen entsprechenden Beschluss der Gesellschafterversammlung voraus.

a) Vorbeugender Rechtsschutz ohne oder vor dem Abberufungsbeschluss

506 *aa) Keine vorangegangene Abstimmung in der Gesellschafterversammlung:* Besteht im Einzelfall nicht die zeitliche Möglichkeit, einen entsprechenden Gesellschaftsbeschluss herbeizuführen, kann jeder Einzelne Gesellschafter einstweiligen Rechtsschutz gemäß §§ 916, 940 ZPO mit dem Ziel nachsuchen, dem Geschäftsführer ein teilweises oder vollständiges Tätigkeitsverbot auferlegen zu lassen.[548] Allerdings ist ein solches vorläufiges Tätigkeitsverbot nur solange gerechtfertigt, bis die Gesellschafter über die Abberu-

---

546 Hoimar v. Ditfurth in: Münchener Handbuch des Gesellschaftsrechts, Bd. 1, 2. Aufl. 2004, § 7 Rn. 69.
547 Ulmer, in: Münchener Kommentar BGB, 4. Aufl. 2004 zu § 7 Rn. 18.
548 OLG Frankfurt GmbHR, 1998, 1126.

fung beschließen können bzw. hätten beschließen können. Dies ist auch im Verfügungsantrag zu berücksichtigen.⁵⁴⁹

Für die Frage, ob und ggf. wie sich ein GmbH-Geschäftsführer gegen den drohenden Abberufungsbeschluss im Wege des einstweiligen Rechtsschutzes vorbeugend wehren kann, ist zu differenzieren: 507

Mit Rücksicht darauf, dass der **Fremdgeschäftsführer** grundsätzlich ohne wichtigen Grund oder ohne sachlichen Grund jederzeit abberufen werden kann, scheidet ein vorbeugender einstweiliger Rechtsschutz für diesen Fremdgeschäftsführer aus. Dasselbe gilt für den abberufenen Gesellschafter-Geschäftsführer, der nur mit Minderheit beteiligt ist und kein satzungsmäßiges Sonderrecht auf Geschäftsführung hat.⁵⁵⁰ 508

Vorbeugender einstweiliger Rechtsschutz kommt somit nur für den mehrheitlich beteiligten **Gesellschafter-Geschäftsführer** oder für denjenigen in Betracht, dessen freie Abberufbarkeit nach § 38 Abs. 1 GmbHG durch Satzung eingeschränkt ist. Das kann der Fall sein durch die Gewährung eines Sonderrechts auf Geschäftsführung oder, weil in der Satzung gemäß § 38 Abs. 2 GmbHG die Zulässigkeit des Widerrufs auf den Fall beschränkt wird, dass ein wichtiger Grund vorliegt. 509

Zunächst muss der von der drohenden Abberufung betroffene Gesellschafter-Geschäftsführer im einstweiligen Rechtsschutz glaubhaft machen, dass ein entsprechender Beschluss droht, etwa durch Vorlage einer entsprechenden Einladung zur Gesellschafterversammlung. Darüber hinaus muss er glaubhaft machen, dass entweder kein wichtiger Grund bzw. Einschränkungen der freien Abberufbarkeit vorliegen. Materiell-rechtlich ist entscheidend, dass Mitgesellschafter entsprechend ihrer gegenüber dem abzuberufenden Gesellschafter-Geschäftsführer bestehenden Treuepflicht keinen materiell-rechtlich unwirksamen Gesellschafterbeschluss fassen dürfen. 510

Zu berücksichtigen ist weiterhin, dass ein vorbeugendes Verbot der Geschäftsführerabberufung durch einstweilige Verfügung zwangsläufig eine gewisse Befriedigungswirkung zur Folge hat. Selbst wenn die Verfügung über das Abberufungsverbot im Nachhinein aufgehoben würde, kann bis zu diesem Zeitpunkt eine Abberufung nicht durchgesetzt werden. Dadurch werden Fakten geschaffen. Im Hinblick darauf wurde bis vor einiger Zeit vorbeugender Rechtsschutz des von der Abberufung bedrohten Gesellschafter-Geschäftsführers generell abgelehnt.⁵⁵¹ Diese strikte Ablehnung besteht nicht mehr. Insbesondere wurde gefordert, dass die einstweilige Verfügung dem Gebot des geringst möglichen Eingriffs entsprechen muss.⁵⁵² Mit Rücksicht darauf dürften regelmäßig vorbeugende Abberufungsverbote nicht im Wege des einstweiligen Rechtsschutzes durchgesetzt werden können. In den meisten Fällen sind weniger aber gravierende Eingriffe in die Befugnisse der Gesellschafterversammlung zur Sicherung der 511

---

549 Lutter/Hommelhoff, GmbHG, 16. Aufl. 2004 zu § 38 Rn. 5.
550 Littbarski, einstweiliger Rechtsschutz im Gesellschaftsrecht, 1996, S. 164; Schneider, in: Scholz, GmbHG, 9. Auflage 2000, zu § 38 Rn. 74d.
551 Vgl. OLG Stuttgart GmbHR 1997, 312 m.w.N.
552 OLG Koblenz NJW 1991, 1119; OLG Hamm GmbHR 1993, 163; OLG München NZG 1989, 407.

Organstellung des Gesellschafter-Geschäftsführers denkbar. Grundsätzlich kann der von der drohenden Abberufung betroffene Gesellschafter-Geschäftsführer den Abberufungsbeschluss abwarten, diesen dann im Hauptsacheverfahren anfechten und im Wege einstweiliger Verfügung der Gesellschaft verbieten lassen, den Abberufungsbeschluss zur Eintragung in das Handelsregister anzumelden und ihn sonst im Außenverhältnis zu vollziehen. Mit dieser Begründung hatte zumindest das OLG Hamm in einer Entscheidung vom 06.07.1992 einen Antrag auf Erlass eines vorläufigen Abberufungsverbots abgelehnt.[553]

512 Für den Gesellschafter-Geschäftsführer, der eine drohende Abberufung verhindern will, empfiehlt sich daher regelmäßig, zunächst den Abberufungsbeschluss abzuwarten, sodann Hauptsacheklage zu erheben und im Wege des einstweiligen Rechtsschutzes eine einstweilige Verfügung gegen die Gesellschaft mit dem Antrag zu erwirken, die Eintragung des angefochtenen Abberufungsbeschlusses in das Handelsregister zu verbieten.

513 Der Verfügungsanspruch folgt insoweit aus der gesellschaftsrechtlichen Treuepflicht, einen offenbar unwirksamen Abberufungsbeschluss nicht zur Eintragung bei dem Handelsregister anzumelden. Der Verfügungsgrund kann darin bestehen, dass durch eine Veröffentlichung im Handelsregister dem von der Abberufung betroffenen Gesellschafter-Geschäftsführer persönlich Schaden droht.[554]

514 *bb) Gescheiterte Abstimmung in der Gesellschafterversammlung:* Wenn in einer Gesellschafterversammlung über die Abberufung zwar abgestimmt wurde, aber keine erforderliche Mehrheit zustande gekommen ist, fehlt es an einem Abberufungsbeschluss. Gleichwohl ist die Interessenlage nicht mit der zu aa) dargestellten Situation identisch. Hier muss vielmehr ein Gesellschafter im einstweiligen Rechtsschutz zumindest ein vorläufiges Tätigkeitsverbot gegen den Geschäftsführer erwirken können, wenn anderenfalls irreparable bzw. gravierende schädigende Maßnahmen des Geschäftsführers ernsthaft zu befürchten sind und der Gesellschafter dies glaubhaft macht. Ein solches vorbeugendes Tätigkeitsverbot kann ein Gesellschafter dann allerdings nur beantragen, wenn zum einen die Ablehnung der Abberufung in der Gesellschafterversammlung rechtsmissbräuchlich war und zum anderen mildere Mittel zum Schutz der Interessen der Gesellschaft nicht ausreichen.[555]

b) Einstweiliger Rechtsschutz nach dem Abberufungsbeschluss

515 Ist der Beschluss der Gesellschafterversammlung über die Abberufung des Gesellschafter-Geschäftsführers gemäß §§ 46 Nr. 5, 47 Abs. 1 GmbHG gefasst, richten sich die Möglichkeiten einstweiligen Rechtsschutzes vor allem nach den Beschlussfolgen.

---

553 OLG Hamm GmbHR 1993, 163 ff.; Vgl. zu einem ähnlichen Fall OLG Stuttgart GmbHR 1997, 312 f.; vgl. im Übrigen ausführlich hierzu: Lutz, BB 2000, 833, 837.
554 Lutz, BB 2000, 833, 837.
555 Schneider in: Scholz, GmbHG, 9. Aufl. 2000 zu § 38 Rn. 72 a; BGHZ 177, 193.

aa) Grundsatz: Ein nichtiger Abberufungsbeschluss entfaltet grundsätzlich keine Rechtswirkungen. Über die Wirkungen des lediglich anfechtbaren Abberufungsbeschlusses herrscht dagegen Streit.

516

Grundsätzlich wird er erst nach erfolgreicher Anfechtung durch entsprechendes Feststellungsurteil rückwirkend unwirksam. Die bloße Anfechtbarkeit beeinträchtigt danach seine Wirksamkeit zunächst nicht.[556]

517

bb) Besonderheiten bei Abberufung aus wichtigem Grund: Besonderheiten ergeben sich, wenn die Abberufung aus wichtigem Grund erfolgt ist, der abberufene Gesellschafter-Geschäftsführer darauf bestanden hat, über die Abberufung mit abzustimmen und ohne seine Stimmabgabe die Abberufung eindeutig beschlossen worden wäre. Da der von der Abberufung betroffene Gesellschafter-Geschäftsführer nur dann ein Stimmrecht hat, wenn ein wichtiger Grund nicht vorliegt, hängt die Frage der Abberufung gerade davon ab. Diese Unklarheit über das materielle Bestehen des Abberufungsgrundes hat Auswirkungen auf die Frage der – vorläufigen – Wirksamkeit des Abberufungsbeschlusses. Insoweit herrscht jedoch keine Einigkeit.

518

cc) Ablehnung der Abberufung: Ist die Abberufung aus wichtigem Grund abgelehnt worden, obwohl ein wichtiger Grund vorlag und wird das Beschlussergebnis durch den Versammlungsleiter festgestellt, ist der ablehnende Beschluss zwar mangelhaft, der Geschäftsführer aber nicht abberufen. Er kann vorläufig weiter amtieren. Die in der Abstimmung unterlegene Gesellschafterminderheit kann jedoch im einstweiligen Rechtsschutz eine vorläufige Regelung erreichen.[557] Dasselbe muss m.E. auch gelten, wenn der Beschluss nicht festgestellt wurde.[558]

519

dd) Abberufungsbeschluss: Wenn über das Vorliegen eines wichtigen Grundes und damit über die Wirksamkeit der Stimmabgabe des abberufenen Gesellschafter-Geschäftsführers Streit herrscht, und die Abberufung nicht vom Versammlungsleiter festgestellt wurde, ist der Abberufungsbeschluss auch nach Auffassung des BGH nicht vorläufig wirksam. Der betroffene Gesellschafter-Geschäftsführer darf weiter amtieren.[559] Für die Gesellschaft und den betroffenen Gesellschafter-Geschäftsführer bleibt die Möglichkeit einstweiligen Rechtsschutzes in Form der Reglungsverfügung.[560]

520

Zum Teil wird hier eine entsprechende Anwendung des § 84 Abs. 3 S. 4 AktG vertreten, selbst wenn die GmbH nicht mitbestimmt ist.[561] Begründet wird dies damit, die Interessenlage bei der GmbH sei derjenigen bei der AG zumindest eher vergleichbar als derjenigen bei den Personengesellschaften, für die §§ 117, 127 HGB gelten. Dagegen spricht jedoch, dass bei der AG die Abberufung durch den Aufsichtsrat erfolgt, und

521

---

556 Vgl. dazu ausführlich oben zu § 1 A I. 2.; Baumbach/Hueck, GmbHG, 17. Aufl. 2000 zu § 38 Rn. 21.
557 Baumbach/Hueck, GmbHG 17. Aufl. 2000 zu § 38 Rn. 28, 28a; OLG Stuttgart GmbHR 1995, 228..
558 So wohl auch Baumbach/Hueck, GmbHG 17. Aufl. 2000 zu § 38 Rn. 31b.
559 BGHZ, 51, 209f.; 76, 154f.; a.A. Baumbach/Hueck, GmbHG 17. Aufl. 2000 zu § 38 Rn. 33, der aber gleichwohl eine Korrektur durch einstweilige Verfügung zulässt.
560 Baumbach/Hueck, GmbHG 17. Aufl. 2000 zu § 38 Rn. 30.
561 Schneider in: Scholz, GmbHG, 16. Aufl. 2000, zu § 38 Rn. 63f.

fehlerhafte Aufsichtsratsbeschlüsse sind anders als fehlende Gesellschafterbeschlüsse in der Regel nichtig.

522 ee) *Abberufung bei satzungmäßigem Sonderrecht auf Geschäftsführung:* Vom Grundsatz der einstweiligen Wirksamkeit der Abberufung ist eine weitere Ausnahme für den Gesellschafter-Geschäftsführer mit einem satzungsmäßig festgelegten Sonderrecht auf Geschäftsführung zu machen. Dieser kann gegen seinen Willen nur mit wichtigem Grund abberufen werden. Weitgehend Einigkeit besteht zumindest darüber, dass der Abberufungsbeschluss nicht schon mit Beschlussfassung vorläufig wirksam ist. Zum einen wird vertreten, dass in entsprechender Anwendung der §§ 117, 127 HGB die Abberufung erst mit der rechtskräftigen gerichtlichen Bestätigung wirksam wird.[562] Zum Teil soll die Wirksamkeit der Abberufung in diesem Falle davon abhängen, ob ein wichtiger Grund vorliegt.[563] Im Ergebnis laufen beide Auffassungen darauf hinaus, dass der Abberufungsbeschluss erst mit seiner rechtskräftigen Feststellung Wirksamkeit erhält. Die Gesellschaft muss also überlegen, im Wege des einstweiligen Rechtsschutzes eine vorläufige Abberufung des Gesellschafter-Geschäftsführers mit satzungsmäßigem Sonderrecht bzw. ein dahinter zurückbleibendes (evtl. eingeschränktes) Tätigkeitsverbot nach dem Grundsatz des geringst möglichen Eingriffs zu erwirken.

523 *ff) Besonderheiten bei einer Zwei-Personen-GmbH:* Entsprechendes gilt für den Mehrheitsgesellschafter-Geschäftsführer. Im Hinblick auf seine Abberufung in der Zwei-Personen-GmbH aus wichtigem Grund ist der Abberufungsbeschluss nicht bereits mit Beschlussfassung vorläufig wirksam. Zum Teil wird in analoger Anwendung der §§ 117, 127f. HGB zwar angenommen, der Beschluss sei erst mit der Rechtskraft der entsprechenden Entziehungsklage wirksam.[564] Die wohl überwiegende Auffassung geht jedoch davon aus, dass in diesen Fällen die Abberufung aus wichtigem Grund weder entsprechend § 84 Abs. 3 S. 4 AktG noch in entsprechender Anwendung der §§ 117, 127 HGB erst mit rechtskräftiger Entscheidung über die Wirksamkeit des Abberufungsbeschlusses sofort wirksam wird, sondern die Wirksamkeit der Abberufung von der materiellen Rechtslage abhängt.[565]

524 Ist insoweit der Gesellschafter-Geschäftsführer einer Zwei-Personen-GmbH aus wichtigem Grund abberufen worden, müssen ggfs. die Gesellschaft zur Durchsetzung dieses Beschlusses und der abberufene Gesellschafter zur Klärung der Unwirksamkeit der eine einstweilige Regelungsverfügung beantragen.

525 Typisch für den Streit in der Zwei-Personen-Gesellschaft ist darüber hinaus, dass sich die Gesellschafter-Geschäftsführer gegenseitig als Geschäftsführer abberufen. Hier können beide Gesellschafter-Geschäftsführer gegen ihre Abberufung vorläufigen

---

562 Schneider in: Scholz, GmbHG, 9. Aufl. 2000 zu § 38, Rn. 66.
563 Baumbach/Hueck, GmbHG, 17. Aufl. 2000 zu § 38 Rn. 31; Lutter/Hommelhoff, GmbHG, 16. Aufl. 2004 zu § 38 Rn. 34; ausdrücklich offen gelassen im BGHZ, 86, 181.
564 Schneider in: Scholz, GmbHG, 9. Aufl. 2000 zu § 38 Rn. 74e.
565 BGHZ 86, 181f. OLG Köln GmbHR 1995, 299; Lutter/Hommelhoff, GmbHG, 16. Aufl. 2004 zu § 38 Rn. 31; OLG Stuttgart GmbHR 1995, 229 nur für den Fall, dass eine förmliche Beschlussfeststellung fehlt, ansonsten sei der Beschluss vorläufig wirksam; a.A. Baumbach/Hueck, GmbHG 17, Aufl. 2000,zu § 38 Rn. 30, wonach der Geschäftsführer bis zur rechtskräftigen Entscheidung vorerst weiter amtieren kann.

Rechtsschutz im Wege der einstweiligen Verfügung beantragen. Stellen beide abberufenen Gesellschafter-Geschäftsführer entsprechende selbstständige Anträge im einstweiligen Rechtsschutz, sollten beide einstweiligen Verfügungsverfahren gemäß § 147 ZPO verbunden werden. Zulässig ist ausnahmsweise der Gegenantrag eines Verfügungsbeklagten auf Untersagung der Geschäftsführertätigkeit des anderen Gesellschafter-Geschäftsführers.[566] Bei solchen Konstellationen verbietet sich die Anordnung einseitiger, über die Sicherung gleichwertiger Einflussmöglichkeiten hinausgehender Maßnahmen zu Gunsten der einen oder der anderen Partei, wenn eine erheblichere Wahrscheinlichkeit dafür spricht, dass die Abberufung beider Geschäftsführer entweder wirksam oder unwirksam ist.[567]

B. Prozess

I. Zuständigkeit des Gerichts

526 Für das Verfügungsverfahren gelten nach § 937 Abs. 1 ZPO dieselben Zuständigkeitsregeln wie im Hauptsacheprozess.

527 Verfügungsverfahren bei Gesellschafterstreitigkeiten in der AG und der GmbH fallen daher in die sachliche Zuständigkeit der Landgerichte entsprechend §§ 246 Abs. 3 Satz 1, 249 Abs. 1 AktG. Für entsprechende Streitigkeiten in den übrigen Gesellschaftstypen gelten die allgemeinen Regelungen. Zuständig ist – sofern das LG sachlich und funktionell zuständig ist – die **Kammer für Handelssachen** gemäß § 95 Abs. 1 Nr. 4 GVG. Das gilt nicht für Streitigkeiten innerhalb einer GbR. Die örtliche Zuständigkeit bestimmt sich stets nach dem Sitz der Gesellschaft. Das folgt für die AG und die GmbH aus § 246 Abs. 3 Satz 1 AktG, und für die anderen Gesellschaften aus den allgemeinen Regeln.

II. Vertretung im Verfügungsverfahren

528 Die AG wird im Streit über die Abberufung des Vorstands durch den Aufsichtsrat vertreten (§ 112 AktG). Entsprechendes gilt gemäß § 287 Abs. 2 AktG für die KGaA.

529 Ist die GmbH Partei, wird sie im Verfügungsverfahren durch einen anderen Geschäftsführer vertreten bzw. durch einen gesondert zu bestellenden Vertreter nach § 48 Nr. 8 GmbHG. Dies kann – soweit ein anderer Geschäftsführer nicht vorhanden ist – auch der Aufsichtsrat sein. Wird der Geschäftsführer durch den Aufsichtsrat bestellt bzw. abberufen, vertritt der Aufsichtsrat die Gesellschaft im Verfügungsverfahren.[568] Insbesondere in einer Zwei-Personen-GmbH – wenn beide geschäftsführenden Gesellschafter sich gegenseitig als Geschäftsführer abberufen haben – kann jeder abberufende Gesellschafter Antrag auf Erlass einer einstweiligen Verfügung gegen den Mitgesellschafter-Geschäftsführer einreichen.[569] Dasselbe gilt ausnahmsweise auch für die Mehr-Personengesellschaft, wenn nicht ausreichend Zeit zum Zusammentritt der

---

566 OLG Karlsruhe, Urteil vom 23.02.1999, Az.: 19 U 226/98, S. 3 des amtl. Umdrucks (nicht veröffentlicht).
567 OLG Karlsruhe, Urteil vom 23.02.1999, Az.: 19 U 226/98 (nicht veröffentlicht).
568 Schneider in: Scholz, GmbHG, 9. Aufl. 2000 zu § 38 Rn. 70.
569 OLG Karlsruhe GmbHR 1993, 154ff.

Gesellschafterversammlung und zur Fassung eines Abberufungsbeschlusses bleibt. In diesem Fall kann der die Abberufung betreibende Gesellschafter einstweiligen Rechtsschutz selbst beantragen, wenn anderenfalls kein effektiver Rechtsschutz möglich ist.[570]

530 Bei der OHG bedarf es der Klage aller übrigen Gesellschafter.[571] Bei der KG müssen entsprechend alle Kommanditisten und ggfs. – soweit vorhanden – auch die weiteren Komplementäre klagen.[572]

531 Im Streit über die Entziehung der Geschäftsführungs- und Vertretungsbefugnis des GbR-Gesellschafters ist jeder andere Gesellschafter klagebefugt.[573]

III. Schutzschrift

532 Erwartet der Mandant – sei es die die Abberufung des Geschäftsführers betreibende Gesellschaft oder der sich dagegen wehrende abberufene Geschäftsführer – den Erlass einer einstweiligen Verfügung der Gegenseite, so bietet sich zunächst an, eine Schutzschrift zu hinterlegen. Diese dient in der Regel dazu, den Erlass einer einstweiligen Verfügung ohne vorherige mündliche Verhandlung – und damit ohne vorherige Anhörung des Antragsgegners – zu erlassen (vgl. dazu oben § 2 B: Prozessuales Vorgehen, I. Rn. 136 ff.). Sie kann bei allen Gerichten hinterlegt werden, bei denen realistischerweise der Antrag auf Erlass einer einstweiligen Verfügung erwartet werden kann, d.h. bei allen zuständigen Gerichten.

IV. Beweislast und Beweisverfahren

533 Im Verfahren der einstweiligen Verfügung obliegt dem Antragsteller – sofern eine gerichtliche Entscheidung ohne mündliche Verhandlung ergehen soll – zum Ausgleich für das Fehlen des rechtlichen Gehörs des Gegners die Glaubhaftmachungslast für alle anspruchsbegründenden Tatsachen und für die nahe liegenden Einwendungen.[574] Bei Durchführung einer mündlichen Verhandlung bleibt es aber bei der üblichen Beweislastverteilung.

534 Die konstitutive Wirkung des Beschlusses einer Gesellschafterversammlung über die Abberufung des Geschäftsführers der Gesellschaft – sei es wegen der direkten oder analogen Anwendbarkeit des § 84 Abs. 3 S. 4 AktG, sei es aus anderen Gründen – hat, hat keine Auswirkungen auf die Darlegungs- und Beweislast. Die die Abberufung betreibende Gesellschaft bzw. der diese betreibende Gesellschafter müssen darlegen und glaubhaft machen, dass der wichtige Grund bzw. die sonstigen Voraussetzungen für die Abberufung des Geschäftsführers vorliegen.[575]

---

570 OLG Frankfurt a.M. GmbHR 1998, 1126.
571 Hoimar v. Ditfurth in: Münchener Handbuch des Gesellschaftsrechts Bd. 1, 2. Aufl. 2004, § 55 Rn. 19.
572 Baumbach/Hopt, HGB, 31. Aufl. 2003 zu § 117 Rn. 6; OLG Köln BB 1977, 465.
573 Hoimar v. Ditfurth in: Münchener Handbuch des Gesellschaftsrechts Bd. 1, 2. Aufl. 2004, § 7 Rn. 69.
574 OLG Celle FamRZ 1994, 386; David in: Goebel, Zivilprozessrecht, 2004, § 15, Rn. 51.
575 So m.E. zu verstehen Lutz, BB 2000, 833, 834 unter IV. 1.

V. Verfügungsantrag

Mögliche Antragsgegenstände der einstweiligen Verfügung können neben der Abberufung selbst auch Tätigkeitsverbote, Einsichtsverbote, Zutrittsverbote sein oder die Entziehung der Vertretungsmacht ohne gleichzeitige Abberufung.[576] Nach dem **Prinzip des geringstmöglichen Eingriffs** ist zu überlegen, ob dem betreffenden Geschäftsführer die Geschäftsführungs- und Vertretungsbefugnis insgesamt oder nur in bestimmten Bereichen entzogen werden soll, der ob ihm untersagt werden soll, bestimmte Tätigkeiten vorzunehmen.[577] Besteht ein wichtiger Grund insbesondere im **Verlust des Vertrauens** in den Geschäftsführer, wird die Entziehung der gesamten Geschäftsführungs- und Vertretungsbefugnis jedoch regelmäßig das angemessene Mittel sein. Ist abzusehen, dass er sich nicht an diesen Beschluss halten wird, können weitergehende Mittel beantragt werden.

VI. Begründung des einstweiligen Verfügungsantrags

Verfügungsgrund und Verfügungsanspruch sind gemäß §§ 920 Abs. 2, 936 ZPO darzulegen und glaubhaft zu machen.

1. Anordnungsanspruch

Der Anordnungsanspruch ist der materielle Anspruch, auf den das Begehren auch in der Hauptsache zu stützen ist. Der Verfügungsanspruch ist bei der Abberufung des Gesellschaftergeschäftsführers regelmäßig die gesellschaftsrechtliche Treuepflicht.

Dies gilt auch umgekehrt aus der Perspektive des abberufenen Gesellschafter-Geschäftsführers. Für diesen ergibt sich die Anspruchsgrundlage für ein Vorgehen gegen einen Abberufungsbeschluss aus der gesellschaftsrechtlichen Treuepflicht seiner Mitgesellschafter bzw. der Gesellschaft, ihn nur entsprechend dem Gesellschaftsvertrag zu behandeln und ihn nicht abzuberufen, ohne dass ein „wichtiger Grund" vorliegt.[578] Der „normale" Fremdgeschäftsführer kann sich ohnehin grds. nicht gegen seine Abberufung zur Wehr setzen (Zur Glaubhaftmachung und den insoweit zulässigen Mitteln vgl. oben § 2 B III 1, Rn. 144 ff.).

2. Anordnungsgrund

Der für den Erlass jeder einstweiligen Verfügung erforderliche Anordnungsgrund besteht in einer gewissen Dringlichkeit. Die beantragte Verfügung muss in sachlicher und zeitlicher Hinsicht notwendig sein. Es darf keine andere angemessene Möglichkeit bestehen, die Verhältnisse in der Gesellschaft zu ordnen.

Wenn ein Abberufungsbeschluss von vornherein verhindert werden soll – etwa durch eine einstweilige Verfügung, gerichtet auf Unterlassung einer bestimmten Stimmabgabe – sind deshalb besondere Anforderungen zu beachten. Ein solcher Verfügungsantrag kommt allenfalls in Betracht, wenn die Rechtslage hinsichtlich des beabsichtigten Beschlusses eindeutig ist oder der Antragsteller ein besonderes Schutzbedürfnis hat,

---

576 Marsch-Barner/Diekmann, in: Münchener Handbuch des Gesellschaftsrechts Bd. 3, 2. Aufl. 2003, § 42, Rn. 70.
577 Baumbach/Hueck, GmbHG, 17. Aufl. 2000, zu § 38, Rn. 36.
578 Vgl. dazu Lutz, BB 2000, 833 ff., 836.

und die einstweilige Verfügung nicht an der Verletzung des Prinzips des geringst möglichen Eingriffs scheitert. Letzteres dürfte aber häufig der Fall sein.[579]

VII. Besonderheiten bei gegenseitiger Abberufung in der Zwei-Personen-Gesellschaft

541 Dass auch in der Zwei-Personen-GmbH bei Abberufungskonflikten einstweiliger Rechtsschutz in Anspruch genommen werden kann, ist unstreitig. Gerade die Abhängigkeit der vorläufigen Wirkung der Abberufung eines Gesellschafter-Geschäftsführers von der erst im Hauptsacheverfahren endgültig zu klärenden Rechtslage macht eine einstweilige gerichtliche Regelung der Geschäftsführungsbefugnisse speziell bei gegenseitiger Abberufung der Gesellschafter-Geschäftsführer oft unerlässlich, um schwerwiegende Nachteile von dem Unternehmen oder den betroffenen Geschäftsführern abzuwenden. Dieser prozessuale Umstand hat Rückwirkungen auf die materielle Rechtslage insoweit, als an den wichtigen Grund als Abberufungsmotivation besonders **strenge Maßstäbe** anzusetzen sind. Die Anordnung einseitiger, über die Sicherung gleichgewichtiger Einflussmöglichkeiten hinausgehender Maßnahmen zu Gunsten der einen oder anderen Partei ist deshalb nicht zulässig, wenn eine erhebliche Wahrscheinlichkeit dafür spricht, dass die Abberufung beider Geschäftsführer entweder insgesamt wirksam oder insgesamt unwirksam ist. Im Verfahren des einstweiligen Rechtsschutzes können nach den dargelegten Grundsätzen deshalb nur deutlich schwerwiegende Verfehlungen eine Untersagung der Geschäftsführertätigkeit begründen. Leichte Vorwürfe, die keine schwerwiegende Gefahr für den Bestand oder die wirtschaftliche Entwicklung für das Unternehmen darstellen, sowie Konsequenzen aus unterschiedlichen Strategien oder Vorstellungen zur Geschäftsführung sind in dieser Konstellation allein noch kein hinreichender Grund, einem oder beiden der Gesellschafter-Geschäftsführer ihre Tätigkeit vorläufig zu untersagen.[580]

542 Für Fragen im Zusammenhang mit der Zustellung der einstweiligen Verfügung und Rechtsmittel wird verwiesen auf die entsprechenden Ausführungen zu § 2 B.

VIII. Muster

543 **1. Muster: Antrag auf Erlass einer einstweiligen Verfügung zur vorläufigen Entziehung der Geschäftsführungsbefugnis und Vertretungsmacht gemäß §§ 117, 127 HGB bei OHG**

An das

Landgericht

Kammer für Handelssachen

Antrag auf Erlass einer einstweiligen Verfügung

---

579 OLG Stuttgart NJW 780, 2449; OLG Koblenz NJW 1991, 1119; OLG Frankfurt a.M. GmbHR 1993, 161; vgl. dazu auch Lutz, BB 2000, 833ff., 837.
580 Hachenburg-Stein, GmbHG, 8. Aufl. zu § 38 Rn. 128; OLG Karlsruhe, Urteil vom 23.02.1999, Aktz.: 19 U 226/98, Seite 3 des amtlichen Umdrucks.

des Herrn A, ■■■
   Antragsteller zu 1)

des Herrn B, ■■■
   Antragsteller zu 2)

des Herrn C, ■■■
   Antragsteller zu 3)

Prozessbevollmächtigte: ■■■

gegen

Herrn D, ■■■

Beklagter

wegen vorläufiger Entziehung der Geschäftsführungs- und Vertretungsbefugnis §§ 117, 127 HGB.

Vorläufiger Streitwert: ■■■ EUR

Wir bitten, dem Antragsgegner diesen Antrag nicht zuzustellen, ohne uns zuvor auch telefonisch unter der Nr. ■■■ zu informieren. Sollte das Gericht die einstweilige Verfügung nicht ohne vorherige mündliche Verhandlung erlassen wollen, bitten wir gleichfalls um vorherige telefonische Nachricht.

Namens und in Vollmacht der Antragsteller beantragen wir, im Wege der einstweiligen Verfügung und zwar wegen der Dringlichkeit des Falles gemäß § 937 Abs. 2 ZPO ohne vorgängige mündliche Verhandlung und durch den Vorsitzenden allein anzuordnen:
1. Dem Antragsgegner wird bis zur rechtskräftigen Entscheidung über die Entziehung der Geschäftsführungsbefugnis und Vertretungsbefugnis für die Vitafrucht-OHG in Münster die Befugnis, die Geschäfte der OHG zu führen und diese Gesellschaft zu vertreten, entzogen.
2. Die Geschäftsführungsbefugnis und Vertretungsmacht werden bis zur rechtskräftigen Entscheidung über die zu Ziff. 1) genannte Klage Herrn Rechtsanwalt X übertragen.
3. Der Antragsgegner trägt die Kosten des Verfahrens.

Begründung:

Die Parteien sind Gesellschafter der Vitafrucht-OHG mit Sitz in Münster/Westfalen. Auf Grund des Gesellschaftsvertrages der OHG ist dem Antragsgegner die Geschäftsführung und die Vertretung übertragen worden, während die Antragsteller von beiden Befugnissen ausgeschlossen sind.

Glaubhaftmachung: Vorlage des Gesellschaftsvertrages der Vitafrucht-OHG vom ■■■, Fotokopie Anlage AS 1.

Die Vitafrucht-OHG produziert und vertreibt Babyfertignahrung an den Großhandel, abgepackt in vakuumverschlossenen Gläsern. Vor zwei Monaten war Presseberichten – insbesondere in den Westfälischen Nachrichten, aber auch überregional – zu entnehmen, dass fünf Kleinkinder in NRW nach dem Verzehr solcher Babynahrung ernsthafte Gesundheitsschäden erlitten haben. Die Staatsanwaltschaft hat daher umgehend ein Ermittlungsverfahren gegen verschiedene Mitarbeiter der Vitafrucht-OHG und gegen den Antragsgegner

§ 7 Vorläufiger Rechtsschutz bei Abberufung

eingeleitet. Die Ermittlungen sind noch nicht abgeschlossen. Die Gesellschafterversammlung hat im unmittelbaren Anschluss an die Presseberichterstattung über das Vorgehen der Vitafrucht-OHG in diesem Zusammenhang beraten und den Antragsgegner angewiesen, als Geschäftsführer umgehend für eine lückenlose Aufklärung innerhalb der OHG zu sorgen und dies auch gegenüber der Öffentlichkeit zu verdeutlichen.

Glaubhaftmachung:
1. Presseberichte, Fotokopie Anlage AS 2.
2. Gesellschafterbeschluss der Vitafrucht-OHG vom ■■■, Fotokopie Anlage AS 3.
3. Auszug aus der Ermittlungsakte StA MS, Fotokopie Anlage AS 4

Gleichwohl hat der Antragsgegner diesem Beschluss und der Anweisung der Gesellschafterversammlung nicht Folge geleistet. Vielmehr hat er in einem Interview mit der W-Zeitung vom ... erklärt, es habe bereits eine umfassende Untersuchung des Vorfalls innerhalb der OHG stattgefunden. Einen Ursachenzusammenhang zwischen der Gesundheitsschädigung der Kinder und der von der OHG vertriebenen Babynahrung sei definitiv auszuschließen. Er hat auf Aussagen unabhängiger Sachverständiger unter anderem von der Universität Münster verwiesen, die jedoch eine solche Aussagen nicht getroffen hatten. Vielmehr waren sie von der OHG zu diesem Zeitpunkt weder mit der Untersuchung beauftragt noch hatten sie sonst Einblick in die Verhältnisse der OHG.

Glaubhaftmachung: eidesstattliche Versicherung des Herrn W,

Fotokopie Anlage AS 5

Journalistische Recherchen der W-Zeitung haben diesen Sachverhalt aufgedeckt, was zu einer – verständlicherweise – besonders harschen öffentlichen Kritik an der Vitafrucht-OHG geführt hat.

Glaubhaftmachung: Zeitungsausschnitte, Fotokopien Anlagen AS 6.

Der Antragsgegner wurde sodann von einer umgehend einberufenen Gesellschafterversammlung für sein Vorgehen gerügt, hat jedoch in der Gesellschafterversammlung zu Protokoll gegeben, er halte sein bisheriges Vorgehen im Interesse einer zeitnahen „öffentlichkeitswirksamen" Lösung des Problems für angemessen. Die Erklärungen der angeblich beauftragten Sachverständigen würden bald „in Vergessenheit" geraten sein.

Glaubhaftmachung: Protokoll der Gesellschafterversammlung der Vitafrucht-OHG vom ■■■, bestätigt durch eidesstattliche Versicherung des Herrn A, Fotokopie Anlagen AS 7 und 8.

Durch das Verhalten des Antragsgegners hat die Vitafrucht-OHG empfindliche Nachteile erleiden müssen. Abgesehen von dem nach unserer Auffassung erheblichen Image-Schaden ist ihr auch ein erheblicher Vermögensschaden dadurch entstanden, dass einige Großabnehmer bereits Aufträge gekündigt haben.

Glaubhaftmachung:
1. Fotokopien Kündigungsschreiben ■■■, Anlage AS 9.
2. Eidesstattliche Versicherung des Mitarbeiters der Vitafrucht OHG, Herrn F Anlage AS 10.

In rechtlicher Hinsicht kann den Antragstellern nicht zugemutet werden, den Abschluss des Ermittlungsverfahrens abzuwarten, geschweige denn die rechtskräftige Verurteilung des Antragsgegners im Strafverfahren und die rechtskräftige Entscheidung des Landgerichts über die Entziehung der Geschäftsführungs- und Vertretungsbefugnis des Antragsgegners im Hauptverfahren.

Auf Grund des bisherigen Verhaltens des Antragsgegners und, weil er den schädigenden Charakter seines Verhaltens noch immer nicht erkennen will, besteht die Gefahr, dass er bis zur vollständigen Aufklärung des oben genannten Problems der OHG weiteren gravierenden und vor allem irreparablen Schaden zufügt, indem er etwa weitere unwahre Mitteilungen an die Presse gibt. Darin liegt ein wichtiger Grund im Sinne der §§ 117, 127 HGB.

Die Sache ist Handelssache gemäß § 95 Abs. 1 Nr. 4 AGVG.

Rechtsanwalt

2. Muster: Schutzschrift

An das

Landgericht

Kammer für Handelssachen[581]

Schutzschrift

Wir bitten, diese Schutzschrift dem mutmaßlichen Antragsteller erst zugänglich zu machen, wenn dieser einen Antrag auf Erlass einer einstweiligen Verfügung gegen den Antragsgegner gestellt hat.

In Sachen

des Herrn A, ■■■

mutmaßlicher Antragsteller

Prozessbevollmächtigte:

gegen

Herrn B, ■■■

mutmaßlicher Antragsgegner

Prozessbevollmächtigte:

zur Abwehr eines erwarteten Antrags auf Erlass einer einstweiligen Verfügung zur Untersagung eines bestimmten Stimmverhaltens des mutmaßlichen Antragsgegners überreichen wir folgende

Schutzschrift.

Wir beantragen namens und in Vollmacht des Antragsgegners:
1. den möglichen Antrag des mutmaßlichen Antragstellers auf Erlass einer einstweiligen Verfügung zurückzuweisen.

---

581 GbR: Zivilkammer LG/AG.

2. hilfsweise nicht ohne Anberaumung einer mündlichen Verhandlung zu entscheiden.

Begründung:

Sachverhalt:

Die Parteien sind Gesellschafter der C-GmbH mit Sitz in ■■■, der mutmaßliche Antragsteller sogar mit einer Mehrheitsbeteiligung. Unternehmensgegenstand der C-GmbH ist die Erstellung und der Vertrieb von Computerprogrammen. Der mutmaßliche Antragsteller ist der derzeitige alleinvertretungsberechtigte Geschäftsführer der C-GmbH. Neben ihm war bis vor einem Monat Herr F als weiterer Geschäftsführer der C-GmbH bestellt.

Glaubhaftmachung:
1. Aktueller beglaubigter Handelsregisterauszug, Fotokopie AG 1.
2. Fotokopie des Gesellschaftsvertrags der C-GmbH, Anlage AG 2.

Am ■■■ (vor einem Monat) hat der mutmaßliche Antragsteller ohne vorherige Herbeiführung eines Gesellschafterbeschlusses der C-GmbH den Anstellungsvertrag seines Mitgeschäftsführers F mit sofortiger Wirkung gekündigt und ihm Hausverbot erteilt. Zur Begründung hat er vorgebracht, Herr F habe kurz zuvor Computerprogramme der C-GmbH kopiert und einer W-GmbH zur Verfügung gestellt, deren Angestellter Herr F angeblich gewesen sei und deren Geschäftsführerin und frühere Inhaberin die Ehefrau E des mutmaßlichen Antragsgegners ist. Es wird jedoch bestritten, dass die W-GmbH die fraglichen Computerprogramme der C-GmbH unentgeltlich bzw. ohne Rechtsgrund erhalten hat. Vielmehr hat die W-GmbH über ihre Geschäftsführerin E mit der C-GmbH, vertreten durch Herrn F (früherer Geschäftsführer), einen Software-Überlassungsvertrag geschlossen.

Glaubhaftmachung: Vorlage Software-Überlassungsvertrag, Fotokopie Anlage AG 3.

Unmittelbar nach der Kündigung des Anstellungsvertrags des Geschäftsführers F der C-GmbH verlangte der mutmaßliche Antragsgegner als Gesellschafter der C-GmbH am ■■■ die Einberufung einer außerordentlichen Gesellschafterversammlung mit den Tagesordnungspunkten:

– Bestätigung des Herrn F als Geschäftsführer der C-GmbH

– Abberufung und Kündigung des mutmaßlichen Antragstellers als Geschäftsführer wegen verschiedener Satzungsverstöße.

Glaubhaftmachung: Einladung, Fotokopie Anlage AG 4

Der mutmaßliche Antragsteller berief in seiner Eigenschaft als Geschäftsführer der C-GmbH die Gesellschafterversammlung ein. Gleichzeitig hatte er dem mutmaßlichen Antragsgegner jedoch mitgeteilt, seine (des Antragsgegners) Stimmabgabe in der Gesellschafterversammlung sei rechtswidrig. Er hat ihn aufgefordert, sich bzgl. der beiden Tagungsordnungspunkte in der noch durchzuführenden Gesellschafterversammlung vom ■■■ der Stimme zu enthalten.

Glaubhaftmachung: Fotokopie Schreiben des mutmaßlichen Antragstellers an den mutmaßlichen Antragsgegner, Fotokopie Anlage AG 5.

Rechtslage:

Es ist nicht ersichtlich, weshalb der mutmaßliche Antragsgegner gehalten sein sollte, in der noch durchzuführenden Gesellschafterversammlung der C-GmbH auf die Ausübung seines Stimmrechts zu den Tagesordnungspunkten 1 und vor allem auch 2 (Abberufung des mutmaßlichen Antragstellers als Geschäftsführer) zu verzichten, und zwar nur wegen des Umstands, dass Computerprogramme der C-GmbH der W-GmbH überlassen wurden, deren Geschäftsführerin die Ehefrau des mutmaßlichen Antragsgegners ist. Das gilt erst recht, weil die Software-Überlassung auf Grund eines entsprechenden ordnungsgemäß verhandelten Vertrages geschah.

Jedenfalls wäre der vermutete Antrag auf Erlass einer einstweiligen Verfügung, gerichtet auf Untersagung der Stimmabgabe des mutmaßlichen Antragsgegners in der Gesellschafterversammlung der C-GmbH am ■■■ unbegründet. Nach der Rechtsprechung – insbesondere des OLG Hamm –

GmbHR 1993, 163 ff.

ist ein solcher vorbeugender Antrag des von der Abberufung bedrohten Gesellschafter-Geschäftsführers auf Erlass einer einstweiligen Verfügung auf Untersagung der Stimmabgabe nur im Ausnahmefall zulässig, nämlich dann, wenn zu Gunsten des Antragstellers eine eindeutige Rechtslage oder ein überragendes Schutzbedürfnis besteht und die einstweilige Verfügung nicht am Gebot des geringst möglichen Eingriffs scheitert. Dies entspricht im Übrigen auch der herrschenden Meinung.

Karsten Schmidt, in: Scholz, GmbHG, 9. Auflage 2002, zu § 45 Rn. 183 m.w.N.

Diese Voraussetzungen liegen hier nicht vor.

Eine eindeutige Rechtslage zu Gunsten des mutmaßlichen Antragstellers gegen seine Abberufung und Kündigung seines Geschäftsführeranstellungsvertrages besteht schon deshalb nicht, weil der mutmaßliche Antragsteller bei der Kündigung des Geschäftsführervertrages des Herrn F ohne vorherige Herbeiführung eines Gesellschafterbeschlusses gegen § 6 Abs. 1 der Satzung der C-GmbH verstoßen hat.

Insoweit kann sogar offen bleiben, ob die Vorwürfe gegen Herrn F berechtigt sind. Infolge dessen besteht auch kein Grund, weshalb der mutmaßliche Antragsgegner in der Gesellschafterversammlung der C-GmbH nicht auch gegen die Bestätigung des Herrn F als Geschäftsführer der C-GmbH stimmen können sollte.

Darüber hinaus ist nicht erkennbar, dass für den vermuteten Verfügungsantrag ein dringendes Schutzinteresse besteht. Dagegen spricht schon, dass der mutmaßliche Antragsteller auch bei Abberufung als Geschäftsführer der C-GmbH weiterhin maßgeblich Einfluss auf die Geschicke der C-GmbH nehmen kann, nämlich in seiner Eigenschaft als Mehrheitsgesellschafter der C-GmbH vor dem Hintergrund, dass nach § 9 der Gesellschaftssatzung alle Beschlüsse mit einfacher Mehrheit gefasst werden müssen, außer denjenigen, die kraft Gesetzes einer größeren Mehrheit bedürfen.

Darüber hinaus stellt der vermutete Antrag auf Erlass einer einstweiligen Verfügung auf Untersagung der Stimmabgabe auch nicht den geringst möglichen Eingriff in die Rechte des mutmaßlichen Antragsgegners dar. Es ist anerkannt, dass die Untersagung einer

Beschlussausführung gegenüber der Untersagung der Beschlussfassung im Rahmen des einstweiligen Rechtsschutzes stets den Vorrang besitzt.

OLG Hamm, GmbHR 1993, 163, 164 m.w.N.

Damit ist der vermutete Antrag auf Erlass einer einstweiligen Verfügung abzuweisen.

Rechtsanwalt

3. Muster: Antrag auf Erlass einer einstweiligen Verfügung zu vorläufigen Regelungen

An das

Landgericht

Kammer für Handelssachen

Antrag auf Erlass einer einstweiligen Verfügung

der A-GmbH, vertreten durch den Geschäftsführer C, ■■■

Antragstellerin

Prozessbevollmächtigte:

gegen

den Herrn B, ■■■

Antragsgegner

Prozessbevollmächtigte:

wegen einstweiliger Regelung des Verbots für die A-GmbH als Geschäftsführer tätig zu sein.

Vorläufiger Streitwert: ■■■ EUR

Wir bitten, dem Antragsgegner diesen Antrag nicht zuzustellen, ohne uns zuvor auch telefonisch unter der Nr. ■■■ zu informieren. Sollte das Gericht die einstweilige Verfügung nicht ohne vorherige mündliche Verhandlung erlassen wollen, bitten wir gleichfalls um vorherige telefonische Nachricht.

Namens und in Vollmacht der Antragstellerin beantragen wir, im Wege einer einstweiligen Verfügung und zwar wegen der Dringlichkeit des Falles gemäß § 937 Abs. 2 ZPO ohne vorgängige mündliche Verhandlung und durch den Vorsitzenden allein anzuordnen:
1. Der Antragsgegner hat sich jeder Tätigkeit und Erklärung als Geschäftsführer der A-GmbH zu enthalten.
2. Der Antragsgegner trägt die Kosten des Verfahrens.

Begründung:

Die Antragstellerin betreibt einen Handel mit Computern. Der Antragsgegner ist einer von zwei jeweils alleinvertretungsbefugten Geschäftsführern der Antragstellerin.

Glaubhaftmachung:
1. Aktueller Handelsregisterauszug, Anlage AS 1,
2. Fotokopie Gesellschaftsvertrag der Antragstellerin, Anlage AS 2.

Der Antragsgegner hat 20 PC gegen Barkasse an die W-GmbH ausgeliefert bzw. ausliefern lassen, deren Kaufpreise aber für sich selbst vereinnahmt.

Glaubhaftmachung:
1. Eidesstattliche Versicherung des Herrn X, Mitarbeiter der W-GmbH, Anlage AS 3.
2. Eidesstattliche Versicherung des Herrn C, weiterer Geschäftsführer der Antragstellerin, Anlage AS 4.

Damit hat der Antragsgegner nicht nur gegen die ihm als Geschäftsführer obliegende Pflicht verstoßen, eine ordnungsgemäße Buchführung zu veranlassen. Er hat eine solche sogar vereitelt. Die von ihm zur Rechtfertigung angeführten Argumente überzeugen nicht. Die geschilderte Verfahrensweise war ihm auf Grund seiner Geschäftsführerstellung im Rahmen des ordnungsgemäßen Geschäftsbetriebs keineswegs erlaubt. Vielmehr musste er dafür Sorge tragen, dass alle Einnahmen und Ausgaben der Gesellschaft ordnungsgemäß verbucht wurden und vor allem, dass alle der Gesellschaft zustehenden Beträge dieser zuflößen. Auch die von ihm behauptete „Verrechnung" mit ihm zustehenden Spesen ist nicht nachvollziehbar, zumal er keine Aufzeichnungen über tatsächlich angefallene Spesen bzw. über die bar vereinnahmten Beträge gefertigt hat.

Nachdem die Vorgehensweise des Antragsgegners bei der Antragstellerin bekannt geworden war, wurde eine Gesellschafterversammlung bei der Antragstellerin einberufen und abgehalten. Dabei wurde über den Tagesordnungsbeschluss „Abberufung des Antragsgegners als Geschäftsführer sowie Kündigung seines Anstellungsvertrages" abgestimmt.

Während der Gesellschafterversammlung herrschte zwischen den Beteiligten – insbesondere zwischen dem Antragsgegner in seiner Eigenschaft als Gesellschafter und Geschäftsführer und dem Antragsgegner – Streit über den zu Grunde liegenden Sachverhalt und somit über die Frage, ob ein wichtiger Grund über die Abberufung vorlag. Zumindest waren sich der Antragsgegner und die übrigen Gesellschafter einig, dass der Antragsgegner als Mehrheits-Gesellschafter nur aus wichtigem Grund abberufen werden kann. Ohne Zählung der vom Antragsgegner abgegebenen Gegenstimme in der Gesellschafterversammlung ist nach Auffassung der Antragstellerin der Abberufungsbeschluss gefasst. Leider wurde vom Versammlungsleiter versäumt, die Abberufung auch förmlich festzustellen.

Dass in dem – glaubhaft gemachten – Vorgehen des Antragsgegners ein wichtiger Grund zu seiner Abberufung als Geschäftsführer und zur Kündigung seines Anstellungsvertrages liegt, kann aus Sicht der Antragstellerin nicht ernsthaft bezweifelt werden.

Die Antragstellerin hat insbesondere ein Rechtsschutzbedürfnis für den Verfügungsantrag. Denn angesichts der Stimmabgabe des Antragsgegners als Gesellschafter vor dem Hintergrund des Streits über das Vorliegen des wichtigen Grundes für seine Abberufung und wegen des Versäumnisses des Versammlungsleiters, den Abberufungsbeschluss förmlich festzustellen, ist der Abberufungsbeschluss nach Auffassung des BGH nicht vorläufig wirksam, so dass der betroffene Antragsgegner als Geschäftsführer zunächst weiter amtiert.

BGHZ 51, 209 f.; 76, 154 f.

Zur vorläufigen Regelung ist daher der Antrag im Rahmen der Regelungsverfügung zulässig.

Vgl. dazu Baumbach/Hueck, GmbHG, 17. Auflage 2000, zu § 38 Rn. 30.

Rechtsanwalt

4. Muster: Antrag auf Erlass einer einstweiligen Verfügung auf Untersagung der Geschäftsführung und Vertretung durch Mitgesellschafter

An das

Landgericht

Kammer für Handelssachen

Antrag auf Erlass einer einstweiligen Verfügung

des Herrn A, ▄▄▄

Antragsteller

Prozessbevollmächtigte:

gegen

den Herrn B, ▄▄▄

Antragsgegner

Prozessbevollmächtigte:

wegen Untersagung der Geschäftsführung und Vertretung

Vorläufiger Streitwert: ▄▄▄ EUR

Wir bitten, dem Antragsgegner diesen Antrag nicht zuzustellen, ohne uns zuvor auch telefonisch unter der Nr. ▄▄▄ zu informieren. Sollte das Gericht die einstweilige Verfügung nicht ohne vorherige mündliche Verhandlung erlassen wollen, bitten wir gleichfalls um vorherige telefonische Nachricht.

Namens und in Vollmacht des Antragstellers beantragen wir, im Wege einer einstweiligen Verfügung und zwar wegen der Dringlichkeit des Falles gemäß § 937 Abs. 2 ZPO ohne vorgängige mündliche Verhandlung und durch den Vorsitzenden allein anzuordnen:
1. Dem Antragsgegner wird es untersagt, die Geschäftsräume der X-GmbH in ▄▄▄ zu betreten und die Geschäftsführung und Vertretung der X-GmbH, eingetragen im Handelsregister des Amtsgerichts ▄▄▄, HRB ▄▄▄ wahrzunehmen.
2. Dem Antragsgegner wird angedroht, dass für jeden Fall der Zuwiderhandlung gegen das in Ziff. 1 ausgesprochene Verbot ein Ordnungsgeld bis zu 250.000,00 EUR und für

den Fall, dass dieses nicht beigetrieben werden kann, Ordnungshaft bis zu sechs Monaten festgesetzt werden kann.
3. Der Antragsgegner trägt die Kosten des Verfahrens.

Begründung:

Der Antragsgegner ist Mehrheitsgesellschafter und alleinvertretungsberechtigter Geschäftsführer der X-GmbH. Der Antragsteller ist ebenfalls alleinvertretungsberechtigter Geschäftsführer der X-GmbH und zugleich deren Gesellschafter.

Glaubhaftmachung:
1. Aktueller beglaubigter Handelsregisterauszug nebst Gesellschafterliste, Fotokopie Anlage AS 1.
2. Gesellschaftsvertrag der X-GmbH vom ■■■, Fotokopie Anlage AS 2.

In seiner Eigenschaft als Geschäftsführer der X-GmbH hat der Antragsgegner vor einem Monat einen Geschäftsanteil an der I-GmbH zum Preis von 100.000,00 EUR erworben, ohne sich Wertgarantien geben zu lassen und ohne eine due diligence durchführen zu lassen. Inzwischen ist der Kaufpreis auf Veranlassung des Antragsgegners an den Verkäufer überwiesen worden. Zehn Tage später hat sich herausgestellt, dass die I-GmbH bereits bei Anteilserwerb offenbar überschuldet war. Der abgetretene OHG-Gesellschaftsanteil hat daher so gut wie keinen Wert.

Glaubhaftmachung: Eidesstattliche Versicherung des Wirtschaftsprüfers W, Anlage AS 3.

Der Antragsgegner hat damit gegen seine Verpflichtung zur ordnungsgemäßen Geschäftsführung in grober Weise verstoßen. Er hätte sich entweder über eine due diligence einen Überblick über die Werthaltigkeit der I-GmbH verschaffen müssen oder sich zumindest von dem bekanntermaßen persönlich liquiden Verkäufer Wertgarantien geben lassen müssen.

Zudem war der Antragsgegner nach § 5 des Gesellschaftsvertrages der X-GmbH verpflichtet, bei Erwerb von Gesellschaftsanteilen zuvor einen zustimmenden Beschluss der Gesellschafterversammlung einzuholen. Der Antragsgegner hat sich der Auseinandersetzung über sein Vorgehen unter seinen Mitgesellschaftern in der X-GmbH dadurch entzogen, dass er – ebenfalls ohne Abstimmung – seinen „Jahresurlaub" genommen hat, der erst in einem Monat seit Stellung des Verfügungsantrages enden wird. Es wird vermutet, dass er sich im Ausland aufhält. Er ist zurzeit auch telefonisch nicht erreichbar.

Glaubhaftmachung: Eidesstattliche Versicherung des Antragstellers, Anlage AS 4.

Da der Antragsgegner derzeit nicht erreichbar ist, ist es auch nicht möglich, im laufenden Monat eine Gesellschafterversammlung einzuberufen, auf der über die Abberufung des Antragsgegners als Geschäftsführer aus wichtigem Grund abgestimmt werden kann.

Andererseits kann nicht verhindert werden, dass der Antragsgegner – auch wenn er derzeit für die Mitgesellschafter bzw. den Geschäftsführer der X-GmbH nicht erreichbar ist – gleichwohl Erklärungen für die X-GmbH abgibt. Insofern ist das Geschäftsführungs- und Vertretungsverbot sowie auch das Betretungsverbot für die Geschäftsräume besonders dringlich und bedarf zu seiner Durchsetzung des Erlasses einer einstweiligen Verfügung ohne vorhergehende mündliche Verhandlung.

Rechtsanwalt

§ 7 Vorläufiger Rechtsschutz bei Abberufung

547

5. Muster: Gegenantrag auf Erlass einer einstweiligen Verfügung auf Untersagung der Geschäftsführung und Vertretung durch Mitgesellschafter

An das

Landgericht

Kammer für Handelssachen

G e g e n a n t r a g a u f E r l a s s

e i n e r e i n s t w e i l i g e n V e r f ü g u n g

des Herrn B,

Antragsgegner und Gegenantragsteller

Prozessbevollmächtigte:

gegen

den Herrn A,

Antragsteller und Gegenantragsgegner

Prozessbevollmächtigte:

wegen vorläufigen Verbots, Geschäftsführungs- oder Vertretungsverhandlungen für die X-GmbH vorzunehmen.

Vorläufiger Streitwert: ■■■ EUR

Namens und in Vollmacht des Antragsgegners/Gegenantragstellers beantragen wir, im Wege einer einstweiligen Verfügung anzuordnen:
1. Dem Antragsteller/Gegenantragsgegner wird es bis zur rechtskräftigen Entscheidung über die Wirksamkeit seiner Abberufung als Geschäftsführer der X-GmbH verboten, Geschäftsführungs- oder Vertretungshandlungen in dieser oder für diese Gesellschaft vorzunehmen.
2. Für den Fall der Zuwiderhandlung gegen die in Ziff. 1 ausgesprochene Verpflichtung wird dem Antragsteller/Gegenantragsgegner die Festsetzung eines Ordnungsgeldes bis zu 250.000,00 EUR, ersatzweise Ordnungshaft bis zu sechs Monaten angedroht.
3. Die Kosten des Verfahrens trägt der Antragsteller/Gegenantragsgegner.

Begründung:

Die Parteien des Rechtsstreits sind zu gleichen Anteilen an der X-GmbH beteiligt, deren Unternehmensgegenstand die Übernahme von Paketzustellungen ist. Die Parteien sind jeweils als alleinvertretungsberechtigte Geschäftsführer der X-GmbH im Handelsregister eingetragen.

Glaubhaftmachung:
1. Aktueller beglaubigter Handelsregisterauszug, Anlage AG 1.
2. Gesellschaftsvertrag der X-GmbH, Fotokopie Anlage AG 2.

Der Antragsteller hat eine Vielzahl von Fahrzeugen durch seine Firma A-OHG mit Rabatten bis zu 20 % angekauft, diese dann später im sale-and-lease-back-Verfahren zum Listenpreis an Leasingfirmen verkauft und zurück geleast und sodann Miet- und Leasingverträge mit der X-GmbH auf der Basis der Listenpreise abgeschlossen, wobei auch noch weitere Aufschläge in Rechnung gestellt wurden.

Glaubhaftmachung: Vorlage der entsprechenden Verträge in Fotokopie, Anlagenkonvolut AG 3.

Damit hat er gegen seine gesellschafterliche Treuepflicht verstoßen. Diese ist heute allgemein als mitgliedschaftliche Hauptpflicht anerkannt. Gegenüber der GmbH und der Gesamtheit seiner Mitgesellschafter hat der Einzelne Gesellschafter vor allem Unterlassungs- und Loyalitätspflichten. Insbesondere gehört dazu, sich nicht in Geschäftschancen der GmbH zu drängen und sie nicht zum eigenen Nutzen zu schädigen. Dabei gilt insgesamt bei Maßnahmen der Geschäftsführer ein noch strengerer Maßstab als bei der Ausübung eigennütziger Rechte durch den „einfachen" Gesellschafter, der nicht ohne Weiteres seine Interessen hinter die der Gesellschaft oder der anderen Gesellschafter stellen muss.

BGH ZIP 1989, 986; Lutter/Hommelhoff, GmbHG, 16. Aufl. 2004 zu § 14 Rn. 22

Der Antragsgegner/Gegenantragssteller hat von dieser Verfahrensweise nichts gewusst, insbesondere nicht davon, dass der Antragsteller/Gegenantragsgegner daraus einen persönlichen Gewinn auf Kosten der bzw. zu Lasten der X-GmbH gezogen hat.

Glaubhaftmachung: Eidesstattliche Versicherung des Antragsgegners, Anlage AG 4.

Der Antragsteller/Gegenantragsgegner hat die X-GmbH zudem dadurch treuwidrig geschädigt, dass er sich von der X-GmbH, vertreten durch den Prokuristen E, für den von der Handelsgesellschaft des Antragstellers/Gegenantragsgegners übernommenen Kundenstamm eine monatliche Provision von 5.000,00 EUR hat zusagen und auszahlen lassen. Der Antragsteller/Gegenantragsgegner durfte sich für die Anwerbung der Kunden der Z-GmbH für die X-GmbH keine diese schädigende Provision ausbedingen, nachdem über das Vermögen der A-OHG das Insolvenzverfahren eröffnet wurde.

Glaubhaftmachung: Fotokopie des Eröffnungsbeschlusses, Anlage AG 5.

Dieses Verhalten des Antragstellers/Gegenantragsgegners verstieß ebenfalls gegen seine gesellschafterliche Treuepflicht.

Demgegenüber treffen die Vorwürfe des Antragstellers/Gegenantragsgegners gegen den Antragsgegner/Gegenantragsteller, mit denen dessen Abberufung als Geschäftsführer begründet werden soll, nicht zu. Insbesondere trifft nicht zu, dass der Antragsgegner/Gegenantragsteller entgegen dem Gesellschaftsvertrag der X-GmbH der gemeinsam betriebenen Gesellschaft über seine B-OHG unerlaubt Konkurrenz gemacht habe und dies auch weiterhin tue.

Glaubhaftmachung: Eidesstattliche Versicherung des Gesellschafter-Geschäftsführers C, der B-OHG, Anlage AG 6.

Der Antragsgegner/Gegenantragsteller hat am ▬▬▬ eine Gesellschafterversammlung zum ▬▬▬ einberufen, deren Tagesordnungspunkt die Abberufung des Antragstellers/Gegenantragsgegners von der Geschäftsführung der X-GmbH war. Gegen die Stimme des Antragstellers/Antragsgegners wurde dieser von seiner Geschäftsführerstellung abberufen.

David

§ 7 Vorläufiger Rechtsschutz bei Abberufung

Glaubhaftmachung: Fotokopie Protokoll der Gesellschafterversammlung der X-GmbH, Anlage AG 7.

Das Rechtsschutzbedürfnis für den Gegenantrag des Antragstellers/Gegenantragsgegners besteht insoweit, als der Abberufungsbeschluss betreffend den Antragsteller nicht schon mit Beschlussfassung bzw. Bekanntgabe an diesen wirksam war. Insofern ist der Antragsgegner zur Durchsetzung des Abberufungsbeschlusses auf einstweiligen Rechtsschutz angewiesen. Es ist auch sinnvoll und wird dementsprechend anerkannt, einen Gegenantrag des Antragsgegners auf Untersagung der Geschäftsführungstätigkeit des anderen Gesellschafter-Geschäftsführers zu stellen, damit beide Verfügungsverfahren nicht unabhängig voneinander behandelt werden müssen mit der Gefahr nicht kompatibler Ergebnisse.

Wieczorek-Schütze, ZPO, 3. Auflage, § 33 Rn. 13; Zöller/Vollkommer, ZPO, 24. Aufl. 2004, zu § 33 Rn. 34.

Insoweit bitten wir, unter Abweisung des Verfügungsantrags des Antragstellers/Antragsgegners dem Verfügungsantrag des Antragsgegners/Gegenantragstellers alsbald stattzugeben.

Rechtsanwalt

C. Zwangsvollstreckung

Insoweit wird verwiesen auf die Ausführung zu § 2 C. Zwangsvollstreckung (Rn. 181 ff.).

§ 8 Durchsetzung von Gesellschafterinformationsrechten

A. Vorprozessuale Situation

I. Rechtsgrundlagen

Für nahezu alle Gesellschaftstypen sind die Informationsrechte der Gesellschafter gesetzlich geregelt. Es bestehen aber im Einzelfall Unterschiede im Hinblick auf die Reichweite und das Verfahren zur Durchsetzung der Informationsrechte. 548

1. AG

a) Anspruchsgrundlagen

Gemäß § 171 Abs. 2 S. 1 AktG werden die Aktionäre durch den Bericht des Aufsichtsrates an die Hauptversammlung über das Ergebnis der Prüfung des **Jahresabschlusses** nebst **Lagebericht** unterrichtet. Der genaue Inhalt des Berichts ergibt sich aus § 171 Abs. 2 S. 2 bis 5 AktG. Nach § 175 Abs. 2 S. 2 AktG ist jedem Aktionär auf Verlangen unverzüglich eine Abschrift des Jahresabschlusses, des Lageberichtes, des Berichts des Aufsichtsrates und des Vorschlages des Vorstandes für die Verwendung des Bilanzgewinns zu überlassen. 549

Daneben können Aktionäre gemäß § 131 AktG bestimmte weitere Informationen verlangen. Der Sinn dieses Auskunftsrechts besteht darin, dem Aktionär die Herrschaft über den Umgang des von ihm zur Verfügung gestellten Kapitals zu geben und seine Aktionärsrechte durchzusetzen.[582] Deshalb besteht das Auskunftsrecht unabhängig vom Aktientyp, d.h. auch für stimmrechtslose Aktien.[583] Die Vorschrift des § 131 AktG über das Auskunftsrecht ist zwingend (§ 23 Abs. 5 AktG). Die dem Aktionär danach zustehenden Rechte können auch nicht erweitert werden.[584] 550

b) Anspruchsberechtigte und Anspruchsverpflichtete

Das Auskunftsrecht ist **mit der Aktie verbunden** und kann nicht unabhängig von der Aktie übertragen werden. In Folge dessen hat der Treugeber bzw. der Nießbraucher der Aktie kein eigenes Auskunftsrecht.[585] 551

Nach § 131 Abs. 1 und Abs. 4 AktG ist nur der Einzelne Aktionär anspruchsberechtigt, nicht die Hauptversammlung als Ganze. Dass das Auskunftsrecht nicht unabhängig von der Aktie übertragen werden kann, hindert nicht einen entsprechend bevollmächtigten Vertreter des Aktionärs, das Auskunftsrecht in der Hauptversammlung geltend zu machen. Insofern sollte der Vertreter allerdings eine schriftliche Bevollmächtigung des Aktionärs vorlegen können, aus der er sich die Vollmacht für das konkret geltend gemachte Auskunftsbegehren ergibt. Die Vollmacht sollte angemessen weit formuliert sein.[586] 552

---

582 BGHZ 81, 1; BGHZ 101, 1, 15f.
583 Semler in: Münchener Handbuch des Gesellschaftsrechts, Bd. 4, 2. Aufl. 1999, § 37 Rn. 2.
584 Semler in: Münchener Handbuch des Gesellschaftsrechts, Bd. 4, 2. Aufl. 1999, § 37 Rn. 1.
585 Hüffer, AktG, 5. Aufl. 2002 zu § 131 Rn. 2.
586 Hüffer, AktG, 5. Aufl. 2002 zu § 131 Rn. 4.

553 Zur Auskunft verpflichtet ist gemäß § 131 Abs. 1 Satz 1 AktG der Vorstand. Befindet sich die AG in Liquidation, trifft den Liquidator nach § 131 Abs. 1 Satz 1 AktG die Auskunftspflicht.[587]

c) Reichweite des Auskunftsrechts

554 Für die Reichweite des Auskunftsrechts ist zwischen dem Auskunftsanspruch nach § 131 Abs. 1 AktG und demjenigen nach § 131 Abs. 4 AktG zu unterscheiden.

555 *aa) Auskunftsrecht nach § 131 Abs. 1 AktG:* Das Auskunftsrecht nach § 131 Abs. 1 AktG bezieht sich auf **alle Angelegenheiten der Gesellschaft**. Dies gilt gemäß § 131 Abs. 1 S. 2 AktG auch für die rechtlichen und geschäftlichen Beziehungen der Gesellschaft zu verbundenen Unternehmen i.S.v. § 15f. AktG. Das Auskunftsrecht ist jedoch gemäß § 131 Abs. 1 S. 1 2. Hs AktG von vornherein dadurch beschränkt, dass die begehrte Auskunft zur sachgemäßen Beurteilung des Gegenstands der Tagesordnung in der Hauptversammlung „erforderlich" ist, in der das Auskunftsbegehren gestellt wird. Die Erforderlichkeit des Auskunftsbegehrens ist gerichtlich vollständig nach dem Maßstab eines vernünftigen Aktionärs überprüfbar, der nur über die von der Gesellschaft veröffentlichten Informationen verfügt.[588] Um einen Missbrauch des Auskunftsrechts zu vermeiden, legt die Rechtsprechung jedoch einen strengen Maßstab an.[589]

556 Soweit die AG von ihren nach §§ 266 Abs. 1 Satz 3, 276, 288 HGB möglichen Erleichterungen für die Bilanzaufstellung Gebrauch macht, gibt § 131 Abs. 1 Satz 3 AktG jedem Aktionär das Recht, in der Hauptversammlung über den Jahresabschluss die Vorlage des Jahresabschlusses zu verlangen, die der Abschluss ohne Anwendung der genannten HGB-Vorschriften über die Bilanzierungserleichterungen hätte.

557 Der Vorstand muss gemäß § 131 Abs. 2 AktG die Auskunft nach den Grundsätzen einer gewissenhaften und getreuen Rechenschaft erteilen. Die Auskunft wird in der Hauptversammlung mündlich erteilt. Der Aktionär hat kein Recht, Einsicht in die Geschäftsunterlagen der AG oder die Vorlage von Unterlagen zu verlangen.[590] Formuliert der Aktionär seine Frage erst in der Hauptversammlung, ist die Pflicht zur Beantwortung infolgedessen auf das beschränkt, was während der Hauptversammlung recherchiert werden kann. Um diese Beschränkung der Informationspflicht zu vermeiden, kündigen die Aktionäre häufig vor der Hauptversammlung schriftlich die Fragen an, die sie in der Hauptversammlung stellen wollen.[591]

558 *bb) Erweitertes Auskunftsrechts nach § 131 Abs. 4 AktG:* Nach § 131 Abs. 4 S. 1 AktG ist jedem Aktionär auf dessen Verlangen in der Hauptversammlung diejenige Auskunft zu geben, die einem (anderen) Aktionär wegen seiner Eigenschaft als solcher außerhalb der Hauptversammlung gegeben worden ist, auch wenn dies nicht zur sachgemäßen Beurteilung des Gegenstands der Tagesordnung erforderlich ist. Der Grund für diese auf den ersten Blick schwer verständliche Regelung liegt darin, ein Informationsmono-

---

[587] OLG Frankfurt/Main NJW-RR 1996, 415 ff.
[588] BGHZ 119, 1, 19 f.; BGHZ 107, 296, 307.
[589] OLG Düsseldorf WM 1991, 2148, 2153; OLG Frankfurt/Main AG 1986, 233 f.
[590] BGHZ 122, 211, 236.
[591] Vgl. dazu Semler in: Münchener Handbuch des Gesellschaftsrechts, Bd. 4, 2. Aufl. 1999, § 37 Rn. 22.

pol von Aktionären zu verhindern, die außerhalb der Hauptversammlung Fragen stellen und Antworten erhalten. Die Vorschrift dient insofern der gleichen Behandlung aller Aktionäre.[592] Auch das erweiterte Auskunftsrecht nach § 131 Abs. 4 AktG kann nur in der Hauptversammlung geltend gemacht werden.

Da das Gesetz auf die Auskunftserteilung gegenüber einem Aktionär in seiner Eigenschaft als solcher außerhalb der Hauptversammlung abstellt, kann in der Hauptversammlung eine entsprechende Auskunft nach § 131 Abs. 4 AktG nicht verlangt werden, wenn dies zur sachgemäßen Beurteilung des Gegenstands der Tagesordnung nicht erforderlich ist und wenn die Auskunft außerhalb der Hauptversammlung zwar einem Aktionär erteilt wurde, diesem jedoch nur in seiner Eigenschaft als potenzieller Erwerber einer Beteiligung.[593]

d) Auskunftsverweigerungsrechte

Gemäß § 131 Abs. 1 AktG darf der Vorstand die Auskunft nach Maßgabe des § 131 Abs. 3 Nr. 1 bis 6 AktG verweigern. Die dort genannten Verweigerungsgründe sind abschließend, § 131 Abs. 3 S. 2 AktG.

Gegenüber dem erweiterten Auskunftsbegehren nach § 131 Abs. 4 S. 1 AktG hat der Vorstand lediglich ein beschränktes Verweigerungsrecht. Er darf die Auskunft nur aus den Gründen verweigern, die in § 131 Abs. 3 S. 1 Nr. 5 und 6 AktG genannt sind, § 131 Abs. 4 Satz 2 AktG.[594]

e) Durchsetzung des Auskunftsanspruchs

Kommt der Vorstand dem Auskunftsbegehren nicht nach, steht dem Aktionär ein **Auskunftserzwingungsverfahren** nach § 132 AktG zur Verfügung. Unter bestimmten Voraussetzungen kann daneben Anfechtungsklage erhoben werden, wenn die Auskunft in einem Tagungsordnungspunkt verweigert wurde, zu dem ein Beschluss gefasst wurde (vgl. dazu näher unter B. Prozessual).

2. KGaA

Für den persönlich haftenden Komplementär der KGa.A. stellt sich die Frage nach seinem Auskunftsanspruch nicht. Er kann einen solchen selbst befriedigen. Anders ist dies bei Kommanditaktionären. Gemäß § 278 Abs. 3 i.V.m. § 131 AG haben sie prinzipiell dasselbe Auskunftsrecht wie der Aktionär einer AG. Allerdings ist zu berücksichtigen, dass gemäß § 286 Abs. 1 Satz 1 AktG die Hauptversammlung der KGa.A. auch über die Feststellung des Jahresabschlusses beschließt. Gegenüber dem Kommanditaktionär der KGa.A. kann daher das Auskunftsverweigerungsrecht nach § 131 Abs. 3 Nr. 3 und 4 AktG nicht geltend gemacht werden. Deshalb ist auch Auskunft über stille Reserven und über bestimmte Bewertungs- oder Abschreibungsmethoden zu erteilen. Im Übrigen gelten gegenüber den Rechten des Aktionärs der AG keine Besonderheiten.

---

592 Hüffer, AktG, 5. Aufl. 2002 zu § 131 Rn. 36.
593 Vgl. zu anderen Ausnahmen Semler in: Münchener Handbuch des Gesellschaftsrechts, Bd. 4, 2. Aufl. 1999, § 37 Rn. 19.
594 Vgl. näher zu den einzelnen Tatbeständen für die Auskunftsverweigerung: Semler, in: Münchener Handbuch des Gesellschaftsrechts, Bd. 4, 2. Aufl. 1999, § 37 Rn. 29f.

David

3. GmbH

a) Anspruchsgrundlage

564 Die Informationsrechte des GmbH-Gesellschafters sind in § 51a GmbHG geregelt. Nach Abs. 1 der Vorschrift haben die Geschäftsführer jedem Gesellschafter auf Verlangen unverzüglich Auskunft über die Angelegenheiten der Gesellschaft zu geben und die Einsicht der Bücher und Schriften zu gestatten. Insofern geht das Auskunftsrecht des GmbH-Gesellschafters weit über dasjenige eines Aktionärs hinaus. Die Geltendmachung des Auskunftsbegehrens ist nicht auf die Gesellschafterversammlung beschränkt. Darüber hinaus besteht ein Einsichtsrecht für die Gesellschafter.

b) Anspruchsberechtigter und Anspruchsverpflichteter

565 Anspruchsberechtigt ist nach § 51a Abs. 1 GmbHG **jeder Gesellschafter.** Da das Auskunftsrecht als mitgliedschaftliches Recht ausgestaltet ist, steht es nicht Treugebern oder Unterbeteiligten oder Pfändungspfandgläubigern zu. Soweit der Gesellschafter verstorben ist oder über sein Vermögen das Insolvenzverfahren eröffnet ist, übt der Testamentsvollstrecker bzw. der Insolvenzverwalter das Informationsrecht aus.[595]

566 Der Gesellschafter ist jedoch nicht gehindert, das Informationsrecht durch einen bevollmächtigten Vertreter ausüben zu lassen. Nach herrschender Meinung muss der Bevollmächtigte allerdings – anders als bei der AG – von Berufs wegen zur Verschwiegenheit verpflichtet sein, wie etwa Rechtsanwälte, Wirtschaftsprüfer oder Steuerberater.[596]

567 Wegen des eindeutigen Wortlauts des § 51a Abs. 1 GmbHG steht das Informationsrecht nicht dem ehemaligen Gesellschafter zu, selbst dann nicht, wenn dieser noch Ansprüche aus dem Gesellschaftsverhältnis hat.[597] Entscheidend ist insofern, ob er als Gesellschafter bei der GmbH noch (oder schon) gemeldet ist, § 16 Abs. 1 GmbHG. Allerdings beginnt das Informationsrecht des Gesellschafters im Stadium der Vor-GmbH.[598] Informationsverpflichtet ist der Geschäftsführer der Gesellschaft.

c) Reichweite des Informationsrechts

568 Gemäß § 51a Abs. 1 GmbHG umfasst die Auskunft **alle Angelegenheiten der Gesellschaft.** Der Begriff ist weit auszulegen.[599] Auch wenn der Informationsanspruch nicht – wie § 131 Abs. 1 AktG – ausdrücklich die Beziehungen der gesellschaftsverbundenen Unternehmen und zu Beteiligungsunternehmen nennt, umfasst das Auskunftsrecht auch diese. Weiterhin müssen diese Angelegenheiten für die GmbH von konkreter Bedeutung sein.[600] Neben dem Auskunftsrecht steht dem Gesellschafter auch ein Ein-

---

595 Lutter/Hommelhoff, GmbHG, 16. Aufl. 2004 zu § 51a Rn. 16.
596 Streitig wie hier BGHZ 25, 115, 123 zur KG; Schiessl in: Münchener Handbuch des Gesellschaftsrechts, Bd. 3, 2. Aufl. 2003, § 33 Rn. 22; anderer Ansicht Karsten Schmidt in: Scholz, GmbHG, 9. Aufl. 2000 zu § 51a Rn. 15; Baumbach/Hueck, GmbHG, 17. Aufl. 2000 zu § 51a Rn. 5.
597 BGH WM 1998, 1447f.; BayObLG GmbHR 1993, 741f.
598 Vgl. Schiessl in: Münchener Handbuch des Gesellschaftsrechts, Bd. 3, 2 Aufl. 2003, § 33 Rn. 6.
599 Lutter/Hommelhoff, GmbHG, 16. Aufl. 2004 zu § 51a Rn. 5.
600 Schiessl in: Münchener Handbuch des Gesellschaftsrechts, Bd. 3, 2. Aufl. 2003, § 33 Rn. 11, OLG Köln ZIP 1985, 800, 804.

sichtsrecht in „die Bücher und Schriften" der Gesellschaft zu, § 51a Abs. 1 GmbHG. Bücher sind solche i.S.v. § 238 HGB. Das Einsichtsrecht ist nicht auf Unterlagen in klassischer Buchform beschränkt, sondern erfasst selbstverständlich auch elektronisch gespeicherte Daten.[601]

Das Auskunfts- und das Einsichtsrecht stehen nebeneinander. Ob die Gesellschaft sich im Einzelfall darauf berufen kann, wegen des mit dem Einsichtsrecht verbundenen Aufwands nur Auskünfte zu erteilen, ist im Einzelnen umstritten.[602]

569

Das Informationsrecht nach § 51a GmbH-Gesetz ist gemäß Abs. 3 der Vorschrift zwingend. Gleichwohl soll zumindest eine Erweiterung des Informationsrechts durch die Satzung zulässig sein.[603]

570

d) Beschränkungen des Informationsrechts

§ 51a Abs. 2 GmbHG enthält eine gesetzliche Beschränkung des Informationsrechts. Auskunft und Einsicht dürfen verweigert werden, wenn zu besorgen ist, dass der Gesellschafter sie zu gesellschaftsfremden Zwecken verwenden und dadurch der Gesellschaft oder einem verbundenen Unternehmen ein nicht unerheblicher Nachteil zufügen wird. Die Verweigerung bedarf gemäß Satz 2 der Vorschrift eines Beschlusses der Gesellschafter.

571

Hauptanwendungsfall ist die Nutzung der begehrten Informationen für ein konkurrierendes Unternehmen oder für sonst ausschließlich private Zwecke.[604] Es muss eine konkrete Besorgung der gesellschaftsfremden Verwendung der Informationen bestehen.[605] Ausnahmsweise reicht es für ein Verweigerungsrecht, wenn der Gesellschafter ein Konkurrenzunternehmen betreibt und dort nicht lediglich kapitalistisch beteiligt ist.[606] In der Praxis werden einem Gesellschafter häufig Informationen verweigert, der Informationen im Zusammenhang mit seinem Wunsch verlangt, seine Beteiligung an einen Konkurrenten der Gesellschaft zu veräußern. Die Verweigerung ist jedoch nicht berechtigt, wenn der potenzielle Erwerber eine Vertraulichkeitserklärung abgibt.[607]

572

Unabhängig von § 51a Abs. 2 GmbHG besteht ein Verweigerungsgrund, wenn das Informationsverlangen rechtsmissbräuchlich oder treuwidrig ist.[608] Das Informationsbegehren muss erforderlich sein und den Grundsatz der Verhältnismäßigkeit beachten.[609] Dies kann der Fall bei ständigen Anfragen sein, obwohl neue Antworten praktisch ausgeschlossen sind,[610] bei ständig neuen Auskunftsverlangen nach Verzicht auf

573

---

601 Karsten Schmidt in: Scholz, GmbHG, 9. Aufl. 2000 zu § 51a Rn. 25.
602 Vgl. dazu Schiessl in: Münchener Handbuch des Gesellschaftsrechts, Bd. 3, 2. Aufl. 2003, § 33 Rn. 15 m.w.N.
603 Baumbach/Hueck, GmbHG, 17. Aufl. 2000 zu § 51a Rn. 2; Karsten Schmidt in: Scholz, GmbHG, 9. Aufl. zu § 51a Rn. 51.
604 Vgl. OLG Stuttgart GmbHR 1983, 184.
605 OLG Düsseldorf WM 1990, 1823 ff.
606 OLG Karlsruhe GmbHR 1985, 362 ff.; Karsten Schmidt in:Scholz, GmbHG, 9. Aufl. 2000 zu § 51a Rn. 39.
607 Vgl. hierzu näher: Schiessl in: Münchener Handbuch des Gesellschaftsrechts, Bd. 3, 2. Aufl. 2003, § 33 Rn. 20.
608 OLG Köln WM 1986, 761 ff.; OLG Düsseldorf WM 1990, 823 ff.
609 Schiessl in: Münchener Handbuch des Gesellschaftsrechts, Bd. 3, 2. Aufl. 2003, § 33 Rn. 25.
610 Lutter/Hommelhoff, GmbHG, 16. Aufl. 2004, zu § 51 Rn. 28.

die Teilnahme an der Gesellschafterversammlung⁶¹¹ oder wenn die Informationserteilung mit unverhältnismäßigem Aufwand für die Gesellschaft verbunden und die Bedeutung der Informationen für den Gesellschafter relativ gering ist.⁶¹²

574 Äußerst umstritten ist, ob dem Auskunftsverlangen entgegengehalten werden kann, der die Auskunft begehrende Gesellschafter habe sein Informationsbedürfnis nicht dargelegt und bewiesen.⁶¹³ Einigkeit besteht nur insoweit, als das in § 51a Abs. 1 GmbHG formulierte Informationsrecht zu weit geht. Demgegenüber sieht die Gegenauffassung das Informationsrecht des Gesellschafters nach § 51a GmbHG lediglich durch die unzulässige Rechtsausübung begrenzt an.⁶¹⁴

e) Durchsetzung des Informationsrechts

575 Zur Durchsetzung des Informationsanspruchs sieht § 51b GmbHG ein spezielles Informationserzwingungsverfahren vor. Denkbar ist zudem eine Anfechtungsklage gegen den Beschluss der Gesellschafterversammlung, die verlangte Information zu verweigern (vgl. dazu näher unten Rn. 584 ff.).

4. KG, OHG

a) Anspruchsgrundlagen

576 Auch für die Gesellschafter von Personenhandelsgesellschaften bestehen Informationsrechte gegenüber der Gesellschaft. Diese sind zwar nicht ausdrücklich im Gesetz vorgesehen. Für den persönlich haftenden Gesellschafter wird jedoch ein individuelles Recht auf Auskunftserteilung und auf Einsicht in die Papiere der OHG aus dem **allgemeinen Kontrollrecht** gemäß § 118 Abs. HGB hergeleitet.⁶¹⁵ Für den Kommanditisten ist ein Auskunftsrecht über alle Angelegenheiten der Gesellschaft und ein entsprechendes Einsichtsrecht auf der Grundlage von § 166 HGB anerkannt.⁶¹⁶

b) Anspruchsberechtigter und Anspruchsverpflichteter

577 Die Informationsrechte sind als Mitgliedschaftsrechte vom Geschäftsanteil untrennbar. Treugebern, Nießbrauchern oder Unterbeteiligten sowie Pfändungspfandgläubigern stehen sie also nicht zu. Sie stehen – wie bei der AG und der GmbH – nur den Gesellschaftern zu und auch nur bis zur Ablauf der Liquidationsphase.⁶¹⁷ Scheidet ein Gesellschafter aus, erlöschen sie ebenfalls. Allerdings verbleiben dem Gesellschafter allgemeine Auskunftsansprüche wie etwa nach §§ 810, 259 BGB.⁶¹⁸

---

611 OLG Jena EWiR 2004 Heft 22, 1131.
612 Karsten Schmidt in: Scholz, GmbHG, 9. Aufl. 2000 zu § 51 Rn. 36.
613 Dafür: Baumbach/Hueck, GmbHG, 17. Aufl. 2000 zu § 51 Rn. 20; Karsten Schmidt in: Scholz, GmbHG, 9. Aufl. 2000 zu § 51a Rn. 34 ff.; OLG Köln GmbHR 1986, 385 ff.; OLG Düsseldorf ZIP 1986, 1557 zu § 131 AktG.
614 Vgl. dazu Schiessl in: Münchener Handbuch des Gesellschaftsrechts, Bd. 3, 2. Aufl. 2003, § 33 Rn. 6 m.w.N.
615 Baumbach/Hopt, HGB, 31. Aufl. 2003 zu § 18 Rn. 1 und 4.
616 Weipert in: Münchener Handbuch des Gesellschaftsrechts Bd. 2, 2. Aufl. 2004, § 15 Rn. 9.
617 BGH BB 1978, 1134.
618 Weipert in: Münchner Handbuch des Gesellschaftsrechts Bd. 1, 2. Aufl. 2004, § 58 Rn. 9.

Verpflichtet zur Informationserteilung ist nach herrschender Meinung die Gesellschaft.[619] Darüber hinaus erlaubt die Rechtsprechung die Inanspruchnahme des jeweiligen geschäftsführungsbefugten Gesellschafters.[620]

c) Reichweite des Informationsrechts

Das Informationsrecht über „Angelegenheiten der Gesellschaft" ist **weit auszulegen**. Angelegenheiten der Gesellschaft umfassen die allgemeinen wirtschaftlichen Verhältnisse der Gesellschaftsbeziehungen zu Dritten und vor allem auch zu verbundenen Unternehmen sowie zu ihren Gesellschaftern.[621]

Bei der KG ist jedoch umstritten, in welchem Umfang die Verhältnisse innerhalb verbundener Unternehmen eine Angelegenheit der KG und damit vom Informationsrecht des Kommanditisten umfasst sind.[622] Darüber hinaus hat der Kommanditist gemäß § 166 Abs. 3 HGB ein außerordentliches Informationsrecht, das auf Mitteilung einer Kopie der Bilanz und des Jahresabschlusses sowie Vorlegung der Bücher und Papiere gerichtet ist.[623] Dieses Sonderrecht besteht jedoch nur, wenn ein wichtiger Grund hierfür vorliegt, d.h. die sofortige Überwachung ist im Interesse des Kommanditisten geboten, weil sonst Schäden drohen.

d) Beschränkung des Informationsrechts

Aus dem Zweck des Auskunftsanspruchs eines Gesellschafters einer Personenhandelsgesellschaft, sich sachgerecht auf Gesellschafterbeschlüsse vorbereiten zu können, folgt zugleich die Beschränkung des Auskunftsanspruchs je nach der **Qualifikation** des Gesellschafters. Ein Kommanditist hat deshalb ein eingeschränktes Auskunftsrecht, wenn es um Gesellschafterbeschlüsse oder Geschäftsführungsakte geht. Er ist gemäß § 164 S. 1 HGB von der Führung der Gesellschaft ausgeschlossen. Für den Sonderfall eines Beschlusses über die Entlastung des Geschäftsführers oder die Billigung des Jahresabschlusses wird jedoch vertreten, dass es dem Kommanditisten zumutbar ist, ihn auf sein Kontrollrecht zu verweisen und die Entlastung der Geschäftsführung bzw. die Billigung des Jahresabschlusses vom Ergebnis einer eigenen Prüfung abhängig zu machen, statt Auskunft zu verlangen.[624]

Für den persönlich haftenden Gesellschafter ist das Auskunftsrecht grundsätzlich unbeschränkt. Würde jedoch die Informationserteilung voraussichtlich zu einer Schädigung der Gesellschaft führen, darf die Gesellschaft sowohl die Einsicht als auch Auskunft verweigern.[625] Die Gesellschaft muss zuvor prüfen, ob es ein milderes Mittel als die totale Informationsverweigerung gibt. In Betracht kommt insoweit die Erlaubnis, das Informationsrecht durch einen zur Berufsverschwiegenheit verpflichteten Beauf-

---

619 Baumbach/Hopt, HGB, 31. Aufl. 2003 zu § 118 Rn. 1; zu § 166 Rn. 1 für die KG; OLG Celle ZIP 1983, 944.
620 BGH BB 1962, 899; OLG Celle ZIP 1983, 944; BGH WM 1983, 911.
621 Baumbach/Hopt, HGB, 31. Aufl. 2003 zu § 118 Rn. 1.
622 Vom BGH nicht eindeutig beantwortet: BGHZ WM 1982, 910f.; im Einzelnen näher Weipert in: Münchener Handbuch des Gesellschaftsrechts, Bd. 2, 2. Aufl. 2004, § 15 Rn. 14f.
623 Baumbach/Hopt, HGB, 31. Aufl. 2003 zu § 166 Rn. 8, 10.
624 Vgl. dazu Weipert in: Münchener Handbuch des Gesellschaftsrechts Bd. 2, 2. Aufl. 2004, § 15 Rn. 27.
625 BGH ZIP 1994, 1942f.

§ 8 Durchsetzung v. Gesellschafterinformationsrechten

tragten wahrnehmen zu lassen, wenn dieser auch als treuhänderischer Wahrer der Gesellschaftsinteressen tätig wird.[626]

e) Durchsetzung der Informationsrechte

583 Informationsansprüche des OHG-Gesellschafters sind mit der Leistungsklage vor den ordentlichen Gerichten durchzusetzen. Ein Sonderverfahren wie bei der GmbH steht nicht zur Verfügung. Entsprechendes gilt für das aus § 166 Abs. 1 HGB abgeleitete Informationsrecht des Kommanditisten. Das außerordentliche Informationsrecht des Kommanditisten gemäß § 166 Abs. 3 HGB ist ein Verfahren nach § 145 FGG mit entsprechender Anwendung der ZPO (näher dazu unter Rn. 584 ff.).[627]

B. Prozess

584 Wegen der je nach Gesellschaftsform sehr unterschiedlichen Verfahren zur Auskunftserzwingung/Anfechtung ggf. die Informationserteilung ablehnender Gesellschafterbeschlüsse erfolgt die Darstellung getrennt nach den einzelnen Gesellschaftstypen.

I. AG

585 Verweigert der Vorstand in der Hauptversammlung die Auskunft auf die gestellten Fragen zu Unrecht, kommen für den Aktionär grundsätzlich zwei Wege zur Durchsetzung seines Informationsbegehrens in Betracht: nämlich das **Auskunftserzwingungsverfahren** und die **Anfechtungsklage**. Die Auskunftserteilung kann gemäß § 132 Abs. 1 AktG nicht im ordentlichen Zivilprozess klageweise durchgesetzt werden.

1. Auskunftserzwingungsverfahren gemäß § 132 AktG

a) Zuständiges Gericht

586 Gemäß § 132 Abs. 1 S. 1 und S. 2 AktG ist grundsätzlich das Landgericht örtlich und funktionell zuständig, in dessen Bezirk die Gesellschaft ihren Sitz hat, und soweit dort eine Kammer für Handelssachen gebildet ist, diese. Die Landesregierungen sind gemäß § 132 Abs. 1 S. 3 AktG ermächtigt, die Entscheidung durch Rechtsverordnung für die Bezirke mehrerer Landgerichte einem der Landgerichte zu übertragen, wenn dies der Sicherheit einer einheitlichen Rechtsprechung dient. Dies in den Ländern Baden-Württemberg, Bayern, Hessen, Niedersachsen, Nordrhein-Westfalen, Rheinland-Pfalz und Sachsen geschehen.[628]

b) Antrag

587 Der Antrag auf Auskunftserteilung muss sich auf die in der Hauptversammlung gestellten Fragen beschränken. Neue Fragen oder auch nur Abwandlungen der in der Hauptversammlung gestellten Fragen können nicht Gegenstand des Erzwingungsverfahrens

---

626 BGH WM 1982, 1403; Baumbach/Hopt, HGB, 31. Aufl. 2003 zu § 118 Rn. 10.
627 Baumbach/Hopt, HGB, 31. Aufl. 2003 zu § 166 Rn. 15 (vgl. näher unten zu B. Prozessual).
628 Vgl. dazu und zu weiteren Fundstellen der Rechtsverordnungen: Semler in: Münchener Handbuch des Gesellschaftsrechts Bd. 4, 2. Aufl. 1999, § 37 Rn. 49 mit Hinweisen in Fußnote 133.

nach § 132 AktG sein.[629] Anwaltszwang besteht nicht. Besondere Förmlichkeiten für den Auskunftsantrag bestehen nicht.[630]

c) Aktiv-/Passivlegitimation

Antragsberechtigt ist gem. § 132 Abs. 2 S. 1 AktG jeder Aktionär, dem die verlangte Auskunft nicht gegeben worden ist. Darüber hinaus kann jeder in der Hauptversammlung erschienene Aktionär, der in der Hauptversammlung Widerspruch zur Niederschrift erklärt hat, den Antrag stellen, wenn über den Gegenstand der Tagesordnung, auf den sich die Auskunft bezog, ein Beschluss gefasst worden ist.

588

d) Darlegungs- und Beweislast

Da das Auskunftserzwingungsverfahren nach § 132 Abs. 3 i.V.m. § 99 Abs. 1 AktG ein Verfahren der **freiwilligen Gerichtsbarkeit** ist, gilt gemäß § 12 FGG der Amtsermittlungsgrundsatz. Gleichwohl muss das Gericht ohne gravierende Anhaltspunkte weder Verweigerungsgründe prüfen, noch ob in Betracht kommende Verweigerungsgründe auch tatsächlich zutreffen.[631] Es ist sogar umstritten, ob das Gericht überhaupt die Richtigkeit der erteilten Auskunft prüft, deren Unvollständigkeit mit dem Erzwingungsverfahren gerügt wurde.[632] Gleichwohl empfiehlt es sich für den Antragsteller aus Vorsorge, in der Antragsbegründung nicht nur die Richtigkeit erteilter Antworten zu rügen und auf vom Vorstand in der Hauptversammlung geltend gemachte Verweigerungsrechte einzugehen, sondern auch alle anderen evtl. in Betracht kommenden Verweigerungsrechte anzusprechen und zu begründen, weshalb sie nicht einschlägig sind.

589

Ob die erteilte Auskunft richtig ist, muss die Gesellschaft nach allgemeinen Grundsätzen beweisen. Denn sie hat im Gegensatz zum Antragsteller in aller Regel den Zugriff auf die zur Beurteilung dieser Frage erforderlichen Informationen.[633]

590

e) Rechtsmittel

Gegen die Beschlussentscheidung ist die sofortige Beschwerde zum OLG zulässig. Voraussetzung ist gemäß § 132 Abs. 3 S. 2 und 3 AktG, dass das Gericht sie in der Entscheidung für zulässig erklärt. Dazu ist das Gericht aber nur gehalten, wenn dadurch die Klärung einer Rechtsfrage von grundsätzlicher Bedeutung zu erwarten ist.

591

2. Anfechtungsklage

Unabhängig vom Auskunftserzwingungsverfahren nach § 132 AktG kann auch eine Anfechtungsklage erhoben werden, wenn ein Aktionär in der Hauptversammlung eine Auskunft zu einem Tagesordnungspunkt verlangt hat und diese verweigert wurde, und wenn zu diesem Tagesordnungspunkt ein Beschluss gefasst wurde. Diese Möglichkeit

592

---

629 BayObLG AG 1996, 180f.; Semler in: Münchener Handbuch des Gesellschaftsrechts Bd. 4, 2. Aufl. 1999, § 37 Rn. 48.
630 OLG Koblenz NJW-RR 1995, 1378.
631 KG AG 1996, 131, 134.
632 Gegen eine Prüfungspflicht: Zöllner in: Kölner Kommentar AktG 2. Aufl. 1986f. zu 132 Rn. 5; für eine Prüfungspflicht: Semler in: Münchener Handbuch des Gesellschaftsrechts Bd. 4, 2. Aufl. 1999, § 37 Rn. 53.
633 So auch Semler in: Münchener Handbuch des Gesellschaftsrechts Bd. 4, 2. Aufl. 1999, § 37 Rn. 54.

ist in § 143 Abs. 1 und Abs. 4 AktG zumindest angedeutet. Voraussetzung für die Anfechtung des Beschlusses zu dem fraglichen Tagesordnungspunkt ist, dass sich die verweigerte Auskunft gerade auf den Tagesordnungspunkt bezieht, über den der Beschluss gefasst ist.[634] Außerdem muss der die Auskunft verlangende Aktionär gemäß § 245 Nr. 1 AktG in der Hauptversammlung, in der der Beschluss gefasst wurde, seinen Widerspruch zur Niederschrift erklärt haben.

593 Die Anfechtungsklage setzt nicht voraus, dass der Aktionär bereits ein Auskunftserzwingungsverfahren eingeleitet hat. Hat er dies jedoch getan, kann das Gericht, welches über die Anfechtungsklage zu entscheiden hat, gemäß § 148 ZPO das Verfahren bis zur rechtskräftigen Entscheidung im Auskunftserzwingungsverfahren aussetzen. Denn die Frage, ob ein Auskunftsverweigerungsrecht bestand, kann Vorfrage i.S.v. § 148 ZPO für den Anfechtungsprozess sein. Jedenfalls ist das Gericht, bei welchem der Anfechtungsprozess geführt wird, an die Entscheidung im Auskunftserzwingungsverfahren gebunden.[635]

594 Im Übrigen gelten die Ausführungen zur Anfechtungsklage (§ 1) entsprechend. Besonderheiten gelten lediglich im Hinblick auf die Kausalität der Gesetzesverletzung für den angefochtenen Beschluss. Grundsätzlich reicht es zwar aus, wenn der klagende Aktionär die Möglichkeit nachweist, dass der angefochtene Beschluss bei Erteilung der Auskunft anders ausgefallen wäre.[636] Darüber hinaus vertritt Semler, dass auch die Erteilung einer falschen Auskunft zur Anfechtung des damit in Zusammenhang stehenden Beschlusses berechtigt, wenn der Vorstand mit der Erteilung der falschen Auskunft den Grundsätzen gewissenhafter und getreuer Rechenschaftslegung nicht entsprochen hat.[637]

II. GmbH

595 Für die Durchsetzung von Informationsansprüchen eines GmbH-Gesellschafters kommen ebenfalls zwei Verfahren in Betracht, das **Informationserzwingungsverfahren** und die **Anfechtungsklage**.

1. Informationserzwingungsverfahren gemäß § 51b GmbH

596 Nach § 51b S. 1 GmbHG findet für die gerichtliche Entscheidung über das Auskunfts- und Einsichtsrecht § 132 Abs. 1, 3 bis 5 AktG entsprechende Anwendung. § 51b S. 2 GmbHG berechtigt jeden Gesellschafter zur Antragstellung, dem die verlangte Auskunft nicht gegeben oder die verlangte Einsicht nicht gestattet worden ist. Es handelt sich um ein Verfahren der freiwilligen Gerichtsbarkeit gemäß § 51b S. 1 GmbHG, § 132 Abs. 3, § 99 Abs. 1 AktG.

---

[634] BGHZ 119, 1; OLG München AG 1994, 375, 376.
[635] OLG Stuttgart DB 1992, 1178f.
[636] BGHZ 119, 1, 19.
[637] Semler, in: Münchener Handbuch des Gesellschaftsrechts Bd. 4, 2. Aufl. 1999, § 37 Rn. 64.

a) Zuständigkeit des Gerichts

Örtlich und sachlich zuständig ist das Landgericht, in dessen Bezirk die Gesellschaft Ihren Sitz hat und dort die **Kammer für Handelssachen**, § 51b S. 1 GmbHG, § 132 Abs. 1 S. 1 und S. 2 AktG.

597

Da über § 51b S. 1 GmbHG auch § 132 Abs. 1 S. 3 AktG gilt und somit die Landesregierungen ermächtigt sind, besondere Zuständigkeitsverordnungen zu erlassen, sind auch hier Sonderzuständigkeiten zu beachten.[638] Alternativ kann ein Schiedsgericht zuständig sein, wenn zwischen Gesellschaft und Gesellschafter ein Schiedsvertrag gemäß §§ 1029, 1031 ZPO geschlossen wurde.[639]

598

b) Antrag

Für den Antrag gilt im Grundsatz dasselbe wie für den Antrag im Auskunftserzwingungsverfahren nach § 132 AktG. Besondere Förmlichkeiten sind nicht erforderlich. Allerdings muss der Antrag schriftlich eingereicht werden. Darüber hinaus muss der Antrag die Angelegenheiten der Gesellschaft und die Art der begehrten Information hinreichend bestimmt bezeichnen, damit der Tenor des Beschlusses einen vollstreckbaren Inhalt haben kann.[640] Für das Verfahren besteht kein Anwaltszwang.[641]

599

Da § 51b S. 1 GmbHG nicht auf § 132 Abs. 2 AktG verweist, ist der Antrag nicht innerhalb von zwei Wochen seit Verweigerung der begehrten Information zu stellen. Das Antragsrecht kann jedoch meines Erachtens auch in zeitlicher Hinsicht verwirkt werden, wenn all zu lange gewartet wird. Rechtsprechung ist dazu – soweit ersichtlich – nicht vorhanden. Das Antragsrecht ist jedenfalls dann verwirkt, wenn der Gesellschafter sich mit der Verweigerung der Information zufrieden gegeben hat.[642]

600

c) Aktiv-/Passivlegitimation

Antragsbefugt ist jeder GmbH-Gesellschafter, dem die verlangte Information verweigert worden ist, § 51b S. 2 GmbHG.[643] Keine Voraussetzung für den Antrag ist, dass ein Verweigerungsbeschluss gemäß § 51a Abs. 2 S. 2 GmbHG gefasst worden ist.[644] Passivlegitimiert ist die Gesellschaft.

601

d) Beweislast/Amtsermittlung

Insoweit gilt das zur AG Gesagte entsprechend.

602

e) Rechtsmittel

Die Entscheidung ergeht durch Beschluss und ist mit der **sofortigen Beschwerde** bei dem OLG angreifbar. Dies setzt voraus, dass das Landgericht sie zugelassen hat. Die Zulassung soll nur erfolgen, wenn dadurch die Klärung einer Rechtsfrage von Bedeu-

603

---

638 Vgl. zu den einzelnen Landensverordnungen: Driesen, GmbHR 2004, 500.
639 Herrschende Meinung: Lutter/Hommelhoff, GmbHG, 16. Aufl. 2004 zu § 51b Rn. 2 m.w.N.
640 Lutter/Hommelhoff, GmbHG, 16. Aufl. 2004 zu § 51b Rn. 3.
641 Lutter/Hommelhoff, GmbHG, 16. Aufl. 2004 zu § 51b Rn. 3.
642 Baumbach/Hueck, GmbHG, 17. Aufl. 2000 zu § 51b Rn. 3.
643 OLG Karlsruhe GmbHR 1985, 362.
644 BGH GmbHR 1997, 705.

tung zu erwarten ist, §§ 51b S. 1 GmbHG, 132 Abs. 3 S. 3 AktG. Ist die sofortige Beschwerde nicht zugelassen worden, ist diese Entscheidung nicht anfechtbar.[645]

2. Negativer Feststellungsantrag der Gesellschaft im Informationserzwingungsverfahren gemäß § 51b GmbHG

604 Ausnahmsweise soll für die GmbH selbst die Möglichkeit bestehen, im Verfahren nach § 51b GmbHG einen Feststellungsantrag mit dem Inhalt zu stellen, dass dem Gesellschafter, dem gegenüber die Information verweigert worden ist, kein Auskunftsrecht zusteht. Dies soll selbst dann gelten, wenn der betreffende Gesellschafter noch keinen Antrag nach § 51b GmbHG gestellt hat.

605 Das Rechtsschutzinteresse der Gesellschaft für einen solchen Antrag wird daraus hergeleitet, dass der vergeblich auskunftsbegehrende Gesellschafter nicht – wie bei der AG – innerhalb einer Zweiwochenfrist nach der Informationsverweigerung den Antrag auf Informationserzwingung stellen muss und auf diese Weise lange Zeit Unsicherheit über das Auskunftsrecht des Gesellschafters bestehen kann. Darüber hinaus ist erforderlich, dass der Gesellschafter an die Verweigerung der Auskunft Folgen knüpft, die die Gesellschaft belasten.[646]

3. Anfechtungsklage

606 Grundsätzlich ist das Informationserzwingungsverfahren nach § 51b GmbHG für den Gesellschafter vorrangig gegenüber einer Anfechtungsklage, die gegen den Beschluss gerichtet wird, durch den die Information verweigert wurde.[647] Der Gesellschafter ist allerdings bei einer Informationsverweigerung durch die Gesellschaft nicht gezwungen, hiergegen Rechtsmittel einzulegen. Er kann sich damit begnügen, solche Beschlüsse anzufechten, die auf dem Umstand beruhen, dass sein Informationsbegehren in rechtswidriger Art und Weise verweigert wurde. Dies ist allerdings nur möglich, wenn er nicht durch sein zwischenzeitliches Verhalten zu erkennen gegeben hat, dass er sich mit der Informationsverweigerung zufrieden gibt. Dann wäre auch eine Anfechtungsklage gegen Folgebeschlüsse der Informationsverweigerung verwirkt.[648]

III. KG

607 Die KG nimmt unter den Personenhandelsgesellschaften im Hinblick auf die Durchsetzung der Informationsrechte der Gesellschafter eine Sonderstellung ein. Es stehen hier mehrere Verfahren für verschiedene Informationsansprüche zur Verfügung.

1. Leistungsklage für Informationsrechte nach §§ 118 Abs. 1 und 166 Abs. 1 HGB

608 **Komplementärgesellschafter**, die von der Geschäftsführung ausgeschlossen sind, können ihre Informationsansprüche gemäß **§ 118 Abs. 1 HGB** und **Kommanditisten** ihre Informationsansprüche nach **§ 166 Abs. 1 HGB** mit der Leistungsklage vor den ordent-

---

[645] Baumbach/Hueck, GmbHG, 17. Aufl. 2000 zu § 51b Rn. 5.
[646] Baumbach/Hueck, GmbHG, 17. Aufl. 2000 zu § 51b Rn. 9.
[647] BGH GmbHR 1988, 213; Schiessl in: Münchener Handbuch des Gesellschaftsrechts, Bd. 3, 2. Aufl. 2003, § 33 Rn. 32.
[648] Vgl. dazu BGHZ 1986, 1, 3f.; Schiessl in: Münchener Handbuch des Gesellschaftsrechts, Bd. 3, 2. Aufl. 2003, § 33 Rn. 32.

lichen Zivilgerichten verfolgen. Zuständig ist regelmäßig das Landgericht, in dem die Gesellschaft ihren Sitz hat und dort die Kammer für Handelssachen gemäß § 95 Abs. 1 Nr. 4a GVG.

Insoweit ergeben sich keine Besonderheiten für das Klageverfahren. 609

2. Sonderverfahren für Informationsrechte nach § 166 Abs. 1 HGB

Der Kommanditist kann nach herrschender Meinung auch seine allgemeinen Informationsrechte nach § 166 Abs. 1 HGB bei Vorliegen eines wichtigen Grundes i.S.v. § 166 Abs. 3 in dem dort angesprochenen Sonderverfahren nach § 145 FGG geltend machen.[649] 610

3. Durchsetzung des außerordentlichen Informationsrechts gemäß § 166 Abs. 3 HGB

Bei Vorliegen eines wichtigen Grundes kann der Kommanditist bei Gericht seine Informationsrechte gemäß § 166 Abs. 3 HGB geltend machen. Es handelt sich hierbei um ein streitiges Verfahren nach § 145 FGG. 611

Für die Zuständigkeit des Gerichts, Antragstellung und Verfahrensgang wird auf die entsprechenden Ausführungen über die Sonderverfahren nach FGG für Informationsrechte der GmbH- und AG- Gesellschafter verwiesen. 612

4. Klage zur Durchsetzung der Informationsrechte nach § 166 Abs. 3 HGB

Nach herrschender Meinung kann der Kommanditist seine Rechte nach § 166 Abs. 3 HGB auch im streitigen Klageverfahren nach der ZPO verfolgen. Dies kann sinnvoll sein, wenn kein wichtiger Grund vorliegt oder eine solcher zumindest zweifelhaft ist, gleichwohl aber weitergehende Informationsrechte geltend gemacht werden sollen als nach § 166 Abs. 1 HGB möglich ist. Das außerordentliche Einsichtsrecht nach § 166 Abs. 3 HGB ist – anders als dasjenige nach § 166 Abs. 1 HGB – nicht auf die Kontrolle des Rechnungsabschlusses beschränkt.[650] Insofern gelten für das Verfahren keine Besonderheiten. 613

IV. OHG/GbR

Die Durchsetzung der Informationsrechte der OHG- bzw. GbR-Gesellschafter erfolgt im **streitigen Klageverfahren** über die **Leistungsklage** vor den ordentlichen Gerichten. Sonderverfahren im Rahmen der freiwilligen Gerichtsbarkeit stehen insoweit nicht zur Verfügung. Allenfalls kommt eine Schiedsvereinbarung infrage, die die Zuständigkeit eines Schiedsgerichts begründet.[651] Insofern gelten hier keine Besonderheiten. 614

---

[649] BGH BB 1984, 1273 für die stille Gesellschaft, Baumbach/Hopt, HGB, 31. Aufl. 2003 zu § 166 Rn. 14 (vgl. dazu unten zu § 166 Abs. 3 HGB).
[650] Baumbach/Hopt, HGB, 31. Aufl. 2003 zu § 166 Rn. 14, 8; offengelassen BayObLG BB 1991, 1589.
[651] Vgl. Mattfeld in: Münchener Handbuch des Gesellschaftsrechts, Bd. 1, 2. Aufl. 2004, § 59 Rn. 16 für die OHG; Weipert in: Münchener Handbuch des Gesellschaftsrechtst, Bd. 1, 2. Aufl. 2004, § 8 Rn. 24 für die GbR.

§ 8 Durchsetzung v. Gesellschafterinformationsrechten

V. Einstweiliger Rechtsschutz

1. AG

615 Einstweiliger Rechtsschutz für den Aktionär, dessen Auskunftsverlangen in der Hauptversammlung abgelehnt wurde, ist angesichts des Eilcharakters des Auskunftserzwingungsverfahrens nach § 132 AktG, insbesondere wegen der danach einzuhaltenden Zweiwochenfrist (§ 132 Abs. 2 S. 2 AktG) nicht erforderlich. Darüber hinaus würde sich in einem Verfahren des einstweiligen Rechtsschutzes das Problem stellen, dass zwischen der Vorwegnahme der Hauptsache durch eine einstweilige Verfügung und der allenfalls geringen Zeitverzögerung im Verfahren nach § 132 AktG abzuwägen ist. Hier wird meist das Rechtsschutzbedürfnis für eine einstweilige Verfügung fehlen.

2. GmbH

616 Nach herrschender Meinung gilt Entsprechendes auch für das Informationsbegehren des GmbH-Gesellschafters nach § 51a GmbHG. Neben dem Verfahren nach § 51b GmbHG gibt es in aller Regel keinen einstweiligen Rechtsschutz.[652]

3. KG

617 Bei der KG ist zu differenzieren. Soweit dort das Sonderverfahren nach § 166 Abs. 3 HGB durchgeführt wird, ist in diesem Rahmen eine einstweilige Verfügung nicht möglich. Gleichwohl wird zum Teil eine richterliche Anordnung im FGG-Verfahren für möglich gehalten.[653] Das Verfügungsverfahren ist jedoch meines Erachtens hier nicht notwendig, da das Sonderverfahren bereits Eilcharakter hat. Es ist im Hinblick auf seine Voraussetzungen vergleichbar mit dem Eilverfahren zur Erlangung einer Regelungsverfügung nach § 940 ZPO. Der Unterschied besteht darin, dass das Verfahren nach § 166 Abs. 3 HGB zu endgültigen Ergebnissen führen darf.[654]

618 Soweit jedoch sonstige Informationsansprüche geltend gemacht werden, insbesondere solche nach § 166 Abs. 1 HGB oder nach § 118 Abs. 1 HGB i.V.m. § 161 Abs. 2 HGB, für die das Sonderverfahren nach § 166 Abs. 3 HGB grundsätzlich nicht gilt, können die betreffenden Gesellschafter vorläufigen Rechtsschutz über Regelungsverfügungen gemäß § 940 ZPO suchen.[655] Insofern wird wegen der mit der Regelungsverfügung zwangsläufig verbundenen Vorwegnahme der Hauptsache ein besonders hohes Rechtsschutzbedürfnis für den Antragsteller zu verlangen sein.

4. OHG / GbR

619 Die Informationsansprüche der OHG- und GbR-Gesellschaftern sind unter den allgemeinen Voraussetzungen auch mithilfe von Regelungsverfügungen nach § 940 ZPO

---

652 Schmidt in: Scholz, GmbHG, 9. Aufl. 2000 zu § 51b Rn. 32 m.w.N.; Baumbach / Hueck, GmbHG, 17. Aufl. 2000 zu § 51b Rn. 5.
653 Baumbach / Hopt, HGB, 31. Aufl. 2003 zu § 166 Rn. 15.
654 Vgl. Weipert in: Münchener Handbuch des Gesellschaftsrechts, Bd. 2, 2. Aufl. 2004, § 15 Rn. 54.
655 Baumbach / Hopt, HGB, 31. Aufl. 2003 zu § 166 Rn. 14; Weipert in: Münchener Handbuch des Gesellschaftsrechts, Bd. 2, 2. Aufl. 2004, § 15 Rn. 52, wenn auch kritisch im Hinblick auf die dadurch bewirkte Vorwegnahme der Hauptsache.

durchsetzbar.⁶⁵⁶ Allerdings wird auch hier – ebenso wie bei der KG – ein besonders strenger Maßstab an das Rechtsschutzbedürfnis des Antragstellers anzulegen sein. Denn die Regelungsverfügung bewirkt zugleich eine Vorwegnahme der Hauptsache.

C. Zwangsvollstreckung

I. AG

Die Entscheidung des Gerichts im Auskunftserzwingungsverfahren gemäß § 132 AktG wird gemäß Abs. 4 S. 2 der Vorschrift nach den Vorschriften über die Zwangsvollstreckung in der Zivilprozessordnung durchgesetzt. Die Zwangsvollstreckung richtet sich nach § 888 ZPO, da es sich bei der Auskunft um eine **unvertretbare Handlung** handelt. Sie wird deshalb mit **Zwangsgeld** bzw. **Zwangshaft** durch die Gerichte der freiwilligen Gerichtsbarkeit durchgeführt.⁶⁵⁷ Auf demselben Wege kann auch die Ergänzung einer unvollständigen oder nicht verständlichen Auskunft erzwungen werden.⁶⁵⁸

620

Folgt man der weiten Auffassung, wonach im Auskunftserzwingungsverfahren auch die Richtigkeit der erteilten Auskunft überprüft werden kann, findet die Zwangsvollstreckung insoweit ebenfalls nach Maßgabe des § 888 ZPO statt.⁶⁵⁹ Eine Androhung der Zwangsvollstreckung ist weder erforderlich noch zulässig.⁶⁶⁰ Soweit neben dem Auskunftserzwingungsverfahren oder an dessen Stelle eine Anfechtungsklage in Betracht kommt, ist das darauf folgende stattgebende Urteil ein Gestaltungsurteil und wird somit nicht vollstreckt.

621

Ist die Erteilung der begehrten Information unmöglich, scheidet die Zwangsvollstreckung aus. Das kann der Fall sein, wenn die begehrte Information nur mithilfe eines Dritten erteilt werden kann, etwa mithilfe eines Finanzamtes oder einer Tochtergesellschaft im Konzernverbund. In diesen Fällen tritt Unmöglichkeit nur ein, wenn die in Anspruch genommene Gesellschaft mit dem gebotenen Nachdruck versucht hat, den Dritten zur Mitwirkung zu bewegen.⁶⁶¹

622

II. GmbH

Der stattgebende Beschluss des Gerichts im Informationserzwingungsverfahren nach § 51b GmbHG wird gemäß § 888 ZPO durch Verhängung von Zwangsgeld bzw. Anordnung von Zwangshaft vollstreckt, und zwar gegen den **Geschäftsführer** der Gesellschaft.⁶⁶² Dabei ist die Besonderheit zu beachten, dass insoweit eine Androhung der Zwangsvollstreckung weder erforderlich noch zulässig ist, § 888 Abs. 2 ZPO.⁶⁶³

623

---

656 Vgl. Mattfeld in: Münchener Handbuch des Gesellschaftsrechts, Bd. 1, 2. Aufl. 2004, § 59 Rn. 16 für die OHG; Weipert in: Münchener Handbuch des Gesellschaftsrechts, Bd. 1, 2. Aufl. 2004, § 8 Rn. 26 für die GbR.
657 BayObLG AG 1975, 78.
658 Semler in: Münchener Handbuch des Gesellschaftsrechts, Bd. 4, 2. Aufl. 1999, § 37 Rn. 58.
659 Semler in: Münchener Handbuch des Gesellschaftsrechts, Bd. 4, 2. Aufl. 1999, § 37 Rn. 59.
660 Für die GmbH, jedoch verallgemeinerungsfähig: BayObLG ZIP 1996, 1039 ff.; Lutter/Hommelhoff, GmbHG, 16. Aufl. 2004 zu § 51b Rn. 5.
661 OLG Frankfurt a.M. WM 1991, 1555, 1556 ff. für die GmbH, jedoch wegen des Verweises auf § 132 AktG in § 51b GmbHG auch auf die AG übertragbar.
662 BayObLG ZIP 1996, 1039; OLG Koblenz WM 1985, 829 ff.
663 BayObLG ZIP 1996, 1039 ff.; Lutter/Hommelhoff, GmbHG, 16. Aufl. 2004 zu § 51b Rn. 5.

§ 8 Durchsetzung v. Gesellschafterinformationsrechten

624 Hängt die Informationserteilung von der Mitwirkung eines Dritten ab und ist sie deshalb ohne seine Mitwirkung unmöglich, gilt das zur AG oben unter I. Gesagte entsprechend.[664]

III. KG

625 Der Beschluss im Auskunftserzwingungsverfahren nach § 166 Abs. 3 HGB wird, weil er auf Vornahme einer unvertretbaren Handlung gerichtet ist, nach § 888 ZPO durch Anordnung zur Verhängung von **Zwangsgeld** oder Anordnung von **Beugehaft** vollstreckt. Es wird insofern auf die Ausführungen der Zwangsvollstreckung nach § 888 ZPO (unter § 4, C Zwangsvollstreckung, Rn. 260 ff.) verwiesen.

626 Soweit KG-Gesellschafter Urteile über Informationsansprüche nach § 118 Abs. 1 HGB bzw. nach § 166 Abs. 1 HGB im Wege der Zwangsvollstreckung durchsetzen wollen, ist umstritten, welches Verfahren anzuwenden ist:

627 Zum Teil wird die Zwangsvollstreckung nach § 883 ZPO, gerichtet auf Wegnahme der Papiere zum Zwecke der Herausgabe an den Titelgläubiger, für das zutreffende Vollstreckungsverfahren gehalten. Das soll jedenfalls dann gelten, wenn sich der Informationsschuldner offenbar zu Unrecht darauf beruft, die vorzulegenden Unterlagen seien nicht vorhanden, oder wenn der Titelgläubiger sicher sein will, dass die vorzulegenden Unterlagen vollständig sind. Der Anspruch auf Einsicht in die Unterlagen darf danach auch nicht lediglich Nebenpflicht einer umfassenden Auskunftsverpflichtung sein. In diesem Fall soll an die Stelle der Übergabe die Vorlage und Einsichtgewährung treten, jedoch ohne Überlassung des unmittelbaren Besitzes der Unterlagen an den Gläubiger.[665]

628 Nach anderer Auffassung ist allein die Zwangsvollstreckung nach § 888 ZPO zulässig, d.h. die Verhängung von Zwangsgeld bzw. Anordnung von Beugehaft. Dies wird damit begründet, es sei praktisch nicht möglich, die einzelnen zur Kontrolle benötigten Urkunden im Antrag zu bezeichnen, sondern lediglich die Gestattung der Einsicht in die Geschäftspapiere zu verlangen.[666]

629 Der Auffassung, die die Zwangsvollstreckung unter bestimmten Voraussetzungen nach § 883 Abs. 2 und Abs. 3 ZPO für zutreffend hält, ist zwar zuzugeben, dass die Zwangsvollstreckung nach § 883 Abs. 2 und Abs. 3 ZPO auf Herausgabe der Bücher der Gesellschaft oft eher dem Gläubigerinteresse entspricht als die Zwangsvollstreckung nach § 888 ZPO durch Verhängung von Zwangsgeldern und ggfs. Zwangshaft zur Vorlegung der Bücher. Zu berücksichtigen ist jedoch, dass § 166 Abs. 3 HGB nur einen Anspruch auf Vorlegung der Bücher und Papiere vorsieht, nicht aber auf Herausgabe derselben. Mit Vorlegung ist hier „Einsicht" gemeint.[667] Eine auf Herausgabe und unmittelbare Besitzverschaffung hinauslaufende Zwangsvollstreckung nach § 883 ZPO würde darüber hinausgehen. Meines Erachtens bleibt deshalb kein Raum für die

---

[664] Vgl. Lutter/Hommelhoff, GmbHG, 16. Aufl. 2004 zu § 51b Rn. 5.
[665] OLG Hamm NJW 1974, 653; OVG Koblenz NJW 1987, 1220; OLG Frankfurt/Main NJW-RR 1992, 171.
[666] Dafür: Weipert in: Münchener Handbuch des Gesellschaftsrechts, Bd. 1, 2. Aufl. 2004, § 8 Rn. 24.
[667] Baumbach/Hopt, HGB, 31. Aufl. 2003 zu § 166 Rn. 10.

Durchführung der Zwangsvollstreckung nach § 883 ZPO allein mit dem Hinweis, dies sei für den Gläubiger unter bestimmten Voraussetzungen praktikabel. Gleichwohl kann im Einzelfall durchaus der Versuch unternommen werden, die Zwangsvollstreckung nach § 883 ZPO zu betreiben, auch wenn nur Einsicht in Unterlagen verlangt werden kann. Dann sollte aber vorsorglich hilfsweise ein Antrag nach § 888 ZPO gestellt werden.

IV. OHG, GbR

Die Zwangsvollstreckung von Urteilen über Informationsansprüche des OHG- oder GbR-Gesellschafters folgt den Regeln über die Zwangsvollstreckung aus Urteilen, die Gesellschafter zur Informationserlangung gemäß § 118 Abs. 1 HGB erstritten haben. Insofern ist auch hier streitig, ob die Zwangsvollstreckung wegen Vornahme unvertretbarer Handlungen nach § 888 ZPO oder nach § 883 ZPO durch Wegnahme der Geschäftspapiere zu erfolgen hat.[668] Insofern wird verwiesen auf die Ausführungen zur KG unter vorstehender Ziffer III.

630

V. Muster

1. Muster: Vollstreckung des Einsichtsrechts nach § 51a, b GmbHG entsprechend § 883 ZPO[669]

631

An das

Amtsgericht

Gerichtsvollzieherverteilerstelle

Vollstreckungsauftrag

zur Herausgabe beweglicher Sachen, § 883 Abs. 1 ZPO

In der Zwangsvollstreckungssache

des A, ■■■

Gläubigers

Verfahrensbevollmächtigte: Rechtsanwälte ■■■

gegen

die A-GmbH, vertreten durch den alleinvertretungsberechtigten Geschäftsführer A,

Schuldnerin

überreichen wir anliegend

---

668 Weipert in: Münchener Handbuch des Gesellschaftsrechts, Bd. 1, 2. Aufl. 2004, § 58, Rn. 16; derselbe, § 8 Rn. 24.
669 Nach Mindermeinung.

vollstreckbaren Schuldtitel des Landgerichts ▬▬▬ vom ▬▬▬, Az. :▬▬▬, über die Verpflichtung der Schuldnerin, gemäß § 51a, b GmbHG Einsicht in Geschäftspapiere zu gestatten, sowie beglaubigte Abschrift dieses Beschlusses mit dem Auftrag,

den Schuldtitel der Schuldnerin zuzustellen und die Zwangsvollstreckung durchzuführen durch Wegnahme der in dem Beschluss des Landgerichts ▬▬▬ vom ▬▬▬, Az. ▬▬▬, herauszugebenden Geschäftspapiere.

Wir bitten, uns rechtzeitig über den Termin der Zwangsvollstreckung zu informieren, damit der Gläubiger einen zur Berufsverschwiegenheit verpflichteten Vertreter entsenden kann, der ggfs. die herauszugebenden Sachen identifizieren kann.

Sollten die herauszugebenden Sachen nicht in den Geschäftsräumen der Schuldnerin in ▬▬▬ vorgefunden werden, beauftragen wir Sie, namens und kraft Vollmacht des Gläubigers,

Termin zur Abgabe einer eidesstattlichen Versicherung gemäß § 883 Abs. 2 ZPO zu bestimmen.

Sollte die Schuldnerin, vertreten durch den Geschäftsführer A, sich wider Erwarten weigern, Durchsuchung und Wegnahme zu gestatten, beauftragen wir Sie,

den beigefügten Antrag auf Durchsuchungsanordnung einzureichen und das Protokoll der Zwangsvollstreckung beizufügen.

Außerdem beantragen wir wegen der titulierten Kosten und der Vollstreckungskosten die Zwangsvollstreckung folgender Beträge: ▬▬▬

Begründung:

(hier nur wegen der Besonderheit, dass die Zwangsvollstreckung nach § 883 ZPO streitig ist)

Nach Auffassung eines großen Teils der Rechtsprechung und Literatur werden gerichtliche Entscheidungen auf Einsichtsgewährung in bestimmte Geschäftsunterlagen nicht nach §§ 887, 888 ZPO, sondern in entsprechender Anwendung des § 883 ZPO durch den Gerichtsvollzieher vollstreckt.

OLG Hamm NJW 1974, 653; OVG Koblenz NJW 1987, 1230; OLG Köln NJW-RR 1988, 1210; NJW-RR 1989, 567; OLG Frankfurt NJW-RR 1992, 171; Baumbach/Lauterbach/Albers/Hartmann, ZPO, 62. Aufl. 2004 zu § 883 Anm. 5 a; Zöller/Stöber, ZPO, 24. Aufl. 2004 zu § 883 Rn. 2.

Das gilt jedenfalls, wenn – wie hier – die Verpflichtung zur Einsichtsgewährung nicht nur Nebenpflicht einer allgemeinen umfassenden Auskunftsverpflichtung ist, sondern als weitere Hauptverpflichtung neben der Verpflichtung zur Auskunftserteilung besteht. Nach dem zu vollstreckenden Beschluss vom ▬▬▬ (s.oben) stehen das Einsichtsrecht und das Auskunftsrecht des Gläubigers kumulativ und ohne Rangfolge nebeneinander.

Rechtsanwalt

2. Muster: Antrag auf Festsetzung eines Zwangsgelds nach § 888 ZPO wegen Nichtbefolgung der Auskunftspflicht nach § 51a, b GmbHG

An das

Landgericht[670]

In der Zwangsvollstreckungssache

des A, ■■■

Gläubiger u. Antragsteller

Verfahrensbevollmächtigte: Rechtsanwälte

g e g e n

die X-GmbH, vertreten durch alleinvertretungsberechtigten Geschäftsführer X,

Schuldnerin u. Antragsgegnerin-

Verfahrensbevollmächtigte: Rechtsanwälte

Az.:

überreichen wir namens und kraft Vollmacht des Gläubigers die vollstreckbare Ausfertigung des Beschlusses des Landgerichts ■■■ vom ■■■, Az.: ■■■, nebst Zustellbescheinigung.

Namens und kraft Vollmacht des Gläubigers beantragen wir,

gegen die Schuldnerin zur Erzwingung der im vollstreckbaren Beschluss des Landgerichts ■■■ vom ■■■, Az. ■■■ festgestellten Verpflichtung der Schuldnerin, Auskunft über die Geschäftsverbindungen der Schuldnerin im Jahr 2004 zu erteilen, ein Zwangsgeld bis zu 25.000,00 € und für den Fall, dass dieses nicht beigetrieben werden kann, ersatzweise Zwangshaft von bis zu 6 Monaten festzusetzen, Letztere zu vollziehen an dem alleinvertretungsberechtigten Geschäftsführer X.

Begründung:

Der Gläubiger betreibt auf Grund der Auskunftsverpflichtung der Schuldnerin die Zwangsvollstreckung wegen einer unvertretbaren Handlung aus dem gemäß § 51b GmbHG begründeten Beschluss des Landgerichts Münster vom ■■■, Az. ■■■

Der Gläubiger hat die Schuldnerin mit Schreiben vom ■■■ aufgefordert, innerhalb eines Monats nach Zugang des Aufforderungsschreibens Auskunft über die Geschäftskontakte im Jahre 2004 zu erteilen, wozu er durch den oben genannten Beschluss des Landgerichts Münster gemäß § 52b GmbHG verpflichtet ist.

Beweis: Schreiben des Schuldners, Fotokopie Anlage 1.

Die Schuldnerin hat jedoch auf diese Aufforderung nicht reagiert. Auch die Androhung der Zwangsvollstreckung war fruchtlos.

---

[670] Zuständig ist das Prozessgericht der 1. Instanz.

§ 8 Durchsetzung v. Gesellschafterinformationsrechten

Eine gerichtliche Androhung der Zwangsvollstreckung ist gemäß § 888 Abs. 2 ZPO nicht erforderlich.

Deshalb ist es nach unserer Auffassung geboten, gegen die Gläubigerin ein Zwangsgeld in angemessener Höhe bis zu 25.000,00 € und ersatzweise Zwangshaft festzusetzen, zu vollziehen an deren Geschäftsführer.

Wir bitten um Übersendung einer vollstreckbaren Ausfertigung des Zwanggeldbeschlusses mit Vollstreckungsklausel, Zustellbescheinigung und um Rückgabe der beigefügten Vollstreckungsunterlagen.

Rechtsanwalt

3. Muster: Auskunfts-/ und Einsichtserzwingungsverfahren gemäß § 51b GmbHG

An das

Landgericht ■■■

Kammer für Handelssachen

Antrag

auf gerichtliche Entscheidung über das Informationsrecht, §§ 51a, 51b GmbHG

des Herrn ■■■

Antragsteller

Verfahrensbevollmächtigte:

gegen

die X-GmbH, vertreten durch den alleinvertretungsberechtigten Geschäftsführer M,

Antragsgegnerin

Verfahrensbevollmächtigte:

Namens und kraft Vollmacht des Antragstellers beantragen wir:

Es wird angeordnet, dass die Antragsgegnerin dem Antragsteller Auskunft über die gesamte Vergütung des Geschäftsführers der Antragsgegnerin im Jahre 2004 erteilt, Einsicht gewährt in den Geschäftsführervertrag zwischen der Antragsgegnerin und dem ehemaligen Geschäftsführer G sowie in sämtliche zwischen diesen schriftlich getroffenen Vereinbarungen über die Honorierung der Tätigkeit des G als Geschäftsführer der Antragsgegnerin.

Begründung:

1. Sachverhalt

Der Antragsteller ist Gesellschafter der Antragsgegnerin. Nach mündlich erteilter Information des Herrn G hat dieser eine Geschäftsführervergütung von 350.000,00 € im Jahre 2004 erhalten. Außerdem war er während seiner Geschäftsführerstellung zugleich Mehrheitsgesellschafter der Antragsgegnerin. Der Gesamtumsatz der Antragsgegnerin im Jahre 2004 betrug gemäß Jahresabschluss 1,5 Mio. €. Die Antragsgegnerin hatte neben G fünf angestellte Mitarbeiter. Unternehmensgegenstand ist der Vertrieb von Markisenstoffen.

Beweis:
1. Eidesstattliche Versicherung des Antragstellers, Anlage AS 1,[671]
2. Jahresabschluss der Antragsgegnerin für das Jahr 2004, Anlage AS 2.

Der ehemalige Geschäftsführer G hat gegenüber dem Antragsteller Ende des Jahres 2003 mündlich erklärt, sein Geschäftsführergehalt belaufe sich auf jährlich 200.000,00 €.

Glaubhaftmachung: Eidesstattliche Versicherung des Antragstellers, Anlage AS 1.

Damit ist zunächst unklar, auf welcher Grundlage der Geschäftsführer G im Jahre 2004 darüber hinaus 150.000,00 € erhalten hat. Auf Nachfrage des Antragstellers hat G den höheren Verdienst damit erklärt, er habe weit über seine Verpflichtung nach dem Geschäftsführervertrag hinaus für die Gesellschaft gearbeitet, insbesondere neue Aufträge akquiriert, so dass die erhöhte Vergütung mehr als gerechtfertigt sei. Er habe daher für sich mit dem ebenfalls alleinvertretungsberechtigten Mitgeschäftsführer M mündlich vereinbart, dass er für solche überobligationsmäßigen Tätigkeiten, die über 8 Stunden für 5 Tage pro Woche hinausgehen, je nach Schwierigkeit und Erfolg der Tätigkeit Stundenvergütungen zwischen 100,00 und 250,00 € erhalten habe.

Glaubhaftmachung: Eidesstattliche Versicherung des Antragstellers, Anlage AS 1.

Der Antragsteller hat daraufhin die Antragsgegnerin über deren Geschäftsführer M aufgefordert, Auskunft zu geben über die der Vergütung im Jahre 2004 des G zu Grunde liegende Vereinbarung, und Einsicht in den Geschäftsführervertrag des G sowie evtl. weitere schriftliche Vereinbarungen zwischen der Antragsgegnerin und G über dessen Vergütung nehmen zu können.

Beweis: Schreiben des Antragstellers vom ■■■, Anlage AS 3.

2. Rechtslage

Das Auskunfts- und Einsichtsbegehren des Antragstellers ist ohne besondere Begründung gegeben. Darüber hinaus hat er jedoch ein besonderes Informationsbedürfnis, auf welches abzustellen wäre, wenn das Gericht entgegen der wohl herrschenden Meinung wider Erwarten ein solches für erforderlich halten würde.

Vgl. zur herrschenden Meinung: OLG Stuttgart GmbHR 1983, 242 ff.; KG ZIP 1988, 714 ff., Lutter/Hommelhoff, GmbHG, 16. Aufl. 2004 zu § 51a Rn. 3.

Auf Grund der Informationen im Jahresabschluss der Antragsgegnerin für das Jahr 2004 sowie auf Grund der mündlich dem Antragsgegner erteilten Informationen zur Gesamtvergütung des G im Jahre 2004 sowie zu den dieser Vergütung zu Grunde liegenden Vereinbarungen besteht der Verdacht der verdeckten Gewinnausschüttung an den ehemaligen

---

[671] Gemäß § 15 Abs. 2 FGG ist im Verfahren der freiwilligen Gerichtsbarkeit neben den in der ZPO zulässigen Beweismitteln, Augenschein, Zeugenbeweis, Sachverständigenbeweis und Verfahren über die Abnahme von Eiden auch die Glaubhaftmachung einer tatsächlichen Behauptung eines Beteiligten zur Versicherung an Eides Statt zuzulassen.

Geschäftsführer-Gesellschafter G. Über die im Geschäftsführeranstellungsvertrag angeblich festgelegte Vergütung hinausgehende Vergütungssumme ist vermutlich nichts schriftlich vereinbart worden, nach den mündlich erteilten Auskünften jedenfalls nicht klar und eindeutig. Letzteres wäre aber zumindest nach Abschnitt 31 Abs. 5 KStR erforderlich. Der Gesellschafter muss den Nachweis bringen, dass eine klare und eindeutige Vereinbarung vorliegt und entsprechend dieser Vereinbarung verfahren worden ist. Auch für eine mündliche Honorarvereinbarung zwischen Geschäftsführer-Gesellschafter und der Gesellschaft hat der BFH in BStBl. II 1990, 645 bestimmt, dass sich aus der regelmäßigen Durchführung, d.h. aus der monatlichen Zahlung der Gehälter und der Abführung von Lohnsteuer und Sozialversicherungsangaben, ein hinreichender Anhaltspunkt für eine im vorhinein getroffene mündliche Vereinbarung ergeben muss. Angesichts der mündlich erteilten Auskunft des G über die der zusätzlichen Honorierung zu Grunde liegende Vereinbarung besteht jedoch der Verdacht, dass weder eine klare und eindeutige Vereinbarung geschlossen wurde, noch regelmäßige Zahlungen erfolgten.

Damit dürfte das Informationsbedürfnis des Antragstellers hinreichend belegt sein.

Rechtsanwalt

4. Muster: Klage des GbR-Gesellschafters auf Einsicht in Geschäftspapiere der Gesellschaft

An das

Landgericht

Zivilkammer

K L A G E

Des A, ■■■

Kläger

Prozessbevollmächtigte:

g e g e n

die X-GbR, vertreten durch den alleinvertretungsberechtigten Gesellschafter X,

Beklagte

Prozessbevollmächtigte:

wegen Einsicht in Geschäftspapiere der X-GbR.

Geschätzter Streitwert:

Namens und kraft Vollmacht des Klägers erheben wir Klage und beantragen,

die Beklagte wird verurteilt, die Einsichtnahme in sämtliche Geschäftsunterlagen der Beklagten in deren Geschäftsräumen, ■■■, zu dulden.

Begründung:

1. Sachverhalt

Der Kläger ist Gesellschafter der X-GbR. Weitere Gesellschafter sind die Herren B, C und X. X ist allein geschäftsführungs- und vertretungsberechtigt. Der Gesellschaftszweck der X-GbR beschränkt sich auf die Verwaltung des Gesellschaftsvermögens, das in 10 Mehrparteien-Miethäusern in ■■■ besteht.

Beweis:
1. Gesellschaftsvertrag der X-GbR vom ■■■, Fotokopie Anlage K 1.
2. Zeugnis des Buchhalters B, zu laden über die Beklagte.

Die Geschäftsunterlagen der X-GbR befinden sich – soweit bekannt – lediglich in den Geschäftsräumen derselben in der ■■■-straße 10 in ■■■ Der Gesellschafter-Geschäftsführer X fährt seit etwa 1 Monat einen Pkw der Luxusklasse ■■■ .

Beweis: Zeugnis des Buchhalters B, zu laden über die Beklagte.

Auf Nachfrage des Klägers hat der Geschäftsführer X erklärt, dies sei sein neues Dienstfahrzeug, er habe für die X-GbR außergewöhnlich günstige Leasingraten vereinbaren können. Darüber hinaus hat er jedoch weder die konkrete Höhe der Leasingraten noch voraussichtliche Unterhaltskosten angegeben. Er hat ebenfalls nicht angegeben, ob und auf welcher Grundlage er überhaupt befugt sei, auf Rechnung der Beklagten einen solchen Dienstwagen für sich anzuschaffen.

Beweis: Zeugnis der K, Ehefrau des Klägers, ladungsfähige Anschrift.

Der Kläger hat deshalb die Beklagte aufgefordert, den Geschäftsführervertrag des X mit der Beklagten vorzulegen und ggfls. auch weitere Vereinbarungen zwischen der X-GbR und dem X über dessen Berechtigung zur Anschaffung eines Dienstfahrzeugs für sich auf Rechnung der GbR sowie die Vorlage des Leasingvertrages der X-GbR über das Leasing des PKW. Die Beklagte hat die Auskunft über ihren geschäftsführenden Gesellschafter X verweigert.

Beweis:
1. Schreiben des Klägers, Fotokopie Anlage K 3,
2. Ablehnendes Schreiben der Beklagten vom ■■■, Fotokopie Anlage K 4.

X hat daraufhin vielmehr entgegen seiner vorherigen unbefangenen Auskunft behauptet, es gebe keine schriftliche Vereinbarung über den Leasingvertrag und auch keine schriftliche Vereinbarung über seine Befugnis, auf Rechnung der Beklagten für sich einen Dienstwagen anzuschaffen. Dies sei aber auf Grund des im Gesellschaftsvertrag der X-GbR festgelegten Mehrheitsprinzips mit den übrigen Gesellschaftern – außer dem Kläger, der ohnehin nur zu 10 % beteiligt sei – abgesprochen.

Beweis: Zeugnis der K, Ehefrau des Klägers, ladungsfähige Anschrift.

Entgegen der Behauptung des Geschäftsführers X hat es jedoch eine solche mündliche Übereinkunft zwischen X und den Mitgesellschaftern des Klägers vermutlich nicht gegeben. Nach Erinnerung des C muss es aber eine Vereinbarung zwischen X und der X-GmbH geben, diese vertreten durch den seinerzeit noch ebenfalls geschäftsführungsbefugten Gesellschafter Y, wonach X bei entsprechender Vermögenslage der X-GbR befugt sein soll, einen Pkw als Dienstwagen im Wert von 30.000,00 € anzuschaffen.

David

Beweis: Zeugnis des Mitgesellschafters C, ladungsfähige Anschrift.

2. Rechtslage

Der Kläger beruft sich auf sein Einsichtsrecht nach § 716 Abs. 1 BGB. Dieses besteht auch ohne Begründung. Besondere Umstände, die es zum Schutz der Gesellschaft rechtfertigen, die Auskunft bzw. die Einsichtnahme zu verweigern, bestehen nicht. Im Gegenteil kann sich der Kläger sogar auf ein besonderes Informationsbedürfnis stützen, da der Verdacht unredlicher Geschäftsführung bzw. der Untreue gemäß § 266 StGB zum Nachteil der Beklagten und damit auch zum Nachteil des Klägers besteht.

Rechtsanwalt

635

5. Muster: Einstweilige Verfügung zur vorläufigen Regelung des Einsichtsrechts des GbR-Gesellschafters

An das

Landgericht

Zivilkammer

Antrag auf Erlass einer einstweiligen Verfügung

Des A, ■■■

Antragstellers

Prozessbevollmächtigte:

gegen

die X-GbR, vertreten durch den alleinvertretungsberechtigten Gesellschafter X,

Antragsgegnerin

Prozessbevollmächtigte:

wegen Einsicht in Geschäftspapiere der X-GbR.

Geschätzter Streitwert: ■■■

Namens und kraft Vollmacht des Antragstellers beantragen wir den Erlass einer einstweiligen Verfügung mit dem Inhalt:

Der Antragsgegnerin wird einstweilen bis zur rechtskräftigen Entscheidung des bei dem Landgericht ■■■ unter dem Az.: ■■■ anhängigen Klageverfahrens, geboten, in den Geschäftsräumen der X-GbR, ■■■-straße 10 in ■■■, die Einsichtnahme durch den Antragsteller in die dort vorhandenen Geschäftsunterlagen der Antragsgegnerin zu dulden.

Begründung:

1. Sachverhalt

C. Zwangsvollstreckung

Der Antragsteller ist Gesellschafter der X-GbR. Weitere Gesellschafter sind die Herren B, C und X. X ist allein geschäftsführungs- und vertretungsberechtigt. Der Gesellschaftszweck der X-GbR beschränkt sich auf die Verwaltung des Gesellschaftsvermögens, das in 10-Mehrparteien-Miethäusern in ■■■ besteht.

Glaubhaftmachung:
1. Gesellschaftsvertrag der X-GbR vom ■■■, Fotokopie Anlage AS 1.
2. Eidesstattliche Versicherung des Buchhalters B, Anlage AS 2

Die Geschäftsunterlagen der X-GbR befinden sich – soweit bekannt – lediglich in den Geschäftsräumen derselben in der -straße 10. Der Gesellschafter-Geschäftsführer X fährt seit etwa 1 Monat einen Pkw der Luxusklasse ■■■ .

Glaubhaftmachung: Eidesstattliche Versicherung des Buchhalters B, Anlage AS 2.

Auf Nachfrage des Antragstellers hat der Geschäftsführer X erklärt, dies sei sein neues Dienstfahrzeug, er habe für die X-GbR außergewöhnlich günstige Leasingraten vereinbaren können. Darüber hinaus hat er jedoch weder die konkrete Höhe der Leasingraten noch voraussichtliche Unterhaltskosten angegeben. Er hat ebenfalls nicht angegeben, ob und auf welcher Grundlage er überhaupt befugt sei, auf Rechnung der Beklagten einen solchen Dienstwagen für sich anzuschaffen.

Glaubhaftmachung: Eidesstattliche Versicherung der K, Ehefrau des Antragstellers, Anlage AS 3.

Der Antragsteller hat deshalb die Antragsgegnerin aufgefordert, den Geschäftsführervertrag des X mit der Antragsgegnerin vorzulegen und ggfs. auch weitere Vereinbarungen zwischen ihr und dem X über dessen Berechtigung zur Anschaffung eines Dienstfahrzugs für sich auf Rechnung der GbR sowie die Vorlage des Leasingvertrages der X-GbR über das Leasing eines ■■■ PKW. Die Antragsgegnerin hat die Auskunft über ihren geschäftsführenden Gesellschafter X verweigert.

Beweis:
1. Schreiben des Antragstellers, Fotokopie Anlage AS 4,
2. Ablehnendes Schreiben der Antragsgegnerin vom ■■■, Fotokopie Anlage AS 5.

X hat daraufhin vielmehr entgegen seiner vorherigen unbefangenen Auskunft behauptet, es gebe keine schriftliche Vereinbarung über den Leasingvertrag und auch keine schriftliche Vereinbarung über seine Befugnis, auf Rechnung der Beklagten für sich einen Dienstwagen anzuschaffen. Dies sei aber auf Grund des im Gesellschaftsvertrag der X-GbR festgelegten Mehrheitsprinzips mit den übrigen Gesellschaftern – außer dem Antragsteller, der ohnehin nur zu 10 % beteiligt sei – abgesprochen.

Glaubhaftmachung: Eidesstattliche Versicherung der K, Ehefrau des Antragstellers, Anlage AS 3.

Entgegen der Behauptung des Geschäftsführers X hat es jedoch eine solche mündliche Übereinkunft zwischen X und den Mitgesellschaftern des Antragstellers vermutlich nicht gegeben. Nach Erinnerung des C muss es aber eine Vereinbarung zwischen X und der Antragsgegnerin geben, diese vertreten durch den seinerzeit noch ebenfalls geschäftsführungsbefugten Gesellschafter Y, wonach X bei entsprechender Vermögenslage der X-GbR befugt sein soll, einen Pkw als Dienstwagen im Wert von 30.000,00 € anzuschaffen.

David

Glaubhaftmachung: Eidesstattliche Versicherung des Mitgesellschafters C, Anlage AS 6.

2. Rechtslage

Der Antragsteller beruft sich auf sein Einsichtsrecht nach § 716 Abs. 1 BGB. Dieses besteht auch ohne Begründung. Besondere Umstände, die es zum Schutz der Gesellschaft rechtfertigen, die Auskunft bzw. die Einsichtnahme zu verweigern, bestehen nicht. Im Gegenteil kann sich der Antragsteller sogar auf ein besonderes Informationsbedürfnis stützen, da der Verdacht unredlicher Geschäftsführung bzw. der Untreue gemäß § 266 StGB zum Nachteil der Antragsgegnerin und damit auch zum Nachteil des Antragstellers besteht.

Es besteht auch ein besonderes Bedürfnis des Antragstellers, im vorläufigen Rechtsschutz über eine Regelungsverfügung Einsicht in die Geschäftsunterlagen der Antragsgegnerin zu erhalten. Angesichts des Verdachts, dass X sich zu Lasten der Antragsgegnerin strafbar gemacht hat, besteht die Gefahr, dass der Geschäftsführer X, bevor der Antragsteller im Hauptsacheverfahren ein vollstreckbares Urteil erhält und die Zwangsvollstreckung betreiben kann, entsprechende Unterlagen der Antragsgegnerin über die Berechtigung des X, auf Rechnung der Antragsgegnerin für sich einen Dienstwagen anzuschaffen, erstellen bzw. etwa schädliche Unterlagen vernichten wird. Denn die in der eidesstattlichen Versicherung des Mitgesellschafters C gemachten Angaben würden die Untreuehandlung des Geschäftsführers X der Antragsgegnerin belegen.

Die Möglichkeiten zur Einsichtnahme in die Geschäftspapiere der Antragsgegnerin durch den Antragsteller lassen auch nicht die Besorgnis gesellschaftsschädigender Verwendung der begehrten Informationen entstehen, im Gegenteil. Insofern steht der begehrten vorläufigen Regelung des Einsichtsrechts des Antragstellers auch nicht der Umstand entgegen, dass im Wege des vorläufigen Rechtsschutzes bereits die vollständige Erfüllung des Informationsanspruchs des Antragstellers bewirkt wird.

Vgl. BayOBLG DB 1978, 2406; Weipert in: Münchener Handbuch des Gesellschaftsrechts, Bd. 1, 2. Aufl. 2004, § 8 Rn. 26.

Dem Verfügungsantrag ist deshalb stattzugeben.

Rechtsanwalt

FormularBibliothek Zivilprozess

Teil 1: **Gesellschaftsrecht** Seite 5
Dr. Hans-Joachim David, Rechtsanwalt und Fachanwalt für Steuerrecht, BAUMEISTER RECHTSANWÄLTE, Münster

Teil 2: **Wettbewerbsrecht** Seite 229
Dr. Christian Breuer, Rechtsanwalt, WILMER CUTLER PICKERING HALE AND DORR LLP, München

Inhalt

Verweise erfolgen auf Randnummern

§ 1 Einleitung	1
I. Begriff	6
II. Gegenstand und Schutzzweck des Wettbewerbsrechts	8
III. Rechtsprechungskasuistik des alten UWG	10
IV. Einfluss des EU-Rechts	14
1. Richtlinien	15
2. Rechtsprechung des EuGH	17
V. Tendenzen, insbesondere Liberalisierung des Wettbewerbsrechts	18
1. Europäische Harmonisierung	19
2. Deregulierung und Liberalisierung	20
VI. Übersicht UWG neu	21
1. Gesetzeszweck und Begriffe	22
2. Generalklausel, § 3 UWG	28
3. Irreführungsverbot, § 5 UWG	30
4. Sonstiges	31
§ 2 Vorprozessuale Situation	36
I. Ausgangspunkte für Streitigkeiten	36
1. Werbung	37
2. Vertriebsmaßnahmen	39
3. Sonstige unlautere Handlungen	41
II. Parteien	42
1. Gläubiger	44
a) Verbraucher	46
b) Sonstige Marktteilnehmer	50
c) Verbände zur Förderung gewerblicher oder selbstständiger beruflicher Interessen	52
d) Anspruchsberechtigte entsprechend den Bestimmungen des § 8 Abs. 3 Ziffer 3 und 4 UWG	56
e) Mitbewerber	57
f) Missbrauch, § 8 Abs. 4 UWG	59
2. Schuldner	62
a) Verletzer	63
b) Haftung für Dritte	66
III. Anspruchsgrundlagen – Übersicht	74
1. Generalklausel, § 3 UWG	75
2. Beispielkatalog, § 4 UWG	81
a) Beeinträchtigung der Entscheidungsfreiheit, § 4 Ziffer 1 UWG	84
b) Ausnutzung besonderer Umstände, § 4 Ziffer 2 UWG	92
c) Verbot der verdeckten Werbung, § 4 Ziffer 3 UWG	95
d) Informationspflichten bei Verkaufsförderungsmaßnahmen, § 4 Ziffer 4 UWG	98
e) Transparenz bei Preisausschreiben und Gewinnspielen, § 4 Ziffer 5 UWG	100
f) Kopplung von Preisausschreiben und Gewinnspielen mit der Inanspruchnahme von Waren oder Dienstleistungen, § 4 Ziffer 6 UWG	102
g) Herabwürdigung von Mitbewerbern und Geschäftsehrverletzung, § 4 Ziffer 7 UWG	106
h) Anschwärzung, § 4 Ziffer 8 UWG	109
i) Wettbewerbsrechtlicher Leistungsschutz, § 4 Ziffer 9 UWG	114
j) Behinderung von Mitbewerbern, § 4 Ziffer 10 UWG	120
k) Rechtsbruch, § 4 Ziffer 11 UWG	122
3. Irreführung, § 5 UWG	125
4. Vergleichende Werbung, § 6 UWG	135

- 5. Unzumutbare Belästigungen, § 7 UWG 137
- 6. UWG-Straftatbestände, §§ 16 ff. UWG 143
- 7. Sonstige wettbewerbsrechtlich relevante Bestimmungen (HWG, LMBG, PreisangabenVO) 146
  - a) Heilmittelwerbegesetz (HWG) 147
  - b) Lebensmittel- und Bedarfsgegenständegesetz (LMBG) 154
  - c) Preisangabenverordnung (PAngV) 158
- 8. Verbraucherleitbild 160
- 9. Verjährung, § 11 UWG 165
- 10. Konkurrenzen 174
- IV. Anspruchsarten 176
  - 1. Unterlassung und Beseitigung, § 8 UWG 177
    - a) Unterlassungsanspruch . 178
    - b) Beseitigungsanspruch... 184
    - c) Zurechnung, § 8 Abs. 2 UWG 188
  - 2. Schadensersatz, § 9 UWG .. 189
  - 3. Auskunftsansprüche 193
  - 4. Gewinnabschöpfung, § 10 UWG 198
  - 5. Sonstige Ansprüche 201
- V. Das vorgerichtliche Verfahren 203
  - 1. Sachverhaltsermittlung und Beweissicherung 205
    - a) Aufklärung 206
    - b) Sicherung von Beweisen (Unterlagen, Protokolle, Zeugen, Glaubhaftmachung, Testkäufe) 210
  - 2. Abmahnung 214
    - a) Notwendigkeit 216
    - b) Form und Zugang 222
    - c) Inhalt 224
    - d) Formulierung des Unterlassungsbegehrens 228
  - 3. Reaktion des Abgemahnten 234
    - a) Abgabe der geforderten Unterlassungserklärung. 236
    - b) Abgabe einer modifizierten Unterlassungserklärung 242
    - c) Ablehnung bzw. keinerlei Reaktion 258
    - d) Gegenabmahnung 268
    - e) Negative Feststellungsklage 269
    - f) Anrufung einer Einigungsstelle 271
    - g) Schutzschrift 278
  - 4. Abschluss des außergerichtlichen Verfahrens und Kosten 287
    - a) Verfahrensabschluss 287
    - b) Kosten 292
    - c) Management von Verpflichtungen 299
  - 5. Verletzung einer Verpflichtungserklärung und Vertragsstrafe 302
- VI. Muster 310
  - 1. *Muster:* Vollmacht 310
  - 2. *Muster:* Abmahnung wegen Anschwärzung inklusive Entwurf einer Verpflichtungserklärung 311
  - 3. *Muster:* Ablehnung einer Unterlassungserklärung mit Gegenabmahnung 312
  - 4. *Muster:* Abmahnung wegen Belästigung, § 7 UWG 313
  - 5. *Muster:* Ablehnung einer Verpflichtungserklärung ... 314
  - 6. *Muster:* Abmahnung durch einen Verband 315
  - 7. *Muster:* Ablehnung mit Hinweis auf Drittunterwerfung 316
  - 8. *Muster:* Verpflichtungserklärung nach Hamburger Brauch 317
  - 9. *Muster:* Annahme einer Verpflichtungserklärung 318
  - 10. *Muster:* Schutzschrift 319
- § 3 **Gerichtliche Verfahren** 320
  - I. Wettbewerbsrechtliche Streitigkeiten 320

- II. Vorbereitung der gerichtlichen Streitigkeit 322
  1. Vollmacht.................. 323
  2. Weitere Sachverhalts-Aufklärung 325
  3. Sicherung von Beweismitteln (Unterlagen, Zeugen, eidesstattliche Versicherungen, Notwendigkeit von Meinungsforschungsgutachten) 330
  4. Gerichtsstand............... 335
  5. Kosten..................... 347
  6. Verfügungs- und /oder Hauptsacheverfahren 350
- III. Verfügungsverfahren.......... 354
  1. Notwendiger Inhalt des Verfügungsantrages............ 355
  2. Formulierung der Anträge .. 361
  3. Glaubhaftmachung 372
  4. Gerichtliche Zuständigkeit . 375
  5. Streitwert.................. 376
  6. Dringlichkeit............... 378
  7. Einstweilige Verfügung 386
     - a) Inhalt 389
     - b) Zustellung............. 392
  8. Widerspruch, § 924 ZPO 400
     - a) Antrag 402
     - b) Notwendiger Inhalt....... 406
     - c) Kostenwiderspruch 407
  9. Mündliche Verhandlung.... 412
  10. Urteil..................... 416
  11. Berufung und Beschwerde . 421
      - a) Berufung 422
      - b) Beschwerde 432
  12. Verjährung und Abschlusserklärung 435
  13. Antrag auf Erhebung der Hauptsacheklage, § 926 ZPO................... 444
  14. Antrag auf Aufhebung der einstweiligen Verfügung wegen veränderter Umstände, § 927 ZPO 447
- IV. Hauptsacheverfahren 452
  1. Allgemeines 454
  2. Antragsformulierung........ 460
  3. Beweismittel 473
     - a) Allgemeines 473
     - b) Meinungsforschungsgutachten 479
  4. Reaktion der beklagten Partei 486
     - a) Allgemeines 486
     - b) Klageerwiderung......... 488
  5. Mündliche Verhandlung.... 499
  6. Urteil 502
  7. Berufung und Revision...... 512
     - a) Berufung 513
     - b) Revision 532
- V. Muster 540
  1. *Muster:* Antrag auf Erlass einer einstweiligen Verfügung wegen Verstoß gegen §§ 3, 4 Ziffer 7 und 8 UWG... 540
  2. *Muster:* Eidesstattliche Versicherung 541
  3. *Muster:* Widerspruch gegen eine einstweilige Verfügung wg. irreführender Werbung, § 5 UWG 542
  4. *Muster:* Kostenwiderspruch. 543
  5. *Muster:* Antrag auf Erhebung einer Hauptsacheklage gemäß § 926 ZPO........... 544
  6. *Muster:* Antrag auf Aufhebung der einstweiligen Verfügung gemäß § 927 ZPO... 545
  7. *Muster:* Abschlussschreiben 546
  8. *Muster:* Einseitige Erledigungserklärung des Antragstellers................... 547
  9. *Muster:* Berufung und Berufungsbegründung gegen durch Urteil bestätigte einstweilige Verfügung wegen Verstoß gegen § 3 UWG...................... 548
  10. *Muster:* Unterlassungsklage im Hauptverfahren wegen Verstoßes gegen § 5 UWG .. 549
  11. *Muster:* Klage auf Unterlassung, Auskunft und Feststellung einer Schadensersatzpflicht wegen Verstoßes gegen §§ 4 Ziffer 7 und 8 UWG...................... 550

12. *Muster:* Antrag auf Einleitung eines Einigungsstellenverfahrens, § 15 UWG 551

§ 4 Zwangsvollstreckung 552
   I. Allgemeines 552
   II. Vollstreckung von Unterlassungstiteln 554
     1. Titel und Vollstreckungsandrohung 554
     2. Zuwiderhandlung 558
       a) Objektive Zuwiderhandlung 559
       b) Verschulden. 562
     3. Antrag auf Verhängung und Bemessung des Ordnungsmittels 564
     4. Zwangsvollstreckung und Wegfall des Unterlassungstitels 570
   III. Vollstreckung von Auskunfts- und Rechnungslegungsansprüchen gemäß § 888 ZPO... 572
     1. Vorgehen gemäß § 259 Abs. 2 BGB 573
     2. Vollstreckung von unvertretbaren Handlungen, § 888 ZPO 575
     3. Voraussetzungen der Vollstreckung. 576
     4. Beschluss des Gerichts 578
   IV. Einwendungen und Rechtsmittel des Schuldners 580
   V. Muster 588
     1. *Muster:* Zustellung einer einstweiligen Verfügung gemäß § 192 ZPO 588
     2. *Muster:* Ordnungsmittelantrag gemäß § 890 ZPO 589
     3. *Muster:* Zwangsmittelantrag gemäß § 888 ZPO 590

2

MUSTERVERZEICHNIS

		Rn.
§ 1	Einleitung	1
§ 2	Vorprozessuale Situation	36
	1 Vollmacht	310
	2 Abmahnung wegen Anschwärzung inklusive Entwurf einer Verpflichtungserklärung	311
	3 Ablehnung einer Unterlassungserklärung mit Gegenabmahnung	312
	4 Abmahnung wegen Belästigung, § 7 UWG	313
	5 Ablehnung einer Verpflichtungserklärung	314
	6 Abmahnung durch einen Verband	315
	7 Ablehnung mit Hinweis auf Drittunterwerfung	316
	8 Verpflichtungserklärung nach Hamburger Brauch	317
	9 Annahme einer Verpflichtungserklärung	318
	10 Schutzschrift	319
§ 3	Gerichtliche Verfahren	320
	11 Antrag auf Erlass einer einstweiligen Verfügung wegen Verstoß gegen §§ 3, 4 Ziffer 7 und 8 UWG	540
	12 Eidesstattliche Versicherung	541
	13 Widerspruch gegen eine einstweilige Verfügung wg. irreführender Werbung, § 5 UWG	542
	14 Kostenwiderspruch	543
	15 Antrag auf Erhebung einer Hauptsacheklage gemäß § 926 ZPO	544
	16 Antrag auf Aufhebung der einstweiligen Verfügung gemäß § 927 ZPO	545
	17 Abschlussschreiben	546
	18 Einseitige Erledigungserklärung des Antragstellers	547
	19 Berufung und Berufungsbegründung gegen durch Urteil bestätigte einstweilige Verfügung wegen Verstoß gegen § 3 UWG	548
	20 Unterlassungsklage im Hauptverfahren wegen Verstoßes gegen § 5 UWG	549

21 Klage auf Unterlassung, Auskunft und Feststellung einer Schadensersatzpflicht wegen Verstoßes gegen §§ 4 Ziffer 7 und 8 UWG — 550

22 Antrag auf Einleitung eines Einigungsstellenverfahrens, § 15 UWG — 551

§ 4 Zwangsvollstreckung — 552

23 Zustellung einer einstweiligen Verfügung gemäß § 192 ZPO — 588

24 Ordnungsmittelantrag gemäß § 890 ZPO — 589

25 Zwangsmittelantrag gemäß § 888 ZPO — 590

§ 1 Einleitung

Wettbewerbsrechtliche Streitigkeiten zählen zu den facettenreichsten Verfahren im deutschen Recht. Auch wenn wettbewerbsrechtliche Gerichtsverfahren zivilprozessualer Natur sind und die Bestimmungen der Zivilprozessordnung gelten, existiert eine Vielzahl von **verfahrensrechtlichen Besonderheiten**, deren Beachtung für die erfolgreiche Verfahrens- und Prozessführung unabdingbar ist. Entsprechendes gilt für das Gros wettbewerbsrechtlicher Auseinandersetzungen, welche ohne gerichtliche Verfahren über Abmahnungen und Unterlassungsverpflichtungserklärungen beigelegt werden. Vor diesem Hintergrund ist die Kenntnis der umfangreichen, teilweise über Jahrzehnte gewachsenen Rechtsprechung in materieller wie auch in prozessualer Hinsicht von wesentlicher Bedeutung.

In der Praxis wettbewerbsrechtlicher Auseinandersetzungen spielt der Unterlassungsanspruch gegenüber Schadensersatz- und sonstigen Ansprüchen eine überragende Rolle.[1] Dieser Anspruch ist darauf gerichtet, für die Zukunft bestimmte Handlungen des Anspruchsgegners zu unterbinden.

Aus der Natur wettbewerbsrechtlicher Streitigkeiten ergibt sich, dass der durch einen Wettbewerbsverstoß in ihren Rechten verletzten Partei häufig nicht durch ein nach Monaten oder gar Jahren ergehendes Urteil in einem zivilprozessualen Hauptsacheverfahren gedient ist. Vielmehr benötigt der von einer unlauteren Wettbewerbshandlung Betroffene in der Regel ein kurzfristig verfügbares und effektives Instrument, um Rechtsverletzungen, wie z.B. die irreführende Werbung eines Mitbewerbers, schnellstmöglich unterbinden zu können. Diesem Zweck dient das **einstweilige Verfügungsverfahren**, §§ 935, 940 ZPO. Der Verletzte hat durch Einreichung eines Antrags auf Erlass einer einstweiligen Verfügung auf Unterlassung der beanstandeten Wettbewerbshandlung die Möglichkeit, außerordentlich kurzfristig die vorläufige Unterbindung der beanstandeten Wettbewerbshandlung zu erreichen, wenn nach Auffassung des Gerichts die formellen und materiellen Voraussetzungen für den Erlass einer einstweiligen Verfügung gegeben sind.[2]

Abhängig von den Umständen des konkreten Sachverhalts und der materiellen Berechtigung der Beanstandung ergibt sich für den Anspruchsgegner ein vielfältiges Spektrum von Maßnahmen, um auf die Beanstandung zu reagieren. Zwischen der Anerkennung der Forderung des Anspruchstellers und der streitigen Durchführung des gesamten zur Verfügung stehenden gerichtlichen Instanzenweges bestehen vielfältige Möglichkeiten des Anspruchsgegners, eigene Wettbewerbsinteressen möglichst umfassend durchzusetzen.

Das deutsche Wettbewerbsrecht ist in der Vergangenheit regelmäßig in gewissem Umfang reformiert worden. Die umfassendste Reform des Wettbewerbsrechts erfolgte

---

1 Vgl. Baumbach / Hefermehl / Bornkamm, Wettbewerbsrecht, § 8 UWG, Rn. 1.3.
2 Vgl. dazu näher Ziffer Rn. 354 ff.

jedoch durch die mit Wirkung zum 8. Juli 2004 wirksam gewordene Neufassung des Gesetzes gegen den unlauteren Wettbewerb (UWG).[3] Das neue UWG beinhaltet sowohl in materieller wie auch verfahrensrechtlicher Hinsicht bedeutende Neuerungen für wettbewerbsrechtliche Streitigkeiten.[4]

I. Begriff

6 Der Begriff des Wettbewerbs kann in unterschiedlicher Weise verstanden werden und bedarf deswegen einer Präzisierung. Eine allgemeingültige Definition ist weder der Lehre noch dem Gesetz zu entnehmen.[5] Am ehesten lässt sich der Begriff des Wettbewerbs zum einen zur Beschreibung des Verhaltens von Unternehmen auf einem bestimmten Markt, der sich daraus ergebenden Beziehungen untereinander und zu Abnehmern auf der Gegenseite, wie auch zur Umschreibung der Marktsituation eines bestimmten Produkts einschließlich seiner Substitutionsgüter und im Übrigen zur Kennzeichnung eines allgemeinen wirtschaftlichen Ordnungsprinzips verstehen.[6]

7 Dem Schutz des Wettbewerbs dienen eine ganze Reihe unterschiedlicher Gesetze. Dazu gehören vor allem das Gesetz gegen Wettbewerbsbeschränkungen (GWB)[7] und das Gesetz gegen unlauteren Wettbewerb (UWG). Während das GWB vorrangig der Aufrechterhaltung des wirtschaftlichen Wettbewerbs als Institution dient, wendet sich das UWG gegen den Wettbewerb verfälschende Wettbewerbshandlungen der Anbieter. Dieser Aspekt des Wettbewerbsrechts und die sich daraus ergebenden Fragestellungen sind Gegenstand der nachfolgenden Ausführungen. Der Begriff Wettbewerbsrecht bezieht sich nachfolgend auf das UWG und nachrangig auf weitere dem Schutz vor Wettbewerbsverfälschungen dienende wettbewerbsrechtliche Nebengesetze wie u.a. das Heilmittelwerbegesetz[8] und die Verordnung über Preisangaben.[9]

II. Gegenstand und Schutzzweck des Wettbewerbsrechts

8 Das Gesetz gegen den unlauteren Wettbewerb vom 7. Juni 1909[10] diente ursprünglich ausschließlich dem **Wettbewerberschutz**. Durch die Rechtsprechung des Reichsgerichts und die Rechtsprechung des Bundesgerichtshofs wurden zum Schutzzweck des Wettbewerbsrechts auch Belange des Verbraucherschutzes hinzugefügt und dann später im UWG zum Konzept eines integrierten Wettbewerber- und Verbraucherschutzes weiterentwickelt.[11] Hinzu tritt der ebenfalls seit einigen Jahrzehnten anerkannte Schutz des Wettbewerbs als Institution.[12]

---

3 Vgl. BGBl. I 2004, S. 1414.
4 Vgl. z.B. Henning-Bodewig, Das neue Gesetz gegen den unlauteren Wettbewerb, GRUR 2004, S. 713 ff.
5 Baumbach/Hefermehl/Köhler, Wettbewerbsrecht, Einleitung UWG Rn. 1.1 ff.
6 Baumbach/Hefermehl/Köhler, Wettbewerbsrecht, Einleitung Rn. 1.23.
7 BGBl. I 1998, S. 2521.
8 BGBl. I 1994, S. 2031.
9 BGBl. I 1985, S. 580.
10 RGBl. S. 499.
11 Schricker, Hundert Jahre Gesetz gegen den unlauteren Wettbewerb – Licht und Schatten, GRUR 1996, S. 476.
12 Vgl. BVerfG – Tier- und Artenschutz, NJW 2002, S. 1188.

Diese Schutzzwecke des Schutzes der Mitbewerber, der Verbraucher und sonstigen Marktteilnehmer vor unlauterem Wettbewerb und das Interesse der Allgemeinheit an einem unverfälschten Wettbewerb sind nun exakt in die neue Fassung des § 1 UWG aufgenommen worden. Die Kenntnis der Schutzzwecke ist u.a. für die teleologische Auslegung der Bestimmungen des UWG im Rahmen der Beurteilung einer Wettbewerbshandlung wichtig.[13]

III. Rechtsprechungskasuistik des alten UWG

Das aktuelle UWG vom 3. Juli 2004 ist ohne Übergangsfrist mit Wirkung zum 8. Juli 2004 an die Stelle des bisherigen UWG getreten. Dies bedeutet allerdings nicht, dass die außerordentlich umfangreiche, teilweise über Jahrzehnte gewachsene Rechtsprechung nunmehr vollends irrelevant ist. Bei einem Vergleich beider Gesetze ergibt sich, dass bedeutende Teile des bisherigen Gesetzes wie u.a. die „großen und kleinen" Generalklauseln der §§ 1 und 3 UWG alter Fassung und die ohnehin jüngere Regelung vergleichender Werbung inhaltlich zu wesentlichen Teilen Eingang in das aktuelle UWG gefunden haben.[14]

Die Rechtsprechung vor Inkrafttreten des neuen UWG hat insbesondere zu den Generalklauseln der §§ 1, 3 UWG alter Fassung eine differenzierte Kasuistik herausgearbeitet, welche in der Praxis für die Beurteilung wettbewerbsrechtlich relevanter Handlungen erhebliche Orientierungshilfe bot und die Bewertung der Sachverhalte deutlich erleichterte. Exemplarisch sei auf die Rechtsprechungskasuistik zu § 1 UWG verwiesen, wo im Anschluss an Baumbach/Hefermehl[15] eine Einteilung in zunächst sechs Hauptfallgruppen und zwar **Kundenfang, Behinderung, Ausbeutung, Marktstörung** und **Wettbewerb** innerhalb der Marktstufen vorgenommen wurde. Jede dieser Hauptfallgruppen war ihrerseits in diverse Unterfallgruppen aufgegliedert. Für die Bewertung der Rechtmäßigkeit einer Maßnahme war insoweit zunächst die richtige Vergleichsfallgruppe aufzufinden und dann unter Berücksichtigung der insoweit von der Rechtsprechung heraus gearbeiteten Kriterien eine Bewertung vorzunehmen.

Dazu ein Beispiel:[16] In einer Jugendzeitschrift für Kinder im Grundschulalter wurde die Aufforderung ausgesprochen, eine bestimmte gebührenpflichtige Telefonhotline eines Spielzeugherstellers anzurufen, um zu erfahren, welche „neuen, tollen" Spielzeuge es gebe. Im Rahmen der Prüfung der Werbemaßnahme kam zunächst ein möglicher Verstoß gegen § 1 UWG alter Fassung in Betracht. Als relevante Hauptfallgruppe im Rahmen des § 1 UWG alter Fassung erschienen Maßnahmen zum Kundenfang. Innerhalb dieser Hauptgruppe stieß der Bearbeiter im Rahmen der Prüfung auf die anwendbare Untergruppe Ausnutzung der Unerfahrenheit. Dort war dann die relevante Rechtsprechung zu diesem Thema sowie Regelungen zu Selbstbeschränkungen der Werbeindustrie in Bezug auf die Werbung gegenüber Kindern zu finden. Nach deren Prüfung ergab sich, das die Werbung gegenüber Kindern strengen Beschränkungen unterliegt und ins-

---

13 Baumbach/Hefermehl/Köhler, Wettbewerbsrecht a.a.O., §1 Rn. 4.
14 Vgl. dazu im Einzelnen Ziffer 9. III.
15 Vgl. Baumbach/Hefermehl, Wettbewerbsrecht 22. Auflage München 2001, Gliederung bei § 1 UWG.
16 Vgl. den Sachverhalt OLG Frankfurt, NJW – RR 1994, S. 946.

besondere keine unmittelbaren Konsumaufforderungen an Kinder enthalten soll. Vor diesem Hintergrund wurde die beanstandete Spiele-Hotline als unlauter und wettbewerbswidrig betrachtet und vom Gericht verboten.

13 Auch wenn manche Fallgruppen von Wettbewerbshandlungen, welche früher von der Rechtsprechung als unlauter betrachtet wurden, nach aktuellen Maßstäben des neuen UWG nicht mehr als unlauter zu betrachten sind, gilt das Prinzip der Zuordnung der fraglichen Wettbewerbshandlung zu einer bestimmten Fallgruppe innerhalb einer Anspruchsnorm nach wie vor. Der Gesetzgeber hat, wie sich aus § 4 UWG neuer Fassung ergibt, u.a. zur Schaffung von Transparenz bestimmte bekannte Fallgruppen als **Beispielstatbestände** in das Gesetz aufgenommen. Für viele der auf der Basis des aktuellen UWG zu bewertenden Sachverhalte wird insoweit auch die Kasuistik der bisherigen Rechtsprechung zum früheren UWG relevant sein, soweit diese nicht den Wertungen des aktuellen UWG widerspricht.

IV. Einfluss des EU-Rechts

14 In der Vergangenheit existierten nur relativ wenige Vorschriften auf der Ebene der Europäischen Union, welche unmittelbar Fragen der Werbung regelten. Für das Wettbewerbsrecht sind bis in die Gegenwart in erster Linie Bestimmungen des nationalen Rechts der EU-Mitgliedsstaaten maßgeblich. Vor diesem Hintergrund ist es nicht verwunderlich, dass auch aktuell nach wie vor gravierende Unterschiede zwischen dem Wettbewerbsrecht verschiedener EU-Mitgliedsstaaten bestehen. Die Regelungen des aktuellen deutschen Wettbewerbsrechts dürften auf europäischer Ebene nach wie vor als relativ strikt anzusehen sein. Gleichwohl verfolgt die Europäische Union das Ziel einer möglichst weitgehenden Harmonisierung wettbewerbsrechtlicher Bestimmungen. Gerade in jüngerer Vergangenheit sind diesbezüglich bedeutende Erfolge erzielt worden.

1. Richtlinien

15 Die Europäische Union hat eine Reihe von EU-Richtlinien erlassen, welche zu einer stufenweisen **Harmonisierung** beigetragen haben. Ausgangspunkt ist die EU-Richtlinie über irreführende Werbung aus dem Januar 1984.[17] Diese Richtlinie wurde im Jahr 1997 in Bezug auf vergleichende Werbung ergänzt.[18]

16 Von Bedeutung für das Wettbewerbsrecht sind weiterhin die E-Commerce-Richtlinie aus dem Jahr 2000[19] sowie die Datenschutzrichtlinie für Elektronische Kommunikation.[20] Weitere Richtlinien, welche möglicherweise noch weit gravierendere Änderungen des deutschen Wettbewerbsrechts notwendig machen könnten, sind in Vorbereitung.[21]

---

17 Richtlinie zur Angleichung der Rechts- und Verwaltungsvorschriften der Mitgliedsstaaten über irreführende Werbung (84/450/EWG).
18 Richtlinie zur Änderung der Richtlinie 84/450/EWG über irreführende Werbung zwecks Einbeziehung der vergleichenden Werbung (97/55/EG).
19 Richtlinie über den elektronischen Geschäftsverkehr (2000/31/EG).
20 2002/58/EG.
21 Näher Ohly, Das Neue UWG – Mehr Freiheit für den Wettbewerb?, GRUR 2004, S. 889ff.

2. Rechtsprechung des EuGH

Die Rechtsprechung des Europäischen Gerichtshofs (EuGH), insbesondere in Bezug auf die Warenverkehrsfreiheit (Art. 3 EU-Vertrag[22]) hat wesentlich zu einer gewissen Liberalisierung des deutschen UWG beigetragen.[23] Häufig haben Entscheidungen des EuGH zu einer Abmilderung strenger nationaler Unlauterkeitsgrundsätze geführt. Exemplarisch sei das vom EuGH geprägte Leitbild des aufgeklärten Verbrauchers benannt.[24]

V. Tendenzen, insbesondere Liberalisierung des Wettbewerbsrechts

Für das Wettbewerbsrecht lassen sich in diesem Zusammenhang die Tendenzen einer europäischen Harmonisierung, einer fortlaufenden Deregulierung und Liberalisierung sowie einer Stärkung des Verbraucherschutzes hervorheben.

1. Europäische Harmonisierung

Wesentliche Elemente der Harmonisierung wurden bereits vorstehend geschildert. Auch wenn der deutsche Gesetzgeber mit dem aktuellen UWG die genannten wettbewerbsrechtlich relevanten EU-Richtlinien, insbesondere die EU-Datenschutzrichtlinie für elektronische Kommunikation, umsetzte, bedeutet dies nicht, dass damit das Ziel einer vollständigen Harmonisierung des Wettbewerbsrechts innerhalb der EU auch nur annähernd erreicht ist. Weitere Initiativen der Europäischen Union werden folgen. Hinzuweisen ist in diesem Zusammenhang auf einen Vorschlag der EU-Kommission zur Regelung der Verkaufsförderung im Binnenmarkt[25] sowie auf eine geplante Richtlinie über unlautere Geschäftspraktiken im Geschäftsverkehr zwischen Unternehmen und Verbrauchern.[26] Sollten eine oder gar beide jener bislang als Vorschläge vorliegenden Richtlinien verabschiedet werden, wird dies zu weiteren, möglicherweise weitreichenden Änderungen des deutschen Wettbewerbsrechts führen.

2. Deregulierung und Liberalisierung

Unter anderem vor dem Hintergrund der europäischen Liberalisierung sowie dem Bestreben des deutschen Gesetzgebers, Marktbedingungen zu verbessern, wurde eine Reihe von wettbewerbsbeschränkenden Gesetzen, wie z.B. das Rabattgesetz und die Zugabeverordnung und Teile des UWG in Bezug auf bestimmte Formen der Preiswerbung (§§ 6, 6a – 6c UWG a.F.) und Sonderverkäufe (§§ 7 – 8 UWG a.F.) aufgehoben. Durch das Gesetz vom 21. Juli 1995[27] wurde das Verbandsklagerecht auf bestimmte Verbraucherverbände ausgedehnt.[28]

---

22 Amtsblatt der Europäischen Gemeinschaften C 325/33 ff.
23 Vgl. Sack, Auswirkungen der Art. 30, 36 und 59 ff. EG-Vertrag auf das Recht gegen den unlauteren Wettbewerb, GRUR 1998, S. 871 ff.
24 Vgl. die Entscheidungen des EuGH – Gut Springerheide, GRUR International 1998, S. 795 ff. sowie EuGH – Lifting, NJW 2000, S. 1173, 1175.
25 KOM 2002, 585.
26 COD 2003/0134.
27 BGBl. I, S. 625 ff.
28 § 13 Abs. 2 Ziffer 3 UWG a.F.

VI. Übersicht UWG neu

21 Mit In-Kraft-Treten des neuen UWG am 8. Juli 2004 ist das deutsche Wettbewerbsrecht grundlegend reformiert und modernisiert worden. Anlass für die Reform war u.a. die Überlegung des Gesetzgebers, die mit der Aufhebung des Rabattgesetzes und der Zugabeverordnung eingeleitete Liberalisierung des Wettbewerbsrechts fortzusetzen. Hinzu traten Überlegungen, das deutsche Unlauterkeitsrecht oder jedenfalls Teile davon mit europäischem Gemeinschaftsrecht zu harmonisieren.[29] Auch wenn sich eine Reihe von Bestimmungen des alten UWG – teilweise in modifizierter Form – im neuen Gesetz wiederfinden, ergeben sich beim Vergleich beider Gesetzestexte gravierende Unterschiede.

1. Gesetzeszweck und Begriffe

22 In § 1 des aktuellen UWG wird der integrierte Schutzzweck des Gesetzes und zwar des Schutzes der Mitbewerber, der Verbraucher und der sonstigen Marktteilnehmer vor unlauterem Wettbewerb sowie des Interesses der Allgemeinheit an einem unverfälschten Wettbewerb bestimmt. Dies steht in Einklang mit der bisherigen Schutzzweckbestimmung der Rechtsprechung.[30]

23 Nach § 1 UWG dient das Gesetz dem Schutz vor „unlauterem" Wettbewerb. Der früher in § 1 UWG alter Fassung verwendete Begriff des Verstoßes gegen die guten Sitten wurde aufgegeben. Einerseits wurde der Begriff der „guten Sitten" als antiquiert empfunden, andererseits dient die Verwendung des Begriffs der Unlauterkeit auch dazu, eine gewisse Vereinheitlichung mit dem Gemeinschaftsrecht herzustellen, wo dieser Begriff vielfach verwendet wird.[31]

24 Der Umstand, dass erstmals auch der Zweck des Schutzes der **Verbraucher** in das Gesetz aufgenommen wurde, geht im Übrigen nicht mit einer Erweiterung der Klagemöglichkeiten der Verbraucher einher. Diese bleiben nach wie vor beschränkt.[32]

25 § 2 UWG beinhaltet die zentralen Definitionen des UWG. Der Kernbegriff des neuen UWG ist die „Wettbewerbshandlung", § 2 Abs. 1 Ziffer 1 UWG. Der Begriff ähnelt den früheren Tatbestandsmerkmalen „Handeln im geschäftlichen Verkehr zu Zwecken des Wettbewerbs" und ist auf der Tatbestandsseite von Wettbewerbsverstößen zu prüfen.[33] Der Begriff der Wettbewerbshandlung umfasst neben der eigenen Absatzförderung auch die Förderung des Wettbewerbs von Dritten sowie Handlungen auf der Nachfrageseite.

26 Der neue Begriff der „Marktteilnehmer", § 2 Ziffer 2 UWG, umfasst neben Mitbewerbern und Verbrauchern sämtliche juristischen oder natürlichen Personen, die als

---

29 Gesetzesentwurf der Bundesregierung „Entwurf eines Gesetzes gegen den unlauteren Wettbewerb (UWG)", Bundestagsdrucksache 15/1487, S. 12.
30 Z.B. BGH, NJW 2000, S. 864.
31 Gesetzesentwurf der Bundesregierung „Entwurf eines Gesetzes gegen den unlauteren Wettbewerb (UWG)", a.a.O. S. 16.
32 Siehe im Einzelnen Ziffer B. II. 1. a.).
33 Baumbach/Hefermehl/Köhler, Wettbewerbsrecht, § 2 UWG Rn. 3ff.

Anbieter oder Nachfrager von Waren- oder Dienstleistungen tätig sind. Er wird u.a. in den §§ 3, 4 Ziffer 1 und 11 sowie § 7 UWG verwendet.

Im übrigen definiert § 2 Abs. 1 Ziffer 4 UWG den Begriff der „Nachricht" insbesondere in Bezug auf die elektronische Post (E-Mail). Diese Definition ist insbesondere für die in § 7 Abs. 2 und 3 UWG genannten Formen belästigender Werbung von Bedeutung.[34]

2. Generalklausel, § 3 UWG

Auch das neue UWG beinhaltet in § 3 UWG eine Generalklausel, welche unlautere Wettbewerbshandlungen verbietet.[35] Mit der in der neuen Bestimmung enthaltenen Erheblichkeitsklausel werden Bagatellfälle von der Anwendung des UWG ausgeschlossen.

Die Generalklausel wird gemäß § 4 UWG durch einen Beispielkatalog typischer Unlauterkeitshandlungen ergänzt. Die nun vorliegende Systematik des § 4 Ziffer 1 bis 11 UWG aktueller Fassung ist in wesentlichen Teilen an die bisherige, von der Rechtsprechung geprägte Kasuistik angelehnt.[36]

3. Irreführungsverbot, § 5 UWG

Das bislang im § 3 UWG alter Fassung angesiedelte Verbot irreführender Werbung ist an die insoweit maßgebliche EU-Richtlinie 84/450/EWG angepasst worden und nun in § 5 UWG enthalten. Hinzuweisen ist auf die neu eingeführten Spezialregelungen zu Sonder- und Lockvogelangeboten in § 5 Abs. 4 und 5 UWG neuer Fassung.

4. Sonstiges

Die bisherige Regelung vergleichender Werbung, § 2 UWG alter Fassung, wurde unverändert übernommen und ist nunmehr in § 6 UWG enthalten.

Mit der Bestimmung des neuen § 7 UWG (unzumutbare Belästigungen) werden spezifische Formen belästigender Werbung nunmehr gesondert geregelt.[37] Die aktuelle Regelung beruht u.a. auf den Bestimmungen der oben erwähnten EU-Datenschutzrichtlinie für elektronische Kommunikation 2002/58/EG. § 7 UWG regelt insbesondere die Zulässigkeit von Verhaltensweisen wie unerwünschter Telefonwerbung und das Spamming, die Versendung von Werbe-E-Mails ohne Zustimmung des Empfängers.

Verfahrensrechtliche Regelungen sind in Kap. 2 des aktuellen UWG (§§ 8 – 11) enthalten. Es geht um unterschiedliche Arten von Ansprüchen wie Beseitigung und Unterlassung, Schadensersatz, und – neu eingefügt – Gewinnabschöpfung sowie die Regelung der Verjährung.[38]

---

34 Näher Harte/Henning/Keller, UWG, § 2 Rn. 2ff.
35 Vgl. dazu im Einzelnen B. III. 1.
36 Vgl. zur bisherigen Kasuistik Baumbach/Hefermehl, Wettbewerbsrecht, 22. Auflage München 2001, Inhaltsübersicht zu § 1 UWG (S. 493ff.).
37 Siehe dazu im Einzelnen Ziffer B. III. 5.
38 Siehe dazu im Einzelnen Ziffer B. IV.

34 Kap. 3 des aktuellen UWG beinhaltet eine Reihe verfahrensrechtlicher Regelungen. Dazu gehören zunächst Bestimmungen zur Anspruchsdurchsetzung einschließlich des Abmahnverfahrens, zur Urteilsveröffentlichung und zur Bestimmung des Streitwerts, § 12 UWG.[39] In § 13 und 14 UWG werden die sachliche und örtliche Zuständigkeit der Gerichte geregelt.[40] § 15 UWG beinhaltet detaillierte Regelungen zum Einigungsstellenverfahren.

35 In Kap. 4 des aktuellen UWG sind die, im wesentlichen an die bisherigen Regelungen im alten Gesetz angelehnten, Strafvorschriften wie u.a. zur strafbaren Werbung und zum Geheimnisverrat enthalten.

---

39 Siehe dazu im Einzelnen Ziffer B V. sowie C. III. 5.
40 Siehe dazu im Einzelnen Ziffer C. II. 4.

§ 2 Vorprozessuale Situation

I. Ausgangspunkte für Streitigkeiten

Auch wenn das Spektrum wettbewerbsrechtlicher Auseinandersetzungen vielfältig ist, ergeben sich in der Praxis häufig typische Ausgangspunkte für Rechtsstreitigkeiten. Je nach Art der in Betracht kommenden Fallgruppe stehen neben dem nahezu stets relevanten **Unterlassungsanspruch** auch teilweise weitere Ansprüche, wie insbesondere **Auskunfts-** und **Schadensersatzansprüche**, im Raum.

1. Werbung

Werbemaßnahmen von Marktteilnehmern stellen einen zentralen Ausgangspunkt für wettbewerbsrechtliche Auseinandersetzungen dar. Das gilt für Werbung in Printmedien wie auch in sonstigen Medien und im Internet. In vielen Fällen werden von Mitbewerbern oder Verbänden ein irreführender Gehalt der Werbung, § 5 UWG, oder Verstöße gegen die wettbewerbsrechtliche Generalklausel, § 3 UWG, geltend gemacht. Sonstige Ansprüche wie Auskunfts- und Schadensersatzansprüche sind in diesen Fällen eher selten, da der Nachweis des Schadens für den betreffenden Mitbewerber in der Regel nur sehr schwierig zu führen ist.

Besondere Überlegungen ergeben sich bei Auseinandersetzungen über Werbemaßnahmen im Internet. Das gilt einerseits in Bezug auf die Frage des anwendbaren Rechts und des Gerichtsstandes, wenn der Werbende nicht in der Bundesrepublik Deutschland ansässig ist sowie bei der Durchsetzung und Vollstreckung von Ansprüchen bei gerichtlichen Streitigkeiten mit grenzüberschreitendem Inhalt. Darüber hinaus ergeben sich insoweit gerade in den Fällen, in denen der unmittelbare Verletzer nicht oder nur mit großen Schwierigkeiten greifbar ist, Fragen nach der Inanspruchnahme von Dritten wie z.B. dem zuständigen Internetprovider oder inländischen Tochtergesellschaften des Verletzers.

2. Vertriebsmaßnahmen

Der Vertrieb von Waren- und Dienstleistungen bildet eine weitere typische Fallgruppe für wettbewerbsrechtliche Auseinandersetzungen. Der Unlauterkeitsvorwurf kann sich insoweit u.a. aus dem Produkt selbst (z.B. dessen Gestaltung und Aufmachung) oder aber der Art und Weise des Vertriebes (z.B. Belästigung oder aleatorische Anreize) ergeben. Auch wenn Unterlassungs- und Beseitigungsansprüchen hier zentrale Bedeutung zukommt, kommen in diesen Szenarien häufig auch Auskunfts- und Schadensersatzansprüche von Mitbewerbern in Betracht. Selbst wenn die Bezifferung eines Schadensersatzanspruches sich für einen betroffenen Mitbewerber schwierig gestaltet, kann bereits die Durchsetzung eines detaillierten Auskunftsanspruchs[41] den Mitbewerber empfindlich treffen.

Zu berücksichtigen ist im Übrigen, das derartige Streitigkeiten, die den Vertrieb von Produkten berühren, in der Regel weit höhere wirtschaftliche Bedeutung haben. Des-

---

41 Z.B. Auskunft hinsichtlich des Umfangs der Produktion und des Vertriebes, gestaffelt nach der Art der einzelnen Produkte und einzelnen Abnehmern.

wegen werden die beteiligten Parteien in solchen Fällen auch eher zur Durchführung einer gerichtlichen Auseinandersetzung neigen. Höhere wirtschaftliche Risiken ergeben sich hier auch für den Beschwerdeführer, da dieser, sollte sich die Beanstandung als unberechtigt erweisen, Adressat von Gegenmaßnahmen des Anspruchsgegners wie z.B. einer Gegenabmahnung und von signifikanten Schadensersatzansprüchen, z.B. gemäß § 945 ZPO, werden kann.

3. Sonstige unlautere Handlungen

41 Aus der unübersehbaren Menge in Betracht kommender Szenarien für wettbewerbsrechtliche Streitigkeiten sind Fälle gezielter Maßnahmen eines Marktteilnehmers gegen einen Mitbewerber hervorzuheben. Beispielsweise kann es sich um Geschäftsehrverletzungen, besondere Formen der **Preisunterbietung** in **Vernichtungsabsicht** oder die **unmittelbare Übernahme fremder Leistungen** handeln. In derartigen Konstellationen wird sich die Streitigkeit, sofern ein gewisser Schaden durch die Wettbewerbshandlung entstanden ist, neben der Durchsetzung von Unterlassungsansprüchen zumeist auch auf die Durchsetzung von Schadensersatzansprüchen im Hauptverfahren erstrecken.

II. Parteien

42 Der Kreis möglicher Beteiligter in wettbewerbsrechtlichen Streitigkeiten ist weiter als üblich in zivilprozessualen Verfahren. Das aktuelle UWG beinhaltet diesbezüglich teilweise Neuerungen und bestimmt in § 2 UWG u.a. die „Mitbewerber", „Verbraucher" und „sonstige Marktteilnehmer" sowie in § 8 Abs. 3 Ziffer 2 bis 4 UWG bestimmte rechtsfähige Verbände, bestimmte qualifizierte Einrichtungen sowie die Industrie- und Handelskammern oder Handwerkskammern. Sämtliche Beteiligte können unter bestimmten Voraussetzungen als Anspruchsgläubiger an wettbewerbsrechtlichen Streitigkeiten beteiligt sein.

43 Auf der Seite der Anspruchsgegner können neben dem unmittelbar handelnden Verletzer auch weitere Dritte wie z.B. Anstifter oder Gehilfen oder das Unternehmen des unmittelbar handelnden Verletzers als Adressaten wettbewerbsrechtlicher Ansprüche in Betracht kommen.

1. Gläubiger

44 Auch wenn das aktuelle UWG eine Reihe möglicher beteiligter bzw. klageberechtigter Personen nennt, sind diese nur in ganz beschränktem Umfang bzw. teilweise überhaupt nicht berechtigt, Ansprüche aus dem Gesetz geltend zu machen.

45 Darüber hinaus ist im Rahmen der Beurteilung der Gläubigerstellung stets sorgfältig zwischen der materiellen Anspruchsberechtigung einerseits und der von Amts wegen im Rechtsstreit zu prüfenden Prozessführungsbefugnis zu differenzieren.

a) Verbraucher

46 Das neue UWG bestimmt in § 1 ausdrücklich, dass sich das Gesetz auch auf den Schutz der Verbraucher bezieht. Gemäß § 2 Abs. 2 UWG, § 13 BGB ist ein Verbraucher jede natürliche Person, die ein Rechtsgeschäft zu einem Zweck abschließt, das weder ihrer gewerblichen noch ihrer selbstständigen beruflichen Tätigkeit zugerechnet werden kann.

Diese Schutzzweckbestimmung begründet keinen Individualrechtschutz des Verbrauchers. Die Zuerkennung von individuellen Klagerechten des Verbrauchers bei Verstößen gegen das UWG wurde im Zuge der Vorbereitung des aktuellen UWG diskutiert. Der Gedanke wurde jedoch letztlich verworfen, da betroffene Unternehmen und sonstige Marktteilnehmer in einer derartigen Situation voraussichtlich mit einer Vielzahl von Klagen von Verbrauchern und entsprechenden Belastungen rechnen müssten, was in der Bundesrepublik Deutschland Standortnachteile nach sich ziehen könnte. Die Zuerkennung von individuellen Klagerechten für Verbraucher hätte insoweit eine nach Auffassung der Reformbeteiligten nicht erstrebenswerte Absenkung des wettbewerbsrechtlichen Schutzniveaus erfordert.[42]

47

Insoweit bleiben Verbraucher, wenn sie sich gegen vermeintlich unrechtmäßige Wettbewerbshandlungen von Unternehmen und sonstigen Marktteilnehmern zur Wehr setzen wollen, auf das allgemeine Vertrags- und Deliktsrecht beschränkt. Auf diese Weise wird ein ausreichender Schutz der Verbraucher gewährleistet.[43] Der Schutz der Verbraucher vor unlauterer Werbung für Produkte oder Dienstleistungen wurde ohnehin in der jüngeren Vergangenheit durch vielfältige Maßnahmen, z.B. durch die im Jahr 2002 in Kraft getretene Schuldrechtsreform und die Einbeziehung von Werbeaussagen zur Beurteilung von Sachmängeln, § 434 Abs. 1 S. 3 BGB, weiter verbessert.

48

Insbesondere zum Schutz von Verbraucherinteressen billigt das neue Gesetz in § 8 Abs. 3 Ziffer 3 UWG **Verbraucherverbänden** Unterlassungs- und Beseitigungsansprüche sowie gegebenenfalls Ansprüche auf Herausgabe eines etwaigen Verletzergewinns, § 10 UWG,[44] zu.

49

b) Sonstige Marktteilnehmer

In § 1 und § 2 Abs. 1 Ziffer 2 UWG aktueller Fassung wird die Kategorie „sonstige Marktteilnehmer" bestimmt. Nach der Legaldefinition des § 2 Abs. 1 Ziffer 2 UWG sind dies all die Anbieter oder Nachfrager von Waren- oder Dienstleistungen, welche nicht bereits als Mitbewerber oder Verbraucher zu qualifizieren sind. Die Aufnahme dieses Begriffes dient dazu, den Schutz vor unlauterem Wettbewerb in Vertikalverhältnissen auch auf andere Beteiligte als Verbraucher zu erstrecken, wie z.B. nachfragende Unternehmen oder juristische Personen des öffentlichen Rechts.[45] Hiermit ist u.a. bezweckt, die unternehmerische Marktgegenseite im Rahmen des so genannten Stufenwettbewerbs zu erfassen.[46]

50

Sonstige Marktteilnehmer können Ansprüche nach dem UWG nicht individuell geltend machen. Der Schutz dieser Beteiligten wird insbesondere kollektivrechtlich über die Anspruchsberechtigten gemäß § 8 Abs. 3 Ziffer 2 und 4 gewährleistet.

51

---

42 Gesetzesentwurf der Bundesregierung „Entwurf eines Gesetzes gegen den unlauteren Wettbewerb (UWG)" a.a.O., S. 22.
43 Im Einzelnen Köhler, UWG – Reform und Verbraucherschutz, GRUR 2003, S. 265 ff.
44 Siehe dazu im Einzelnen B. IV. 5.
45 Baumbach/Hefermehl/Köhler, Wettbewerbsrecht, § 2 UWG Rn. 56.
46 Harte/Henning/Keller, UWG, § 2 Rn. 8.

c) Verbände zur Förderung gewerblicher oder selbstständiger beruflicher Interessen

52 Bereits nach § 13 Abs. 2 Ziffer 2 des früheren UWG waren derartige Verbände berechtigt, bestimmte Unterlassungsansprüche, insbesondere nach den Generalklauseln der §§ 1 und 3 UWG alter Fassung, geltend zu machen. Eine ähnliche Befugnis ist nunmehr der Bestimmung des § 8 Abs. 3 Ziffer 2 UWG zu entnehmen. Derartige Verbände müssen, um anspruchsberechtigt zu sein, bestimmte in § 8 Abs. 3 Ziffer 2 UWG festgelegte Anforderungen erfüllen. Dazu gehört einerseits der entsprechende Satzungszweck zur Förderung gewerblicher oder selbstständiger beruflicher Interessen. Die Verbände müssen rechtsfähig und damit als juristische Personen des Privat- oder des öffentlichen Rechts strukturiert sein. Als Verbände im Sinne von § 8 Abs. 3 Ziffer 2 UWG kommen u.a. **Fachverbände**[47] oder privatrechtlich verfasste **Berufsorganisationen** bzw. die **Kammern der freien Berufe** in Betracht.[48] Zu Letzteren gehören u.a. die Anwalts-, Steuerberater-, Ärzte- und Architektenkammern.

53 Insbesondere bei kleineren Verbänden kann sich die Frage ergeben, ob diese entsprechend den Anforderungen des § 8 Abs. 3 Ziffer 2 UWG eine erhebliche Anzahl von Mitgliedern haben, die Waren oder Dienstleistungen gleicher oder verwandter Art auf demselben Markt vertreiben. Insoweit ist zu prüfen, ob diese Mitgliedsunternehmen des Verbandes dem Anspruchsgegner auf demselben sachlich und räumlich relevanten Markt als Wettbewerber gegenübertreten.[49]

54 Für die Frage, was als eine „erhebliche Zahl" von Mitgliedsunternehmen im Sinne des § 8 Abs. 3 Ziffer 2 UWG anzusehen ist, besteht keine fixe prozentuale Grenze. Jedenfalls sollten Mitbewerber in einem gewissen repräsentativem Umfang vertreten sein, so dass ein Missbrauch des agierenden Verbandes ausgeschlossen ist.[50] Zu fragen ist, ob die Anzahl der betreffenden Verbandsmitglieder den Schluss, dass der Verband nicht allein Individualinteressen, sondern kollektive Interessen der Wettbewerber wahrnimmt,[51] rechtfertigt. Die Zentrale zur Bekämpfung unlauteren Wettbewerbs e.V., Bad Homburg (Wettbewerbszentrale), stellt den bedeutendsten Verband in diesem Bereich dar. Eine Auflistung von weiteren, auch nach dem Unterlassungsklagegesetz[52] aktivlegitimierten Verbänden, ist § 1 der Unterlassungsklageverordnung[53] zu entnehmen.

55 Der Nachweis einer entsprechenden Anspruchsberechtigung wird in der Praxis von Verbänden im Sinne des § 8 Abs. 3 Ziffer 2 UWG durch den beweisbelasteten Verband im Wege der Vorlage einer Liste, welche in der Regel die Namen, Branchen und Geschäftsbereiche der Mitglieder beinhaltet, geführt.

---

47 BGH – Fachverband, GRUR 2000, S. 1093f.
48 Harte/Henning/Bergmann, UWG, § 8 Rn. 275.
49 BGH – Preisrätselgewinnauslobung IV, GRUR 1997, S. 146.
50 BGH – Händlervereinigung, GRUR 1998, S. 170.
51 Baumbach/Hefermehl/Köhler, Wettbewerbsrecht, § 8 UWG Rn. 3.42.
52 BGBl. I. 2004, S. 3102ff.
53 BGBl. I. 2004, S. 1414ff.

II. Parteien

d) Anspruchsberechtigte entsprechend den Bestimmungen des § 8 Abs. 3 Ziffer 3 und 4 UWG

Qualifizierte Einrichtungen im Sinne von § 4 des Unterlassungsklagegesetzes bzw. dem Verzeichnis der EU-Kommission nach Art. 4 der EU-Richtlinie 98/27/EG sind nach aktuellem Recht anspruchsberechtigt, § 8 Abs. 3 Ziffer 3 UWG. Insoweit kommen vor allem Verbraucher- und Mietervereine in Betracht. Eine Aufstellung insoweit klageberechtigter Klageverbände mit dem Stand 03.06.2004 ist u.a. Baumbach/Hefermehl/Köhler, Wettbewerbsrecht[54] zu entnehmen. Anders als die Verbände im Sinne des § 8 Abs. 3 Ziffer 3 UWG müssen diese Anspruchsberechtigten im Rahmen einer Abmahnung oder eines Gerichtsverfahrens nicht den mitunter mühseligen Nachweis ihrer Anspruchsberechtigung führen. Im übrigen sind die Industrie- und Handelskammern sowie die Handwerkskammern gemäß § 8 Abs. 3 Ziffer 4 UWG anspruchsberechtigt.

e) Mitbewerber

Der im Gesetz in § 2 Ziffer 3 UWG definierte Begriff wurde bereits vorstehend[55] erläutert. In einem konkreten Wettbewerbsverhältnis stehen Unternehmen dann, wenn sie die gleichen oder gleichartige Waren- oder Dienstleistungen innerhalb desselben Abnehmerkreises anbieten und die beanstandete Wettbewerbshandlung den Absatz des anderen Unternehmens beeinträchtigen kann.[56] Es bedarf insoweit einer Analyse, ob die Beteiligten auf demselben sachlich, räumlich und zeitlich relevanten Markt tätig sind. Dies kann gegebenenfalls auch bei einer Angehörigkeit der Beteiligten auf unterschiedlichen Wirtschaftsstufen, z.B. zwischen einem Hersteller und Händler, der Fall sein.[57]

Eine Abtretung von Ansprüchen durch Mitbewerber oder Verbände ist aufgrund der höchstpersönlichen Natur der Ansprüche nach dem UWG gemäß § 399 Alt. 1 BGB ausgeschlossen.

f) Missbrauch, § 8 Abs. 4 UWG

§ 8 Abs. 4 UWG will die missbräuchliche Geltendmachung von Unterlassungs- und Beseitigungsansprüchen unterbinden. Hintergrund der Bestimmung sind insbesondere missbräuchliche Verhaltensweisen von Marktteilnehmern in der Vergangenheit, bei deren Abmahnungen bzw. gerichtlichen Maßnahmen Gebührenerzielungsabsichten oder die Belastung des Anspruchsgegners mit erhöhten Prozesskosten erkennbar im Vordergrund standen.[58] Wie sich aus dem Text von § 8 Abs. 4 UWG ergibt, ist insoweit eine Abwägung der Gesamtumstände des Einzelfalles geboten.

Die Anspruchsberechtigung im Sinne von § 8 UWG kann u.U. entfallen, wenn diese vom Anspruchsführer zu nicht gesetzeskonformen Zwecken missbraucht wird. Diese Bestimmung ist insbesondere auf die Bekämpfung von Mehrfachabmahnungen oder gar „Konzernsalven" gemünzt, bei denen vor allem Gebührenerzielungsabsichten oder

---

54 § 8 Rn. 3.53.
55 Vgl. Ziffer B. II. 1. e.).
56 BGH – Immobilienpreisangaben, GRUR 2001, S. 258.
57 BGH – EG–Neufahrzeug I, GRUR 1999, S. 1122, 1123.
58 Z.B. BGH- Missbräuchliche Mehrfachverfolgung, GRUR 2000, S. 1089, 1090.

Breuer

gegebenenfalls auch der Ansatz, besondere Kosten und Aufwand beim Abgemahnten auszulösen, im Vordergrund stehen.[59] Dabei handelte es sich in der Praxis z.B. um diverse einheitlich koordinierte Abmahnungen in Bezug auf einen identischen Sachverhalt, welche von jeweils als eigenständige Gesellschaften strukturierten Fachmärkten einer bundesweit tätigen Fachmarkt-Kette ausgingen.

61 Auch die Anspruchsverfolgung durch Verbände kann missbräuchlich erscheinen, wenn diese primär der Erzielung von Abmahngebühren und Vertragsstrafen dient.[60] Indizien für einen solchen Missbrauch können u.a. in der vielfachen Verfolgung von Verstößen und dem Mangel jeglicher sonstigen Verbandstätigkeit bestehen.

2. Schuldner

62 Als Schuldner wettbewerbsrechtlicher Ansprüche kommen nicht allein der unmittelbar Handelnde, sondern auch weitere Dritte in Betracht.

a) Verletzer

63 Verletzer ist derjenige, der eine Wettbewerbshandlung, § 2 Abs. 1 Ziffer 1 UWG, begeht und gegen eine Bestimmung des UWG oder wettbewerbsrechtlicher Nebengesetze wie z.B. dem Heilmittelwerbegesetz[61] verstößt.

64 Wie sich aus dem Wortlaut von § 2 Abs. 1 Ziffer 1 UWG ergibt, kann die Wettbewerbshandlung auch zu Gunsten eines fremden Unternehmens erfolgen. Der Handelnde kann z.B. bestrebt sein, durch bestimmte Maßnahmen den Absatz eines oder mehrerer dritter Unternehmen zu fördern.[62] Selbst eine Tätigkeit eines Verbandes zur Förderung der gewerblichen Interessen einer ganzen Gruppe von Mitgliedsunternehmen[63] kann bei einem Verstoß gegen Bestimmungen des UWG oder wettbewerbsrechtlicher Nebengesetze den Tatbestand der Wettbewerbshandlung und die Verletzereigenschaft des Verbandes begründen.

65 Auch diejenigen, die – ohne Täter zu sein – einen anderen zur Begehung eines Wettbewerbsverstoßes anstiften oder vorsätzlich einem Verletzer zu dessen ebenfalls vorsätzlich begangenem Wettbewerbsverstoß Hilfe leisten,[64] kommen selbst als Schuldner wettbewerbsrechtlicher Ansprüche in Betracht.

b) Haftung für Dritte

66 Die Haftung des Unternehmens für wettbewerbswidrige Handlungen oder Unterlassungen von Repräsentanten richtet sich nach den §§ 31, 89 BGB. Diese **Repräsentantenhaftung** wurde von der Rechtsprechung[65] auch auf sonstige Führungskräfte wie leitende Mitarbeiter ausgedehnt, welche kraft ihrer Position eigenverantwortlich eine bedeutsame Funktion des Unternehmens ausüben. Dies kann z.B. einen Marketinglei-

---

59 Im Einzelnen Baumbach / Hefermehl / Köhler, Wettbewerbsrecht, § 8 Rn. 4.10 ff.
60 Näher Harte / Henning / Bergmann, UWG, § 8 Rn. 317.
61 BGBl. I 1994, S. 3068.
62 BGH – Beteiligungsverbot für Schilderpräger, GRUR 2000, S. 344, 347.
63 BGH – Testfotos II, WRP 1996, S. 1100.
64 BGH – Kleidersack GRUR 2003, S. 624.
65 BGH – Haftung eines Wirtschaftsberatungsunternehmens, NJW 1998, S. 1854, 1856.

ter, Führungskräfte im Vertrieb oder entscheidungsbefugte Mitarbeiter in der Rechtsabteilung des Unternehmens betreffen. In diesen Fällen kann der von einer unlauteren Wettbewerbshandlung Betroffene mithin sowohl gegen das Unternehmen als auch gegen die unmittelbar handelnde Führungskraft vorgehen.

Aufgrund der aktuellen Bestimmung des § 8 Abs. 2 UWG ist der Haftungszurechnungstatbestand des § 831 BGB für Verrichtungsgehilfen und die damit verbundene Entlastungsmöglichkeit des Unternehmers, der Praxis im Fall von Ansprüchen gemäß § 8 Abs. 1 UWG irrelevant. Nach § 8 Abs. 2 UWG haftet das Unternehmen für Zuwiderhandlungen von Mitarbeitern oder Beauftragten. Eine Entlastungsmöglichkeit des Unternehmens besteht insoweit nicht. Es kommt für die Haftungszurechnung nicht auf das Wissen des Unternehmers oder den Umstand, dass möglicherweise sogar gegen seinen Willen gehandelt wurde, an.[66]

Diese Zurechnungsnorm gilt jedoch lediglich für Unterlassungs- und Beseitigungsansprüche, nicht jedoch für Schadensersatzansprüche.[67] Der Begriff der Beauftragten ist weit auszulegen. Dazu können u.a. auch außenstehende Dritte wie z.B. Franchisenehmer,[68] Handelsvertreter sowie Werbeagenturen gehören.[69]

Im Zuge des stetig steigenden Stellenwerts des Internets als Werbeforum bleibt festzuhalten, dass die Anbieter von Tele- bzw. Mediendiensten für eigene Informationen, welche sie im Internet bereitstellen, grundsätzlich nach allgemeinen Gesetzen haften, § 8 Abs. 1 Teledienstegesetz (TDG) sowie § 5 Abs. 1 Mediendienste-Staatsvertrag (MDStV). Eine Identifizierung des jeweiligen Anbieters der Webseite wird durch die im kommerziellen Bereich notwendige Angabe des Impressums, § 6 TDG, mit detaillierten Angaben über den Anbieter des Dienstes erleichtert.

Eine differenzierte und teilweise stark eingeschränkte Haftung des Diensteanbieters ergibt sich jedoch in Bezug auf die Bereitstellung von fremden Informationen.[70] Wird ein Diensteanbieter allerdings darauf aufmerksam gemacht, dass sich auf seinen Webseiten rechtswidrige Informationen, gleichgültig ob eigene oder fremde, befinden, muss er diese entfernen. Erfolgt keine Entfernung binnen angemessener Frist, so haftet der Diensteanbieter auch bei fremden Informationen selbst.

Anders als bei Diensteanbietern ist die Haftung der Vergabe- und Verwaltungsstelle für .de-Domains (DENIC) weitgehend ausgeschlossen.[71]

Stellt sich heraus, dass der betreffende Anbieter einer Website seinen Sitz in einem Mitgliedstaat der europäischen Union hat, gilt das so genannte Herkunftslandprinzip, was dazu führen kann, dass das jeweilige Heimatrecht des Anbieters auf die Streitigkeit anzuwenden ist.[72]

---

66 Harte / Henning / Seitz / Bergmann, UWG, § 8 Rn. 242.
67 BGH – Neu in Bielefeld – NJW 2001, S. 441.
68 BGH – Franchisenehmer, GRUR 1995, S. 605, 607.
69 Baumbach / Hefermehl / Köhler, Wettbewerbsrecht, § 8 Rn. 2.45 m.w.N.
70 § 5 MDStV bzw. §§ 9 bis 11 TDG.
71 BGH – ambiente.de, GRUR 2001, s. 1039f.
72 § 4 Abs. 5 TDG – vgl. dazu näher Ziffer C. II. 4.

Breuer

73 Ergibt sich, dass verschiedene Personen nebeneinander Schuldner eines wettbewerbsrechtlichen Anspruches sind, kann der Gläubiger frei entscheiden, ob er alle Beteiligten, einen Teil der Beteiligten oder aber nur einen einzelnen Beteiligten in Anspruch nimmt.

III. Anspruchsgrundlagen – Übersicht

74 Das neue UWG in der seit 08.07.2004 gültigen Fassung beinhaltet eine Reihe wesentlich umgestalteter Anspruchsgrundlagen. Daneben wurden bisherige Regelungen über Sonderveranstaltungen und Verkäufe aus besonderen Anlässen (§§ 7, 8 UWG alter Fassung) sowie die Regelungen zu Insolvenzwarenverkäufen, zur Werbung mit der Hersteller- bzw. Großhändlereigenschaft und zum Kaufscheinhandel (§§ 6, 6a, 6b UWG alter Fassung) aufgehoben.

1. Generalklausel, § 3 UWG

75 Die aktuelle Bestimmung des § 3 UWG beinhaltet entsprechend der früheren Regelung des § 1 UWG alter Fassung ein allgemeines Verbot unlauteren Wettbewerbs. Eine solche Generalklausel bietet den notwendigen Spielraum, auch neuartige Wettbewerbsmaßnahmen sachgerecht zu beurteilen und gleichzeitig sich wandelnden Auffassungen und Wertmaßstäben Rechnung zu tragen.[73] Die Konkretisierung der Bestimmung bleibt wie zuvor Aufgabe der Rechtsprechung. Nach wie vor setzt die Feststellung eines Verstoßes gegen die wettbewerbsrechtliche Generalklausel eine umfassende Interessenabwägung der Umstände des Einzelfalls voraus.

76 Nach der Bestimmung des § 3 UWG sind unlautere Wettbewerbshandlungen, die geeignet sind, den Wettbewerb zum Nachteil der Mitbewerber, der Verbraucher oder der sonstigen Marktteilnehmer nicht nur unerheblich zu beeinträchtigen, unzulässig. Gegenüber dem alten § 1 UWG weicht die aktuelle Bestimmung zunächst im Hinblick auf den Begriff der „Wettbewerbshandlung" ab.[74] Der Begriff bezeichnet Handlungen mit dem Zweck, eigenen oder fremden Absatz oder Bezug von Waren und/oder Dienstleistungen zu fördern und soll im Übrigen zur Abgrenzung des Anwendungsbereichs des Wettbewerbsrechts vom Deliktsrecht dienen.[75]

77 Im übrigen wurde der Begriff des Verstoßes gegen die guten Sitten durch den Begriff der Unlauterkeit ersetzt. Eine Definition der Unlauterkeit ist im aktuellen Gesetz nicht enthalten. Nach der Gesetzesbegründung[76] werden alle Handlungen, die den anständigen Gepflogenheiten in Handel, Gewerbe, Handwerk oder selbstständigen beruflichen Tätigkeiten zuwiderlaufen, als unlauter eingestuft. Es ist jedoch ungeachtet der geänderten Wortwahl nicht zu erwarten, dass sich diesbezüglich jedenfalls kurzfristig gravierende Änderungen gegenüber der bisherigen Rechtsprechung zu § 1 UWG alter Fassung ergeben. Insoweit kann unter Berücksichtigung der aktuellen Schutzzwecke des

---

[73] Gesetzesentwurf der Bundesregierung „Entwurf eines Gesetzes gegen den unlauteren Wettbewerb (UWG)", S. 16.
[74] Siehe oben A. VI. 1.
[75] Näher Baumbach/Hefermehl/Köhler, Wettbewerbsrecht, § 2 Rn. 3 f.
[76] Gesetzesentwurf der Bundesregierung „Entwurf eines Gesetzes gegen den unlauteren Wettbewerb (UWG)", S. 16.

UWG und des gegenwärtigen Verbraucherleitbildes durchaus an die bisherige Rechtsprechung zu § 1 UWG alter Fassung angeknüpft werden.

Nach der Rechtsprechung zu § 1 UWG alter Fassung beinhaltete der Unlauterkeitsvorwurf ein subjektives Tatbestandselement. Der Verletzer musste die Tatumstände kennen, welche bei objektiver Betrachtung die Sittenwidrigkeit seines Handelns begründeten.[77] Demgegenüber wird nach aktueller Rechtslage der Begriff der Unlauterkeit künftig eher von den nachteiligen Auswirkungen der Wettbewerbshandlung auf die Marktteilnehmer und den Wettbewerb abhängen. Lediglich bei bestimmten Wettbewerbshandlungen wie z.B. der gezielten Behinderung von Mitbewerbern wird es nach wie vor auch auf die Kenntnis des Verletzers von unlauterkeitsbegründenden Umständen ankommen.[78]

Nach der aktuellen Fassung des § 3 UWG ist unlauterer Wettbewerb nur mehr dann verboten, wenn die Handlung geeignet ist, den Wettbewerb zum Nachteil der Mitbewerber, der Verbraucher oder der sonstigen Marktteilnehmer nicht nur unerheblich zu beeinträchtigen. Eine solche allgemeine Relevanzschwelle existierte im UWG alter Fassung nicht. Lediglich in Bezug auf die Anspruchsberechtigung von bestimmten Gewerbetreibenden, Wirtschaftsverbänden und Verbraucherverbänden fanden sich ähnliche Regelungen, welche bezweckten, Bagatellfälle von der Verfolgung auszuschließen.[79]

Auch die aktuelle Regelung soll die Verfolgung von Bagatellfällen ausschließen, so dass die Erheblichkeitsschwelle nicht besonders hoch anzusetzen ist.[80] Als Kriterien zur Beurteilung der Frage der Relevanz des Verstoßes kommen in Rahmen einer Abwägung u.a. der Umfang des durch die Wettbewerbshandlung erzielten Vorteils, die Anzahl der in ihren Interessen betroffenen Marktteilnehmer oder – mit Einschränkungen – die durch den Verstoß geschaffene Nachahmungsgefahr in Betracht.[81]

2. Beispielkatalog, § 4 UWG

Die aktuelle Fassung des § 4 UWG kodifiziert vor allem bestimmte **Fallgruppen**, welche bereits von der Rechtsprechung zu § 1 UWG alter Fassung herausgebildet wurden. Dies dient dazu, die Generalklausel des § 3 zu präzisieren und größere Transparenz im Umgang mit der Generalklausel zu schaffen.[82] Wie die eingangs in § 4 verwendete Formulierung „insbesondere" verdeutlicht, ist der Katalog des § 4 nicht abschießend.

Hinzuzufügen ist, das bestimmte Fallgruppen nach § 1 UWG alter Fassung wie z.B. das übertriebene Anlocken nicht im Beispielkatalog des aktuellen § 4 UWG wiedergegeben sind. Daraus ist umgekehrt jedoch nicht abzuleiten, dass derartige Verhaltensweisen zukünftig stets als lauter zu behandeln sind. Die mangelnde Erwähnung solcher Fallgruppen im aktuellen Beispielskatalog des § 4 UWG kann bestenfalls als

---

77 BGH – Indizienkette GRUR 1995, S. 693, 695.
78 Baumbach/Hefermehl/Köhler, Wettbewerbsrecht, § 3 Rn. 41.
79 Vgl. § 13 Abs. 2 UWG alter Fassung.
80 Heermann, Die Erheblichkeitsschwelle im Sinne des § 3 UWG, GRUR 2004, S. 94 ff.
81 Näher Harte/Henning/Schünemann, UWG, § 3 Rn. 249 f.
82 Gesetzesentwurf der Bundesregierung „Entwurf eines Gesetzes gegen den unlauteren Wettbewerb (UWG)" S. 17.

beschränktes Indiz zugunsten der Lauterkeit solcher Maßnahmen gewertet werden. Es bedarf auch in Bezug auf solche Verhaltensweisen einer Prüfung, ob die Wettbewerbshandlung z.B. die Entscheidungsfreiheit der Verbraucher mehr als nur unerheblich beeinträchtigt.

83 Durch die Bezugnahme in § 4 UWG auf § 3 UWG wird darüber hinaus deutlich, dass die Bagatellklausel auch für sämtliche Tatbestände des § 4 UWG gilt. Entsprechende Verweisungen auf § 3 UWG befinden sich im § 5 Abs. 1 sowie § 7 Abs. 1 UWG, so dass die umfassende Geltung der Bagatellschwelle sichergestellt ist.

a) Beeinträchtigung der Entscheidungsfreiheit, § 4 Ziffer 1 UWG

84 § 4 Ziffer 1 UWG bestimmt, dass derjenige, der Wettbewerbshandlungen vornimmt, die geeignet sind, die Entscheidungsfreiheit der Verbraucher oder sonstiger Marktteilnehmer durch **Ausübung von Druck**, in menschenverachtender Weise oder durch sonstigen unangemessenen unsachlichen Einfluss zu beeinträchtigen, unlauter handelt. Im Rahmen dieses Beispielstatbestandes kommt ein außerordentlich breites Spektrum möglicher unlauterer Wettbewerbshandlungen in Betracht.

85 Die Problematik von § 4 Ziffer 1 UWG besteht in der Abgrenzung zulässiger von unzulässigen Maßnahmen.[83] Prinzipiell zielt jede Werbemaßnahme auf eine Beeinflussung des Entscheidungsverhaltens der angesprochenen Adressaten. Die Adressaten sind den Umgang mit Werbung auch in aller Regel gewöhnt und werden diesbezüglich im Einklang mit dem geltenden Leitbild des „verständigen Durchschnittsverbrauchers"[84] in vielen Fällen nicht mehr schutzbedürftig sein.

86 Unter Berücksichtigung eines solchen Verbraucherleitbildes wird eine unangemessene Beeinträchtigung der Entscheidungsfreiheit der Adressaten der Werbemaßnahmen nur dann anzunehmen sein, wenn sich im Rahmen einer Gesamtwürdigung entweder die Widerrechtlichkeit des Mittels der Wettbewerbshandlung oder aber die mangelnde Verhältnismäßigkeit dieses Mittels zum beabsichtigten Zweck ergibt.

87 Die Fallgruppe „Ausübung von Druck" bezieht sich auf die früher von der Rechtsprechung unter der Hauptgruppe „Kundenfang" geprägte Untergruppe Nötigung. Im Rahmen dieser Unterfallgruppe geht es um die Ausübung von psychischem, moralischem und autoritären Druck.[85]

88 Unter bestimmten Voraussetzungen kann auch die generell zulässige Ausübung von wirtschaftlichem Druck den Tatbestand des § 4 Ziffer 1 UWG erfüllen. Ein Beispiel für die unlautere Ausübung von Druck wäre die Empfehlung eines Arbeitgebers an dessen Arbeitnehmer, von der Mitgliedschaft in ihren bisherigen Krankenkassen in die eigene Betriebskrankenkasse überzuwechseln.[86]

---

83 Henning-Bodewig, Das neue Gesetz gegen den unlauteren Wettbewerb, GRUR 2004, S. 703, 716 m.w.N.
84 Siehe dazu im Einzelnen B. III. 8.
85 Baumbach/Hefermehl/Köhler, Wettbewerbsrecht, § 4 UWG Rn. 1.19 bis 1.25.
86 OLG Düsseldorf, NZS 2002, S. 597.

Eine weitere Fallgruppe des § 4 Ziffer 1 UWG beinhaltet diejenigen Szenarien, in denen in der Weise auf den Kunden eingewirkt wird, dass dieser sich **anstandshalber verpflichtet fühlt**, ein Angebot zu akzeptieren. Ein Beispiel dafür wäre die Werbung eines Herstellers eines Haartönungsmittels für eine unentgeltliche erste Tönung, die von Friseuren aus der Sicht des Kunden als Gratisleistung vorgenommen wird. Auf den Kunden werde bei Inanspruchnahme dieses Angebots ein psychologischer Druck ausgeübt, während der Anwesenheit im Friseurgeschäft und der Durchführung der Haartönung weitere entgeltliche Produkte des Herstellers zu erwerben. Dies soll unzulässig sein.[87]

89

Eine weitere wichtige Fallgruppe innerhalb des § 4 Abs. 1 ist die **unzulässige Wertreklame**.[88] Darunter können u.a. die Verknüpfung von Preisausschreiben oder Gewinnspielen mit dem Bezug von Waren,[89] oder bestimmte Formen von Kundenbindungssystemen, bei denen der Verbraucher bestimmte Umsätze tätigen muss, damit er keine Vorteile (z.B. angesparte Bonuspunkte) verliert,[90] fallen. Eine Übersicht über gegebenenfalls hier in Betracht kommende Fälle findet sich bei Baumbach/Hefermehl.[91]

90

Durch die Aufhebung der ZugabeVO wurde der Spielraum für **Kopplungsgeschäfte** erweitert. Gleichwohl können bestimmte Kopplungsgeschäfte, insbesondere wenn sie die Gefahr einer Preisverschleierung und Irreführung des Kunden begründen bzw. die gebotene Aufklärung über Preise nach der PAngV nicht beinhalten, nach wie vor als unlauter einzustufen und vom Tatbestand des § 4 Ziffer UWG umfasst sein.[92] Zu beachten ist, dass im Bereich des Heilmittelwerberechts[93] nach wie vor enge Schranken für die Gewährung von Zugaben bestehen

91

b) Ausnutzung besonderer Umstände, § 4 Ziffer 2 UWG

Nach dieser Bestimmung handelt derjenige unlauter, der Wettbewerbshandlungen vornimmt, die geeignet sind, die **geschäftliche Unerfahrenheit**, insbesondere von Kindern oder Jugendlichen, die Leichtgläubigkeit, die Angst oder die Zwangslage von Verbrauchern auszunutzen.

92

Entsprechend der bisherigen Rechtsprechung geht es in dieser Bestimmung zum einen um die Werbung gegenüber Kindern und Jugendlichen sowie sonstigen Verbrauchern, welche geschäftlich unerfahren sind. Zu sonstigen Verbrauchern in diesem Sinne können z.B. Asylanten oder Aussiedler zählen, die noch keine hinreichenden geschäftlichen Erfahrungen sammeln konnten.[94] Eine Ausnutzung gemäß § 4 Ziffer 2 UWG wird insbesondere gegeben sein, wenn die betreffenden Adressaten die Folgen eines Geschäfts, insbesondere in finanzieller Hinsicht, nicht abschätzen können. Dies mag z.B. der Fall

93

---

87 BGH – Erstcoloration, GRUR 1998, S. 475.
88 Baumbach/Hefermehl/Köhler, Wettbewerbsrecht, § 4 Rn. 1.40ff.
89 BGH – Entkopplungsangebot I, GRUR 2002, S. 976, 978.
90 Baumbach/Hefermehl/Köhler, Wettbewerbsrecht, § 4 UWG Rn. 1.104.
91 Baumbach/Hefermehl/Köhler, Wettbewerbsrecht, § 4 UWG Übersicht zu § 4 Ziffer 1 (S. 186 bis 192.).
92 Harte/Henning/Stuckel, UWG, § 4 Ziffer 1 Rn. 16ff.
93 Im Einzelnen B. III. 7. a).
94 BGH- Verkaufsveranstaltung im Aussiedlerwohnheim, GRUR 1998, S. 1041.

sein, wenn Kinder oder Jugendliche z.B. zum entgeltlichen Herunterladen von Inhalten über das Internet oder das Mobilfunknetz aufgefordert werden.

94 Eine weitere Fallgruppe des § 4 Ziffer 2 UWG beinhaltet die Ausnutzung einer wirtschaftlichen oder sonstigen Zwangslage der Werbeadressaten. Ein Beispiel könnte in der Überrumpelung von Angehörigen bei Trauerfällen bestehen, um diesen bestimmte Leistungen anzubieten, welche sie bei einer verständigen Nachfrageentscheidung nicht treffen würden.

c) Verbot der verdeckten Werbung, § 4 Ziffer 3 UWG

95 Mit dieser Bestimmung wird die Verschleierung des Werbecharakters von Wettbewerbshandlungen als unlauter gekennzeichnet.

96 Darunter fällt zum einen das Verbot der **Schleichwerbung**, welche in unterschiedlichsten Formen auftreten kann. Fallgruppen in diesem Sinne bilden u.a. die Verschleierung werblicher Kontakte, also z.B. die Darstellung von Kaffeefahrten als Ausflüge, oder die Tarnung von Werbung in der Berichterstattung der Medien. Dazu gehören u.a. Verstöße gegen das Gebot der Trennung von redaktionellen und werbenden Beiträgen, welches für sämtliche Medien gilt, oder der so genannte Rechnungsbetrug.[95] Unter einem „Rechnungsbetrug" wird im wettbewerbsrechtlichen Sinne in diesem Zusammenhang die Übermittlung einer in Form einer Rechnung aufgemachten Aufforderung zu Bestellungen von Waren oder Dienstleistungen angesehen. Der Empfänger kann insoweit den Eindruck gewinnen, dass eine solche „Rechnung" auf einer früheren Bestellung basiert und deswegen versehentlich eine entsprechende Zahlung und Bestellung veranlassen.[96]

97 Der Unlauterkeitsvorwurf im Rahmen des § 4 Ziffer 3 UWG bezieht sich in erster Linie darauf, dass die Adressaten der Werbung durch die vermeintlich neutrale, nicht werbebezogene Information dazu veranlasst werden, der Maßnahme mehr Aufmerksamkeit und mehr Vertrauen zu schenken, als dies ein verständiger Verbraucher bei erkennbaren Werbemaßnahmen tun würde.

d) Informationspflichten bei Verkaufsförderungsmaßnahmen, § 4 Ziffer 4 UWG

98 Nach dieser Fallgruppe handelt unlauter, wer bei Verkaufsförderungsmaßnahmen wie Preisnachlässen, Zugaben oder Geschenken die Bedingungen für ihre Inanspruchnahme nicht klar und eindeutig angibt. Es geht um die **Transparenz** des Angebots für den Werbeadressaten.

99 Die Regelung entspricht § 7 Ziffer 3 TDG sowie § 10 Abs. 4 Ziffer 3 MDStV. Derjenige, der Preisnachlässe, Geschenke oder Ähnliches auslobt, muss zum einen die Berechtigung zur Inanspruchnahme und zum anderen die Modalitäten der Inanspruchnahme in einer Weise darstellen, die durchschnittlich verständige Adressaten ohne weiteres nachvollziehen können.[97]

---

95 Baumbach/Hefermehl/Köhler, Wettbewerbsrecht, § 4 Übersicht zu § 4 Ziffer 3 (S. 178 f.).
96 Ein solches Verhalten verstößt im Übrigen u.a. gegen § 5 UWG sowie die §§ 823 ff. BGB.
97 Baumbach/Hefermehl/Köhler, Wettbewerbsrecht, § 4 UWG Rn. 4.10 bis 4.13.

e) Transparenz bei Preisausschreiben und Gewinnspielen, § 4 Ziffer 5 UWG

Im Einklang mit der bisherigen Rechtsprechung und den bereits für den elektronischen Geschäftsverkehr geltenden Regelungen des § 7 Ziffer 4 TDG und § 10 Abs. 4 Ziffer 4 MDStV, bestimmt § 4 Ziffer 5 UWG, das unlauter handelt, wer bei Preisausschreiben und Gewinnspielen mit Werbecharakter die **Teilnahmebedingungen** nicht klar und eindeutig angibt.

Zu den klar und eindeutig anzugebenden Bedingungen gehören u.a. Angaben zu berechtigten Teilnehmerkreisen, Angaben zu den für die Spielteilnahme nötigen Mitwirkungshandlungen der Teilnehmer sowie die Angabe des Einsendeschlusses. Im Hinblick auf § 4 Ziffer 5 UWG ist zudem die Bereitstellung von transparenten und für die Teilnehmer leicht verständlichen Spielbedingungen durch den Veranstalter zu empfehlen.

f) Kopplung von Preisausschreiben und Gewinnspielen mit der Inanspruchnahme von Waren oder Dienstleistungen, § 4 Ziffer 6 UWG

Im Einklang mit der früheren Rechtsprechung[98] ist die Verknüpfung von Gewinnspielen oder Preisausschreiben mit dem Warenabsatz oder der Inanspruchnahme von Dienstleistungen verboten.

Neben einer rechtlichen Kopplung ist auch eine tatsächliche Kopplung für das Eingreifen des Kopplungsverbots ausreichend. Das kann z.B. anzunehmen sein, wenn Teilnehmer einem faktischen Kaufzwang unterliegen, um am Preisausschreiben teilnehmen zu können.

Eine Ausnahme gilt für sog. „naturgemäße" Verbindungen, mithin denjenigen Kopplungen, in denen Preisausschreiben oder Gewinnspiele ein Teil von Presse- oder Rundfunkerzeugnissen sind, also z.B. das Kreuzworträtsel im Programmheft. Dies wird mit dem Umstand begründet, das derartige Gewinnspiele auch die Attraktivität des jeweiligen Unterhaltungsmediums steigern sollen.[99]

Die Veranstalter von Preisausschreiben oder Gewinnspielen können den Unlauterkeitsvorwurf des § 4 Ziffer 6 UWG beseitigen, in dem sie z.B. gleichwertige alternative Teilnahmemöglichkeiten an der Maßnahme ohne Kopplung an die angebotenen Waren oder Leistungen anbieten.[100]

g) Herabwürdigung von Mitbewerbern und Geschäftsehrverletzung, § 4 Ziffer 7 UWG

Diese Bestimmung verbietet die unlautere Herabwürdigung von Kennzeichen, Waren, Dienstleistungen, Tätigkeiten oder persönlichen oder geschäftlichen Verhältnissen eines Mitbewerbers. Dazu können abwertende Meinungsäußerungen oder Werturteile, jedoch auch die Verbreitung wahrer oder unwahrer Tatsachen gehören, durch die Mitbewerber direkt oder auch nur indirekt herabgewürdigt werden.

---

98 Z.B. BGH – Gewinnspiel im Radio, GRUR 2002, S. 1003, 1004.
99 BGH – Werbung im Programm, GRUR 1990, S. 610, 616.
100 Im Einzelnen Harte / Henning / Bruhn, UWG, § 4 Ziffer 7 Rn. 17f.

107 Bei derartigen Verhaltensweisen können ebenso zivilrechtliche Bestimmungen zum Schutz vor Rufschädigung oder Geschäftsehrverletzungen in Betracht kommen wie §§ 824, 826 und § 823 BGB, Letzterer insbesondere in Verbindung mit dem Recht am eingerichteten und ausgeübten Gewerbebetrieb bzw. dem allgemeinen Persönlichkeitsrecht. Stehen die möglicherweise herabwürdigenden Äußerungen im Zusammenhang mit vergleichender Werbung, § 6 UWG,[101] richtet sich deren Zulässigkeit ausschließlich nach § 6 UWG.[102]

108 Bei der Beurteilung der Zulässigkeit einer Meinungsäußerung ist zwischen der Meinungsfreiheit und der vom UWG geschützten Lauterkeit des Wettbewerbs abzuwägen. Die Grenze der Zulässigkeit wird diesbezüglich regelmäßig im Falle der Schmähkritik erreicht sein.[103] Eine solche Güterabwägung kommt bei der Verbreitung von herabwürdigenden Tatsachen indes nicht in Betracht.

h) Anschwärzung, § 4 Ziffer 8 UWG

109 Im Sinne dieser Ziffer sind Behauptungen oder die Verbreitung von Tatsachen über Waren oder Dienstleistungen des Unternehmen eines Mitbewerbers oder über den Unternehmer oder ein Mitglied der Geschäftsleitung unlauter, die geeignet sind, den Betrieb des Unternehmens oder den Kredit des Unternehmens zu schädigen, sofern die Tatsachen nicht erweislich wahr sind. Im Falle vertraulicher Mitteilungen sind diese nur dann unlauter, wenn der Mitteilende oder der Empfänger der Mitteilung an diesen ein berechtigtes Interesse hat und wenn diese Tatsachen der Wahrheit zuwider behauptet oder verbreitet wurden.

110 Die aktuelle Bestimmung soll die bisherige Regelung des § 14 UWG alter Fassung ersetzen.[104] Dementsprechend kann auf die bisherige Rechtsprechung und Literatur zu § 14 UWG alter Fassung weiter zurückgegriffen werden.

111 Neben dem Tatbestand des § 4 Ziffer 8 UWG kommen zum Vorgehen gegen derartige Anschwärzungshandlungen auch u.a. die Bestimmungen der §§ 823, 824 und 826 BGB in Betracht.

112 Im Zusammenhang mit § 4 Ziffer 8 UWG wird sich häufig die Problematik der Abgrenzung einer Tatsachenbehauptung von bloßen Meinungsäußerungen ergeben. Diesbezüglich ist zu prüfen, ob die beanstandeten Äußerungen objektiv im Wege des Beweises überprüfbar sind.[105] Sie müssen jedenfalls einen Tatsachenkern beinhalten.

113 Aus der Formulierung in § 4 Ziffer 8 UWG „... sofern die Tatsachen nicht erweislich wahr sind; ...", folgt eine Beweislastumkehr. Derjenige, der die beanstandeten Äußerungen erhebt, hat deren Wahrheit im Streitfalle zu beweisen.

---

101 Siehe Ziffer B. III. 4.
102 BGH – Pippig Augenoptik, GRUR 2003, S. 533 Rn. 43, 44.
103 Harte/Henning/Bruhn, UWG, § 4 Ziffer 7 Rn. 11 m.w.N.
104 Gesetzesentwurf der Bundesregierung „Entwurf eines Gesetzes gegen den unlauteren Wettbewerb (UWG)", S. 18.
105 Z.B. BGH – illegaler Fellhandel, GRUR 1993, S. 409.

i) Wettbewerbsrechtlicher Leistungsschutz, § 4 Ziffer 9 UWG

Diese Bestimmung regelt die bislang von der Rechtsprechung in bestimmten Fallgruppen von § 1 UWG alter Fassung behandelte Problematik ergänzenden wettbewerbsrechtlichen Leistungsschutzes.

Aus dem bestehenden spezialgesetzlichen Leistungsschutz für gewerbliche wie nichttechnische geistige Schöpfungen, der vor allem durch das Patentgesetz, das Gebrauchsmustergesetz, das Urheberrechtsgesetz und diverse weitere spezielle Schutzgesetze gewährleistet wird, folgt der Grundsatz, das diejenigen Leistungen, welche nicht von Spezialgesetzen geschützt werden, prinzipiell frei zugänglich sein sollen. Nachahmungen von Waren und Dienstleistungen sind, sofern kein spezialgesetzlicher Schutz greift, deswegen nur in den besonderen, in § 4 Ziffer 9 Ziffer a bis c UWG geregelten Fällen unzulässig.

§ 4 Ziffer 9a UWG betrifft Fälle der **vermeidbaren Herkunftstäuschung**. Dieser Tatbestand setzt im Einklang mit der bisherigen Rechtslage eine hinreichende wettbewerbliche Eigenart des nachgeahmten Produkts voraus.[106] Dies kann u.a. dann anzunehmen sein, wenn das nachgeahmte Produkt die Eignung besitzt, bei Verbrauchern auf eine besondere Herkunft oder Güte hinzuweisen. Dies kann von Anfang an z.B. durch eine besondere Gestaltung oder aber durch einen später erworbenen Bekanntheitsgrad der Fall sein.[107]

Durch die Nachahmung, welche entweder in Form einer identischen Übernahme fremder Leistungen oder u.a. durch eine ähnliche, stark angelehnte Übernahme erfolgen kann, muss der Abnehmer über die Herkunft des Produkts getäuscht werden können. Die Täuschung ist vermeidbar, wenn der Handelnde diese durch geeignete und zumutbare Maßnahmen, z.B. die deutliche Hinzufügung einer Herkunftskennzeichnung, hätte verhindern können.[108] Ist die wettbewerbliche Eigenart des nachgeahmten Erzeugnisses festgestellt, bedarf es dann der Feststellung besonderer, den Unlauterkeitsvorwurf begründender Elemente.[109]

§ 4 Ziffer 9b UWG regelt den Fall unlauterer Nachahmung, wenn insoweit die Wertschätzung der nachgeahmten Ware oder Dienstleistung unangemessen ausgenutzt oder beeinträchtigt wird. Spezialgesetzliche Bestimmungen wie z.B. § 14 Abs. 2 Ziffer 3 MarkenG genießen Vorrang vor dem wettbewerbsrechtlichen Leistungsschutz. Ein Beispiel für diese Fallgruppe wäre der Fall nachgeahmter Luxusuhren durch einen Kaffeeröster.[110]

Eine weitere Fallkonstellation unredlicher Nachahmungen beinhaltet § 4 Ziffer 9c UWG. Hier basiert der Unlauterkeitsvorwurf auf der unredlichen Erlangung der für die Nachahmung erforderlichen Informationen. Das kann z.B. durch den Missbrauch

---

106 Gesetzesentwurf der Bundesregierung „Entwurf eines Gesetzes gegen den unlauteren Wettbewerb (UWG)", S. 18.
107 Harte/Henning/Sambuc, UWG, § 4 Ziffer 9 Rn. 49-52.
108 BGH – Merkmalklötze, GRUR 1976, S. 434, 436.
109 Im Einzelnen Harte/Henning/Sambuc, UWG, § 4 Ziffer 9 Rn. 43ff.
110 BGH – Tchibo/Rolex I, GRUR 1985, S. 876.

im Rahmen eines Vertrauens- oder Vertragsverhältnisses erlangter Informationen der Fall sein.[111]

j) Behinderung von Mitbewerbern, § 4 Ziffer 10 UWG

120 Dieser Unlauterkeitstatbestand richtet sich gegen die gezielte Behinderung von Mitbewerbern. Im Rahmen einer objektiven Würdigung des Sachverhaltes bedarf es der Feststellung, dass die im Raum stehende Maßnahme nicht primär der Stärkung des eigenen Absatzes, sondern der Behinderung des Wettbewerbs dient. Dies muss anhand von konkreten Indizien positiv festgestellt werden.[112]

121 Eine Übersicht über die diversen, insoweit in Betracht kommenden Fallgruppen, u.a. die **Kundenabwerbung, Mitarbeiterabwerbung**, wie auch **Boykottaufrufe** oder veranlasste Betriebsstörungen des Mitbewerbers kann u.a. Baumbach/Hefermehl/Köhler[113] entnommen werden.

k) Rechtsbruch, § 4 Ziffer 11 UWG

122 Nach dieser Bestimmung handelt unlauter, wer gesetzlichen Bestimmungen zuwider handelt, die auch dazu bestimmt sind, im Interesse der Marktteilnehmer das Marktverhalten zu regeln. In der Vergangenheit vor Inkrafttreten des aktuellen UWG wurde zur Bestimmung der Frage, ob ein unlauterer Rechtsbruch vorliegt, auf die Wertbezogenheit der betreffenden Norm abgestellt.[114]

123 In der Begründung des Regierungsentwurfes zum Entwurf eines Gesetzes gegen den unlauteren Wettbewerb[115] wird deutlich gemacht, dass der unlauterkeitsrechtliche Tatbestand nicht mehr allein durch einen Verstoß gegen eine „wertbezogene Norm"[116] erfüllt wird. Vielmehr bedarf es im Einklang mit der aktuellen Rechtsprechung des Bundesgerichtshofs[117] der Feststellung, dass der verletzten Bestimmung zumindest eine sekundäre Schutzfunktion zugunsten des Wettbewerbs zukommen muss.[118] In dem Fall ging es um einen Verstoß der Stadtwerke München gegen Artikel 87 der bayerischen Gemeindeordnung. Insoweit könne nur dann von einem relevanten Rechtsbruchstatbestand im Sinne des § 1 UWG ausgegangen werden, wenn die relevante Norm gerade auch das Ziel verfolge, den privaten Wettbewerber vor Wettbewerb durch die öffentliche Hand zu schützen. Eine solche Schutzfunktion konnte der fraglichen Bestimmung nicht entnommen werden.

124 Etwas anderes gilt nach der Rechtsprechung[119] für das Weglassen eines Impressums im Sinne von § 6 TDG.

---

111 Baumbach/Hefermehl/Köhler, Wettbewerbsrecht, § 4 UWG Rn. 9.62 m.w.N.
112 OLG München, GRUR 2000, S. 519.
113 Baumbach/Hefermehl/Köhler, Wettbewerbsrecht, § 4 UWG Übersicht Rn. 10.1.
114 Baumbach/Hefermehl/Köhler, Wettbewerbsrecht, § 4 UWG Rn. 11.2.
115 A.a.O., S. 19.
116 Vgl. dazu Harte/Henning/v. Jagow, UWG, § 4 Ziffer 11 Rn. 7ff. mit einer Aufzählung diverser wertbezogener bzw. wertneutraler Normen.
117 BGH – Elektroarbeit, GRUR 2002, S. 825.
118 Vgl. BGH – Abgasemissionen, GRUR 2000, S. 1076.
119 OLG Hamburg, GRUR-RR 2003, S. 92, 93; str.

3. Irreführung, § 5 UWG

Mit dieser Bestimmung wurde die bislang in § 3 UWG alter Fassung aufgehängte Regelung irreführender Werbung deutlich modifiziert. Die neue Regelung ist nunmehr in § 5 UWG enthalten und basiert zum Teil auf der EU-Richtlinie über irreführende und vergleichende Werbung.[120]

Nach § 5 Abs. 1 UWG handelt unlauter im Sinne von § 3, wer irreführend wirbt. Durch die Bezugnahme auf § 3 UWG im Text der Bestimmung sind bei der Prüfung einer irreführenden Werbung auch die Tatbestandsmerkmale der Generalklausel des § 3 einschließlich der Bagatellausnahme zu berücksichtigen.

Die Beurteilung der Frage, ob eine Wettbewerbshandlung nun als irreführend und unlauter einzustufen ist, hängt wesentlich von der maßgeblichen **Perspektive der angesprochenen Adressaten** ab. Die Rechtsprechung des Bundesgerichtshofs[121] knüpft insoweit seit einigen Jahren an die entsprechende Rechtsprechung des EuGH an, wonach der Verständnishorizont eines durchschnittlich informierten, verständigen und situationsadäquat aufmerksamen Werbeadressaten maßgeblich für die Beurteilung der unlauteren Handlung sei. Dieses Verbraucherleitbild liegt auch dem neuen § 5 UWG zugrunde.[122]

Ein solcher Verständnishorizont führt im Vergleich zur früheren Rechtsprechung des BGH,[123] welche jedenfalls teilweise empirische Kriterien zugrunde legte, zu wesentlich höheren Schwellen für die Annahme einer unlauteren Irreführung.

Im übrigen wird die Frage, ob die Werbung den durchschnittlich informierten, aufmerksamen und verständigen Durchschnittsempfänger irreführt, stets von der angesprochenen Adressatengruppe abhängen. Abhängig von der gewählten Adressatengruppe, welche von Fachkreisen, mit den beworbenen Produkten oder Leistungen sehr vertrauten Personen über den Durchschnittsverbraucher bis hin zu irreführungsanfälligen Personenkreisen wie z.B. Kindern reichen kann, werden sich unterschiedliche Verständnisresultate ergeben.

Die aktuelle Fassung des § 5 Abs. 2 UWG reflektiert die bisherige Rechtsprechung zu § 3 UWG alter Fassung, wonach bei der Beurteilung einer Irreführung grundsätzlich eine Gesamtwürdigung vorzunehmen ist. Insbesondere die in § 5 Abs. 2 Ziffer 1 bis 3 UWG aufgeführten Umstände wie Merkmale der Waren- oder Dienstleistungen, Verkaufsanlass, Preis- und Lieferbedingungen sowie geschäftliche Verhältnisse des Werbenden werden bei der Beurteilung einer behaupteten Irreführung eine wesentliche Rolle spielen.

Die Bestimmungen der §§ 5 Abs. 4 und 5 Abs. 5 UWG sind neu. § 5 Abs. 4 UWG bezieht sich auf die Problematik der **Mondpreiswerbung**, bei der zunächst ein hoher

---

120 84/450 EWG.
121 BGH – Thermal-Bad, GRUR 2003, S. 447, 448.
122 Gesetzesentwurf der Bundesregierung „Entwurf eines Gesetzes gegen den unlauteren Wettbewerb (UWG)" a.a.O., S. 19.
123 Harte/Henning/Dreyer, UWG, § 5 Rn. 69.

Ausgangspreis zugrunde gelegt wird, um dann nach der häufig mit relativ geringem Zeitabstand erfolgten Herabsetzung dieses Preises mit scheinbar hohen Preissenkungen zu werben. Die Bestimmung beinhaltet eine Vermutung für eine Irreführung in diesem Zusammenhang, wenn der Ausgangspreis nur für eine „unangemessene kurze Zeit" gefordert wurde. Ob diese Bestimmung letztlich dazu beitragen kann, das Phänomen der Mondpreiswerbung effektiv einzudämmen, bleibt abzuwarten. Ohne eine systematische Beobachtung der Wettbewerber dürfte es Mitbewerbern jedoch schwer fallen, entsprechende Fakten vorzutragen, welche für den Fall einer Mondpreiswerbung sprechen werden.[124]

132 § 5 Abs. 5 UWG regelt den Fall einer **Irreführung über den Warenvorrat**. Danach ist es irreführend für eine Ware zu werben, die unter Berücksichtigung der Art der Ware sowie der Gestaltung und Verbreitung der Werbung nicht in angemessener Menge zur Befriedigung der zu erwartenden Nachfrage vorgehalten ist. Als angemessen gilt in der Regel ein Vorrat für zwei Tage.

133 Die Bestimmung des § 5 Abs. 5 UWG betrifft die Problematik der **Lockvogelwerbung**. Hier werden bestimmte Produkte als besonders günstig beworben, die tatsächlich nur in geringen Umfang bevorratet sind, um interessierte Werbeadressaten dann auf andere, in der Regel teurere Produkte umzuleiten.[125] Der Werbende kann ein Eingreifen des § 5 Abs. 5 UWG durch deutlich sichtbare aufklärende Zusätze wie z.B. durch Hinweise wie „nur 100 Stück vorrätig" oder „Restposten" ausschließen.

134 Was nun ein angemessener Vorrat im Sinne dieser Bestimmung ist, ergibt sich einerseits aus der Person und dem Umfang der geschäftlichen Aktivitäten des Werbenden. Zum anderen ist die Art und der Umfang der in Betracht kommenden Werbemaßnahme entscheidend. Der überregional tätige und werbende Elektronikfachmarkt muss ungleich größere Mengen bevorraten als der einzelkaufmännisch tätige Elektronikfachhändler, der seine Ware in einem Flugblatt in geringer Auflage lokal bewirbt. Eine Übersicht über das breite Spektrum möglicher Fallgruppen im Rahmen der Bestimmung des § 5 Abs. 5 UWG beinhaltet u.a. Baumbach/Hefermehl.[126]

4. Vergleichende Werbung, § 6 UWG

135 Die noch relativ junge Regelung vergleichender Werbung[127] wurde unverändert in § 6 des aktuellen UWG übernommen. Entscheidend für die Annahme einer vergleichenden Werbung ist, dass diese einen Mitbewerber bzw. dessen Waren oder Dienstleistungen erkennbar macht, § 6 Abs. 1 UWG. Dies ist aus der Sicht der angesprochenen Werbeadressaten zu beurteilen.[128] Ist Erkennbarkeit in diesem Sinne gegeben, muss sich die vergleichende Werbung an den Kriterien des § 6 Abs. 2 Ziffer 1 bis 6 UWG messen lassen.

---

124 Köhler, Das neue UWG, GRUR 2004, S. 2121, 2125.
125 BGH – Fotoapparat, GRUR 1989, S. 609, 610.
126 Baumbach/Hefermehl/Bornkamm, Wettbewerbsrecht, S. 522 bis 526.
127 § 2 UWG alter Fassung wurde durch das Gesetz zur vergleichenden Werbung und Änderung wettbewerbsrechtlicher Vorschriften vom 01.09.2000 in das UWG aufgenommen.
128 Baumbach/Hefermehl/Köhler, Wettbewerbsrecht, § 6 UWG Rn. 35 bis 42.

Danach sind u.a. Vergleiche in Bezug auf Produkte mit unterschiedlichen Zweckbestimmungen, in Bezug auf subjektive Produkteigenschaften wie dem Geschmack oder die Darstellung von Produktimitationen unzulässig. Bereits begrifflich setzt eine vergleichende Werbung die Gegenüberstellung von mindestens zwei Unternehmen oder deren Produkten voraus.

5. Unzumutbare Belästigungen, § 7 UWG

Die Problematik belästigender Werbe- und Marketingmaßnahmen, welche nach den Bestimmungen des früheren UWG insbesondere im Rahmen der Generalklausel des § 1 UWG alter Fassung behandelt wurde, ist nunmehr gesondert in § 7 UWG geregelt. Hintergrund der Bestimmung ist insbesondere die erhebliche Zunahme belästigender Werbung in der elektronischen Kommunikation.

§ 7 Abs. 1 UWG beinhaltet eine Art Generalklausel. Nach der Bestimmung handelt unlauter im Sinne von § 3 UWG, wer einen Marktteilnehmer in unzumutbarer Weise belästigt. Durch den Verweis auf § 3 UWG sind auch im Rahmen des § 7 UWG die Voraussetzungen des § 3 UWG, u.a. die Bagatellausnahmen, zu berücksichtigen. Die Formulierung „unzumutbare Belästigung" indiziert, das es diesbezüglich um besondere, von den Adressaten der Maßnahmen üblicherweise als sehr unangenehm empfundene Handlungen geht. Die offene Formulierung von § 7 Abs. 1 UWG ermöglicht auch die Sanktionierung zukünftiger, bislang noch unbekannter Formen belästigender Werbung.

§ 7 Abs. 2 UWG beinhaltet einige besonders praxisrelevante Beispielfälle unzumutbarer Belästigungen. § 7 Abs. 2 Ziffer 1 regelt den Fall der erkennbaren Ablehnung der Werbung durch den Empfänger. Ein Hauptanwendungsfall dieses Tatbestandes wird in der **Briefkastenwerbung** bestehen, wenn die ausgewählten Adressaten der Werbung durch entsprechende Hinweise wie z.B. Aufkleber auf Briefkästen ihre Ablehnung derartiger Werbung kundgetan haben.

§ 7 Abs. 2 Ziffer 2 UWG regelt die **Telefonwerbung** gegenüber Verbrauchern und sonstigen Marktteilnehmern. In Bezug auf die Verbraucher bedarf es deren ausdrücklicher oder aber auch konkludenter Einwilligung. Im Interesse des Schutzes der Verbraucher vor belästigenden Telefonaten in ihrer privaten Sphäre sind konkludente Einwilligungen nur in engem Rahmen anzunehmen.[129]

In Bezug auf sonstige Marktteilnehmer, mithin Unternehmer, ist gemäß § 7 Abs. 2 Ziffer 2 UWG bereits deren mutmaßliche Einwilligung ausreichend. Eine solchen Einwilligung ist in der Regel anzunehmen, wenn der Werbende aufgrund konkreter Umstände ein sachliches Interesse des anzurufenden Adressaten am Anruf vermuten kann.[130] Das kann z.B. bei einer bestehenden Geschäftsverbindung zwischen den Beteiligten der Fall sein.

---

[129] Baumbach/Hefermehl/Köhler, Wettbewerbsrecht, § 7 UWG Rn. 53.
[130] BGH – Telefonwerbung IV, GRUR 1995, S. 220, 221.

§ 2 Vorprozessuale Situation

142 § 7 Abs. 2 Ziffer 3 UWG regelt die in den letzten Jahren stark verbreitete **Fax- oder E-Mailwerbung** (Spamming). Dazu bedarf es grundsätzlich einer ausdrücklichen Zustimmung der betreffenden Adressaten. Lediglich in bestimmten von § 7 Abs. 3 geregelten Ausnahmeszenarien kann gegenüber Unternehmen bzw. Kunden auf eine derartige Zustimmung verzichtet werden.[131]

6. UWG-Straftatbestände, §§ 16 ff. UWG

143 Besonders gefährliche Handlungen im Wettbewerb werden auch strafrechtlich gemäß den §§ 16 – 19 UWG sanktioniert. Die aktuelle Bestimmung des § 16 UWG fasst die früheren §§ 4 und 6 UWG alter Fassung zusammen. Hervorzuheben ist die aktuelle Regelung des § 16 Abs. 2 UWG, welche dazu dient, bedauerlicherweise verbreitete Maßnahmen progressiver Kundenwerbung wie **Schneeballsysteme** oder so genannte **Pyramidensysteme** zu unterbinden.[132] Derartige Maßnahmen werden in vielen Fällen ohnehin als zivilrechtlich sittenwidrig anzusehen sein.

144 In der Regel werden bei Verstößen gegen § 16 UWG auch die Bestimmungen der §§ 3, 4 Ziffer 11 und 5 UWG erfüllt sein, so dass sich diesbezüglich Ansprüche auf Unterlassung, Beseitigung und Schadensersatz sowie gegebenenfalls auch Gewinnabschöpfungsansprüche, § 10 UWG,[133] ergeben können. Hinzu kommen in zivilrechtlicher Hinsicht bei Verstößen gegen § 16 UWG regelmäßig auch Ansprüche nach § 123 BGB (Anfechtung) sowie deliktische Ansprüche gemäß § 823 BGB.

145 Die Bestimmungen der §§ 17 bis 19 UWG wurden im wesentlichen unverändert übernommen. Auch diesbezüglich werden sich stets zusätzlich weitere wettbewerbsrechtliche Ansprüche nach den §§ 3, 4 Ziffer 11 UWG sowie weitere deliktische Ansprüche, § 823 BGB, ergeben.

7. Sonstige wettbewerbsrechtlich relevante Bestimmungen (HWG, LMBG, PreisangabenVO)

146 Neben den Bestimmungen des UWG können sich wettbewerbsrechtliche Ansprüche im Zusammenhang mit einigen wettbewerbsrechtlichen Nebenbestimmungen ergeben. Dazu zählen u.a. das Heilmittelwerbegesetz (HWG),[134] das Lebensmittel- und Bedarfsgegenständegesetz (LMBG) sowie die Preisangabenverordnung (PAngV).

a) Heilmittelwerbegesetz (HWG)

147 Das HWG beinhaltet besondere Werbebeschränkungen und –verbote in Bezug auf Arznei- und sonstige Heilmittel und dient dazu, die Gesundheit der Verbraucher und die Gesundheitsinteressen der Allgemeinheit zu schützen.[135] In Anbetracht der hohen Risiken, welche von unzutreffender Werbung in diesen Bereichen ausgehen können und der Schutzbedürftigkeit der Verbraucher beinhaltet das HWG eine Reihe besonders restriktiver Beschränkungen und Verbote. Inhaltlich wird zudem zwischen Rege-

---

131 Näher Harte/Henning/Ubber, UWG, § 7 Rn. 184 ff.
132 Z.B. BGH – World Trading Systems, NJW 1997, S. 2314.
133 Siehe dazu B. IV. 4.
134 BGBl. I 1994, S. 2031.
135 Doepner, Heilmittelwerbegesetz, Einleitung Rn. 40 m.w.N.

lungen, welche sich an Angehörige der Heilberufe oder des Heilgewerbes richten und solchen, welche die Werbung außerhalb dieser Fachkreise betreffen, differenziert.

Das HWG zählt zum Nebenstrafrecht. Es ist gleichwohl für das Wettbewerbsrecht von erheblicher Bedeutung, da Verstöße gegen das HWG als Rechtsbruch im Sinne des § 4 Ziffer 11 UWG anzusehen sind.[136] In der Praxis findet die Sanktionierung von Verstößen gegen das HWG deswegen inhaltlich überwiegend nach dem UWG über Abmahnungen und Ansprüche von Marktteilnehmern und anspruchsberechtigten Verbänden statt.   148

Gemäß § 1 HWG findet das Gesetz Anwendung auf Arzneimittel, Medizinprodukte und andere Mittel, Verfahren, Behandlungen und Gegenstände, soweit sich die Werbeaussage auf die Erkennung, Beseitigung oder Linderung von Krankheiten, Leiden, Körperschäden oder krankhaften Beschwerden bei Mensch und Tier bezieht. Zu berücksichtigen ist, dass auch sonstige Produkte wie z.B. Kosmetika durch eine Werbung mit krankheitsbezogenen Aussagen möglicherweise in den Anwendungsbereich des HWG einzubeziehen sind.   149

§ 3 HWG verbietet eine irreführende Werbung. Unter den dort enthaltenen Beispielstatbeständen ist insbesondere § 3 Satz 2 Ziffer 1 HWG hervorzuheben, welcher eine Irreführung über die therapeutische Wirksamkeit oder eine Irreführung über die Wirkungen der Produkte verbietet.   150

§ 4 HWG bestimmt spezifische Pflichtangaben für die Werbung mit Arzneimitteln. Für die Werbung außerhalb der Fachkreise ist der Umfang der Pflichtangaben des § 4 HWG teilweise eingeschränkt. Notwendig gemäß § 4 Abs. 3 HWG ist jedenfalls der hervorgehobene und deutlich abgesetzte Hinweis „Zu Risiken und Nebenwirkungen lesen Sie die Packungsbeilage und fragen Sie ihren Arzt oder Apotheker". Eine entsprechend angepasste Hinweispflicht gilt nach § 4 Abs. 5 HWG auch für die Werbung in audiovisuellen Medien.   151

Auch nach Aufhebung von Rabattgesetz und Zugabeverordnung ist gemäß § 7 HWG im Arzneimittelbereich die Gewährung bzw. Annahme von Zuwendungen oder sonstigen Werbegaben nur sehr eingeschränkt zulässig.   152

Hinzuweisen ist im Übrigen auf die Bestimmung des § 11 HWG, welche gravierende Werbebeschränkungen für die Werbung außerhalb der Fachkreise[137] beinhaltet.[138]   153

b) Lebensmittel- und Bedarfsgegenständegesetz (LMBG)

Einige wettbewerbsrechtlich relevante Bestimmungen sind auch im Gesetz über den Verkehr mit Lebensmitteln, Tabakerzeugnissen, kosmetischen Mitteln und sonstigen Bedarfsgegenständen[139] enthalten.   154

---

136 Doepner, Heilmittelwerbegesetz, Einleitung Rn. 41.
137 Der Begriff der Fachkreise ist im § 2 HWG definiert und beinhaltet Angehörige der Heilberufe oder des Heilgewerbes.
138 Vgl. Doepner, Heilmittelwerbegesetz, S. 612 ff.
139 BGBl. I 1974, S. 1945, 1946; und BGBl. I 1975, S. 2652, zuletzt geändert durch das Gesetz vom 13.05.2004, BGBl. I 2004, S. 934.

155 Das LMBG beinhaltet spezifische Werbebeschränkungen für Lebensmittel, Tabakerzeugnisse und Kosmetika. In Bezug auf Lebensmittel ist auf das Verbot der irreführenden Werbung in § 17 Abs. 5 LMBG hinzuweisen. Die Bestimmung verbietet, Lebensmittel z.B. mit Wirkungen zu bewerben, welche ihnen tatsächlich nach den Erkenntnissen der Wissenschaft nicht zukommen oder z.B. zur Täuschung geeignete Aufmachungen zu verwenden. § 18 LMBG beinhaltet ein Verbot der gesundheitsbezogenen Werbung für Lebensmittel. Deswegen sind u.a. Aussagen, die sich auf die Beseitigung, Linderung oder Verhütung von Krankheiten beziehen, für Lebensmittel unzulässig. Das LMBG beinhaltet darüber hinaus zum Schutz der Verbraucher und Gesundheitsschutz Werbeverbote in Bezug auf Tabakerzeugnisse, § 22 LMBG sowie für Kosmetika, § 27 LMBG.

156 Die vorgenannten Bestimmungen des LMBG stellen Marktverhaltensregelungen im Sinne des § 4 Ziffer 11 UWG dar. Verstöße können insoweit Ansprüche nach dem UWG begründen.[140]

157 Zu beachten ist, dass insbesondere bei sog. „Borderline" – Produkten die Bewerbung des Produktes eine maßgebliche Rolle für dessen Klassifizierung als Lebensmittel, Kosmetikum oder Arzneimittel spielen kann. Wird z.B. ein Multivitaminprodukt mit einer Dosierung entsprechend den Empfehlungen der Deutschen Gesellschaft für Ernährung (DGE) als „erfrischend fruchtiges Getränk" beworben, handelt es sich um ein Lebensmittel. Wird hingegen das gleiche Produkt als „wirksam gegen Hautkrankheiten" beworben, mag eine Einstufung als Arzneimittel und damit die Anwendung der Bestimmungen des HWG in Betracht kommen.

c) Preisangabenverordnung (PAngV)

158 Die Art und Weise der Preisangabe für Waren oder Leistungen gegenüber Endverbrauchern wird durch die Preisangabenverordnung (PAngV)[141] geregelt.

159 Verstöße gegen die PAngV erfüllen den Tatbestand des § 4 Ziffer 11 UWG.[142] Im Fall von marginalen Verstößen gegen die PAngV wird in vielen Fällen der Bagatellausschluss des § 3 UWG eingreifen, so dass eine wettbewerbsrechtliche Sanktionierung ausscheidet.

8. Verbraucherleitbild

160 Die Bedeutung des aktuellen, von der Rechtsprechung des EuGH geprägten und vom BGH übernommenen Verbraucherleitbildes für die Beurteilung irreführender Werbung wurde bereits diskutiert.[143] Dem aktuellen UWG liegt das Leitbild eines „durchschnittlich informierten und verständigen Verbrauchers zugrunde, der das Werbeverhalten mit einer der Situation angemessenen Aufmerksamkeit verfolgt".[144] Ist eine Werbung

---

140 Baumbach/Hefermehl/Köhler, Wettbewerbsrecht, § 4 UWG Rn. 11.132 sowie 11.136.
141 BGBl. I, 1985, S. 580, zuletzt geändert durch Gesetz vom 03.07.2004 BGBl. I, 2004, S. 1414.
142 Baumbach/Hefermehl/Köhler, Wettbewerbsrecht, § 4 UWG Rn. 11.142.
143 Siehe oben B. III. 3.
144 Gesetzesentwurf der Bundesregierung „Entwurf eines Gesetzes gegen den unlauteren Wettbewerb (UWG)" a.a.O., S. 19.

nicht an Verbraucher, sondern an sonstige Marktteilnehmer gerichtet, gilt das Verbraucherleitbild entsprechend für diese.

Für die Beurteilung des Verständnisses einer Werbung ist deren Zielgruppe zu ermitteln. Ergibt sich, dass sich die Werbung nicht allgemein an Verbraucher, sondern an eine spezifische Zielgruppe (z.B. bestimmte fachlich vorgebildete Adressaten) richtet, ist deren Verständnis nach den Maßstäben des Verbraucherleitbildes maßgeblich. 161

Die Bestimmung des Maßstabes für die durchschnittliche Aufmerksamkeit des Verbrauchers richtet sich neben der konkreten Situation der Auseinandersetzung mit der Werbung auch nach dem wirtschaftlichen Wert der zu erwerbenden Gegenstände oder Leistungen. Der Verbraucher wird der Werbung und sämtlichen Informationen zum Erwerb eines hochpreisigen Guts weit mehr Aufmerksamkeit schenken als der Werbung für den Erwerb preiswerter Gegenstände des täglichen Lebens. Der Grad der Verständigkeit des Verbrauchers und dementsprechend die Schwelle für die Irreführung sind beim Erwerb hochpreisiger Güter höher anzusetzen. Hier ist durchschnittlich weitaus eher von einer reiflichen Überlegung und Prüfung von Vergleichangeboten durch den Verbraucher vor Abschluss des Vertrages auszugehen.[145] 162

In Fällen belästigender Werbung, § 7 UWG, kommt es nicht auf den durchschnittlich informierten, aufmerksamen und verständigen Werbeadressaten, sondern den durchschnittlich empfindlichen Verbraucher bzw. sonstigen Marktteilnehmer an.[146] 163

In Rechtsstreitigkeiten kann der Richter das Verständnis der Verbraucher ohne Inanspruchnahme von Sachverständigen und Einholung eines Meinungsforschungsgutachtens beurteilen, wenn er aufgrund seines Erfahrungswissens selbst über die erforderliche Sachkunde verfügt. Dies wird im Allgemeinen der Fall sein, wenn er selbst zu den durch die Werbemaßnahme angesprochenen Verkehrskreisen zählt.[147] 164

9. Verjährung, § 11 UWG

Die Verjährung von Ansprüchen nach den Bestimmungen des UWG ist nach wie vor kurz ausgestaltet und beträgt für die in §§ 8, 9 und 12 Abs. 1 Satz 2 UWG genannten Ansprüche sechs Monate, § 11 Abs. 1 UWG. Für sonstige Ansprüche wie dem Gewinnabschöpfungsanspruch, § 10 UWG, aber auch insbesondere Unterlassungs- und Beseitigungsansprüche,[148] gilt ohne Rücksicht auf Kenntnis oder grob fahrlässige Unkenntnis vom Anspruch eine Verjährungsfrist von drei Jahren von der Entstehung des Anspruchs an, § 11 Abs. 4 UWG. Es ist umstritten, ob die einen Schadensersatzanspruch vorbereitenden Auskunftsansprüche entsprechend dem Schadensersatzanspruch verjähren oder aber der Regelverjährung des § 195 BGB unterliegen.[149] Ansprüche auf Vertragstrafen unterliegen keiner kurzen, sondern der regelmäßigen Verjährung nach den Bestimmungen des BGB, §§ 195 f.[150] 165

---

145 BGH – umgekehrte Versteigerung II, NJW 2004, S. 852, 854.
146 Baumbach/Hefermehl/Köhler, Wettbewerbsrecht, § 1 UWG Rn. 32.
147 BGH – Marktführerschaft, GRUR 2004, S. 244.
148 Baumbach/Hefermehl/Köhler, Wettbewerbsrecht, § 11 Rn. 1.36.
149 Harte/Henning/Schulz, UWG, § 11 UWG Rn. 20, 21.
150 BGH – kurze Verjährungsfrist, GRUR 1995, S. 678.

§ 2 Vorprozessuale Situation

166 Die präzise Berechnung des Beginns, der Hemmung, des Neubeginns sowie des Ablaufes der Verjährungsfristen ist von entscheidender Bedeutung für die Anspruchsdurchsetzung. Der Beginn der Verjährungsfrist richtet sich nach § 11 Abs. 2 UWG. Danach muss zunächst der Anspruch entstanden, mithin der zugrunde liegende Tatbestand der in Betracht kommenden Norm verwirklicht sein. Bei Schadensersatzansprüchen ist für den Beginn der Verjährung auch die Entstehung eines Schadens notwendig. Besondere Verjährungsregeln gelten für Dauer- und fortgesetzte Handlungen.[151] Weitere Voraussetzung für den Beginn der Verjährungsfrist ist die positive Kenntnis des Gläubigers von den anspruchsbegründenden Umständen und der Person des Schuldners bzw. entsprechende grob fahrlässige Unkenntnis.

167 Für die Zurechnung von Kenntnis innerhalb eines Gläubigerunternehmens gelten allgemeine zivilrechtliche Grundsätze. Insoweit ist nicht allein die Kenntnis jeglicher Mitarbeiter ausreichend. Neben der Firmenleitung kommen diejenigen Personen, welche nach der betrieblichen Organisation für die Aufnahme und gegebenenfalls Weiterleitung wettbewerbsrechtlich relevanter Information zwecks Verfolgung von Wettbewerbsverstößen zuständig sind bzw. von denen eine solche Zuständigkeit aufgrund ihrer Stellung im Unternehmen typischerweise erwartet werden kann, in Betracht.[152]

168 Für die Praxis wettbewerbsrechtlicher Auseinandersetzungen sind angesichts der Kürze der besonderen Verjährungsfrist die Hemmung, Ablaufhemmung und der Neubeginn der Verjährung, von erheblicher Bedeutung. Diese richten sich nach den §§ 203 bis 213 BGB. Zunächst können Verhandlungen über den geltend gemachten Anspruch zu einer Hemmung der Verjährung führen, § 203 BGB. „Verhandlungen" in diesem Sinne sollen bereits gegeben sein, wenn der Schuldner über die Abgabe und den Wortlaut einer Unterlassungserklärung verhandelt.[153] In Anbetracht der Möglichkeit eines späteren Streits der Parteien über die Frage einer Hemmung der Verjährung sollte jegliche Korrespondenz und Verhandlung sorgfältig, wenn möglich schriftlich, dokumentiert werden.

169 Eine bedeutende Änderung des früheren Verjährungsrechts im Falle der Durchführung eines einstweiligen Verfügungsverfahren beinhaltet § 204 Abs. 1 Ziffer 9 BGB. Nunmehr bewirkt bereits die Zustellung eines Antrags auf eine einstweiligen Verfügung, oder, wenn der Antrag nicht zugestellt wird, dessen Einreichung, wenn die einstweilige Verfügung innerhalb eines Monats seit Verkündung oder Zustellung an den Gläubiger dem Schuldner zugestellt wird, die Hemmung der Verjährung.

170 Im Falle des § 203 BGB tritt die Verjährung frühestens drei Monate nach dem Ende der Hemmung ein, § 203 Satz 2 BGB. Im Falle des § 204 Abs. 1 Ziffer 9 BGB endet die Hemmung sechs Monate nach der rechtskräftigen Entscheidung oder anderweitigen Beendigung des Verfahrens, § 204 Abs. 2 BGB.

---

151 Im Einzelnen Baumbach/Hefermehl/Köhler, Wettbewerbsrecht, § 11 UWG Rn. 1.2.1, 1.22.
152 Baumbach/Hefermehl/Köhler, Wettbewerbsrecht, § 11 Rn. 1.27.
153 Harte/Henning/Schulz, UWG, § 11 Rn. 85.

Durch die Erhebung einer Leistungs- oder Feststellungsklage, § 204 Abs. 1 Ziffer 1 BGB, wird die Verjährung des Anspruchs ebenfalls gehemmt. Dies gilt jedoch nur für den jeweils eingeklagten Anspruch. Wird mithin nur ein Unterlassungsanspruch eingeklagt, wird die Verjährung eines etwaigen Schadensersatzanspruchs nicht gehemmt.[154] Der Gläubiger hat insoweit stets den Umfang des prozessualen Streitgegenstands im Vergleich zu sonstigen in Betracht kommenden Ansprüchen zu prüfen. Wird in diesem Zusammenhang zunächst nur die konkrete Verletzungsform eingeklagt, erhebt sich die Frage, ob insoweit auch eine Verjährungshemmung hinsichtlich einer erweiternden verallgemeinernden Anspruchsfassung eintritt. Dies soll nach einer wesentlichen Meinung in der Literatur[155] der Fall sein.

171

Im übrigen können die Parteien die Verjährungsfristen gemäß § 202 Abs. 2 BGB stets einvernehmlich verkürzen oder verlängern. Solche Vereinbarungen sollten stets in Schriftform erfolgen.

172

Auch bereits vor Eintritt der Verjährung können sich Einwendungen des Schuldners nach dem aus Treu und Glauben, § 242 BGB, abzuleitenden Grundsatz der Verwirkung ergeben. Im Rahmen einer Gesamtwürdigung der Umstände des Einzelfalles ist insoweit nicht allein ein Untätigbleiben des Gläubigers ausreichend. Es bedarf vielmehr auch insbesondere eines in der Regel vom Gläubiger zu schaffenden Vertrauenstatbestandes, wonach der Schuldner berechtigt auf die Duldung seines Verhaltens vertrauen durfte.[156]

173

10. Konkurrenzen

Neben Ansprüchen nach dem UWG können abhängig von den Umständen des Sachverhalts sowohl in Bezug auf Unterlassungs- und Beseitigungsansprüche, als auch in Bezug auf Schadensersatzansprüche zusätzlich weitere Anspruchsgrundlagen außerhalb des UWG bestehen. In Betracht kommen u.a. Bestimmungen zum Schutze des Namens bzw. der Firma (§ 12 BGB sowie § 37 HGB) und deliktische Ansprüche (§§ 823 ff. BGB) einschließlich des Rechts am eingerichteten und ausgeübten Gewerbebetrieb, wobei sich bei widerrechtlichen Eingriffen in geschützte Rechte auch Unterlassungsansprüche in Verbindung mit § 1004 BGB ergeben können.

174

Im übrigen können markenrechtliche Unterlassungs- und Schadensersatzansprüche, §§ 14, 15 MarkenG, urheberrechtliche Unterlassungs- und Schadensersatzansprüche, §§ 97 f. UrhG sowie patentrechtliche Unterlassungs- und Schadensersatzansprüche, § 139 PatG, im Raum stehen. Sämtliche derartigen Ansprüche verjähren nach den dortigen, spezialgesetzlich festgelegten Verjährungsregeln (z.B. §§ 141 PatG, 102 UrhG und 20 MarkenG).[157]

175

---

154 Palandt/Heinrichs, BGB, § 204 Rn. 13 ff. m.w.N.
155 Teplitzky, Wettbewerbsrechtliche Ansprüche und Verfahren, Kap. 16 Rn. 38.
156 Baumbach/Hefermehl/Köhler, Wettbewerbsrecht, § 11 Rn. 2.19 f.
157 Vgl. Harte/Henning/Schulz, UWG, § 11 Rn. 39 f.

IV. Anspruchsarten

176 Das aktuelle UWG regelt die in Betracht kommenden wettbewerbsrechtlichen Ansprüche zusammenhängend in den §§ 8 bis 11 UWG. Gegenüber der bisherigen Rechtslage wurden einige bedeutsame Neuerungen hinzugefügt. Zu berücksichtigen ist, dass in den Fällen, in denen Schadensersatz- oder Beseitigungs- oder Gewinnabschöpfungsansprüche bestehen, häufig auch Auskunfts- und Unterlassungsansprüche mit geltend gemacht werden.

1. Unterlassung und Beseitigung, § 8 UWG

177 Die aktuelle Fassung von § 8 UWG knüpft an die Bestimmung des § 13 UWG alter Fassung und die zugehörige Rechtsprechung an. Weder der Beseitigungsanspruch noch der Unterlassungsanspruch setzen im Gegensatz zu Schadensersatzansprüchen, § 9 UWG, ein Verschulden des Anspruchsgegners voraus.

a) Unterlassungsanspruch

178 In der Praxis ist der Unterlassungsanspruch der bei weitem **bedeutsamste** Anspruch im Wettbewerbsrecht. Voraussetzung für den Unterlassungsanspruch ist die **Wiederholungsgefahr**. Als Wiederholungsgefahr wird die Gefahr der erneuten Begehung einer konkreten Verletzungshandlung, die der Verletzer in gleicher Form bereits rechtswidrig begangen hat, bezeichnet.[158]

179 Im Fall eines erstmalig drohenden Verstoßes ergibt sich die Wiederholungsgefahr in Form der **Erstbegehungsgefahr**. Dazu muss der Gläubiger im Rechtsstreit objektive Umstände darlegen, welche die drohende und unmittelbar bevorstehende Gefahr einer erstmaligen Begehung begründen.[159] In diesem Zusammenhang ist zu bedenken, dass eine Begehungsgefahr auch durch das Verhalten des Beklagten im Rahmen seiner Rechtsverteidigung geschaffen werden kann, wenn dem die Bereitschaft zu entnehmen ist, sich im Sinne der zur Rechtsverteidigung vertretenen Auffassung zu verhalten.[160] Will der Beklagte eine solche Schlussfolgerung vermeiden, hat er durch entsprechende Vorbehalte deutlich zu machen, dass der betreffende Vortrag nur zum Zweck der Rechtsverteidigung im Verfahren erfolgt.

180 Demgegenüber wird im Falle eines bereits eingetretenen Verstoßes die Wiederholungsgefahr grundsätzlich vermutet.[161] Die Wiederholungsgefahr kann abgesehen von eng begrenzten Ausnahmesituationen nur durch Abgabe einer unbedingten strafbewehrten Unterlassungsverpflichtungserklärung ausgeräumt werden.

181 Allein die tatsächliche Aufgabe eines wettbewerbswidrigen Verhaltens oder die Zusage des Verletzers, den Verstoß zukünftig zu unterlassen, reicht nicht zur Beseitigung der Wiederholungsgefahr aus. Eine tatsächliche Veränderung des Sachverhalts, z.B. die Einstellung der Geschäftstätigkeit des Schuldners, führt ebenso wenig zum Wegfall der

---

158 Teplitzky, Wettbewerbsrechtliche Ansprüche und Verfahren, Kap. 6 Rn. 1.
159 Baumbach/Hefermehl/Bornkamm, Wettbewerbsrecht, § 8 UWG Rn. 1.17.
160 BGH – Berühmungsaufgabe, GRUR 2001, S. 1175.
161 BGH – TCM-Zentrum, GRUR 2001, S. 453, 455.

Wiederholungsgefahr, falls eine Wiederaufnahme nicht objektiv ausgeschlossen werden kann.[162]

Der Erlass einer einstweiligen Verfügung gegen den Schuldner beseitigt die Wiederholungsgefahr nur dann, wenn der Schuldner diese Regelung durch Abgabe einer entsprechenden Abschlusserklärung[163] endgültig gemacht hat. Im übrigen kann die Wiederholungsgefahr auch durch Abgabe einer hinreichend strafbewehrten Unterlassungsverpflichtungserklärung gegenüber einem anderen Gläubiger entfallen, sofern sich keine Zweifel an der Ernsthaftigkeit dieser Erklärung ergeben.

182

Nach der Rechtsprechung des BGH[164] umfasst die Wiederholungsgefahr nicht allein die identische Verletzungsform, sondern alle im Kern gleichartigen Verletzungsformen. Gleichartige Verletzungsformen beinhalten in der Regel einen nahezu identischen tatsächlichen Kern bei geänderter Begehungsform. Das kann z.B. bei einer wettbewerbswidrigen Werbeanzeige durch Verbreitung über ein unterschiedliches Werbemedium anzunehmen sein, also z.B. die Verbreitung der Werbung statt in einer Printanzeige auf einer Internet-Website des Unternehmens.

183

b) Beseitigungsanspruch

Der Beseitigungsanspruch zielt auf die Beseitigung eines vorher herbeigeführten unlauteren Störungszustandes, wobei die von diesem Zustand ausgehenden Störungen rechtswidrig sein müssen. Daraus folgt, dass die vom Verletzer geschaffene Störung fortwirken muss.[165] Der Anspruch ist inhaltlich durch den Grundsatz der Verhältnismäßigkeit begrenzt und rechtfertigt nur solche Maßnahmen, die geeignet und erforderlich sind, die bestehende Störung zu beseitigen und dem Schuldner zugleich zumutbar sind.[166]

184

Beispiele möglicher Inhalte von Beseitigungsansprüchen wären Lieferungsverbote, eine berichtigende Aufklärung gegenüber Adressaten irreführender Werbung, eine berichtigende Werbung oder sogar Beschäftigungsverbote.[167] Denkbar wäre z.B. auch ein Anspruch auf Entfernung rechtswidriger Bezeichnungen.[168] Ebenfalls in Betracht kommt z.B. die Vernichtung von wettbewerbswidrigem Werbematerial, falls aus Verhältnismäßigkeitsüberlegungen keine Korrektur durch Schwärzungen oder Ähnliches in Betracht kommt.

185

Ein weiterer Anwendungsbereich von Beseitigungsansprüchen ergibt sich in Bezug auf unrechtmäßig eingetragene Domain-Namen. Hier kann nach der Rechtsprechung[169]

186

---

162 BGH – Testpreis-Angebot, GRUR 1998, S. 824, 828.
163 Im Einzelnen Ziffer C. III. 12.
164 BGH – Wegfall der Wiederholungsgefahr I, GRUR 1996, S. 290.
165 Vgl. BGH – Wirtschaftsregister, GRUR 1998, S. 416.
166 Gesetzesentwurf der Bundesregierung „Entwurf eines Gesetzes gegen den unlauteren Wettbewerb (UWG)" a.a.O., S. 22.
167 Aufstellung bei Harte/Henning/Seitz, UWG, § 8 Rn. 136 ff.
168 BGH – Gebäudefassade, GRUR 1977, S. 614.
169 BGH – shell.de, GRUR 2002, S. 626.

insoweit die Erklärung des eingetragenen Inhabers gegenüber der DENIC zum Verzicht auf die Domain erzwungen werden.

187 Zu beachten ist, dass der Beseitigungsanspruch nach § 8 Abs. 1 UWG kein Verschulden des Verletzers voraussetzt. Zur Vorbereitung von Beseitigungsansprüchen können auch Auskunftsansprüche in Betracht kommen.

c) Zurechnung, § 8 Abs. 2 UWG

188 Gemäß § 8 Abs. 2 UWG haftet der Unternehmer für von Mitarbeitern oder Beauftragten begangene Zuwiderhandlungen ebenfalls und ohne die Möglichkeit einer Entlastung. Es handelt sich um eine uneingeschränkte Erfolgshaftung.[170] Der Begriff der Beauftragten im Sinne des § 8 Abs. 2 UWG ist weit auszulegen. Dazu können z.B. Handelsvertreter, Vertragshändler oder etwa Franchisenehmer gehören. Ebenfalls können z.B. eingeschaltete Werbeagenturen als Beauftragte in diesem Sinne einzustufen sein.[171] Die Zurechnungsnorm des § 8 Abs. 2 UWG gilt lediglich für Unterlassungs- und Beseitigungsansprüche, nicht jedoch für sonstige Ansprüche wie z.B. Schadensersatzansprüche.

2. Schadensersatz, § 9 UWG

189 Im Fall von schuldhaften Zuwiderhandlungen gegen § 3 UWG gewährt § 9 UWG Mitbewerbern,[172] nicht jedoch sonstigen Personen,[173] Schadensersatzansprüche.

190 In der Praxis sind wettbewerbsrechtliche Schadensersatzansprüche im Vergleich zu Unterlassungsansprüchen von eher untergeordneter Bedeutung, da die Darlegung und exakte Bezifferung eines Schadens des Verletzten häufig Schwierigkeiten bereitet. Ein für einen Gläubiger mitunter attraktiver Aspekt kann jedoch darin bestehen, einen Schadensersatzanspruch mit einem vorgeschalteten **detaillierten Auskunftsanspruch** zu verbinden. Auf diese Art und Weise kann der Schuldner gezwungen werden, die ihm häufig höchst unangenehme Auskunft über Details der Verletzungshandlung und deren Adressaten zu erteilen. Dies kann dann tatsächlich möglicherweise zur Preisgabe von geheimhaltungsbedürftigen Informationen über Kunden führen.[174] Ist ein Schadensersatzanspruch noch nicht bezifferbar, z.B. weil der Umfang des Schadens noch nicht abzusehen ist, kommt ein Feststellungsanspruch in Betracht. Dieser sollte in der Regel die Feststellung einer Ersatzpflicht für alle bereits eingetretenen Schäden und – wenn dies nicht ausgeschlossen werden kann – zukünftiger Schäden aufgrund der Verletzungshandlung umfassen.

191 Neben einem Verstoß gegen § 3 UWG muss der Gläubiger für einen Schadensersatzanspruch insbesondere das Verschulden des Schuldners, die Kausalität und einen nach den §§ 249f. BGB ermittelten Schaden darlegen. In bestimmten Fällen wie z.B. bei

---

170 Vgl. BGH – Filialleiterfehler, GRUR 2000, S. 909.
171 Baumbach/Hefermehl/Köhler, Wettbewerbsrecht, § 8 UWG Rn. 2.45.
172 § 2 Abs. 1 Ziffer 3 UWG – siehe oben Ziffer A. VI. 1.
173 Baumbach/Hefermehl/Köhler, Wettbewerbsrecht, § 9 UWG Rn. 1.10, 1.11.
174 Vgl. dazu näher Ziffer C. IV. 2.

Nachahmung von Produkten, § 4 Ziffer 9 UWG, kann der Gläubiger auf die Möglichkeit der sog. dreifachen Schadensberechnung zurückgreifen.[175]

§ 9 Satz 2 UWG beinhaltet eine Erweiterung des bisherigen Presseprivilegs für verantwortliche Personen von Zeitungen, Zeitschriften und sonstigen wiederkehrenden Druckwerken. Eine Schadensersatzhaftung solcher Personen kommt nur bei vorsätzlichen Verstößen in Betracht.

3. Auskunftsansprüche

Gläubigern wettbewerbsrechtlicher Ansprüche werden häufig die notwendigen Informationen über den Umfang von Verletzungshandlungen fehlen, um eigene Ansprüche darlegen und beziffern zu können. Vor diesem Hintergrund gewährt die Rechtsprechung den Gläubigern bei Wettbewerbsverstößen unter Berücksichtigung des Grundsatzes von Treu und Glauben unter bestimmten Voraussetzungen Auskunftsansprüche.[176]

Es ist diesbezüglich zwischen selbstständigen und unselbstständigen („akzessorischen") Auskunftsansprüchen zu unterscheiden. In der Praxis kommt selbstständigen Auskunftsansprüchen nur in untergeordnetem Umfang Bedeutung zu.[177] Vergleichsweise höheren Stellenwert haben akzessorische Auskunftsansprüche, die zur Vorbereitung und Durchsetzung bestimmter Hauptansprüche gegen den Schuldner dienen. In der Regel werden sich Auskunftsansprüche auf die Vorbereitung eines Schadensersatzanspruchs, eines Beseitigungsanspruchs oder eines Bereicherungsanspruchs richten.[178]

Ein Muster einer Klage auf Auskunft und Feststellung einer Schadensersatzpflicht ist unter Rn. 550 beigefügt.

Der Auskunftsanspruch setzt neben der durch den Wettbewerbsverstoß geschaffenen Sonderbeziehung die Notwendigkeit der Auskunft voraus. Diese ist nur gegeben, wenn der Gläubiger unter Ausschöpfung aller ihm zur Verfügung stehenden Informationsquellen, zumutbarer Maßnahmen und allen vertretbaren Aufwands nicht in der Lage ist, sich die Information selbst zu beschaffen. Der Umfang der Auskunft hängt von den Anspruchsvoraussetzungen des Hauptanspruchs ab. Er ist auf Inhalt und Umfang der konkreten Verletzungshandlung beschränkt.[179]

Eine Grenze für die Auskunftserteilung durch den Schuldner ergibt sich aus Zumutbarkeitsgesichtspunkten. Im Rahmen einer Würdigung des Sachverhalts und unter Berücksichtigung von Verhältnismäßigkeitskriterien ist abzuwägen, ob die beantragte Auskunft hinsichtlich des den erstrebten Erfolgs verhältnismäßig ist.[180]

---

175 Baumbach/Hefermehl/Köhler, Wettbewerbsrecht, § 9 UWG Rn. 1.36.
176 BGH – Entfernung der Herstellungsnummern II, GRUR 2001, S. 841, 842.
177 Baumbach/Hefermehl/Köhler, Wettbewerbsrecht, § 9 UWG Rn. 4.2.
178 BGH – Cartier-Armreif, GRUR 1994, S. 630, 632.
179 BGH – Entfernung der Herstellungsnummern II, GRUR 2001, S. 841, 844.
180 BGH – Cartier-Armreif, GRUR 1994, S. 630, 633.

4. Gewinnabschöpfung, § 10 UWG

198 Die Bestimmung des § 10 UWG ist neu. Mit ihr sollen im Sinne des § 8 Abs. 3 Ziffer 2-4 UWG klageberechtigte Verbände und Verbrauchervereine sowie die Industrie- und Handelskammern bzw. die Handwerkskammern unter bestimmten Voraussetzungen bei vorsätzlichen Verstößen gegen § 3 UWG vom Verletzer die Herausgabe eines etwaigen Gewinns verlangen können. Derartige Gewinne sind an den Bundeshaushalt abzuführen. Nach dem Gesetzentwurf der Bundesregierung[181] sollen mit dieser Regelung Wettbewerbsverstöße mit so genannten **Streuschäden** bekämpft werden. Deswegen setzt § 10 Abs. 1 UWG die Erzielung eines Gewinns „... zu Lasten einer Vielzahl von Abnehmern ..." voraus.

199 Der Anspruch setzt zunächst einen vorsätzlichen Wettbewerbsverstoß voraus. Vorsätzlich handelt bereits, wer eine vom eigenen Verhalten abweichende rechtliche Zulässigkeit der Maßnahme in Betracht zieht, aber gleichwohl ins Blaue hinein und unter bewusstem Verzicht auf eine weitere Prüfung der Rechtslage Fakten schafft.[182] Die Höhe des Gewinnabschöpfungsanspruchs errechnet sich aus den Umsatzerlösen des Verletzers abzüglich der Herstellungskosten sowie eventuell angefallenen Betriebskosten. Gemeinkosten und sonstige unspezifische Aufwendungen sind insoweit nicht abzugsfähig. Gemäß § 10 Abs. 2 UWG sind individuelle Ersatzansprüche der Abnehmer und der Mitbewerber, aber auch des Staates, vorrangig zu befriedigen.

200 Gegen den Gewinnabschöpfungsanspruch wurden bereits vielfältige Bedenken geltend gemacht.[183] Es bleibt abzuwarten, ob der Gewinnabschöpfungsanspruch in der Praxis der Verbände- und Verbrauchervereine eine relevante Bedeutung erlangen wird. Auch angesichts des Umstandes, dass letztlich erstrittene Gelder an den Bundeshaushalt abzuführen sind, ist diesbezüglich eine gewisse Skepsis angebracht.

5. Sonstige Ansprüche

201 Im Zusammenhang mit der Herausgabe von Verletzervorteilen kommen auch im Bereich des Wettbewerbsrechts Bereicherungsansprüche gemäß §§ 812ff. BGB in Betracht.[184]

202 Nach § 12 Abs. 3 UWG kann das Gericht der obsiegenden Partei bei Unterlassungsklagen auf Antrag die Befugnis zusprechen, das Urteil auf Kosten der unterliegenden Partei öffentlich bekannt zu machen, wenn die Klagepartei ein berechtigtes Interesse dartut. Für die Frage eines berechtigten Interesses sind die Interessen der Parteien gegeneinander abzuwägen und zu prüfen, ob eine Urteilsbekanntmachung zur Beseitigung einer fortdauernden Störung geeignet und erforderlich ist.[185]

---

181 Gesetzesentwurf der Bundesregierung „Entwurf eines Gesetzes gegen den unlauteren Wettbewerb (UWG)" a.a.O., S. 23.
182 Vgl. Harte/Henning/Goldmann, UWG, § 10 Rn. 44.
183 Wimmer-Leonhardt, UWG – Reform und Gewinnabschöpfungsanspruch oder die Wiederkehr der Drachen, GRUR 2004, S. 12ff.
184 Näher Harte/Henning/Beckedorf, UWG, vor § 8 Rn. 6ff.
185 Baumbach/Hefermehl/Köhler, Wettbewerbsrecht, § 12 UWG Rn. 4.7.

V. Das vorgerichtliche Verfahren

Der weit überwiegende Großteil wettbewerbsrechtlicher Auseinandersetzungen wird **ohne gerichtliche Auseinandersetzung** abgeschlossen.[186] Zur effektiven und schnellen Auseinandersetzung zwischen den Parteien hat sich in der Praxis ein Verfahren herausgebildet, welches in der Regel eine schriftliche Abmahnung und eine vertragsstrafebewehrte Unterlassungserklärung beinhaltet. Die Rechtsprechung hat sowohl dem Gläubiger wie auch dem Schuldner bestimmte Handlungs- und Informationspflichten im Rahmen außergerichtlicher wettbewerbsrechtlicher Streitigkeiten aufgebürdet.

203

Da der Großteil gerichtlicher Auseinandersetzungen im Wettbewerbsrecht im **einstweiligen Verfügungsverfahren** stattfindet,[187] ist das vorgerichtliche Verfahren stets unter Berücksichtigung anwendbarer Dringlichkeitsfristen für einen Antrag auf eine einstweilige Verfügung zu führen.[188] Noch bedeutsamer ist in vielen Fällen die sich aus dem Gegenstand der Auseinandersetzung selbst ergebende Dringlichkeit. Gerade Mitbewerber werden in vielen Fällen auf eine Unterbindung des Wettbewerbsverstoßes innerhalb von Tagen, teilweise innerhalb von Stunden[189] angewiesen sein, um größere Nachteile für sich zu vermeiden. Dementsprechend steht für die Durchführung einer außergerichtlichen wettbewerbsrechtlichen Streitigkeit häufig nur ein sehr begrenzter Zeitrahmen zur Verfügung.

204

1. Sachverhaltsermittlung und Beweissicherung

Eine umfassende und zugleich rasche Ermittlung des Sachverhalts und die Sicherung aller für die Anspruchsdurchsetzung notwendiger Glaubhaftmachungsmittel und Beweise sind Voraussetzung für die erfolgreiche Durchführung des Verfahrens.

205

a) Aufklärung

Die umfassende Aufklärung des Sachverhalts sollte jeder nachfolgenden Bewertung vorausgehen. Abhängig von der Position als Gläubiger oder Schuldner des Verfahrens sind zunächst stets genaue Informationen über die in Betracht kommende Gegenpartei einschließlich Kontaktinformationen sowie, wenn möglich, ein Handelsregister- sowie Gewerberegisterauszug über den potenziellen Schuldner einzuholen. Inhalt, Zeitraum und Umfang des in Betracht kommenden Verstoßes sind exakt zu ermitteln und zu dokumentieren. Zu klären ist, welche mündliche oder schriftliche Korrespondenz zwischen den Beteiligten einschließlich E-Mails und Telefonaten über den Sachverhalt geführt wurde.

206

Im übrigen ist, u.a. zur Klärung der Frage der Mitbewerberstellung, § 2 Abs. 1 Ziffer 3 UWG, die Marktposition der beteiligten Parteien zu ermitteln.

207

Daneben ist es für die Beurteilung der Dringlichkeit sowie einer etwaigen Verjährung essentiell festzustellen, welche beteiligten Personen, insbesondere in der Geschäftslei-

208

---

186 Es soll sich um einen Anteil von mehr als 90 % handeln – vgl. Ahrens / Deutsch, Wettbewerbsprozess, Kap. 1 Rn. 9 m.w.N.
187 Holzapfel, Zum einsteiligen Rechtsschutz im Wettbewerbs- und Patentrecht, GRUR 2003, S. 287 m.w.N.
188 Vgl. dazu Ziffer C. III. 6.
189 Wie z.B. im Fall von wettbewerbsrechtlichen Streitigkeiten auf Messen.

Breuer

tung des Gläubigers sowie auf der organisatorisch für die Behandlung von Wettbewerbsverstößen verantwortlichen Ebene, wann erstmals Kenntnis vom Wettbewerbsverstoß hatten. Bleibt der beanstandete Sachverhalt für den abgemahnten Schuldner unklar, kann sich in Ausnahmesituationen sogar eine Aufforderung zur weiteren Aufklärung gegenüber dem Anspruchsgegner, selbstverständlich unter Berücksichtigung einer im Raum stehenden Dringlichkeitsfrist, empfehlen.

209 Darüber hinaus empfiehlt es sich, die Vorgeschichte der aktuellen Auseinandersetzung und etwaige frühere Auseinandersetzungen zwischen den Beteiligten sowie den wirtschaftlichen Hintergrund der Auseinandersetzung aufzuklären.

b) Sicherung von Beweisen (Unterlagen, Protokolle, Zeugen, Glaubhaftmachung, Testkäufe)

210 Tatsächliche Behauptungen, auf die eine gerichtliche Entscheidung gestützt werden soll, müssen entsprechend den maßgeblichen materiellen und prozessualen Bestimmungen sowie der allgemeinen **Darlegungs- und Beweislast** bewiesen werden können. Vor diesem Hintergrund sind beide Parteien gehalten, in Betracht kommende Mittel zum Beweis bzw. zur Glaubhaftmachung frühestmöglich zu sichern. Das Vorhanden- bzw. Nichtvorhandensein dieser Mittel wird die Strategie des Vorgehens zentral bestimmen.

211 In diesem Zusammenhang kommt u.a. der eingehenden Befragung von Beteiligten, Sicherung jeglicher für den Sachverhalt relevanter Unterlagen und E-Mails, etwaiger Vermerke über Telefonate und Besprechungen, Protokolle, Muster, Ausdruck von Webseiten und der Sicherung von beanstandeten Produkten und jeglicher relevanter Werbematerialien entscheidende Bedeutung zu. Darüber hinaus ist die Verfügbarkeit von Zeugen und deren Position in der Auseinandersetzung aufzuklären. In Betracht kommende Zeugen sollten frühestmöglich dazu angehalten werden, für Zwecke der Glaubhaftmachung notwendige eidesstattliche Versicherungen abzugeben. Diese sind unmittelbar auf Vollständigkeit und Übereinstimmung mit dem Vortrag der Partei zu überprüfen.

212 Darüber hinaus kann sich die Notwendigkeit ergeben, **Testmaßnahmen** zur Aufdeckung eines Wettbewerbsverstoßes durchzuführen. Diese können unterschiedlicher Natur sein und z.B. Testkäufe, Testbeobachtungen oder Testgespräche umfassen. Derartige Testmaßnahmen sind grundsätzlich zulässig, solange sich der Tester als normaler Nachfrager geriert.[190]

213 Eine unzulässige Testmaßnahme, z.B. unter Verstoß gegen ein bestehendes Hausverbot eines Mitbewerbers, kann ihrerseits einen Wettbewerbsverstoß darstellen. Ein aufgrund einer unzulässigen Testmaßnahme gewonnenes Mittel zum Beweis bzw. zur Glaubhaftmachung darf häufig nicht verwertet werden.[191] Rechtswidrig aus Testmaßnahmen erlangte Beweismittel können unter Umständen einen Missbrauchseinwand des Betroffenen begründen.[192]

---

190 BGH – Testfoto I, GRUR 1991, S. 843, 844.
191 Ahrens/Bähr, Wettbewerbsprozess, Kap. 27, Rn. 38 f.
192 Ahrens/Bähr, Wettbewerbsprozess, Kap. 27, Rn. 41.

2. Abmahnung

Eine Abmahnung ist die Mitteilung eines Anspruchsberechtigten an einen Verletzer, er habe sich wettbewerbswidrig verhalten, verbunden mit der Aufforderung, das beanstandete Verhalten zukünftig zu unterlassen und binnen einer bestimmten Frist eine strafbewehrte Unterwerfungserklärung abzugeben. Der Anspruchsberechtigte hat die beanstandete Handlung im Rahmen der Abmahnung genau zu bezeichnen.[193] Von der Praxis seit Jahrzehnten genutzt, ist die Abmahnung neben der strafbewehrten Unterlassungserklärung das **zentrale Mittel zur außergerichtlichen Streitbeilegung** in Wettbewerbssachen. Die Rechtsprechung hat die notwendigen Elemente einer Abmahnung über Jahrzehnte präzisiert.[194]

214

Mit dem aktuellen UWG hat der Begriff der Abmahnung nunmehr auch Eingang in das Gesetz gefunden. Nach § 12 Abs. 1 UWG sollen die zur Geltendmachung eines Unterlassungsanspruchs Berechtigten den Schuldner vor Einleitung eines Rechtsstreits abmahnen und ihm Gelegenheit geben, die Auseinandersetzung durch Abgabe einer angemessenen strafbewehrten Unterlassungsverpflichtung beizulegen.

215

a) Notwendigkeit

Wie sich aus § 12 Abs. 1 UWG ergibt, „soll" der Anspruchsberechtigte den Schuldner vor Beginn einer gerichtlichen Auseinandersetzung abmahnen. Ungeachtet dieser Formulierung ist die Abmahnung keine prozessuale Voraussetzung für die gerichtliche Geltendmachung eines Unterlassungsanspruchs.[195]

216

Muster von Abmahnungen finden sich unter Rn. 311 (wegen Anschwärzung), Rn. 313 (wegen Belästigung) sowie Rn. 315 (Abmahnung durch einen Verband).

217

Unterlässt der Anspruchsberechtigte eine vorherige Abmahnung, droht ihm in einem gerichtlichen Verfahren, wenn der Schuldner den Anspruch unverzüglich zu Beginn des gerichtlichen Verfahrens anerkennt, gemäß § 93 ZPO die Auferlegung der Kosten des Verfahrens.[196]

218

In bestimmten Szenarien kann der Anspruchsberechtigte von einer Abmahnung absehen, ohne das Risiko etwaiger Kostennachteile gemäß § 93 ZPO einzugehen. Dazu zählt u.a. die Situation, dass eine Abmahnung bei vernünftiger Würdigung der Umstände durch den Gläubiger keinen Erfolg verspricht, was z.B. bei einem schwerwiegenden vorsätzlichen Wettbewerbsverstoß der Fall sein kann.[197]

219

Entsprechendes gilt, wenn ein neuer Verstoß nach Abgabe einer strafbewehrten Unterlassungserklärung durch den Schuldner begangen wird.[198] In Ausnahmefällen kann

220

---

193 Gesetzesentwurf der Bundesregierung „Entwurf eines Gesetzes gegen den unlauteren Wettbewerb (UWG)" a.a.O., S. 25.
194 Vgl. z.B. Baumbach/Hefermehl/Bornkamm, Wettbewerbsrecht, § 12 UWG Rn. 1.12ff.
195 Z.B. OLG München, WRP, 1988, S. 62.
196 Zöller/Herget, ZPO, § 93 Rn. 4 sowie Rn. 6 Stichwort Wettbewerbsstreitigkeiten.
197 OLG Hamburg, WRP, 1995, S. 1037, 1038.
198 BGH – Aufklärungspflicht des Unterwerfungsschuldners, GRUR 1990, S. 542, 543.

auch äußerste Eilbedürftigkeit eine Abmahnung entbehrlich machen.[199] Das kann z.b. bei Wettbewerbsverstößen auf Messen der Fall sein.

221 Im übrigen kann eine Abmahnung auch in den Fällen entbehrlich sein, in denen durch eine vorherige Abmahnung die Gefahr einer Anspruchvereitelung geschaffen würde.[200] Ein solcher Fall könnte gegeben sein, falls das Risiko besteht, dass ein Nachahmer seine Produkte nach Kenntnisnahme von der Abmahnung schnellstmöglich an Dritte veräußert und damit eine Beschlagnahme und weitere Maßnahmen vereitelt.

b) Form und Zugang

222 Auch wenn eine Abmahnung grundsätzlich formlos möglich ist, ist in der Regel bereits zu **Beweiszwecken die Schriftform** geboten.[201] Es ist umstritten, ob der Gläubiger den Zugang der Abmahnung sicherstellen muss bzw. lediglich dessen ordnungsgemäße Absendung nachweisen muss. Die letztere Auffassung wird von der Rechtsprechung vertreten.[202] In der Regel wird eine Versendung per Telefax und Einwurf-Einschreiben ausreichend sein.

223 Eine Versendung per Einschreiben mit Rückschein birgt die Problematik, dass bei Nichtannahme des Einschreibens bzw. Nichtanwesenheit die Abmahnung nicht physisch in den Herrschaftsbereich des Schuldners gelangt, sondern lediglich ein Benachrichtigungsschein hinterlassen wird. Holt der Empfänger das Einschreiben jedoch vorsätzlich nicht ab, ist er nach Auffassung der Rechtsprechung so zu behandeln, als sei ihm das Schreiben zugegangen.[203] Allerdings können sich bei einer Versendung per Einschreiben mit Rückschein gewisse Zugangsverzögerungen ergeben, wenn der Adressat das Schreiben erst am nächsten Tag, oder bei Zusendungen zum Wochenende, am Beginn der folgenden Woche abholt.

c) Inhalt

224 Eine Abmahnung sollte zunächst neben der **Angabe der Parteien** eine präzise Beschreibung der beanstandeten verletzenden Handlung und die sich daraus ergebene Rechtsfolge beschreiben, so dass die abgemahnte Partei in die Lage versetzt wird, die Beanstandung zu überprüfen.[204]

225 Die Hinzufügung von Beweismitteln zur Abmahnung ist nicht notwendig und aus taktischen Erwägungen möglicherweise nachteilig. Daneben sollte die Abmahnung die **Aufforderung zur Abgabe einer strafbewehrten Unterlassungserklärung** beinhalten. Die Beifügung einer vorformulierten Unterwerfungserklärung zählt nicht zum notwendigen Inhalt der Abmahnung, ist jedoch in der Praxis verbreitet.[205]

---

199 Harte/Henning/Brüning, UWG, § 12 Rn. 15.
200 Speckmann, Wettbewerbsrecht, Rn. 1387.
201 Ahrens/Deutsch, Wettbewerbsprozess, Kap. 1 Rn. 96.
202 Harte/Henning/Brüning, UWG, § 12 Rn. 24 Fußnote 46.
203 OLG Dresden, WRP 1997, S. 1203.
204 OLG München, NJW-Entscheidungen Wettbewerbsrecht 1998, S. 65 f.
205 Zur Formulierung der Unterwerfungserklärung siehe B.V. 2. d.).

Ob eine Fristsetzung zum notwendigen Inhalt einer Abmahnung gehört, wird teilweise bestritten.[206] Eine entsprechende Fristsetzung ist jedoch in jedem Fall sinnvoll und in der Praxis gang und gebe. Die Angemessenheit der Frist bestimmt sich nach der Dringlichkeit des Sachverhalts und den Umständen des Einzelfalles. Bei außerordentlich eilbedürftigen Sachverhalten kann eine Frist von wenigen Stunden ausreichend sein. In der Regel wird dem Anspruchsgegner jedoch eine Frist von mehreren Werktagen zur Prüfung und Stellungnahme zuzubilligen sein, so dass unter Berücksichtigung der Zeiten für die Übermittlung einer Abmahnung eine Wochenfrist zu setzen ist. Eine unangemessen kurze Frist setzt ohne weiteres Zutun des Gläubigers eine angemessene Frist in Kraft.[207]

226

Darüber hinaus sind dem Verletzten **gerichtliche Maßnahmen** für den Fall fruchtlosen Fristablaufs anzudrohen. Es ist umstritten, ob einer Abmahnung stets eine Vollmacht beizufügen ist.[208] In praktischer Hinsicht empfiehlt es sich vor dem Hintergrund der unterschiedlichen Auffassungen, das Original oder jedenfalls die beglaubigte Abschrift einer Vollmacht, wenn möglich, ebenfalls zu übersenden.

227

d) Formulierung des Unterlassungsbegehrens

Es ist sinnvoll und entspricht der Praxis entweder im Abmahnschreiben oder diesem beigefügt die erstrebte strafbewehrte Unterlassungserklärung des Schuldners **vorzuformulieren**. Auf diese Weise kann der Anspruchsberechtigte die von ihm erstrebte Fassung des Verbotstenors zunächst vorgeben. Muster zur Formulierung von Abmahnungen finden sich unter Rn. 311 (wegen Anschwärzung), Rn. 313 (wegen Belästigung) sowie Rn. 315 (Abmahnung durch einen Verband).

228

Wird durch einen Wettbewerbsverstoß eine Wiederholungsgefahr begründet, umfasst diese nicht nur die vollkommen identische Verletzungsform, sondern auch sämtliche im Kern gleichartige Verletzungsformen.[209] Bei der Bestimmung, welche Verletzungsformen noch „im Kern gleichartig" sind, sind Handlungen mit identischem oder nahezu identischem Tatsachenkern einzubeziehen. Die Form der Handlung kann jedoch abweichen. Entscheidend ist, dass in der Unterlassungsverpflichtung die charakteristischen Elemente der Verletzungshandlung wiedergegeben werden.[210]

229

Eine Verallgemeinerung unter Berücksichtigung der charakteristischen Elemente der Verletzungshandlung kann z.B. das Werbemedium betreffen. Daneben kann eine Verallgemeinerung auch in Bezug auf die vom Wettbewerbsverstoß betroffenen Produkte erfolgen. Insoweit könnte der Anspruchsberechtigte, statt an das spezifische Produkt, gegebenenfalls an die Produktkategorie anknüpfen.

230

Die Verallgemeinerung kann sich darüber hinaus auch auf die konkrete Handlung beziehen, wenn die ähnliche Handlung der konkret begangenen Handlung den charak-

231

---

206 Harte/Henning/Brüning, UWG, § 12 UWG Rn. 47.
207 OLG Hamburg, GRUR 1995, S. 836.
208 Baumbach/Hefermehl/Bornkamm, Wettbewerbsrecht, § 12 UWG Rn. 1.2.5 – 1.28.
209 BGH – Wegfall der Wiederholungsgefahr II, GRUR 1997, S. 379.
210 Im Einzelnen Ahrens/Jestaedt, Wettbewerbsprozess, Kap. 22 Rn. 19ff.

teristischen Merkmalen nach entspricht.[211] Ist die vorgenommene Verallgemeinerung nicht mehr von den charakteristischen Merkmalen der Verletzungshandlung gedeckt, ist die Abmahnung unbegründet und es drohen Gegenmaßnahmen des Abgemahnten und Kostennachteile.

232 Um derartige Risiken zu begrenzen, wird das Unterlassungsbegehren nach einer zuvor erfolgten Verallgemeinerung häufig durch Zusätze wie „insbesondere", „so wie" konkretisiert.[212] Allerdings sind unbestimmte Zusätze wie z.b. „ähnlich", „Eindruck erwecken" oder „unmissverständlich" zu unbestimmt und nicht zu einer Konkretisierung des Antrags geeignet.[213] Es ist zu empfehlen, die ins Auge gefassten Mittel zur Formulierung und Konkretisierung des Unterlassungsantrages vorab nach den Maßstäben der Rechtsprechung auf deren Eignung und Zulässigkeit zu überprüfen.

233 Gläubiger werden vor dem Hintergrund der Kerntheorie häufig bestrebt sein, möglichst umfassend tatsächlich oder vermeintlich „kerngleiche" Handlungen mit in die Unterlassungsforderung einzubeziehen. Gleichwohl sollte der Gläubiger neben den Vorteilen auch die rechtlichen und praktischen Risiken eines solchen Vorgehens im Auge behalten. Je weiter die Unterlassungsverpflichtung formuliert wird, desto höher ist die Wahrscheinlichkeit, dass ein Schuldner keine oder nur eine eingeschränkte Unterlassungserklärung abgibt. Im übrigen steigen bei einem derartigen Vorgehen die Risiken, dass dem Gläubiger bei der Konkretisierung der Unterlassungsforderung ein Fehler unterläuft und insoweit ein Unterliegen gegenüber dem Schuldner droht.

3. Reaktion des Abgemahnten

234 Durch eine berechtigte Abmahnung wird zwischen dem Gläubiger und dem Schuldner das durch einen Wettbewerbsverstoß geschaffene **deliktische Schuldverhältnis** konkretisiert.[214] Im Falle einer berechtigten Abmahnung ergeben sich daraus neben dem im Raum stehenden Unterlassungsanspruch bzw. weiteren Ansprüchen noch zusätzliche Informations- und Aufklärungspflichten.

235 Der Empfänger einer wettbewerbsrechtlichen Abmahnung sollte sorgfältig prüfen, in welcher Weise er auf die Abmahnung reagiert. Diese Reaktion ist zunächst wesentlich von der Prüfung der Rechtmäßigkeit der Abmahnung bestimmt. Selbst im Falle berechtigter Abmahnungen können sich für den Schuldner aus wirtschaftlichen oder taktischen Erwägungen heraus eine Reihe unterschiedlicher Reaktionsmöglichkeiten ergeben. Der Adressat einer Abmahnung sollte sorgfältig die materielle Berechtigung der Abmahnung wie auch seine zur Verfügung stehenden Handlungsoptionen überprüfen. Die Abgabe einer strafbewehrten Unterlassungsverpflichtung entsprechend dem vom Gläubiger vorgegebenen Erklärungswortlaut mag insoweit in der Praxis nicht immer die optimale Lösung zur Beilegung der Auseinandersetzung aus der Schuldnerperspektive darstellen.

---

211 Ahrens/Jestaedt, Wettbewerbsprozess, Kap. 22 Rn. 24.
212 Speckmann, Wettbewerbsrecht, Rn. 1628, 1629.
213 Baumbach/Hefermehl/Bornkamm, Wettbewerbsrecht, § 12 UWG Rn. 2.39.
214 BGH – Aufklärungspflicht gegenüber Verbänden, GRUR 1988, S. 717.

a) Abgabe der geforderten Unterlassungserklärung

Kommt der Schuldner zu dem Ergebnis, dass der mit der Abmahnung geltend gemachte Anspruch besteht und der Anspruchsteller berechtigt ist, diesen geltend zu machen, ist die Abgabe einer strafbewehrten Unterlassungserklärung in vielen Fällen sachgerecht. Damit werden weitere, häufig kostenträchtige und aufwändige Auseinandersetzungen vermieden.

Umgekehrt können Gründe dafür sprechen, eine strafbewehrte Unterlassungserklärung nicht abzugeben. Durch die Annahme des Angebots des Gläubigers, einen **Unterwerfungsvertrag** abzuschließen, wird eine neue selbstständige vertragliche Unterlassungsverpflichtung geschaffen. Es handelt sich um ein **abstraktes Schuldanerkenntnis**.[215] In diesen Fällen entfällt die Wiederholungsgefahr und der zuvor geltend gemachte wettbewerbsrechtliche Anspruch, falls die Unterwerfungserklärung ihrerseits keine Mängel aufweist.

Durch diesen Unterwerfungsvertrag wird ein zeitlich grundsätzlich **unbefristetes Dauerschuldverhältnis** geschaffen. Die Unterlassungsverpflichtung bleibt bestehen, solange der Schuldner diese nicht wirksam beendet werden kann.[216] Der Gläubiger eines solchen Unterwerfungsvertrages wird deswegen stets ein größeres Interesse als im Fall des Bestehens eines gerichtlichen Titels haben, das Verhalten des Schuldners zu überwachen und etwaige Verstöße zu verfolgen. Angesichts pauschalierter, in der Praxis regelmäßig signifikanter Vertragsstrafen, ist das wirtschaftliche Risiko des Schuldners in vielen Fällen deutlich höher als im Falle eines gegen den Schuldner gerichteten Unterlassungstitels.[217] Der Gläubiger hat einen finanziellen Anreiz, durch die Beitreibung von Vertragsstrafen eigene Einnahmen zu erzielen.

Hinzu kommt, das Unterwerfungsverträge weiter auszulegen sind als gerichtliche Unterlassungstitel. Für erstere gelten die allgemeinen Grundsätze der Vertragsauslegung, §§ 133, 157 BGB. Demgegenüber gilt für die Auslegung von Unterlassungstiteln die Regeln der so genannten Kerntheorie.[218] Die Regeln für die gerichtliche Auslegung des Unterlassungstitels können für die vertragliche Unterwerfungserklärung nur mittelbar und eingeschränkt herangezogen werden.[219]

Darüber hinaus muss der Gläubiger im Falle der Zuwiderhandlung gegen eine vertragliche Unterwerfungserklärung anders als bei Verstößen gegen einen gerichtlichen Unterlassungstitel nicht den Nachweis des Verschuldens des Schuldners führen. Dieser Entlastungsbeweis obliegt aufgrund der Bestimmung des § 280 Abs. 1 Satz 2 BGB (§ 282 BGB a.F.) dem Schuldner.[220]

---

215 BGH – kurze Verjährungsfrist, NJW, 1995, S. 2788.
216 Harte/Henning/Brüning, UWG, § 12 UWG Rn. 152 ff.
217 Speckmann, Wettbewerbsrecht, Rn. 1406–1409.
218 Z.B. OLG Frankfurt, NJW – Rechtsprechungsreport, 1992, S. 751.
219 Ahrens/Schulte, Wettbewerbsprozess, Kap. 10 Rn. 66 ff.
220 BGH – Modenschau im Salvatorkeller, GRUR 1998, S. 471.

241 Aufgrund der Einstufung als abstraktes Schuldanerkenntnis ist für die Unterwerfungserklärung grundsätzlich die Schriftform erforderlich. Die Notwendigkeit der Schriftform entfällt, wenn der Schuldner Kaufmann ist,[221] ist aber auch dort zu Beweiszwecken uneingeschränkt zu empfehlen. Die Abgabe einer Unterwerfungserklärung hat darüber hinaus uneingeschränkt, unwiderruflich, ohne Hinzuführung von Bedingungen und angemessen strafbewehrt zu erfolgen.[222] Nur eine solche und zudem ernsthafte Unterwerfungserklärung beseitigt die bestehende Wiederholungsgefahr.

b) Abgabe einer modifizierten Unterlassungserklärung

242 Die Abgabe einer strafbewehrten Unterlassungsverpflichtungserklärung entsprechend dem vom Gläubiger übermittelten Entwurf wird, selbst wenn der zugrunde liegende Anspruch ganz oder teilweise berechtigt ist, in vielen Fällen nicht eine nach den Interessen des Schuldners bestmögliche Regelung zur Beilegung der Streitigkeit darstellen. Selbst wenn der Schuldner sich entscheidet, eine strafbewehrte Unterlassungserklärung abzugeben, können Modifikationen der Unterlassungserklärung zur Beschränkung des Pflichtenkreises des Schuldners und der potenziellen Risiken der Erklärung sinnvoll sein. Das gilt sowohl im Hinblick auf die inhaltliche Formulierung der Unterlassungsverpflichtung als auch der Form und des Umfangs der Strafbewehrung.

243 Entscheidet sich der Schuldner im Falle einer berechtigten Abmahnung zur Abgabe einer Unterlassungserklärung, muss diese zunächst eindeutig, unmissverständlich und grundsätzlich ohne Vorbehalte erklärt werden.

244 Die Unterlassungserklärung muss darüber hinaus, um die Wiederholungsgefahr auszuräumen, an Inhalt und Umfang des Unterlassungsanspruchs des Gläubigers orientiert sein. Dies gilt nicht allein für die konkrete Verletzungsform, sondern auch ebenfalls für sämtliche im Kern identischen Handlungen.[223] Der Schuldner kann sich insoweit nicht darauf beschränken, lediglich eine auf die konkrete Verletzungsform beschränkte Erklärung abzugeben, sondern muss auch vom Gläubiger geltend gemachte kerngleiche Verstöße mit seiner Erklärung abdecken.

245 Ergibt sich im Rahmen der Analyse des Unterlassungsanspruchs und der geltend gemachten Unterlassungsforderung, dass die Forderung inhaltlich über den materiellen Anspruch hinausgeht, kann der Schuldner die Formulierung dementsprechend einschränken und auf das notwendige Maß anpassen. Im Falle einer zu weitgehenden Unterlassungsforderung des Gläubigers ist der Schuldner nicht berechtigt, die Unterlassungsforderung grundsätzlich zurückzuweisen. Um die Wiederholungsgefahr auszuräumen, muss er vielmehr eine objektiv ausreichende Erklärung abgeben.[224]

246 Gibt der Schuldner eine objektiv unzureichende Unterlassungserklärung ab, führt dies nicht zum Wegfall der Wiederholungsgefahr.[225]

---

221 Baumbach/Hefermehl/Bornkamm, Wettbewerbsrecht, § 12 UWG Rn. 1.102–103.
222 BGH – Bedingte Unterwerfung, GRUR 1993, S. 677, 679.
223 BGH – Vorratslücken, GRUR 2000, S. 337, 338.
224 OLG München, WRP 1994, S. 645.
225 Ahrens/Schulte, Wettbewerbsprozess, Kap. 7 Rn. 10 m.w.N.

In den Fällen, in denen der Gläubiger mehrere voneinander trennbare Wettbewerbsverstöße gemeinsam geltend macht,[226] kann es sich für den Schuldner empfehlen, nur für einen abtrennbaren Teilbereich eine Unterlassungserklärung abzugeben.[227] Nach der Rechtsprechung sind unter bestimmten Voraussetzungen Teilunterwerfungen zulässig.[228]

247

Auch wenn für Bedingungen und Befristungen im Rahmen der Abgabe einer Unterlassungserklärung in der Regel kein Raum besteht, können in besonderen Fällen diesbezüglich Ausnahmen in Betracht kommen. In bestimmten Szenarien kann ausnahmsweise auch die Aufnahme einer aufschiebenden Befristung kein Hindernis für eine wirksame Unterlassungserklärung darstellen.[229] Dies kann z.B. der Fall sein, wenn bezüglich eines möglicherweise wettbewerbswidrigen Prospekts des Schuldners noch eine zeitlich begrenzte Aufbrauchfrist gewährt wird.

248

Im Hinblick auf die Art und die Höhe der Strafbewehrung der Unterlassungserklärung können sich für den Schuldner gewisse Spielräume bzgl. einer Anpassung der Erklärung ergeben. Allerdings ist zu berücksichtigen, dass eine Unterlassungserklärung mit einer unzureichend hohen Vertragsstrafe nicht zu einem Wegfall der Wiederholungsgefahr führt.[230]

249

Grundsätzlich verfolgt die wettbewerbsrechtliche Vertragsstrafe einen doppelten Zweck. Es geht einerseits darum, die Erfüllung der Unterlassungsverpflichtung durch ein Druckmittel gegen zukünftige Verstöße zu sichern. Zum anderen dient die Vertragsstrafe dem Gläubiger zu einem vereinfachten Schadensausgleich.[231]

250

Die Höhe der Vertragsstrafe muss angemessen sein. Maßgeblich ist die Sicherungsfunktion der Vertragsstrafe. Diese muss so bestimmt sein, dass sich weitere Verstöße für den Schuldner wirtschaftlich nicht mehr lohnen. Im Fall eines kleineren Verstoßes, z.B. in einer Kleinanzeige, in der irreführend für geringwertige Produkte geworben wird, wird in der Regel bereits eine relativ bescheidene Vertragsstrafe ausreichend sein, um den Schuldner abzuschrecken. Umgekehrt bedarf es zum Beispiel bei unlauteren bundesweit vorgenommenen Handlungen eines Mitbewerbers einer hohen Vertragsstrafe, um diesen wirtschaftlich von weiteren Verstößen abzuschrecken.

251

Würden die Folgen einer Unterlassungsverpflichtung einen Schuldner, der zwischenzeitlich fahrlässig z.B. in großer Anzahl Produkte mit einer beanstandeten Gestaltung hergestellt hat, außerordentlich hart treffen, kommt unter Berücksichtigung von Treu und Glauben unter Umständen die Bewilligung einer **Aufbrauchfrist** in Betracht.[232] Die Berechtigung einer solchen Aufbrauchfrist setzt eine Abwägung der gegenseitigen

252

---

226 Z.B. ein irreführendes Werbeinserat und eine beanstandete Verkaufsveranstaltung.
227 Speckmann, Wettbewerbsrecht, Rn. 1443.
228 Vgl. BGH – Teilunterwerfung, GRUR 2002, S. 824f.
229 BGH- Weit vor Winterschlussverkauf, GRUR 2002, S. 180, 181.
230 BGH- Weit vor Winterschlussverkauf, GRUR 2002, S. 180,181.
231 Ahrens / Schulte, Wettbewerbsprozess, Kap. 7, Rn. 22 ff.
232 Baumbach / Hefermehl / Bornkamm, Wettbewerbsrecht, § 8 UWG Rn. 1.58 ff.

Breuer

Interessen voraus, in deren Rahmen die Interessen der Parteien und der Grad des Verschuldens des Schuldners zu berücksichtigen sind.

253 Gerade in den Fällen, in denen der Schuldner von einem Unterlassungsanspruch überrascht wird und **leicht fahrlässig gehandelt** hat, wird ein Anspruch auf eine Aufbrauchfrist zu erwägen sein, wenn der Schuldner bei unmittelbarer Wirksamkeit des Unterlassungsanspruchs einen hohen wirtschaftlichen Schaden, z.B. durch ein Verbot der Auslieferung bestimmter Produkte, erleiden würde. Stehen derartige Risiken für einen Schuldner im Raum, ist aus der Perspektive des Schuldners in praktischer Hinsicht dazu zu raten, schnellstmöglich eine Vereinbarung mit dem Gläubiger zu suchen, welche u.a. die Gewährung einer Aufbrauchfrist beinhaltet.

254 Anstelle einer fixen Vertragsstrafe besteht die Möglichkeit einer hinreichenden Strafbewehrung auch durch die Formulierung einer Strafbewehrung nach dem so genannten **Hamburger Brauch**. Insoweit wird dem Gläubiger das Recht überlassen, die Höhe der Vertragsstrafe zu bestimmen. Der Schuldner hat das Recht, im Streitfall die Angemessenheit der Vertragsstrafe von einem bestimmten Gericht überprüfen zu lassen. Dies kann z.B. durch eine Formulierung wie etwa „… Der Schuldner verpflichtet sich bei Meidung einer für jeden Fall der Zuwiderhandlung fälligen und vom Gläubiger zu bestimmenden Vertragsstrafe, deren Angemessenheit im Streitfalle vom Landgericht München I zu prüfen ist, es zu unterlassen …." erfolgen.

255 Im Zweifel wird der Schuldner insoweit das zuständige Gericht im Bezirk seines Sitzes wählen. Die Rechtsprechung hat eine derartige Praxis gebilligt.[233] Die Wahl einer derartigen Formulierung der Strafbewehrung wird den Gläubiger in der Regel dazu veranlassen, bei der Geltendmachung einer Vertragsstrafe Angemessenheitskriterien im Auge zu behalten, da anderenfalls mit höherer Wahrscheinlichkeit eine gerichtliche Auseinandersetzung über die Angemessenheit der Vertragsstrafe droht.

256 Bei der Formulierung von Unterlassungsverpflichtungen ergibt sich die Frage, wie mit einer Mehr- oder gar Vielzahl von Verstößen umzugehen ist. Üblicherweise wird die Vertragsstrafe „für jeden einzelnen Fall der Zuwiderhandlung" versprochen. Allerdings können mehrere Einzelverstöße aus Rechtsgründen zu einem einzigen Verstoß zusammenzufassen sein. Um dies auszuschließen, findet sich im Rahmen von vorformulierten Unterlassungsverpflichtungserklärungen teilweise noch der Zusatz „… es unter Verzicht auf die Einrede des Fortsetzungszusammenhanges […] zu unterlassen, …". Zunächst ist der Verzicht auf diese Einrede kein notwendiges Element für eine wirksame strafbewehrte Unterlassungserklärung. Der Schuldner kann den Verzicht auf eine solche Einrede insoweit verweigern.[234]

257 Die Rechtsprechung hat einen solchen Verzicht inzwischen in allgemeinen Geschäftsbedingungen für unwirksam erklärt.[235] Nach der aktuellen Rechtsprechung ist für die

---

233 BGH – Vertragsstrafebemessung, GRUR 1994, S. 146.
234 BGH – Fortsetzungszusammenhang, GRUR 1993, S. 926.
235 BGH – Fortsetzungszusammenhang, NJW 1993, S. 721 ff.

Frage der Zusammenfassung von Verstößen nicht mehr auf die Rechtsfigur des Fortsetzungszusammenhangs, sondern den Begriff der rechtlichen Einheit abzustellen.[236]

c) Ablehnung bzw. keinerlei Reaktion

Die Ablehnung einer geforderten Unterlassungserklärung oder der Verzicht auf eine Reaktion kommen zunächst in Betracht, wenn die Abmahnung unbegründet ist und dem Anspruchsführer kein durchsetzbarer Unterlassungsanspruch zusteht. Das Fehlen des Anspruchs kann sich sowohl auf die Anspruchsberechtigung, § 8 Abs. 3 UWG, als auch auf die fehlenden Voraussetzungen des geltend gemachten Anspruchs ergeben.

Die abgemahnte Partei kann in diesen Fällen nach eigenem Ermessen entscheiden, ob sie sich an den Anspruchsteller wendet und die Ablehnung begründet oder aber auf eine Reaktion verzichtet. In Fällen unberechtigter Abmahnungen besteht nach der Rechtsprechung[237] keinerlei Hinweis- oder Aufklärungspflicht des Abgemahnten.

In praktischer Hinsicht kann sich eine Reaktion auf eine unberechtigte Abmahnung u.a. dann empfehlen, wenn im Wege einer Stellungnahme eine schnelle Beilegung des Disputs wahrscheinlich ist. Darüber hinaus erhebt sich für den Empfänger einer unbegründeten Abmahnung die Frage, ob er eine Schutzschrift,[238] einen vorsorglichen Schriftsatz zur Erwiderung auf einen erwarteten Antrag auf Erlass einer einstweiligen Verfügung, bei dem oder den für eine gerichtliche Auseinandersetzung potenziell zuständigen Gerichten hinterlegt.

Es ist im Übrigen strittig, ob die unberechtigt abgemahnte Partei Anspruch auf Ersatz der Kosten (z.B. Rechtsanwaltskosten) für die außergerichtliche Abwehr einer Abmahnung hat.[239] In der Regel wird von der Rechtsprechung allerdings nur im Falle von unberechtigten Schutzrechtsverwarnungen ein Schadensersatzanspruch aufgrund eines Eingriffs in den eingerichteten und ausgeübten Gewerbebetrieb und damit ein Anspruch auf Erstattung von Rechtsanwaltskosten bejaht.

Die Ablehnung eines Unterlassungsanspruchs kommt auch in den Fällen in Betracht, in denen der Schuldner zuvor gegenüber einem Dritten eine hinreichende strafbewehrte Unterlassungserklärung über den beanstandeten Sachverhalt abgegeben hat. Den Schuldner treffen insoweit bestimmte Aufklärungspflichten gegenüber dem Absender der erneuten Abmahnung, so dass er sich nicht auf die Ablehnung des Anspruchs ohne Erläuterung beschränken bzw. ganz auf eine Reaktion verzichten kann. In dem Muster unter Rn. 316 ist ein solcher Hinweis enthalten.

Im Falle einer weiteren Abmahnung ist der Schuldner, der bereits gegenüber einem anderen Gläubiger eine strafbewehrte Unterlassungserklärung abgegeben hat, zur Aufklärung verpflichtet. Er muss den weiteren Gläubiger auf die Drittunterwerfung hinweisen und die relevanten Unterlagen über die vorausgehende Abmahnung, mithin das

---

236 BGH – Trainingsvertrag, GRUR 2001, S. 758.
237 BGH – Kosten bei unbegründeter Abmahnung, GRUR 1995, S. 169.
238 Dazu im Einzelnen Ziffer B. VI. 10.
239 Ahrens / Deutsch, Wettbewerbsprozess, Kap. 3 Rn. 11 ff.

§ 2 Vorprozessuale Situation

Abmahnschreiben und die darauf folgende Unterlassungserklärung oder einen gerichtlichen Vergleich,[240] übermitteln.[241]

264 Der weitere Gläubiger wird dadurch in die Lage versetzt, prüfen zu können, ob die zuvor abgegebene Unterlassungserklärung zum Wegfall der Wiederholungsgefahr geführt hat. Unterlässt der Schuldner eine solche Aufklärung, macht er sich gegebenenfalls selbst gegenüber dem weiteren Gläubiger schadensersatzpflichtig, z.B. im Hinblick auf Rechtsanwaltsgebühren oder die Kosten für eine überflüssige Klage.

265 Liegen dem weiteren Gläubiger die Abmahnung des Erstgläubigers sowie die Unterlassungserklärung des Schuldners vor, kann dieser prüfen, ob die bisherige Unterlassungserklärung hinreichend ist, um die Wiederholungsgefahr allgemein auszuschließen. Insoweit ist die Prüfung der Umstände des Einzelfalls und insbesondere die Frage, ob Anhaltspunkte für eine mangelnde Ernstlichkeit der Unterlassungserklärung bestehen, geboten. Dies kann z.B. der Fall sein, wenn der bisherige Gläubiger die Durchsetzung der Unterlassungsverpflichtung mangels hinreichender Mittel nicht gewährleisten kann.[242]

266 Im übrigen kann eine frühere Unterwerfung, auf welche der Schuldner hinweist, auch dann unzureichend sein, wenn nachfolgend weitere Verstöße begangen wurden.[243]

267 Gemäß § 8 Abs. 4 UWG[244] kommt die Ablehnung einer Abmahnung dann in Betracht, wenn die Abmahnung unter Berücksichtigung der Umstände des Einzelfalles missbräuchlich erscheint, insbesondere der Eindruck geschaffen wird, dass die Abmahnung lediglich zur Erzielung von Gebührenansprüchen dient. Hintergrund der Regelung ist insbesondere die Problematik von mehrfachen Abmahnungen in Bezug auf den gleichen Verstoß wie den sog. Konzernsalven.[245]

d) Gegenabmahnung

268 In bestimmten Szenarien kann der Empfänger einer materiell unberechtigten Abmahnung vor Erhebung einer negativen Feststellungsklage gehalten sein, eine Gegenabmahnung auszusprechen.[246] Dies gilt, wenn der Anspruchsführer bei Abfassung der Abmahnung in tatsächlicher oder rechtlicher Hinsicht offensichtlich von unzutreffenden Annahmen ausgegangen ist und bei Richtigstellung mit einer entsprechender Korrektur des Verhaltens des Abmahnenden gerechnet werden kann.[247] Der Gegenabmahnende hat dann nach der Rechtsprechung auch Anspruch auf Ersatz seiner notwendigen Aufwendungen gemäß §§ 683, 670 BGB.

---

240 Vgl. Muster B. VI. 7 am Ende.
241 BGH – Aufklärungspflicht des Abgemahnten, GRUR 1987, S. 54, 55.
242 BGH – Altunterwerfung I, NJW 1997, S. 1702, 1704.
243 Speckmann, Wettbewerbsrecht, Rn. 1468 m.w.N.
244 Siehe oben Ziffer B. II. 1. f.).
245 Baumbach/Hefermehl/Köhler, Wettbewerbsrecht, § 8 UWG Rn. 4.1ff.
246 Vgl. insoweit das Muster B. VI. 3.
247 BGH – Erstattung von Gegenabmahnungskosten, GRUR 2004, S. 790, 792.

e) Negative Feststellungsklage

Eine **zu Unrecht abgemahnte Partei** kann sich gegen die Abmahnung im Übrigen mit einer negativen Feststellungsklage, § 256 ZPO, wehren.[248]

Das notwendige Rechtschutzinteresse im Sinne des § 256 ZPO wird durch die in der Abmahnung liegende Rechtsberührung geschaffen. Die zu Unrecht abgemahnte Partei kann die Feststellungsklage, entweder in der Form, dass die Abmahnung unbegründet sei, oder in der Form, dass die beanstandete Maßnahme zulässig sei, erheben. Zu beachten ist, dass das Rechtschutzinteresse für eine solche Feststellung entfällt, sobald der Anspruchsführer Klage auf Unterlassung erhoben hat und nicht mehr zur einseitigen Klagerücknahme berechtigt ist.[249]

f) Anrufung einer Einigungsstelle

Unter Umständen kann sich aus der Sicht des Schuldners, aber auch ebenso aus der Sicht des Gläubigers, die Durchführung eines Einigungsstellenverfahrens, § 15 UWG, empfehlen. Ein Muster für die Anrufung einer Einigungsstelle ist unter Rn. 551 zu finden.

Die Anrufung einer Einigungsstelle kommt einerseits in Betracht, wenn sich die Parteien einig sind, das Verfahren vor der Einigungsstelle durchzuführen, § 15 Abs. 3 Satz 1 UWG. Im übrigen kommt eine solche Anrufung nach Satz 2 dieser Bestimmung in Betracht, wenn die „... Wettbewerbshandlungen Verbraucher betreffen ...". Eine solche Verbraucherberührung wird z.B. anzunehmen sein, wenn die Beteiligten um an Verbraucher gerichtete Werbung streiten.

Das **Verfahren** der Einigungsstellen richtet sich nach den Regeln in § 15 UWG und den auf der Grundlage dieser Bestimmung ergangenen Durchführungsverordnungen der Länder. Die Anrufung einer Einigungsstelle erfolgt durch einen zu begründenden Antrag, der ähnlich einer Klageschrift insbesondere eine Schilderung des Sachverhalts nebst vorhandenen Beweisangeboten sowie eine rechtliche Würdigung beinhalten sollte.[250]

Örtlich zuständig ist die Einigungsstelle, in deren Bezirk die Gegenpartei ihre Niederlassung bzw. ihren Wohnsitz hat, § 15 Abs. 4 in Verbindung mit § 14 UWG. Auch die Einigungsstelle ist zuständig, in deren Bezirk die beanstandete Handlung begangen wurde, §§ 15 Abs. 4, 14 Abs. 2 UWG. Die Einigungsstellen werden bei den örtlichen Industrie- und Handelskammern errichtet.

Wichtig ist, dass durch die Anrufung der Einigungsstelle zum einen die Verjährung gehemmt wird, § 15 Abs. 9 Satz 1 UWG. Das Einigungsverfahren ist auf eine gütliche Beilegung der wettbewerbsrechtlichen Auseinandersetzung gerichtet, § 15 Abs. 6 UWG. Insoweit kann die Einigungsstelle den Parteien auch einen schriftlichen mit

---

248 BGH – Feststellungsinteresse, GRUR 1985, S. 571, 573.
249 BGH – Parallelverfahren I, GRUR 1994, S. 846, 847.
250 Baumbach / Hefermehl / Köhler, Wettbewerbsrecht, § 15 UWG Rn. 11 ff.

§ 2 Vorprozessuale Situation

Gründen versehenen Einigungsvorschlag machen, der ohne Zustimmung der Parteien auch nicht veröffentlicht werden darf.

276 Das Einigungsverfahren wird grundsätzlich entweder durch eine formlose Beendigung oder aber einen Vergleich beendet, § 15 Abs. 7 und Abs. 9 UWG. Eine schiedsgerichtliche Tätigkeit der Einigungsstelle kommt dann in Betracht, wenn die Parteien eine entsprechende Vereinbarung treffen.[251] Grundsätzlich kann ein Einigungsstellenantrag jederzeit formlos zurückgenommen werden, es sei denn, dass in der für das jeweilige Bundesland anwendbaren Durchführungsverordnung die Zustimmung der andere Partei vorgesehen ist.[252]

277 Während der Dauer eines Einigungsstellenverfahrens bleiben negative Feststellungsklagen des Anstellungsgegners gemäß § 15 Abs. 4 UWG unzulässig. Unberührt bleibt das Recht des Gläubigers, einen Antrag auf Erlass einer einstweiligen Verfügung zu stellen.[253]

g) Schutzschrift

278 Entscheidet sich der Adressat in der Abmahnung dazu, keine strafbewehrte Unterlassungserklärung abzugeben, besteht für ihn das Risiko, das die abmahnende Partei ihren behaupteten Anspruch gerichtlich durchzusetzen versucht und Antrag auf Erlass einer einstweiligen Verfügung stellt. In diesem Fall kann das angerufene Gericht auf der Grundlage des einseitigen Vortrags des Antragstellers auch ohne vorherige Anhörung des Antragsgegners eine Beschlussverfügung erlassen, wenn es Verfügungsgrund und -anspruch für gegeben erachtet.

279 Der Gläubiger hat es dann in der Hand, diese Beschlussverfügung durch deren Zustellung an den Schuldner zu vollziehen. Damit wird die Beschlussverfügung wirksam und der Schuldner an das Unterlassungsgebot gebunden. Selbst wenn er sofort Widerspruch einlegt, führt dies nicht dazu, dass die einstweilige Verfügung außer Kraft gesetzt wird. Der Schuldner muss insoweit nach Widerspruchseinlegung in der Regel zunächst einen vom Gericht bestimmten Termin zur mündlichen Verhandlung abwarten. Erst dann kann er, sofern das Gericht die Verfügung auf der Basis des Vortrags des Antragsgegners nunmehr als nicht mehr gerechtfertigt betrachtet, auf eine Aufhebung der einstweiligen Verfügung hoffen. Dies wird in der Praxis Tage, mitunter auch mehrere Wochen dauern.

280 In diesem Zeitraum muss der Schuldner das gerichtliche Unterlassungsgebot beachten. Andernfalls drohen ihm bei Nichtbeachtung Ordnungsmittel.

281 Als Instrument gegen derartige Risiken wurde von der Praxis des gewerblichen Rechtsschutzes das Instrument der Schutzschrift geschaffen.[254] Die Schutzschrift ist ein **vorsorglicher Schriftsatz** des möglichen Antragsgegners, gerichtet an dasjenige oder dieje-

---

251 Ahrens/Probandt, Wettbewerbsprozess, Kap. 13 Rn. 45.
252 Baumbach/Hefermehl/Köhler, Wettbewerbsrecht, § 15 UWG Rn. 14.
253 Baumbach/Hefermehl/Köhler, Wettbewerbsrecht, § 15 UWG Rn. 30 am Ende.
254 Ahrens/Spätgens, Wettbewerbsprozess, Kap. 6 Rn. 1 ff.

nigen Gerichte,[255] welche für einen Verfügungsantrag des abmahnenden Gläubigers potenziell sachlich und örtlich zuständig sind.

Ein Muster einer Schutzschrift ist unter Rn. 319 zu finden. 282

Die Schutzschrift entspricht inhaltlich weitgehend einem Antrag des Schuldners auf Zurückweisung des Antrags auf eine einstweilige Verfügung und beinhaltet die Schilderung des relevanten Sachverhalts aus der Perspektive des angegriffenen Anspruchsgegners nebst entsprechenden Glaubhaftmachungsmitteln sowie Einwendungen und Einreden des Anspruchsgegners und eine rechtliche Auseinandersetzung mit den vom Gläubiger geltend gemachten Ansprüchen. Neben dem vorsorglichen Antrag auf Zurückweisung eines möglichen Antrags auf Erlass einer einstweiligen Verfügung beinhaltet die Schutzschrift des Weiteren in der Regel den Antrag, über den Verfügungsantrag jedenfalls nicht ohne vorherige mündliche Verhandlung zu entscheiden. Geht eine Schutzschrift bei Gericht vor Anhängigkeit des Verfügungsantrages ein, wird diese in das Eingangsregister aufgenommen. Wenn der Verfügungsantrag eingeht oder bereits zuvor eingegangen ist, wird die Schutzschrift zu den Akten des Verfügungsverfahrens genommen.[256] 283

Aus Gründen des **rechtlichen Gehörs** muss das Gericht eine ihm vor Erlass einer einstweiligen Verfügung zugeleitete Schutzschrift beachten.[257] Darüber hinaus hat das Gericht dem Antragsteller, wenn dessen Verfügungsantrag eingeht, auf Verlangen eine Abschrift der Schutzschrift zu übermitteln. 284

Die Schutzschrift sollte der Gegenpartei jedoch nicht ohne Eingang eines entsprechenden Verfügungsantrages zugänglich gemacht werden. Insoweit sollte die Schutzschrift einen Vermerk beinhalten, dass diese dem Antragsteller nur bei Eingang eines entsprechenden Verfügungsantrages zugänglich gemacht werden darf. 285

Die **Kosten** einer Schutzschrift können nach § 91 ZPO ausgleichspflichtig sein. Wird das Verfahren nach Einreichung der Schutzschrift fortgesetzt, sind die Kosten der Schutzschrift nach den Bestimmungen des RVG anteilig anzurechnen.[258] Besondere Bedeutung haben die Kosten der Schutzschrift, wenn der Verfügungsantrag bei vorliegender Schutzschrift durch Beschluss zurückgewiesen wird oder der Antragsteller den Verfügungsantrag bei Vorliegen der Schutzschrift nach § 269 ZPO zurücknimmt. 286

4. Abschluss des außergerichtlichen Verfahrens und Kosten

a) Verfahrensabschluss

In der Praxis wird eine außergerichtliche wettbewerbsrechtliche Auseinandersetzung durch die Abgabe einer hinreichend strafbewehrten Unterlassungserklärung abgeschlossen. Nimmt der Gläubiger die strafbewehrte Unterlassungserklärung an, tritt eine vertragliche Unterlassungsvereinbarung an die Stelle des gesetzlichen Schuldver- 287

---

255 Dies können abhängig von den in Betracht kommenden Gerichtsständen diverse Landgerichte sein.
256 Ahrens/Spätgens, Wettbewerbsprozess, Kap. 6 Rn. 13 am Ende.
257 Baumbach/Hefermehl/Köhler, Wettbewerbsrecht, § 12 UWG Rn. 3.40.
258 Ahrens/Spätgens, Wettbewerbsprozess, Kap. 6 Rn. 25.

hältnisses. In der Praxis wird die Unterlassungserklärung in schriftlicher Form abgegeben. Aus Gründen der Klarheit und zu Beweiszwecken empfiehlt sich die schriftliche Annahme des Unterlassungsangebotes.

288 Die Parteien begründen insoweit ein Dauerschuldverhältnis, welches nur nach rechtsgeschäftlichen Regeln beendet werden kann.

289 In seltenen Fällen kann eine Anfechtung der Unterlassungsvereinbarung gemäß den §§ 119 ff. BGB in Betracht kommen.[259] Bereits häufiger mögen die Fälle sein, in denen sich die Parteien, z.B. vor dem Hintergrund einer geänderten Rechtslage, im Wege einer Vereinbarung zu einer Aufhebung der Unterlassungsvereinbarung entschließen.

290 Eine Unterlassungserklärung kann in engen Grenzen unter dem **Vorbehalt einer Änderung der Rechtslage** abgegeben werden.[260] Tritt die auflösende Bedingung ein, entfällt die Unterlassungsvereinbarung mit Wirkung für die Zukunft.[261] Im übrigen kann sich nach den Regeln der Störung der Geschäftsgrundlage, § 313 BGB, ein Anrecht des Schuldners zur Kündigung der Vereinbarung ergeben. Auch eine solche Beendigung der Vereinbarung erfolgt mit Wirkung für die Zukunft.[262]

291 Im übrigen kann eine Beendigung des vorgerichtlichen Verfahren u.a. durch die Rücknahme der Abmahnung oder den Verzicht des Gläubigers auf den geltend gemachten Anspruch, z.B. vor dem Hintergrund der Drohung des Anspruchsgegners mit einer negativen Feststellungsklage, erfolgen.

b) Kosten

292 In der Regel führen auch außergerichtliche Auseinandersetzungen im Bereich des Wettbewerbsrechts zu Kosten der Beteiligten. In erster Linie kommen anwaltliche Gebühren für die Durchsetzung bzw. die Abwehr wettbewerbsrechtlicher Ansprüche in Betracht. Erweist sich das Vorgehen eines wettbewerbsrechtlichen Anspruchsgläubigers als unberechtigt, stehen Kostenerstattungs- und Schadensersatzansprüche der jeweiligen anderen Partei im Raum.[263]

293 Der Gläubiger einer berechtigten Abmahnung konnte und kann sowohl vor Inkrafttreten des aktuellen UWG wie auch nach dessen Inkrafttreten einen Anspruch auf Kostenerstattung geltend machen. Während dies nach altem Recht nach den Regeln der Geschäftsführung ohne Auftrag, §§ 683, 670 BGB, erfolgte, beinhaltet das aktuelle UWG in § 12 Abs. 1 Satz 2 unmittelbar einen Anspruch auf Ersatz der „erforderlichen Aufwendungen". Der Anspruch auf Aufwendungsersatz setzt zunächst eine berechtigte Abmahnung voraus, was u.a. bei missbräuchlichen Mehrfachabmahnungen nicht anzunehmen ist.

---

259 Ahrens/Schulte, Wettbewerbsprozess, Kap. 7 Rn. 93.
260 BGH – bedingte Unterwerfung II, GRUR 1997, S. 386.
261 BGH – Altunterwerfung IV, NJW 2000, S. 3645.
262 Zur Kündigung der Unterwerfungserklärung, insbesondere wegen des Wegfalls der Geschäftsgrundlage, Ahrens/Schulte, Wettbewerbsprozess, Kap. 7 Rn. 96 ff.
263 Vgl. dazu auch Ziffer B.V. 3. c) oben.

Erforderlich sind diejenigen Aufwendungen, welche der Gläubiger entsprechend der Regel des § 91 ZPO zur hinreichenden Rechtsverfolgung für notwendig halten dürfte. Es ist umstritten, ob Unternehmen, die eine eigene Rechtsabteilung unterhalten, Anspruch auf Erstattung von Anwaltskosten haben.[264] Fehlt eine Rechtsabteilung, wird das Unternehmen notwendige Anwaltskosten in der Regel ersetzt verlangen können.[265]

294

Wettbewerbsvereinen ist es in der Regel zuzumuten, Abmahnungen auch ohne Inanspruchnahme anwaltlicher Hilfe durchzuführen, solange die Sachverhalte nicht überdurchschnittlich komplex erscheinen.[266] Erst für das weitere Vorgehen, z.B. nach einer Zurückweisung der Abmahnung durch den Schuldner, kann dann Kostenerstattung für die Inanspruchnahme anwaltlicher Hilfe in Betracht kommen.

295

Der Höhe nach bestimmt sich der Anspruch auf **Anwaltskostenerstattung** nach der Gebühr gemäß den §§ 2 Abs. 2, 13 RVG in Verbindung mit Ziffer 2400 des Gebührenverzeichnisses (VV). Es ergibt sich vor diesem Hintergrund bei nicht umfangreichen oder schwierigen Abmahnungen eine Gebühr von 1,3, bei dementsprechend schwierigeren Sachverhalten eine Mittelgebühr von 1,5. Wird eine Auseinandersetzung zwischen den Parteien im Wege eines Gerichtsverfahrens fortgesetzt, ist die durch die Abmahnung ausgelöste Geschäftsgebühr zur Hälfte, maximal in Höhe eines Satzes von 0,75, auf eine Verfahrensgebühr anzurechnen.

296

Der **Streitwert** der anwaltlichen Abmahnung entspricht dem der potenziellen Hauptsache. Für die Bemessung des Streitwerts sind u.a. die Art, die Gefährlichkeit und der Umfang der Verletzungshandlung maßgeblich.[267] Ebenfalls relevant für die Bemessung des Streitwerts sind die wirtschaftliche Bedeutung des Verstoßes und die Bedeutung und der Umsatz des Geschädigten. Unter Berücksichtigung dieser Faktoren sollte der Gläubiger den Streitwert schätzen und dementsprechend bemessen.

297

Der von einer ungerechtfertigten Abmahnung Betroffene hat im Bereich des Wettbewerbsrechts (anders als bei unberechtigten Schutzrechtsberühmungen) in der Regel keinen Anspruch auf Ersatz von Kosten für die Prüfung des Verstoßes. Etwas anderes gilt für den Fall einer berechtigten Gegenabmahnung sowie im Falle einer erfolgreichen negativen Feststellungsklage.

298

c) Management von Verpflichtungen

Der Abschluss von vertraglichen Unterlassungsvereinbarungen begründet ein Dauerschuldverhältnis zwischen den beteiligten Gläubigern und Schuldnern. Die strafbewehrte Unterlassungsverpflichtung des Schuldners bleibt grundsätzlich zeitlich unbegrenzt bestehen, solange sie nicht einvernehmlich oder durch Kündigung auf der Grundlage des § 313 BGB (Wegfall der Geschäftsgrundlage) beendet wird. Ein solches Recht kann sich u.a. ergeben, wenn die der Unterlassungsverpflichtung zugrunde lie-

299

---

264 Vgl. Ahrens / Scharen, Wettbewerbsprozess, Kap. 11 Rn.20 sowie OLG Karlsruhe WRP 1996, S. 591.
265 Baumbach / Hefermehl / Bornkamm, Wettbewerbsrecht, § 12 UWG Rn. 1.92.
266 BGH – Wettbewerbsverein IV, GRUR 1990, S. 282, 286.
267 Hartmann, Kostengesetze, 34. Auflage 2004, § 3 ZPO Rn. 63.

gende Norm aufgehoben wird. Insbesondere für umfangreich werbende Unternehmen, die Marketing und Vertrieb aggressiv betreiben, kann sich insoweit im Verlauf der Zeit ein erheblicher Bestand von Unterlassungsverpflichtungen ergeben.

300 Abhängig von der Größe des Unternehmens und Art und Umfang der Werbe- und Vertriebsaktivitäten ist für Unternehmen eine sorgfältige Berücksichtigung bestehender Unterlassungsverpflichtungen im Hinblick auf zukünftige Werbe-, Marketing- und Vertriebsaktivitäten geboten. Das Unternehmen muss berücksichtigen, dass der Schutzumfang der Unterlassungsvereinbarung neben einer Auslegung nach §§ 133, 157 BGB nach der Rechtsprechung auch entsprechend den zur „Kerntheorie" von der Rechtsprechung entwickelten Grundsätzen auszulegen ist.[268] Das bedeutet, dass die Unterlassungsvereinbarung auch solche Verhaltensweisen umfasst, welche durchaus von der in der Vereinbarung geschriebenen Handlung abweichen, jedoch im Kern eine identische Verletzungsform beinhalten.[269]

301 Vor diesem Hintergrund ist es zu empfehlen, dass sämtliche **bestehenden Unterlassungsvereinbarungen** vom Unternehmen durch einen entsprechend qualifizierten Mitarbeiter **zusammenhängend verwaltet** werden. Eine solcher Mitarbeiter sollte zudem mit den mit Werbung, Marketing und Vertrieb befassten Teilen des Unternehmens vernetzt sein, damit mögliche Verstöße gegen bestehende Unterlassungsvereinbarungen rechtzeitig im Unternehmen erkannt werden. Darüber hinaus bietet eine solche Überwachung und ein zentrales Management den Vorteil, dass das Unternehmen sich bemühen kann, diejenigen Vereinbarungen, welche nicht mehr sachgerecht sind (z.B. aufgrund einer Änderungen der Gesetzeslage), durch Vereinbarung mit dem Gläubiger oder Kündigung zu beseitigen.

5. Verletzung einer Verpflichtungserklärung und Vertragsstrafe

302 Erfolgen nach Abschluss einer Unterlassungsvereinbarung weitere mögliche Verletzungshandlungen des Schuldners, wird der Gläubiger prüfen, ob diese Handlungen gegen die bestehende Unterlassungsvereinbarung verstoßen. Auch diejenigen Handlungen, welche nicht exakt mit den im Rahmen der Vereinbarung beschriebenen Handlungen übereinstimmen, unterfallen entsprechend den allgemeinen Auslegungsregeln, §§ 133, 157 BGB, sowie den bereits dargelegten Grundsätzen der Kerntheorie der Unterlassungsvereinbarung, wenn trotz der Abweichungen der charakteristische „Kern" der Verletzungsform berührt ist.

303 Eine erneute Verletzungshandlung nach Abschluss der Unterlassungsvereinbarung begründet zugleich einen neuen gesetzlichen Unterlassungsanspruch, wenn diese objektiv wettbewerbswidrig ist. Der Gläubiger kann nun zum einen Sanktionen entsprechend der strafbewehrten Unterlassungsvereinbarung geltend machen und eine oder mehrere Vertragsstrafen beziffern. Er kann jedoch ebenso gegen den erneuten, objektiv wettbewerbswidrigen Verstoß vorgehen und diesbezüglich eine höher strafbewehrte Unterlassungserklärung verlangen bzw. gerichtliche Maßnahmen einleiten.[270]

---

[268] BGH – Preisknaller, GRUR 2000, S. 338.
[269] BGH – Wegfall der Wiederholungsgefahr II, GRUR 1997, S. 379.
[270] Baumbach/Hefermehl/Bornkamm, Wettbewerbsrecht, § 12 UWG Rn. 1.155.

Eine im Rahmen einer Unterlassungsvereinbarung enthaltene Vertragsstrafe ist auch ohne entsprechende Regelung im Text der Vereinbarung nur dann verwirkt, wenn der Schuldner schuldhaft, also fahrlässig oder gar vorsätzlich, gegen die Unterlassungsverpflichtung verstoßen hat. Ist der Verstoß gegen die Unterlassungsverpflichtung festgestellt, wird das Verschulden des Schuldners vermutet.[271] Für den durch den Schuldner zu führenden Entlastungsbeweis sind die Anforderungen hoch.[272] Dem Schuldner obliegen strenge Sorgfaltspflichten, um Verstöße gegen die Unterlassungsvereinbarung zu verhindern.

304

Der Schuldner haftet auch gemäß § 278 BGB für schuldhafte Verstöße seiner Erfüllungsgehilfen. Dazu gehören nicht allein eigene Mitarbeiter des Unternehmens, die für den Unternehmer tätig werden. Erfüllungsgehilfen können auch Dritte außerhalb des Unternehmens des Schuldners sein, wie z.B. eine Werbeagentur, die für den Unternehmer tätig ist, oder ein Verlag, bei dem das Unternehmen Anzeigen schaltet.[273]

305

Ist eine Vertragsstrafe verwirkt, kann diese grundsätzlich nur im nichtkaufmännischen Verkehr auf Antrag herabgesetzt werden, § 343 BGB. Im kaufmännischen Verkehr ist eine Herabsetzung aufgrund der Bestimmung des § 348 HGB grundsätzlich ausgeschlossen. Die Parteien einer Unterlassungsvereinbarung können jedoch einen solchen Ausschluss der Herabsetzung vertraglich abbedingen.[274] Im Übrigen kann eine im kaufmännischen Verkehr verwirkte Vertragsstrafe nur in Ausnahmefällen nach Treu und Glauben korrigiert werden.[275]

306

In der Regel werden Vertragsstrafen für jeden Fall der Zuwiderhandlung versprochen, so dass sich, z.B. bei wiederholten Vertrieb von Produkten, bei der wiederholten Wiedergabe von wettbewerbswidrigen Aussagen oder der Verbreitung von unlauteren Broschüren eine mitunter hohe Anzahl von Einzelverstößen ergeben kann. Vor diesem Hintergrund erhebt sich die Frage, inwieweit mehrfache Einzelverstöße, welche für sich betrachtet möglicherweise außerordentlich hohe Vertragsstrafenansprüche auslösen können, zusammenzufassen sind.

307

In der Vergangenheit wurde mit dem Begriff des Fortsetzungszusammenhanges versucht, Einzelverstöße zu einer einheitlichen Handlung zusammenzufassen. Deswegen findet sich auch insbesondere in älteren Unterlassungsvereinbarungen im Rahmen der Beschreibung der Unterlassungspflicht häufig der Passus „... unter Verzicht auf die Einrede des Fortsetzungszusammenhanges ...". Die ältere Rechtsprechung hat jedenfalls den einzelvertraglich vereinbarten Ausschluss des Fortsetzungszusammenhanges noch gebilligt.[276] Ein Ausschluss der Einrede des Fortsetzungszusammenhanges in allgemeinen Geschäftsbedingungen wird jedoch inzwischen abgelehnt.[277] Entsprechendes gilt nun auch für einen solchen einzelvertraglich vereinbarten Ausschluss. Deswegen kann

308

---

271 BGH – Senioren-Pass, GRUR 1982, S. 691.
272 Ahrens/Schulte, Wettbewerbsprozess, Kap. 10 Rn. 17 m.w. N.
273 BGH – Verlagsverschulden II, GRUR 1998, S. 964.
274 Teplitzky, Wettbewerbsrechtliche Ansprüche und Verfahren, Kap. 20, Rn. 8.
275 Baumbach/Hefermehl/Bornkamm, Wettbewerbsrecht, § 12 UWG Rn. 1.143.
276 BGH – Apothekenzeitschriften, NJW 1993, S. 2993.
277 BGH – Fortsetzungszusammenhang, NJW 1993, s. 721.

trotz des Verzichts auf die Einrede nunmehr unter Umständen ein Anspruch auf Zusammenfassung in Betracht kommen. Kritisch zu würdigen ist die Verwendung des Ausschlusses des Fortsetzungszusammenhanges durch Anspruchsberechtigte im Sinne des § 8 Abs. 3 Ziffer 2 und 3 UWG.

309 Ferner kann eine Zusammenfassung einzelner Verstöße nach den Grundsätzen einer natürlichen Handlungseinheit in Betracht kommen.[278] Eine natürliche Handlungseinheit kann anzunehmen sein, wenn einzelne Verstöße in zeitlich relativ nahem Zusammenhang zueinander stattfinden und die Verstöße in gleicher Weise unter fahrlässiger Missachtung der Unterlassungsverpflichtung begangen wurden.

310 **VI. Muster**

1. Muster: Vollmacht

Vollmacht

hiermit wird	Rechtsanwälten ▪▪▪
	[Adresse]
durch	A-GmbH, vertreten durch den Geschäftsführer Herrn ▪▪▪
in Sachen	B-GmbH wegen unlauterer Werbung

Vollmacht erteilt:
1. Zur Prozessführung (u.a. nach §§ 81ff. ZPO) einschließlich der Befugnis zur Erhebung von Klagen und Widerklagen;
2. zur Vertretung in sonstigen Verfahren und bei außergerichtlichen Verhandlungen und Verfolgung von Ansprüchen aller Art (u.a. zur Geltendmachung von zivil- und wettbewerbsrechtlichen Ansprüchen und Ansprüchen aufgrund des MarkenG, PatG, UrhG etc.; Vertretung vor dem Patent- und Markenamt);
3. zur Begründung und Aufhebung von Vertragsverhältnissen und zur Abgabe und Entgegennahme von einseitigen Willenserklärungen (z.B. Kündigungen).

Die Vollmacht gilt für alle Instanzen und erstreckt sich auf Neben- und Folgeverfahren aller Art (z.B. Arrest und einstweilige Verfügung, Kostenfestsetzungs-, Zwangsvollstreckungs- und Hinterlegungsverfahren sowie Insolvenz- und Vergleichsverfahren über das Vermögen des Gegners). Sie umfasst insbesondere die Befugnis, Zustellungen zu bewirken und entgegenzunehmen, die Vollmacht ganz oder teilweise auf andere zu übertragen (Untervollmacht), Rechtsmittel einzulegen, zurückzunehmen oder auf sie zu verzichten, den Rechtsstreit oder außergerichtliche Verhandlungen durch Vergleich, Verzicht, oder Anerkenntnis zu erledigen, Geld, Wertsachen und Urkunden, insbesondere auch den Streitgegenstand und die von dem Gegner, von der Justizkasse oder von sonstigen Stellen zu erstattenden Beträge entgegenzunehmen sowie Akteneinsicht zu nehmen.

▪▪▪, den ▪▪▪

---

278 BGH – Trainingsvertrag, NJW 2001, S. 2622.

■■■

A-GmbH

Zustellungen werden nur an den Bevollmächtigten erbeten

2. Muster: Abmahnung wegen Anschwärzung inklusive Entwurf einer Verpflichtungserklärung

A-GmbH

Geschäftsleitung

■■■ [Adresse]

■■■ [Datum]

Herr X / B-GmbH ./. A-GmbH

Sehr geehrte Damen und Herren,

wir zeigen die anwaltschaftliche Vertretung von Herrn ■■■ [Adresse], sowie der Firma B-GmbH, gesetzlich vertreten durch den Geschäftsführer Herrn ■■■, [Adresse], an. Ordnungsgemäße Bevollmächtigung wird anwaltlich versichert.

Unseren Mandanten ist bekannt, dass Sie gegenüber potenziellen Veranstaltungsteilnehmern wie auch durch die Versendung von E-Mails behaupten, dass unsere Mandanten sich in „ganz erheblichen finanziellen Schwierigkeiten" befänden und deswegen voraussichtlich nicht in der Lage seien, die B-Veranstaltung am 16. Juni 2005 in München durchzuführen. Deswegen, so erklären Sie den potenziellen Adressaten der Veranstaltung, sollten diese Ihre A-Veranstaltung vom 7. Juli 2005 am München und nicht die Konkurrenzveranstaltung der B-GmbH besuchen.

Ihr vorsätzliches Vorgehen ist eklatant rechtswidrig. Es erfüllt u.a. den Tatbestand der §§ 3, 4 Ziffer 7 und 8 UWG. Sie verunglimpfen durch Ihre objektiv ohnehin haltlosen Behauptungen das geschäftliche Ansehen unserer Mandanten, und sind zur Förderung Ihrer eigenen Veranstaltung sogar gewillt, den geschäftlichen Kredit unserer Mandanten wider besseren Wissens zu schädigen.

Namens und im Auftrag unserer Mandantschaft haben wir Sie aufzufordern, die beigefügte Verpflichtungserklärung bis spätestens

■■■

[einwöchige Frist / Datum und Uhrzeit]

rechtsverbindlich unterzeichnet zu unseren Händen zurückzuleiten. Sollte bis zu diesem Zeitpunkt keine oder eine nur unzureichende Erklärung Ihrerseits vorliegen, besteht Auftrag, die Rechte unserer Mandanten unverzüglich gerichtlich durchzusetzen. Vor dem Hintergrund Ihres Vorgehens kommt eine Fristverlängerung nicht in Betracht. Sie haben darüber hinaus die Kosten unserer Inanspruchnahme zu tragen, § 12 Abs. 1 Satz 2 UWG.

Mit freundlichen Grüßen

■■■

Rechtsanwalt

■■■

Verpflichtungserklärung

Hiermit verpflichtet sich die

A-GmbH, gesetzlich vertreten durch den Geschäftsführer Herrn Z, [Adresse]

gegenüber
1. Herrn X, [Adresse]
2. Firma B-GmbH, gesetzlich vertreten durch den Geschäftsführer Herrn X, [Adresse]

(nachfolgend gemeinsam die „Gläubiger")
1. es zu unterlassen, im geschäftlichen Verkehr im Rahmen der Bewerbung der A-Veranstaltung zu behaupten, dass Herr X und/oder die Firma B-GmbH nicht über hinreichende finanzielle Mittel verfügen, um die ordnungsgemäße Vorbereitung und Durchführung der B-Veranstaltung am 16. Juni 2005 in München sicherzustellen;
2. für jeden Einzelfall der Zuwiderhandlung gegen die Unterlassungsverpflichtung gemäß Ziffer 1 an die Gläubiger eine Vertragsstrafe in Höhe von € 15.000 (EURO Fünfzehntausend) zu bezahlen;
3. die Kosten der Rechtsanwälte ABC in Höhe von EUR 1.600,57 (1,3 Gebühr gemäß 2400 RVG – Streitwert EUR 50.000) zum Ausgleich zu bringen.

■■■

Ort, Datum

■■■

Firmenstempel

■■■

3. Muster: Ablehnung einer Unterlassungserklärung mit Gegenabmahnung

Rechtsanwälte ABC

Herrn Rechtsanwalt B

[Adresse]

[Datum]

A-GmbH/Herr X und B-GmbH wegen Abmahnung vom 23. Februar 2005

Sehr geehrter Herr Kollege ■■■,

hiermit zeigen wir Ihnen an, dass uns die A-GmbH, gesetzlich vertreten durch den Geschäftsführer Herrn ■■■, [Adresse], mit der Beantwortung Ihrer Abmahnung vom ■■■ [Datum] beauftragt hat. Ordnungsgemäße Bevollmächtigung wird anwaltlich versichert.

Unsere Mandantin hat die von Ihren Mandanten behaupteten Äußerungen niemals getätigt. Unsere Mandantin hat nie behauptet, dass sich Ihre Mandanten in ganz erheblichen finanziellen Schwierigkeiten befänden und deswegen voraussichtlich nicht in der Lage seien, die B-Veranstaltung am 16. Juni 2005 in München durchzuführen. Ihre entgegengesetzten Behauptungen sind schlechthin unzutreffend und werden entschieden zurückgewiesen.

Namens und im Auftrag unserer Mandantin fordern wir Ihre Mandanten daher auf, bis spätestens

[einwöchige Frist / Datum und Uhrzeit],

von den mit Schreiben vom [Datum] behaupteten Ansprüchen ausdrücklich Abstand zu nehmen und auf diese gegen unsere Mandantin gerichteten Ansprüche zu verzichten.

Andernfalls wäre unsere Mandantin gezwungen, ohne weitere Ankündigung negative Feststellungsklage zu erheben.

Mit freundlichen kollegialen Grüßen

■■■

Rechtsanwalt

4. Muster: Abmahnung wegen Belästigung, § 7 UWG

A-GmbH

Geschäftsleitung

■■■ [Adresse]

■■■ [Datum]

E-Mail-Werbung vom ■■■ [Datum]

Sehr geehrte Damen und Herren,

hiermit zeigen wir die anwaltliche Vertretung der Reisebürokette ■■■-GmbH, gesetzlich vertreten durch den Geschäftsführer Herrn B, [Adresse] an. Ordnungsgemäße Bevollmächtigung wird anwaltlich versichert. Unsere Mandantin vermittelt ebenfalls Reisen und ist teilweise auch als Reiseveranstalter tätig. Die Parteien sind demgemäss Mitbewerber.

Sie haben unserer Mandantin am [Datum/Uhrzeit] per E-Mail einen Newsletter mit werbendem Inhalt an die Adresse mail@■■■.de gesandt, in welchem Sie für ihren „Newsletter Ausgabe Dezember 2004" werben. Unserer Mandantin hatte zuvor niemals Kontakt zu ihrem Unternehmen, insbesondere hat sie diesen Newsletter nie bestellt.

Gemäß der neuen Bestimmung des § 7 Abs. 2 Ziffer 3 UWG ist eine E-Mail-Werbung als unzumutbare Belästigung anzusehen, wenn der Adressat nicht zuvor einer solchen Werbung zugestimmt hat.

Auch nach bisheriger Rechtsprechung stellt die Werbung mittels E-Mail eine unzulässige Belästigung im Sinne von §§ 823, 1004 BGB dar, da Sie die Aufmerksamkeit des Betroffenen über Gebühren hinaus in Anspruch nimmt und zwar auch dann, wenn sie zur Aufnahme eines erstmaligen geschäftlichen Kontaktes dient. Die Unzulässigkeit wurde z.B. vom LG Traunstein „Werbung per E-Mail" (Az.: 2 HK O 3755/97 – MMR 1998, 53) durch Urteil bestätigt.

Von einem stillschweigenden Einverständnis kann grundsätzlich nicht ausgegangen werde, insbesondere dann nicht, wenn kein sachlicher Zusammenhang zwischen dem Angebot der Werbung und dem geschäftlichen Bereich des Adressaten besteht. Dies ist der Fall, da der Newsletter nichts mit der geschäftlichen Sphäre unserer Mandantin zu tun hat. Unsere Mandantin wird schwerlich irgendwelche Reisen bei Ihnen buchen. Eine Zulässigkeit der Werbung nach § 7 Abs. 3 UWG kommt ebenso wenig in Betracht.

Wir fordern Sie daher auf, jegliche Werbung per E-Mail an die E-Mail-Adresse mail@■■■.de zu unterlassen und bis zum

[einwöchige Frist / Datum und Uhrzeit]

eine Unterlassungserklärung abzugeben, es bei Meidung einer Vertragsstrafe von € 3.000,00 für jeden Fall der Zuwiderhandlung es zu unterlassen, im geschäftlichen Verkehr an unsere Mandantin zur Aufnahme eines erstmaligen geschäftlichen Kontaktes unaufgefordert Werbeschreiben per E-Mail zu übersenden.

Sie sind unserer Mandantin, die keine eigene Rechtsabteilung unterhält, gemäss § 12 Abs. 1 S. 2 UWG zur Erstattung von Abmahnkosten verpflichtet. Anbei erhalten Sie als Angebot zur Abgabe der Unterlassungserklärung eine Vorformulierung, die Sie bitte unterschrieben zurücksenden möchten. Die Abmahnkosten dürfen wir Ihnen wie folgt bekannt geben:

KOSTENRECHNUNG

Streitwert: € 10.000,00 gem. Ziffer 2400 RVG

1,3 Geschäftsgebühr gem. Ziffer 2400 RVG € 631,80

Auslagenpauschale gem. Ziffer 7002 RVG € 20,00

Zwischensumme € 651,80

16% MwSt. gem. Ziffer 7008 RVG € 104,29

Gesamtbetrag € 756,09

Zudem werden Sie aufgefordert, gem. § 34 BDSG Auskunft darüber zu gehen,
a) welche persönlichen Daten zur Person unseres Geschäftsführers in Ihrem Unternehmen gespeichert sind, auch soweit sie sich auf Herkunft und Empfänger beziehen,
b) welcher Zweck mit der Speicherung dieser Daten verfolgt wird und
c) an welche Personen oder Stellen diese Daten regelmäßig übermittelt werden.

Wir erwarten diese Auskunft und die Begleichung unserer Kostenrechnung bis zum

[zweiwöchige Frist / Datum]

Sollten wir nach Ablauf der Frist die Unterlassungserklärung nicht in unseren Händen haben, werden wir unverzüglich gerichtliche Schritte einleiten.

Mit freundlichen Grüßen

■■■

Rechtsanwalt

■■■

UNTERLASSUNGSERKLÄRUNG

Die Firma A-GmbH, [Adresse], verpflichtet sich, bei Meidung einer Vertragsstrafe von € 3.000,00 für jeden Fall der Zuwiderhandlung, zahlbar an die Firma ■■■ [Adresse], es zu unterlassen, im geschäftlichen Verkehr an die Firma ■■■ zur Aufnahme eines erstmaligen geschäftlichen Kontaktes unaufgefordert Werbeschreiben über Reiseangebote per E-Mail zu übersenden.

■■■, den ■■■

■■■

(Unterschrift Geschäftsführer und Firmenstempel)

5. Muster: Ablehnung einer Verpflichtungserklärung

Herrn Rechtsanwalt ■■■

[Adresse]

[Datum]

Firma ■■■ ./. A-GmbH –

Abmahnung vom [Datum]

Sehr geehrter Herr Kollege ■■■,

wir erlauben uns anzuzeigen, dass wir die Interessen der Firma A-GmbH, vertreten durch den Geschäftsführer Herrn ■■■, [Adresse], vertreten. Ordnungsgemäße Bevollmächtigung wird anwaltlich versichert.

Unsere Mandantin hat uns die vorgenannte Abmahnung übermittelt und den Sachverhalt geschildert.

Fakt ist, dass der Geschäftsführer Ihrer Mandantin Herr B sich am [Datum] über die Webseite unserer Mandantin http://www.A-GmbH.de für den Bezug des E-Mail-Newsletters registriert hat. Er hat zwischenzeitlich gegenüber unserer Mandantin nicht den Wunsch geäußert, diese Registrierung zu löschen und von den in jedem Newsletter enthaltenen Klick-Boxen zur Löschung aus dem Verteiler keinen Gebrauch gemacht. Ich darf Ihnen jedoch namens unserer Mandantin mitteilen, dass diese die genannte E-Mail-Adresse B@XX.de am [Datum] gelöscht hat, so dass Sie für den Zeitraum ab [Datum] keinerlei Newsletter oder sonstige Kommunikation von A erhalten werden.

Ihre Abmahnung erweist sich als gegenstandslos.

Sollten Sie der Auffassung sein, die angeblichen Ansprüche Ihrer Mandantin gerichtlich durchsetzen zu wollen, wird unsere Mandantin unverzüglich sämtliche in Betracht kommenden Rechtsmittel wegen der missbräuchlichen Abmahnung in die Wege leiten. Bitte betrachten Sie uns als zustellungsbefugt.

Der Ordnung halber teilen wir Ihnen weiterhin mit, dass unsere Mandantin, abgesehen von der genannten E-Mail-Adresse, keinerlei persönliche Daten über den Geschäftsführer Ihrer Mandantin gespeichert hat, die zwischenzeitlich registrierte E-Mail-Adresse lediglich zum

Zwecke der Übermittlung des E-Mail-Newsletters diente und diese Daten an keinerlei weitere Personen oder Stellen regelmäßig übermittelt wurden. Die E-Mail Adresse von Herrn B wurde mit gleichen Datum vom Server unserer Mandantin gelöscht.

Mit freundlichen kollegialen Grüßen

■■■

Rechtsanwalt

6. Muster: Abmahnung durch einen Verband

Schutzverband für Endverbraucher e.V.

A-GmbH

■■■ [Adresse]

■■■ [Datum]

Abmahnung Az. ■■■

Werbeaktion unter Verstoß gegen UWG

Sehr geehrte Damen und Herren,

Sie bieten Mitarbeitern von Reisebüros, über welche Sie Reisen vertreiben, eine so genannte „A-Card" an. Deren Nummer ist bei jeder vermittelten Buchung anzugeben. Daraufhin wird dem einzelnen Reisebüro-Mitarbeiter pro Buchung eine Anzahl von Punkten auf ein speziell hierfür angelegtes Konto gutgeschrieben, und zwar im gleichen Wert wie die Beitragshöhe der Reservierung. Bei dem Buchungssystem entsprechen 100 Bonuspunkte = 1 Euro. Ab einer gewissen Zahl von Punkten kann der Betrag ausgezahlt oder zur Buchung von Reisen verwendet werden.

Es handelt sich um eine unmittelbare Leistung an die Mitarbeiter des vermittelnden Unternehmens, indem entweder die Überweisung auf deren Privatkonto vorgenommen wird oder die Punkte auf die Buchung einer Reise durch Sie angerechnet werden. Ihr Vorgehen verstößt gegen § 3 UWG. Derartige Prämien, die unmittelbar dem Personal des Anbieters der Leistung zufließen, sind sittenwidrig, denn sie verzerren den Leistungswettbewerb. Das Merkmal der Unlauterkeit liegt darin, dass die Angestellten in ihrer vom Kunden erwarteten objektiven und neutralen Beratung beeinflusst werden. Während der Verbraucher, der sich an den Vermittler wendet, darauf vertraut, dass er von diesem bezüglich der Auswahl des Reiseunternehmens objektiv und neutral beraten wird, beeinflussen die Prämien die Angestellten dahin, unabhängig von der für den Kunden günstigsten Lösung Ihr Angebot bevorzugt zu unterbreiten, und zwar allein deshalb, damit Prämienumsätze erzielt werden. Ein solches Geschäftsgebaren ist mit den guten Sitten im geschäftlichen Verkehr nicht zu vereinbaren.

Wir müssen Sie deshalb auffordern, es ab sofort zu unterlassen, im geschäftlichen Verkehr

Mitarbeitern von Unternehmen, die Reisen vermitteln, für die Vermittlungsleistung eine Provision (1,00 € Reiseumsatz = 1 Bonuspunkt = 1 Cent bei Einlösung) zu versprechen und/oder zu gewähren.

Wir sind eine im Vereinsregister des Amtsgerichts Y-Stadt eingetragene qualifizierte Einrichtung (Verbrauchervereinigung) gem. § 8 Abs. 3 Ziffer 3 UWG mit derzeit 256 Mitgliedern. Wir haben unter der obigen Anschrift eine voll eingerichtete und ausgestattete Geschäftsstelle, in der wir Verbraucherberatung betreiben. Ein Nachweis über unsere Eintragung als qualifizierte Einrichtung ist diesem Schreiben beigefügt.

Wir müssen Ihnen eine Frist zur Unterlassung der vorgenannten Werbung setzen bis zum

■■■

[einwöchige Frist / Datum und Uhrzeit]

Nach fruchtlosem Ablauf der Frist müssten wir gerichtliche Schritte gegen Sie einleiten.

Da nach höchstrichterlicher Rechtsprechung die Wiederholungsgefahr nur durch eine strafbewehrte Unterwerfungserklärung beseitigt wird, sollten Sie Ihre Erklärung mit dem Versprechen einer Vertragsstrafe verbinden. Wir halten im vorliegenden Falle eine Vertragsstrafe von € 15.000,00 für jeden Fall der Zuwiderhandlung für ausreichend, aber auch erforderlich.

Abschließend weisen wir darauf hin, dass uns – ebenfalls aufgrund höchstrichterlicher Rechtsprechung sowie der aktuellen Bestimmung des § 12 Abs. 1 Satz 2 UWG – eine Abmahnpauschale zusteht, die wir generell mit € 120,00 zzgl. MwSt., zusammen also € 139,20 ansetzen. In dieser Pauschale sind Kosten für die Durchführung unserer Aufklärungs- und Beratungstätigkeit, insbesondere für die Unterhaltung unserer Geschäftsstelle, Kosten für die Einholung von Rechtsrat sowie für die Fertigung dieses Schreibens enthalten.

Wir sehen der Zahlung des genannten Betrages innerhalb der gleichen vorgenannten Frist entgegen.

Mit freundlichen Grüßen

Herr ■■■

(Vorsitzender)

Anlage: Kopie der Bescheinigung des BVWA über die Eintragung in die Liste qualifizierter Einrichtungen gem. § 4 UklG

Unterlassungserklärung

■■■

UNTERLASSUNGSERKLÄRUNG

Wir, die unterzeichnete Firma

a ■■■

(vollständiger Firmenname, bei Einzelfirma mit Vor- und Familienname)

b ■■■

(Name des Geschäftsführers oder des Vertretungsbefugten obiger Firma)

c ■■■

§ 2 Vorprozessuale Situation

(vollständige Anschrift)

(Bitte unbedingt ausfüllen, in Übereinstimmung mit dem Eintrag im Handelsregister oder örtlichem Gewerbeverzeichnis)

verpflichten uns gegenüber dem Schutzverband für Endverbraucher e.V., [Adresse],
1. es zu unterlassen, im geschäftlichen Verkehr Mitarbeitern von Unternehmen, die Reisen vermitteln, für die Vermittlungsleistung eine Provision (1,00 € Reiseumsatz = 1 Bonuspunkt = 1 Cent bei Einlösung) zu versprechen und/oder zu gewähren;
2. für jeden Fall der Zuwiderhandlung gegen die unter Ziffer 1 aufgeführte Verpflichtung an den Schutzverband für Endverbraucher e.V., eine Vertragsstrafe von € 15.000,00 zu zahlen;
3. dem Schutzverband für Endverbraucher e.V. entsprechend § 12 Abs. 1 Satz 2 UWG einen angemessenen Anteil der Aufwendungen für die Rechtsverfolgung von € 139,20 (€ 120,00 zzgl. MwSt. = € 19,20) zu erstatten.

■■■

[Datum]

■■■ ■■■

[Stempel] [rechtsverbindliche Unterschrift]

■■■

Bundesverwaltungsamt

II B 4

Bescheinigung

über die Eintragung in die

Liste qualifizierter Einrichtungen

gemäß § 4 des UKlG

Der Schutzverband für Endverbraucher e.V.

erfüllt die Voraussetzungen gemäß § 4 UKlG.

Er wird mit Wirkung zum [Datum] mit folgenden

Angaben in die Liste qualifizierter Einrichtungen eingetragen:

Name:	Schutzverband für Endverbraucher e.V.
Anschrift:	■■■ [Adresse]
Registergericht:	Amtsgericht ■■■
Registernummer:	VR ■■■
Satzungsmäßiger Zweck:	Wortlaut gemäß § 4 der Satzung in der Fassung vom ■■■

Die Entragung ist gemäß § 4 UKlG

mit Wirkung für die Zukunft zu streichen, wenn
1. der Verein dies beantragt oder
2. die Voraussetzungen für die Eintragung

nicht vorlagen oder weggefallen sind.

Köln, den ■■■

Im Auftrag

[Sachbearbeiter]

7. Muster: Ablehnung mit Hinweis auf Drittunterwerfung

Schutzverband für Endverbraucher e.V.

Herr ■■■

■■■ [Adresse]

■■■ [Datum]

Ihre Abmahnung gegenüber der A-GmbH vom [Datum]

Sehr geehrter Herr ■■■,

wir zeigen an, dass uns die Firma A-GmbH mit der Vertretung ihrer Interessen für die vorgerichtliche Auseinandersetzung betraut hat. Ordnungsgemäße Bevollmächtigung wird anwaltlich versichert.

Unsere Mandantschaft hat erhebliche Bedenken gegenüber der Ihrerseits geltend gemachten Unterlassungsforderung.

Dies gilt einerseits, weil Incentive-Systeme zu Gunsten von Reisebüro-Mitarbeitern in der Branche seit vielen Jahren gang und gebe sind und wesentliche Mitbewerber inhaltlich ähnliche Angebote machen. Die Prämien sind darüber hinaus geringwertig und werden – auch im Zusammenhang mit der Branchenüblichkeit – keine Beeinträchtigung einer objektiven und neutralen Beratung durch Reisebüromitarbeiter auslösen. Wir weisen ferner daraufhin, dass sich unsere Mandantschaft in einem Rechtsstreit vor dem Landgericht München I, Az.: ■■■, gegenüber der Zentrale zur Bekämpfung unlauteren Wettbewerbs, bereits zur Unterlassung verpflichtet hat. Wir fügen einen Auszug des gerichtlichen Protokolls anliegend bei. Insoweit besteht nach diesseitiger Auffassung keine Wiederholungsgefahr für die geltend gemachte Forderung.

Mit freundlichen Grüßen

■■■

Rechtsanwalt

Anlagen: Protokoll des Landgerichts München I

■■■

§ 2 Vorprozessuale Situation

Geschäftsnummer:

■■■ HKO ■■■

Protokoll

aufgenommen in öffentlicher Sitzung der ■■■ Kammer für Handelssachen des Landgerichts München I am ■■■

Gegenwärtig:

Vorsitzender: Vors. Richter am LG A

Beisitzer: Handelsrichter B

Beisitzer: Handelsrichter C

Urk.B. der Geschäftsstelle:Justizangestellte D

In Sachen

Zentrale zur Bekämpfung unlauteren Wettbewerbs e.V., Zweigstelle Bayern, vertr. durch den Hauptgeschäftsführer Herrn B, Karlstr. 36/I, 80333 München

Klägerin

Prozessbevollmächtigte:

Rechtsanwälte ■■■, [Adresse]

gegen

A-GmbH, vertreten durch den Geschäftsführer Herrn ■■■, ■■■ [Adresse]

Beklagte

Prozessbevollmächtigte:

Rechtsanwälte ■■■, [Adresse]

wegen Unterlassung

erschienen nach Aufruf der Sache

für die Klagepartei: Rechtsanwalt ■■■

für die beklagte Partei: Rechtsanwalt ■■■

Der Vorsitzende führt in die Sach- und Rechtslage ein.

Die Sach- und Rechtslage wird mit den Parteien erörtert.

Die Sitzung wird unterbrochen.

Die Sitzung wird fortgesetzt.

Nach Erörterung der Sach- und Rechtslage schließen die Parteien folgenden Vergleich:

Vergleich:

I. Die Beklagte verpflichtet sich gegenüber der Klägerin, es bei Meidung einer für jeden einzelnen Fall der Zuwiderhandlung fällig werdenden Vertragsstrafe, deren Höhe von der Klägerin angemessen festzusetzen und im Streitfall von einem Zivilgericht zu überprüfen ist, wenigstens jedoch € 5.000,--, es zu unterlassen, im geschäftlichen Verkehr zu Zwecken des Wettbewerbs im Bereich der Vermittlung von Pauschalreisen:
   a) ohne schriftliche Zustimmung des Inhabers eines in Deutschland ansässigen Reisebüros gegenüber dessen Mitarbeitern Sondervergünstigungen in Form von Bargeldauszahlungen oder ermäßigten Reisepreisen für den Fall anzukündigen und/oder zu gewähren, dass diese Mitarbeiter für Kunden eine Buchung der von der Beklagten angebotenen Reisen vornehmen,
   b) Inhabern der „A-CARD", Sonderpreise auf A-Reisen anzukündigen und/oder zu gewähren.

Die vorstehende Verpflichtung zu a) tritt in Kraft ab ■■■, soweit laufende, ausgegebene oder freigegebene „A-CARD´s" betroffen sind. Die Verpflichtung gilt uneingeschränkt für neu ausgegebene Karten.

■■■

8. Muster: Verpflichtungserklärung nach Hamburger Brauch

Wettbewerbszentrale Az: ■■■

Unterlassungserklärung

Die A-GmbH, ■■■ [Adresse]

verpflichtet sich hiermit gegenüber

der Zentrale zur Bekämpfung unlauteren Wettbewerbs e.V. (Wettbewerbszentrale), ■■■ [Adresse]
1. es zu unterlassen, im geschäftlichen Verkehr zu Zwecken des Wettbewerbs im Zusammenhang mit der Vermittlung von Reisen in Reisebedingungen Stornopauschalen zu verwenden, ohne den Verbraucher auf die Möglichkeit des Nachweises eines geringeren Schadens hinzuweisen;
und/oder
sich bei der Abwicklung bestehender Verträge auf derartige Stornopauschalen zu berufen, ohne den Verbraucher auf die Möglichkeiten des Nachweises eines geringeren Schadens hinzuweisen;
wobei diese Unterlassungsverpflichtungen mit Wirkung zum ■■■ 2004 und in Bezug auf Winterpreislisten 2003/2004 sowie Voucherhüllen von A-GmbH erst mit Wirkung zum ■■■ 2004 wirksam werden;
2. für jeden Fall zukünftiger schuldhafter Zuwiderhandlung gegen die unter Ziffer 1. aufgeführte/n Verpflichtung/en an die Wettbewerbszentrale eine nach deren billigem Ermessen zu bestimmende Vertragsstrafe zu zahlen, deren Angemessenheit im Streitfalle auf Antrag vom Landgericht München I zu überprüfen ist sowie
3. der Wettbewerbszentrale in Anwendung von § 12 Abs. 1 Satz 2 UWG einen angemessenen Anteil der Aufwendungen für diese Rechtsverfolgung in Höhe von netto € 176,64 zuzüglich 7 % Mehrwertsteuer, € 12,36, gesamt € 189,00 (auf Steuernummer ■■■) zu ersetzen und diesen Betrag unter Angabe des oben angegebenen Aktenzeichens inner-

halb einer Woche nach Abgabe der Unterlassungserklärung auf das Konto ▪▪▪ Frankfurt am Main Ziffer ▪▪▪ zu zahlen.

▪▪▪ ▪▪▪

Ort, Datum   Firmenstempel, rechtsverbindliche Unterschrift

9. Muster: Annahme einer Verpflichtungserklärung

Herrn Rechtsanwalt ▪▪▪

▪▪▪ [Adresse]

▪▪▪ [Datum]

A-GmbH ./. B-GmbH wegen Abmahnung vom [Datum]

Sehr geehrter Herr Kollege ▪▪▪,

ich beziehe mich auf Ihr Schreiben vom [Datum] in obiger Angelegenheit, welches wir zwischenzeitlich mit unserer Mandantin besprechen konnten. Namens und in deren Auftrag nehmen wir die von Ihrer Mandantin angebotene Unterlassungsverpflichtungserklärung an. Die Angelegenheit wäre insoweit in der Hauptsache erledigt. In der Anlage ist unsere Kostennote mit der Bitte um Ausgleich auf das dort angegebene Konto beigefügt.

Mit freundlichen kollegialen Grüßen

▪▪▪

Rechtsanwalt

10. Muster: Schutzschrift

Landgericht München I

Postfach

80316 München

▪▪▪ [Datum]

Schutzschrift der Rechtsanwälte ABC

Rechtsanwälte ▪▪▪, ▪▪▪ [Adresse]

In einer möglichen Verfügungssache

Schutzverband für Endverbraucher e.V., ▪▪▪ [Adresse]

möglicher Antragsteller

gegen

Firma A-GmbH, gesetzlich vertreten durch den Geschäftsführer Herrn ▬▬▬, [Adresse]

mögliche Antragsgegnerin

zeigen wir an, dass wir die mögliche Antragsgegnerin vertreten.

Wir bitten, einen möglichen Antrag auf Erlass einer einstweiligen Verfügung, darauf gerichtet, die Antragsgegnerin habe es zu unterlassen,

im geschäftlichen Verkehr Mitarbeitern von Unternehmen, die Reisen vermitteln, für die Vermittlungsleistung eine Provision (€ 1,00 Reiseumsatz gleich 1 Bonuspunkt gleich € 0,01 bei Einlösung) zu versprechen und/oder zu gewähren

oder einen sinngleichen bzw. nur geringfügig abweichenden Antrag gemäß § 937 Abs. 2 ZPO

kostenpflichtig zurückzuweisen;

hilfsweise, über einen entsprechenden Antrag auf Erlass einer einstweiligen Verfügung jedenfalls nicht ohne vorherige mündliche Verhandlung zu entscheiden.

Wir sind damit einverstanden, dass die vorliegende Schutzschrift dem möglichen Antragsteller zugänglich gemacht wird, allerdings nur, wenn ein entsprechender Antrag auf Erlass einer einstweiligen Verfügung bei Gericht eingereicht ist. Sollte dies der Fall sein, bitten wir höflich um telefonische Benachrichtigung.

Zur

Begründung

führen wir seitens der möglichen Antragsgegnerin folgendes aus:

I.

1. Mit Schreiben vom [Adresse] wurde die mögliche
Antragsgegnerin von dem möglichen Antragsteller abgemahnt. Dieses Schreiben legen wir vor als

    Anlage AG-1

Der mögliche Antragsteller behauptet, hinsichtlich der beanstandeten Provision für die Vermittlung von Reisen Unterlassungsansprüche geltend machen zu können.

2. Zur Vermeidung einer gerichtlichen Auseinandersetzung hat die mögliche Antragsgegnerin daraufhin mit Schreiben ihrer anwaltlichen Vertreter vom [Datum]

    Anlage AG-2

zur Sache Stellung genommen und u.a. darauf hingewiesen, dass sich die mögliche Antragsgegnerin bereits strafbewehrt hinsichtlich der Provisionierung von Reisevermittlungen durch Mitarbeiter von Reisebüros gegenüber der Wettbewerbszentrale unterworfen hat. Eine Abschrift jener Vereinbarung wurde dem möglichen Antragsteller übermittelt und ist der Schutzschrift als Anlage AG-2 beigefügt.

Es ist gleichwohl nicht auszuschließen, dass der mögliche Antragsteller wegen der behaupteten Unterlassungsansprüche einen Antrag auf Erlass einer einstweiligen Verfügung einreichen wird.

3. Die Provisionierung von Reisebüromitarbeitern in Deutschland für die Vermittlung von Reisen durch Sondervergünstigungen, etwa in Form von Bargeldauszahlungen oder ermäßigten Reisetarifen oder Geschenken ist in der Branche seit Jahren üblich. [▬▬▬].

Breuer

Glaubhaftmachung: Eidesstattliche Versicherung von Herrn ■■■ vom [Datum] als Anlage AG-3

Eine einstweilige Verfügung, wie von dem möglichen Antragsteller erstrebt, würde der möglichen Antragsgegnerin schwerwiegende, möglicherweise existenzgefährdende Nachteile bereiten. Auf den A-Cards der möglichen Antragsgegnerin, welche den Kern ihres Provisionierungssystems bilden, ist eine individuelle Schlüsselnummer der jeweiligen Reisebüromitarbeiter enthalten. Ohne diese Nummer sind Buchungen bei der möglichen Antragsgegnerin nicht möglich. Wird die Gewährung der geringfügigen Zuwendungen an Mitarbeiter von Reisebüros verboten, welche über diese A-Cards erfolgte, ist zu erwarten, dass diverse Reisebüromitarbeiter diese Karten nicht mehr nutzen. Eine Unterlassungsverpflichtung, wie von der möglichen Antragsgegnerin erstrebt, würde den Vertrieb der Antragsgegnerin für geraume Zeit nahezu blockieren.

Glaubhaftmachung: wie vor

II.

Unterlassungsansprüche stehen dem möglichen Antragsteller unter keinem Gesichtspunkt zu.

1. Es ist eine Tatsache, dass die wesentlichen Anbieter von Reisen auf dem Deutschen Markt individuelle Vergünstigungen für Angestellte von Reisebüros für die Vermittlung von Reisen gewähren. Dies geschieht seit Jahren und ist branchenüblich. Insoweit wird der Mitarbeiter des jeweiligen Reisebüros keineswegs in seiner vom Kunden erwarteten effektiven und neutralen Beratung beeinflusst.

Wie von der möglichen Antragstellerin dargestellt, ist die den Mitarbeitern von Reisebüros gewährte Prämie geringwertig. Sie beträgt umgerechnet lediglich 1 % des Reiseumsatzes. Derart geringe Prämien sind bereits objektiv nicht geeignet, die Beratungsentscheidung der Reisebüromitarbeiter unsachlich zu beeinflussen.

2. Die mögliche Antragsgegnerin gewährt die Prämien ausschließlich mit Zustimmung der jeweiligen verantwortlichen Geschäftsleitung des Reisebüros. Nach der früheren Rechtsprechung zum früheren § 12 UWG alter Fassung fehlt es bei Billigung der jeweiligen Reisebüro-Geschäftsherren bereits an jeglicher Gefahr einer unlauteren Beeinflussung der Reisebüromitarbeiter. Dies muss auch für den identischen Vorwurf auf der Basis von § 3 UWG gelten.

Es ist auch darauf hinzuweisen, dass Incentive-Systeme, wie sie von der möglichen Antragsgegnerin und den meisten ihrer Mitbewerber genutzt werden, in anderen EU-Mitgliedsstaaten seit vielen Jahren erlaubt und gang und gebe sind (vgl. z.B. Baumbach/Hefermehl 21. Auflage, § 12 UWG, Rn. 4). Eine anderweitige Beurteilung würde zu einer Inländerdiskriminierung der möglichen Antragsgegnerin führen.

■■■

Rechtsanwalt

Anlagen: wie erwähnt

§ 3 Gerichtliche Verfahren

I. Wettbewerbsrechtliche Streitigkeiten

Wettbewerbsrechtliche Streitigkeiten sind bürgerlich-rechtliche Rechtsstreitigkeiten, § 13 GVG, und gehören in die Zuständigkeit der Zivilgerichte. Aus der Natur der Streitigkeiten zwischen den Beteiligten wie z.B. im Bereich der Werbung, der Vermarktung und des Vertriebes von Waren und Dienstleistungen ergibt sich, dass den durch eine Wettbewerbshandlung in ihren Rechten verletzten Parteien häufig nur durch eine schnelle gerichtliche Entscheidung geholfen werden kann. Dementsprechend findet das Gros wettbewerbsrechtlicher Streitigkeiten im einstweiligen Verfügungsverfahren statt.

Wettbewerbsrechtliche Streitigkeiten unterscheiden sich in vielerlei Hinsicht von sonstigen zivilprozessualen Verfahren. Rechtsprechung und Lehre haben über Jahrzehnte diverse verfahrensrechtliche Besonderheiten geprägt, welche im Sinne einer effektiven und erfolgreichen Prozessführung stets berücksichtigt werden sollten.

II. Vorbereitung der gerichtlichen Streitigkeit

Die ordnungsgemäße Vorbereitung gerichtlicher Maßnahmen und eine präzise Sachverhaltsaufklärung sind wesentliche Voraussetzungen für die Bestimmung des sachgemäßen prozessualen Vorgehens.

1. Vollmacht

Der beauftragte anwaltliche Vertreter hat die Bevollmächtigung grundsätzlich durch eine schriftliche Vollmacht nachzuweisen und diese zu den Gerichtsakten zu geben, § 80 ZPO. Auch wenn ein Gericht in der Praxis ohne besonderen Anlass den Nachweis einer schriftlichen Vollmacht nicht anfordern wird, sollte stets sichergestellt werden, dass von einem vertretungsberechtigten Organ der Partei mindestens ein Original einer umfassenden Prozessvollmacht im Sinne des § 81 ZPO unterzeichnet wurde. Eine solche Vollmacht wird in der Regel auch die zugrunde liegende Angelegenheit bezeichnen. Ein Muster einer Vollmacht ist unter Rn. 310 beigefügt.

Das Original der Vollmacht ist zu jedem gerichtlichen Termin mitzuführen. Auf eine mögliche Rüge des Prozessgegner hin, § 88 ZPO, kann das Original dann im Termin vorgelegt werden. Fehlt es an einer hinreichenden Vollmacht, z.B. weil das Dokument nicht zum Termin mitgeführt wurde, sollte der Bevollmächtigte zur Vermeidung von Nachteilen den notwendigen Antrag nach § 89 ZPO auf einstweilige Zulassung zur Prozessführung stellen und die Vollmacht dann schnellstmöglich fristgerecht nachreichen. Darüber hinaus kann die schriftliche Vollmacht auch im Innenverhältnis gegenüber dem Mandanten zum Nachweis entsprechender Beauftragung dienen.

2. Weitere Sachverhalts-Aufklärung

Auch wenn bereits vor Ausspruch einer Abmahnung eine Aufklärung des Sachverhalts durchgeführt wurde,[279] empfiehlt sich vor Einleitung des gerichtlichen Verfahrens eine vertiefte Überprüfung und Aufklärung des Sachverhaltes.

---

279 Siehe oben Ziffer B.V. 1.

326 Dazu gehört die nochmalige Überprüfung der seitens des Anspruchstellers übermittelten Informationen, die Klärung bislang offengebliebener Umstände, welche für die Darlegung von Anspruchsvoraussetzungen relevant sind und der Abgleich der Informationen des Anspruchstellers mit vorhandenen Beweis- oder Glaubhaftmachungsmitteln, Unterlagen zum Sachverhalt oder bereits vorliegenden eidesstattlichen Versicherungen. Ebenso kann es von Vorteil sein, die Website des voraussichtlichen Anspruchsgegners und sonstige Informationen über den Anspruchsgegner im Internet zu überprüfen. Dies kann auch insoweit von Vorteil sein, als bei Wettbewerbshandlungen im Internet in der Regel in jedem Bezirk, in dem die Informationen bestimmungsgemäß abgerufen werden können, ein Gerichtsstand geschaffen wird.[280]

327 Weiterhin ist zu überprüfen, ob seit der Abmahnung weitere Verstöße des Anspruchsgegners zu verzeichnen sind, oder dieser sein Verhalten geändert hat. Entsprechendes gilt für die Prüfung der Reaktion des Abgemahnten auf die Abmahnung. Auch insoweit können sich neue Elemente des Sachverhalts ergeben, welche eine Prüfung und gegebenenfalls Anpassung des bisherigen Vorgehens nahe legen können.

328 Der Anspruchsteller wird in der Regel ein bestimmtes Gericht für die Durchführung der geplanten gerichtlichen Streitigkeiten im Auge haben. Deswegen ist zu prüfen, ob der Anspruchsteller bereits einen Verstoß des Anspruchsgegners im Bezirk des ins Auge gefassten Gerichts nachweisen kann. Ist dem nicht so, sind Maßnahmen wie z.B. ein Testkauf zu erwägen, um die örtliche Zuständigkeit des Gerichts zu begründen.

329 Vor Einleitung der gerichtlichen Auseinandersetzung sollten auch Informationen über frühere oder bestehende geschäftliche Beziehungen zwischen den Parteien eingeholt werden. In diesem Zusammenhang sind auch die tatsächlichen Voraussetzungen für die Frage, ob die Beteiligten im Hinblick auf die von ihnen angebotenen Waren- oder Dienstleistungen aktuell tatsächlich Mitbewerber im Sinne des § 2 Abs. 1 Ziffer 3 UWG sind, zu prüfen. Die umfassende Sachverhaltskenntnis reduziert das Risiko einer unzutreffenden juristischen Würdigung und verbessert die Grundlage für die erfolgreiche Durchführung und Ausrichtung des gerichtlichen Verfahrens.

3. Sicherung von Beweismitteln (Unterlagen, Zeugen, eidesstattliche Versicherungen, Notwendigkeit von Meinungsforschungsgutachten)

330 Im Zuge der Vorbereitung des gerichtlichen Vorgehens sollte der Anspruchsteller schnellstmöglich prüfen, welche Beweismittel für die erfolgreiche Durchführung des von ihm angestrebten Verfahrens benötigt werden und deren Beschaffung koordinieren.

331 Abhängig von dem oder den in Betracht kommenden Anspruchsgrundlagen ist frühestmöglich festzustellen, welche Elemente der Anspruchsnorm von seiten des Anspruchstellers glaubhaft gemacht bzw. bewiesen werden können. Sind die beweisbedürftigen Tatsachen identifiziert, gilt es zunächst, vorhandene Unterlagen, Kopien sonstiger relevanter Korrespondenz, beanstandete Werbemittel, Rundfunk- oder Videomitschnitte, Internetausdrucke, beanstandete Produkte oder Verpackungen (wenn möglich mit

---

[280] Baumbach/Hefermehl/Köhler, Wettbewerbsrecht, § 14 UWG Rn. 16.

Kaufbeleg) zu sichten. Fehlen noch notwendige Beweismittel, sind diese schnellstmöglich zu beschaffen. Im Falle von beanstandeten Produkten oder Dienstleistungen ist zur Sicherung der örtlichen Zuständigkeit des anzurufenden Gerichts (§ 14 Abs. 2 Satz 1 UWG) ein Testkauf im Bezirk des angerufenen Gerichts durch einen Dritten mit entsprechenden Kaufbelegen und einer entsprechenden Bestätigung durch den Testkäufer über Ort, Gegenstand und Zeitpunkt des Erwerbs durchzuführen.

Bei wettbewerbswidrigen Handlungen im Internet empfiehlt es sich, den relevanten Vorgang von einem Computer im Gerichtsbezirk durch einen Dritten unter Ausschaltung des Zwischenspeichers (Cache) abzurufen und ordnungsgemäße Ausdrucke nebst einer Bestätigung des Dritten, dass die Information im Internet zu einem bestimmten Zeitpunkt an einem bestimmten Ort abgerufen wurde, zu beschaffen.[281] 332

In einer Reihe von Fällen wird die **Beschaffung von eidesstattlichen Versicherungen** zur Vorbereitung eines Verfügungsantrages eine wesentliche Rolle spielen.[282] Der Anspruchsteller hat insoweit zum einen den notwendigen Inhalt der eidesstattlichen Versicherung zu ermitteln und zum anderen das Original der Erklärung zu beschaffen. Eidesstattliche Versicherungen sollten sich ausschließlich auf eigene unmittelbare Wahrnehmungen über Tatsachen beziehen und keinerlei mittelbare Bekundungen vom Hörensagen oder gar rechtliche Wertungen beinhalten. 333

In Ausnahmesituationen kann sich zudem, wenn die eigene Sachkunde des Gerichts voraussichtlich nicht ausreicht, die Notwendigkeit der Einholung eines privaten Meinungsforschungsgutachtens ergeben.[283] Entscheidet sich der Anspruchsteller zur Einholung eines Privatgutachtens, ergeben sich daraus in der Regel wesentliche Kosten sowie zeitliche Implikationen im Hinblick auf die Dringlichkeit des Verfahrens. 334

4. Gerichtsstand

Im Rahmen der Vorbereitung des Verfahrens muss der Antragsteller das oder die für ein geplantes Verfahren sachlich und örtlich zuständigen Gerichte identifizieren. Das spielt u.a. eine Rolle für die Frage, ob zusätzlich oder anstelle anwaltlicher Hilfe vor Ort noch anwaltliche Vertretung am möglicherweise geografisch entfernten Gerichtsort benötigt wird und dadurch bedingte erhöhte Anwaltskosten. Die Wahl des Gerichtsortes kann auch unter Berücksichtigung einer für den Anspruchsteller günstigen lokalen Rechtsprechung am Gerichtsort, z.B. im Hinblick auf die Dringlichkeit,[284] erfolgen. 335

Ergibt sich im Rahmen der Prüfung, dass der in Betracht kommende Anspruchsgegner im Inland weder über einen Sitz noch eine Niederlassung verfügt, ist seitens des Antragstellers zu prüfen, ob nach den Umständen des Sachverhaltes gleichwohl ein Gerichtsstand im Inland gegeben ist oder nur ein Verfahren im Ausland in Betracht kommt.[285] Im Bereich der europäischen Union ist in diesem Zusammenhang die Ver- 336

---

281 Siehe Ziffer C.I. 4.
282 Im Einzelnen dazu Ziffer B.V. 1. b.).
283 Siehe dazu Ziffer C. IV. 3. b.).
284 Dazu im Einzelnen Ziffer C. III. 6.
285 Ahrens/Ahrens, Wettbewerbsprozess, Kap. 16 Rn. 1 ff.

ordnung über die gerichtliche Zuständigkeit und die Anerkennung und Vollstreckung von Entscheidungen in Zivil- und Handelssachen,[286] zu berücksichtigen.

337 Bei unlauteren Wettbewerbshandlungen im Internet gewährt die deutsche Rechtsprechung[287] auch dort einen Gerichtsstand, wo der beanstandete Internetinhalt bestimmungsgemäß abgerufen werden kann. Dies wird jedoch teilweise kritisiert. Mit der Frage des Gerichtsstandes in grenzüberschreitenden Streitigkeiten ist häufig auch die Frage des anwendbaren Rechts verbunden. Das anwendbare Recht ist nach den kollisionsrechtlichen Regeln des internationalen Privatrechts zu bestimmen. Unlautere Wettbewerbshandlungen werden nach herrschender deutscher Auffassung als Delikt und als Teil des Internationalen Deliktsrechts angesehen.[288] Dementsprechend gelten für die Bestimmung des anwendbaren Rechts die Artikel 40 bis 42 EGBGB. Diese erfahren durch das von der deutschen Rechtsprechung geprägte **Marktortprinzip** eine gewisse Modifizierung.[289] Als Ort der wettbewerbsrechtlichen Streitigkeit ist danach grundsätzlich der Marktort anzusehen, an dem insoweit auf die Entscheidung des Kunden eingewirkt werden soll. Richtet sich also z.B. eine Website eines ausländischen Mitbewerbers gezielt auf den deutschen Markt (z.B. deutsche Sprache, inhaltliche Ausrichtung auf den deutschen Markt, nur Kunden aus Deutschland können bestellen etc.), kommt es nach dem Marktortprinzip zur Anwendung deutschen Rechts.

338 Im Bereich der europäischen Union wird das Marktortprinzip im Bereich der elektronischen Kommunikation durch das **Herkunftslandprinzip**, welches durch die EU-Richtlinie über den elektronischen Geschäftsverkehr[290] eingeführt wurde, ausgeschlossen. Die Richtlinie wurde im Inland u.a. durch das Teledienstegesetz[291] umgesetzt. Die maßgebliche Bestimmung ist in § 4 TDG enthalten. Danach gilt für deutsche Diensteanbieter deutsches Recht auch dann, wenn die Teledienste in einem anderen EU-Staat erbracht werden. Für ausländische Anbieter mit Sitz in der Europäischen Union gilt letztlich deren Recht, wenn deren Heimatrecht gegenüber dem ansonsten anwendbaren deutschen Wettbewerbsrecht weniger restriktiv ist. Dies wird – soweit übersehbar – in den meisten Fällen anzunehmen sein.

339 Wettbewerbsrechtliche Streitigkeiten zählen zu den bürgerlichen Rechtsstreitigkeiten, so dass die ordentlichen Gerichte zuständig sind, § 13 GVG. Die Zuständigkeit eines Gerichts richtet sich grundsätzlich nach dem für die Hauptsache zuständigen Gericht. Für das Verfügungsverfahren ist danach zu entscheiden, ob bereits eine Hauptsache anhängig ist oder nicht. Ist ersteres der Fall, ist ausschließlich dieses Gericht zuständig, § 943 ZPO. Fehlt ein Hauptsacheverfahren, kann der Anspruchsteller noch zwischen sämtlichen in Betracht kommenden Hauptsache-Gerichtsständen wählen.

---

286 Verordnung EU Ziffer 44/2001 vom 22. Dezember 2000.
287 Z.B. OLG Karlsruhe, MMR 2002, S. 815.
288 Baumbach/Hefermehl/Köhler, Wettbewerbsrecht, Einleitung UWG Rn. 5.4.
289 Vgl. z.B. OLG Hamburg – Die Hunde sind los, NJW – RR 2003, S. 761.
290 2000/31/EG vom 8. Juni 2000.
291 Gesetz über die Nutzung von Telediensten vom 22. Juli 1997, zuletzt geändert durch Gesetz vom 14. Dezember 2001.

340 Nach der UWG-Reform sind die **Landgerichte ausschließlich für Streitigkeiten nach dem UWG zuständig**, § 13 Abs. 1 Satz 1 UWG. Durch den in § 13 Abs. 1 Satz 2 UWG enthaltenen Verweis auf § 95 Abs. 1 Ziffer 4 GVG wird nochmals verdeutlicht, dass jeweils die Kammer für Handelssachen funktionell zuständig ist. Anträge auf einstweilige Verfügungen bzw. Klagen auf der Grundlage des UWG sind insoweit stets im Rubrum an die zuständige Kammer für Handelssachen zu richten. Erfolgt keine derartige Bezeichnung, besteht das Risiko, dass die Angelegenheit versehentlich in die Zuständigkeit einer Zivilkammer gelangt.

341 Etwas anderes kann nur gelten, wenn neben Ansprüchen nach dem UWG auch noch weitere, nicht in die Zuständigkeit einer Handelskammer gehörige Ansprüche, z.B. deliktische Ansprüche nach den §§ 823 ff. BGB, geltend gemacht werden. Dann kommt bei unterschiedlichen Streitgegenständen entweder eine Prozesstrennung oder eine **gesamte Verweisung an die Zivilkammer** in Betracht.[292] Bei einheitlichen Streitgegenständen und unterschiedlichen Anspruchsgrundlagen, also z.B. § 5 UWG und §§ 823 Abs. 1, 1004 BGB, kommt sowohl eine Anrufung der Zivil- wie auch einer Handelskammer ohne die Möglichkeit einer nachfolgenden Verweisung in Betracht.[293]

342 Die örtliche Zuständigkeit richtet sich nach der Bestimmung des § 14 UWG. Grundsätzlich ist für Klagen auf der Grundlage des UWG das Gericht zuständig, in dessen Bezirk der Anspruchsgegner seine gewerbliche oder selbstständige berufliche Niederlassung hat. Besteht kein solcher Gerichtsstand, ist der Wohnsitz des Anspruchsgegners, §§ 7 ff. BGB, maßgeblich.

343 Sind die Parteien nicht im Bezirk des gleichen Gerichts ansässig, kann die Anrufung des „Heimatgerichts" des Anspruchsgegners, z.B. wegen zusätzlicher Reisekosten oder der mangelnden Vertrautheit des Anspruchstellers mit der lokalen Rechtsprechung am fremden Gerichtsort, mitunter zusätzliche Probleme des Anspruchstellers schaffen.

344 Insoweit ist die Bestimmung des § 14 Abs. 2 Satz 1 UWG von wichtiger Bedeutung für den Anspruchsteller. Die dort enthaltene Anknüpfung an den Begehungsort bedeutet, dass der Anspruchsteller bestimmen muss, wo sich Begehungshandlung und Begehungserfolg geografisch feststellen lassen. Insoweit kann der Mitbewerber auch an den Orten, in denen der Wettbewerbsverstoß tatsächlich stattgefunden hat, das im Bezirk zuständige Landgericht anrufen. Wie bereits dargestellt[294] können die in Betracht kommenden Tatorte auch durchaus durch den Anspruchsteller, z.B. durch einen Testkauf, mitbestimmt werden.

345 In manchen Szenarien, z.B. bei der Werbung im Internet oder beim Vertrieb von Presseerzeugnissen kommen vor dem Hintergrund des Begehungsortprinzips häufig mehrere Gerichtsstände in Betracht, zwischen denen der Anspruchsteller wählen kann. Bei Presserzeugnissen besteht jedoch der Vorbehalt, das das Presseerzeugnis in dem Bezirk, den der Anspruchsteller erstrebt, auch bestimmungsgemäß verbreitet wird.[295]

---

292 Harte/Henning/Retzer, UWG, § 13 Rn. 34.
293 Näher Harte/Henning/Retzer, UWG, § 13 Rn. 35 f.
294 Siehe oben Ziffer C. II. 4.
295 OLG Köln, GRUR 1991, S. 775.

346 Der Gerichtsstand des Begehungsortes steht Verbänden und Vereinen und weiteren Anspruchsberechtigten nach § 8 Abs. 3 Ziffer 2 bis 4 UWG nicht zur Verfügung, § 14 Abs. 2 Satz 2 UWG. Diese müssen gegen den Schuldner an dessen Heimatgerichtsstand vorgehen. Im Falle einer vorbeugenden Unterlassungsklage ist das Gericht zuständig, in dessen Bezirk der Wettbewerbsverstoß voraussichtlich stattfinden wird.[296] Erhebt der Anspruchsgegner eine negative Feststellungsklage, ist das insoweit angerufene Gericht ausschließlich für das weitere Verfahren zuständig.

5. Kosten

347 Wettbewerbsrechtliche Auseinandersetzungen können signifikante Kosten verursachen, deren voraussichtlichen Umfang der Anspruchsteller bereits im Vorfeld der gerichtlichen Auseinandersetzung und im Rahmen der Strategiebestimmung auf jeden Fall mindestens grob abschätzen sollte.

348 In diesem Zusammenhang können Faktoren wie der vom Anspruchsteller in beschränktem Umfang selbst zu bestimmende Streitwert,[297] das angestrebte Verfahren, in Betracht kommende Anwaltshonorare sowie Gerichtskosten und Kosten der Beweiserhebung eine wesentliche Rolle spielen. Ebenso wichtig ist der vom Anspruchsteller gewählte einfache oder komplexe Streitgegenstand des Verfahrens und die wirtschaftliche Bedeutung der Angelegenheit für die Beteiligten.

349 Während ein einfach gelagerter Fall einer irreführenden Werbung voraussichtlich bereits durch eine einzige Gerichtsentscheidung entschieden werden mag, wird eine komplexe, möglicherweise die wirtschaftliche Existenz eines der Beteiligten betreffende Streitigkeit mit Wahrscheinlichkeit über alle in Betracht kommenden Instanzen betrieben. In der Praxis werden auch das geschäftliche bzw. emotionale Verhältnis der Streitbeteiligten, bisherige Auseinandersetzungen zwischen den Beteiligten und die Wirtschaftskraft der Parteien eine wesentliche Rolle für die Bestimmung einer Prozessstrategie spielen. Der Anspruchsteller sollte vor dem Hintergrund dieser Faktoren die Kosten und Nutzen eines Vorgehens sorgfältig gegeneinander abwägen und seine Maßnahmen dementsprechend ausgestalten.

6. Verfügungs- und/oder Hauptsacheverfahren

350 Auch wenn das Gros wettbewerbsrechtlicher Streitigkeiten vor Gericht in einstweiligen Verfügungsverfahren ausgetragen wird, ist seitens des Anspruchstellers gleichwohl zu prüfen, ob die angestrebten Anspruchsziele im Wege eines einstweiligen Verfügungsverfahrens voraussichtlich erfolgreich durchsetzbar sind. Einstweilige Verfügungsverfahren zielen auf eine rasche und vorläufige Streitregelung. Wie das Gesetz in § 12 Abs. 2 UWG indiziert, sind einstweilige Verfügungsverfahren grundsätzlich für Unterlassungsansprüche geeignet.

---

296 BGH – Beta, GRUR 1994, S. 532.
297 Siehe insoweit Rn. 376 ff.

351 Problematisch sind Verfügungsverfahren, wenn durch die angestrebte Regelung faktisch eine **Vorwegnahme des Hauptsacheverfahrens** bewirkt würde. Dies wird insbesondere bei Beseitigungs- und Widerrufsansprüchen sowie Auskunftsansprüchen häufig der Fall sein.[298] Vor diesem Hintergrund kommt ein einstweiliges Verfügungsverfahren für die Durchsetzung von Schadensersatzansprüchen auf Geldzahlung oder Abgabe von Willenserklärungen nicht in Betracht.[299] Einstweilige Verfügungsverfahren werden darüber hinaus abgesehen von Ausnahmesituationen nicht in Betracht kommen, wenn zur Durchsetzung der Ansprüche umfangreiche Sachaufklärungen und Beweismittel, wie z.B. Meinungsforschungsgutachten, notwendig sind.

352 Schwierigkeiten wird die Durchsetzung eines Anspruches im einstweiligen Verfügungsverfahren auch bereiten, wenn dessen Zusprechung zu **irreparablen Nachteilen** des Antragsgegners führen würde oder die Entscheidung des Rechtsstreits von komplexen Rechtsfragen abhängt und dem Antragsgegner im Unterliegensfall gravierende Schäden drohen, welche nicht durch eine Sicherheitsleistung aufgefangen werden können.[300]

353 Der Anspruchsteller sollte auch stets im Auge behalten, dass ihm für den Fall, dass er zwar eine vorläufige Regelung zu seinen Gunsten erzielen konnte, wie z.B. ein Produktionsverbot eines Mitbewerbers, im Falle der späteren Aufhebung einer solchen Entscheidung **Schadensersatzansprüche** des belasteten Mitbewerbers drohen, § 945 ZPO. Solche Ansprüche können den gesamten unmittelbaren und mittelbaren Schaden des Anspruchsgegners, dessen Aufwendungen zur Schadensminderung und Kosten, z.B. für die Rechtsverteidigung, umfassen.[301]

III. Verfügungsverfahren

354 In der Praxis spielen einstweilige Verfügungsverfahren die zentrale Rolle für die Durchsetzung von Unterlassungsansprüchen. Ein Muster eines Antrages auf Erlass einer einstweiligen Verfügung ist unter Rn. 540 enthalten.

1. Notwendiger Inhalt des Verfügungsantrages

355 Jeder Verfügungsantrag muss bestimmte notwendige Elemente beinhalten. Ebenso wie eine Hauptsacheklage setzt ein Verfügungsverfahren das **Bestehen eines allgemeinen Rechtsschutzbedürfnisses** des Anspruchstellers voraus. Im allgemeinen ergibt sich das Rechtsschutzbedürfnis aus der behaupteten Nichterfüllung des geltend gemachten Unterlassungsanspruchs.[302] Das Rechtsschutzbedürfnis des Anspruchstellers kann fehlen, wenn ihm einfachere Wege zur Anspruchsdurchsetzung zur Verfügung stehen. Dies mag z.B. der Fall sein, wenn ein rechtskräftig titulierter Unterlassungsanspruch besteht, aus dem der Gläubiger vollstrecken kann. Demgegenüber schließt allein das Bestehen eines anderweitigen einstweiligen Verfügungsverfahrens ohne rechtskräftige Entscheidung das Rechtsschutzbedürfnis des Anspruchstellers nicht aus.[303]

---

[298] Baumbach/Hefermehl/Köhler, Wettbewerbsrecht, § 12 UWG Rn. 3.9 bis 3.10.
[299] Baumbach/Hefermehl/Köhler, Wettbewerbsrecht, § 12 UWG Rn. 3.11.
[300] Ahrens/Schmukle, Wettbewerbsprozess, Kap. 45 Rn. 50.
[301] Thomas/Putzo/Reichold, ZPO, § 945 Rn. 15.
[302] BGH – Preisrätelgewinnauslobung, GRUR 1994, S. 824.
[303] BGH – Goldene Armbänder, GRUR 1973, S. 384.

356 Nach Inkrafttreten des aktuellen Missbrauchsverbots ist die Geltendmachung von Unterlassungsansprüchen, welche vorwiegend zu Zwecken des Aufwendungsersatzes bzw. der Erzielung von (anwaltlichen) Gebühren dienen, § 8 Abs. 4 UWG, nicht mehr im Rahmen des allgemeinen Rechtsschutzbedürfnisses zu prüfen.[304] Dies ist nunmehr eine Frage der Begründetheit.

357 Ebenso wie jegliche verfahrenseinleitende Klage setzt auch ein Antrag auf eine einstweilige Verfügung die **eindeutige Bezeichnung des angerufenen Gerichts**[305] sowie eine präzise Bezeichnung der Parteien voraus. Ein weiteres notwendiges Element des Verfügungsantrages besteht in einem **bestimmten Klageantrag**, § 253 Abs. 2 Ziffer 2 ZPO.[306]

358 Der **Antrag auf Androhung von Ordnungsmitteln** ist kein notwendiger Bestandteil des Verfügungsantrages, jedoch im Interesse der Vollstreckung des Titels unbedingt geboten.[307] Weiterhin hat der Anspruchsteller im Rahmen des Verfügungsantrags den Verfügungsanspruch sowie den Verfügungsgrund, §§ 935, 940 ZPO, substantiiert darzulegen.

359 Der **Verfügungsanspruch** wird durch den zugrunde liegenden materiellen Anspruch, in der Regel den wettbewerbsrechtlichen Unterlassungsanspruch, geschaffen. Der **Verfügungsgrund**, wird durch die zu vermutende Dringlichkeit des Anspruches, § 12 Abs. 2 UWG, geschaffen.[308]

360 Der Anspruchsteller hat sämtliche anspruchsbegründenden Voraussetzungen und sonstige Prozessvoraussetzungen gemäß §§ 936, 920 Abs. 2, 294 ZPO darzulegen und glaubhaft zu machen. Die dargelegten und glaubhaft gemachten Umstände müssen dem Gericht die Prüfung der Schlüssigkeit des Anspruchs ermöglichen. Sind entscheidungserhebliche Tatsachen nicht durch den Anspruchsteller glaubhaft gemacht, muss das Gericht Termin zur mündlichen Verhandlung bestimmen.[309] In der Praxis ist insbesondere die präzise Darstellung sämtlicher anspruchsbegründenden Tatsachen und die vollständige Übereinstimmung der vorgetragenen Tatsachen mit den beigefügten Glaubhaftmachungsmitteln wichtige Voraussetzung für den Prozesserfolg.

2. Formulierung der Anträge

361 Im Rahmen von Anträgen auf eine einstweilige Verfügung kommt der Formulierung des Unterlassungsantrages wesentliche Bedeutung zu. Der Verfügungsantrag dient zur **Titulierung** des vom Anspruchsteller begehrten Unterlassungsanspruchs. Der Unterlassungsantrag muss den von Amts wegen zu prüfenden Voraussetzungen für eine Klageschrift genügen und u.a. einen bestimmten Antrag beinhalten, § 253 Abs. 2 Ziffer 2 ZPO. Der Unterlassungsantrag muss so formuliert sein, dass einerseits der erhobene Anspruch nach Inhalt und Umfang konkret beschrieben wird und zum anderen so

---

304 Ahrens/Schmukle, Wettbewerbsprozess, Kap. 44 Rn. 20.
305 Z.B. nicht „Landgericht München", sondern „ Landgericht München I" oder „Landgericht München II".
306 Dazu im Einzelnen C. IV. 2.
307 OLG Hamm, GRUR 1991, S. 336.
308 Dazu im Einzelnen Ziffer C. III. 6.
309 Baumbach/Hefermehl/Köhler, Wettbewerbsrecht, § 12 UWG Rn. 3.21.

gefasst sein, dass eine Zwangsvollstreckung aus dem Titel möglich ist.[310] Wie bereits dargelegt, umfasst das Anspruchsbegehren nicht nur die vollkommen identische Verletzungsform, sondern auch sämtliche „im Kern gleichartigen" Verletzungsformen.[311]

Der Anspruchsteller hat verschiedene Möglichkeiten seinen Antrag zu formulieren. Er kann sich zunächst auf die konkrete Verletzungsform für den Antrag beschränken. Derartige Anträge sind vor dem Hintergrund des Bestimmtheitsgebots in der Regel unproblematisch.[312] Der Anspruchsteller wird jedoch häufig bemüht sein, den Umfang des Antrages zu erweitern, um auch entsprechend der Kerntheorie Handlungen mit identischem oder nahezu identischem Tatsachenkern abzudecken. Solche Erweiterungen des Antrages sind grundsätzlich sinnvoll, jedoch im Hinblick auf das Bestimmtheitsgebot sowie den zugrunde liegenden materiellen Anspruch mit Risiken behaftet. Je weiter sich der Anspruchsteller von der konkreten Verletzungsform entfernt, desto größer wird das Risiko, dass er die Grenzen des § 253 Abs. 2 Ziffer 2 ZPO und des zugrunde liegenden materiellen Anspruchs überschreitet. Aus sich selbst heraus nicht eindeutig auszulegende Anträge sind unter Berücksichtigung der Klagebegründung auszulegen.[313]

362

Zur Frage der **Bestimmtheit** des Unterlassungsantrags existiert umfangreiche Rechtsprechung, welche bei Abweichung der Antragsformulierung von der konkreten Verletzungsform stets berücksichtigt werden sollte.[314] Vor dem Hintergrund der mitunter restriktiven Rechtsprechung sollte der Anspruchsteller im Zweifel auf verallgemeinernde Formulierungen verzichten und sich strikt am Umfang des zugrunde liegenden materiellen Anspruchs orientieren.

363

Möglichkeit der **Verallgemeinerung** können sich z.B. auf Werbemedien beziehen. Wenn der Schuldner irreführend in einem Zeitungsprospekt für seine Produkte wirbt, liegt es nahe, dass eine solche Werbung auch in anderen Medien, wie z.B. Illustrierten oder dem Internet, erfolgt. Der Anspruchsteller kann insoweit schlicht eine Formulierung wie „... es zu unterlassen, in der Werbung zu behaupten, ..." verwenden.[315]

364

Ähnliches gilt hinsichtlich einer vorsichtigen Verallgemeinerung der beworbenen Produkte.[316] Auch hinsichtlich der Werbeaussage bzw. der beanstandeten Handlung kann eine vorsichtige Verallgemeinerung unter Berücksichtigung des Bestimmtheitsgebotes in Betracht kommen. In jedem Fall genügt die Wiedergabe eines Gesetzeswortlauts zur Umschreibung der beanstandeten Verletzungshandlung den Erfordernissen in diesem Zusammenhang nicht.[317]

365

---

310 Thomas/Putzo/Reichold, ZPO, § 253 Rn. 11 m.w.N.
311 BGH – Wegfall der Wiederholungsgefahr II, GRUR 1997, S. 379.
312 Harte/Henning/Brüning, UWG, § 12 Rn. 78.
313 BGH – Fachliche Empfehlung II, GRUR 1991, S. 930.
314 Im Einzelnen z.B. Harte/Henning/Brüning, UWG, vor § 12 Rn. 91.
315 Vgl. Speckmann, Wettbewerbsrecht, Rn. 1620.
316 BGH – Telefonische Vorratsanfrage, GRUR 2002, S. 1095.
317 BGH – Gesetzeswiederholende Unterlassungsanträge, GRUR 2000, S. 440.

366 Teilweise werden verallgemeinernde Formulierungen in Unterlassungsanträgen mit wiederum einschränkenden Konkretisierungen versehen. Dies kann z.B. durch Zusätze wie „... so wie dies in der nachfolgend eingeblendeten Anzeige ... geschehen ist" erfolgen.[318] In diesem Zusammenhang gelten einschränkende Zusätze wie etwa „... ähnlich wie ..." oder „... sinngemäß ..." jedoch als unbestimmt.

367 Das Gericht hat die **Sachdienlichkeit** und damit auch die Bestimmtheit des Antrages gemäß § 139 Abs. 1 ZPO zu prüfen und gegenüber den Parteien auf die Stellung eines sachdienlichen Antrages hinzuwirken. Solche Hinweise sollten im Interesse des Anspruchstellers stets berücksichtigt und der Antrag entsprechend angepasst werden.

368 Im übrigen ist es üblich, den Unterlassungsantrag mit der **Androhung von Ordnungsmitteln** zu verbinden. Die Möglichkeit dazu ergibt sich aus § 890 Abs. 2 ZPO. Der Wortlaut der Ordnungsmittelandrohung orientiert sich an § 890 Abs. 1 ZPO und könnte etwa wie folgt lauten:

369 „Der Antragsgegnerin wird bei Meidung eines Ordnungsgeldes bis zu € 250.000,00, ersatzweise Ordnungshaft oder von Ordnungshaft bis zu sechs Monaten, diese jeweils zu vollziehen an den gesetzlichen Vertretern der Antragsgegnerin, für jede einzelne Zuwiderhandlung verboten, im geschäftlichen Verkehr zu behaupten ..."

370 In der Praxis werden, auch wenn dies nicht erzwingend erforderlich ist, Anträge im Hinblick auf die **Kosten** des Rechtsstreits („Die Antragsgegnerin hat die Kosten des Verfahrens zu tragen.") gestellt. Anträge in Bezug auf die vorläufige Vollstreckbarkeit sind für den Verfügungsantrag entbehrlich, da Beschlüsse oder Urteile, mit denen ein Arrest oder eine einstweilige Verfügung erlassen wird, ohne besonderen Ausspruch vorläufig vollstreckbar sind.[319]

371 Gemäß der aktuellen Bestimmung des § 12 Abs. 3 UWG kann das Gericht der obsiegenden Partei die Befugnis zusprechen, das Urteil auf Kosten der unterliegenden Partei öffentlich bekannt zu machen, wenn sie ein berechtigtes Interesse dartut. Die Bestimmung soll zur Beseitigung von fortdauernden Beeinträchtigungen der obsiegenden Partei dienen. Der Anspruchsteller muss einen bestimmten Antrag stellen, in welcher Art und Weise das Urteil veröffentlicht werden soll. Ein „berechtigtes Interesse" im Sinne des § 12 Abs. 3 UWG setzt voraus, dass nach einer Abwägung der gegenseitigen Interessen die Veröffentlichung geeignet und erforderlich ist, um eine fortdauernde Störung zu beseitigen.[320]

3. Glaubhaftmachung

372 Gemäß §§ 920 Abs. 2, 936 ZPO hat der Antragsteller den Verfügungsanspruch und Verfügungsgrund glaubhaft zu machen. Die Glaubhaftmachung, § 294 ZPO, bedeutet gegenüber dem ordentlichen Verfahren insofern eine Erleichterung für die Beteiligten und insbesondere den Antragsteller. Anstatt eines Vollbeweises muss das Gericht im Rahmen der Prüfung der Glaubhaftmachung lediglich mit **Wahrscheinlichkeit** vom

---

318 Speckmann, Wettbewerbsrecht, a.a.O., Rn. 1628, 1629.
319 Vgl. Thomas/Putzo/Putzo, ZPO, § 708 Rn. 7.
320 Baumbach/Hefermehl/Köhler, Wettbewerbsrecht, § 12 UWG Rn. 4.7.

Bestehen der glaubhaft gemachten Tatsache ausgehen.[321] Umgekehrt gilt im Rahmen der Glaubhaftmachung das Präsenzgebot. Nicht unmittelbar verfügbare Beweismittel kommen zur Glaubhaftmachung nicht in Betracht.

Der Antragsteller muss die anspruchsbegründenden Voraussetzungen sowie den Verfügungsgrund mit **geeigneten Glaubhaftmachungsmitteln** belegen. Nach § 294 Abs. 2 ZPO muss die Glaubhaftmachung jeweils sofort möglich sein. Der Anspruchsteller kann insoweit alle üblichen sofort präsenten Beweismittel wie z.B. **Unterlagen, Sachverständigengutachten** oder **Produktmuster** zur Glaubhaftmachung nutzen. Zeugenaussagen kommen im Verfügungsverfahren nur durch präsente Zeugen im Rahmen der mündlichen Verhandlung in Betracht.

373

Eine wichtige Rolle für die Glaubhaftmachung im einstweiligen Verfügungsverfahren spielen **eidesstattliche Versicherungen** der Parteien oder etwaiger Zeugen, welche eine eigene Darstellung der glaubhaft zu machenden Tatsache beinhalten müssen.[322] Deswegen sollten eidesstattliche Versicherungen zum einen keine Darstellung vom Hörensagen beinhalten und zum anderen keine Bezugnahmen auf Schriftsätze bzw. sonstige Schreiben oder subjektive Wertungen des Erklärenden enthalten.[323] Das Gericht kann sämtliche Glaubhaftmachungsmittel frei würdigen. Die eidesstattliche Versicherung sollte schriftlich abgefasst und vom Erklärenden unterzeichnet werden.

374

4. Gerichtliche Zuständigkeit

Die in Betracht kommende gerichtliche Zuständigkeit wurde bereits vorstehend erörtert.[324] Gemäß § 937 Abs. 1 ZPO ist das Gericht der Hauptsache für den Erlass einstweiliger Verfügungen zuständig.

375

5. Streitwert

Der Streitwert des Verfügungsverfahrens wird zunächst durch die **Wertangabe des Antragstellers** im Verfügungsantrag bestimmt. Zu den relevanten Bewertungsparametern für die Bemessung des Streitwerts wurde bereits oben unter Ziffer C. III. 5. Stellung genommen.[325] Der Anspruchsteller sollte sich möglichst an anerkannten objektiven Bewertungskriterien für die Bemessung des Streitwerts orientieren. Allerdings ist einzuräumen, dass die Bewertung des Streitwerts in der Praxis häufig schwierig erscheint, weswegen mitunter recht grob unter Berücksichtigung der Interessen des Antragstellers und des wirtschaftlichen Werts der Angelegenheit geschätzt wird.

376

Teilweise werden seitens der Rechtsprechung auch in gewissem Umfang **Regelstreitwerte** zugrunde gelegt.[326] Das Gericht wird, sofern der angegebene Streitwert nicht offensichtlich verfehlt erscheint oder der Antragsgegner sachliche Gründe für abwei-

377

---

321 BGHZ 156, S. 139.
322 BGH, NJW 2003, S. 3558.
323 Zöller / Greger, ZPO, § 294 Rn. 4.
324 Siehe oben Ziffer C. III. 4.
325 Vgl. im Einzelnen Ahrens / Berneke, Wettbewerbsprozess, Kap. 40 Rn. 17 ff.
326 Ahrens / Berneke, Wettbewerbsprozess, Kap. 40 Rn. 43 f.

chende Bewertung des Streitwerts anführt, die Wertbestimmung des Antragstellers in der Regel akzeptieren. Letztlich hat das Gericht den Streitwert des Verfahrens festzusetzen.[327]

6. Dringlichkeit

378 Ein Antrag auf Erlass einer einstweiligen Verfügung setzt neben dem Verfügungsanspruch auch die **objektive Eilbedürftigkeit** der Angelegenheit für den Antragsteller, § 935 ZPO, den so genannten Verfügungsgrund, voraus. Der Antragsteller sollte stets berücksichtigen, dass die gerichtliche Praxis zur Beurteilung der Dringlichkeit in den jeweiligen Oberlandesgerichtsbezirken deutlich differiert.

379 Neben dem allgemeinen Rechtsschutzbedürfnis stellt der Verfügungsgrund eine besondere Form des Rechtsschutzbedürfnisses dar. Dieses besteht nur dann, wenn der Erlass einer einstweiligen Verfügung z.B. zur Abwendung wesentlicher Nachteile oder aus anderen Gründen, z.B. wegen drohender Schäden, notwendig ist.[328] Der Anspruchsteller muss den Verfügungsgrund grundsätzlich glaubhaft machen. Er muss dementsprechend im Rahmen des Verfügungsantrages substanziiert darlegen, dass er auf die gerichtliche Eilmaßnahme angewiesen ist und muss dies, z.B. durch Vorlage einer eidesstattlichen Versicherung, auch glaubhaft machen.

380 Dies gilt nicht im Rahmen des § 12 Abs. 2 UWG. Danach können Unterlassungsansprüche, nicht jedoch Beseitigungs- oder sonstige Ansprüche, nach den Bestimmungen des UWG wegen einstweiliger Verfügungen auch ohne die Darlegung und Glaubhaftmachung des Verfügungsgrundes, §§ 935, 940 ZPO, erlassen werden. Aufgrund dieser Dringlichkeitsvermutung bleibt für das Gericht, auch unter Berücksichtung des eigenen Vortrages des Antragstellers, lediglich zu prüfen, ob die Vermutung der Dringlichkeit durch längeres Zuwarten des Antragstellers widerlegt wird.[329]

381 Das setzt voraus, dass der Antragsteller in Kenntnis des Verstoßes sowie der Person des Verletzers keine gerichtlichen Maßnahmen ergreift. Insoweit ist positive Kenntnis des Anspruchstellers notwendig. Eine fahrlässige Unkenntnis genügt wohl nicht. Bei der Frage, wann solche Kenntnis besteht, wird sich insbesondere in Unternehmen häufig die Frage nach der Zurechnung positiver Kenntnis von bestimmten Personen auf das Unternehmen stellen. Dies wird bei Vertretern von berechtigten Organen einer juristischen Person oder Gesellschaft anzunehmen sein. Darüber hinaus kommt eine Wissenszurechnung gemäß dem Prinzip der so genannten „Wissensvertreter" in Betracht. Dazu gehören u.a. Personen, die aufgrund ihrer eigenverantwortlichen Position innerhalb des Unternehmens befugt sind, über Maßnahmen gegen Wettbewerbsverstöße zu entscheiden.[330] Dies könnte in der Praxis z.B. den Marketingleiter des Unternehmens, der auch über Abmahnungen mitentscheidet oder zuständige Mitarbeiter in der Rechtsabteilung des Unternehmens betreffen.

---

327 Im Einzelnen Ahrens/Berneke, Wettbewerbsprozess, Kap. 41 Rn. 4 ff.
328 Zöller/Vollkommer, ZPO, § 940 Rn. 4.
329 Harte/Henning/Brüning, UWG, § 12 Rn. 304 ff.
330 Harte/Henning/Brüning, UWG, § 12 Rn. 313 m.w.N.

Für Verbände oder sonstige Anspruchsberechtigte im Sinne des § 8 Abs. 3 Ziffer 2 bis 4 UWG gelten entsprechende Dringlichkeitsfristen.[331]

382

Eine besondere Problematik im Rahmen eines Verfügungsantrages ergibt sich durch die Frage, wann der Antrag nicht mehr dringlich ist und der Verfügungsgrund damit entfällt. Insoweit sind mangels des Bestehens eines fixen Zeitraumes die Umstände des Einzelfalles maßgeblich. In diesem Zusammenhang ist u.a. auf Art und Umfang des Verstoßes, notwendige Recherchen des Anspruchstellers und die Reaktion des Anspruchsgegners abzustellen.[332] Bedauerlicherweise existiert keine einheitliche Rechtsprechung zur Frage bestimmter Regelfristen für den Ablauf der Dringlichkeit.

383

De facto bestehen erhebliche Unterschiede in der Beurteilung der Regeldringlichkeitsfrist, welche der Antragsteller vorab berücksichtigen sollte. Eine strenge Auffassung vertreten die Oberlandesgerichte München,[333] Hamm, Jena, Nürnberg und Saarbrücken. Diese Gerichte gehen von einer Widerlegung der Dringlichkeitsvermutung aus, wenn der Anspruchsteller länger als einen Monat seit Kenntnis von einem Verstoß mit der Stellung eines Verfügungsantrag zuwartet, ohne dass besondere Umstände für eine Verlängerung dieser Frist vorliegen. Das OLG Köln geht insoweit von einer Frist von fünf Wochen aus und das OLG Düsseldorf legt eine Maximalgrenze von zwei Monaten zugrunde. Eine Regelfrist von drei Monaten halten die Oberlandesgerichte Koblenz, Rostock und Schleswig noch für gerechtfertigt. Noch großzügiger zeigen sich die Oberlandesgerichte Hamburg, Frankfurt und Brandenburg. Diese lehnen unter Verweisung auf die Maßgeblichkeit der Umstände des Einzelfalls eine feste Regelgrenze unterhalb von sechs Monaten ab.[334]

384

Ergeben sich für den Anspruchsteller mehrere Gerichtsstände im Bereich verschiedener Oberlandesgerichtsbezirke, mag in einem Fall der Verfügungsgrund bereits entfallen sein, während dieser im anderen Oberlandesgerichtsbezirk noch bejaht wird.

385

7. Einstweilige Verfügung

Wie bereits dargelegt, ist eine **Kammer für Handelssachen** beim angerufenen Landgericht für die Entscheidung über den Erlass einer einstweiligen Verfügung zuständig. In der Regel wird aufgrund der besonderen Dringlichkeit der **Vorsitzende** der Kammer allein entscheiden, § 944 ZPO.

386

Bereits mit Einreichung des Antrags auf eine einstweilige Verfügung wird die **Rechtshängigkeit** beim angerufenen Gericht begründet.[335] Im übrigen kann der Antragsteller seinen Verfügungsantrag auch einseitig ohne Beteiligung des Antragsgegners bis zu einem bestimmten Zeitpunkt im Verfahren zurücknehmen. Im Beschlussverfahren ist dies bis zum Erlass einer einstweiligen Verfügung ganz oder teilweise möglich. Im

387

---

331 Zu Verbänden vgl. OLG München, GRUR 1980, S. 330.
332 OLG Köln, GRUR 1993, S. 567.
333 Z.B. GRUR 1992, S. 328.
334 Vgl. Ahrens/Schmukle, Wettbewerbsprozess, Kap. 95 Rn. 41, 42 m.w.N. aus der Rechtsprechung.
335 Vgl. z.B. OLG Hamm, NJW 1978, S. 58.

Urteilsverfahren kann der Antragsteller seinen Verfügungsantrag bis zum Zeitpunkt der Antragsstellung in der mündlichen Verhandlung zurücknehmen.[336]

388 Das Gericht kann entweder dem Antrag in vollem Umfang oder teilweise durch Beschluss stattgeben, dem Antragsgegner Gelegenheit zur schriftlichen Stellungnahme geben, Termin zur mündlichen Verhandlung bestimmen oder den Verfügungsantrag durch Beschluss ablehnen.[337] Das Gericht entscheidet gemäß § 937 Abs. 2 ZPO nach pflichtgemäßem Ermessen. Allein der Umstand, dass der Anspruchsgegner zuvor eine Schutzschrift eingereicht hat, schließt den Erlass einer einstweiligen Verfügung durch Beschluss keineswegs zwingend aus.

a) Inhalt

389 Nach dem Rubrum beinhaltet die einstweilige Verfügung neben der Unterlassungs-, Beseitigungs-, Leistungs- oder sonstigen Verfügung eine Entscheidung über die Kosten des Verfahrens, eine Entscheidung über den Streitwert und möglicherweise weitere Anordnungen wie z.B. die Bindung der Wirksamkeit der Zustellung an die gleichzeitige Übersendung des Verfügungsantrages vom Anspruchsteller an den Antragsgegner.

390 Eine **Begründung** der einstweiligen Verfügung findet nur statt, wenn dem Antrag nicht in vollem Umfang stattgegeben wird. Die Kostenentscheidung im Rahmen einer Beschlussverfügung des Gerichts richtet sich nach dem jeweiligen Umfang des Obsiegens bzw. Unterliegens, § 91 ff. ZPO.

391 Die einstweilige Verfügung ist grundsätzlich **ohne Sicherheitsleistung** vorläufig vollstreckbar. Allerdings kann das Gericht gemäß §§ 936, 921 Satz 2 ZPO in besonderen Fällen, z.B. bei einem signifikanten drohenden Schaden des Anspruchsgegners oder bei Bedenken in Bezug auf die Glaubhaftmachung des Antragstellers, die Anordnung der einstweiligen Verfügung oder – wohl zweckmäßiger – deren Vollziehung von der Beibringung eine angemessenen Sicherheitsleistung abhängig machen.[338]

b) Zustellung

392 Das Gericht hat dem Antragsteller die seinem Antrag ganz oder teilweise entsprechende einstweilige Verfügung in Form einer Ausfertigung zuzustellen. Im Interesse der Beschleunigung des Verfahrens kann sich ein im Verfügungsantrag enthaltener Hinweis des Antragstellers, womit er im Falle des Erlassens der einstweiligen Verfügung um telefonische Benachrichtigung bittet, als hilfreich erweisen. Nach einer solchen Benachrichtigung kann der Antragsteller die Verfügung bei Gericht **selbst abholen** und möglicherweise **schneller zustellen**.

393 Wie sich aus den §§ 936, 929 Abs. 2 ZPO ergibt, bedarf eine einstweilige Verfügung zu ihrer Wirksamkeit der Vollziehung. Der Antragsteller kann entscheiden, ob und wann er die einstweilige Verfügung vollzieht. Eine nicht sofortige Vollziehung wird indes nur in Ausnahmesituationen, z.B. wenn ein rascher Vergleich erstrebt wird, für

---

336 Ahrens/Jestaedt, Wettbewerbsprozess, Kap. 49 Rn. 13.
337 Baumbach/Hefermehl/Köhler, Wettbewerbsrecht, § 12 UWG Rn. 3.23, 3.24.
338 Zöller/Vollkommer, ZPO, § 921 Rn. 4.

den Antragsteller in Betracht kommen. Die Vollziehung der einstweiligen Verfügung muss gemäß § 929 Abs. 2 ZPO innerhalb eines Monats nach erfolgter Zustellung der einstweiligen Verfügung an den Antragsteller[339] erfolgen. Der Antragsteller hat darauf zu achten, dass die von ihm zuzustellende Ausfertigung der einstweiligen Verfügung gemäß § 317 Abs. 3 ZPO einen ordnungsgemäßen Vermerk über die Ausfertigung enthält und vollständig an den Antragsgegner zugestellt wird. Hat das Gericht für die Vollziehung die Zustellung weiterer Unterlagen wie dem Verfügungsantrag angeordnet, sind auch diese im Interesse der wirksamen Vollziehung vollständig mit zuzustellen.

Die Zustellung erfolgt grundsätzlich im **Parteibetrieb** und ist Sache des Antragstellers. In der Regel erfolgt die Zustellung durch entsprechenden Zustellungsauftrag an den Gerichtsvollzieher, § 192 ZPO, der das Dokument dann zustellt. Der zuständige Gerichtsvollzieher für den Sitz bzw. Wohnsitz des Antragsgegners lässt sich über die in der Regel beim Amtsgericht im Bezirk des Anspruchsgegners angesiedelte Gerichtsvollzieher-Verteilerstelle identifizieren. Der Zustellungsauftrag kann an die zuständige Verteilerstelle oder aber unmittelbar an den für die Ausführung verantwortlichen Gerichtsvollzieher gerichtet werden. 394

Ein Muster für einen Zustellungsauftrag in Bezug auf eine einstweilige Verfügung an einen Gerichtsvollzieher ist unter Rn. 588 beigefügt. 395

Eine besondere Situation ergibt sich in den Fällen, in denen sich für das Verfügungsverfahren bereits ein Prozessbevollmächtigter bestellt hat, § 172 ZPO. Das kann bereits in der vorprozessualen Korrespondenz durch eine entsprechende Erklärung wie z.B. 396

„Hiermit zeigen wir die anwaltschaftliche Vertretung der Firma X in obiger Angelegenheit an. Eine entsprechende Prozessvollmacht ist beigefügt." 397

erfolgen.[340] Bestellt sich ein anwaltlicher Vertreter allein für das Abmahnverfahren, kommt die Zustellung der einstweiligen Verfügung an den anwaltlichen Vertreter nicht in Betracht.[341] Dies ist aus der Sicht des Anspruchsgegners insoweit sinnvoll, als die Zustellung an den anwaltlichen Vertreter zumeist deutlich weniger Zeit beansprucht. 398

Hat sich ein anwaltlicher Vertreter des Antragsgegners auch für das Gerichtsverfahren bestellt, erfolgt die Zustellung von Anwalt zu Anwalt gemäß § 195 ZPO. Sie kann, wie sich aus dem Verweis auf § 174 Abs. 2 ZPO ergibt, sogar per Telefax erfolgen. 399

8. Widerspruch, § 924 ZPO

Der Antragsgegner hat verschiedene Möglichkeiten, sich gegen die einstweilige Verfügung zu verteidigen. Er kann, wenn die Hauptsache noch nicht anhängig ist, einen Antrag auf Erhebung einer Hauptsacheklage, § 926 ZPO stellen,[342] oder gemäß § 927 400

---

339 Harte/Henning/Brüning, UWG, § 12 Rn. 516.
340 Vgl. das Vollmachtsmuster unter Ziffer B. VI. 1.
341 Vgl. z.B. OLG Hamm, GRUR 1998, S. 175.
342 Siehe Ziffer C.V. 5.

ZPO einen Antrag auf Aufhebung der einstweiligen Verfügung wegen veränderter Umstände stellen.[343]

401 Entscheidet er sich dazu, sich im Verfügungsverfahren gegen die im Beschlusswege ergangene einstweilige Verfügung zu verteidigen, kommt ein Widerspruch, §§ 936, 924 ZPO, in Betracht.

a) Antrag

402 Ein Widerspruch setzt einen bestimmten Antrag voraus. Der Widerspruchsantrag bezieht sich, wenn bei entsprechendem Streitgegenstand keine Teilanerkennung in Betracht kommt, auf die **Aufhebung** der genau zu bezeichnenden einstweiligen Verfügung und auf die Zurückweisung des Antrages auf einstweilige Verfügung. Ein Widerspruch soll bereits vor Zustellung einer einstweiligen Verfügung im Parteibetrieb zulässig sein.[344]

403 Grundsätzlich unterliegt ein Widerspruch keiner Frist, sondern lediglich dem **Verwirkungseinwand**. Er ist auch noch Monate nach Zustellung der einstweiligen Verfügung zulässig. Sachlich zuständig für den Widerspruch ist das Gericht, welches die Beschlussverfügung erlassen hat. Dies gilt nicht, wenn die einstweilige Verfügung erst nach Beschwerde vom übergeordneten Oberlandesgericht erlassen wurde. Dann ist, um dem Widersprechenden die Instanz nicht zu nehmen, der Widerspruch gleichwohl beim zuständigen untergeordneten Landgericht, einzulegen.[345]

404 Für die Einlegung des Widerspruchs besteht, anders als für die Einreichung des Antrages auf Erlass der einstweiligen Verfügung, **Anwaltszwang**. Die Einlegung eines Widerspruchs hemmt die Wirkung der vollzogenen einstweiligen Verfügung nicht. Der Widersprechende hat das Unterlassungsgebot weiter zu beachten.

405 Ein Antrag auf vorläufige Einstellung der Zwangsvollstreckung aus der einstweiligen Verfügung, §§ 936, 924 Abs. 3 ZPO, dürfte in der Praxis nur in ganz besonderen Ausnahmeszenarien in Betracht kommen.[346]

b) Notwendiger Inhalt

406 Aus der Bestimmung des § 924 Abs. 2 ZPO ergibt sich, dass der Antragsgegner im Widerspruch die Gründe darzulegen hat, die eine Aufhebung der einstweiligen Verfügung rechtfertigen sollen. Der Antragsgegner sollte deshalb bereits im Rahmen des Widerspruchsschriftsatzes substantiiert die relevanten Gründe für die Aufhebung der einstweiligen Verfügung vortragen und glaubhaft machen.

c) Kostenwiderspruch

407 In bestimmten Fällen, in denen der Antragsgegner den mit der Verfügung titulierten Hauptanspruch nicht erfolgversprechend angreifen kann, kommt gleichwohl ein Kostenwiderspruch in Betracht.

---

343 Vgl. dazu Ziffer C.V. 6.
344 Harte/Henning/Brüning, UWG, § 12 Rn. 467 m.w.N.
345 Zöller/Vollkommer, ZPO, § 924 ZPO Rn. 6 m.w.N.
346 Zöller/Vollkommer, ZPO, § 924 Rn. 13 m.w.N.

408 Die Möglichkeit eines Kostenwiderspruchs wird von Rechtsprechung und Lehre allgemein anerkannt[347] und verspricht u.a. Erfolg, wenn der Antragsteller den Schuldner nicht abgemahnt hat, obwohl ihm dies zuzumuten gewesen wäre oder er schuldhaft die ordnungsgemäße Übermittlung der Abmahnung, z.B. durch Versendung an eine alte Adresse des Schuldners, vereitelt hat. Inhaltlich sollte sich der Antrag des Schuldners in diesem Fall darauf beziehen, die bisherige Kostenentscheidung in der einstweiligen Verfügung abzuändern und die Kosten des Verfahrens dem Antragsteller aufzuerlegen.

409 Ein Muster eines Kostenwiderspruchs findet sich unter Ziffer C.V. 4.

410 Darüber hinaus empfiehlt es sich in diesem Zusammenhang anzukündigen, dass die einstweilige Verfügung als endgültige und verbindliche Regelung anerkannt wird und der Antragsgegner auf das Recht zum Widerspruch, § 924 ZPO, sowie die Rechte aus § 926 zum Antrag auf Erhebung einer Hauptsacheklage und § 927 ZPO zum Antrag auf Aufhebung wegen veränderter Umstände verzichtet. Der Verzicht auf die Rechte aus § 927 ZPO sollte aus Sicht des Verpflichteten auf diejenigen Einwendungen beschränkt werden, welche zum Zeitpunkt der Zustellung der Beschlussverfügung bereits bestanden.[348]

411 Anstelle eines Kostenwiderspruchs kann der Schuldner auch ebenso vor oder gleichzeitig mit dem Widerspruch eine strafbewehrte Unterlassungserklärung abgeben. Die Hauptsache ist dann vom Anspruchsteller für erledigt zu erklären. Hat der Antragsgegner keinen Anlass zur Klageerhebung gegeben, kommt die Kostenfolge des § 93 ZPO in Betracht.[349]

9. Mündliche Verhandlung

412 Nach Eingang eines Widerspruchs wird das zuständige Gericht unter Berücksichtung der Ladungsfristen, § 217 ZPO, und des Beschleunigungsgrundsatzes im Verfügungsverfahren unverzüglich Termin zur mündlichen Verhandlung bestimmen, § 924 Abs. 2 Satz 2 ZPO.

413 Das Gericht kann sich im Übrigen auch nach Eingang eines Verfügungsantrages dazu entscheiden, einen Termin zur mündlichen Verhandlung anzuberaumen. Im Rahmen einer mündlichen Verhandlung soll nach einer Auffassung der Literatur[350] auch dann entschieden werden, wenn durch die aufgrund einer mündlichen Verhandlung eintretende Zeitverzögerung das Rechtsschutzziel des Antragstellers nicht verfehlt oder gar vereitelt würde.

414 Das summarische Verfahren und die mündliche Verhandlung werden durch die umfassend anwendbare Beschleunigungsmaxime geprägt. Deswegen gelten die Verfahrensvorschriften der §§ 272 ff. ZPO zur Bestimmung der Verfahrensart und Ladung der Parteien nicht. Für das Verfügungsverfahren kann sich das Gericht gemäß den §§ 936, 920 ZPO auf die Feststellung einer überwiegenden Wahrscheinlichkeit für das Vorhan-

---

347 Ahrens/Scharen, Wettbewerbsprozess, Kap. 51 Rn. 41 m.w.N.
348 Vgl. Speckmann, Wettbewerbsrecht, Rn. 2790.
349 OLG Köln, GRUR 1990, S. 310.
350 Ahrens/Bähr, Wettbewerbsprozess, Kap. 52, Rn. 1 m.w.N.

densein der im Wege der Glaubhaftmachung dargelegten entscheidungsrelevanten Umstände beschränken. Es bedarf keines Vollbeweises. Mittel des Vollbeweises sind jedoch nicht ausgeschlossen, soweit diese, wie z.B. ein im Termin anwesender Zeuge, präsent sind.

415 Ein Risiko des Verfügungsverfahrens und insbesondere der mündlichen Verhandlung in einem Verfügungsverfahren besteht darin, dass beide Parteien bis zum Schluss der mündlichen Verhandlung noch weitere Tatsachen und präsente Glaubhaftmachungsmittel vorbringen können. Die Parteien sollten sich dementsprechend wappnen. Eine Grenze für neue Angriffs- und Verteidigungsmittel ergibt sich lediglich in den durch Rechtsmissbrauch gezogenen Grenzen.[351] Die Bestimmung des § 296 ZPO ist nicht anwendbar. Um in der mündlichen Verhandlung unmittelbar auf neue Fakten und Glaubhaftmachungsmittel reagieren zu können, sollten die Parteien die Anwesenheit sachkundiger Mitarbeiter im Termin sicherstellen.

10. Urteil

416 Das Gericht entscheidet in der Regel unmittelbar nach Durchführung der mündlichen Verhandlung durch Urteil, § 300 ZPO. Insoweit wird das Gericht nach dem Ende der mündlichen Verhandlung auf der Grundlage des gesamten Vortrages der Parteien bis zum Schluss der mündlichen Verhandlung eine Entscheidung, in der Regel ein **Stuhlurteil**, § 310 ZPO, treffen.

417 Weist das Gericht den Widerspruch zurück, lautet die Tenorierung, dass die einstweilige Verfügung bestätigt wird. Entscheidet das Gericht entsprechend dem Widerspruch, hebt es die einstweilige Verfügung auf und weist den zugrunde liegenden Verfügungsantrag zurück. Abhängig von den Umständen des Einzelfalles kann ebenso eine Teilzusprechung bzw. Teilzurückweisung der streitgegenständlichen Ansprüche erfolgen.

418 Ergibt sich, dass das Urteil Schreibfehler o.Ä. enthält, Fehler im Tatbestand vorhanden sind oder bestimmte geltend gemachte Ansprüche nicht abgeurteilt wurden, kommen für die beschwerte Partei **Berichtigungsanträge** nach den §§ 319 – 321 ZPO in Betracht.[352]

419 Wurde im vorhinein noch keine einstweilige Verfügung erlassen, tituliert das Gericht den Anspruch nach allgemeinen Regeln unter Berücksichtigung der Antragsformulierung der Parteien und des Bestimmtheitsgrundsatzes. Die Frage der Vollstreckbarkeit des Titels richtet sich nach den §§ 708 ff. ZPO. Ein anspruchszusprechendes Urteil ist ebenso ohne Sicherheitsleistung vorläufig vollstreckbar wie ein Urteil, mit dem geltend gemachte Ansprüche zurückgewiesen werden.

420 Die unterliegende Partei muss ein im Termin verkündetes anspruchszusprechendes Urteil aufgrund der in der einstweiligen Verfügung in der Regel enthaltenen Ordnungsmittelandrohung unmittelbar befolgen. Anträge auf eine einstweilige Einstellung der

---

351 Zöller / Vollkommer, ZPO, § 922 Rn. 50.
352 Dazu näher Ziffer C. IV. 6.

Zwangsvollstreckung, §§ 707 ZPO oder – nach Einreichung eines Rechtsmittels – § 719 ZPO, versprechen nur in besonderen Ausnahmesituationen Erfolg.[353]

11. Berufung und Beschwerde

Für die Anfechtung eines Urteils oder eines Beschlusses durch die in einem einstweiligen Verfügungsverfahren beschwerte Partei kommen die Rechtsmittel der Berufung, § 511 ZPO, sowie Beschwerde, § 567 ZPO, in Betracht. Zuständig ist das dem erkennenden erstinstanzlichen Gericht jeweils übergeordnete Berufungsgericht bzw. Beschwerdegericht, §§ 72, 119 GVG.

a) Berufung

Das Berufungsverfahren im einstweiligen Rechtsschutz unterliegt ebenso wie das erstinstanzliche Verfahren den Bestimmungen der §§ 936, 920, 294 ZPO und ist summarischer Natur. Die Berufung ist statthaft gegen Endurteile, § 300 ZPO, der erstinstanzlich in Wettbewerbsstreitigkeiten zuständigen Landgerichte, § 13 Abs. 1 UWG. Sachlich zuständig ist das dem erkennenden Landgericht übergeordnete Oberlandesgericht, § 119 GVG.

Ein Muster einer Berufung und Berufungsbegründung im einstweiligen Verfügungsverfahren ist unter Rn. 548 enthalten.

Für die Form und Frist der Berufung gelten allgemeine zivilprozessuale Regeln, §§ 517, 519 ZPO. Die Berufungsfrist ist eine Notfrist und beträgt nach § 517 ZPO einen Monat nach wirksamer Amtszustellung des vollständigen Urteils. Fehlt es an einer wirksamen Zustellung, läuft diese Frist spätestens mit dem Ablauf von 5 Monaten nach Verkündung des Urteils ab.[354]

Aufgrund der jüngsten Reformen des Zivilprozessrechts ergeben sich auch für die Berufung im einstweiligen Rechtsschutz signifikante Beschränkungen des Prüfungsumfangs für das Berufungsgericht. Dazu zählt insbesondere die Bestimmung des § 529 ZPO, nach welcher neue Tatsachen nur zu prüfen sind, soweit deren Berücksichtigung zulässig ist.[355] Im übrigen entscheidet das Berufungsgericht lediglich auf der Basis der erstinstanzlich festgestellten Tatsachen, soweit nicht konkrete Zweifel an der Richtigkeit und Vollständigkeit der erstinstanzlichen Tatsachenfeststellung bestehen.[356]

In Bezug auf neue Angriffs- und Verteidigungsmittel, deren Zulässigkeit nach den §§ 530, 531 ZPO zu beurteilen ist, haben die Parteien insbesondere die Bestimmung des § 531 Abs. 2 ZPO zu berücksichtigen. Danach sind u.a. neue Angriffs- und Verteidigungsmittel, die im ersten Rechtszug nicht geltend gemacht wurden, nur zuzulassen, wenn dies nicht auf Nachlässigkeit einer Partei beruht, § 531 Abs. 2 Ziffer 3 ZPO. Nachlässigkeit ist anzunehmen, wenn eine Partei fahrlässig einen bestimmten Tatsachenvortrag in erster Instanz entgegen ihren Prozessförderungspflichten, § 282 ZPO, unterlassen hat. Bereits einfache Fahrlässigkeit soll zur Annahme von Nachlässigkeit

---

353 Vgl. Ziffer D. IV. 1.
354 Dazu Thomas/Putzo/Reichold, ZPO, § 517 Rn. 4.
355 Vgl. OLG Hamburg – Bryan Adams, GRUR 2003, S. 136.
356 Vgl. BGH NJW 2003, S. 3480.

genügen. Ob in einstweiligen Verfügungsverfahren geringere Anforderungen an die Zulassung von neuem Vortrag zu stellen sind,[357] ist angesichts des Wortlauts der Bestimmung fraglich.

427 Jedenfalls können im Berufungsverfahren Tatsachen, die sich nach Schluss der mündlichen Verhandlung in erster Instanz ereignet haben, vorgebracht werden. Zur Vermeidung einer etwaigen Zurückweisung neuen Vorbringens in der Berufungsinstanz sollten die Parteien die Gründe für ein Nichtvorbringen dieses Vortrags in erster Instanz ebenfalls substantiiert darlegen.

428 Auch in wettbewerbsrechtlichen Berufungsverfahren des einstweiligen Rechtsschutzes wird die Berufungsbegründung teilweise erst mit einem separaten Schriftsatz nach der Berufungseinlegung eingereicht. Die Möglichkeit dazu ergibt sich aus der Bestimmung des § 520 ZPO. Gemäß § 520 Abs. 2 ZPO ist die Berufung innerhalb einer Frist von 2 Monaten nach Zustellung des Ersturteils zu begründen. § 520 Abs. 2 S. 2 und 3 ZPO schaffen die Möglichkeit einer Verlängerung dieser Begründungsfrist. Derartige Verlängerungen sollten jedoch in einstweiligen Verfügungsverfahren ohne besondere Gründe vom Antragsteller grundsätzlich nicht in Anspruch genommen werden, da diese den Vorwurf einer Verzögerung des Verfahrens und damit das Risiko der Widerlegung der Dringlichkeit, § 12 Abs. 2 UWG, rechtfertigen können.[358] Der in erster Instanz unterlegene Antragsteller muss das Verfahren auch in zweiter Instanz zügig weiterführen.

429 Das Berufungsgericht sollte nach Eingang der Berufungsbegründung umgehend einen Termin zur mündlichen Verhandlung bestimmen.[359] Entsprechende Terminszeiten für Rechtsmittelverhandlungen in Angelegenheiten des einstweiligen Rechtsschutzes werden von den Oberlandesgerichten allgemein vorgehalten.

430 Das Berufungsgericht kann die Berufung noch vor einer mündlichen Verhandlung durch Beschluss zurückweisen, wenn es den Parteien zuvor Gelegenheit zu einer Stellungnahme gegeben hat und die Berufung nach Auffassung des Gerichts keine Aussicht auf Erfolg hat, keine grundsätzliche Bedeutung hat und die Durchführung des Berufungsverfahrens zur Fortbildung des Rechts oder Sicherung einer einheitlichen Rechtsprechung nicht erforderlich ist, § 522 Abs. 2 ZPO.[360]

431 Im übrigen entscheidet das Gericht nach Durchführung einer mündlichen Verhandlung durch Berufungsurteil, § 540 ZPO. Ein Berufungsurteil im einstweiligen Verfügungsverfahren ist nicht revisionsfähig, § 542 Abs. 2 ZPO.

b) Beschwerde

432 Hat das erstinstanzlich angerufene Landgericht einen Antrag auf Erlass einer einstweiligen Verfügung durch Beschluss zurückgewiesen, kommt als Rechtsmittel nicht eine Berufung, sondern die sofortige Beschwerde, § 567 ZPO, des beschwerten Antragstel-

---

357 So OLG Hamburg, GRUR-RR 2003, S. 135.
358 Ahrens/Schmukle, Wettbewerbsprozess, Kap. 45 Rn. 49 m.w.N.
359 Ahrens/Bähr, Wettbewerbsprozess, Kap. 53 Rn. 3.
360 Thomas/Putzo/Reichold, ZPO, § 522 Rn. 14, 15.

lers in Betracht. Form und Frist der Beschwerde richten sich nach § 569 ZPO. Danach ist die Beschwerde binnen einer Notfrist von zwei Wochen nach Zustellung der Entscheidung durch Einreichung eines Beschwerdeschriftsatzes bei dem Gericht, welches die beanstandete Entscheidung erlassen hat, einzureichen. Sie sollte eine hinreichende Begründung und gegebenenfalls auch etwaige neue Angriffs- und Verteidigungsmittel beinhalten, § 571 Abs. 1, Abs. 2 ZPO.

Das Gericht hat die Beschwerde zu prüfen und ihr abzuhelfen, wenn es die Beschwerde für begründet hält. Anderenfalls legt das Gericht die Beschwerde dem übergeordneten Oberlandesgericht zur Entscheidung vor, § 572 Abs. 1 ZPO. 433

Betrachtet das Oberlandesgericht die Beschwerde als unzulässig oder unbegründet, wird die Beschwerde gemäß § 572 Abs. 2 ZPO zurückgewiesen. Hält das Beschwerdegericht die Beschwerde für zulässig und begründet, kann es entweder der Vorinstanz die erforderliche Anordnung übertragen, § 572 Abs. 3 ZPO, oder aber selbst eine Beschlussverfügung erlassen.[361] 434

12. Verjährung und Abschlusserklärung

Wie bereits oben unter Rn. 165 ff. erörtert, verjähren wettbewerbsrechtliche Ansprüche in sechs Monaten nach Anspruchsentstehung und Kenntnis des Gläubigers. Die Zustellung eines Antrags auf Erlass einer einstweiligen Verfügung führt gemäß § 204 Abs. 1 Ziffer 9 BGB zu einer Hemmung der Verjährung. Nach § 204 Abs. 2 BGB endet die Hemmung erst sechs Monate nach der rechtskräftigen Entscheidung oder anderweitigen Beendigung des Verfahrens. 435

Unabhängig von einer Verjährung kann dem Gläubiger in bestimmten Ausnahmeszenarien der Einwand der **Verwirkung** entgegengehalten werden. Dazu bedarf es in der Regel eines vom Gläubiger gesetzten längeren Duldungsanscheins, der sich auch verkürzen kann, wenn die Parteien am gleichen Ort tätig sind und vielfache Berührungspunkte haben.[362] 436

Im Gegensatz zur früheren Rechtslage muss sich der Anspruchsteller während des Ablaufs des einstweiligen Verfügungsverfahrens nicht mehr um eine verjährungshemmende Vereinbarung mit dem Anspruchsgegner bemühen oder zu diesem Zweck Hauptsacheklage erheben. 437

Gleichwohl führt auch ein durch Erlass einer einstweiligen Verfügung abgeschlossenes Verfügungsverfahren zu keinem dauerhaften und rechtskräftigen Abschluss der wettbewerbsrechtlichen Streitigkeit. Unternimmt der Anspruchsteller keine weiteren Schritte, um eine rechtskräftige Klärung der Streitigkeit herbeizuführen, beginnt die Verjährung nach Ende der Hemmung weiterzulaufen, so dass sich die Verjährung der betreffenden wettbewerbsrechtlichen Ansprüche letztlich gemäß §§ 204 Abs. 2 BGB, 11 UWG vollendet. 438

---

361 Ahrens/Scharen, Wettbewerbsprozess, Kap. 51 Rn. 63.
362 BGH – Temperaturwächter, GRUR 2001, S. 327.

§ 3 Gerichtliche Verfahren

439 Zur Vermeidung eines solchen Effekts und als effektive und wenig kostenträchtige Alternative zu einem Hauptverfahren haben Rechtsprechung und Lehre das so genannte **Abschlussverfahren** entwickelt, das zu einer **endgültigen Beendigung** der Auseinandersetzung und einer dauerhaften Regelung führt.[363] Das Abschlussverfahren beinhaltet zwei Schritte und zwar das Abschlussschreiben des Gläubigers sowie die Abschlusserklärung des Schuldners.

440 Grundsätzlich sollte der Gläubiger nach Zustellung einer einstweiligen Verfügung bzw. Verkündung, einen gewissen Zeitraum abwarten und dem Antragsgegner Gelegenheit zur Prüfung der gerichtlichen Entscheidung geben. Üblicherweise wird eine solche Bedenkfrist mindestens zwei Wochen betragen.[364]

441 Unter Bezugnahme auf die einstweilige Verfügung sollte der Antragsteller dann den Antragsgegner im Rahmen des Abschlussschreibens dazu auffordern, auf die Rechte aus den §§ 924, 926 ZPO, d.h. auf das Recht zur Erhebung eines Widerspruchs gegen die einstweilige Verfügung bzw. auf einen Antrag auf Anordnung der Erhebung einer Hauptsacheklage, zu verzichten. Weiter ist der Antragsgegner aufzufordern, auf die Rechte zur Aufhebung der einstweiligen Verfügung wegen veränderter Umstände, § 927 ZPO, zu verzichten.[365] Aus der Sicht des Antragstellers ist in der Praxis ein uneingeschränkter Verzicht auf die Rechte aus § 927 ZPO durch den Anspruchsgegner einzufordern. Darüber hinaus ist aus Sicht des Antragstellers vom Antragsgegner zu fordern, die einstweilige Verfügung als endgültige und verbindliche Regelung anzuerkennen.[366]

442 Ebenso wie das Abschlussschreiben muss auch die Abschlusserklärung schriftlich abgegeben werden.[367] Die entsprechende Abschlusserklärung des Schuldners muss dem Gläubiger zugehen und muss mindestens den geforderten Verzicht auf die Rechte aus den §§ 924, 926, 927 ZPO, die Anerkennung der einstweiligen Verfügung als einem rechtskräftigen Hauptsachetitel gleichwertig und den Verzicht auf alle Vorgehensrechte gegen den zugrunde liegenden Anspruch, soweit auch ein Vorgehen gegen einen rechtskräftigen Hauptsachetitel ausgeschlossen wäre, beinhalten.[368] Hinsichtlich des Verzichts auf die Rechte aus § 927 ZPO ist es aus der Sicht des Schuldners ausreichend, auf einen Antrag auf Aufhebung wegen veränderter Umstände mit Ausnahme künftiger Umstände, die auch einem rechtskräftigen Hauptsachetitel entgegengesetzt werden könnten, zu verzichten.

443 Der Antragsteller hat Anspruch auf Ersatz der notwendigen Kosten für das Abschlussschreiben, wenn der Antragsgegner trotz angemessener Bedenkzeit von sich aus keine hinreichende Abschlusserklärung abgibt. Dies kann auch die Inanspruchnahmekosten

---

363 Vgl. Lindacher, Praxis und Dogmatik der wettbewerbsrechtlichen Abschlusserklärung, Betriebsberater 1984, S. 639 ff.
364 OLG Frankfurt – Wartefrist, GRUR 2003, S. 294.
365 Der notwendige Umfang eines solchen Verzichts ist streitig – siehe Ahrens/Ahrens, Wettbewerbsprozess, Kap. 58 Rn. 15 ff.
366 Lindacher, a.a.O., Betriebsberater 1984, S. 642.
367 Harte/Henning/Brüning, UWG, § 12 Rn. 645.
368 Baumbach/Hefermehl/Köhler, Wettbewerbsrecht, § 12 UWG Rn. 3.74.

eines Anwalts beinhalten, sofern der Antragsteller nicht aufgrund eigener Sachkunde das Abschlussschreiben formulieren konnte. Die Abschlusserklärung darf keinerlei sonstige Bedingungen oder Vorbehalte des Antragsgegners beinhalten.

13. Antrag auf Erhebung der Hauptsacheklage, § 926 ZPO

Ein Muster eines solchen Antrages auf Erhebung der Hauptsacheklage, § 926 ZPO, befindet sich unter Rn. 544. Solange über den Streitgegenstand eine Hauptsacheklage neben dem einstweiligen Verfügungsverfahren noch nicht anhängig ist, hat der Antragsgegner die Möglichkeit, gemäß § 926 ZPO eine Aufforderung an den Antragsteller zu richten, binnen einer bestimmten Frist Hauptsacheklage zu erheben.

444

Ein solcher Antrag kann jederzeit nach Wirksamwerden der einstweiligen Verfügung gestellt werden. Der Antragsgegner sollte vor dem Hintergrund der ihm im Verfügungsverfahren vorliegenden Fakten sorgfältig prüfen, ob er über einen derartigen Antrag eine Verdoppelung des Verfahrens mit entsprechenden Kostenrisiken herbeiführt. In Anbetracht des durch einen Antrag nach § 926 ZPO geschaffenen Aufwandes müssen besondere Gründe, wie z.B. signifikante Vorteile bei der Beweisführung, für einen Antrag nach § 926 ZPO sprechen.

445

Auf einen Antrag gemäß § 926 ZPO hin fordert das Gericht den Antragsteller auf, binnen einer bestimmten Frist Hauptsacheklage über den Streitgegenstand einzureichen. Erfolgt eine solche Klageeinreichung nicht fristgerecht, kann der Antragsgegner durch einen weiteren Antrag die Aufhebung der einstweiligen Verfügung durch Endurteil erreichen (§ 926 Abs. 2 ZPO). Anstelle des Antrages nach § 926 ZPO kann der Schuldner auch negative Feststellungsklage erheben und nach obsiegendem Urteil Aufhebung der einstweiligen Verfügung nach § 927 ZPO verlangen.[369]

446

14. Antrag auf Aufhebung der einstweiligen Verfügung wegen veränderter Umstände, § 927 ZPO

Ein Muster eines solchen Antrages auf Aufhebung der einstweiligen Verfügung wegen veränderter Umstände, § 927 ZPO, befindet sich unter Rn. 545. Dieses Verfahren dient dem Antragsgegner dazu, aufgrund einer Veränderung der Umstände nachträglich die Aufhebung einer einstweiligen Verfügung zu erwirken. Bei dem Verfahren gemäß § 927 ZPO handelt es sich um ein **Urteilsverfahren**. Zuständig ist das Gericht des Verfügungsverfahrens, bzw. wenn vorhanden, der Hauptsache. Der Antrag ist zulässig, wenn die allgemeinen Prozessvoraussetzungen vorliegen. Das Rechtschutzbedürfnis für einen Antrag nach § 927 ZPO fehlt, wenn parallel ein Widerspruchsverfahren betrieben wird.[370] Das Rechtschutzinteresse für einen Antrag nach § 927 ZPO fehlt auch, wenn der Antragsteller auf seinen Titel verzichtet und dem Antragsgegner die Ausfertigung der einstweiligen Verfügung übermittelt. Etwas anderes kann gelten, wenn der Antragsgegner die Rückzahlung von Ordnungsgeldern erstrebt.[371]

447

---

369 Thomas/Putzo/Reichold, ZPO, § 926 Rn. 20.
370 Zöller/Vollkommer, ZPO, § 927 Rn. 2 m.w.N.
371 OLG, Celle WRP 1991, S. 586.

448 Zur Vermeidung von Kosten und Aufwand der Beteiligten kann der Antragsgegner die Aufhebung der einstweiligen Verfügung auch außergerichtlich durch Vereinbarung mit dem Antragsteller erreichen. Dazu muss der Antragsteller auf sämtliche Rechte an der einstweiligen Verfügung verzichten und den Verfügungstitel an den Antragsgegner herausgeben.[372]

449 Es kommen verschiedene Gründe in Betracht, welche die Aufhebung der einstweiligen Verfügung gemäß § 927 ZPO rechtfertigen können. Diese können sich auf den Verfügungsanspruch beziehen, der zwischenzeitlich erloschen sein kann, durch sachlich berechtigte Geltendmachung der Verjährung undurchsetzbar wurde oder aufgrund eines rechtskräftigen klageabweisenden Urteils im Hauptsacheverfahren.[373]

450 Gründe für die Aufhebung der einstweiligen Verfügung können sich auch im Zusammenhang mit dem Verfügungsgrund ergeben. Dazu zählt, dass der Antragsgegner nachträglich nachweisen kann, dass der Antragsgegner bereits wesentlich früher als behauptet vom Wettbewerbsverstoß Kenntnis hatte und deswegen die Dringlichkeit fehlt. Entsprechendes gilt, wenn in der Hauptsache ein rechtskräftiges Urteil über den Gegenstand ergeht und die einstweilige Verfügung insoweit entbehrlich wird oder wenn der Antragsteller die rechtzeitige Vollziehung der einstweiligen Verfügung, § 929 Abs. 2 ZPO, versäumt.[374]

451 Ein weiterer Grund für die Aufhebung der einstweiligen Verfügung kann sich u.a. dann ergeben, wenn der Antragsgegner erfolgreich mit einer negativen Feststellungsklage gegen den titulierten Anspruch vorgeht.[375] Die Kosten des Verfahrens nach § 927 ZPO richten sich nach den §§ 91 ff. ZPO. Ein Antrag kommt nicht mehr in Betracht, wenn der Antragsteller zuvor auf das Recht zur Aufhebung der einstweiligen Verfügung, § 927 ZPO, verzichtet hat.[376]

IV. Hauptsacheverfahren

452 Wettbewerbsrechtliche Verfahren in der Hauptsache folgen allgemeinen zivilprozessualen Regeln. In wettbewerbsrechtlichen Streitigkeiten kommt die Durchführung eines Hauptsacheverfahren in Betracht, wenn der notwendige Verfügungsgrund (Dringlichkeit) fehlt oder ein Verfügungsverfahren aus sonstigen Gründen, z.B. den Anspruchszielen, nicht in Betracht kommt.[377] Sämtliche summarischen Elemente eines solchen Verfahrens, wie u.a. die vereinfachte Beweisführung durch Glaubhaftmachung oder der Beschleunigungsgrundsatz, sind im Hauptsacheverfahren nicht anzuwenden.

453 Kommen für den Anspruchsberechtigten grundsätzlich sowohl ein Verfügungs- als auch ein Hauptsacheverfahren in Betracht, wird die Entscheidung u.a. von den Rechtsschutzzielen des Anspruchsberechtigten, den zur Verfügung stehenden Beweismitteln,

---

372 Ahrens/Ahrens, Wettbewerbsprozess, Kap. 60 Rn. 39.
373 Baumbach/Hefermehl/Köhler, Wettbewerbsrecht, § 12 UWG Rn. 3.56.
374 Zöller/Vollkommer, ZPO, § 927 Rn. 6.
375 OLG Koblenz, WRP 1985, S. 440.
376 Siehe oben Ziffer C. III. 12.
377 Siehe oben Ziffer C. II. 6.

dem zu deren Erreichung verfügbaren Zeitraum und dem voraussichtlichen Verhalten des Schuldners abhängen. Vor dem Hintergrund der Möglichkeit, im Verfügungsverfahren eine rasche Entscheidung zu erreichen, wird der Anspruchsberechtigte nur in Ausnahmesituationen[378] unmittelbar ein Hauptsacheverfahren anstreben.

1. Allgemeines

In wettbewerbsrechtlichen **Hauptsacheverfahren** gelten die allgemeinen zivilprozessualen Regeln. Anders als im Verfügungsverfahren hat das Gericht insoweit die Art des Verfahrens (§§ 272 ff. ZPO) zu bestimmen und entweder einen frühen ersten Termin zur mündlichen Verhandlung oder ein schriftliches Vorverfahren durchzuführen. Letzteres wird insbesondere bei der Notwendigkeit einer umfassenden Vorbereitung des Haupttermins in Betracht kommen.[379]

454

Die Frage der örtlichen und sachlichen Zuständigkeit des Gerichts wurde bereits im Rahmen des Verfügungsverfahrens erörtert.[380] Die dort genannten Regeln gelten ebenso für das Hauptsacheverfahren.

455

Die Parteien haben im Hauptsacheverfahren anders als im Verfügungsverfahren auch das sich aus § 296 ZPO ergebende Gebot rechtzeitigen Vorbringens zu berücksichtigen. Die **Zurückbehaltung von Vorbringen**, um die andere Partei z.B. in einer mündlichen Verhandlung zu überraschen, ist insoweit mit dem **Risiko der Zurückweisung** durch das Gericht wegen Verspätung, § 296 ZPO, behaftet. Gemäß § 296 Abs. 1 ZPO erfolgt die Zurückweisung zwingend, wenn Angriffs- und Verteidigungsmittel erst nach Ablauf einer hierfür gesetzten Frist vorgetragen werden und die Zulassung zu einer Verspätung führen würde, es sei denn, die Partei entschuldigt die Verzögerung genügend.[381] Gemäß § 296 Abs. 2 ZPO erfolgt die Zurückweisung nach Ermessen des Gerichts bei Verletzungen der Prozessförderungspflicht, § 282 ZPO, durch eine Partei, wenn insoweit eine Verzögerung zu befürchten ist und die Verspätung des Vortrags auf grober Nachlässigkeit der Partei beruht.[382] Die Parteien sind jeweils vor einer Entscheidung des Gerichts anzuhören.

456

Hinsichtlich der **Frage des Umfangs richterlicher Hinweispflichten**, § 139 ZPO, ergeben sich keine Unterschiede zum Verfügungsverfahren. Entsprechendes gilt grundsätzlich ebenso für die Frage der Darlegungs- und Beweislast. Allerdings kann die darlegungs- und beweisbelastete Partei im Hauptsacheverfahren nicht mehr auf Mittel der Glaubhaftmachung, wie z.B. eidesstattliche Versicherungen, zurückgreifen.[383] Insbesondere bei eidesstattlichen Versicherungen der Parteien drohen insoweit in folgenden Hauptsacheverfahren Beweisnachteile, falls der beweisbelasteten Partei keine alternativen Beweismittel zur Verfügung stehen.

457

---

378 Z.B. wenn ein Verband im Wege eines Musterverfahrens die grundsätzliche Klärung einer Rechtsfrage erstrebt.
379 Thomas/Putzo/Reichold, ZPO, § 272 Rn. 7.
380 Siehe oben Ziffer C. III. 4.
381 Zu Entschuldigungsgründen Reichold in Thomas/Putzo/Reichold, ZPO, § 296 Rn. 28.
382 Thomas/Putzo/Reichold, ZPO, § 296 Rn. 37, 38.
383 Siehe dazu im Einzelnen Ziffer C. III. 3.

§ 3 Gerichtliche Verfahren

458 Für den Fall der Erhebung einer **Feststellungsklage** ist das besondere Feststellungsinteresse, § 256 ZPO, von Amts wegen zu prüfen. Ein solches Interesse ist in der Regel anzunehmen, wenn der Anspruchsteller an der alsbaldigen Feststellung des Bestehens bzw. Nichtbestehens eines Rechtsverhältnisses zwischen den Parteien ein rechtliches Interesse hat. Das besondere Feststellungsinteresse fehlt z.B., wenn dem Kläger eine bessere Rechtsschutzmöglichkeit, insbesondere die Möglichkeit einer Klage auf Leistung, zur Verfügung steht.[384] Dazu soll auch die Möglichkeit einer Stufenklage ausreichen, wenn der Umfang des Schadens zum Zeitpunkt der Klageerhebung bereits feststeht.[385] Das Feststellungsinteresse entfällt nicht, wenn der Kläger die Möglichkeit der dreifachen Schadensberechnung hat.[386]

459 Bei einer negativen Feststellungsklage, mithin der erstrebten Feststellung des Nichtbestehens eines Rechtsverhältnisses, ist das notwendige negative Feststellungsinteresse in Wettbewerbsstreitigkeiten erst gegeben, wenn der Anspruchsteller eine Abmahnung übermittelt hat.[387] Das Rechtsschutzbedürfnis für die negative Feststellungsklage kann u.a. dann entfallen, wenn der abmahnende Anspruchsteller eine Klage auf Unterlassung eingereicht hat und diese nicht mehr einseitig zurücknehmen kann.[388]

2. Antragsformulierung

460 Die Stellung eines bestimmten, § 253 Abs. 2 Ziffer 2 ZPO, und sachlich mit dem materiellen Anspruch in Einklang stehenden Klageantrages ist für den Ausgang des Verfahrens von entscheidender Bedeutung. Zur Problematik und zu den Techniken der Formulierung eines sachgerechten Unterlassungsantrages wurde bereits Stellung genommen.[389] Diese Grundsätze gelten ebenso für die Formulierung des Unterlassungsantrages im Hauptsacheverfahren.

461 Die Formulierung des Klageantrags für einen Beseitigungsanspruch richtet sich nach der zu beseitigenden Störung. Es gilt der **Grundsatz der Verhältnismäßigkeit**, d.h. der Anspruchsgegner ist lediglich zur Durchführung der Maßnahmen verpflichtet, welche zur Beseitigung der Störung geeignet und erforderlich sind. Nach der Rechtsprechung[390] sind insoweit auch Zumutbarkeitsgesichtspunkte zugunsten des Verpflichteten zu berücksichtigen. Im übrigen soll dem Anspruchsgegner in bestimmten Szenarien aus Verhältnismäßigkeitsgesichtspunkten eine Aufbrauchfrist zu gewähren sein.[391] Dies wird u.a. dann der Fall sein, wenn die sofortige Beseitigung bei einer verhältnismäßig geringen Verletzung der Rechte des Anspruchsstellers einen hohen wirtschaftlichen Schaden des Schuldners herbeiführen würde.

462 Kommt nur eine einzige Möglichkeit der Beseitigung des wettbewerbswidrigen Zustandes in Betracht, ist diese im Antrag zu bezeichnen. Bei Vorliegen mehrerer gleichwerti-

---

384 Zöller/Greger, ZPO, § 256 ZPO Rn. 7a.
385 BGH – Feststellungsinteresse II, GRUR 2001, S. 1177.
386 BGH – Feststellungsinteresse III, GRUR 2003, S. 960.
387 BGH – Kauf auf Probe, GRUR 2001, S. 1037.
388 Baumbach/Hefermehl/Köhler, Wettbewerbsrecht, § 12 UWG Rn 2.20.
389 Siehe oben Ziffer C. III. 2.
390 BGH – Plagiatsvorwürfe II, GRUR 1992, S. 527.
391 Ahrens/Loewenheim, Wettbewerbsprozess, Kap. 73 Rn. 4 am Ende.

ger Möglichkeiten der Beseitigung kommt eine alternative Antragsformulierung mit der einleitenden Formulierung „… nach Wahl des Beklagten …" in Betracht. Der Kläger hat dann die verschiedenen Alternativen zur Beseitigung bestimmt zu bezeichnen.[392]

Im Rahmen der Formulierung eines Feststellungsantrages auf Schadensersatz ist an den korrespondierenden Unterlassungsantrag anzuknüpfen und darüber hinaus ein Zeitpunkt zu formulieren, ab dem Schadensersatz begehrt wird.[393]

Eine negative Feststellungsklage bezieht sich in Wettbewerbsstreitigkeiten in der Regel darauf, dass ein vom Anspruchsteller gegen den klagenden Anspruchsgegner geltend gemachter Unterlassungsanspruch nicht besteht. Das negative Feststellungsinteresse folgt aus einer vorhergehenden Abmahnung des Anspruchstellers und ist gerechtfertigt, wenn die Abmahnung ernsthaft ist und die rechtlichen und wirtschaftlichen Interessen des Klägers berührt.[394] Die Formulierung des Klageantrags bezieht sich darauf, feststellen zu lassen, dass der bestimmt zu bezeichnende, gegen den Kläger geltend gemachte Unterlassungsanspruch nicht besteht. Umgekehrt kann auch eine positive Formulierung, wonach das beanstandete Handeln des Feststellungsklägers rechtlich zulässig ist, gewählt werden. Der Feststellungsantrag muss materiellrechtlich mit dem zugrunde liegenden, gegen den Kläger geltend gemachten Anspruch korrespondieren.

Ansprüche auf Auskunft bzw. Rechnungslegung kommen insbesondere zur Vorbereitung von Schadensersatz-, Schadensersatzfeststellungs- sowie bereicherungsrechtlichen Ansprüchen in Betracht. Der Umfang des Auskunftsanspruchs ergibt sich aus dem zugrunde liegenden Hauptanspruch und wird auf die insoweit erforderlichen Informationen beschränkt.

Deren Umfang hängt u.a. auch von der in Betracht kommenden Berechnungsart für den Schaden ab.[395] Für den Gläubiger kommen grundsätzlich drei unterschiedliche Berechnungsmethoden in Betracht.[396] Dazu zählt der konkrete Nachweis des entgangenen Gewinns,[397] die Erstattung einer üblichen Lizenzgebühr oder die Herausgabe des vom Anspruchsgegner tatsächlich erzielten Gewinns. Abhängig davon, ob z.B. ein konkreter Schaden geltend gemacht wird oder im Rahmen der Schadensberechnung die Zahlung einer angemessenen Lizenzgebühr, sind unterschiedliche Informationen geboten. Etwaige Gemeinkosten des Schuldners sind bei der Berechnung eines Schadens grundsätzlich nicht zu berücksichtigen.[398] Im Falle der Geltendmachung eines konkreten Schadens kann der Gläubiger Informationen über Art, Anzahl, Umfang, Zeitpunkt und Dauer der Verstöße verlangen.[399] Der Gläubiger kann während des Verfahrens die von ihm gewählte Methode der Schadensberechnung wechseln.

---

392 Harte/Henning/Brüning, UWG, vor § 12 Rn. 139.
393 Harte/Henning/Brüning, UWG, vor § 12 Rn. 151.
394 BGH – Funny Paper, WRP 1995, S. 817.
395 Ahrens/Loewenheim, Wettbewerbsprozess, Kap. 72 Rn. 5.
396 Vgl. z.B. BGH NJW 1993, S. 1989.
397 Wobei indes die Beweiserleichterung gemäß § 287 ZPO in Betracht kommen kann.
398 BGH – Gemeinkostenanteil, GRUR 2001, S. 329, 331.
399 Für eine Antragsformulierung vgl. Baumbach/Hefermehl/Köhler, Wettbewerbsrecht, § 12 UWG Rn 2.64.

467 Ein Muster einer Hauptsacheklage auf Unterlassung, Auskunft und Feststellung einer Schadensersatzpflicht ist unter Rn. 550 abgedruckt.

468 Ein **Anspruch auf Rechnungslegung** kann in der wettbewerbsrechtlichen Praxis dann in Betracht kommen, wenn der Anspruchssteller die Möglichkeit einer dreifachen Schadensberechnung hat und der Kläger seinen Schaden im Wege der Lizenzanalogie bzw. nach Maßgabe des Verletzergewinns berechnen möchte.[400] Das kann z.B. in unlauteren Nachahmungsfällen der Fall sein.

469 Inhaltlich orientiert sich der Rechnungslegungsanspruch an der Bestimmung des § 259 BGB sowie Treu und Glauben. Wenn der Beklagte ein berechtigtes Interesse daran hat, bestimmte Angaben aus seiner Unternehmenssphäre geheim zu halten, kann er einen so genannten Wirtschaftsprüfervorbehalt geltend machen.[401] Dann muss der Schuldner nicht dem Gläubiger, sondern einem beruflich zur Verschwiegenheit verpflichteten Wirtschaftsprüfer Auskunft erteilen.

470 Ist die erteilte Auskunft- bzw. Rechnungslegung des Beklagten unvollständig, kann der Kläger durch einen bestimmten Antrag noch fehlende Informationen nachfordern.[402] Ergibt sich aufgrund objektiver Umstände der Verdacht, dass die erteilten Informationen nicht mit der erforderlichen Sorgfalt gemacht wurden, kann der Anspruchsteller verlangen, dass der Verpflichtete eine eidesstattliche Versicherung über die Vollständigkeit seiner Angaben abgibt, §§ 259 Abs. 2, 260 Abs. 2 BGB.[403] Beispiele für eine Antragsformulierung von Rechnungslegungsansprüchen bzw. einen Wirtschaftsprüfervorbehalt finden sich u.a. bei Harte/Henning/Brüning.[404]

471 Ansprüche auf Auskunftserteilung oder Rechnungslegung werden in der Regel mit einem Anspruch auf Feststellung einer Schadensersatzpflicht sowie einem Unterlassungsanspruch verbunden. Die Verbindung ersterer Ansprüche im Rahmen einer Stufenklage ist in der Praxis ungünstig, da sich diesbezüglich Nachteile in Bezug auf die Anspruchsverjährung ergeben.[405]

472 Im Hinblick auf die neu eingeführte Möglichkeit einer Gewinnabschöpfungsklage[406] wird zur Ermittlung eines relevanten Gewinns in der Regel ebenfalls eine Verbindung mit einer Klage auf Auskunftserteilung oder Rechnungslegung geboten sein.[407]

3. Beweismittel

a) Allgemeines

473 Die Parteien haben im Rahmen ihrer jeweiligen Darlegungs- und Beweislast sämtliche notwendigen Tatsachen und sonstigen Voraussetzungen für bzw. gegen die in Betracht

---

[400] BGH – Rollhocker, GRUR 1981, S. 517.
[401] BGH – Wirtschaftsprüfervorbehalt, GRUR 1981, S. 535.
[402] BGH – Cartier-Armreif, GRUR 1994, S. 631.
[403] Vgl. dazu Ziffer D. III. 1.
[404] Harte/Henning/Brüning, UWG, vor § 12 Rn. 158.
[405] Ahrens/Loewenhein, Wettbewerbsprozess, Kap. 71 Rn. 3 m.w.N.
[406] Siehe oben Ziffer B. IV. 4.
[407] Baumbach/Hefermehl/Köhler, Wettbewerbsrecht, § 10 UWG Rn 15.

kommenden Ansprüche darzulegen und im Bestreitensfalle zu beweisen. Die Klagepartei trägt insoweit die Darlegungs- und Beweislast für sämtliche anspruchsbegründenden Voraussetzungen. Art und Umfang des insoweit notwendigen Vortrages richten sich nach der jeweiligen Anspruchsnorm und der Art des geltend gemachten Anspruches.

Schwierigkeiten bei der Darlegung und insbesondere dem Beweis werden sich für den Kläger insbesondere dann ergeben, soweit es um Umstände aus dem Verantwortungsbereich des Beklagten geht. Nach der Rechtsprechung wird der Klagepartei insoweit eine Erleichterung gewährt, als die beklagte Partei nach dem Vortrag einer für eine Wettbewerbswidrigkeit sprechenden Tatsache durch den Kläger und einem entsprechenden Beweisangebot unter Berücksichtigung des Gebotes redlicher Prozessführung eine prozessuale Erklärungspflicht trifft.[408] Dabei handelt es sich noch nicht um eine echte Umkehr der Beweislast. Eine solche wird bislang nach der Rechtsprechung[409] nur in Fällen fachlich umstrittener Behauptungen anerkannt. Dies wird insbesondere strittige Werbeaussagen über Produkte betreffen.

474

Wenn sich eine Werbung auf **innerbetriebliche Vorgänge** des Beklagten bezieht und dem Kläger notwendige Tatsachenkenntnisse fehlen, trifft den Beklagten eine entsprechende Darlegungs- und Beweislast, soweit ihm dies zumutbar ist. Im übrigen kommen u.a. im Fall einer Allein- oder Spitzenstellungswerbung prozessuale Aufklärungspflichten der beklagten Partei in Betracht, wenn die Klagepartei zu einer solchen Aufklärung nicht oder nur mit erheblichen Schwierigkeiten in der Lage ist.[410]

475

Die beklagte Partei trägt dagegen die Darlegungs- und Beweislast für diejenigen Umstände, welche den rechtsbegründenden Tatsachen ihre Bedeutung oder Grundlage nehmen.

476

Das Gericht darf angebotene Beweismittel u.a. dann übergehen, wenn es die zu entscheidende Sachfrage aufgrund eigener Sachkunde beantworten kann. Dies wird in der Praxis insbesondere in den Fällen der Beurteilung der Verkehrsauffassung[411] bei irreführender Werbung der Fall sein. Die Eigenbeurteilung der Verkehrsauffassung in einer Irreführungsfrage ist dem Richter erst dann möglich, wenn die Klagepartei konkret dargelegt hat, wie der Verkehr die beanstandete Werbeaussage versteht.[412] Wenn das Gericht zu den angesprochenen Adressantenkreisen gehört, kann es die Frage der Verkehrsauffassung dann aufgrund eigener Sachkunde entscheiden.[413] Insoweit hat das Gericht zur Ermittlung der Verkehrsauffassung den Verständnishorizont eines durchschnittlich informierten, situationsadäquat aufmerksamen und verständigen Adressanten zugrunde zu legen.

477

---

408 BGH – Space Fidelity Peep Show, NJW 2000, S. 1136, 1138.
409 BGH – Reumalind II, GRUR 1991, S. 848.
410 Vgl. Baumbach / Hefermehl / Köhler, Wettbewerbsrecht, § 12 UWG Rn 2.92 – 2.94.
411 Vgl. Ziffer B. III. 8.
412 Vgl. Ahrens / Bähr, Wettbewerbsprozess, Kap. 27 Rn. 7.
413 BGH – Lastminute-Reisen, GRUR 2000, S. 240.

478 Eine weiterer Weg zur Ermittlung der Verkehrsauffassung kann in der Einholung amtlicher Auskünfte, §§ 273 Abs. 2 Ziffer 2, 358a Satz 4 Ziffer 2 ZPO bestehen.[414] Adressanten solcher gerichtlichen Anfragen können z.b. die lokale Industrie- und Handelskammer oder Berufsverbände sein.

b) Meinungsforschungsgutachten

479 Wenn das Gericht nicht zu den von einer Werbung angesprochenen Verkehrskreisen zählt und die relevante Verkehrsauffassung im Rahmen einer irreführenden Werbung auf diese Weise nicht beurteilen kann, kommt die **Feststellung des Verkehrsverständnisses** durch ein Sachverständigengutachten eines Meinungsforschungsunternehmens in Betracht. Es gelten die Bestimmungen der §§ 402-413 ZPO.

480 Die mit der Einholung eines Meinungsforschungsgutachtens verbundenen Implikationen sind, insbesondere für die in Bezug auf die Frage der Irreführung beweisbelasteten Partei, weitreichend. In wirtschaftlicher Hinsicht ist zu beachten, dass die Kosten der Einholung eines Meinungsforschungsgutachtens in der Regel im fünfstelligen Eurobereich liegen.[415] Diese Kosten sind von der beweisbelasteten Partei vorzuschießen und letztlich von der im Rechtsstreit unterliegenden Partei, § 91 ZPO, zu tragen.

481 Im übrigen wird durch die Vorbereitung, Durchführung und Bewertung des Gutachtens eine deutliche Verlängerung des Rechtsstreits bewirkt. Vor diesem Hintergrund und den Unwägbarkeiten sowohl im Rahmen der Durchführung des Gutachtens als auch der Resultate wird dieses Beweismittel nur dann in Betracht kommen, wenn keinerlei alternative Beweismittel vorliegen und die Sachkunde des Gerichts nicht ausreicht.[416]

482 Gemäß § 144 ZPO kann das Gericht die Durchführung eines Meinungsforschungsgutachtens auch ohne entsprechenden Antrag der beweisbelasteten Partei anordnen.[417]

483 Erfolg bzw. Misserfolg der Durchführung eines Meinungsforschungsgutachtens sind vom Aufbau und der Auswahl der Fragen des Gutachtens abhängig.[418] Ausgangspunkt für die Erarbeitung des Fragekatalogs ist der Vortrag der beweisbelasteten Partei zur Frage der Verkehrsauffassung. Vom Verfahren her sollte das Gericht nach Vorerörterung zunächst einen Beweisbeschluss mit allgemein gefasster Beweisfrage und Bezeichnung des Kreises der zu befragenden Personen fassen.[419] Nach Auswahl eines Meinungsforschungsinstituts wird der Gutachter des Instituts dem Gericht auf Anfrage zunächst einen Befragungsvorschlag übermitteln, der die Methode der Befragung und das Verfahren zur Auswahl der zu Befragenden und die vorgesehene Fragenabfolge beinhaltet.[420] Die Reihenfolge der Fragen richtet sich von anfänglich allgemein gefassten Fragen über so genannte Nachfassfragen bis zu gestützten Fragen.[421]

---

414 Im Einzelnen, Ahrens/Bähr, Wettbewerbsprozess, Kap. 27 Rn. 17 ff.
415 Vgl. Baumbach/Hefermehl/Köhler, Wettbewerbsrecht, § 12 UWG Rn 2.76.
416 Vgl. Baumbach/Hefermehl/Köhler, Wettbewerbsrecht, § 12 UWG Rn 2.76.
417 BGH – Marktführerschaft, NJW 2004, S. 1163, 1164.
418 Eichmann, Gegenwart und Zukunft der Rechtsdemoskopie, GRUR 1999, S. 939, 941 ff.
419 Ahrens/Spätgens, Wettbewerbsprozess, Kap. 28 Rn. 18.
420 Ahrends/Spätgens, Wettbewerbsprozess, Kap. 28 Rn. 20.
421 Vgl. im Einzelnen Eichmann, a.a.O., GRUR 1999, S. 942 ff.

Das Gericht leitet den Vorschlag des Gutachters den Parteien unter Fristsetzung zur Stellungnahme zu. Diese können dann Vorschläge zu Korrekturen bzw. Ergänzungen des Gutachtens unterbreiten. Die Resultate der Prüfung der Stellungnahmen der Parteien und die endgültige Fassung des Fragenkataloges[422] sind mit den Parteien im Rahmen eines gesonderten Termins zu erörtern, § 404a Abs. 2 ZPO. Daran anschließend legt das Gericht den endgültigen Fragenkatalog durch ergänzenden Beweisbeschluss fest. Der Gutachter hat auf der Grundlage der ermittelten Daten die notwendigen Erläuterungen und eine fachliche Bewertung abzugeben.[423]

Das Gericht übermittelt das Gutachten den Parteien, welchen dann gemäß der Bestimmung des § 411 Abs. 4 ZPO eine angemessene Zeit zur Prüfung des Gutachtens und zum Vorbringen etwaiger Einwendungen und Anträge zu gewähren ist.[424] Die Parteien können bei Mängeln oder Lücken des Gutachtens u.a. entsprechende Korrekturen bzw. Ergänzungen verlangen und eine weitere Befragung des Gutachters in einem gesonderten Termin beantragen. Das Gericht hat das Meinungsforschungsgutachten dann nach § 286 ZPO zu würdigen.

4. Reaktion der beklagten Partei

a) Allgemeines

Gemäß §§ 271, 272 ZPO muss das Gericht die Klageschrift verbunden mit den Aufforderungen an die beklagte Partei zur Durchführung eines frühen ersten Termins zur mündlichen Verhandlung, § 275 ZPO oder zur Durchführung eines schriftlichen Vorverfahrens, § 276 ZPO, zustellen. Sowohl im Verfahren nach § 275 ZPO als auch im schriftlichen Vorverfahren nach § 276 ZPO bestimmt das Gericht der beklagten Partei eine Frist zur Klageerwiderung. Im Verfahren des frühen ersten Termins erfolgt die Fristsetzung zur Klageerwiderung nach Ermessen des Gerichts,[425] ist jedoch in der Praxis – soweit übersehbar – die Regel.

Der Beklagte hat die Anordnungen des Gerichts sowie die Klageschrift inhaltlich sorgfältig zu prüfen. Dies umfasst vor allem die Zulässigkeit und Begründetheit der Klage. Abhängig vom Ergebnis einer solchen Prüfung kann er sich entscheiden, ob er sich auf das Verfahren einlässt und eine Klageerwiderung vorbereitet oder auf eine Reaktion auf die Klage verzichtet. Für diesen Fall droht der beklagten Partei bei Vorhandensein eines ordnungsgemäßen Antrages, § 253 Abs. 2 S. 2 ZPO, und Schlüssigkeit des klägerischen Vorbringens ein Versäumnisurteil, § 331 ZPO. Versäumnisurteile sind sofort und ohne Sicherheitsleistung des Klägers vollstreckbar, § 708 Ziffer 2 ZPO.

b) Klageerwiderung

Abhängig von der Art des vom Gericht gewählten Verfahrens, §§ 275, 276 ZPO sowie dem gewährten Zeitraum für die Einreichung der Klageerwiderung hat der Beklagte zu entscheiden, ob er sogleich eine Klageerwiderung samt Begründung vorbereitet oder

---

[422] Zur Formulierung der Fragenkataloge näher Teplitzky, Wettbewerbsrechtliche Ansprüche und Verfahren, Kap. 47.
[423] BGH – Dresdner Stollen II, GRUR 1990, S. 462.
[424] Thomas/Putzo/Reichold ZPO, § 411 Rn. 7.
[425] Siehe Zöller/Greger, ZPO, § 275 Rn. 3.

zunächst eine Vertretungs- bzw. Vertretungs- und Verteidigungsanzeige an das Gericht richtet.[426]

489 Ergibt sich nach Prüfung der Klageschrift und interner Rücksprache, dass der Zeitrahmen für die Beibringung der Klageerwiderung durch den Beklagten zu kurz bemessen ist, sollte sich der Beklagte schnellstmöglich um eine entsprechende Fristverlängerung, § 224 ZPO, bemühen. Ein Antrag auf Fristverlängerung setzt gemäß § 224 Abs. 2 ZPO die Glaubhaftmachung eines erheblichen Grundes durch den Antragsteller voraus. Dazu können u.a. die Arbeitsüberlastung eines alleinigen anwaltlichen Sachbearbeiters, Schwierigkeiten der Beschaffung von Informationen zur Vorbereitung der Klageerwiderung oder Zeitnot in Bezug auf die notwendige Besprechung der Sache mit der Partei gehören.[427] Eine Vereinbarung der Parteien über eine Fristverlängerung, ohne dass insoweit ein erheblicher Grund vorliegt, ist kein geeigneter Grund für eine Fristverlängerung.[428]

490 Inhaltlich wird sich die Klageerwiderung naturgemäß wesentlich am klägerischen Vortrag orientieren. Aus Sicht des Beklagten ist eine substantiierte sachliche Auseinandersetzung mit dem klägerischen Vortrag geboten. Dabei sollte inhaltlich präzise zwischen der Auseinandersetzung mit dem Tatsachenvortrag des Klägers und den Rechtsausführungen differenziert werden.

491 Im Rahmen der Klageerwiderung wie auch der Klage sind zudem die Bestimmungen der §§ 138, 277, 282 ZPO zu beachten. Gemäß § 282 Abs. 3 ZPO hat die beklagte Partei Rügen, welche die Zulässigkeit der Klage betreffen, vor einer Verhandlung zur Hauptsache vorzubringen. Dazu können u.a. der Einwand der anderweitigen Rechtshängigkeit, der entgegenstehenden Rechtskraft oder Zuständigkeitsrügen gehören.[429] Derartige Rügen[430] sind an den Anfang einer Klageerwiderung zu stellen.

492 Aus der Bestimmung des § 138 ZPO ergibt sich, dass sich die Parteien vollständig und wahrheitsgemäß zur Sache äußern müssen. Für die beklagte Partei wird die Erklärungspflicht durch § 138 Abs. 2 ZPO konkretisiert, wonach der Beklagte sich zu den vom Kläger behaupteten Tatsachen erklären muss. Voraussetzung für eine solche Erklärungspflicht ist, dass die Klagepartei zunächst entsprechend ihrer Darlegungslast die zur Rechtfertigung der Klage erforderlichen Tatsachen vorgetragen hat.[431] Offenbar ins Blaue hinein abgegebene Behauptungen der Klagepartei lösen keine Erklärungspflicht der beklagten Partei aus. Im Rahmen seiner Darlegung der Tatsachen kann sich der Beklagte auf diejenigen Umstände beschränken, welche die von ihm erstrebte Rechtsfolge begründen.[432]

---

426 Vgl. zur Formulierung dieser Anzeigen Locher/Mes/Büchel, Beck´sches Prozessformularbuch, S. 118 bis 120.
427 Zöller/Gummer/Heßler, ZPO, § 520 Rn. 19.
428 Thomas/Putzo/Hüßtege, ZPO, § 411 Rn. 7.
429 Thomas/Putzo/Reichold, ZPO, vor § 253 Rn, 8 ff.
430 Vgl. Zöller/Greger, ZPO, § 282 Rn. 5.
431 Zöller/Greger, ZPO, § 138 Rn. 8.
432 BGH, NJW 2000, S. 3286.

IV. Hauptsacheverfahren

Der Beklagte sollte den anspruchsbegründenden Tatsachenvortrag des Klägers, welchen er für unzutreffend hält, ausdrücklich bestreiten, da andernfalls die Zustimmungsfiktion des § 138 Abs. 3 ZPO eingreifen kann und die fragliche Tatsache möglicherweise vom Gericht als zugestanden betrachtet wird. In jedem Fall hat jegliches Bestreiten substantiiert, mithin bezugnehmend auf bestimmte Behauptungen der Klagepartei, zu erfolgen. Ein pauschales Bestreiten wie z.B. „Der gesamte übrige Vortrag des Klägers wird bestritten, solange er nicht in der Klageerwiderung ausdrücklich zugestanden wurde" ist prozessual unbeachtlich.

493

Nach der Rechtsprechung kann ein **substantiiertes Bestreiten** der beklagten Partei mitsamt der Darlegung der nach Auffassung der beklagten Partei zutreffenden Umstände ausnahmsweise gefordert werden, wenn der beweisbelasteten Klagepartei die nähere Darlegung des Umstandes nicht möglich oder nicht zumutbar ist, weil der Umstand nur dem Beklagten bekannt und ihm insoweit Vortrag zumutbar ist.[433]

494

Ein **Bestreiten mit Nichtwissen** ist nur dann zulässig, wenn die beklagte Partei keine Kenntnis von der insoweit relevanten Tatsache hat. Nach § 138 Abs. 4 ZPO können eigene Handlungen oder Wahrnehmungen einer Partei nicht mit Nichtwissen bestritten werden. Dies kann z.B. Vorgänge aus der jeweiligen Unternehmenssphäre des Klägers betreffen. Ausnahmen von diesem Grundsatz kommen nur in außerordentlich engen Grenzen in Betracht.[434]

495

Nach der Bestimmung des § 277 Abs. 1 ZPO hat der Beklagte seine Verteidigungsmittel entsprechend einer sorgfältigen, auf die Förderung des Verfahrens bedachten Prozessführung vorzubringen. Der Umfang der Klageerwiderung wird durch die Klage und die jeweilige Darlegungs- und Beweislast der Parteien bestimmt.[435] Vor diesem Hintergrund kann sich der Beklagte hinsichtlich der Tatsachen, deren Darlegung und Beweis dem Kläger obliegen, auf einfaches Bestreiten in Bezug auf die jeweils in Betracht kommenden Umstände beschränken. Ausführliches Bestreiten des Beklagten und der Vortrag von dem klägerischen Anspruch entgegenstehenden Umständen wird insbesondere in Betracht kommen, wenn der Beklagte über Beweismittel verfügt, welche zur Widerlegung der vom Kläger behaupteten Tatsachen geeignet sind. Eine substantiierte Darlegung ist im Übrigen durch den Beklagten geboten, soweit dieser die Darlegungs- und Beweislast trägt. Dies gilt insbesondere für etwaige rechtshindernde, -vernichtende oder -hemmende Einwendungen und Einreden.

496

Die beklagte Partei hat nach der Vorschrift des § 282 Abs. 1 ZPO ihre Angriffs- und Verteidigungsmittel unter Berücksichtigung einer sorgfältigen und auf die Förderung des Verfahrens bedachten Prozessführung rechtzeitig vorzubringen. Grundsätzlich sollen insoweit sämtliche zur Erwiderung auf die Klage notwendigen Angriffs- und Verteidigungsmittel im Rahmen der Klageerwiderung vorgebracht werden.

497

---

433 BGH, NJW 1993, S. 2168.
434 Thomas/Putzo/Reichold, ZPO, § 138 Rn. 20.
435 BGH, NJW 1997, S. 129.

498 Für die **Zurückbehaltung** von möglicherweise **prozessrelevanten Tatsachen** bleibt grundsätzlich nur insoweit Raum, als nach dem gegnerischen Vorbringen unter Berücksichtigung von Fragen, Aufforderungen und Hinweisen des Gerichts ein Vortrag noch nicht veranlasst ist.[436] Bei Nichtbeachtung der Rechtzeitigkeitsmaxime drohen dem Beklagten die Sanktionen des § 296 Abs. 2 ZPO. Das Gericht hat insoweit ein Ermessen, verspätet vorgebrachte Angriffs- und Verteidigungsmittel zurückzuweisen.[437] Eine Zurückweisung wird insoweit insbesondere bei grober Nachlässigkeit der betreffenden Partei in Betracht kommen. Dies wird bei der Zurückbehaltung eines Sachvortrages, um die Gegenpartei zu einem späteren Zeitpunkt zu überraschen, anders als im Verfügungsverfahren[438] regelmäßig anzunehmen sein. Der Beklagte sollte entsprechend seiner Darlegungs- und Beweislast bereits im Rahmen der Klageerwiderung sämtliche für die Entscheidung erheblichen Angriffs- und Verteidigungsmittel mit entsprechenden Beweisangeboten versehen.

5. Mündliche Verhandlung

499 Der Gang der mündlichen Verhandlung im Hauptsacheverfahren wird durch die §§ 278, 279 ZPO bestimmt. Danach geht der eigentlichen mündlichen Verhandlung zunächst grundsätzlich eine Güteverhandlung, § 278 Abs. 2 ZPO, voraus. Das Gericht soll nur in Ausnahmefällen von der Durchführung einer **Güteverhandlung** absehen. Das gilt u.a. dann, wenn nach dem Inhalt der gewechselten Schriftsätze eine gütliche Beilegung des Rechtsstreits ausgeschlossen erscheint.[439] Im Rahmen der mündlichen Verhandlung erörtert das Gericht die Sach- und Rechtslage mit den Parteien und gibt diesen Gelegenheit zur Stellungnahme. Kommt eine gütliche Beilegung der Streitigkeit nicht zustande, schließt sich an die Güteverhandlung in der Regel unmittelbar die mündliche Verhandlung an, § 279 ZPO.

500 Anders als in der mündlichen Verhandlung im einstweiligen Verfügungsverfahren[440] werden die Parteien im Hauptsacheverfahren vor verspäteten Angriffs- oder Verteidigungsmitteln der Gegenpartei geschützt. Diesem Zweck dient die Bestimmung des § 283 ZPO. Kann sich danach eine Partei in der mündlichen Verhandlung nicht auf einen verspäteten Schriftsatz der Gegenseite, der neue Tatsachen oder ein anderes neues Vorbringen enthält und nicht mindestens eine Woche vor der mündlichen Verhandlung zugestellt wurde (§ 132 ZPO), erklären oder präsentiert die andere Partei im Termin neue Angriffs- oder Verteidigungsmittel im Sinne von § 282 Abs. 2 ZPO, kann die betroffene Partei zur Erwiderung auf diese neuen Angriffs- und Verteidigungsmittel eine Schriftsatzfrist beantragen.

501 Das Gericht hat eine solche Schriftsatzfrist nach Ermessen zu gewähren. Soweit das neue Vorbringen jedoch entscheidungserheblich ist, kommt als Alternative des

---

436 Zöller/Greger, ZPO, § 282 Rn. 3 m.w.N.
437 BGH, NJW 1981, S. 1218.
438 Vgl. insoweit Ziffer C. III. 9.
439 Thomas/Putzo/Reichhold, ZPO, § 278 Rn. 7.
440 OLG Koblenz, GRUR 1987, S. 319.

Gerichts lediglich eine Vertagung der mündlichen Verhandlung in Betracht. Verstöße des Gerichts verletzen den Anspruch der betroffenen Partei auf rechtliches Gehör[441] und können die Anfechtung eines auf den neuen Tatsachen oder auf das neue Vorbringen gestützten Urteils rechtfertigen. Die Partei, welche im Termin gemäß § 283 ZPO eine Stellungnahmefrist beantragt hat, sollte zu Beweiszwecken darauf achten, dass der entsprechende Antrag in das Protokoll der Verhandlung, § 160 ZPO, aufgenommen wird.

6. Urteil

Gegenüber dem Urteil in einem einstweiligen Verfügungsverfahren ergeben sich insoweit keine Unterschiede, so dass zunächst auf die obigen Ausführungen zu verweisen ist.[442] Der Inhalt des Urteils ergibt sich aus der Bestimmung des § 313 ZPO. Danach beinhaltet das Urteil neben der Bezeichnung der Parteien sowie des Gerichts insbesondere die Urteilsformel, den Tatbestand und die Entscheidungsgründe. Das Gericht hat den Parteien das vollständige Urteil gemäß § 317 ZPO von Amts wegen zuzustellen. Diese Zustellung, nicht eine etwaige frühere Verkündung des Urteils im Termin, § 311 ZPO, setzt die Rechtsmittelfristen, insbesondere die Berufungsfrist, § 517 ZPO, in Lauf.[443]

502

In wettbewerbsrechtlichen Rechtsstreitigkeiten wird sich der Gegenstand des Tenors der Entscheidung in der Regel auf ein Leistungs- oder Feststellungsurteil beziehen. Es ist Sache der Parteien, den Inhalt des Urteils und dort vor allem den Tenor, den Tatbestand und die Entscheidungsgründe unter Berücksichtigung in Betracht kommender Rechtsmittelfristen rasch und sorgfältig zu prüfen.

503

Stellen die Parteien im Rahmen der Prüfung der Entscheidung Schreibfehler, Rechnungsfehler oder ähnliche offenbare Unrichtigkeiten des Urteils fest, können sie jederzeit eine entsprechende Berichtigung beantragen. Solche Fehler sind jederzeit vom Gericht von Amts wegen zu berichtigen, § 319 ZPO. Unrichtigkeiten sind „offenbar" im Sinne des § 319 ZPO, wenn die festgestellten Fehler evident sind und sich für den Außenstehenden aus dem Zusammenhang des Urteils oder aus Vorgängen bei Erlass oder Verkündung des Urteils ohne weiteres ergeben.[444] Gegenstand einer Berichtigung im Sinne des § 319 ZPO können alle Bestandteile des Urteils sein, insbesondere die Bezeichnung der Parteien, der Tenor der Entscheidungen und der Tatbestand. Ein Urteil soll auch offenbar unrichtig sein, wenn es ohne Begründung mit einem anderen Tenor verkündet wurde als es beraten und in der mündlichen Verhandlung angekündigt wurde.[445]

504

Der Tatbestand des Urteils beurkundet beweiskräftig im Sinne des § 314 ZPO das gesamte Vorbringen der Parteien. Eine solche Beweiskraft besteht nur dann nicht,

505

---

441 Zöller/Greger, ZPO, § 283 Rn. 3a.
442 Siehe oben Ziffer C. III. 10.
443 Zöller/Vollkommer, ZPO, § 317 Rn. 1.
444 BGH, NJW 1994, S. 2834.
445 BGH, NJW – RR 2002, S. 712.

soweit der Tatbestand in sich widersprüchlich ist.[446] Umgekehrt beweist das Schweigen des Tatbestandes nicht, dass die Parteien etwas nicht vorgetragen haben.[447]

506 Die Parteien haben zu berücksichtigen, dass durch eine Berufung der Inhalt des Tatbestands nicht berichtigt werden kann. Das Berufungsgericht ist weitgehend an die tatsächlichen Feststellungen des Erstgerichts gebunden. Korrekturen können lediglich durch einen **Tatbestandsberichtigungsantrag** nach § 320 ZPO erfolgen.[448] Fehler des Tatbestandes können sowohl eine falsche Feststellung im Tatbestand als auch eine Lücke im Tatbestand, d.h. das Fehlen einer bestimmten Erklärung betreffen.[449] Der Gegenbeweis ist grundsätzlich nur über entsprechende Feststellungen im Sitzungsprotokoll zu führen. Beinhaltet der Tatbestand des Urteils Unrichtigkeiten, welche nicht gemäß § 319 ZPO zu korrigieren sind, kommt ein Antrag auf Tatbestandsberichtigung gemäß § 320 ZPO in Betracht. Ein Antrag nach § 320 ZPO kann lediglich binnen einer Frist von zwei Wochen nach Zustellung des vollständigen Urteils erfolgen, § 320 Abs. 1, 2 ZPO.

507 Stellt sich im Rahmen der Prüfung des Urteils durch die Parteien heraus, dass das Gericht Ansprüche der Parteien ganz oder teilweise nicht abgeurteilt hat, kommt ein Antrag auf **Urteilsergänzung**, § 321 ZPO, in Betracht. Ebenso wie im Fall einer Tatbestandsberichtigung muss ein solcher Antrag binnen einer zweiwöchigen Frist nach Zustellung des Urteils schriftsätzlich beantragt werden, § 321 Abs. 2 ZPO. Ob auch eine übergangene Rechtsmittelzulassungsentscheidung im Urteil einen Antrag nach § 321 ZPO rechtfertigt, ist streitig.[450]

508 Von entscheidender Bedeutung für die Parteien ist der **Umfang der Bindungswirkung** des Urteils für die Parteien und gegen die Parteien, die materielle Rechtskraft, § 322 ZPO. Die materielle Rechtskraft setzt zunächst die formelle Rechtskraft, § 705 ZPO, d.h. die Unanfechtbarkeit des Urteils voraus. Die materielle Rechtskraft eines Urteils hindert abweichende Entscheidungen desselben oder eines anderen Gerichts innerhalb bestimmter objektiver, subjektiver und zeitlicher Grenzen.[451]

509 Zur Bestimmung der Rechtskraft ist zunächst auf den Inhalt der Urteilsformel abzustellen. Soweit diese für sich genommen nicht ausreicht, sind zur Bestimmung des Gegenstandes der materiellen Rechtskraft auch der Tatbestand und die Entscheidungsgründe des Urteils sowie das zugrunde liegende Vorbringen der Parteien zu berücksichtigen.[452] Die tatsächlichen Feststellungen des Gerichts sind ebenso wie Vorfragen nicht Gegenstand der Rechtskraft. Die Rechtskraft umfasst nur die erhobenen Ansprüche und wenn Ansprüche nur anteilig zugesprochen werden, nur solche Teile.[453] Anknüpfungspunkt für die Bestimmung der objektiven Grenzen der Rechtskraft ist ausschließ-

---

446 BGH, NJW 2000, S. 3007.
447 BGH NJW 2004, S. 1879.
448 Zöller/Vollkommer, ZPO, § 314 Rn. 2.
449 Thomas/Putzo/Reichhold, ZPO. § 314 Rn. 1.
450 Zöller/Vollkommer, ZPO, § 321 Rn. 5 m.w. N.
451 Zöller/Vollkommer, ZPO, Vorbemerkungen zu § 322 Rn. 3.
452 Z.B. BGH, NJW – RR 1999, S. 1006.
453 Thomas/Putzo/Reichhold, § 322 Rn. 21 ff.

lich der Streitgegenstand, über den tatsächlich entschieden wurde.⁴⁵⁴ Ein wettbewerbsrechtliches Urteil entfaltet mithin insoweit mit Rechtkraft die Wirkung, wie über den Anspruch entschieden worden ist. Damit werden auch alle kerngleichen Formen einer Verletzung bei Unterlassungsurteil verboten.⁴⁵⁵ Im übrigen wird eine Bindungswirkung geschaffen, wenn die festgestellte Rechtsfolge für eine Entscheidung in einem späteren Rechtsstreit vorgreiflich ist.⁴⁵⁶

Der Streitgegenstand oder prozessuale Anspruch wird durch den Klageantrag und den insoweit zur Begründung vorgetragenen konkreten Sachverhalt in prozessualer Hinsicht bestimmt.⁴⁵⁷ Wenn die Klagepartei ihren Anspruch von vornherein erkennbar auf eine bestimmte Norm stützt, ist der Streitgegenstand auf diese Norm beschränkt.⁴⁵⁸ Dies bedeutet neben der Beschränkung der Rechtskraft auf den vorgetragenen Anspruch auch, dass das Gericht einer auf eine andere Norm gestützten Klage nicht die Rechtskraft des bisherigen Urteils entgegensetzen kann.⁴⁵⁹ Insoweit kann es sich empfehlen, sich zur Rechtfertigung eines Anspruchs noch auf eine weitere Norm zu beziehen.⁴⁶⁰

510

Eine Beseitigung der Rechtskraft kommt nur in engen Ausnahmefällen in Betracht. Dazu zählt der Fall einer Wiedereinsetzung aufgrund versäumter Fristen, § 233 ff. ZPO, ein Wiederaufnahmeverfahren gemäß §§ 178 ff. ZPO oder in engen Grenzen der Einwand einer vorsätzlichen sittenwidrigen Schädigung.⁴⁶¹

511

7. Berufung und Revision

In wettbewerbsrechtlichen Hauptsachestreitigkeiten kommt nach dem Rechtsmittel der Berufung unter bestimmten, eng begrenzten Voraussetzungen noch die Möglichkeit einer Revision in Betracht. In der Praxis wird sich das Rechtsmittel der durch eine erstinstanzliche Entscheidung beschwerten Partei zumeist auf die Durchführung eines Berufungsverfahrens beschränken.

512

a) Berufung

In diesem Zusammenhang ist zunächst auf die Erläuterungen zur Berufung im einstweiligen Verfügungsverfahren zu verweisen, sofern sich diese nicht auf die summarische Natur des Verfahrens beziehen.⁴⁶²

513

Im Rahmen der Berufungsschrift sind die Parteien und das zuständige Berufungsgericht präzise und zutreffend zu bezeichnen. Eine fehlerhafte Adressierung des Gerichts und der folgende Zugang beim unzuständigen Gericht wahrt die Berufungsfrist nicht.⁴⁶³ Die Berufung geht erst dann beim zuständigen Berufungsgericht ein, wenn

514

---

454 Zöller / Bockhold / Vollkommer, ZPO, vor § 322 Rn. 35 m.w.N.
455 Teplitzky, Wettbewerbsrechtliche Ansprüche und Verfahren, Kap. 57 Rn. 16 a.
456 BGH NJW 1995, S. 2993.
457 Thomas / Putzo / Reichhold, ZPO, Einleitung II, Rn. 5 ff.
458 Baumbach / Hefermehl / Köhler, Wettbewerbsrecht, Rn. 2.23 m.w.N.
459 BGH – Telefoncard, GRUR 2001, S. 757.
460 Z.B. neben einem Verstoß nach § 3 UWG einen Verstoß nach § 5 UWG geltend zu machen.
461 Vgl. im Einzelnen Thomas / Putzo / Reichhold, ZPO, § 323 Rn. 50 ff.
462 Vgl. Ziffer C. III. 11.
463 BGH, NJW 1990, S. 990.

diese in die tatsächliche Verfügungsgewalt des Gerichts gelangt ist.[464] Allerdings ist auch das unzuständige Gericht aufgrund seiner prozessualen Fürsorgepflichten gehalten, die Berufungsschrift unverzüglich nachdem der Fehler festgestellt wurde, an das zuständige Gericht weiterzuleiten, um einer Fristversäumung vorzubeugen.[465] Die rechtzeitige Weiterleitung wahrt die Frist.[466]

515 Gemäß § 519 Abs. 2 ZPO muss die Berufungsschrift eine Bezeichnung des Urteils, gegen das die Berufung gerichtet wird sowie die Erklärung, dass gegen das Urteil Berufung eingelegt wird, enthalten. Dem Berufungsschriftsatz soll eine Abschrift des angefochtenen Urteils beigefügt werden, § 529 Abs. 3 ZPO. Eine Berufungsschrift kann im Übrigen auch per Telefax eingereicht werden.[467] Wird dem Telefax noch ein Originalschriftsatz auf dem Postweg nachgeschickt, führt dies zu einer Mehrfacheinlegung. Es liegt aber gleichwohl nur ein Rechtsmittel vor.[468]

516 Zukünftig kann von den zuständigen Landesregierungen die Übermittlung von elektronischen Dokumenten, z.B. per E-Mail, zugelassen werden (vgl. § 130a ZPO). Entsprechende Ausführungsverordnungen wurden – soweit übersehbar – bereits von einigen Bundesländern erlassen.[469] Eine elektronisch eingereichte Berufungsschrift bedarf zukünftig gemäß § 130 Abs. 1 ZPO einer qualifizierten elektronischen Signatur nach dem Signaturgesetz. Jedenfalls trägt die das Rechtsmittel einlegende Partei sowohl im Rahmen einer Übermittlung per Post als auch per Telefax oder E-Mail die Beweislast für den rechtzeitigen Eingang der Berufungsschrift.

517 Eine wirksame Einlegung einer Berufung setzt darüber hinaus voraus, dass der den Rechtsmittelschriftsatz unterzeichnende Anwalt diesen handschriftlich eigenhändig unterschreibt.[470] Nach Aufhebung des anwaltlichen Lokalisationsgebots auch vor den Oberlandesgerichten kann ein an einem Oberlandesgericht in der Bundesrepublik Deutschland zugelassener Anwalt auch bei sämtlichen anderen deutschen Oberlandesgerichten auftreten.

518 Die Formulierung der Sachanträge richtet sich nach dem Tenor des erstinstanzlichen Urteils. Die beschwerte Partei kann das erstinstanzliche Urteil ganz oder teilweise anfechten. War die beschwerte Partei in erster Instanz in vollem Umfang unterlegen, wird sich der Sachantrag darauf richten, das bestimmt zu bezeichnende Urteil erster Instanz aufzuheben und die andere Partei entweder gemäß den bereits erstinstanzlich erstrebten Anträgen zu verurteilen bzw. die Klage abzuweisen. Die Zulässigkeit von Klageänderungen in der Berufungsinstanz ist durch die Bestimmung des § 533 ZPO deutlich eingeschränkt und kommt nur in Betracht, wenn sie sich auf zulässige neue Tatsachen, § 529 ZPO, stützt und die Gegenseite zustimmt bzw. das Gericht die Klageänderung für sachdienlich hält.

---

464 BGH, NJW – RR 1997, S. 892.
465 BGH, NJW – RR 2001, S. 1730.
466 BGH, NJW 1981, S. 1674.
467 BGH, NJW 1990, S. 188.
468 Zöller/Gummer/Hössler, ZPO, § 519 Rn. 3.
469 Vgl. Zöller/Greger, ZPO, § 130a Rn. 5a.
470 BGH, NJW 1996, S. 997.

Bei einer Teilverurteilung wird sich der Berufungsantrag darauf richten, die bestimmt zu bezeichnende erstinstanzliche Entscheidung abzuändern und dann einen Antrag entsprechend dem in erster Instanz nicht berücksichtigten Teil zu stellen.

In **Ausnahmeszenarien** kann auch ein Vollstreckungsschutzantrag in Betracht kommen, der, wenn überhaupt, in der Regel nur gegen Beibringung einer angemessenen Sicherheitsleistung gewährt werden darf, §§ 712, 719 ZPO.[471]

Neben den entsprechenden Sachanträgen sollte die Berufungsbegründung, § 520 ZPO, ausdrücklich eine Erklärung beinhalten, in welchem Umfang das Urteil angefochten wird, § 520 Abs. 3 Ziffer 1 ZPO. Der inhaltliche Aufbau der Berufungsbegründung wird sich darüber hinaus an den Bestimmungen des § 520 Abs. 3 bis 5 ZPO orientieren. Inhaltlich kann die Berufung gemäß § 513 ZPO nur darauf gestützt werden, dass die Entscheidung auf einer Rechtsverletzung beruht bzw. die nach § 529 ZPO zu berücksichtigenden Tatsachen eine abweichende Entscheidung rechtfertigen.

Im Übrigen kommt vor dem Hintergrund des eingeschränkten Revisionsrechts, § 543 ZPO, in der Berufungsbegründung oder bis zum Schluss der letzten mündlichen Berufungsverhandlung ein Antrag auf Zulassung der Revision in Betracht.

Die inhaltliche Gliederung der Berufung sollte sich an der Reihenfolge der in § 520 Abs. 3 ZPO enthaltenen Erklärungen und Umstände orientieren. Im Rahmen der Berufungsbegründung ist substantiiert und bezogen auf den streitigen Sachverhalt darzulegen, in welchen Punkten tatsächlicher oder rechtlicher Art das Ersturteil unzutreffend ist sowie aus welchen Gründen der Berufungskläger das angefochtene Urteil für unzutreffend erachtet.[472] Insoweit ist eine Auseinandersetzung mit Rechtsfehlern, auf welchen die Erstentscheidung beruht, geboten.

Von wesentlicher Bedeutung ist zudem die konkrete Angabe von Tatsachen, aus denen sich die Unrichtigkeit oder Unvollständigkeit der Tatsachenfeststellung erster Instanz ergibt. Insoweit ist substantiierter Vortrag erforderlich und die Darlegung, in welchen Details Tatsachenfeststellungen nicht stimmen, weshalb eine Beweiswürdigung unzutreffend ist und inwieweit erstinstanzliche Beweisanträge zu Unrecht übergangen wurden.[473] Letzteres gilt jedenfalls insoweit, als keine Gehörsrüge gemäß § 321a ZPO in Betracht kommt.

Im Rahmen der beanstandeten Tatsachen ist das Gericht an die Bestimmung des § 529 ZPO gebunden und hat grundsätzlich die erstgerichtlich festgestellten Tatsachen zugrunde zu legen. Etwas anderes gilt nach § 529 Abs. 1 Ziffer 1 ZPO nur dann, wenn konkrete Anhaltspunkte Zweifel an der inhaltlichen Richtigkeit der entscheidungserheblichen erstinstanzlichen Tatsachen begründen. Die beschwerte Partei hat insoweit schlüssige Gegenargumente vorzutragen, welche die erhebliche Tatsachenfeststellung in Frage stellen.[474]

---

471 Vgl. näher D. IV.
472 Zöller/Gummer/Hessler, ZPO, § 520 Rn. 33.
473 Thomas/Putzo/Reichhold, ZPO, § 520 Rn. 23.
474 Zöller/Gummer/Hessler, ZPO, § 529 Rn. 3 bis 9.

526 Der Vortrag von neuen Angriffs- und Verteidigungsmittel, § 520 Abs. 3 Ziffer 4 ZPO, setzt eine substanziierte Darlegung und die Darlegung der Umstände, welche nach § 531 Abs. 2 ZPO ihre Zulassung rechtfertigen, voraus.[475] Anderenfalls droht die Zurückweisung des neuen Vorbringens.

527 Im übrigen erfolgt im Rahmen der Berufungsbegründung in der Regel am Ende eine ergänzende Bezugnahme auf den erstinstanzlichen Vortrag der Partei. Allerdings ist eine pauschale Bezugnahme wie etwa „im Übrigen wird auf den gesamten erstinstanzlichen Vortrag Bezug genommen" nicht ausreichen. Vielmehr ist eine **konkrete Bezugnahme** auf die nach Auffassung der Partei aus erster Instanz relevanten Schriftsätze und Beweisangebote geboten.[476]

528 Erscheint die Berufungsbegründung nach Auffassung des Berufungsgerichts als unzulässig, kann die Berufung unverzüglich gemäß § 522 Abs. 1 ZPO durch Beschluss als unzulässig verworfen werden.

529 Kommt das Gericht aufgrund der Berufungsbegründung zu der Auffassung, dass die Berufung keine Aussicht auf Erfolg habe, § 522 Abs. 2 ZPO, kann es diese durch Beschluss zurückweisen, sofern das Gericht den Parteien zuvor unter Hinweis auf die entsprechenden Gründe Gelegenheit zur Stellungnahme gegeben hat, § 522 Abs. 2 Satz 2 ZPO. Diese Möglichkeit dient dazu, unnötige mündliche Verhandlungen zu vermeiden. Das Rechtsmittelgericht wird ein solches Verfahren wählen, wenn es das Rechtsmittel für aussichtslos hält. Eine offensichtliche Unbegründetheit ist insoweit nicht erforderlich.[477]

530 Das Berufungsurteil richtet sich nach der Bestimmung des § 540 ZPO und beinhaltet eine durch mögliche Bezugnahme auf das erstinstanzliche Urteil abgekürzte Wiedergabe des Tatbestandes und die Wiedergabe der wesentlichen Entscheidungsgründe. Falls gegen das Urteil eine Nichtzulassungsbeschwerde in Betracht kommt, muss aus dem Urteil zu ersehen sein, von welchem Sach- und Streitstand das Gericht ausgegangen ist, welches Rechtsmittelbegehren die Parteien verfolgt haben und welche tatsächlichen Feststellungen der Entscheidung zugrunde liegen. Das Revisionsgericht muss die Möglichkeit haben zu überprüfen, ob ein Zulassungsgrund gegeben ist.[478]

531 Darüber hinaus wird das Berufungsurteil in der Regel eine Entscheidung über die Zulassung oder die Nichtzulassung einer Revision, § 543 Abs. 1 Ziffer 1 ZPO, beinhalten. Eine ausdrückliche Entscheidung des Berufungsgerichts muss jedenfalls dann erfolgen, wenn eine der Parteien zuvor Zulassung der Revision beantragt hat.[479]

b) Revision

532 Das Revisionsrecht wurde durch das Zivilprozessreformgesetz[480] umgestaltet und deutlich eingeschränkt. Nach dem Gesetz wurde eine generelle Zulassungsrevision ein-

---

[475] BGH, NJW 2003, S. 2531.
[476] BGH, NJW 1982, S. 581.
[477] Thomas/Putzo/Reichhold, ZPO, § 522 Rn. 14.
[478] BGH, NJW 2004, S. 239.
[479] Thomas/Putzo/Reichhold, ZPO, § 543 Rn. 4, § 511 Rn. 22.
[480] BGBl. I, S. 1887.

geführt. Die Zulassung der Revision findet entweder statt, wenn das Berufungsgericht diese in seinem Urteil zugelassen hat oder das Revisionsgericht aufgrund einer Nichtzulassungsbeschwerde die Revision zulässt, § 543 ZPO.

Die Gründe für eine Zulassung der Revision sind nach der Bestimmung des § 543 Abs. 2 ZPO gegeben, wenn die Angelegenheit entweder grundsätzliche Bedeutung hat oder die Fortbildung des Rechts bzw. die Sicherung einer einheitlichen Rechtsprechung eine Entscheidung des Bundesgerichtshofs erfordert. In Anbetracht des relativ kurzen Zeitraums seit Inkrafttreten dieses neuen Revisionsrechts ist die Rechtsprechung des BGH zu den Zulassungsgründen in mancherlei Hinsicht wohl noch nicht als gefestigt anzusehen.[481] Jedenfalls werden Rechtsfehler einer Berufungsentscheidung, mögen sie auch im Einzelfall gravierend sein, für sich genommen noch nicht die Zulassung der Revision rechtfertigen.[482]

533

Eine **grundsätzliche Bedeutung der Angelegenheit** im Sinne des § 543 Abs. 2 Ziffer 1 dürfte vor dem Hintergrund der aktuellen Rechtsprechung[483] jedenfalls dann anzunehmen sein, wenn die für die Angelegenheit entscheidungserhebliche Rechtsfrage höchstrichterlich nicht geklärt ist und ein Interesse der Allgemeinheit an einer einheitlichen Handhabung der Rechtsfrage besteht. Das kann z.B. der Fall sein, wenn sich die Rechtsfrage in einer Vielzahl von Fällen ergeben kann, oder wenn sie von wesentlicher Bedeutung für die beteiligten Verkehrskreise ist. Insoweit wird der Umstand, dass das Auftreten der Rechtsfrage in einer unbestimmten Vielzahl von Fällen zu erwarten ist, eine Rolle spielen.[484]

534

Das Zulassungskriterium der **Fortbildung des Rechts** bzw. der **Sicherung einer einheitlichen Rechtsprechung**, § 543 Abs. 2 Ziffer 2 ZPO ist gegeben, wenn in Anbetracht der entscheidungserheblichen Gründe des Berufungsurteils Anlass besteht, Leitsätze für die Auslegung der betroffenen Bestimmungen aufzustellen, oder wenn Gesetzeslücken auszufüllen sind.[485] Das Kriterium der Sicherung einer einheitlichen Rechtsprechung wird insbesondere dann zu bejahen sein, wenn durch die anzufechtende Entscheidung des Berufungsgerichts im Vergleich zu einer höheren oder gleichrangigen Entscheidung abweichend entschieden wird.[486]

535

Des weiteren wird eine Zulassung im Sinne des § 543 Abs. 2 Ziffer 2 ZPO zur Sicherung einer einheitlichen Rechtsprechung in Betracht kommen, wenn die anzufechtende Entscheidung das Risiko einer Nachahmung durch andere Gerichte begründet oder bei Verstößen gegen das Willkürverbot bzw. einer Verletzung von Verfahrensgrundrechten.[487]

536

---

481 Zöller/Gummer, ZPO, § 543 Rn. 10a.
482 Vgl. z.B. BGH, NJW 2003, S. 831.
483 BGH, NJW 2003, S. 1943 sowie 3765.
484 Vgl. Zöller/Gummer, ZPO § 43 Rn. 11 m.w.N.
485 Thomas/Putzo/Reichhold, ZPO § 543 Rn. 4a m.w.N.
486 BGH, NJW 2003, S. 1943.
487 Thomas/Puto/Reichhold, ZPO § 543 Rn. 4b m.w.N.

537 Die überwiegende Mehrzahl der Berufungsurteile wird keine Zulassung einer Revision beinhalten. Will die beschwerte Partei das Berufungsurteil gleichwohl anfechten, kann dies lediglich im Wege einer Nichtzulassungsbeschwerde, § 544 ZPO, geschehen. Die Frist für die Einlegung einer Nichtzulassungsbeschwerde beträgt grundsätzlich einen Monat nach Zustellung des vollständigen Berufungsurteils, spätestens jedoch sechs Monate nach Verkündung des Berufungsurteils, § 544 Abs. 1 Satz 2 ZPO. In Verfahren vor dem Bundesgerichtshof sind lediglich die bei dem Gericht zugelassenen Rechtsanwälte postulationsfähig, § 78 Abs. 1 S. 4 ZPO.

538 Ebenso wie im Rahmen einer Berufungsschrift soll auch diesbezüglich eine Ausfertigung des anzufechtenden Urteils beigefügt werden. Eine Begründung der Zulassungsbeschwerde muss nach der Bestimmung des § 544 Abs. 2 ZPO innerhalb von zwei Monaten nach Zustellung des vollständigen Urteils erfolgen, spätestens jedoch innerhalb von 7 Monaten nach Verkündung. Die Begründung muss eine detaillierte Darlegung der Zulassungsgründe im Sinne des § 543 Abs. 2 ZPO beinhalten. Das Revisionsgericht muss durch diese Begründung in der Lage sein, allein auf der Basis dieser Begründung und des Berufungsurteils die Voraussetzungen der Zulassung der Revision prüfen zu können.[488] Es bedarf in jedem Fall einer konkreten und substantiierten Darlegung der geltend gemachten Revisionsgründe.[489]

539 Das Revisionsgericht gibt der anderen Partei gemäß § 544 Abs. 3 ZPO Gelegenheit zur Stellungnahme zur Nichtzulassungsbeschwerde. Im Rahmen der Entscheidung werden dann allein die geltend gemachten Revisionszulassungsgründe überprüft. Soweit übersehbar führt nur eine geringe Anzahl der Nichtzulassungsbeschwerden zu einer positiven Entscheidung des Revisionsgerichts und zur Zulassung der Revision. In diesen Fällen wird das Beschwerdeverfahren als Revisionsverfahren fortgesetzt, § 544 Abs. 6 ZPO.

540 **V. Muster**

1. Muster: Antrag auf Erlass einer einstweiligen Verfügung wegen Verstoß gegen §§ 3, 4 Ziffer 7 und 8 UWG

Landgericht ■■■

Kammer für Handelssachen

■■■ [Adresse]

■■■ [Datum]

Antrag auf Erlass einer einstweiligen Verfügung

In Sachen
1. A-GmbH, gesetzlich vertreten durch den Geschäftsführer Herrn ■■■, [Adresse]

Antragstellerin

---

488 BGH, NJW 2003, S. 65.
489 Zöller/Gummer, ZPO, § 544 Rn. 10a.

Verfahrensbevollmächtigte der Antragstellerin:

Rechtanwälte ■■■, [Adresse]

gegen

B-GmbH, gesetzlich vertreten durch den Geschäftsführer Herrn ■■■, [Adresse]

Antragsgegnerin –

wegen Unterlassung (UWG)

Namens und im Auftrag der Antragstellerin, deren Vollmacht wir versichern,

beantragen wir

den Erlass einer einstweiligen Verfügung gegen die Antragsgegnerin und zwar wegen der besonderen Dringlichkeit des Falles ohne vorherige mündliche Verhandlung.

Folgende Formulierung der einstweiligen Verfügung wird vorgeschlagen:
I. Der Antragsgegnerin wird bei Meidung eines Ordnungsgeldes bis zu € 250.000,00, ersatzweise Ordnungshaft oder Ordnungshaft bis zu sechs Monaten, für jeden einzelnen Fall de,r Zuwiderhandlung verboten, im geschäftlichen Verkehr zu behaupten und/oder behaupten zu lassen, dass sich die A-GmbH in erheblichen finanziellen Schwierigkeiten befinde und deswegen die A-Veranstaltung am 16. Juni 2005 nicht stattfinden werde.
II. Die Antragsgegnerin hat die Kosten des Verfahrens zu tragen.
III. Der Streitwert wird auf € 75.000,00 festgesetzt.

Begründung:

Die Beteiligten stehen auf dem Gebiet von Veranstaltungen für [■■■] im Wettbewerb. Die Antragsgegnerin schwärzt die Antragstellerin im Rahmen der Bewerbung ihrer eigenen Konkurrenzveranstaltung systematisch gegenüber potenziellen Veranstaltungsteilnehmern mit der Behauptung an, die Antragstellerin sei aufgrund finanzieller Schwierigkeiten nicht in der Lage, ihre A-Veranstaltung zu organisieren. Die Antragstellerin begehrt Unterlassung dieser unlauteren, sachlich unzutreffenden und darüber hinaus kreditgefährdenden Behauptungen.

I. Zum Sachverhalt
1. Die Parteien
a) Die Antragstellerin betreibt ■■■ [Beschreibung des Geschäftsgegenstandes].

Glaubhaftmachung: Eidesstattliche Versicherung von Herrn ■■■ vom [Datum], als Anlage AST-1

b) Die Antragsgegnerin ist als ■■■ [Beschreibung der Tätigkeit].

Glaubhaftmachung: Ausdruck aus der Website http://www.B-GmbH.de, als Anlage AST-2

2. [Beschreibung der Vorgeschichte und der Tätigkeiten der Antragstellerin in den Vorjahren].

Glaubhaftmachung: Veranstaltungsprospekte der A-GmbH aus dem Zeitraum von ■■■ [Datum] bis ■■■ [Datum], als Anlage AST-3

3. Die Antragstellerin erhielt am [Datum] Kenntnis von einer E-Mail des Vertriebsdirektors der Antragsgegnerin, Herrn ■■■, in deren Rahmen sich die Antragsgegnerin auch einge-

hend zur Antragstellerin äußert. Dort wird erwähnt, dass sich die „finanzielle Situation" der Antragstellerin zu einer Gefahr für die Veranstaltung entwickelt habe. Diese E-Mail wurde in inhaltlich identischer Form an potentielle Veranstaltungsteilnehmer versendet.

Glaubhaftmachung: E-Mail der Antragsgegnerin vom ▬▬▬ [Datum] an Herrn ▬▬▬, als Anlage AST-4

Die Antragsgegnerin hat es nicht bei den E-Mails belassen, sondern telefonisch weiter nachgefasst. Sie erklärte gegenüber verschiedenen potenziellen Konferenzteilnehmern in Bezug auf die konkurrierende Veranstaltung der Antragstellerin, dass davon auszugehen sei, dass die A-Veranstaltung wegen ganz erheblicher finanzieller Schwierigkeiten der Antragstellerin nicht stattfinden werde und sich die Adressaten deswegen für die Teilnahme an der Veranstaltung der Antragsgegnerin entscheiden sollten.

Glaubhaftmachung: Eidesstattliche Versicherung von Herrn ▬▬▬ vom ▬▬▬ [Datum], als Anlage AST-5

4. Die Behauptungen der Antragsgegnerin sind inhaltlich unwahr. Die Antragstellerin ist jederzeit in der Lage, die Veranstaltung zu finanzieren und erfolgreich durchzuführen. Sämtliche Zahlungen für die Veranstaltung wurden ordnungsgemäß geleistet.

Glaubhaftmachung: Eidesstattliche Versicherung von Herrn ▬▬▬., Anlage AST-1

5. Die Antragstellerin hat die Antragsgegnerin aufgefordert, ihr eklatant unlauteres und kreditgefährdenden Vorgehen zu unterlassen.

Glaubhaftmachung: Schreiben der Rechtsanwälte ▬▬▬ vom ▬▬▬ [Datum], als Anlage AST-6

Die Antragsgegnerin hat die Abgabe der strafbewehrten Verpflichtungserklärung abgelehnt und behauptet, sie habe die beanstandeten Äußerungen „zu keiner Zeit" getätigt.

Glaubhaftmachung: Schreiben der Rechtsanwälte DEF vom ▬▬▬ [Datum], als Anlage AST-7

Auch diese Aussage ist, wie dokumentiert, unwahr. Vor diesem Hintergrund sind sofortige gerichtliche Maßnahmen unabdingbar.

II. Rechtliche Würdigung

Die Antragstellerin hat Anspruch auf Unterlassung der eklatant unlauteren und kreditgefährdenden Behauptungen.

Mit ihrem Vorgehen verstößt die Antragsgegnerin u.a. gegen die Bestimmungen der §§ 3, 4 Ziffer 7 und 8 UWG. Ihre Behauptungen sind zudem als irreführend im Sinne des § 5 UWG zu werten.

Die Antragsgegnerin handelt vorsätzlich und potenziellen Veranstaltungsteilnehmern gegenüber mit dem Ziel, diese von einer Veranstaltungsteilnahme bei der Antragstellerin abzuhalten und stattdessen für die eigene Veranstaltung anzuwerben.

Die systematisch verbreiteten herabsetzenden Äußerungen der Antragsgegnerin sind geeignet, der Antragstellerin schweren Schaden zuzufügen. Herabsetzende Äußerungen über die persönlichen oder geschäftlichen Verhältnisse eines Mitbewerbers sind grundsätzlich wettbewerbswidrig (§ 4 Ziffer 7 UWG).

Die Aussagen der Antragsgegnerin sind als Tatsachen einzustufen. Die finanzielle Verfassung der Antragstellerin ist jederzeit objektivierbar. Die unrichtigen Behauptungen der Antragsgegnerin sind geeignet, den geschäftlichen Kredit der Antragstellerin schwer zu schädigen und verstoßen gegen die Bestimmung des § 4 Ziffer 8 UWG.

Im übrigen bewirkt das Vorgehen der Antragsgegnerin eine erhebliche Irreführung der potenziellen Veranstaltungsteilnehmer, da diesen zur Förderung des eigenen Wettbewerbs der Antragsgegnerin vorgespiegelt wird, sie sollten nicht an der ■■■-Veranstaltung teilnehmen, weil deren Durchführung aufgrund der finanziellen Probleme der Antragstellerin gefährdet sei. Insoweit verstößt die Antragsgegnerin auch gegen § 5 UWG.
Die Parteien sind unmittelbare Mitbewerber. ■■■ [weitere Rechtsausführungen].
III. Sonstiges
1. Die prozessrechtlichen Voraussetzungen für den Erlass einer einstweiligen Verfügung ergeben sich aus den §§ 935, 940 ZPO. Angesichts des Umstandes, dass die Antragsgegnerin ihre eklatant unlauteren Behauptungen offenbar systematisch weiterverbreitet, ist die Angelegenheit außerordentlich dringlich.
Das angerufene Gericht ist nach §§ 13, 14 UWG sowie § 32 ZPO örtlich und sachlich zuständig.
2. Der zugrunde gelegte Streitwert für das Verfügungsverfahren orientiert sich an einem Betrag in Höhe eines Drittels des von der Antragstellerin zu erwartenden Umsatzes für deren Veranstaltung.
3. Sobald die einstweilige Verfügung erlassen worden ist, bitten wir um telefonische Benachrichtigung. Für weitere Rückfragen steht der Unterzeichner jederzeit telefonisch zur Verfügung.

Um antragsgemäße Entscheidung wird gebeten.

■■■

Rechtsanwalt

2. Muster: Eidesstattliche Versicherung

Eidesstattliche Versicherung

In Kenntnis der strafrechtlichen Folgen einer falschen oder unvollständigen Versicherung an Eides Statt, und in dem Bewusstsein, dass diese Erklärung zur Vorlage bei Gericht bestimmt ist, erkläre ich hiermit an Eides statt folgendes:
I. Zur Person:
Mein Name ist ■■■. Ich bin geboren am ■■■ [Geburtsdatum] und ■■■ [Adresse]. Ich bin ■■■ [Beruf].
II. Zur Sache:
1. Ich bin seit ■■■ [Datum] allein verantwortlich für die Buchhaltung und den Vertrieb der A-GmbH, ■■■ [Adresse].
2. Die A-GmbH befindet sich nicht in erheblichen finanziellen Schwierigkeiten, welche die Vorbereitung und/oder Durchführung der A-Veranstaltung am ■■■ [Datum] gefährden könnten.
Die finanzielle Situation der A-GmbH hat die Vorbereitung und/oder Durchführung der oben genannten Veranstaltung bislang in keiner Weise beeinträchtigt. Es liegen keinerlei wirksame Zahlungstitel gegen die A-GmbH vor.
3. Darüber hinaus erwartet die A-GmbH kurzfristig verbindlich gebuchte Umsätze in knapp sechsstelliger Höhe von Ausstellern/Sponsoren der Veranstaltung.

███

Datum

███

Unterschrift

3. Muster: Widerspruch gegen eine einstweilige Verfügung wg. irreführender Werbung, § 5 UWG

Landgericht ███

███ [Adresse]

███ [Datum]

Aktenzeichen: [███ HK O ███]

Widerspruch

In Sachen

B-GmbH, vertreten durch den Geschäftsführer Herr ███, ███ [Adresse]

Antragstellerin-

Prozessbevollmächtigte: Rechtsanwälte ███, ███ [Adresse]

gegen

A-GmbH, vertreten durch den Geschäftsführer Herr ███, ███ [Adresse]

Antragsgegnerin

Prozessbevollmächtigte: Rechtsanwälte ███, ███ [Adresse]

wegen Unterlassung

Streitwert: € 75.000

bestellen wir uns für die Antragsgegnerin und erheben gegen die einstweilige Verfügung der angerufenen Kammer vom ███ [Datum] namens und in Vollmacht der Antragsgegnerin Widerspruch. Wir richten an die angerufene Kammer die Bitte, einen möglichst nahen Verhandlungstermin anzuberaumen, in dem wir beantragen werden:
1. Die einstweilige Verfügung vom[Datum], Az. [███ HK O ███], wird aufgehoben.
2. Der Antrag auf Erlass einer einstweiligen Verfügung der Antragstellerin vom [Datum] wird zurückgewiesen.
3. Die Antragstellerin trägt die Kosten des Verfahrens.

Begründung:

Die Antragstellerin trägt vor, die Antragsgegnerin würde zu ihren Lasten mit dem Hinweis auf eine neunjährige Veranstaltungstradition eine irreführende Werbung betreiben.

Diese Behauptung ist objektiv unzutreffend. Die beanstandeten Werbeaussagen sind nach dem Verständnis der angesprochenen Veranstaltungsadressaten zutreffend.

Im Einzelnen:
I. Zum Sachverhalt
1. Die Antragsgegnerin veranstaltet in der Tat Veranstaltungen zum Thema [■■■]. Solche Veranstaltungen fanden bereits seit ■■■ [Datum] mindestens einmal jährlich statt.

Glaubhaftmachung:
1. Eidesstattliche Versicherung von Herrn ■■■; beigefügt als Anlage AG -1
2. Veranstaltungsunterlagen 1993 – 2004; in Kopie beigefügt als Anlagenkonvolut AG-2

2. Am ■■■ [Datum] veranstaltet die Antragsgegnerin in München ihre Fachveranstaltung, die sich wie in den Vorjahren mit dem Thema [■■■] beschäftigt.

Glaubhaftmachung: Computerausdruck der Internetseite der Antragsgegnerin, als Anlage AG- 3

Wie sich bereits aus dem Vergleich der vorgelegten Unterlagen ergibt, ist die Thematik der Veranstaltung über die Jahre nahezu vollkommen identisch geblieben. Herr M, der Geschäftsführer der Antragsgegnerin, hat die Veranstaltung mit dieser Thematik in München in federführender Funktion während der letzten 10 Jahre durchgeführt und veranstaltet.

Glaubhaftmachung: Eidesstattliche Versicherung von Herrn ■■■; beigefügt als Anlage AG-2

Daher ist die Aussage, dass diese Veranstaltung mit dieser Thematik zum 11. Mal stattfindet, vollkommen berechtigt und sachlich richtig.

3. Ein Geschäftspartner der Antragsgegnerin, Herr ■■■, hat die Antragstellerin bereits im vergangenen Jahr über die geplante Veranstaltung der Antragsgegnerin informiert und auf die insoweit bereitgestellte Website verwiesen. Die beanstandeten Werbeaussagen sind dort seit Dezember 2004 aufgeführt. Herr Z hat den Inhalt der Webseite mit Herrn U im Dezember gemeinsam betrachtet.

Glaubhaftmachung: Eidesstattliche Versicherung von Herrn U; beigefügt als Anlage AG -4

II. Zur Rechtslage
Die Antragstellerin hat keinen Anspruch aus § 5 UWG. Eine Irreführung der maßgeblichen Verkehrskreise liegt nicht vor. Auch die Dringlichkeit des Antrags ist nicht gegeben.
1. Streitig ist vorliegend das „Alter" des Veranstaltungsprodukts „A-Veranstaltung" der Antragsgegnerin. Die Antragstellerin behauptet, dass die Veranstaltung nicht zum 11. Mal durchgeführt werde und daher diese Werbeangabe irreführend sei.
In der Rechtsprechung hat sich eine umfangreiche Kasuistik zur ähnlichen Problematik der Altersangabe von Unternehmen herausgebildet, welche vergleichend herangezogen werden kann. Irreführende Angaben über Eigenschaften, Umfang und Bedeutung des Unternehmens können danach eine irreführende Werbung i.S.v. § 5 UWG begründen. Die Rechtsprechung hat hierbei eine Irreführung in diesem Sinne angenommen, wenn ein Eindruck von Kontinuität vorgetäuscht wird, der in Wirklichkeit nicht besteht. Die Rechtsprechung verlangt, dass die wirtschaftliche Fortdauer während der behaupteten Jahre vorgelegen hat. Erforderlich ist dafür grundsätzlich Geschäftskontinuität (Baumbach/Hefermehl, Wettbewerbsrecht, 23. Auflage 2004, § 5 UWG, Rn. 5.57).

2. Unter Berücksichtigung dieser Rechtsprechung sind die beanstandeten Aussagen auf der Website der Antragsgegnerin uneingeschränkt zutreffend.
a) Für die Bestimmung der Irreführung ist der für § 5 UWG maßgebliche Adressatenhorizont zu ermitteln. Ob eine Angabe irreführend ist, „bestimmt sich nach der Auffassung der Verkehrskreise, für die die Werbeaussage bestimmt ist und von denen der Werbende verstanden werden will" (OLG Dresden, GRUR 1998, S. 172). Demgemäss entscheidet alleine die Verkehrsauffassung, welchen Sinn die Angaben „zum 11. Mal" bzw. „11. Jahrgang" haben.
Die entscheidenden Verkehrskreise sind vorliegend Unternehmen der [■■■]-Branche.
Die Aussagen „zum 11. Mal" bzw. „11. Jahrgang" erzeugen bei diesen aufgeklärten Adressaten den Eindruck, dass der Veranstalter über ein über Jahre hinweg gewachsenes Knowhow hinsichtlich dieser Art von Veranstaltungen verfügt und dass er diese Konferenz über diesen Zeitraum hinweg in der Praxis durchgeführt hat.
b) Es ergibt sich, dass die Aussage der Antragsgegnerin zutreffend von den maßgeblichen Verkehrskreisen verstanden wurde.
[■■■]
3. Auch der Verfügungsgrund ist nicht gegeben.
Nach der Rechtsprechung des OLG München ist ein Verfügungsgrund dann gegeben, wenn der Anspruchberechtigte innerhalb einer Regelfrist von einem Monat nach Kenntnisnahme des irreführenden Verhaltens und der irreführenden Person Antrag auf Erlass einer einstweiligen Verfügung stellt (vgl. Baumbach/Hefermehl, a.a.O., § 12 UWG, Rn. 3.15). Stellt der Anspruchsberechtigte den Antrag später, ist eine besondere Dringlichkeit nicht mehr gegeben.
Der Anspruchberechtigte muss sich dabei die Kenntnis seiner Organe gem. §§ 31, 89 BGB hinsichtlich des Zeitpunkts der Kenntnisnahme zurechnen lassen.
Die Geschäftsführung der Antragstellerin wusste seit Ende des Jahres 2004 von der beanstandeten Website und dem beanstandeten Inhalt.
Vor diesem Hintergrund ist auch der behauptete Verfügungsgrund der Antragstellerin nicht gegeben.

Wir bitten um antragsgemäße Entscheidung

■■■

Rechtsanwalt

4. Muster: Kostenwiderspruch

An das

Landgericht ■■■

■■■ [Adresse]

■■■ [Datum]

Aktenzeichen: [■■■ HK O ■■■]

Kostenwiderspruch

In Sachen

A-GmbH, gesetzlich vertreten durch den Geschäftsführer, Herrn ▬▬, [Adresse]

Antragstellerin

Prozessbevollmächtigte: Rechtsanwälte ▬▬, ▬▬ [Adresse]

gegen

B-GmbH, gesetzlich vertreten durch den Geschäftsführer, Herrn ▬▬, ▬▬ [Adresse]

Antragsgegnerin –

Prozessbevollmächtigte: Rechtsanwälte ▬▬, ▬▬ [Adresse]

zeigen wir die anwaltliche Vertretung der Antragsgegnerin an. Namens und in deren Auftrag erheben wir hiermit Kostenwiderspruch gegen die einstweilige Verfügung des Landgerichts [▬▬] vom ▬▬ [Datum], Az. [▬▬ HK O ▬▬].

Im Termin zur mündlichen Verhandlung werden wir beantragen:
  I. Die einstweilige Verfügung des Landgerichts [▬▬] vom ▬▬ [Datum] wird hinsichtlich der Kostenentscheidung abgeändert.
  II. Die Antragstellerin trägt die Kosten des Rechtsstreits.

Begründung:
1. Die Antragsgegnerin hat vor Beantragung der einstweiligen Verfügung keine schriftliche Abmahnung erhalten.

Die Antragsgegnerin ist seit ▬▬ [Datum] 2004 nicht mehr unter der von der Antragstellerin angegebenen Adresse [▬▬], sondern unter der Adresse [▬▬] ansässig.

Glaubhaftmachung:
1. Mitteilung über die Verlegung des Sitzes der B GmbH an das Amtsgericht München, Handelsregister, vom ▬▬ [Datum], als Anlage AG-1
2. Mitteilung an die Deutsche Post vom ▬▬ [Datum] nebst Nachsendeantrag, als Anlage AG-2

Der Zeitraum für den Nachsendeantrag ist seit geraumer Zeit abgelaufen.

Darüber hinaus hat die Antragsgegnerin den Wechsel ihrer Geschäftsadresse auf ihrem Geschäftspapier wie auch über ihre Website http://www.b-GmbH.de bekannt gemacht.

Glaubhaftmachung: Eidesstattliche Versicherung des Geschäftsführers der B GmbH, Herrn ▬▬, als Anlage AG-3

Die Antragsgegnerin hat die von der Antragstellerin als Anlage AST-1 vorgelegte Abmahnung erst nach der Zustellung der einstweiligen Verfügung erhalten.

Glaubhaftmachung: Eidesstattliche Versicherung des Geschäftsführers der B GmbH, Herrn Z, als Anlage AG-3
2. Die Antragsgegnerin kündigt an, im Termin zur mündlichen Verhandlung die einstweilige Verfügung des Landgerichts [▬▬] vom ▬▬ [Datum] als endgültige und verbindliche Regelung anzuerkennen und auf ihre Rechte aus den §§ 924, 926 und 927 ZPO zu verzichten.

3. Eine Fallkonstellation, in deren Rahmen die Antragstellerin auf eine Abmahnung hätte verzichten können (vgl. Baumbach/Hefermehl/Bornkamm, Wettbewerbsrecht, 23. Auflage, München, 2004, § 12, Rn. 1.43 ff.), ist nicht ersichtlich.

Im Rahmen eines sorgfältigen Vorgehens hätte die Antragstellerin ohne weiteres die richtige Adresse der Antragstellerin identifizieren können. Die Antragsgegnerin hat keine Veranlassung zur Beantragung einer einstweiligen Verfügung gegeben. Deswegen sind die Kosten des Rechtsstreits der Antragstellerin gemäß § 93 ZPO analog aufzuerlegen.

■■■

Rechtsanwalt

5. Muster: Antrag auf Erhebung einer Hauptsacheklage gemäß § 926 ZPO

An das

Landgericht ■■■

■■■ [Adresse]

■■■ [Datum]

Aktenzeichen: [■■■ HK O ■■■]

Antrag auf gemäß § 926 ZPO

In Sachen

B-GmbH, gesetzlich vertreten durch den Geschäftsführer Herrn ■■■, ■■■ [Adresse]

Antragstellerin

Prozessbevollmächtigte: Rechtsanwälte ■■■, ■■■ [Adresse]

gegen

A-GmbH, gesetzlich vertreten durch den Geschäftsführer Herrn ■■■, ■■■ [Adresse]

Antragsgegnerin

Prozessbevollmächtigte: Rechtsanwälte ■■■, ■■■ [Adresse]

bestellen wir uns für die Antragsgegnerin.

Wir beantragen namens und im Auftrag der Antragsgegnerin, ohne mündliche Verhandlung anzuordnen, dass die Antragstellerin binnen einer vom Gericht zu bestimmenden hinreichenden Frist Hauptsacheklage zu erheben hat.

■■■

Rechtsanwalt

6. Muster: Antrag auf Aufhebung der einstweiligen Verfügung gemäß § 927 ZPO

An das

Landgericht ▪▪▪

▪▪▪ [Adresse]

▪▪▪ [Datum]

Az: [▪▪▪ HK O ▪▪▪]

Antrag auf Aufhebung einer einstweiligen Verfügung gemäß § 927 ZPO

In Sachen

B-GmbH, gesetzlich vertreten durch den Geschäftsführer, Herrn ▪▪▪, [Adresse]

Antragstellerin

Prozessbevollmächtigte: Rechtsanwälte ▪▪▪ [Adresse]

gegen

A-GmbH, gesetzlich vertreten durch den Geschäftsführer, Herr ▪▪▪, ▪▪▪ [Adresse]

Antragsgegnerin

Prozessbevollmächtigte: Rechtsanwälte ▪▪▪, ▪▪▪ [Adresse]

beantragen wir namens und in Vollmacht der Antragsgegnerin:
  I. Die einstweilige Verfügung des Landgerichts [▪▪▪] vom ▪▪▪ [Datum], Az. [▪▪▪ HK O ▪▪▪], wird aufgehoben.
  II. Die Antragsstellerin trägt die gesamten Kosten des Rechtsstreits.

Begründung:

Die Antragstellerin hat der Antragsgegnerin die vorgenannte einstweilige Verfügung vom [▪▪▪] am [▪▪▪] zugestellt.

Glaubhaftmachung: Abschrift der einstweiligen Verfügung nebst Zustellungsurkunde, als Anlage AG-1

Die Parteien haben zwischenzeitlich ein Hauptsacheverfahren in derselben Angelegenheit durchgeführt. Mit Urteil vom [Datum] wurde der Anspruch der Antragstellerin rechtskräftig zurückgewiesen.

Glaubhaftmachung: Kopie des Urteils des Landgerichts [▪▪▪] vom ▪▪▪ [Datum], Az. [▪▪▪ HK O ▪▪▪] nebst Rechtskraftvermerk, als Anlage AG-2

Die Antragsgegnerin hat die Antragstellerin nach Rechtskraft des Hauptsacheurteils aufgefordert, auf die Rechte aus der einstweiligen Verfügung zu verzichten.

Glaubhaftmachung: Schreiben der Rechtsanwälte ▪▪▪ vom ▪▪▪ [Datum], als Anlage AG-3

Die Antragstellerin reagierte nicht fristgerecht, so dass die gerichtliche Aufhebung der einstweiligen Verfügung geboten ist.

■■■

Rechtsanwalt

7. Muster: Abschlussschreiben

Herrn Rechtsanwalt ■■■

Rechtsanwälte ■■■

■■■ [Adresse]

■■■ [Datum]

A-GmbH ./. B-GmbH

LG ■■■, Az. [■■■ HK O ■■■]

Sehr geehrter Herr Kollege ■■■,

in obiger Sache hat das Landgericht ■■■ antragsgemäß eine einstweilige Verfügung erlassen. Diese wurde Ihrer Mandantin am ■■■ [Datum] 2005 zugestellt. Die bisher getroffene Regelung hat lediglich vorläufigen Charakter. Zur Vermeidung der Erhebung einer Hauptsacheklage habe ich Ihre Mandantschaft daher namens und in Vollmacht unserer Mandantschaft aufzufordern, zu erklären, dass
1. diese die am [Datum] ergangene einstweilige Verfügung des Landgerichts ■■■, Az.: [■■■ HK O ■■■], als endgültige und zwischen den Parteien materiell-rechtlich verbindliche Regelung anerkennt und insbesondere auf die Einlegung eines Widerspruchs gemäß § 924 ZPO sowie auf die Rechtsbehelfe gemäß den §§ 926, 927 ZPO verzichtet;
2. Ihre Mandantschaft sich verpflichtet, die meiner Mandantschaft durch unsere Einschaltung entstandenen Kosten auf der Grundlage eines Gegenstandswerts von € [■■■] in Höhe einer 0,8 Verfahrensgebühr zuzüglich Auslagen und MwSt., mithin € [■■■], zu erstatten. Anliegend finden Sie eine entsprechende Gebührenrechnung.

Die Abgabe einer Abschlusserklärung gehört gebührenrechtlich zum Hauptsacheverfahren.

Für den Eingang der vorstehenden Erklärung habe ich mir den

■■■ [Datum]

vorgemerkt. Nach fruchtlosem Fristablauf müssten wir davon ausgehen, dass Ihre Mandantin einer gerichtlichen Entscheidung und Fortsetzung des Verfahrens den Vorzug gibt.

Mit freundlichen kollegialen Grüßen

■■■

Rechtsanwalt

8. Muster: Einseitige Erledigungserklärung des Antragstellers

An das

Landgericht ▪▪▪

▪▪▪ [Adresse]

▪▪▪ [Datum]

Az: [▪▪▪ HK O ▪▪▪]

Einseitige Erledigungserklärung

In Sachen

A-GmbH, gesetzlich vertreten durch den Geschäftsführer Herr ▪▪▪, ▪▪▪ [Adresse]

Antragstellerin

Prozessbevollmächtigte: Rechtsanwälte ▪▪▪, ▪▪▪ [Adresse]

gegen

B-GmbH, gesetzlich vertreten durch den Geschäftsführer Herr ▪▪▪, [Adresse]

Antragsgegnerin

Prozessbevollmächtigte: Rechtsanwälte ▪▪▪, ▪▪▪ [Adresse]

erklärt die Antragstellerin die Hauptsache für erledigt und beantragt, der Antragsgegnerin die Kosten des Rechtsstreits aufzuerlegen.

Begründung:
1. Wie sich aus der der Kammer vorliegenden Antragsschrift der Antragstellerin vom [Datum] ergibt, wurde die Antragsgegnerin mit Schreiben vom [Datum] (Anlage AG-1) unter Fristsetzung zur Abgabe einer strafbewehrten Unterlassungsverpflichtungserklärung aufgefordert.
Das Gericht hat zwischenzeitlich am ▪▪▪ [Datum] die Antragsschrift der Antragstellerin an die Antragsgegnerin übermittelt und Termin zur mündlichen Verhandlung auf den ▪▪▪ [Datum] bestimmt.
Die Rechtsanwälte ▪▪▪ haben mit Schriftsatz vom [Datum] die anwaltschaftliche Vertretung der Antragsgegnerin angezeigt.
Glaubhaftmachung: Schreiben vom ▪▪▪ [Datum] als Anlage AST-5
2. Die Antragstellerin erhielt nunmehr die erstrebte strafbewehrte Unterlassungsverpflichtungserklärung unterschrieben von der Antragsgegnerin zurück.
Glaubhaftmachung: Schreiben der Antragsgegnerin vom [Datum] nebst Unterlassungsverpflichtungserklärung vom [Datum], als Anlage AST-6
Die Antragstellerin hat die Unterlassungsverpflichtungserklärung angenommen und regt an, dass sich die Antragsgegnerin der Erledigungserklärung unverzüglich anschließt, damit ohne mündliche Verhandlung über die Kosten des Verfahrens entschieden werden kann.

▪▪▪

Rechtsanwalt

§ 3 Gerichtliche Verfahren

9. Muster: Berufung und Berufungsbegründung gegen durch Urteil bestätigte einstweilige Verfügung wegen Verstoß gegen § 3 UWG[490]

Oberlandesgericht ▬▬▬

▬▬▬ [Adresse]

▬▬▬ [Datum]

Az. erster Instanz: [▬▬▬ HK O ▬▬▬]

Berufung und Berufungsbegründung

In Sachen

A-GmbH, vertreten durch den Geschäftsführer Herrn ▬▬▬,

[Adresse]

Antragsgegnerin und Berufungsklägerin

Prozessbevollmächtigte: Rechtsanwälte ▬▬▬, ▬▬▬ [Adresse]

gegen

Schutzverband für Endverbraucher, vertreten durch den Vorsitzenden Herrn ▬▬▬, ▬▬▬ [Adresse]

Antragsteller und Berufungsbeklagter

Prozessbevollmächtigte erster Instanz: Rechtsanwälte ▬▬▬, ▬▬▬ [Adresse]

Beschwerwert: € 50.000

legen wir hiermit im Namen der Antragsgegnerin und Berufungsklägerin gegen das am [Datum] verkündete und am [Datum] zugestellte Urteil des Landgerichts [▬▬▬], Az.: [▬▬▬ HK O ▬▬▬]

Berufung

ein.

Zwei beglaubigte Abschriften des Urteils sind beigefügt.

Im Termin zur mündlichen Verhandlung werden wir beantragen:
I. Das Urteil des Landgerichts [▬▬▬] vom ▬▬▬ [Datum], Az.: [▬▬▬ HK O ▬▬▬] sowie die einstweilige Verfügung vom ▬▬▬ [Datum] werden aufgehoben und der Antrag auf Erlass einer einstweiligen Verfügung wird zurückgewiesen.
II. Der Berufungsbeklagte trägt die Kosten des Rechtsstreits.

Begründung:
Das Urteil des Erstgerichts ist in mehrfacher Hinsicht unzutreffend und wird deswegen in vollem Umfang zur Überprüfung gestellt. Das vom Antragsteller beanstandete Incentive-

---

[490] Dieses Muster knüpft an den Sachverhalt der Muster unter Ziffer B. VI. 6. und 7. an.

System beinhaltet materiellrechtlich keinerlei Verstöße gegen § 3 UWG oder andere wettbewerbsrechtliche Bestimmungen. Im Einzelnen:
1. Das Erstgericht hat den Antragsteller und Berufungsbeklagten zu Unrecht als klagebefugt eingestuft. Eine hinreichende Auseinandersetzung mit der von Amts wegen zu prüfenden Bestimmung des § 8 Abs. 2 Ziffer 3 UWG fand nicht statt.
Die Antragsgegnerin und Berufungklägerin hat beanstandet, dass der Antragsteller außerhalb seines Satzungszweckes handelt. Der Antragsteller ist ein reiner Verbraucherverein mit ausschließlich natürlichen Personen als Mitgliedern, der es sich zur Aufgabe gemacht hat, deutsche Endverbraucher durch Aufklärung und Beratung bei Kaufentscheidungen und bei Entgegennahme von Dienstleistungen zu unterstützen. Die Beanstandung der vermeintlich unlauteren Maßnahmen zwischen bestimmten Marktstufen des Handels (Reiseveranstalter-Reisebüro) betrifft keine Endverbraucher in Deutschland.
2. Nicht minder unrichtig ist die Behauptung, dass die seitens der Antragsgegnerin bereits vorgerichtlich übermittelte Unterlassungsverpflichtungserklärung gegenüber der Wettbewerbszentrale, Anlage AG-2, irrelevant sei.
[■■■]
3. Das Erstgericht meint, dass das Verhalten der Beklagten unter dem Gesichtspunkt einer unzulässigen Laienwerbung gegen § 4 Ziffer 1 UWG verstoße. Dies ist unzutreffend. Unter Berücksichtigung der maßgeblichen Rechtsprechung (siehe Baum-bach/Hefermehl, 23. Aufl. München 2004, § 4 UWG Rn. 1.172) sind Reisebüromitarbeiter keine Laien, sondern Angehörige der Fachkreise der Reisebürobranche.
Das Erstgericht meint weiter, dass die Branchenüblichkeit von Incentives für die Beurteilung der behaupteten Wettbewerbsmaßnahmen keine Rolle spiele. Das ist ebenfalls unzutreffend und steht im Widerspruch zur fortlaufenden obergerichtlichen Rechtsprechung. Wir zitieren aus einer aktuell ergangenen Entscheidung des BGH („Telefonwerbung für Blindenware" – u.a. abgedruckt in GRUR 2001, S. 1181 ff.):
„Die Annahme des Berufungsgerichts, der Branchenüblichkeit komme bei der nach § 1 UWG gebotenen Interessenabwägung maßgebliche Bedeutung zu, ist revisionsrechtlich allerdings nicht zu beanstanden. Denn bei der Beurteilung, ob die angegriffene Werbemaßnahme der Beklagten als sittenwidrig im Sinne von § 1 UWG anzusehen ist, kommt es entscheidend auf die Auffassung der angesprochenen Verkehrskreise an, die ihrerseits in erster Linie davon beeinflusst werden, ob entsprechende Werbemethoden in der infrage stehenden Branche üblich sind; die Verkehrsauffassung bildet und orientiert sich regelmäßig an dem, was ihr in der Branche begegnet (vgl. BGHZ 103, S. 349 [352]) „■■■"
[■■■]
Der Antragsteller hat ebenso wie das Erstgericht den Wert der behaupteten Zuwendung als wichtiges Kriterium für die angebliche Unlauterkeit der Maßnahme gewertet. Die behaupteten Zuwendungen sind außerordentlich geringwertig. Nach den unstreitigen Buchungszahlen der Antragsgegnerin könnten Expedienten, d.h. Reisebüromitarbeiter, nach den Behauptungen des Berufungsbeklagten durchschnittlich pro Jahr Punkteprämien im Wert von ca. € 7 erzielen.
Der BGH (GRUR 1977, S. 259) hat zur angeblichen unsachlichen Beeinflussung von Einzelhändlern festgestellt, dass die Gewährung von Werbehilfen nur wettbewerbswidrig sei, wenn sie nach Art und Umfang geeignet sind, diese unsachlich zu beeinflussen. Dies ist vorliegend ebenso wenig der Fall. Eine persönliche Prämie von maximal wenigen Euro pro Jahr ist nicht geeignet, das Beratungsverhalten von Reisebüromitarbeitern zu beeinflussen.

4. Auf das gesamte erstinstanzliche Vorbringen der Antragsgegnerin, insbesondere die Schutzschrift vom [Datum] sowie die Schriftsätze vom [Datum] und [Datum] und die zugehörigen Beweisangebote, wird ergänzend Bezug genommen.

5. Zusammenfassend ergibt sich, dass der Antragsteller weder klagebefugt ist, noch das angebliche Verhalten in irgendeiner Weise gegen § 3 UWG verstößt. Deswegen ist die Entscheidung des Erstgerichts antragsgemäß zu korrigieren.

■■■

Rechtsanwalt

10. Muster: Unterlassungsklage im Hauptverfahren wegen Verstoßes gegen § 5 UWG

An das

Landgericht ■■■

Kammer für Handelssachen

■■■ [Adresse]

■■■ [Datum]

Klage

In Sachen

Schutzverband der Endverbraucher e.V., gesetzlich vertreten durch den Vorsitzenden Herrn ■■■, ■■■ [Adresse]

Kläger

Prozessbevollmächtigte: Rechtsanwälte ■■■

gegen

Firma A-GmbH, gesetzlich vertreten durch den Geschäftsführer Herrn ■■■

[Adresse]

Beklagte

wegen Unterlassung (UWG)

Streitwert (vorläufig geschätzt): € 150.000,00

(Verrechnungsscheck über Gerichtskosten in Höhe von € 3.468 anbei)

Namens und im Auftrag des Klägers erheben wir gegen die Beklagte

Klage

zum sachlich und örtlich zuständigen Landgericht ■■■, Kammer für Handelssachen, und werden im Termin zur mündlichen Verhandlung

beantragen:
I. Die Beklagte wird verurteilt, es bei Meidung eines vom Gericht für jeden einzelnen Fall der Zuwiderhandlung festzusetzenden Ordnungsgeldes bis zu € 250.000,00 ersatzweise Ordnungshaft bis zu sechs Monaten, oder von Ordnungshaft bis zu sechs Monaten, zu unterlassen, für das Erzeugnis „Goldo" in Werbeanzeigen mit der Aussage „Goldo Kaffee – besser als frisch gemahlen!" nach näherer Maßgabe der aktuellen Printwerbung, welche auf der nachfolgenden S. 1a eingeblendet wird, zu werben.
II. Die Beklagte trägt die Kosten des Rechtsstreits.
III. Das Urteil ist – notfalls gegen Sicherheitsleistung – vorläufig vollstreckbar.

Begründung:
I. Die Parteien
1. Der Kläger
Der Kläger ist im Vereinsregister des Amtsgerichts ■■■ unter der Nummer ■■■ eingetragener Verein. Zweck des Vereins ist es unter anderem, „den unlauteren Wettbewerb in allen Erscheinungsformen im Zusammenwirken mit Behörden und Gerichten zu bekämpfen." Der Antragsteller und seine Klagebefugnis gemäß § 8 Abs. 3 Ziffer 2 UWG sind gerichtsbekannt.
2. Die Beklagte
Die Beklagte betreibt eine Kaffee-Großrösterei und vertreibt das Produkt „Goldo" national und international an den Verbraucher. Sie zählt jedenfalls bundesweit zu den großen Anbietern im Geschäft mit vakuumverpacktem Kaffee und gefriergetrockneten Instant-Kaffeeprodukten.
II. Sachverhalt
1. Gegenstand der Auseinandersetzung zwischen den Parteien ist die vorstehend auf Seite 1a eingeblendete Werbeanzeige der Beklagten für ihr Produkt „Goldo". Wie sich aus der Anzeige ergibt, handelt es sich bei dem beworbenen Produkt um gefriergetrockneten Instant-Kaffee.
a) In der Werbeanzeige wird neben einer Verpackung des Produkts und einer Schale mit gerösteten Kaffeebohnen und einer Kaffeemühle eine Darstellerin gezeigt, welche offenbar genussvoll eine Tasse „Goldo" kostet.
Die Werbung wird mit folgendem Text unterlegt:
„Goldo Kaffee – besser als frisch gemahlen!"
b) Mehr als 99 % des Produkts „Goldo" werden fertig verpackt international und national an Großmärkte und Einzelhandel vertrieben. Es handelt sich insoweit um gefriergetrockneten Instant-Kaffee, der industriell in Großröstereien der Beklagten hergestellt wird.
Die Beklagte zählt zu den Marktführern im Bereich des Angebots von gefriergetrocknetem Instant-Kaffee in Deutschland. Sie wird nicht bestreiten, dass das in Großröstereien hergestellte und dort verpackte Produkt auf dem Vertriebsweg bis zum Kunden einen längeren Zeitraum benötigt und anschließend aufgrund der Herstellung und der Verpackung etliche Monate haltbar ist. Ebenso wenig wird die Beklagte bestreiten, dass sich beim Vergleich zwischen tatsächlich röstfrisch gemahlenem und sogleich zubereiteten Kaffee und gefriergetrocknetem Instant-Kaffee unterschiedliche Aromen und geschmackliche Unterschiede zum frisch gerösteten Kaffee ergeben, welche der Kunde durchaus zu würdigen weiß.
Beweis (im Bestreitensfalle): Einholung eines Sachverständigengutachtens

2. Der Kläger hat die Beklagte wegen der Werbeanzeige abgemahnt.
Beweis: Schreiben der Unterfertigten vom [Datum] - Anlage K 1-
Da die Beklagte die Abgabe der geschuldeten Unterlassungserklärung verweigert, ist Klage geboten.

III. Rechtslage

Die angegriffene Werbung der Beklagten für „Goldo" verstößt aufgrund der im Textzusammenhang gemachten Aussage „Goldo – besser als frisch gemahlen" gegen § 5 UWG.

1. Die Frage, inwieweit vakuumverpackter und damit haltbar gemachter Kaffee mit dem Attribut „frisch" beworben werden darf, ist obergerichtlich seit langem geklärt (vgl. OLG Hamburg – „vakuumfrisch" und „vakuumfrisch II", GRUR 1978, 313 ff und 1979, 63 ff). Ebenso hat die Rechtsprechung jüngst (OLG Düsseldorf GRUR 2005, S. 55 – Leitsatz 2) deutlich gemacht, dass Verbraucher unter frischem Kaffee ein Getränk aus dem klassischen Ausgangsstoff (geröstete und alsbald gemahlene Kaffeebohnen) und kein Getränk, dass aus einem Zwischenprodukt stammt, verstehen.

Die Rechtsprechung stellt völlig zutreffend darauf ab, dass der Verbraucher im Verkehr den besonderen Geschmacks- und Aromaeigenschaften des frisch gerösteten, alsbald gemahlenen und dann zubereiteten Kaffees erheblichen Stellenwert zumisst. Dem Verbraucher sei bewusst, dass diese Eigenschaften durch Zeitablauf zu schwinden drohen (vgl. OLG Hamburg, GRUR 1978, 314).

Wird Kaffee demgemäss mit den Attributen „frisch" oder – wie in unserem Fall – „besser als frisch gemahlen" beworben, darf es sich nicht um gefriergetrockneten Instant-Kaffee handeln, da der Verbraucher ansonsten nach § 5 UWG irregeführt wird.

2. Die Aussagen der angegriffenen Werbung beinhalteten aber unter Berücksichtigung des Verständnisses der Adressaten eine derartige Werbung für den auf dem Markt gefriergetrocknet angebotenen „Goldo".

a) Tatsache ist, dass das Gros der Verbraucher das Beklagtenprodukt „Goldo" als bundesweit im Einzelhandel erhältlichen gefriergetrockneten Kaffee kennt.

b) Dieses Verständnis des Produkts wird im Werbespot vorausgesetzt. Den Verbrauchern wird nun suggeriert, dass das Produkt geschmacklich mit frisch zubereitetem Kaffee vergleichbar sei und diesen sogar geschmacklich übertreffe.

Dies ist tatsächlich nicht der Fall. Zwischen „klassisch" frisch zubereitetem Kaffee und gefriergetrocknetem Kaffee bestehen geschmacklich und aromatisch signifikante Unterschiede. Die Werbung der Beklagte sucht diese Unterschiede zu negieren.

Diese Werbung ist für gefriergetrockneten Kaffee unzulässig und verstößt gegen § 5 UWG.

3. Die Bemessung des Streitwertes orientiert sich bei Berücksichtigung der Verbreitung der Werbung und dem sogenannten „Angriffsfaktor" an der unteren Grenze der Bedeutung der Angelegenheit.

■■■

Rechtsanwalt

11. Muster: Klage auf Unterlassung, Auskunft und Feststellung einer Schadensersatzpflicht wegen Verstoßes gegen §§ 4 Ziffer 7 und 8 UWG[491]

An das

Landgericht ■■■

Kammer für Handelssachen

■■■ [Adresse]

■■■ [Datum]

Klage

In Sachen

A-GmbH, gesetzlich vertreten durch den Geschäftsführer Herrn ■■■, ■■■ [Adresse]

Klägerin

Prozessbevollmächtigte: Rechtsanwälte ■■■, ■■■ [Adresse]

gegen

B-GmbH, gesetzlich vertreten durch den Geschäftsführer Herr ■■■, ■■■ [Adresse]

Beklagte

wegen Unterlassung, Auskunft und Schadensersatz (UWG)

Streitwert: € 100.000

(Verrechnungsscheck über Gerichtskosten in Höhe von € 2.568 anbei)

Namens und im Auftrag der Klägerin erheben wir gegen die Beklagte Klage zum sachlich und örtlich zuständigen Landgericht ■■■, Kammer für Handelssachen, und werden im Termin zur mündlichen Verhandlung beantragen:
1. Die Beklagte wird verurteilt, es bei Meidung eines vom Gericht für jeden einzelnen Fall der Zuwiderhandlung festzusetzenden Ordnungsgeldes in Höhe von bis zu € 250.000,00, ersatzweise Ordnungshaft oder von Ordnungshaft bis zu sechs Monaten verboten zu behaupten, dass sich die A-GmbH in erheblichen finanziellen Schwierigkeiten befinde und deswegen die A-Veranstaltung in ■■■ am 16. Juni 2005 nicht stattfinden werde.
2. Die Beklagte wird verurteilt, der Klägerin Auskunft zu erteilen über den Umfang der Handlungen gemäß Ziffer 1., insbesondere durch Bekanntgabe von Namen und Adressen der Adressaten der Handlungen gemäß Ziffer 1. sowie des jeweiligen Zeitpunkts der Handlungen und der insoweit zusätzlich erzielten Umsätze.
3. Es wird festgestellt, dass die Beklagte verpflichtet ist, der Klägerin allen Schaden zu ersetzen, der ihr aus den seit dem 01.01.2005 begangenen Handlungen im Sinne von Ziffer 1. bereits entstanden ist und/oder noch entstehen wird.

---

[491] Dieses Muster orientiert sich am Sachverhalt der Muster B. VI. 2., 3.

4. Die Kosten des Rechtsstreits trägt die Beklagte.
Das Urteil ist – notfalls gegen Sicherheitsleistung – vorläufig vollstreckbar.
Begründung:
Die Beteiligten stehen auf dem Gebiet von Veranstaltungen für ▆▆▆ im Wettbewerb. Die Beklagte schwärzt die Klägerin systematisch gegenüber potenziellen Veranstaltungsteilnehmern mit der Behauptung an, die Klägerin sei aufgrund erheblicher finanzieller Schwierigkeiten nicht in der Lage, deren A-Veranstaltungen zu organisieren. Die Klägerin begehrt Unterlassung dieser unlauteren, sachlich unzutreffenden und darüber hinaus kreditgefährdenden Behauptungen, Auskunft über den Umfang der Verletzungshandlungen sowie die Feststellung einer Schadensersatzpflicht.

I. Zum Sachverhalt
1. Die Parteien
a) Die Klägerin veranstaltet seit vielen Jahren Fachveranstaltungen zum Thema [Beschreibung des Geschäftsgegenstandes].
Beweis (im Bestreitensfalle): Mitarbeiter der Klägerin Herr ▆▆▆, zu laden über die Klägerin, als Zeuge
b) Die Beklagte ist ebenfalls als Veranstalter im Bereich ▆▆▆ tätig. [Beschreibung der Tätigkeit]
Beweis : Ausdruck aus der Website ▆▆▆, als Anlage K-1
2. Die Klägerin organisiert bereits seit mehr als 10 Jahren erfolgreich Veranstaltungen im Bereich von ▆▆▆
Beweis: Veranstaltungsprospekte von 1993 – 2004, als Anlage K-2
3. Die Klägerin erhielt am [Datum] Kenntnis von einer E-Mail des Vertriebsdirektors der Beklagten, Herr ▆▆▆, in deren Rahmen sich die Beklagte auch eingehend zur Klägerin äußert. Dort wird erwähnt, dass sich die „finanzielle Situation" der Klägerin zu einer Gefahr für die Veranstaltung entwickelt habe. Diese E-Mail wurde in inhaltlich identischer Form an weitere potenzielle Veranstaltungsteilnehmer versendet.
Beweis:
1. E-Mail der Antragsgegnerin vom 21. Februar 2005 an Herrn ▆▆▆, als Anlage K-3
2. Herr K., [Adresse], Herr ▆▆▆, ▆▆▆ [Adresse] und Herr ▆▆▆, ▆▆▆ [Adresse], als Zeugen
Die Beklagte hat es nicht bei diesen E-Mails belassen, sondern telefonisch weiter nachgefasst. Sie erklärte gegenüber verschiedenen potenziellen Veranstaltungsteilnehmern in Bezug auf die konkurrierende Veranstaltung der Klägerin, dass davon auszugehen sei, dass die Veranstaltung der Klägerin wegen ganz erheblicher finanzieller Schwierigkeiten nicht stattfinden werde und sich die Adressaten deswegen für die Teilnahme an der Veranstaltung der Beklagten entscheiden sollten.
Beweis: wie vor Ziffer 2
4. Die Behauptungen der Beklagten sind inhaltlich unwahr. Die Klägerin ist jederzeit in der Lage, die Veranstaltung zu finanzieren und erfolgreich durchzuführen. Sämtliche Zahlungen für die Veranstaltung, wurden ordnungsgemäß geleistet.
Beweis: Herr ▆▆▆, zu laden über die Klägerin als Zeuge
Der Zeuge ▆▆▆ ist verantwortlicher Sachbearbeiter der Klägerin für die Organisation der A-Veranstaltung am 16. Juni 2005.
5. Die Klägerin hat die Antragsgegnerin aufgefordert, das eklatant unlautere und kreditgefährdende Vorgehen zu unterlassen und Auskunft zu erteilen, sowie ihre Pflicht zum Schadensersatz wegen des beanstandeten Vorgehens zu akzeptieren.

Glaubhaftmachung: Schreiben der Rechtsanwälte ▬▬▬ vom ▬▬▬ [Datum], als Anlage K-4
Die Antragsgegnerin hat die Abgabe der strafbewehrten Verpflichtungserklärung sowie die weiteren Ansprüche abgelehnt und behauptet, sie habe die beanstandeten Äußerungen „zu keiner Zeit" getätigt.
Beweis: Schreiben der Rechtsanwälte DEF vom ▬▬▬ [Datum], als Anlage K-5
Auch diese Aussage ist, wie dokumentiert, unwahr.
6. Die Klägerin hat seit dem ▬▬▬ [Datum] bislang insgesamt 34 Teilnehmerstornierungen für die aktuelle A-Veranstaltung hinnehmen müssen. Dabei beriefen sich die Teilnehmer in 5 Fällen sogar ausdrücklich auf die ihnen bekannt gewordenen „erheblichen finanziellen Schwierigkeiten".
Beweis: Storno- Schreiben von Teilnehmern der A-Veranstaltung (insgesamt 34) vom ▬▬▬ [Datum] bis ▬▬▬ [Datum], als Anlage K-6
Vor diesem Hintergrund sind sofortige gerichtliche Maßnahmen unabdingbar.

II. Rechtliche Würdigung

Die eklatant unlauteren und kreditgefährdenden Behauptungen der Beklagten begründen Unterlassungs- und Auskunftsansprüche der Klägerin sowie einen Anspruch auf Feststellung einer Schadensersatzpflicht.

1. Mit ihrem Vorgehen verstößt die Beklagte u.a. gegen die Bestimmungen der §§ 3, 4 Ziffer 7 und 8 UWG. Ihre Behauptungen sind zudem als irreführend im Sinne des § 5 UWG zu werten.
Die Beklagte handelt vorsätzlich und potenziellen Veranstaltungsteilnehmern gegenüber mit dem Ziel, diese von einer Veranstaltungsteilnahme bei der Klägerin abzuhalten und stattdessen für die eigene Veranstaltung anzuwerben.
Die systematisch verbreiteten herabsetzenden Äußerungen der Beklagten sind geeignet, der Klägerin schweren Schaden zuzufügen. Herabsetzende Äußerungen über die persönlichen oder geschäftlichen Verhältnisse eines Mitbewerbers sind grundsätzlich wettbewerbswidrig, § 4 Ziffer 7 UWG.

2. Die Beklagte handelte (und handelt?) wie sich aus der vorgelegten E-Mail und den Aussagen der Zeugin ergibt, systematisch. Insoweit steht zu befürchten, dass noch wesentlich mehr potentielle Veranstaltungsteilnehmer in der beanstandeten Weise kontaktiert wurden.
Der Klägerin sind durch die bereits erfolgten Kündigungen, welche sich teilweise ausdrücklich auf die von der Beklagten verbreiteten unzutreffenden Aussagen über die finanzielle Verfassung der Klägerin beziehen, bereits Nachteile entstanden. Da die Buchungsfrist für die Veranstaltung noch nicht abgelaufen ist, können die genauen Nachteile noch nicht beziffert werden.
Vor diesem Hintergrund hat die Klägerin Anspruch auf die begehrte Auskunft und auf Feststellung einer Schadensersatzpflicht.

Um antragsgemäße Entscheidung wird gebeten.

▬▬▬

Rechtsanwalt

§ 3 Gerichtliche Verfahren

551

12. Muster: Antrag auf Einleitung eines Einigungsstellenverfahrens, § 15 UWG[492]

An die

Einigungsstelle zur Beilegung von

Wettbewerbstreitigkeiten bei der IHK ▬▬▬

▬▬▬ [Adresse]

▬▬▬ [Datum]

Antrag auf Einleitung eines Einigungsstellenverfahrens gemäss § 15 UWG

In Sachen

Schutzverband für Endverbraucher e.V., vertreten durch den Vorsitzenden Herrn ▬▬▬, ▬▬▬ [Adresse]

Antragsteller

Verfahrensbevollmächtigte: Rechtsanwälte ▬▬▬, ▬▬▬ [Adresse]

gegen

A-GmbH, gesetzlich vertreten durch den Geschäftsführer Herrn ▬▬▬, ▬▬▬ [Adresse]

Antragsgegnerin

Der Antragsteller bittet, die Antragsgegnerin zur Herbeiführung eines gütlichen Ausgleichs gemäß § 15 UWG vor die gesetzliche Einigungsstelle in Bezug auf die nachfolgend geschilderte wettbewerbsrechtliche Streitigkeit zu laden und das persönliche Erscheinen der Geschäftsführung der Antragsgegnerin anzuordnen.

Begründung:
I. Die Parteien
1. Der Antragsteller ist ein im Vereinsregister des Amtsgerichts ▬▬▬ unter der Nummer ▬▬▬ eingetragener Verbraucherverband, dessen Klagebefugnis aus § 8 Abs. 3 Ziffer 3 UWG folgt. Der Antragsteller ist beim Bundesverwaltungsamt als qualifizierte Einrichtung i. S. von § 8 Abs. 3 Ziffer 3 UWG eingetragen. Eine Abschrift der Eintragung ist als Anlage 1 beigefügt.
2. Die Antragsgegnerin zählt zu den wichtigen Veranstaltern und Vermittlern von Reisen und weiteren touristischen Leistungen in Deutschland.
II. Zum Sachverhalt
1. Die Antragsgegnerin bietet Mitarbeitern von Reisebüros zum Zwecke der Verkaufsförderung eine sog. „A-Card" an, welche den Inhabern der Karte persönliche Vergünstigungen und Boni für die Vermittlung von Reisen an Endkunden verschaffen soll.
Beweis: A-Card Information der A GmbH, Stand 10/2004, als Anlage AST-1
2. Dieses Vorgehen der A-GmbH verstößt gegen die Bestimmung des § 3 UWG. Durch die Auslobung von besonderen Vergünstigungen für Mitarbeiter von Reisebüros sollen diese

---

492 Dieses Muster knüpft an den Sachverhalt gemäß Ziffer B. VI. 6., 7. an.

unmittelbar veranlasst werden, zur Erzielung von persönlichen finanziellen Vorteilen die Produkte der A-GmbH und nicht Produkte von deren Wettbewerbern zu vertreiben. Durch ein derartiges Vorgehen wird das Vertrauen des Kunden auf eine objektive und neutrale Beratung missbraucht. Die Rechtsprechung hat derartige Prämien in der Regel als unzulässig angesehen (vgl. z.B. OLG Düsseldorf, WRP 1999, S. 1197).
[■■■]
Die Antragsgegnerin wurde mit Schreiben vom ■■■ [Datum] abgemahnt und zur Abgabe einer strafbewehrten Unterlassungsverpflichtungserklärung aufgefordert.
Beweis: Schreiben des Antragstellers vom ■■■ [Datum], als Anlage ASt-2
Die Antragsgegnerin hat zwar den geltend gemachten Verstoß geleugnet, sich jedoch mit der Durchführung eines Einigungsstellenverfahrens einverstanden erklärt.
Beweis: Schreiben der Rechtsanwälte ■■■ vom ■■■ [Datum], als Anlage AST-3
3. Die Parteien haben in der Folgezeit noch telefonisch über den behaupteten Verstoß korrespondiert. Der Antragsteller sieht die Möglichkeit, zur Vermeidung einer gerichtlichen Auseinandersetzung eine gütliche Einigung mit der Antragsgegnerin zu erzielen und schlägt folgende Einigung zwischen den Parteien vor:

1. Die Antragsgegnerin verpflichtet sich, es zukünftig zu unterlassen, Mitarbeiter von Reisebüros für die Vermittlungsleistungen von Reisen persönliche Provisionen zu versprechen und/oder zu gewähren.
2. Die Antragsgegnerin verpflichtet sich, für jeden Fall zukünftiger Zuwiderhandlung gegen die vorstehend in Ziffer 1 aufgeführte Verpflichtung an den Antragsteller eine Vertragsstrafe in Höhe von € 5.000,00 zu bezahlen.
3. Der Antragsteller gewährt der Antragsgegnerin für die Umstellung ihres Provisionssystems eine Aufbaufrist bis [Datum], so dass die Verpflichtung gemäß Ziffer 1 erst mit Wirkung zum [Datum] wirksam wird.

Unterschrift Herr ■■■

Vorsitzender

§ 4 Zwangsvollstreckung

I. Allgemeines

552 Angesichts der überragenden Bedeutung von Unterlassungsansprüchen und Unterlassungstiteln nimmt die **Vollstreckung von Unterlassungstiteln** wesentlichen Raum im Rahmen wettbewerbsrechtlicher Zwangsvollstreckungsmaßnahmen ein. Unterlassungsverpflichtungen sind unvertretbare Handlungen. Insoweit kann der Schuldner nicht mit unmittelbarem Zwang zur Beachtung der im Rahmen eines Titels bestehenden Verpflichtungen veranlasst werden, sondern lediglich durch indirekte Zwangsmittel dazu gebracht werden, den Unterlassungstitel zu beachten.[493]

553 Gegenüber den in der Praxis wichtigen Unterlassungstiteln ist die Vollstreckung von **Beseitigungstiteln** von geringerer Bedeutung.[494] Im Übrigen erhebt sich in wettbewerbsrechtlichen Streitigkeiten die Frage der Vollstreckung von Auskunfts- bzw. Rechnungslegungsansprüchen sowie der Möglichkeiten des Schuldners, eine Einstellung von Vollstreckungsmaßnahmen des Gläubigers zu erreichen.

II. Vollstreckung von Unterlassungstiteln

1. Titel und Vollstreckungsandrohung

554 Als Titel im Rahmen einer Unterlassungsvollstreckung kommen mindestens vorläufig vollstreckbare Unterlassungsurteile oder Beschlussverfügungen, wirksame Prozessvergleiche, § 794 Abs. 1 Ziffer 1 ZPO, Einigungsstellenvergleiche, § 15 Abs. 7 Ziffer 2 UWG, sowie – nach vorheriger Vollstreckbarerklärung – Schiedssprüche[495] in Betracht.

555 Gemäß § 890 Abs. 2 ZPO muss der Verhängung von Ordnungsmitteln eine vorherige **Androhung vorausgehen**. Im Fall von gerichtlich durchgesetzten Unterlassungsansprüchen wird eine derartige Androhung in der Regel zweckmäßig bereits im Rahmen des Unterlassungsantrages **mit beantragt**.[496] Im Rahmen des Antrags auf Androhung von Ordnungsmittel sind diese konkret zu bezeichnen und jedenfalls deren Höchstmaß anzugeben.[497] Die Ordnungsmittelandrohung erfolgt zweckmäßigerweise z.B. wie folgt:

556 „... es bei Meidung eines für jeden Fall der Zuwiderhandlung fälligen Ordnungsgeldes in Höhe von bis zu € 250.000,00, ersatzweise Ordnungshaft oder von Ordnungshaft bis zu 6 Monaten [bei juristischen Personen: jeweils zu vollziehen an ihrem gesetzlichen Vertreter], zu unterlassen ..."

557 Wenn die Androhung nicht bereits im Unterlassungstitel enthalten ist, bedarf es wie z.B. im Falle gerichtlicher Vergleiche eines gesonderten Antrages zur Androhung von Ordnungsmitteln an das Gericht. Das Gericht hat auch insoweit den Schuldner anzu-

---

493 Ahrens/Spätgens, Wettbewerbsprozess, Kap. 63 Rn. 2.
494 Teplitzky, Wettbewerbsrechtliche Ansprüche und Verfahren, Kap. 58 Rn. 1.
495 Näher Ahrens/Spätgens, Wettbewerbsprozess, Kap. 64 Rn. 16ff.
496 Siehe oben Ziffer C. III. 2.
497 BGH – Feuer, Eis und Dynamit I, GRUR 1995, S. 749.

hören, § 891 ZPO, und erlässt dann einen besonderen Androhungsbeschluss, der dem Schuldner von Amts wegen zuzustellen ist.[498] Zuständig ist das Prozessgericht des ersten Rechtszuges, § 890 Abs. 1 ZPO. Wenn ein Urteil nur gegen Sicherheitsleistung vorläufig vollstreckbar ist, muss der Gläubiger die Erbringung der Sicherheit vor Vollstreckungsbeginn gegenüber dem Prozessgericht nachweisen.[499]

2. Zuwiderhandlung

Die Verhängung eines Ordnungsmittels kommt nur bei einer Zuwiderhandlung gegen den Unterlassungstitel in Betracht. Die Zuwiderhandlung hat zum einen ein objektives Element, einen objektiven Verstoß des Schuldners gegen das Unterlassungsgebot und zum anderen das Verschulden des Schuldners als subjektives Element.

558

a) Objektive Zuwiderhandlung

Der Schuldner des Unterlassungstitels kann den Verbotstatbestand entweder durch eine aktive Handlung oder aber eine pflichtwidrige Unterlassung verwirklichen. Letzteres kommt z.B. in Betracht, wenn der Schuldner zulässt, dass Mitarbeiter seines Unternehmens gegen das Unterlassungsverbot verstoßen.

559

Sofern die den Verstoß begründende Handlung oder Unterlassung gegen den Unterlassungstitel nicht völlig identisch mit dem titulierten Unterlassungsgebot ist, ist zur Ermittlung der Zuwiderhandlung in der Regel einer **Auslegung der Reichweite des Unterlassungstitels** notwendig.[500] Im Rahmen der Auslegung des Titels können das Urteil, Tatbestand und Entscheidungsgründe, wenn notwendig, auch das Parteivorbringen der Beteiligten herangezogen werden. Eine einstweilige Verfügung im Beschlussverfahren ist unter Berücksichtigung der Antragsschrift auszulegen.[501]

560

Der Schutzumfang des Unterlassungstitels umfasst nach der so genannten **Kerntheorie** auch diejenigen Verletzungsfälle, welche von der Verbotsform unbedeutend abweichen oder das Charakteristische der Verletzungshandlung unberührt lassen.[502] Kommen mehrere Verstöße in Betracht, ist nach der Rechtsprechung nicht mehr auf den so genannten Fortsetzungszusammenhang, sondern nunmehr auf die Rechtsfigur der rechtlichen Einheit zurückzugreifen.[503]

561

b) Verschulden

Die Verhängung von Ordnungsmitteln kommt nur in Betracht, wenn der Schuldner dem Unterlassungsgebot selbst vorsätzlich oder fahrlässig zuwider gehandelt hat. Ihm kann zwar ein Verschulden seiner Organe gemäß § 31 BGB zuzurechnen sein,[504] nicht jedoch ein Verschulden von Hilfspersonen gemäß den §§ 278, 831 BGB. Die Bestimmung des § 8 Abs. 2 UWG findet hinsichtlich der Verschuldenszurechnung im Fall

562

---

498 Zöller/Stöber, ZPO, § 890 Rn. 12a.
499 Z.B. OLG Frankfurt, GRUR 1989, S. 458.
500 Baumbach/Hefermehl/Köhler, Wettbewerbsrecht, § 12 UWG Rn. 6.4.
501 Baumbach/Hefermehl/Köhler, Wettbewerbsrecht, § 12 UWG Rn. 6.4.
502 Z.B. OLG München, WRP 2002, S. 267.
503 Siehe oben Ziffer C. IV. 2.
504 BGH – fachliche Empfehlung II, NJW 1992, S. 749.

einer Zuwiderhandlung gegen einen Unterlassungstitel keine Anwendung. Gleichwohl kann sich ein eigenes Verschulden des Schuldners z.B. durch ein Organisationsverschulden wie die schuldhafte Unterlassung von hinreichend deutlichen Anordnungen zur Durchsetzung eines Titels oder den Mangel an sonstigen Maßnahmen, welche die Zuwiderhandlung durch Mitarbeiter oder sonstige Dritte verhindern können, ergeben.[505] Die an den Schuldner zu stellenden Anforderungen sind insoweit sehr hoch. Auch leicht fahrlässige Verstöße des Schuldners rechtfertigen die Verhängung von Ordnungsmitteln.

563 Grundsätzlich hat der Gläubiger die Voraussetzungen für die Verhängung des Ordnungsmittels, insbesondere die Zuwiderhandlung und das Verschulden des Schuldners zu beweisen. Allerdings kommen zu seinen Gunsten **Beweislasterleichterungen** in Betracht, da es wesentlich um Umstände aus der Sphäre des Schuldners geht. Deswegen hat der Schuldner, wenn ein Verstoß dargelegt ist, anschließend zu erläutern, welche Maßnahmen er zur Verhinderung von Verletzungshandlungen unternommen hat bzw. auf welche Art und Weise er die Einhaltung eines Irreführungsverbotes sicherstellen wollte.[506]

3. Antrag auf Verhängung und Bemessung des Ordnungsmittels

564 Die Festsetzung eines Ordnungsmittels nach § 890 ZPO findet ausschließlich auf Antrag des Gläubigers statt. Der Antrag ist schriftsätzlich an das Prozessgericht erster Instanz zu richten und sollte eine Schilderung des Sachverhaltes und einen bestimmten Antrag beinhalten. Im Rahmen der Schilderung des Sachverhaltes werden zweckmäßigerweise der zugrunde liegende Unterlassungstitel genannt und die Voraussetzungen für die Vollstreckung, z.B. bei einer mit einer Ordnungsmittelandrohung versehenen einstweiligen Verfügung deren ordnungsgemäße Zustellung, geschildert. Darüber hinaus ist der Verstoß des Schuldners substanziiert darzulegen. Der Schriftsatz ist darüber hinaus in Bezug auf die anspruchsbegründenden Tatsachen mit entsprechenden Unterlagen bzw. sonstigen Glaubhaftmachungsmitteln zu versehen. Ein Muster eines Antrags auf Verhängung von Ordnungsmitteln ist nachfolgend unter Rn. 589 abgedruckt.

565 Die Auswahl und Bemessung der Ordnungsmittel stehen im Ermessen des Gerichts.[507] Bei der Wahl und Bemessung eines Ordnungsmittels hat das Gericht der Schwere und Ausmaß der Zuwiderhandlung, der Dauer des Verstoßes, Folgen für den Gläubiger und dem Grad des Verschuldens des Schuldners ebenso Rechnung zu tragen wie dem Umstand, dass dem Schuldner eine Verletzung des Titels keinen wirtschaftlichen Vorteil erbringen soll.[508] Es gilt der Grundsatz der Verhältnismäßigkeit. Bei wiederholten Verstößen nach bereits verhängten Ordnungsmitteln bedarf es einschneidenderer Ordnungsmittel, um den Schuldner von der Verletzung des Titels abzuhalten.[509]

---

505 Teplitzky, Wettbewerbsrechtliche Ansprüche und Verfahren, Kap. 57 Rn. 26.
506 Baumbach/Hefermehl/Köhler, Wettbewerbsrecht, § 12 UWG Rn. 6.8.
507 BGH – Euro-Einführungsrabatt, WRP 2004, S. 235, 239.
508 Zöller/Stöber, ZPO, § 890 Rn. 18 m.w.N.
509 Baumbach/Hefermehl/Köhler, Wettbewerbsrecht, § 12 UWG Rn. 6.12.

Vor dem Hintergrund des Entscheidungsermessens des Gerichts ist dem Gläubiger nicht eine Formulierung des Ordnungsmittelantrags in Höhe eines fixen Ordnungsgeldbetrages zu empfehlen. Verhängt das Gericht ein Ordnungsmittel unterhalb des erstrebten Betrages, wäre insoweit ein Teilunterliegen des Gläubigers mit entsprechenden Kostennachteilen anzunehmen. Vielmehr sollte eine Formulierung verwendet werden wie z.B.

„… beantragen wir, gegen den Schuldner wegen des Verstoßes gegen den [Unterlassungstitel genau bezeichnen] ein Ordnungsgeld zu verhängen, dessen Höhe in das Ermessen des Gerichts gestellt wird, das jedoch mindestens € … betragen sollte."

Das Gericht entscheidet gemäß § 891 Satz 1 ZPO durch Beschluss über die Verhängung eines Ordnungsmittel oder die Zurückweisung des Ordnungsmittelantrages. Entscheidet sich das Gericht zur Verhängung eines Ordnungsmittels, ist bei juristischen Personen der organschaftliche Vertreter, bei Personengesellschaften der vertretende Gesellschafter oder bei natürlichen Personen die Person selbst namentlich im Rahmen der Verhängung des Ordnungsmittels zu benennen,[510] damit gegenüber dem Schuldner für den Fall, dass das verhängte Ordnungsgeld nicht beigetrieben werden kann, Ersatzhaft verhängt werden kann.

Zu berücksichtigen ist, dass Ordnungsgelder anders als Vertragsstrafen der Staatskasse zugute kommen. Gegen die Verhängung eines Ordnungsmittels kommt das Rechtsmittel einer sofortigen Beschwerde, § 793 ZPO, in Betracht. Für die sofortige Beschwerde gilt grundsätzlich eine Notfrist von 2 Wochen nach Zustellung der Ordnungsmittelentscheidung, §§ 569 Abs. 1 ZPO, 793 ZPO.

4. Zwangsvollstreckung und Wegfall des Unterlassungstitels

Unter bestimmten Umständen wie z.B. einer Aufhebung des Unterlassungstitels nach § 927 ZPO oder einem nachfolgenden Prozessvergleich kann es zu einem rückwirkenden Wegfall des der Zwangsvollstreckung zugrunde liegenden Titels kommen. In derartigen Fällen sind weitere Vollstreckungsmaßnahmen unzulässig.[511] Vor dem Hintergrund dieser Entscheidung des BGH, bei der ein erledigendes Ereignis zum Wegfall des Unterlassungstitels führte, erscheint aus der Sicht des Gläubigers eine Beschränkung der Erledigungserklärung auf den Zeitraum nach dem erledigenden Ereignis zweckmäßig.

Wenn bereits ein Ordnungsmittel festgesetzt wurde und der Titel dann nachträglich rückwirkend wegfällt, kommt ein Antrag gemäß §§ 775, 776 ZPO auf Aufhebung des Ordnungsmittelbeschlusses in Betracht.[512]

---

510 Vgl. BGH, NJW 1992, S. 749.
511 BGH – Euro-Einführungsrabatt, GRUR 2004, S. 264, 266; vgl. dazu auch Ruess, Vollstreckung aus Unterlassungstiteln bei Erledigung des Verfahrens – das Ende einer endlosen Diskussion, NJW 2004, S. 485 ff.
512 Baumbach / Hefermehl / Köhler, Wettbewerbsrecht, § 12 UWG, Rn. 6.18.

§ 4 Zwangsvollstreckung

III. Vollstreckung von Auskunfts- und Rechnungslegungsansprüchen gemäß § 888 ZPO

572 Hat der Gläubiger gegen den Schuldner einen Anspruch auf Auskunftserteilung bzw. Rechnungslegung erwirkt, ist er von der Kooperationsbereitschaft des verpflichteten Schuldners abhängig. Leistet der Schuldner nicht, erhebt sich die Frage nach den in Betracht kommenden Maßnahmen zur Erzwingung der Handlungen des Schuldners.

1. Vorgehen gemäß § 259 Abs. 2 BGB

573 Die Vollstreckung eines Auskunfts- oder Rechnungslegungsanspruchs kommt nicht in Betracht, wenn der Schuldner bereits Auskunft bzw. Rechnung erteilt hat, jedoch Grund zu der Annahme besteht, dass die Informationen nicht mit der erforderlichen Sorgfalt erstellt wurden.

574 Der Gläubiger muss einen entsprechenden Verdacht darlegen, der sich auf Tatsachen begründen muss. Dieser Verdacht kann sich zunächst aus der unvollständigen oder erkennbar nachlässig erteilten Auskunft bzw. Rechnungslegung selbst ergeben.[513] Ein Verdacht kann sich auch aus sonstigen Umständen wie z.B. mehrfach berichtigten Rechnungslegungen ergeben.[514] In diesen Fällen kommt ein Antrag des Anspruchsberechtigten, der Verpflichtete habe an Eides statt zu versichern, dass er die Auskunft bzw. Rechnung nach bestem Wissen so vollständig abgegeben habe, wie ihm dies möglich sei, in Betracht. Rechtsgrundlage für den Anspruch ist eine entsprechende Anwendung des § 259 Abs. 2 BGB.[515] Ein solcher Antrag scheidet aus, wenn sich der Berechtigte auf einfachere Weise eine umfassende Klarstellung verschaffen kann.[516]

2. Vollstreckung von unvertretbaren Handlungen, § 888 ZPO

575 Zur Erzwingung von unvertretbaren Handlungen des Schuldners kann auf Antrag das Gericht den Schuldner durch Zwangsgelder oder Zwangshaft zur Erbringung der unvertretbaren Handlungen anhalten. Zuständig ist das Prozessgericht des ersten Rechtszuges, § 802 ZPO. Wie sich aus § 888 Abs. 2 ZPO ergibt, findet diesbezüglich anders als im Ordnungsmittelverfahren nach § 890 ZPO keine vorherige Androhung der Zwangsmittel statt. Ein Verfahren nach § 888 ZPO kommt sowohl für die Vollstreckung von Auskunftsansprüchen,[517] als auch im Rahmen der Rechnungslegung[518] in Betracht.

3. Voraussetzungen der Vollstreckung

576 Insoweit müssen zunächst die allgemeinen Voraussetzungen für die Zulässigkeit der Zwangsvollstreckung gegeben sein. Dazu gehört u.a. ein bestimmter Auskunfts- bzw. Rechnungslegungstitel. Der verpflichtete Schuldner muss einerseits die Möglichkeit zur Erteilung der titulierten Auskünfte haben und hat in dem Zusammenhang alle ihm zumutbaren Schritte zu unternehmen.[519] Ein fehlendes Verschulden des Schuldners ist

---

513 MünchKomm BGB/Krüger, Band 2a, § 259 Rn. 39.
514 Palandt/Heinrichs, BGB, §§ 259-261 Rn. 30.
515 Palandt/Heinrichs, BGB, §§ 259-261 Rn. 29.
516 BGH, NJW 1998, S. 1636.
517 OLG München, NJW – RR 1992, S. 704.
518 Zöller/Stöber, ZPO, § 888 Rn. 3 Stichwort „Rechnungslegung"; strittig.
519 OLG Köln, NJW – RR 1992, S. 633.

insoweit irrelevant. Der Schuldner muss die Erteilung der Informationen verweigert haben. Der Schuldner ist deswegen mindestens einmal fristgebunden schriftlich zur Erteilung der geschuldeten Informationen aufzufordern.

Darüber hinaus setzt ein Antrag keine Wahl eines bestimmten Zwangsmittels, also Zwangsgeld oder Zwangshaft voraus. Die Entscheidungen über die Verhängung und die Art und den Umfang des Zwangsmittels sind Sache des Gerichts.[520] Insoweit ist eine Antragsformulierung, welche zum einen die Bezugnahme auf den zugrunde liegenden Titel und die nicht erteilte Auskunft bzw. Rechnungslegung enthält und zum anderen den Antrag auf ein empfindliches Zwangsgeld, ersatzweise Zwangshaft beinhaltet, geboten. Dem Schuldner ist rechtliches Gehör zum Antrag zu gewähren. Ein Muster eines Antrages auf Verhängung von Zwangsmitteln gemäß § 888 ZPO ist unter Rn. 590 abgedruckt.

4. Beschluss des Gerichts

Das Gericht entscheidet gemäß § 891 ZPO in der Regel durch Beschluss. Liegen die Voraussetzungen für ein Zwangsmittel vor, werden diese sofort festgesetzt und zwar für den Fall, dass die Handlung nicht zu einem bestimmten Datum bzw. einer bestimmten Frist nach Zustellung vorgenommen werde.[521] Die maximale Höhe eines Zwangsgeldes wird durch § 888 Abs. 1 Satz 2 ZPO bestimmt. Soweit es um die erstmalige Verhängung eines Beugemittels geht, wird das Gericht zunächst in der Regel ein bestimmtes Zwangsgeld und für den Fall, das dieses nicht beigetrieben werden kann, Zwangshaft[522] festlegen.

Die Vollstreckung eines Beschlusses nach § 888 ZPO erfolgt durch den Gläubiger. Der Beschluss ist Vollstreckungstitel im Sinne des § 794 Abs. 1 Ziffer 3 ZPO. Es ist umstritten, ob der Schuldner im Verfahren nach § 888 ZPO den Einwand rechtzeitiger Erfüllung der Auskunft bzw. Rechnungslegung erheben kann.[523] Gegen einen Beschluss des Gerichts kann sich die beschwerte Partei mit dem Rechtsmittel einer sofortigen Beschwerde, § 793 ZPO wehren.

IV. Einwendungen und Rechtsmittel des Schuldners

Die Möglichkeit des Schuldners, Einwendungen und Rechtsmittel gegen titulierte wettbewerbsrechtliche Ansprüche des Gläubigers durchzusetzen, sind in der Praxis beschränkt. Der Schuldner kann sich unter bestimmten Bedingungen um eine einstweilige Einstellung der Zwangsvollstreckung, §§ 712, 707 ZPO, bemühen. In einstweiligen Verfügungsverfahren wird eine einstweilige Einstellung der Zwangsvollstreckung jedoch regelmäßig nicht in Betracht kommen.[524] Nach Auffassung des OLG Hamburg kommt eine Einstellung der Zwangsvollstreckung im Verfügungsverfahren nur in

---

520 Zöller/Stöber, ZPO, § 888 Rn. 8.
521 Thomas/Putzo/Putzo, ZPO, § 888 Rn. 11.
522 Zöller/Stöber, ZPO, § 888 Rn. 10.
523 Zöller/Stöber, ZPO, § 888 Rn. 11 m.w.N.
524 Thomas/Putzo/Reichhold, ZPO, § 925 Rn. 8.

Betracht, wenn mit hoher Wahrscheinlichkeit davon auszugehen ist, dass der zugrunde liegende Titel keinen Bestand haben wird.[525]

581 Ausnahmen kommen nur bei Vorliegen besonderer Umstände in Betracht.[526] Wenn das Gericht einen Antrag auf einstweilige Einstellung der Zwangsvollstreckung zustimmt, wird dies in der Regel nur gegen Sicherheitsleistungen erfolgen.

582 Drohen dem Schuldner aufgrund einer bereits vollzogenen einstweiligen Verfügung massive Nachteile, z.b. die Einstellung seiner Produktion oder die Kündigung von Kunden, kann er sich im Rahmen eines Widerspruchsantrags[527] um die einstweilige Einstellung der Zwangsvollstreckung bemühen. Eine solche Einstellung wird nach Ermessen durch das Gericht der Hauptsache, in der Regel jedoch nur gegen Sicherheitsleistung, in Betracht kommen. Im Rahmen der Entscheidung sind die Erfolgsaussichten des Schuldners in der Sache mit zu berücksichtigen.[528]

583 Wirtschaftliche Nachteile des Schuldners sind im Allgemeinen nicht zu berücksichtigen, da im Rahmen der Abwägung der wirtschaftlichen Auswirkungen den Gläubigerinteressen im Zweifel Vorrang gebührt.[529] Vor diesem Hintergrund wird eine einstweilige Einstellung der Zwangsvollstreckung in wettbewerbsrechtlichen Streitigkeiten gemäß § 707 ZPO nur in Betracht kommen, wenn irreparable, existenzbedrohende Nachteile durch die Vollstreckung ausgelöst werden.

584 In diesem Szenario kommt auch die Geltendmachung eines Antrages nach § 712 ZPO, welcher u.a. den drohenden Eintritt von für den Schuldner unersetzlichen Nachteilen voraussetzt, in Betracht. Ähnliches gilt für einen Antrag auf einstweilige Einstellung der Zwangsvollstreckung bei Einlegung eines Rechtsmittels, § 719 ZPO. Nach Ersturteilen, die eine einstweilige Verfügung bestätigen oder erlassen, ist eine Einstellung der Zwangsvollstreckung lediglich in Ausnahmesituationen geboten.[530] In diesen Fällen kann eine einstweilige Einstellung in den Fällen, in denen der Schuldner die fehlende Dringlichkeit einer einstweiligen Verfügung glaubhaft machen kann, Erfolg versprechen.[531] Im Rahmen einer Berufung sollte die Zwangsvollstreckung nur bei hinreichender Erfolgsaussicht der Berufung eingestellt werden.[532]

585 Wie bereits dargelegt kommt gegen Beschlüsse, mit denen Ordnungs- bzw. Zwangsmittel verhängt werden, die sofortige Beschwerde, § 793 ZPO in Betracht. Die Voraussetzung für die Zulässigkeit der sofortigen Beschwerde und deren Begründetheit richten sich nach §§ 567 ff. ZPO. Für die Frist und Form der Beschwerde gilt § 569 ZPO. Die Beschwerde muss binnen einer Frist von zwei Wochen nach Zustellung der Entscheidung eingelegt werden. Falls keine Zustellung erfolgte, beträgt die Frist insoweit fünf

---

525 OLG Hamburg, E-Wettbewerbsrecht, NJW 2000, S. 51.
526 Vgl. BGH, NJW – RR 1997, S. 1155 m.w. N.
527 Thomas / Putzo / Putzo, ZPO, § 707 Rn. 3.
528 OLG Bamberg, NJW – RR 1989, S. 576.
529 Zöller / Herget, ZPO, § 707 Rn. 10.
530 OLG Frankfurt am Main, WRP 1992, S. 120.
531 OLG Köln, GRUR 1982, S. 504.
532 Thomas / Putzo / Reichhold, ZPO, § 709 Rn. 2.

Monate nach Verkündung des Beschlusses. Der Inhalt der Beschwerdeschrift richtet sich nach § 569 Abs. 2 ZPO. Zu berücksichtigen ist, dass die Beschwerde gemäß § 570 ZPO bei Beschwerden gegen die Festlegung von Ordnungs- und Zwangsmitteln gemäß §§ 888, 890 ZPO[533] aufschiebende Wirkung hat.

Ergeben sich nach Beschluss der mündlichen Verhandlung bzw. Erlass des Titels rechtsvernichtende oder rechtshemmende Einwendungen des Schuldners, können diese mit einer Vollstreckungsabwehrklage gemäß § 767 ZPO geltend gemacht werden. Zuständig ist auch insoweit das Prozessgericht erster Instanz.

586

Eine Vollstreckungsabwehrklage verspricht Erfolg, wenn sich der Schuldner auf eine rechtsvernichtende oder rechtshemmende Einwendung berufen kann, welche nach dem Schluss der mündlichen Verhandlung, § 767 Abs. 2 ZPO bzw. dem Zeitpunkt, bis zu dem Schriftsätze eingereicht werden konnten, entstanden ist.[534] Dies kann z.B. der Fall sein, wenn der Schuldner im Nachhinein feststellt, dass die vom Gläubiger behauptete Dringlichkeit nicht gegeben war, weil der Gläubiger bereits wesentlich früher vom Wettbewerbsverstoß wusste.[535] Demgegenüber begründet eine Änderung der Rechtsprechung zu den dem Titel zugrunde liegenden Sach- und Rechtsfragen keine relevante Einwendung im Sinne des § 767 ZPO. Das Prozessgericht entscheidet durch Urteil über die Klage des Schuldners gemäß § 767 ZPO.

587

V. Muster

1. Muster: Zustellung einer einstweiligen Verfügung gemäß § 192 ZPO

588

Amtsgericht ■■■

Gerichtsvollzieherverteilerstelle

■■■ [Adresse]

■■■ [Datum]

Az: ■■■

Zustellung einer einstweiligen Verfügung des Landgerichts ■■■

In Sachen

A-GmbH, gesetzlich vertreten durch den Geschäftsführer Herrn ■■■, ■■■ [Adresse]

Antragstellerin

gegen

B-GmbH, gesetzlich vertreten durch den Geschäftsführer Herrn ■■■, ■■■ [Adresse]

Antragsgegnerin

---

533 OLG Köln, NJW – RR 2004, S. 760.
534 Näher Thomas/Putzo/Putzo, ZPO, § 767 Rn. 20.
535 Vgl. Volp, Änderung der Rechts- oder Sachlage bei Unterlassungstiteln, GRUR 1984, S. 486.

übermitteln wir namens und im Auftrag der Antragstellerin anbei eine Ausfertigung der einstweiligen Verfügung des Landgerichts ▄▄▄ vom ▄▄▄ [Datum] sowie folgende Anlagen:

Antragsschriftsatz vom ▄▄▄ [Datum]

zur Zustellung an

B-GmbH

▄▄▄ [Adresse]

Ordnungsgemäße Bevollmächtigung wird anwaltlich versichert. Wir bitten um alsbaldige Zustellung der Ausfertigung in Person und Rückleitung der weiter beigefügten beglaubigten Abschrift mit Zustellungsurkunde zu unseren Händen.

▄▄▄

Rechtsanwalt

2. Muster: Ordnungsmittelantrag gemäß § 890 ZPO

An das

Landgericht ▄▄▄

Kammer für Handelssachen

▄▄▄ [Adresse]

▄▄▄ [Datum]

Az.: ▄▄▄

In Sachen

A-GmbH, gesetzlich vertreten durch den Geschäftsführer Herr ▄▄▄, ▄▄▄ [Adresse]

Antragstellerin

gegen

B-GmbH, gesetzlich vertreten durch den Geschäftsführer Herr ▄▄▄, ▄▄▄ [Adresse]

Antragsgegnerin

beantragen wir namens und im Auftrag der Antragstellerin,

gegen die Antragsgegnerin wegen Verstoßes gegen die am ▄▄▄ erlassene und am ▄▄▄ zugestellte einstweilige Verfügung des Landgerichts ▄▄▄, Az. ▄▄▄, ein Ordnungsgeld nach Ermessen des Gerichts zu verhängen, welches jedoch mindestens € 10.000,00 betragen sollte, und für den Fall, dass das Ordnungsgeld nicht beigetrieben werden kann, Ordnungshaft festzusetzen.

Begründung:
1. Der Antragsgegnerin wurde durch Beschluss des Landgerichts ▄▄▄ vom ▄▄▄ untersagt, im Rahmen der Bewerbung ihrer B-Veranstaltung zu behaupten, dass die Antragstellerin

aufgrund eigener finanzieller Schwierigkeiten nicht in der Lage sei, ihre B-Veranstaltung durchzuführen.

Glaubhaftmachung: einstweilige Verfügung des Landgerichts ▄▄▄ vom ▄▄▄, Az. ▄▄▄

Die Antragstellerin hat der Antragsgegnerin den Beschluss am ▄▄▄ zugestellt.

Glaubhaftmachung: Zustellungsurkunde des Gerichtsvollziehers, Herrn ▄▄▄, vom ▄▄▄, als Anlage AST-1

2. Die Antragstellerin musste jedoch mittlerweile feststellen, dass die Antragsgegnerin nach wie vor ihre Anschwärzungen fortsetzt und kreditgefährdenden Behauptungen über die Antragstellerin weiterverbreitet.

Glaubhaftmachung: E-Mail der Antragsgegnerin vom ▄▄▄ an Herrn ▄▄▄, als Anlage AST-2

Die Antragstellerin konnte durch entsprechende Nachfragen feststellen, dass die Antragsgegnerin auch, wie bereits vor Erlass der einstweiligen Verfügung, ungerührt telefonischen Kontakt mit potenziellen Veranstaltungsteilnehmern aufnimmt und in diesem Rahmen die ihr verbotenen Äußerungen weiter verbreitet.

Glaubhaftmachung: Eidesstattliche Versicherung von Herrn ▄▄▄ vom ▄▄▄, als Anlage AST-3

3. Die Antragsgegnerin verstößt durch ihr vorsätzliches Vorgehen weiter ungerührt gegen die einstweilige Verfügung vom ▄▄▄

Es ist darüber hinaus zu befürchten, dass sich die Antragsgegnerin angesichts der identischen Vorgehensweise im Vergleich zum früheren Verstoß sich systematisch an diverse weitere potenzielle Veranstaltungsteilnehmer wendet. In Anbetracht des hohen Verschuldensgrades sowie der Schwere der weiteren Verletzung hält die Antragstellerin die Verhängung eines hohen Ordnungsgeldes für geboten, damit weitere Verletzungen des Titels nicht mehr lohnend erscheinen (vgl. Zöller / Stöber, ZPO, 25. Auflage 2005, Köln, § 809, Rn. 18).

▄▄▄

Rechtsanwalt

3. Muster: Zwangsmittelantrag gemäß § 888 ZPO

An das

Landgericht ▄▄▄

Kammer für Handelssachen

▄▄▄ [Adresse]

▄▄▄ [Datum]

Az.: ▄▄▄

Antrag gemäß § 888 ZPO

In Sachen

A-GmbH, gesetzlich vertreten durch den Geschäftsführer Herr ▄▄▄, ▄▄▄ [Adresse]

Antragstellerin

Prozessbevollmächtigte:Rechtsanwälte ■■■, ■■■ [Adresse]

gegen

B-GmbH, gesetzlich vertreten durch den Geschäftsführer Herr ■■■, ■■■ [Adresse]

Antragsgegnerin

Prozessbevollmächtigte: Rechtsanwälte ■■■, ■■■ [Adresse]

beantragen wir namens und in Vollmacht der Antragstellerin, zu beschließen:

Gegen die Antragsgegnerin wird wegen Nicht-Vornahme der Auskunftserteilung gemäß Ziffer I. 2. des Urteils des Landgerichts ■■■ vom ■■■, Az. ■■■ ein empfindliches Zwangsgeld festgesetzt, und, für den Fall, dass dieses nicht beigetrieben werden kann, Zwangshaft, zu vollziehen am Geschäftsführer der Antragsgegnerin, angeordnet.

Begründung:
1. Mit dem im Antrag genannten Urteil des Landgerichts ■■■ wurde die Antragsgegnerin dazu verurteilt, der Antragstellerin Auskunft über den Umfang ihrer gemäß Ziffer I. 1. verbotenen Verletzungshandlungen, geordnet nach Zeitpunkt, Name und Adresse der Adressaten der rechtsverletzenden Behauptungen, zu erteilen.

Glaubhaftmachung: Urteil des Landgerichts ■■■, Az. ■■■, als Anlage AST-1

2. Die Antragstellerin hat der Antragsgegnerin am ■■■ eine vollstreckbare Ausfertigung des Urteils zugestellt.

Glaubhaftmachung: Zustellungsurkunde des Gerichtsvollziehers, Herrn ■■■, vom ■■■, als Anlage AST-2

3. Gleichwohl hat die Antragsgegnerin trotz mehreren telefonischen und einer fristgebundenen schriftlichen Aufforderung die notwendige Auskunft nicht erteilt

Glaubhaftmachung: Aufforderungsschreiben der Rechtsanwälte ■■■ vom ■■■, als Anlage AST-3

Insoweit ist die Antragsgegnerin durch Zwangsmittel zur Auskunftserteilung anzuhalten.

Es sind auch keinerlei Gesichtspunkte ersichtlich, weswegen der Antragsgegnerin eine Auskunftserteilung nicht möglich oder nicht zumutbar sein sollte. Die Verletzungshandlungen fanden im Rahmen der gezielten Vertriebsaktivitäten der B-GmbH zur Bewerbung ihrer B-Veranstaltung statt. Insoweit kann die Antragsgegnerin ohne weitere Klärung mitteilen, an wen sie die beanstandeten Aussagen wann verbreitet hat.

■■■

Rechtsanwalt

Stichwortverzeichnis

Verweise erfolgen auf Teile (fett) und Randnummern (mager)

Abberufung Geschäftsführung
- Einschränkung d. Möglichkeiten **1** 473 ff., 510
- Ersatzgeschäftsführer **1** 481, 501
- Form **1** 471, 476
- Fristen **1** 467
- Gesamtgeschäftsführung, gesetzliche **1** 484
- Gründe **1** 464, 469, 471 f., 473, 475 f., 483, 487, 490, 541
- Mehrheitserfordernisse **1** 476 ff., 488
- Mitbestimmungsgesetz (einschließlich Montan-Mitbestimmungsgesetz) (siehe auch Mitbestimmungsgesetz) **1** 466, 480, 482
- Prinzip des geringst möglichen Eingriffs **1** 501, 514, 535, 540, 543
- Sonderrecht auf Geschäftsführung **1** 476, 509, 522
- Stimmverbot **1** 472
- Vorheriger Gesellschafterbeschluss **1** 469, 498, 505
- Vorl. Rechtsschutz AG **1** 493
- Vorl. Rechtsschutz GmbH **1** 520, 522
- Vorl. Rechtsschutz GmbH-Fremdgeschäftsführer **1** 504, 508
- Vorl. Rechtsschutz GmbH-Gesellschafter-Geschäftsführer **1** 507 ff., 520 f.
- Vorl. Rechtsschutz GmbH-Minderheitsgesellschafter-Geschäftsführer **1** 519
- Vorl. Rechtsschutz KGaA **1** 498 f.
- Vorl. Rechtsschutz Personenhandelsgesellschaften **1** 500 f.
- Vorl. Rechtsschutz Vorstand AG **1** 494 ff.
- Vorl. Rechtsschutz Zwei-Personen-GmbH **1** 523 ff., 529, 541
- Wirkungen Abberufungsbeschluss **1** 493, 498, 500, 503, 516 ff.
- Zuständigkeit **1** 467, 469, 482, 505 f.
- Zwei-Personen-Gesellschaft **1** 474, 523 ff.

Ablehnung
- einer Unterlassungserklärung mit Gegenabmahnung (Muster) **2** 312
- einer Verpflichtungserklärung (Muster) **2** 314
- mit Hinweis auf Drittunterwerfung (Muster) **2** 316

Abmahnung **2** 214 f.
- durch einen Verband (Muster) **2** 315
- Entbehrlichkeit **2** 219 bis 221
- Form/Zugang **2** 222, 223
- Formulierung Unterlassungsbegehren **2** 228 f.
- Inhalt **2** 224 bis 227
- Kerntheorie **2** 229, 233
- Muster **1** 135
- Notwendigkeit **2** 216
- wegen Anschwärzung inklusive Entwurf einer Verpflichtungserklärung (Muster) **2** 311
- wegen Belästigung, § 7 UWG (Muster) **2** 313

Abschluss, außergerichtliches Verfahren **2** 287 f.
Abschlussschreiben (Muster) **2** 546
Abschlusserklärung **2** 435 f.
Actio pro socio **1** 113, 173, 180, 253, 377, 412 ff., 427 ff., 456
- Abwicklungsstadium **1** 432
- Anderweitige Rechtshängigkeit **1** 452
- Aufwendungsersatzanspruch **1** 439
- des Kommanditisten bzgl. Schadensersatzanspruch gegen den Komplementär (Muster) **1** 456
- Gesamtgläubiger **1** 430
- gesetzliche Prozessstandschaft **1** 440
- Kommanditist **1** 431
- mehrere Klagen **1** 440, 442, 452 ff.
- Rechtskraftwirkung **1** 440 f.
- Rechtsschutzbedürfnis **1** 432, 444, 451 ff.
- Subsidiarität **1** 430, 439, 451
- Treuwidrigkeit **1** 444

Aktien
- Einziehung (s. Zwangseinziehung)

Aktionärsklage **1** 377 f., 383 ff.
- Doppelschaden **1** 386

Stichwortverzeichnis

- Rechtsmissbrauch **1** 379
- Subsidiarität **1** 379

Androhung von Zwangsmitteln, isolierter Antrag (Muster) **1** 203

Anfechtungsbefugnis
- gegen Gesellschafterbeschluss einer GmbH (Muster) **1** 83
- mit Beschlussfeststellungsklage gegen GmbH Gesellschafterbeschluss (Muster) **1** 85
- Treugeber **1** 65

Anschwärzung **2** 109f.

Anspruchskonkurrenzen **2** 174, 175

Antrag
- auf Aufhebung d. Einstweiligen Verfügung wg. veränderter Umstände **2** 447f.
- auf Aufhebung der einstweiligen Verfügung gemäß § 927 ZPO (Muster) **2** 545
- auf Einleitung eines Einigungsstellenverfahrens, § 15 UWG (Muster) **2** 551
- auf Erhebung einer Hauptsacheklage gemäß § 926 ZPO (Muster) **2** 544
- auf Erlass einer einstweiligen Verfügung wegen Verstoß gegen §§ 3, **4** Ziffer **7** und **8** UWG (Muster) **2** 540
- auf Hauptsacheklageerhebung **2** 444 bis 446
- auf Verhängung v. Ordnungsmitteln **2** 564f.

Antragsformulierung **2** 460f.

Anwendbares Recht **2** 335, 336
- Herkunftslandprinzip **2** 336
- Marktortprinzip **2** 335

Aufbrauchfrist **2** 252, 253

Auskunftsansprüche **2** 193f.
- Grenze **2** 197
- Notwendigkeit **2** 196
- Selbstständige/unselbständige **2** 194
- Vollstreckung **2** 572f.

Auskunfts-/und Einsichtserzwingungsverfahren gemäß § 51b GmbHG (Muster) **1** 633

Auskunftserzwingungsverfahren (Aktiengesellschaft) **1** 562, 586ff.
- Aktivlegitimation **1** 588
- alternative Anfechtungsklage **1** 592ff.
- Amtsermittlungsgrundsatz **1** 589
- statthafte Fragen **1** 587
- zuständiges Gericht **1** 586

- Zwangsvollstreckung **1** 620ff.

Auskunftsverweigerungsrecht
- AG KGaA **1** 560, 563
- Geschäftsführer GmbH **1** 571ff.
- Hauptversammlung der KGaA **1** 563
- Missbrauch **1** 573, 574
- OHG KG **1** 561ff., 578
- Vertraulichkeitserklärung **1** 572
- vorl. Rechtsschutz **1** 615
- Vorstand AG **1** 560ff.

Ausschließung
- Abfindung **1** 298, 321, 336, 341, 350, 360
- Ausschließungsklage **1** 296
- besonders wichtiger Grund **1** 337, 357
- Einstweiliger Rechtsschutz **1** 317, 355ff.
- Klage **1** 341ff.
- Publikumsgesellschaft **1** 295
- sachliche Rechtfertigung **1** 331, 358
- Satzungsregelung **1** 286ff., 311, 318, 324, 331f., 333ff.
- Sicherheitsleistung **1** 292
- Squeeze-Out **1** 297f., 300, 305
- Ultima ratio **1** 316, 322, 329, 356
- Verfahren (vorprozessual) **1** 290ff., 311ff., 318ff., 325, 335, 337, 339
- Wichtiger Grund **1** 295f., 307ff., 313, 318f., 323, 325, 328, 339, 352, 356, 358
- Zwangseinziehung (s. dort)
- Zwei-Personen-Gesellschaft **1** 314, 323, 332, 346, 347, 349, 351, 352f., 355

Bagatellgrenze **2** 28, 79, 80

Beeinträchtigung der Entscheidungsfreiheit **2** 84f.
- Ausübung von Druck **2** 85, 88
- Kopplungsgeschäfte **2** 91
- Unzulässige Wertreklame **2** 90

Begriff des Wettbewerbs **2** 6

Behinderung von Mitbewerbern **2** 120, 121

Beitreibung eines festgesetzten Zwangsgeldes, Antrag, (Muster) **1** 283

Belästigung, unzumutbare **2** 32, 137

Bereicherungsansprüche **2** 201

Berufung im Verfügungsverfahren **2** 421f.
- Prüfungsumfang **2** 425

Berufung, Hauptsacheverfahren **2** 513f.
- Antragsformulierung **2** 518 bis 520
- Inhalt der Berufungsbegründung **2** 521f.

- gegen durch Urteil bestätigte einstweilige Verfügung wegen Verstoß gegen § 3 UWG (Muster) **2** 548

Beschlussfehler (siehe Gesellschafterbeschlüsse)

Beschlussfeststellungsklage **1** 45, 58, 63, 70
- Rechtsschutzbedürfnis **1** 46

Beschwerde **2** 432 bis 434

Beseitigungsanspruch **2** 184 f.
- Beispiele **2** 185, 186
- Verschulden **2** 187

Beweismittel **2** 473 f.

Beweissicherung **2** 210 f.

Corporate Governance Kodex **1** 370, 398

Darlegungs- und Beweislast **2** 474 bis 476

DENIC **2** 71

Dringlichkeit **2** 376 f.
- lokale Rechtsprechung **2** 384, 385
- Vermutung **2** 380
- Zurechnung von Kenntnis **2** 381

Eidesstattliche Versicherung **2** 333, 374
- Muster **2** 541

Einigungsstellenverfahren **2** 271 f.
- Antragsschrift **2** 273
- örtliche Zuständigkeit der Einigungsstelle **2** 274

Einrede des Fortsetzungszusammenhanges **2** 256 bis 257

Einseitige Erledigungserklärung des Antragstellers (Muster) **2** 547

Einsichtsrecht
- Gesellschafter GbR **1** 614 ff.
- Gesellschafter Personenhandelsgesellschaft **1** 576, 613, 614 ff.
- GmbH-Gesellschafter **1** 564, 568
- Verhältnis zu Informationsrecht **1** 569

Einstweilige Einstellung Zwangsvollstreckung **2** 580 f.

Einstweilige Verfügung **2** 386 f.
- Inhalt **2** 389 bis 391
- mit Antrag auf Verbot der Ausübung des Stimmrechts einer GmbH-Gesellschafterversammlung (Muster) **1** 87
- zur vorläufigen Regelung des Einsichtsrechts des GbR-Gesellschafters (Muster) **1** 635

- Zustellung **2** 392 f.

Einstweiliger Rechtsschutz gegen die Ausschließung eines GbR-Gesellschafters (Muster) **1** 361

Einziehungsverfahren **1** 290 ff.
- auf Untersagung der Geschäftsführung und Vertretung durch Mitgesellschafter, Antrag (Muster) **1** 546
- Beachtung des Wettbewerbsverbotes, Antrag (Muster) **1** 176
- Erlass einer einstweiligen Verfügung
- zu vorläufigen Regelungen, Antrag (Muster) **1** 545
- zur vorläufigen Entziehung der Geschäftsführungsbefugnis und Vertretungsmacht gemäß §§ 117, 127 HGB bei OHG, Antrag (Muster) **1** 543

Ermächtigung zur Ersatzvornahme einer vertretbaren Handlung, kombiniert mit Antrag auf Zahlung eines Kostenvorschusses, § 897 Abs. (Muster) **1** und **2** ZPO, Antrag (Muster) **1** 281

Ersatzgeschäftsführer **1** 481, 501

EuGH-Rechtsprechung **2** 17

EU-Richtlinien **2** 15, 16

Europäische Harmonisierung **2** 19

Feststellungsklage **2** 458, 459
- negative **2** 269, 270

Festsetzung
- des Ordnungsmittels, Antrag (Muster) **1** 204
- eines Zwangsgelds nach § 888 ZPO wegen Nichtbefolgung der Auskunftspflicht nach § 51a, b GmbHG, Antrag (Muster) **1** 632
- von Zwangsgeld gemäß § 888 ZPO, Antrag (Muster) **1** 282

Feststellung der Nichtigkeit eines Gesellschafterbeschlusses einer GbR (Muster) **1** 86

Feststellungsklage
- des ausgeschlossenen BGB-Gesellschafters (Muster) **1** 358
- über das Bestehen einer Gesellschaftsvertragsänderung (Muster) **1** 227

Fortsetzungszusammenhang **2** 256 f.

Fristen
- Abberufung Geschäftsführung **1** 467

- Anfechtungs-/Nichtigkeitsklage **1** 53 ff., 56, 61
- Protokollrüge **1** 50

Gegenabmahnung **2** 268
Gegenantrag auf Erlass einer einstweiligen Verfügung auf Untersagung der Geschäftsführung und Vertretung durch Mitgesellschafter (Muster) **1** 547
Generalklausel **2** 28, 75 f.
Gerichtliche Zuständigkeit **2** 340 f.
Gerichtsstand **2** 335 f.
Geschäftsehrverletzungen **2** 107, 108
Geschäftsführung, Abberufung (s. dort)
Gesellschaft
- kapitalistische **1** 90, 295, 308, 319
- personalistische **1** 89

Gesellschafter
- Ausschließung (s. dort)
- Treuepflicht **1** 210 ff., 214 f., 228, 229, 234, 259

Gesellschafterbeschlüsse
- Anfechtbarkeit **1** 6, 592 ff.
- Anfechtungsgründe **1** 16 ff.
- Beurkundung **1** 10, 14
- Genehmigung **1** 28
- Klagearten **1** 44, 47 ff., 58, 63
- Konsortialabreden (s. dort)
- Mitbestimmungsgesetz (s. dort) **1** 11
- Nichtbeschlüsse (s. dort)
- Nichtigkeitsgründe **1** 8 ff.
- Protokollfrist **1** 19
- Rügeverzicht **1** 27
- Scheinbeschlüsse (s. dort)
- Stimmverbote (s. dort)
- Tagungsordnung **1** 19
- Teilnahmeberechtigte Personen **1** 19
- Teilnichtigkeit **1** 6, 33 ff.
- Umlaufverfahren **1** 15

Gesellschafterversammlung
- Beschlussfähigkeit **1** 19
- Einberufung **1** 4
- Einberufungszuständigkeit **1** 6
- Vollversammlung **1** 15
- Zuständigkeit **1** 3

Gesellschaftsabwicklung **1** 236 ff.
- Informationspflichten **1** 238, 252
- Klageantrag **1** 247 ff.
- Liquidatoren **1** 239 ff., 243

- Nachschusspflichten **1** 237
- Pfändungsgläubiger **1** 252
- Teilungsversteigerung **1** 242
- Vertragsregelungen **1** 243, 244

Gesellschaftsauflösung **1** 230, 232 ff.
- Auflösungsgründe **1** 232 ff.
- Mehrheitserfordernisse **1** 231
- Stimmrechtsmissbrauch **1** 235

Gesellschaftsorgane
- Abberufung (siehe auch vorl. Rechtsschutz, siehe auch Abberufung Geschäftsführung) **1** 461 ff.
- Corporate Governance Kodex **1** 370, 398
- Entlastung (siehe auch Haftungsausschluss) **1** 372, 405 f., 435
- Generalbereinigung (siehe auch Haftungsausschluss) **1** 407, 435
- Gesamtschuldner **1** 371, 394
- Haftungsbeschränkungen/Haftungsausschluss **1** 370 f., 399, 404 ff., 420 ff., 425
- Haftungsgründe **1** 366 ff., 388 ff., 395 ff.
- Sorgfaltsmaßstab **1** 367, 396, 418 ff.
- Sorgfaltspflichten **1** 364, 366 f., 372, 416
- Unternehmerisches Ermessen **1** 368, 369

Gewinnabschöpfungsansprüche **2** 198 f.
- Voraussetzungen **2** 199

Gewinnspiele und Preisausschreiben **2** 100 f.
Glaubhaftmachung **2** 372 f.

Haftung für Dritte **2** 66 f.
- Anbieter von Tele- sowie Mediendiensten **2** 69 f.
- Mitarbeiter oder Beauftragte **2** 67
- Repräsentanten **2** 66
- Verrichtungsgehilfen **2** 67

Hauptsacheverfahren **2** 452 f.
- Berufung **2** 513 f., 518 ff.
- mündliche Verhandlung **2** 499 f.
- Urteil **2** 502 f.

Heilmittelwerbegesetz **2** 147 f.
Herabwürdigung von Mitbewerbern **2** 106
Herkunftslandsprinzip **2** 72, 336

Industrie- u. Handelskammern **2** 56
Informationsbeschaffung **1** 458 ff.
Informationserzwingung (OHG, GbR) **1** 614 ff.
- Vorl. Rechtsschutz **1** 615 ff.
- Zwangsvollstreckung **1** 630

Informationserzwingungsverfahren (GmbH) **1** 575 ff.
- Aktivlegitimation **1** 596, 601
- Alternative Anfechtungsklage **1** 595, 606
- Negativer Feststellungsantrag **1** 604 f.
- Zuständiges Gericht **1** 597 f.
- Zwangsvollstreckung **1** 623 f.

Informationserzwingungsverfahren (KG) **1** 610 ff.
- Alternative Leistungsklage **1** 609
- Zwangsvollstreckung **1** 625 ff.

Informationspflicht
- bei Verkaufsförderung **2** 98, 99
- Gesellschaftsabwicklung **1** 236 ff.
- GmbH-Geschäftsführer **1** 567
- Vorstand **1** 553, 557

Informationsrecht
- Abdingbarkeit **1** 550, 570
- Aktionär **1** 549 ff., 554, 557
- Aktionärsvertreter **1** 552, 566
- ehemaliger Gesellschafter **1** 567, 577
- Erforderlichkeit/Verhältnismäßigkeit **1** 555, 558, 573
- Geltendmachung **1** 557, 558, 562, 575 ff., 583, 586 ff., 592 ff.
- Gesellschafter Personenhandelsgesellschaften **1** 576 ff., 580
- GmbH-Gesellschafter **1** 564 ff.
- Insolvenzverwalter **1** 565
- Jahresabschluss **1** 556
- Kommanditaktionär KGaA **1** 563
- Komplementär KGaA **1** 563
- Missbrauch **1** 555, 573, 574
- Nießbraucher **1** 551, 577
- Pfändungspfandgläubiger **1** 565, 577
- Reichweite **1** 554 ff., 568 ff., 579 ff.
- Stimmrechtslose Aktien **1** 550
- Testamentsvollstrecker **1** 565
- Treugeber **1** 551, 577
- Unterbeteiligte **1** 565, 577
- Verhältnis zu Einsichtsrecht **1** 569

Insolvenz **1** 389, 401, 403
Internet **2** 38
Irreführung **2** 124 f.
- Lockvogelwerbung **2** 132 bis 134
- Mondpreiswerbung **2** 131
- Verbraucherleitbild **2** 127 bis 129

Irreführungsverbot **2** 30

Kapitalerhöhung
- Zustimmungspflicht **1** 212, 228

Kapitalherabsetzung (s. Zwangseinziehung)

Klage
- auf Ausschließung aus einer OHG (Muster) **1** 359
- auf Ausschließung eines Gesellschafters aus wichtigem Grund aus der GmbH (Muster) **1** 360
- auf Unterlassung, Auskunft und Feststellung einer Schadensersatzpflicht wegen Verstoßes gegen §§ 4 Ziffer 7 und 8 UWG (Muster) **2** 550
- auf Zustimmung zum Auseinandersetzungsplan (Muster) **1** 257
- des GbR-Gesellschafters auf Einsicht in Geschäftspapiere der Gesellschaft (Muster) **1** 634
- einer GmbH gegen ihren Alleingeschäftsführer auf Schadensersatz wegen unzulässiger Geschäftsführungsmaßnahmen (Muster) **1** 455

Klageerwiderung **2** 488 f.

Kombinierte Feststellungs-/Leistungsklage bei Auseinandersetzung einer GbR (Muster) **1** 258

Konsortialabrede **1** 17
Kontrollrecht **1** 581
Kopplungsgeschäfte **2** 102 f.
Kosten, außergerichtliches Verfahren **2** 292 f.
Kostenwiderspruch **2** 407 bis 411
- Muster **2** 543
Kundenfang **2** 12

Leistungsklage
- auf Erteilung von Informationen zur Auseinandersetzung einer GbR (Muster) **1** 259
- auf Zustimmung zur Änderung des Gesellschaftsvertrages (Muster) **1** 228

Leistungsschutz, wettbewerbsrechtlicher **2** 114 ff.

Management v. Unterlassungsverpflichtungen **2** 299 bis 301
Marktortprinzip **2** 335
Materielle Rechtskraft **2** 508 f.
Meinungsforschungsgutachten **2** 479 f.

Stichwortverzeichnis

Missbrauch der Klagebefugnis **2** 59 bis 61
Mitbestimmungsgesetz
- Abberufung Arbeitsdirektor **1** 466, 468
- Abberufung Geschäftsführer **1** 474, 523 ff., 529
- Abberufung GmbH-Geschäftsführer **1** 482
- Anfechtung von Gesellschafterbeschlüssen **1** 11
- Ausschließung (siehe dort)

Mitbewerber **2** 57, 58
- Behinderung von Mitbewerbern **2** 120 f.

Mündliche Verhandlung
- Hauptsacheverfahren **2** 499 f.
- Verfügungsverfahren **2** 412 f.

Nachricht **2** 27
Nichtbeschlüsse **1** 7
Nichtigkeitsklage gegen den Gesellschafterbeschluss der GmbH (Muster) **1** 84
- Ordnungsmittelantrag **2** 368, 369
- gemäß § 890 ZPO (Muster) **2** 589

Ordnungsmittelbeschluss **2** 578 f.
- Aufhebung, Antrag (Muster) **1** 205
- Nichtigkeitsfeststellungsklage **1** 41, 64
- Stimmverbot bei Bestellung (s. Stimmverbot) **1** 24

Preisangabenverordnung **2** 158, 159
Preisausschreiben und Gewinnspiele **2** 100 f.
Prozessstandschaft
- gewillkürte (s.a. actio pro socio) **1** 378, 440, 442

Rabattgesetz **2** 20
Rechnungsbetrug **2** 96
Rechnungslegungsanspruch **2** 468 f.
Rechtsbruch **2** 122 bis 124
Rechtskraft, materielle **2** 508 f.
Rechtsprechungskasuistik **2** 10 f.
Reform **2** 5
Revision **2** 532 f.
- Nichtzulassungsbeschwerde **2** 537 bis 539
- Zulassungsgründe **2** 533 f.

Sachverhaltsermittlung **2** 205 f.
Satzungsänderung
- Generalklausel **1** 207
- Klage **1** 214, 218
- konkludente **1** 218, 224
- Streitgenossenschaft **1** 221
- Zustimmungspflichten **1** 212 ff.

Schadensberechnung **2** 466
Schadensersatzansprüche **2** 189 f.
- Anspruchsvoraussetzungen **2** 191

Schadensersatzklage
- Geltendmachung **1** 376 ff., 427 ff., 437, 455
- Gesellschafterbeschluss **1** 409, 437 ff., 455
- mehrere Klagen (s.a. actio pro socio) **1** 381, 440

Scheinbeschlüsse **1** 7
Schleichwerbung **2** 96 f.
Schutzschrift **2** 278 f.
- Muster **1** 175, 544; **2** 319

Schutzzweck des Wettbewerbsrechts **2** 8, 9, 22 ff.
Sicherung von Beweismitteln **2** 330 f.
Sofortige Beschwerde gegen Ordnungsmittel **2** 585
Sonstige Marktteilnehmer **2** 50, 51
Squeeze-Out **1** 297 f., 300, 305
Stimmverbot **1** 22 ff.
- Gleichbehandlungsgrundsatz **1** 25
- Konzerngesellschaft **1** 26
- Sondervorteile **1** 25
- Sozialrechtliche Rechtsgeschäfte **1** 23
- Stimmverbot bei Bestellung **1** 24

Straftatbestände **2** 143 f.
- Progressive Kundenwerbung **2** 143

Strafvorschriften **2** 35
Streitgenossen **1** 68
Streitwert **2** 376 f.

Tatbestandsberichtigung **2** 506
Testkäufe **2** 212, 213

Unlauterkeit **2** 77
Unterlassungsanspruch **2** 178 f.
Unterlassungserklärung **2** 236 f., 258 f.
- Abgabe einer Unterlassungserklärung gegenüber Dritten **2** 262 bis 266
- Ablehnung **2** 258 f.

- Bedingungen und Befristungen **2** 248
- Modifizierte Unterlassungserklärung **2** 242 f.
- Unterwerfungsvertrag **2** 237 bis 241

Unterlassungsklagegesetz **2** 54

Unterlassungsklage
- im Hauptverfahren wegen Verstoßes gegen § 5 UWG (Muster) **2** 549
- wegen nachvertraglichen Wettbewerbsverstoßes (Muster) **1** 180

Unterlassungsverpflichtung mit Vertragsstrafe für Wettbewerbsverstoß (Muster) **1** 136

Unzumutbare Belästigung **2** 32, 137
- Briefkastenwerbung **2** 139
- Spamming **2** 142
- Telefonwerbung **2** 140

Urteil im Hauptsacheverfahren **2** 502 f.
Urteilsbekanntmachung **2** 371
Urteilsberichtigung **2** 504
Urteilsergänzung **2** 507
Urteilsveröffentlichung **2** 202

Verbände zur Förderung gewerblicher oder selbständiger beruflicher Interessen **2** 52 f.
- erhebliche Zahlen von Mitgliedsunternehmen **2** 54

Verbandsklagerecht **2** 20
Verbraucher **2** 46 f.
Verbraucher- und Mietervereine **2** 56
Verbraucherleitbild **2** 17
Verfügungsantrag **2** 354 f.
- Antragsformulierung **2** 361 f.
- Notwendiger Inhalt **2** 355 f.

Verfügungsverfahren **2** 3 f.
- Berufung **2** 421 f.
- mündliche Verhandlung **2** 412 f.

Vergleichende Werbung **2** 31, 135, 136
Verjährung **2** 165 f.
- Berechnung **2** 166
- Hemmung, Ablaufhemmung und Neubeginn **2** 168 f.
- Zurechnung von Kenntnis **2** 167

Verletzer **2** 63 bis 64
Verpflichtungserklärung
- Annahme (Muster) **2** 318
- nach Hamburger Brauch (Muster) **2** 317

Verstöße gegen Unterlassungsvereinbarungen **2** 302 f.
- Verschulden **2** 304, 305

Vertrag über umfassendes Wettbewerbsverbot (Muster) **1** 134

Vertragsstrafe nach Hamburger Brauch **2** 254

Vertriebsmaßnahmen **2** 39
Verwirkung **2** 173
- Vollmacht **2** 323, 324 Muster **2** 310

Vollstreckung
- des Einsichtsrechts nach § 51 a, b GmbHG entsprechend § 883 ZPO (Muster) **1** 631
- von Auskunfts- und Rechnungslegungsansprüchen **2** 572 f.
- von unvertretbaren Handlungen **2** 575 f.

Vollstreckungsabwehrklage **2** 586, 587
Vorläufiger Rechtsschutz **1** 138 ff., 176, 256, 461 ff.
- Abberufung Geschäftsführung (s. dort) **1** 461 ff.
- Ausschließung Gesellschafter (s. dort) **1** 317, 355 ff., 361
- Beweislast **1** 533
- Glaubhaftmachung **1** 144, 148, 150
- Informationserzwingung **1** 615 ff.
- Kostenwiderspruch **1** 160
- Schadensersatz **1** 139
- Schutzschrift **1** 136, 175, 532, 544
- Widerspruch **1** 158
- Zustellung **1** 152 ff.

Werbung **2** 37, 38
- ggü. Kindern u. Jugendlichen **2** 93
- Vergleichende **2** 31, 135 f.

Wettbewerb, Begriff **2** 6
Wettbewerbshandlung **2** 25, 76
Wettbewerbsrechtlicher Leistungsschutz **2** 114 f.

Wettbewerbsverbot
- Abmahnung **1** 118, 168
- actio pro socio (s. dort) **1** 113, 173, 180, 253
- Ausschluss (s. dort) **1** 309
- Eintrittsrecht **1** 103, 108
- Geschäftsfelder **1** 95
- kapitalistische Beteiligung **1** 100
- kapitalistische Gesellschaft **1** 90

Stichwortverzeichnis

- nachvertragliches Wettbewerbsverbot **1** 93 ff.
- personalistische Gesellschaft **1** 89
- Schranken **1** 94
- Schutzschrift **1** 136, 175, 532, 544
- Treuepflicht **1** 91, 92, 95, 104
- Unterlassungserklärung **1** 124 ff.

Widerspruch **2** 400 f.
- Antrag **2** 402
- Inhalt **2** 406
- gegen Einstweilige Verfügung (Muster) **1** 179
- gegen eine einstweilige Verfügung wg. irreführender Werbung, § 5 UWG (Muster) **2** 542

Wiederholungsgefahr **2** 178
- Erstbegehungsgefahr **2** 179
- tatsächliche Veränderung des Sachverhalts **2** 181
- Umfang **2** 183

Zentrale zur Bekämpfung unlauteren Wettbewerbs **2** 54
Zugabeverordnung **2** 20
Zuständigkeit
- Abberufung Geschäftsführung (s. dort)
- Einigungsstelle **2** 274
- gerichtliche **2** 340 f.
- Gesellschafterversammlung **1** 3

Zustellung einer einstweiligen Verfügung gemäß § 192 ZPO (Muster) **2** 588
Zustimmung des Mitgesellschafters zu einer Nachfolgeregelung (Muster) **1** 229

Zwangseinziehung
- angeordnete Z. **1** 288
- Einziehungsverfahren **1** 290 ff.
- gestattete Z. **1** 289
- Kapitalherabsetzung **1** 286, 291

Zwangsvollstreckung
- Androhung Ordnungsmittel **1** 184 ff.
- Androhung Ordnungsmittel im Vergleich **1** 185
- Antrag zur Androhung **1** 187, 189
- Antragsfassung **1** 268 ff.
- Antragsumdeutung **1** 277
- Auskunftserzwingungsverfahren (Aktiengesellschaft) **1** 620 ff.
- Einstweilige Einstellung **2** 580 f.
- Einwendungen **1** 272, 279
- Festsetzung **1** 192, 278
- Informationserzwingung (OHG, GbR) **1** 614 ff.
- Informationserzwingungsverfahren (KG) **1** 623 f., 625 ff.
- Kernbereichslehre **1** 193
- Kostenvorschuss **1** 271, 281
- Mitwirkung Dritter **1** 266
- Unterlassung **1** 261
- Unterlassungstitel **2** 552 f.
- Unvertretbare Handlung **1** 262, 276 ff.
- Vertretbare Handlung **1** 262, 265 ff.
- Vollstreckungstitel **2** 554 bis 557
- Wegfall des Unterlassungstitels **2** 570, 571
- Zuwiderhandlung gegen Unterlassungstitel **2** 558 f.

Zwangsmittelantrag gemäß § 888 ZPO (Muster) **2** 590